HISTOIRE

DE LA

RÉVOLUTION DE 1848

II

PARIS. — IMP. SIMON RAÇON ET COMP., RUE D'ERFURTH, 1.

HISTOIRE

DE LA

RÉVOLUTION

DE 1848

PAR DANIEL STERN

>...... et futurorum præsagia
> læta, tristia, ambigua, manifesta.
> TACITE.

TOME SECOND

DEUXIÈME ÉDITION
REVUE PAR L'AUTEUR

PARIS
CHARPENTIER, LIBRAIRE-ÉDITEUR
QUAI DE L'ÉCOLE, 28

1862

HISTOIRE
DE LA
RÉVOLUTION DE 1848

CHAPITRE XXII

Les clubs. — M. Barbès. — M. Raspail. — M. Cabet. — Les journaux. — M. Proudhon. — M. de Lamennais. — Aspect de Paris. — Les femmes.

Une révolution faite au nom du droit de réunion, un gouvernement qui invoquait pour unique raison d'existence la volonté du peuple ne pouvaient ni limiter ni entraver aucun des modes d'expression de l'opinion populaire. Les organisateurs des banquets, les rédacteurs du *National* et de la *Réforme* étaient engagés d'honneur et contraints par la nécessité politique à reconnaître la liberté absolue de la presse et de l'association. C'est ce que fit le gouvernement provisoire en abrogeant les lois de septembre 1835, en abolissant l'impôt du timbre sur les écrits périodiques, le cautionnement des journaux, en laissant enfin s'ouvrir des clubs dans Paris et dans toutes les villes de France. En même temps, il ordonnait la mise en liberté des détenus politiques et rendait ainsi à l'agitation de la place publique des noms connus, des hommes considérés par le peuple comme les martyrs de sa cause, autour desquels allaient se grouper et s'organiser les forces révolutionnaires qui, ne se sentant pas suffisamment représentées au pouvoir, aspiraient à s'en emparer à leur tour.

L'origine des clubs, le mot l'indique assez, est anglaise. Le nom de *club* (*massue*) fut pris, au temps de la lutte des *têtes rondes* et des *cavaliers*, par les premières assemblées populaires qui se formèrent dans le but de *terrasser* la monarchie. Plus tard, en changeant d'acception, le mot passa dans le vocabulaire de la royauté représentative. L'engouement de la noblesse française pour les modes britanniques et l'admiration de nos hommes d'État pour les mœurs politiques de l'Angleterre préparèrent l'introduction des clubs en France.

Plusieurs clubs se formèrent spontanément à Versailles, en 1789, autour de l'Assemblée nationale[1] et la suivirent quand elle vint s'établir à Paris. Là, au sein d'une population effervescente, les clubs crurent rapidement en nombre et en force ; ils rivalisèrent bientôt d'influence avec l'Assemblée et finirent, en se propageant sur tout le territoire, par s'emparer presque absolument de la direction des affaires. Leur influence expira, comme on sait, le 9 thermidor avec la domination des jacobins qui leur avaient donné une organisation formidable[2].

Il serait hors de propos d'examiner ici leur action dans ses détails ; il convient seulement de remarquer que les clubs contribuèrent puissamment à répandre dans les masses cette opinion funeste, beaucoup trop ac-

---

[1] Le premier club avait été ouvert à Paris, par le conseiller Duport, dans sa maison au Marais. Il était composé de parlementaires. Il se transporta à Versailles à l'ouverture de l'Assemblée et prit le nom de *Club breton*. Revenu à Paris, il s'établit dans l'ancien couvent des Jacobins où il changea complétement de caractère et de tendances, sous l'influence de Danton et de Camille Desmoulins.

[2] Il y eut, pendant le cours de la Révolution, jusqu'à 2,400 sociétés jacobines qui formèrent un gouvernement véritable, rendant des décrets, prononçant des jugements, etc.

créditée encore dans certains esprits, que la liberté se peut fonder par le despotisme et que la compression violente des adversaires de la révolution est une œuvre de raison politique. Le nouvel essai tenté pendant les trois premiers mois de la révolution de Février ne montre pas l'influence des clubs beaucoup plus favorable au progrès des idées, et l'organisation des réunions populaires demeure encore aujourd'hui, après ces expériences réitérées, une des difficultés les plus considérables de l'établissement républicain[1].

Le gouvernement provisoire avait conscience de ces dangers, mais il pensa que, manquant du temps nécessaire pour préparer une sérieuse et utile organisation des clubs, il agirait néanmoins sagement en favorisant leur propagation, afin que, par leur nombre et leur diversité même, toute action commune leur devînt impossible. En conséquence, le maire de Paris mit à la disposition des réunions populaires des salles convenables dans les édifices publics[2], et chacun des membres du conseil s'occupa d'avoir dans les clubs ses agents particuliers chargés de détourner les discussions dangereuses, de distraire, en les flattant, les passions révolutionnaires, de semer la division entre les meneurs de la place publique et surtout d'avertir à temps le conseil des entreprises concertées contre l'Hôtel de Ville.

J'ai raconté comment s'improvisa, le 25 février au soir, autour de M. Blanqui, le premier club. Le lendemain, M. Xavier Durrieu, rédacteur en chef du *Courrier français*, pu-

---

[1] « Rien n'est plus mal combiné, dit madame de Staël (*Considérations sur la Révolution française*), dans un temps où les esprits sont agités, que ces réunions d'hommes *dont les fonctions se bornent à parler;* on excite ainsi d'autant plus l'opinion qu'*on ne lui donne point d'issue.* » C'était aussi l'opinion de Carnot, « d'accord avec Rousseau dans la pensée que les clubs agitent plus qu'ils n'éclairent. » (*Mémoires*, t. I, 1º partie.)

[2] Le 14 mai suivant, les établissements de l'État furent fermés aux clubs.

bliait une note par laquelle il invitait à se constituer en association et à s'entendre dans un but commun *tous les hommes d'intelligence et de dévouement consacrés par dix-sept années de lutte contre la tyrannie.* Un grand nombre d'écrivains de nuances diverses répondirent à cet appel. On vit à la réunion préparatoire de la société, qui prit le nom de *Société centrale républicaine*, MM. Vidal et Toussenel, économistes de l'école socialiste, M. Renouvier, M. Thoré, publiciste, ami de M. Barbès, M. Lachambeaudie, fabuliste populaire, ancien saint-simonien, etc. Mais beaucoup, soit qu'ils devinassent aussitôt que l'organisation de la *Société centrale* avait, sous une apparence de libre discussion, un dessein secret et qu'elle subissait déjà la loi d'un homme, soit par d'autres motifs particuliers, ne suivirent point M. Blanqui quand celui-ci transporta les séances dans la salle du Conservatoire de musique; ils rejoignirent M. Barbès qui, de son côté, ouvrait au Palais national le *club de la Révolution*.

La Société centrale, appelée bientôt, du nom de celui qui en était l'âme, le club Blanqui, devint ainsi la réunion à peu près exclusive des communistes matérialistes. Présidé par Blanqui, ou quand l'épuisement de ses forces le retenait chez lui, par l'un ou l'autre de ses plus fanatiques adeptes, le docteur Lacambre ou le cuisinier Flotte, ce club attira une affluence considérable, non-seulement de prolétaires, mais aussi de bourgeois, curieux de voir de près l'homme qui passait pour le plus terrible des révolutionnaires et flattés dans leurs secrets penchants par les critiques acerbes qui se faisaient là de toutes les personnes et de tous les actes du gouvernement provisoire.

La société parisienne, après le premier moment de consternation, trop troublée encore pour reprendre ses réunions et ses plaisirs accoutumés, mais trop avide de distraction pour rester chez elle, courait de club en club et se donnait, comme elle l'eût fait à un spectacle mélodramatique, une excitation de nerfs qui la tirait de son abattement. Entre tous les clubs, le club Blanqui avait la faveur des curieux de cette trempe. Les loges et les galeries où, dans les années précédentes, une société d'élite venait entendre avec recueillement les chefs-d'œuvre de l'art musical, la *Symphonie pastorale*, le *Requiem* ou l'ouverture d'*Euryanthe*, étaient chaque soir envahies par un public singulièrement mélangé et tapageur. Les femmes du monde, sous des vêtements plus que modestes, s'y glissaient furtivement, protégées par la lumière crépusculaire des quinquets où l'huile était parcimonieusement mesurée. On se reconnaissait de loin, on se saluait d'un signe rapide, perdu qu'on était dans cette foule en blouse et en veste que l'on croyait armée et qui s'amusait souvent, dans ses harangues et ses apostrophes, à qualifier les riches d'une façon peu flatteuse, à les menacer, à leur prédire, s'ils osaient lever la tête, un châtiment exemplaire.

Le *club de la Révolution* avait un caractère tout différent. M. Barbès attirait à lui, non par art ni par effort de volonté, mais par l'ascendant naturel d'une âme honnête, ce qu'il y avait dans la Révolution de mieux intentionné et de plus droit. Des hommes plus doués que lui de talent et de capacité rendaient hommage à sa supériorité morale. Il était en vénération au peuple. Le rare accord de ses actes et de ses paroles dans tout le cours d'une vie jetée à la tourmente révolutionnaire, la dignité parfaite qu'il avait su garder toujours dans les échecs de ses tentatives, dans les dissensions de son parti, devant ses juges, devant ses geôliers, devant la mort qu'il vit de près en plus d'une rencontre donnaient à Barbès une autorité toujours croissante dans le déclin d'une fortune de plus en plus contraire. On ne lui demandait pas compte de ses doctrines. On ne s'inquiétait pas de savoir s'il avait ou non de la prudence et du discernement. La pureté de ses intentions, la candeur et le dévouement qu'il portait dans des entreprises nuisibles à sa propre cause, lui tenaient lieu de tout dans l'esprit des masses et forçaient au respect ses rivaux et ses adversaires.

L'enfance d'Armand Barbès avait été sans joie. Il était le fruit d'une union qui fut pleine d'amertume. Son père, d'une famille aisée de Carcassonne, était entré jeune dans les ordres. Aux premiers jours de la Révolution, il quitta l'habit ecclésiastique, passa à la Guadeloupe, y pratiqua la médecine pour vivre. Une jeune fille, sauvée par ses soins d'une maladie mortelle, s'éprit de lui et l'épousa. Lorsqu'elle revint avec lui dans sa ville natale, elle y apprit ce qu'il avait eu la faiblesse de lui cacher; elle connut qu'elle avait contracté un lien réprouvé par l'Église. Sa piété s'épouvanta. L'énormité de son sacrilège involontaire chargea sa conscience d'un poids accablant. Elle languit dans les larmes et mourut bientôt, laissant deux fils et deux filles aux soins d'un homme atteint aussi et troublé par le remords. La fatalité acharnée contre Barbès ne devait pas s'arrêter là. Sa fille aînée inspira à un jeune homme très-distingué, appartenant à une famille honorable du pays, une passion qu'elle partagea. Le mariage était convenu quand le père du jeune homme apprit qu'il allait recevoir dans sa maison la fille d'un prêtre marié. Il rompit aussitôt avec éclat. L'infortuné Barbès, déjà fortement ébranlé par la mort de sa femme, ne put supporter ce nouveau coup; il se donna la mort.

Ces événements sinistres et peut-être l'influence du sang imprimèrent de bonne heure à l'âme d'Armand Barbès un caractère d'abnégation et de tristesse religieuse. On eût dit qu'il se sentait prédestiné au martyre. Il adopta avec une ferveur concentrée la cause de ceux qui souffraient. Héritier de biens considérables, il professa les doctrines communistes dans ce qu'elles ont de plus absolu [1]. La compassion, en pénétrant dans son cœur, absorba toutes ses autres facultés. La pensée incessante des douleurs du peuple fit sur

---

[1] Il comparait la société actuelle, défendant ce qu'il appelait l'idole du capital contre les communistes, au paganisme défendant Jupiter et Mercure contre le Christ qui venait apporter au monde une religion nouvelle.

lui l'effet de ces vœux intérieurs qui consacraient les chevaliers du moyen âge à une entreprise héroïque. Une douceur et une égalité d'âme parfaites parurent constamment, depuis qu'on le vit mêlé aux troubles politiques, dans toute sa personne. Quand il revint à Paris, après neuf années passées dans les prisons d'État, sa belle tête, devenue un peu chauve, semblait encore plus fière ; sa démarche, avec plus de lenteur, avait pris plus de dignité ; son œil voilé et son visage pâli décelaient la souffrance, mais son sourire gardait une sérénité inaltérable et sa voix touchante n'avait pas perdu dans l'isolement le don de la persuasion.

Le jour même de son arrivée, M. Barbès, après avoir entendu ses amis et sondé avec chagrin la profondeur des dissentiments qui séparaient l'un de l'autre les membres du gouvernement provisoire, résolut de tenter une conciliation. Comme M. de Lamartine lui paraissait, ainsi qu'à presque tous les chefs du parti populaire, l'homme le plus propre à réunir sous le drapeau républicain les différentes opinions du pays, ce fut lui qu'il alla trouver. Il lui offrit un concours désintéressé, s'engagea à soutenir le gouvernement provisoire dans la tâche qu'il s'était donnée de traverser sans effusion de sang les jours qui devaient s'écouler jusqu'à la convocation de l'Assemblée, promit de modérer l'impatience des prolétaires et de veiller sur les hommes suspects, dont il voyait déjà poindre les mauvaises menées. Il témoigna à M. de Lamartine une grande confiance et, satisfait de ses entretiens avec lui, il ouvrit son club par une adhésion explicite à la politique du gouvernement provisoire.

Dans une des premières séances du conseil, M. Barbès avait été fait gouverneur du Luxembourg ; peu de temps après, on le nomma colonel de la 12ᵉ légion de la garde nationale. Malgré les instances de M. Louis Blanc, il refusa la première de ces fonctions, la jugeant une sinécure, et n'accepta qu'avec peine le commandement de la légion.

Sa simplicité et sa modestie répugnaient à toute distinction. Barbès était, entre les démocrates, l'un des plus sincèrement pénétrés du sentiment de l'égalité et le plus conséquent avec ses principes dans les habitudes de la vie. Son club, moins exclusif que d'autres, assidûment fréquenté par un auditoire sérieux, réunit un grand nombre d'hommes influents sur le peuple. MM. Pierre Leroux, Bac, Ribeyrolles, Martin-Bernard, Proudhon, Lamieussens, Greppo s'y rendaient chaque soir. On y traitait avec beaucoup d'animation les questions politiques et sociales. Le communisme y eut des orateurs passionnés ; mais pendant très-longtemps on écarta toutes les propositions hostiles au gouvernement provisoire, et les discussions les plus vives se terminaient toujours par des paroles de conciliation, par des conseils de prudence.

Le club des *Amis du peuple*, ouvert par M. Raspail au Marais et qui rassemblait chaque soir environ six mille personnes, n'avait pas, dans l'origine, un caractère plus agressif que celui de M. Barbès. M. Raspail y parlait à peu près seul et ramenait le plus possible les délibérations à l'examen des questions de doctrine. Bien qu'il fût d'une nature soupçonneuse à l'excès et que le langage du gouvernement provisoire lui inspirât peu de confiance [1], M. Raspail était un esprit capable de politique, et il comprenait mieux que personne la nécessité d'accoutumer peu à peu, par un gouvernement sans violence, les classes bourgeoises à la République. Il pensait aussi que le nom et la personne de M. de Lamartine devaient rallier tous les partis et qu'aucun chef populaire, pas plus lui-même que Barbès ou Blanqui, Louis Blanc, Pierre Leroux ou Cabet, ne pouvait sérieusement prétendre imposer à la nation

---

[1] En passant, le 26 février, devant une affiche du gouvernement où le mot *citoyen* avait fait place à une M majuscule, M. Raspail signala à l'un de ses amis cette substitution qu'il considérait comme un premier acte significatif de réaction contre l'égalité démocratique.

un gouvernement dictatorial et des institutions communistes.

Quoique ses doctrines, fortement liées dans un système de philosophie panthéiste, allassent à un communisme radical et qu'il considérât le *droit de propriété comme une illusion de l'amour-propre*, il s'élevait en toute occasion contre la pensée d'une réforme immédiate et violente ; il combattait la loi agraire, qu'il appelait une *chimère de répartition, une idée absurde*. « Ceux qui rêveraient la réforme sociale par le bouleversement subit de la propriété, disait-il, seraient plus que des coupables ; ce seraient des insensés ; ce seraient des sauvages qui se vengent de leurs ennemis en dévastant leurs moissons, et qui couronnent de leur propre mort le succès d'une stupide vengeance. *L'égalité des droits est une loi immuable, l'égalité des biens ne durerait pas deux heures.* »

Ce qu'il y avait d'absolu dans l'expression même de ses idées les plus sages, son caractère ombrageux, son austérité isolaient Raspail des partis et des coteries. Il exerçait un ascendant personnel très-grand sur la population des faubourgs. Son savoir médical le mettait à même de secourir efficacement, à toute heure, des maux et des souffrances que les rhéteurs des clubs se contentaient de peindre et que les ambitieux savaient exploiter ; mais c'était une action morale, isolée, secrètement jalousée et contrecarrée par les chefs de parti, et qui n'eut jamais l'initiative dans le mouvement révolutionnaire. A l'exception de M. Kersausie, noble breton [1], son inséparable compagnon dans la lutte et dans la captivité, on ne voyait autour de M. Raspail que les soldats obscurs de la démocratie. Les membres les plus ra-

---

[1] Kersausie (Théophile-Cuillard de Latour-d'Auvergne), était capitaine de hussards en 1830. Il donna sa démission et entra bientôt dans les sociétés secrètes. Condamné à la déportation, en 1835, il revint en France après l'amnistie, alla combattre en Espagne contre les carlistes et passa de là en Italie, où il apprit, dans les premiers jours de mars 1848, la proclamation de la République.

dicaux du gouvernement, MM. Ledru-Rollin et Louis Blanc, le jugeaient dangereux. M. Caussidière, qu'il alla trouver le jour de son installation pour avoir communication des registres de la police et connaître ainsi les noms de ceux qui avaient trahi dans les sociétés secrètes, se refusa obstinément à cette confidence [1]. Peu de jours après, le journal de M. Raspail, l'*Ami du peuple*, fut enlevé des mains des crieurs et déchiré par une troupe d'étudiants à qui l'on avait su le rendre suspect. Le bruit se répandit, on ne sait trop comment, que Raspail prêchait, comme l'avait fait Marat, l'extermination des riches [2]. Alors, profondément blessé, jugeant la République perdue puisque le plus convaincu des républicains était persécuté et calomnié, il s'enfonça plus avant dans sa retraite, ne garda plus de ménagement et se mit à dénoncer au peuple les actes du gouvernement provisoire, inspirés, disait-il, par l'esprit de réaction et funestes à la cause démocratique.

Un homme d'une valeur scientifique bien moindre que M. Raspail, mais infiniment plus propre au gouvernement du vulgaire, préparé de longue main à jouer un rôle dans la révolution, M. Cabet, ouvrit dans une salle publique de la rue Saint-Honoré, pour ses adeptes, au nombre de 6 à 8,000, un club qu'il conduisit avec une autorité et une habileté remarquables. M. Cabet tenait par sa naissance au

---

[1] Jusque vers le milieu du mois de mai, M. Raspail ne cessa d'insister dans son journal l'*Ami du peuple*, sur la publicité des dossiers et du *livre rouge* de la police.

[2] On trouve dans le n° 3 de l'*Ami du peuple*, 12 mars, le passage suivant qui montre suffisamment combien ces assertions étaient calomnieuses : « La terreur de 93, aujourd'hui, en 1848 ! elle n'a plus de sens ; elle ne serait plus qu'une atroce folie, un drame à la Néron, un incendie de Rome, pour traduire en action l'incendie de Troie. La terreur contre qui ? Contre nous-mêmes donc, puisque nous pensons tous de même...

« Depuis quinze jours je vois des Français partout et des ennemis nulle part. Au milieu de ce peuple de frères, promenez donc la guillotine, si vous l'osez ! on vous conduira vous et elle à Bicêtre, le dernier jour du carnaval. »

prolétariat dont il avait embrassé les intérêts et dont il servit la cause avec zèle et persévérance. Il était fils d'un tonnelier de Dijon. Élevé pour la magistrature, il fit connaître son nom au peuple par la publication d'une *Histoire universelle populaire*, par celle d'une *Histoire de la Révolution française*, que la presse démocratique appela le *Manuel des patriotes*, et par la fondation du journal le *Populaire*. Le parti démocratique le porta à la députation en 1831. En 1834, un procès politique l'obligea à s'éloigner. Il passa cinq années en Angleterre. C'est là qu'il entra en relation avec le célèbre Owen et qu'il étudia ses doctrines. A l'expiration de sa peine, M. Cabet, de retour à Paris, en 1839, désabusé des conspirations par l'expérience, ennemi par tempérament des luttes à main armée, se proclama communiste. Comme il était doué de l'esprit d'apostolat, il entreprit de prêcher ses nouvelles théories, les rattacha à l'Évangile et en composa un système d'organisation sociale dont il décrivit dans un ouvrage d'imagination (*Voyage en Icarie*) les lois, les mœurs, les coutumes et surtout les plaisirs. Des publications multipliées, une polémique très-vive contre le *National*, la création, sur de nouvelles bases et dans un esprit ouvertement communiste, du journal le *Populaire*, groupèrent autour de M. Cabet des esprits simples, des hommes honnêtes qu'attiraient la morale bienveillante, le ton paternel d'un enseignement qui n'empruntait rien à la science ni à la philosophie. M. Cabet possédait à un haut degré le talent de l'organisation; il cachait sous les dehors d'une bonhomie communicative l'instinct et même les habiletés du pouvoir. Il sut plier à une discipline aveugle des hommes d'une grande énergie, les fanatisa doucement par insinuation, et prit en peu d'années, sur la secte particulière du communisme qui retint le nom d'*icarienne*, une autorité dont la nature et les moyens, petits en apparence, mais forts par leur multiplicité et leur unité, tenaient du despotisme clérical plutôt que de l'ascendant d'un chef populaire.

M. Cabet avait eu pendant qu'il était député des relations bienveillantes avec M. de Lamartine. Il avait confiance dans ses intentions et souhaitait de prendre de l'influence sur lui pour le soustraire aux intrigues du *National* qu'il jugeait funestes à la République. Il ajournait de lui-même l'application des doctrines communistes. Les proclamer prématurément ce serait, pensait-il, effaroucher l'opinion et ruiner l'établissement républicain. Aussi se montra-t-il sincèrement disposé à soutenir le gouvernement provisoire. Le jour qu'il ouvrit son club, il fit afficher dans tout Paris une déclaration de principes, où il disait explicitement que les Icariens entendaient ne porter aucune atteinte ni à la famille ni à la propriété [1]. Pendant toute la durée du gouvernement provisoire, M. Cabet demeura fidèle à ce programme et, malgré son mécontentement et sa défiance, il contribua en plusieurs circonstances à sauver la majorité du conseil des complots qui se tramaient contre elle

Indépendamment de ces clubs principaux, il s'en forma une multitude d'autres [2] dans tous les quartiers populeux de Paris. Le directeur des ateliers nationaux institua, le 2 avril, un club central composé de délégués élus par les travailleurs et qui se réunissaient sous sa présidence plusieurs fois la semaine. Les rédacteurs du *National* organisèrent le club ou comité central des élections, sous la présidence de M. Recurt.

Les phalanstériens, présidés par MM. Considérant, Cantagrel, Laverdant, Hennequin, continuèrent, sans y mêler beaucoup de politique, l'enseignement de l'école. Le club de l'*Arsenal* et le club des *Quinze-Vingts*, très-violents, mais très-surveillés, attiraient chaque soir les prolétaires. Les étudiants du quartier du Panthéon se rassemblaient au club de la *Sorbonne* et au club du 2 *Mars*.

Quelques clubs conservateurs ou légitimistes, le *club ré-*

---

[1] Voir aux *Documents historiques*, à la fin du volume, n° 1.
[2] Voir aux *Documents historiques*, à la fin du volume, n° 2.

publicain pour la liberté des élections, sous la présidence de M. Viennet, le *club du dixième arrondissement,* présidé par M. de Vatisménil, essayaient aussi, mais timidement, de tempérer le mouvement révolutionnaire. Enfin, l'un des fondateurs de la *Réforme,* M. Grandmesnil, ami particulier de M. Ledru-Rollin, réunit, le 2 mars, dans les combles de la préfecture de police, sous les auspices de M. Caussidière, un certain nombre d'hommes énergiques qui constituèrent, sous le nom de *club des droits et des devoirs,* une société organisée militairement, dont le but secret était de faire passer aux mains de M. Ledru-Rollin le gouvernement dictatorial de la République. Ce club se fondit plus tard avec la *Société des droits de l'homme*[1], présidée par M. Villain, et tint ses séances au Palais-National où il se prépara sans beaucoup de mystère au combat à main armée.

Bientôt tous les clubs sentirent le besoin de s'entendre et de centraliser leur action pour agir sur les élections qui approchaient et dont on pressentait le caractère peu révolutionnaire. Le *club des clubs* fut organisé dans ces vues par un nommé Longepied, et s'installa dans la maison qu'occupait M. Sobrier. Il se composait de trois délégués de chacun des autres clubs. Le ministre de l'intérieur lui alloua un crédit de 120,000 fr., afin qu'il pût envoyer dans les départements des agents secrets, chargés de surveiller l'action des commissaires officiels, de les seconder ou de les dénoncer suivant l'occasion[2], de faire une propagande active dans les villages, dans les régiments, dans

---

[1] La *Société des droits de l'homme,* qui fut un grand sujet de terreur pour les Parisiens, et que l'on croyait forte de 30,000 hommes, n'eut pas d'existence réelle et ne compta jamais que ceux qui prétendaient en être les chefs

[2] Il n'y eut pas moins de 450 agents envoyés par le *club des clubs.* Ils reçurent tous des instructions imprimées et touchèrent une solde de 5 fr. par jour. Il y avait parmi ces agents des sous-officiers chargés spécialement de désigner aux soldats les chefs suspects. (Voir le *Rapport de la commission chargée d'examiner les comptes du gouvernement provisoire.*)

tous les lieux de réunions populaires. Ce fut dans ce club qui s'exerça la police la plus active[1]. MM. Ledru-Rollin, Lamartine, Marrast y répandirent des sommes considérables, prises sur les fonds secrets de leurs départements. Chacun cherchait à s'y faire des partisans. M. de Lamartine entretenait de fréquents rapports avec M. Sobrier; M. Ledru-Rollin y agissait par MM. Grandmesnil et Longepied. MM. Villain et Cahaigne appartenaient plus particulièrement à M. Caussidière. Mais, malgré tant d'intrigues, ou plutôt à cause de ces intrigues, le *club des clubs* et le journal la *Commune de Paris* qui lui servait d'organe, eurent un effet diamétralement contraire à celui qu'on en attendait. Ils déconsidérèrent dans l'opinion plusieurs des membres du gouvernement provisoire qui s'abaissaient à chercher de pareils auxiliaires, et jetèrent dans la population des campagnes les plus déplorables préventions contre la République.

L'attrait des clubs était vif pour la population parisienne qui aime la nouveauté, la parole, et ne hait pas un peu de scandale. Mais leur influence ne fut ni homogène, ni salutaire. La voix des hommes sérieux y put rarement dominer le tapage des fous; les conseils d'une sage politique ne s'y frayèrent qu'un chemin difficile à travers les flatteries et les exagérations perfides dont on commençait à empoisonner l'oreille du peuple. Au lieu d'enseigner aux prolétaires les nouveautés de l'institution démocratique et le sens profond de la souveraineté du peuple, on leur souffla dans la plupart des clubs un mauvais esprit d'imitation jacobine; on leur apprit le langage d'un autre temps qu'ils avaient oublié; on suscita en eux un esprit de despotisme révolutionnaire qui faillit, en plusieurs circonstances, perdre une cause dont la grandeur n'avait besoin pour triompher que de temps et de liberté. Des improvisateurs, des hommes

---

[1] Voir au volume I, p. 247, du *Rapport de la commission d'enquête*, la déposition de M. Carlier sur les quatre polices de Paris.

sans étude et sans expérience, traitèrent à l'aventure, sans préparation, sans réflexion, les plus graves questions de droit politique, les ramenant toutes à je ne sais quelle doctrine de l'*infaillibilité du peuple,* qui rendait superflu l'exercice de la raison individuelle. Le mot même de peuple prit dans leur bouche une acception étroite et ne signifia plus que le prolétariat industriel[1]. Ils accoutumèrent les masses à se payer de paroles sonores et vides, les abusant, les égarant par de détestables adulations. Quand vint le moment où le peuple dut exercer son droit de citoyen et faire acte de souveraineté légale, ils se mirent à ébranler par avance le respect de la représentation nationale et répandirent cette idée subversive qui rendrait à jamais impossible l'établissement de l'état démocratique : que si le résultat des élections ne convenait point au peuple de Paris, il lui appartenait d'en faire bonne justice et de se débarrasser, comme il l'entendrait, des élus du suffrage universel, des représentants de la France.

Un nombre infini de journaux, plagiaires jusque dans les titres qu'ils prenaient, ne secondèrent que trop cette action des clubs. Pour frapper l'oreille des passants et pour flatter les curiosités dépravées, les feuilles colportées et criées sur la voie publique rivalisaient de cynisme et de violence[2]. Les partis hostiles à la République se servirent de ce moyen abject de propagande et, comptant sur la crédulité des masses, ils dressèrent leurs embûches dans ce terrain fangeux de la démagogie. Quelques journaux bonapartistes essayèrent de réveiller dans le peuple le souvenir des gloires impériales, afin de préparer l'élection du prince

---

[1] Cette antithèse créée par la presse et les clubs en 1848, entre le mot *peuple* et le mot *bourgeois,* n'existait pas dans la première révolution. On disait alors *la nation* et *les citoyens.* Le mot peuple pris pour la masse ne fut adopté qu'à la fin de l'Assemblée législative, et encore ne fut-ce jamais pour désigner exclusivement le prolétariat.

[2] Il y en eut pendant les quatre mois que dura la liberté illimitée, jusqu'à 200. (Voir aux *Documents historiques,* à la fin du volume, n° 3.)

Louis Bonaparte. Les légitimistes aussi cherchèrent à s'insinuer par cette voie détournée. Enfin, de toutes parts, les hommes et les partis politiques, au lieu de faire effort pour éclairer le peuple, aider ses grands instincts et sa droiture naturelle, ne le considérant point en vue de son propre bien, mais en vue de leurs ambitions, prirent à tâche de fausser son jugement et de troubler sa raison.

Les journaux d'un ordre plus élevé, qui auraient pu contre-balancer l'effet de ces prédications grossières, avaient perdu tout crédit. Le *National*, considéré par le peuple comme un organe semi-officiel du gouvernement, la *Réforme* même, dont les principaux rédacteurs étaient au pouvoir, n'inspiraient plus de curiosité. Le *Populaire* de M. Cabet n'intéressait que les Icariens; l'*Atelier* partageait la défaveur dont était frappé le *National* avec lequel il avait un lien intime. Le *Siècle*, le *Constitutionnel*, les *Débats*, n'ayant d'autre but, dans ces premiers temps, que de ne pas se compromettre par des opinions trop explicites, n'étaient lus que dans les classes riches. La *Presse* seule, où M. de Girardin redoublait de verve, réussit à fixer l'attention publique, d'abord par l'éclat de son adhésion à la République, et bientôt après par la hardiesse de ses attaques contre le gouvernement qui n'avait pas su ou voulu ménager une ambition irritable. Mais, entre tous les journaux, le seul qui se produisît avec une originalité et un talent tout à fait extraordinaires, ce fut le *Représentant du peuple*, publié par M. Fauvety et M. Proudhon. M. Proudhon, dont j'ai caractérisé dans la première partie de cet ouvrage la personne et les écrits, se trouvait à Paris au moment où éclata l'insurrection. Mais, comme il n'appartenait à la rédaction d'aucun journal ni à aucune coterie politique et que son tempérament ne le poussait pas au combat à main armée, il demeura à l'écart. On ne le vit ni dans la rue ni à l'Hôtel de Ville. Son unique coopération au mouvement révolutionnaire fut de *composer* pour la *Réforme* l'affiche qui déclarait Louis-Philippe déchu. Après quoi il retourna à ses occupations habituelles et, du fond de sa retraite, en publiant un journal quotidien, il agita l'opinion plus fortement, plus profondément que ne le firent les hommes les plus mêlés à la multitude. Le *Représentant du peuple* prit des allures inaccoutumées dans la presse. Il ne se rangea sous aucune bannière. Attaquant d'une verve hautaine aussi bien la majorité que la minorité du gouvernement, gourmandant les clubs, les journaux, la place publique, jugeant dédaigneusement et raillant sans pitié tantôt les républicains du *National*, tantôt les jacobins, tantôt les communistes, M. Proudhon surprenait chaque matin ses lecteurs qui avaient peine à concilier le ton et l'allure de sa polémique contre les révolutionnaires avec ce que l'on connaissait de ses opinions ultra-radicales. A tout moment, il paraissait en contradiction avec lui-même, parce qu'au lieu de chercher les moyens d'organiser la démocratie, son radicalisme négatif se donnait pour tâche la désorganisation de tous les pouvoirs. Il ne croyait pas que la révolution eût autre chose à accomplir que la destruction de toutes les entraves qui gênaient la spontanéité de l'instinct social. Plus de clergé, plus d'armée, plus de magistrature, plus de propriété, l'absence de tout gouvernement, l'*an-archie*[1], c'est-à-dire la société livrée à ses propres forces, c'était là l'idéal philosophique de M. Proudhon ; mais, comme cette vue générale variait à l'infini dans les applications particulières, il en résultait des inconséquences, des revirements, des soubresauts, toute une manière de dire imprévue, saisissante, qui excitait au plus haut point la curiosité publique.

Il n'en allait pas ainsi du *Peuple constituant*, fondé par

[1] M. Proudhon empruntait cette expression, dont on lui attribua l'invention, à J. J. May, l'un des communistes qui fondèrent, en 1841, l'*Humanitaire*. Dans l'exposition des doctrines de l'école, May disait entre autres choses : « Le gouvernement démocratique doit être *anarchique* dans l'acception scientifique et non révolutionnaire du mot. Une République sans président est un gouvernement anarchique, c'est-à-dire sans chef, etc. »

M. de Lamennais. L'illustre vieillard, sorti brusquement de sa retraite au bruit du tocsin, apportait dans la lutte quotidienne du journalisme où l'avaient jeté la fougue de son caractère et l'ardeur du sang breton, des habitudes de style d'une majesté toute philosophique. Sa diction superbe et son accent sacerdotal ne transmettaient point à ses lecteurs la fièvre révolutionnaire dont son âme était tourmentée. S'il pensait souvent comme Danton, il parlait toujours comme Bossuet. Quand la passion le voulait faire journaliste, la forte discipline de son esprit le contraignait à rester Père de l'Église; le peuple, qui ne connaît pas ces contradictions du génie, demeurait insensible à une éloquence dont le caractère était opposé à l'inspiration et qui n'empruntait rien au temps ni à la circonstance.

Les relations personnelles de M. de Lamennais avec M. de Lamartine, qui le consultait fréquemment dans des réunions intimes, son aversion profonde pour les théories communistes, le rangeaient, en dépit de ses entraînements, du côté modéré du gouvernement provisoire. Aussi désintéressé à défendre la propriété, lui qui ne possédait rien, que Barbès, riche propriétaire, à prêcher le communisme, il exerça pendant quelque temps, sur plusieurs des hommes les plus exaltés de la révolution, une action modératrice, et ce ne fut qu'après la retraite du gouvernement provisoire qu'il entra dans les voies de l'opposition socialiste.

Il ne faut pas l'oublier, d'ailleurs, durant ces premiers mois de la République, malgré une certaine violence dans les clubs et dans les journaux, malgré une ostentation de terrorisme chez quelques meneurs, la pensée générale était portée à soutenir le gouvernement provisoire et plus particulièrement, dans le gouvernement, M. de Lamartine. Nous avons vu que les principaux chefs de secte et d'école, MM. Barbès, Raspail, Cabet désiraient sincèrement s'entendre avec lui. M. Ledru-Rollin, qui commençait à rêver la dictature, ne croyait pas pouvoir écarter M. de Lamartine. Madame Sand, accourue du Berri à la nouvelle de la révolution et qui s'était jetée avec ardeur dans l'agitation révolutionnaire, lui promettait le concours de sa plume éloquente. M. Sobrier le servait sous main ; M. Considérant proclamait tout haut ses sympathies pour lui ; M. Blanqui, nous le verrons bientôt, allait le trouver au ministère des affaires étrangères. Tous ces agitateurs sentaient bien que, s'il leur était facile de disposer à un jour donné d'une fraction plus ou moins considérable de la population ouvrière, ils étaient dans l'impossibilité de fonder un gouvernement, qui ne soulevât pas aussitôt contre lui la masse de la nation [1]. Ils se savaient trop profondément divisés entre eux pour essayer de se mettre d'accord. Toute leur ambition était donc de se maintenir en bons termes avec M. de Lamartine, qui n'avait de parti pris contre personne, et d'abriter derrière cette popularité peu défiante les projets encore irréalisables dont ils nourrissaient la chimère. Au moment dont je parle, tous les courants de l'opinion arrivaient à M. de Lamartine. La France entière le considérait comme un médiateur providentiel entre les partis et les classes. Le nom et le rôle de Washington lui étaient assignés par le vœu public. La suite des événements nous montrera comment lui échappa cette fortune et comment cette belle concordance des sentiments de paix s'évanouit pour faire place à toutes les haines, à toutes les fureurs de la guerre civile.

L'aspect de Paris, dans cette première période encore toute pacifique de la révolution, ne peut guère se décrire. Le besoin d'expansion de cette grande masse populaire que des lois rigoureuses avaient tenue depuis un demi-siècle exclue de la vie publique et comme frappée de silence, éclatait de toutes parts, se répandait en mille manières, prenait les formes les plus excentriques.

[1] Il est curieux de consulter à cet égard l'opinion peu suspecte de M. Louis Blanc : « Est-ce que M. de Larmartine, dit-il, ne jouissait pas alors (au 17 mars) d'une popularité éclatante, non pas au sein de quelques clubs, il est vrai, mais parmi les masses ? » (Voir *Pages d'histoire*, p. 97 et suiv.)

Les murailles étaient couvertes de placards de toutes couleurs où vers et prose se disputaient l'attention des passants. C'étaient le plus souvent des dithyrambes en l'honneur de la révolution et du peuple français; des appels à la fraternité; des actions de grâces au gouvernement provisoire; des hymnes à la République; des exhortations au calme, à la concorde, au respect des propriétés; c'était enfin l'expression naïve, confuse, exaltée, dans un langage incohérent, souvent grotesque, des meilleures pensées et des sentiments les plus honorables[1]. A chaque instant on voyait défiler, enseigne déployée, tambour en tête, de longues processions d'hommes, de femmes, d'enfants, qui marchaient en se tenant par la main, le visage rayonnant de joie, portant à l'Hôtel de Ville, dans des corbeilles ornées de rubans et de fleurs, le tribut volontaire, l'hommage reconnaissant d'un peuple qui se croyait devenu libre. Il n'y avait si pauvre corps d'état qui ne voulût présenter son offrande; si humble profession qui ne tînt pour un devoir de féliciter le gouvernement, de l'encourager au bien, de lui demander surtout de procurer au plus vite le bonheur universel; il n'y avait si mince contestation qui ne prétendît à être vidée dans le conseil[2]. Dans le premier essor de cette vie nouvelle que la révolution faisait au prolétariat, dans cette communication perpétuelle de tous avec tous, le gouvernement était considéré par la candeur populaire comme une justice de paix ou comme un tribunal d'honneur qui devait redresser tous les torts, pacifier toutes les querelles, pourvoir à tous les besoins. Comme si le jour n'eût pas suffi à ces démonstrations de la joie et de l'espé-

---

[1] « Les gens mêmes qui s'alarment le plus sont obligés de rendre témoignage à la douceur de la population. On n'est pas assez frappé du spectacle inouï que présente la France en ce moment. Dans aucun temps, dans aucun pays pareille chose ne s'était vue; dans aucun temps, dans aucun pays, une société de trente-cinq millions d'hommes n'aurait pu être livrée à elle-même avec si peu de dommages. » (*Journal des Débats*, 29 mars 1848.)

[2] Voir aux *Documents historiques*, à la fin du volume, n° 4.

rance publiques, la jeunesse parisienne imagina de faire des promenades nocturnes, à la clarté des torches, au bruit des pétards, et de sommer par des menaces ironiques les habitants paisibles d'illuminer partout sur son passage.

Dans le faubourg Saint-Antoine, les petits locataires exigeaient du propriétaire la remise totale, ou tout au moins la réduction du terme échu des loyers. Ceux des propriétaires qui obtempéraient à ces requêtes voyaient leurs noms inscrits sur des drapeaux que l'on promenait triomphalement par les rues ; les propriétaires récalcitrants étaient hués et bafoués de toutes les manières. Le plus souvent, on plantait sur leur maison un drapeau noir, et l'on venait pendre ou brûler sous leur fenêtre un mannequin vêtu d'une robe de chambre et d'un bonnet de coton, type consacré du mauvais propriétaire[1]. La plantation des arbres de la liberté devint aussi l'occasion ou le prétexte de beaucoup de bruit et de quelques désordres.

Pour inoffensives que fussent ces promenades, ces mannequins brûlés et ce gai refrain *des lampions*, devenu si populaire, ils ne laissaient pas de troubler beaucoup la sécurité des quartiers riches ; les avis affichés par le préfet de police pour exhorter les citoyens à s'en abstenir augmentaient plutôt les craintes qu'ils ne les calmaient[2].

---

[1] Ces désordres ne se passaient pas sans protestation de la part des ouvriers. Je lis dans le *Représentant du peuple*, du 11 avril, une lettre dont j'extrais le passage suivant :

« Quelques propriétaires préviennent toute demande. Bénis soient-ils ! Mais d'autres refusent. Ont-ils tort ? ont-ils raison ? peuvent-ils faire remise ? Ce n'est pas à nous à examiner ces trois points. Ce qu'il y a de certain, c'est que des drapeaux noirs flottent sur les maisons récalcitrantes. La propriété tremble sur sa base. Je ne suis qu'ouvrier, mais je proteste contre ces actes d'intimidation. Je ne me fais en aucune façon l'avocat des propriétaires ; mais à chacun son droit ; respect à tous ! Il n'y a que les ennemis de la République qui puissent se réjouir en voyant de semblables faits.

« Recevez, citoyen, mes salutations fraternelles.

« AD. PARROT,
« Ouvrier typographe. »

[2] Un avis du préfet de police, affiché le 25 mars, disait : « Attendons

Le palais des Tuileries était aussi, depuis le 25, le théâtre de scènes étranges. Quand M. Saint-Amand, capitaine dans la première légion de la garde nationale, fut envoyé par le gouvernement provisoire pour en prendre le commandement et le préserver de la dévastation, il y trouva des postes d'hommes du peuple qui s'étaient formés spontanément dans ce dessein, et qui exerçaient une police rigoureuse à la sortie du palais, afin de prévenir ou de châtier toute tentative de vol [1]. Le ministre de l'intérieur avait chargé MM. Mérimée, Léon de Laborde, Cavé et Châlons d'Argé de faire retirer les tableaux et les autres objets d'art. M. de Pontécoulant était autorisé, par M. Arago, à opérer la recherche et le classement des papiers appartenant à la famille royale. On transporta les diamants et l'argenterie au trésor et à l'hôtel de la Monnaie, dans des fourgons escortés par des ouvriers et par des élèves de l'école polytechnique. Enfin, malgré la foule immense qui ne cessa, pendant plusieurs jours, de traverser la longueur des appartements royaux depuis la porte de la chapelle jusqu'au pavillon de Flore, il se commit peu de dégâts, et l'on n'eut à regretter la perte que d'un très-petit nombre d'objets de prix [2].

Le 1er mars, conformément au décret du gouvernement provisoire, on organisa, dans les grands salons de réception du premier étage, un service d'hôpital pour les *Invalides civils*. Cent vingt lits reçurent les blessés. M. Leroy d'Étiolles fut nommé médecin en chef; M. Imbert, ancien détenu politique, directeur du service. Le clergé accourut avec em-

---

que la République soit en danger pour *agir à la clarté des torches !* ... » On ignorait alors dans Paris que le préfet de police, qui trouvait politique d'effrayer la bourgeoisie, encourageait ces promenades nocturnes.

[1] Cette police fut si rigoureuse, qu'un homme fut fusillé sur l'heure sous le pavillon de l'horloge, parce qu'on trouva sur lui un couvert d'argent.

[2] Sur une valeur de trois millions d'argenterie, par exemple, il en manqua pour une dizaine de mille francs.

pressement. Dans la salle du trône, sur une console dont on fit un autel, l'archevêque de Paris vint, en grande pompe, offrir le sacrifice de la messe. A l'aide de paravents, on établit des confessionnaux; et, comme un grand nombre de blessés recevaient les soins de femmes avec lesquelles ils entretenaient des relations non consacrées par l'Église, comme beaucoup d'entre eux n'avaient jamais approché des sacrements, on célébra des mariages, on donna la première communion. Il arriva même que l'on eut à administrer le baptême en même temps que l'extrême-onction à ces prolétaires restés indifférents jusque-là aux enseignements de la religion catholique.

Pour que rien ne manquât au spectacle étourdissant de cette mêlée révolutionnaire, pendant que le clergé officiait dans la salle du trône, une partie des hommes qui avaient formé les postes de surveillance et qui avaient empêché bien des dégâts, se relâchaient de leur première discipline et se mettaient à faire bombance dans les caves et les cuisines royales. C'étaient pour la plupart des gens exerçant les professions les plus basses, modèles académiques, escamoteurs, vendeurs de contre-marques, etc. On peut se figurer l'éblouissement de ces hommes de misère, quand ils se virent dans ce palais splendide, convives d'un festin préparé pour des princes, libres de troquer leurs haillons contre le brocart et la soie et de reposer l'ivresse des vins exquis sur les lits et les divans des princesses royales! Afin de rendre la fête plus complète, ils appelèrent dans le palais des filles de joie.

Bientôt le bruit courut qu'ils prétendaient y perpétuer leurs saturnales. Comme on entendait parfois la nuit des détonations mystérieuses dans la cour ou dans le jardin, on crut qu'ils commettaient des crimes affreux; on leur prêta mille projets sinistres. Le préfet de police pensa qu'il y allait de son honneur de mettre fin à un état de choses aussi irrégulier, et qu'il suffirait pour cela d'envoyer l'un de ses chefs montagnards à la tête d'une compagnie, avec l'ordre d'expulser de gré ou de force l'étrange garnison des Tuileries. Mais cet ordre imprudent faillit amener une catastrophe. Quand le capitaine Saint-Amand transmit à ces hommes, auxquels il était censé commander, mais qui, en réalité, n'obéissaient qu'à deux ou trois des leurs, l'injonction de M. Caussidière, on lui répondit par un refus péremptoire. Une rumeur effroyable s'éleva dans les rangs tous s'écrièrent qu'on leur faisait un outrage, qu'on le voulait chasser avec ignominie, eux, les braves combattants, les citoyens dévoués qui avaient sauvé les Tuileries de la dévastation; tous déclarèrent qu'ils feraient plutôt sauter le palais que de subir un affront pareil. En proférant ces menaces, ils chargeaient leurs armes et s'apprêtaient au combat. Dans le même temps, on entendait au dehors la troupe de M. Caussidière qui battait la charge et croisait la baïonnette. Que le signal de l'assaut fût donné, et c'en était fait peut-être du palais des Tuileries. Dans cette extrémité, le capitaine Saint-Amand, qui avait envoyé prévenir le gouvernement provisoire, essaya de gagner du moins un peu de temps et se mit à haranguer sa redoutable garnison. Il feignit d'entrer dans ses colères, de partager son indignation et, la calmant ainsi peu à peu, il obtint qu'elle laisserait entrer la troupe de M. Caussidière, lui promettant que le gouvernement provisoire ferait réparation aux braves citoyens qui s'étaient dévoués à la garde des Tuileries, et ne les ferait sortir du palais qu'avec les honneurs de la guerre.

Il leur persuada ainsi d'ouvrir la grille aux montagnards, qui entrèrent tambour en tête et se rangèrent en bataille dans la cour. Sur ces entrefaites, le général Courtais, averti, accourait sans escorte. Resté seul au milieu de ces bandes en armes, auxquelles il essaya vainement de faire entendre raison, il se promenait de long en large dans la cour, attendant non sans inquiétude, car il était en réalité prisonnier, l'issue de cette incroyable aventure. Enfin le gouvernement provisoire parut. MM. Ledru-Rollin, Arago,

Marie, Crémieux, Marrast, Pagnerre, prirent successivement la parole et firent de véritables excuses à la garnison des Tuileries. Ils dirent que ce qui venait de se passer était une méprise; que le gouvernement n'avait pas été informé; qu'il regrettait qu'on eût méconnu le caractère honorable des citoyens auxquels il rendait toute justice. Ils déclarèrent que la garnison des Tuileries demeurerait vingt-quatre heures encore dans le palais afin de bien montrer qu'elle se retirait librement et promirent de nouveau qu'elle sortirait avec les honneurs de la guerre. C'était le 6 mars. Le lendemain, à midi, le général Courtais vint, en grand uniforme, suivi de son état-major, passer la revue des trois cents. Il fit décharger les armes et, marchant en tête de la colonne, il prit, au milieu d'une foule attirée par la bizarrerie de ce spectacle, le chemin de l'Hôtel de Ville. Là, les harangues et les remercîments recommencèrent; une somme de 500 francs fut distribuée. Puis, ces hommes qui avaient tenu un moment tout Paris en effroi, qui avaient vécu dans les splendeurs d'une résidence royale, qui avaient en quelque sorte traité d'égal à égal avec le gouvernement de la République, rentrèrent dans leur obscurité et dans leur indigence. Tout n'était pas dit cependant. A vingt jours de là, l'un d'eux, le nommé Bichair, allumeur de réverbères, étant mort à l'hospice des invalides civils, on lui rendit des honneurs funèbres dignes d'un héros. Dans un moment où des milliers d'honnêtes ouvriers manquaient de pain, on dépensa 11,000 francs pour ses obsèques. Le *Moniteur* décrivit, dans un langage épique, la cérémonie « qui fut, dit-il, la plus grandiose et la plus touchante. Jamais maréchal de France, s'écriait la feuille officielle, ne fut honoré avec plus de majesté. »

Après l'expulsion des trois cents, le jardin des Tuileries, resté fermé jusque-là, fut rendu au public. Tout y avait repris l'aspect le plus tranquille; il ne restait aucune trace de désordre. Le printemps y faisait sentir déjà sa douceur précoce; la sève des marronniers rougissait les bourgeons. Les divinités de marbre, noircies sous la brume d'hiver, semblaient se ranimer dans l'atmosphère transparente qu'attiédissaient les premiers rayons du soleil de mars ; l'iris parfumait les plates-bandes. Les enfants parisiens accoururent et se répandirent dans ces vastes espaces, sans se douter que le sable qu'ils foulaient de leurs rondes joyeuses avaient enseveli des cadavres. Les oiseaux n'avaient pas interrompu leurs gazouillements pour écouter les cris de mort de la guerre civile. Le sang humain n'avait pas empêché la violette de fleurir. Les cygnes nageaient paisiblement en cercle au bord des bassins, attendant le pain accoutumé. L'enfance et la nature sont soumises aux seules lois divines : elles ne sentent pas l'atteinte des révolutions qui bouleversent les institutions humaines.

Le 15 mai suivant, le général Courtais et son état-major, après avoir éconduit le capitaine Saint-Amand, s'installèrent dans les Tuileries. Les invalides civils furent peu à peu envoyés dans les hospices de Paris et de la banlieue. Le gouvernement provisoire décréta la jonction des Tuileries et du Louvre ; il décida que ce vaste édifice prendrait désormais le nom de *Palais du Peuple*. Mais ce projet, comme tant d'autres, demeura inexécuté, et le palais des Tuileries attend encore à l'heure où j'écris une destination convenable.

Pendant que les événements que je viens de rapporter se passaient au grand jour et jetaient dans la stupéfaction les habitants des riches quartiers dont les Tuileries forment le centre, il se jouait à la préfecture de police et au Luxembourg une scène qui resta longtemps enveloppée de mystère, et qui, si elle eût été connue, eût frappé les imaginations d'une terreur bien plus grande encore. Un tribunal secret, réuni sur le simple appel d'un homme que rien n'autorisait à un pareil acte d'autorité, se rassemblait de nuit au Luxembourg, et là, à la façon du *Vehmgericht*, il faisait comparaître un accusé, l'interrogeait, le déclarait coupable, et, après l'avoir menacé de mort, il ne lui faisait grâce que pour le jeter dans un cachot où sa vie était à toute heure à la merci de ses juges.

Voici le fait. En compulsant les dossiers de la préfecture de police, M. Caussidière y avait trouvé une suite de rapports, signés *Pierre*, qui remontaient à l'année 1838 et contenaient les détails les plus circonstanciés sur les sociétés secrètes et sur les complots du parti républicain. Les soupçons de M. Caussidière se portèrent aussitôt sur un nommé Delahodde, rédacteur de la *Réforme*, initié depuis 1832 à la *Société des droits de l'homme*, avec lequel un grand nombre de républicains et lui-même avaient eu et conservaient encore des relations intimes. Il se rappela que les conseils de Delahodde, ses plans d'attaque pendant l'insurrection du 23 lui avaient paru suspects ; confrontant l'écriture des rapports avec la signature de Delahodde, qui s'était installé à la préfecture en qualité de secrétaire général, il demeura convaincu que ses soupçons étaient fondés. Son parti fut pris à l'instant. Il convoqua pour le soir même, au Luxembourg, une réunion de seize personnes qui toutes étaient désignées dans le rapport Delahodde. Chacun ignorait le motif pour lequel il était appelé. Albert avait prêté sa chambre, sans savoir de quoi il s'agissait. Caussidière s'était contenté de dire qu'on aurait à s'occuper d'une affaire sérieuse. Quand la réunion, composée de Grandmesnil, Tiphaine, Monier, Bocquet, Bergeron, Pilhes, Léchallier, Albert, Mercier, Caillaud et Sobrier, fut au complet, Caussidière, qui venait d'arriver en compagnie de Delahodde avec lequel il avait dîné, prit la parole :

« Citoyens, dit-il, nous devions être plus nombreux, mais Louis Blanc et Ledru-Rollin sont retenus à l'Hôtel de Ville ; Raspail et Barbès sont à leurs clubs ; Flocon est indisposé... Citoyens ! il y a un traître parmi nous. Nous allons nous constituer en tribunal secret pour le juger. »

On s'entre-regarda avec un étonnement profond. Delahodde resta impassible. Après qu'on eut nommé Grandmesnil président du tribunal, Caussidière, qui s'arrogeait les fonctions d'accusateur public, prononça d'une voix solennelle le nom du traître : Lucien Delahodde. En s'entendant nommer, celui-ci bondit sur sa chaise et s'élança vers la porte. Caussidière l'avait devancé ; tirant de sa poche un pistolet, il lui barrait le passage. A cette vue, Delahodde recula et se mit à protester de son innocence ; mais le dossier qui contenait les rapports était sur la table ; les écritures furent confrontées et le délateur, confondu, vit qu'il n'avait plus qu'à implorer la miséricorde de ses juges. Ceux-ci, en proie à une colère violente, ne voulurent rien entendre ; Caussidière, s'avançant vers Delahodde, lui présenta son pistolet tout armé, en lui disant avec le plus grand sang-froid qu'il ne lui restait plus autre chose à faire, pour témoigner son repentir, que de se brûler la cervelle. Delahodde était terrifié, la sueur ruisselait de son front ; il tremblait, sanglotait ; il conjurait qu'on le laissât vivre. Alors Albert, touché de ses supplications, intervint en sa faveur. D'autres firent remarquer qu'un coup de pistolet donnerait l'alerte dans le quartier et trahirait une mort qui devait rester secrète. Quelqu'un proposa le poison. Un verre fut apporté ; Caussidière y jeta avec beaucoup d'ostentation une poudre de couleur blanche semblable à l'arsenic. Le malheureux Delahodde tenait toujours sa tête dans ses mains et tremblait de tous ses membres. Sur une nouvelle et plus vive intercession d'Albert, il fut résolu qu'on le laisserait vivre, mais qu'on le garderait au secret à la préfecture de police. Delahodde y resta, en effet, pendant quelque temps ; de là il fut transféré à la Conciergerie, où il demeura jusqu'à la chute de Caussidière. Mis en liberté par le nouveau préfet de police, il publia un libelle dans lequel il se vengeait par l'injure et par la diffamation de la torture morale qu'on lui avait fait subir au Luxembourg.

Que l'intention de mettre à mort Delahodde ait été sérieuse, c'est ce qu'il n'est guère possible d'admettre ; mais la convocation de ce tribunal secret, l'incarcération de

Delahodde sans aucune forme judiciaire, et cela dans Paris, au dix-neuvième siècle, n'est-ce pas assez pour montrer la manière excentrique dont certains hommes interprétaient la révolution, et comment, par leur mépris affecté des formes sociales, ils donnaient prise à l'opinion contre les républicains et contre la République[1]?

Dans ces mêmes jours, une cérémonie pieuse eut lieu au cimetière de Saint-Mandé où reposent les cendres d'Armand Carrel. Les républicains avaient décidé de rendre un hommage public à la mémoire d'un des hommes les plus chevaleresques qu'ils eussent comptés dans leurs rangs. Des députations des écoles, des détachements de toutes les légions de la garde nationale, des délégués de tous les journaux, de nombreux citoyens formèrent un cortège imposant qui partit de l'Hôtel de Ville et s'achemina lentement vers Saint-Mandé, ayant à sa tête M. Marrast. On crut devoir inviter à cette solennité le rédacteur en chef de la *Presse*, l'adversaire malheureux d'Armand Carrel[2]. M. de Girardin, que tentait tout ce qui avait une apparence de singularité et d'audace, avait répondu avec empressement à cet appel. Arrivé au cimetière, on fit cercle autour de la tombe, et M. de Girardin, prenant la parole, proposa comme l'hommage le plus digne d'un homme tombé victime d'un préjugé barbare, de demander au gouvernement provisoire qu'il complétât l'œuvre d'humanité commencée par l'abolition de la peine de mort, en proscrivant le duel. « Nous

---

[1] Les révolutionnaires de cette école firent un tort considérable à la République en se persuadant qu'il y allait de leur honneur de heurter à tout propos l'opinion. Ils oubliaient que « l'opinion publique, dans un temps de révolution, doit être excessivement ménagée; qu'il faut la recueillir avant de la fortifier, et la seconder plutôt que l'exciter. » (Mirabeau, *Correspondance avec le comte de Lamarck*, v. II, p. 216.)

[2] Les amis les plus intimes d'Armand Carrel ont rendu cette justice à M. de Girardin de reconnaître qu'il ne fut aucunement provocateur dans cette malheureuse affaire, qu'il se conduisit pendant les pourparlers et sur le terrain en homme de sens, de courage et d'honneur.

acceptons cette expiation, s'écria M. Marrast! La magnanimité que le peuple a déployée le jour du combat, commandait à tous les organes du gouvernement provisoire la conduite qu'ils ont tenue. Quand nous sommes venus ici, nous n'avons voulu penser qu'à la vie d'Armand Carrel; nous avons oublié sa mort. Quelque part que se rencontre le talent allié à un noble caractère, le gouvernement provisoire lui tendra la main, quand il viendra se vouer au service de la cause que nous défendons tous, au service de la République! » Et ces deux hommes, en présence de spectateurs nombreux et très-diversement agités, se serrèrent la main en signe de réconciliation.

Certes, une telle pensée était belle et touchante; il y avait de la grandeur dans ce rapprochement de deux ennemis sur une tombe. Mais l'attitude et la physionomie des assistants montrèrent qu'ils n'interprétaient pas favorablement une démonstration qui, faite par des hommes simples, eût tiré des larmes de tous les yeux. On ne voulut voir dans cette réconciliation de deux hommes habiles qu'un jeu concerté; malgré ce qu'il y eut de sincère et de courageux dans la démarche de M. de Girardin, elle ne fit sur l'opinion publique d'autre impression que celle d'une scène médiocrement jouée. On aurait craint aussi de se montrer dupe en prenant trop au sérieux la magnanimité de M. Marrast.

C'est la punition des esprits sceptiques de comprendre parfois la grandeur, d'en approcher même d'assez près, mais de la faire évanouir dès qu'ils y touchent.

Dans la multitude d'idées et de sentiments que la fermentation révolutionnaire faisait surgir tout à coup du silence où ils étaient demeurés longtemps comme étouffés, les opinions nouvelles relatives à la condition des femmes, à leurs droits et à leurs devoirs dans la famille et dans l'État, ne devaient pas rester inexprimées. La révolution de 1848 essaya sur ce point, comme sur tous les autres, de reprendre les traditions de la première révolution.

Qu'il me soit permis de m'arrêter un moment sur cette partie de mon sujet. Bien qu'elle ne se rattache pas directement à la révolution politique, je la trouve digne d'attention, parce qu'elle est intimement liée à la révolution sociale dont je me suis proposé de suivre pas à pas les développements.

C'est à Condorcet, et non pas à Jean-Jacques, comme on le croit généralement, qu'appartient l'initiative des réformes proposées dans l'éducation et la condition des femmes. Le premier, il posa nettement le principe de l'*entière égalité des droits* pour les deux sexes. Jean-Jacques, qui avait parlé aux femmes avec une éloquence et une tendresse d'âme incomparables, s'était cependant montré à leur égard moins libéral et moins sérieux que ne l'avait été Fénelon. Dans son plan d'éducation, qui n'est applicable ni à la femme du peuple, dont il ne s'occupe pas, lui sorti du peuple, ni même à la femme des classes moyennes, mais qui l'est seulement aux filles riches, il établit en principe que les femmes *doivent être exercées à la contrainte ; que la dépendance est leur état naturel* [1]. Il veut qu'on développe en elles, non la raison, qui leur rendrait plus pénible cette soumission aveugle aux volontés d'autrui, mais les *talents d'agrément*, à la condition toutefois que ce soit d'une manière frivole et subalterne [2]. Madame de Staël, plus rationaliste et plus ferme en ses jugements, écarte les préjugés de Jean-Jacques. Son âme forte et fière s'ouvre à tous les grands pressentiments des temps modernes. Elle déclare que, *dans l'état actuel, les femmes ne sont ni dans l'ordre de la nature, ni dans l'ordre de la société* [3]. Elle annonce comme

---

[1] Voir *Émile*, livre V.

[2] Il leur permet le dessin, par exemple, afin qu'elles puissent composer, dans l'occasion, un dessin de broderie. On retrouve dans tous ses écrits quelque chose du sentiment exprimé dans ses vers SUR LA FEMME :

    Objet séduisant et funeste
    Que j'adore et que je déteste.

[3] *De la Littérature*, œuvres complètes, T. I, p. 24.

prochaine la venue de *législateurs qui donneront une attention sérieuse à l'éducation des femmes, aux lois civiles qui les protégent, aux devoirs qui doivent leur être imposés, au bonheur qui peut leur être garanti.* Mirabeau demande pour elles une voix légale dans le conseil de famille. Enfin, la Révolution, qui les trouve sans droits, sans éducation rationnelle, *souffrant*, suivant l'expression de Condorcet, *du sentiment d'une injustice éternelle*, les anime, les exalte, pousse les unes aux premiers rangs dans l'insurrection des idées, jette les autres dans tous les emportements des passions aveugles.

On voit d'abord, à l'aube de la Révolution, applaudissant aux novateurs, les appelant à elles, les encourageant de leurs sympathies, au milieu d'un cercle brillant dont elles sont les reines, mesdames Helvétius, Necker, de Genlis, de Condorcet; pendant que, au fond d'une austère retraite, mademoiselle de Lézardières, recueillant les lois de la monarchie française, montre l'esprit féminin capable de prendre une large part dans le travail du siècle, digne par sa maturité et son élévation de ces droits égaux que le préjugé lui refuse encore. L'éloquente Olympe de Gouges paraît alors; donne aux prétentions de son sexe une formule politique d'une précision hardie qui rejette toute réticence et toute équivoque[1]. Puis vient madame Roland, cette romaine décente et sans faiblesse, qui vit et meurt pour la liberté, et trahit à peine, par une plainte discrète, ce que lui font éprouver de malaise et d'angoisse les préjugés qui pèsent sur son sexe[2]. Après elle, Charlotte Corday, cette autre Romaine du sang de Corneille, donne et reçoit la mort avec le calme antique. Puis enfin, dans tous les rangs, dans les profondeurs mêmes du pays, dans le grand mouvement des fédérations qu'elles animent, dans les tribunes de l'As-

---

[1] Voir aux *Documents historiques*, à la fin du volume, n° 5.

[2] « En vérité, s'écrie-t-elle, dans une lettre à Bancal, je suis bien ennuyée d'être femme ! Il m'eût fallu une autre âme, un autre temps ou un autre sexe ! »

semblée, dans les clubs qu'elles dirigent, aux armées, au Champ de Mars, à Versailles, aux Tuileries, hélas! et jusque dans les prisons de septembre, des femmes inspirées ou possédées du génie de la Révolution s'associent à toutes les grandeurs de la pensée, à tous les héroïsmes de l'action, à toutes les fureurs de la démence révolutionnaire.

La Révolution, après les avoir provoquées à paraître sur la scène politique, les rejeta dans l'ombre, au 9 thermidor, sans avoir apporté de changements essentiels dans leur condition sociale. Cependant l'Assemblée constituante, non contente de leur rendre un éclatant hommage en remettant le *dépôt de la Constitution à la vigilance des épouses et des mères*, avait amélioré sensiblement leur sort dans la famille, en établissant le partage égal des biens et en abolissant la perpétuité des vœux monastiques. L'Assemblée législative crut faire plus en décrétant le divorce. Mais en ceci encore le législateur s'occupa exclusivement des femmes de la classe riche. Ces questions de partage égal, de vœu perpétuel et de liens indissolubles ne touchaient point la fille du peuple, car elle n'attend pas d'héritage, sa famille n'a nul intérêt à la pousser au cloître, et l'uniformité des habitudes de sa vie laborieuse la retient naturellement, sans qu'elle en souffre, dans un mariage unique. Les idées qui intéressent la généralité des femmes et leurs droits dans toutes les situations sociales ne furent traitées de nouveau, après le long silence de l'Empire et de la Restauration[1], que par les écoles de Saint-Simon et de Fourier.

En 1830, les prédications des saint-simoniens surtout réveillèrent chez un certain nombre de femmes des idées d'émancipation. Malheureusement les vérités contenues dans la doctrine saint-simonienne furent rapidement perverties

---

[1] Il serait injuste de ne pas tenir compte, dans ces années où le préjugé avait repris tout son empire, du beau travail de madame Necker de Saussure et du livre de madame de Rémusat, où je trouve cette pensée d'une simplicité fière et hardie : « Les femmes ont *droit au devoir.* »

par l'influence personnelle de quelques sectaires, qui confondaient toutes les lois naturelles et sociales dans un mysticisme de voluptés inacceptable pour la conscience moderne. Les femmes qui s'étaient jetées dans le saint-simonisme, sans bien comprendre le sens mystérieux de certaines formules, se troublèrent; leur imagination, exaltée par des rites et des cérémonies où le magnétisme jouait un rôle principal, entra en lutte avec leur raison et la délicatesse de leurs instincts. Beaucoup d'entre elles, après des combats intérieurs douloureux, rentrèrent dans le sein de l'Église catholique; d'autres, plus faibles ou plus intrépides, se donnèrent la mort. Le discrédit dont furent frappés les mystères du saint-simonisme rejaillit pendant longtemps sur toutes les idées favorables à l'amélioration du sort des femmes.

Vers cette même époque parut aussi un talent féminin, dont l'éclat et la nouveauté excitèrent une curiosité universelle. Aurore Dupin, baronne Dudevant, petite fille du fermier général Dupin, et qui comptait parmi ses ancêtres le maréchal de Saxe, publia, sous le pseudonyme de George Sand, une suite de romans d'un style admirable et dont l'esprit général était l'exaltation du caractère féminin et la peinture des souffrances de la femme dans le monde et dans le mariage. Une union ouvertement brisée, une existence pleine de fantaisie, une beauté singulière, un art accompli dans ses créations les plus spontanées, donnèrent à la personne et aux œuvres de George Sand un attrait extraordinaire. Les saint-simoniens, encore dans toute la ferveur de leur apostolat, voulurent s'emparer de la direction de ce talent si merveilleusement apte à la propagande. Mais l'intelligence de madame Sand n'acceptait pas volontiers le principe hiérarchique de la société saint-simonnienne. Invinciblement attirée vers les idées égalitaires les plus simples et les plus radicales, elle comprenait la démocratie comme l'avaient comprise les babouvistes. Le vieux Buonarotti la trouva docile à ses enseignements. Le communisme de Pierre Leroux, les théories de Louis Blanc éveillèrent dans son esprit des échos qui retentirent au loin; quittant le roman de passion individuelle et de caractère, elle voua sa plume à la propagation du communisme et à la cause du prolétariat considérée du point de vue de l'égalité absolue. L'influence de madame Sand, que nous retrouverons tout à l'heure dans les conseils du ministre de l'intérieur, fut, malgré la force et la beauté de son talent, une influence purement agitatrice. Elle para de toutes les grâces d'une imagination inépuisable des objets qui jusqu'alors avaient semblé peu propres à inspirer les poëtes. Elle prit pour sujet de ses nouveaux romans le prolétaire des villes et des campagnes, ses travaux, ses misères; elle opposa ses vertus à l'égoïsme des grands et des riches; elle appela sur lui la pitié, en même temps qu'elle le montrait digne d'admiration; mais elle n'aborda pas directement les doctrines philosophiques ou historiques sur lesquelles se fonde le droit de la démocratie, et se mit soigneusement à l'écart de toutes les tentatives faites par d'autres femmes pour réclamer l'extension au sexe féminin des progrès accomplis ou annoncés par la nouvelle République.

Ces tentatives, il faut le dire, ne furent ni bien mûrement réfléchies, ni bien sagement conduites par des femmes dont le zèle était d'ailleurs trop imparfaitement secondé par le talent. Sans tenir compte de l'état des mœurs, elles heurtèrent de front les usages et les coutumes plutôt que de chercher à gagner les esprits. Au lieu de reprendre dans leurs écrits la pensée de Condorcet, de traiter avec simplicité et modestie les questions relatives à l'éducation des femmes dans toutes les classes, aux carrières qu'il serait possible de leur ouvrir, au salaire de la femme du peuple, à l'autorité de la mère de famille, à la dignité de l'épouse, mieux protégées par la loi[1]; au lieu d'avancer pas

---

[1] Un historien d'une gravité philosophique qui ne sera récusée par personne, M. Henri Martin, dans son beau livre *de la France*, s'exprime

à pas, avec prudence, à mesure que l'opinion se montrerait favorable, elles firent des manifestations très-impolitiques, elles ouvrirent avec fracas des clubs qui devinrent aussitôt un sujet de risée. Elles portèrent dans les banquets des toasts dont le ton mystique et le sens vague ne pouvaient ni convaincre ni éclairer personne; elles publièrent des journaux qui ne se firent point lire. L'une d'entre elles réclama officiellement, à la mairie d'une petite ville de province, son droit d'électrice; peu après, une autre plus hardie encore, afficha, sur les murs de Paris, sa candidature à l'Assemblée nationale. A ces démonstrations, qui n'étaient que hors de propos, il se mêla des excentricités de bas étage. Une légion de femmes de mœurs équivoques fut organisée par une espèce de fou, nommé Borme, qui leur donna le nom de *Vésuviennes*, et les conduisit à plusieurs reprises à l'Hôtel de Ville pour y haranguer et y être haranguées. Toutes ces choses bizarres, ce tapage extérieur, n'eurent d'autre effet que d'effaroucher beaucoup de bons esprits et de rendre au préjugé, qui allait s'affaiblissant, une force nouvelle.

Cependant le peuple jugea différemment cette levée de boucliers féminine. Le peuple, et cela se conçoit, est peu sensible à la notion du ridicule. Il ne raille pas la *bonne volonté;* il l'honore jusque dans ses écarts et ses échecs. Il a surtout, par droiture naturelle et par simplicité d'âme, un grand respect pour le caractère de la femme. Il ne partage à cet égard aucun des préjugés moqueurs qu'une éducation exclusivement littéraire entretient dans la bourgeoisie. Le peuple ignore l'infériorité de la femme, établie dans nos mœurs par la tradition latine. Il ne connaît guère davantage l'arrêt porté contre elle par la théolo-

---

ainsi sur cette matière délicate : « La position tout à fait inférieure et subordonnée faite à la femme dans le mariage ne répond ni aux idées, ni aux mœurs de la France. La femme est insuffisamment protégée par la société dans certains cas où la loi, qui s'abstient, devrait intervenir. »

gie chrétienne. Toute son érudition, à lui, c'est Jeanne d'Arc sauvant la France. Il n'a pas lu, il repousserait avec indignation les satires de Rabelais, les contes de la Fontaine, le poëme ignominieux de Voltaire. Le prolétaire, qui voit partout la femme active, intelligente et sérieuse à ses côtés, réclame pour elle, en dépit des sarcasmes de la bourgeoisie, qu'il ne saurait comprendre, ce qu'il demande pour lui-même : l'instruction, le travail bien tempéré, le loisir nécessaire à la vie morale, cette part dans les fonctions sociales qui relie dans une vie commune les existences isolées et fait des habitants d'un même pays les citoyens d'une même patrie [1]. Des tentatives avortées ne le rebutent pas; il ne se laisse pas déconcerter par le persiflage; ce qu'il croit juste ne peut jamais lui sembler risible. Aussi peut-on affirmer que tous les progrès de la démocratie en France amèneront des progrès correspondants dans la condition des femmes. Le jour où il sera donné au peuple de

---

[1] Une adresse remise le 3 mars au gouvernement provisoire s'exprime ainsi :

« Citoyens,

« Beaucoup de femmes sont dans une situation désespérée ; vous ne voudrez pas qu'elles continuent à être exposées à la misère ou au désordre. Les bonnes mœurs font la force des républiques, et ce sont les femmes qui font les mœurs. Que la nation honore par votre voix le travail des femmes ! Qu'elles prennent rang, par votre volonté, dans la réorganisation qui s'opère, et que le principe de l'association soit encouragé par vous pour les travaux qui sont de leur ressort.

« Les femmes méritent d'avoir part à l'honneur et au bien-être que nos institutions vont amener pour le peuple : c'est par elles que l'homme trouve le bonheur dans la famille ; ce sont elles qui lui donnent le principe de ses sentiments moraux. Elles sont depuis longtemps associées à toutes les gloires dans la littérature, dans les beaux-arts, dans l'industrie, comme elles sont associées à toutes les douleurs en la personne des admirables sœurs de charité.

« Faites, citoyens, que la gloire des femmes illustres et méritantes qui nous ont précédées rejaillisse en ce moment sur les femmes du travail et du dévouement obscur, sur les mères, les filles, les sœurs de ce peuple pour lequel vous faites de si grandes choses.

« Recevez, citoyens, etc. »

faire passer dans les lois les sentiments dont il est animé, l'égalité et la fraternité ne s'enseigneront plus à l'exclusion de tout un sexe; le droit ne sera plus contesté; une existence supérieure commencera pour la femme dans la famille et dans la patrie.

CHAPITRE XXIII

Conférences du Luxembourg. — M. Louis Blanc. — Journées des 16 et 17 mars.

Pendant que la presse et les clubs, livrés à tous les vents de la tourmente révolutionnaire, agitaient confusément les passions de la multitude, les conférences du Luxembourg s'ouvraient avec gravité, et le prolétariat, par l'élite de ses représentants, docile à la voix d'un homme d'étude et de doctrine, délibérait, cherchait avec bonne foi à concilier par l'*organisation du travail* les droits et les intérêts qu'une liberté illimitée avait rendus hostiles.

Ce fut un spectacle d'une nouveauté étrange pour la France et pour l'Europe, où l'on observait à ce moment avec inquiétude tous les pas, tous les actes, toutes les paroles du peuple de Paris, de voir le palais de Marie de Médicis, ses cours, ses escaliers, ses galeries de marbre, ses vastes et majestueuses enceintes, chaque jour traversés par de longues files de prolétaires, inattentifs à ces magnificences de l'art florentin et de la royauté française, recueillis en eux-mêmes, absorbés par une pensée unique, et qui poursuivaient avec une ardeur concentrée, digne d'un succès meilleur, un but qu'il ne leur était pas donné d'atteindre.

La salle des délibérations de l'ancienne chambre des pairs avait été choisie pour la convocation du parlement de l'industrie. Les huissiers, en tenue officielle, vêtus de noir, l'épée au côté, étaient venus reprendre, dans l'assemblée des vestes et des blouses, l'office qu'ils remplissaient huit jours auparavant auprès des habits brodés; et cette invariabilité dans l'appareil du pouvoir, quand le pouvoir même avait pour ainsi dire changé de pôle, mettait en saillie, de la manière la plus pittoresque, l'élément comique presque toujours mêlé aux plus tragiques vicissitudes de l'histoire.

Le 1er mars, à neuf heures du matin, deux cents délégués des différentes corporations ouvrières prenaient place sur les siéges de cette pairie, chargée naguère de condamner à la mort et au cachot les soldats et les confesseurs de l'égalité républicaine. M. Louis Blanc occupait le fauteuil du chancelier duc Pasquier. L'ouvrier Albert, en qualité de vice-président, était assis au bureau, à ses côtés. M. Louis Blanc nous dit lui-même[1] qu'il éprouva en ce moment une impression solennelle et profonde; mais combien cette impression eût été douloureuse, si la joie qu'il ressentait à présider au triomphe extérieur de ses idées lui eût permis de voir, dans un avenir bien rapproché, l'impuissance d'un système et d'une volonté, si énergique qu'elle fût, à changer les conditions essentielles de la vie sociale. Bien que M. Louis Blanc eût deviné les motifs qui déterminaient le gouvernement provisoire à lui faire tenir, loin de l'Hôtel de Ville, ce qu'il nomma plus tard les *assises de la faim*, il croyait néanmoins, et cette croyance très-vive faisait tout à la fois sa force et sa faiblesse, qu'il s'emparait ainsi de la révolution sociale et s'imposait à l'opinion. M. Louis Blanc avait trop d'élévation dans l'esprit pour jouer, comme M. Ledru-Rollin, à la terreur; il respectait trop sincèrement le peuple[2] pour le vouloir faire servir d'instrument à

---

[1] Voir *Pages d'histoire*, p. 49.

[2] Un jour, dans un entretien intime, M. Louis Blanc, parlant des sentiments que lui inspiraient les prolétaires jusque dans leurs fautes ou leurs erreurs, dit ce mot d'un sens profond et qui mérite d'être cité : « J'aime le peuple, non pas tant pour ce qu'il est que *pour ce qu'on l'empêche d'être!* »

ses desseins personnels. Mais il ambitionnait d'être reconnu par tous comme l'organe éloquent des vertus et des douleurs sans voix de la masse populaire; il voulait donner à cette masse incohérente la conscience de sa force; il espérait opérer dans l'esprit de la bourgeoisie, par le déploiement de cette force calme, mais inébranlable du prolétariat, une conversion qui rendrait toute violence inutile.

Le caractère de M. Louis Blanc et le rôle qu'il a joué pendant les premiers mois de la révolution méritent une attention sérieuse; non pas qu'à son nom doive rester attaché le souvenir de quelqu'une de ces grandes réformes, gloire des hommes d'État venus à l'heure favorable; non pas même qu'il ait su embrasser en philosophe l'ensemble d'un nouvel ordre social, mais parce qu'il a, l'un des premiers, révélé à la société des classes moyennes la lutte sourde élevée dans son sein sans qu'elle eût encore osé se l'avouer à elle-même; parce qu'il a découvert, d'une main hardie, le mal qu'il fallait qu'elle sondât, dont il fallait qu'elle fût épouvantée pour chercher à le guérir; parce qu'enfin, s'il n'a pas donné à la masse du prolétariat l'organisation promise, il a du moins fortement suscité en elle une tendance organisatrice qui pourra s'égarer longtemps encore, mais dont le résultat définitif ne saurait plus être mis en doute.

Par une anomalie assez fréquente dans l'histoire des hommes célèbres, le caractère et les instincts naturels de M. Louis Blanc étaient en opposition manifeste avec les idées qu'il s'était faites. Jamais le sentiment de la personnalité ne fut enraciné aussi profondément que chez cet adversaire opiniâtre de l'*individualisme*; les théories communistes n'eurent jamais pour champion un esprit moins propre à s'absorber dans la communauté, une nature qui répugnât davantage à l'assimilation, à l'abnégation du *moi* sous le niveau égalitaire. Sa vie tout entière est le combat de ce *moi* indestructible contre le sort et contre les hommes.

4.

Né le 28 octobre 1813, à Madrid, où son père, originaire de Rhodez, était inspecteur général des finances du roi Joseph, parent, par sa mère, du général Pozzo di Borgo, M. Louis Blanc reçut, avec son frère cadet, dans la maison paternelle, des impressions et des leçons qui devaient lui inculquer l'horreur de la Révolution française. Son aïeul avait expié sur l'échafaud une existence entachée d'aristocratie, et la piété catholique de sa mère puisait dans ce souvenir de sévères avertissements. Mais le collége et l'étude effacèrent peu à peu ces impressions de l'enfance, en ouvrant à l'imagination du jeune homme des vues plus vastes sur le passé et sur l'avenir. Au sortir des classes, il perdit sa mère; son père, complétement ruiné par la chute du roi Joseph, entra dans une mélancolie sombre qui lui faisait appréhender, dans tous ceux qui l'approchaient et jusque dans ses fils, de secrets ennemis.

Sous ces tristes auspices, M. Louis Blanc vint, en 1830, chercher à Paris quelques moyens d'exercer des aptitudes que ses maîtres avaient jugées extraordinaires, et que lui-même sentait incompatibles avec l'obscurité où le retenait l'indigence. Doué d'un visage charmant, d'un esprit où la verve de l'expansion méridionale s'alliait à une rare faculté de concentration et à une maturité précoce, il intéressait, il captivait tous ceux dont il sollicitait le patronage; mais, de protection efficace, il n'en rencontrait pas. Et les heures et les jours passaient; et les plus rudes privations comprimaient, dans un cruel isolement, sa jeunesse avide de se répandre. Plus d'une fois il feignit d'avoir pris ses repas au dehors, afin de laisser à son frère, moins robuste que lui ou moins stoïque, sa part du pain quotidien; plus d'une fois il fit de sa plume, déjà éloquente, un emploi servile pour procurer à son vieux père un soulagement passager. Enfin, voyant l'inutilité de ses efforts pour sortir de peine, il céda, quoique avec répugnance, au conseil d'un de ses oncles qui, depuis longtemps déjà, l'exhortait à se prévaloir de sa parenté auprès du général Pozzo di Borgo et à réclamer, chose bien naturelle, l'appui d'un parent de sa mère.

Soit pressentiment de ce qui devait arriver, soit tout autre motif, M. Louis Blanc prit lentement, à contre-cœur, le chemin de l'hôtel Pozzo di Borgo. L'accueil qu'il y reçut fut plein de politesse. Le général l'interrogea avec bienveillance, promit de songer à son avenir; puis, quand il estima que l'entretien s'était suffisamment prolongé, il sonna et donna à demi-voix un ordre à son valet de chambre. Celui-ci, au bout de peu d'instants, rentra, tenant à la main une bourse convenablement garnie. A cette vue, M. Louis Blanc, qui avait répondu avec effort à l'interrogatoire de son nouveau protecteur, sentit la rougeur lui monter au front. Se contenir lui devint impossible lorsqu'il vit qu'un serviteur du frère de sa mère lui remettait de sa part une aumône. Toute sa fierté personnelle, tout son orgueil de famille se révolta. Jetant la bourse au loin et donnant un libre cours aux sentiments qui le suffoquaient, il repoussa, sans plus rien ménager, une protection qui prenait des formes si offensantes et quitta brusquement, pour n'y jamais revenir, une demeure où désormais son nom ne fut plus prononcé qu'avec colère.

Par un hasard heureux, à peu de temps de là, l'un de ses amis l'introduisit chez M. Hallette, riche fabricant d'Arras, qui cherchait pour son fils un précepteur. Celui-ci vit M. Louis Blanc avec plaisir, l'écouta favorablement, mais il ne pouvait se résoudre néanmoins à revêtir de la grave fonction de pédagogue un homme dont la taille enfantine, le geste et le rire faciles exprimaient l'insubordination d'une adolescence espiègle bien plus que l'autorité du professorat. Une femme intelligente intervint et fit taire les scrupules du père de famille. M. Louis Blanc partit pour Arras. Ce fut son premier pas dans une carrière où la célébrité vint pour ainsi dire à sa rencontre. Ce fut là qu'il entra dans la publicité en donnant à un journal radical des articles d'une facture excellente, et qu'il exerça pour la première fois ce talent d'enseignement et de propagande qui devait, au bout de si peu d'années, appeler sur son nom une popularité dont il avait l'instinct, la passion, le pressentiment. La fabrique de M. Hallette occupait plus de trois cents ouvriers. M. Louis Blanc les vit, les aima, les associa aux leçons qu'il donnait à son élève. Bientôt, ayant trouvé le temps de leur faire des cours particuliers, il reconnut avec surprise chez ces hommes dénués de tous moyens d'instruction, un désir ardent d'apprendre qui contrastait singulièrement avec la répulsion pour les livres et la paresse systématique qu'il avait vues régner au collége. Dès ce moment, il résolut de se consacrer à l'enseignement des masses et rechercha les lois de l'économie sociale les plus propres à favoriser le développement intellectuel d'un peuple instinctivement spiritualiste qui subissait avec honte et tristesse l'infériorité de sa vie morale.

De retour à Paris, en 1834, M. Louis Blanc fut mis en relation par le rédacteur en chef du journal d'Arras, avec MM. Cauchois-Lemaire et Rodde qui dirigeaient alors dans le meilleur esprit un journal intitulé le *Bon sens*. Les articles sérieux et solides qu'y publia M. Louis Blanc eurent un succès trop incontesté pour qu'il en retirât l'honneur. Comme le temps et l'adversité glissaient sur son visage et sur son humeur sans y laisser de traces, on ne lui donnait pas plus d'une quinzaine d'années, et personne n'admettait qu'à cet âge il fût possible de penser et d'écrire ainsi. Enfin, s'étant rencontré un jour, dans une réunion de journalistes, avec Armand Carrel qui possédait le don bien rare de reconnaître et d'aimer la supériorité d'autrui, celui-ci le provoqua à la discussion, s'étonna de trouver un contradicteur si opiniâtre et, se sentant attiré par cette riche organisation d'artiste, lui offrit de coopérer à la rédaction du *National*. Malgré la résistance de la plupart des rédacteurs, Carrel leur imposa l'insertion d'une série d'articles de M. Louis Blanc, qui tranchaient avec l'esprit purement politique de la feuille radicale par la nature même des questions abordées, questions dont l'ensemble devait plus tard, sous le nom de *socialisme*, occuper et épouvanter le monde. Quelque temps après, comme M. Louis Blanc s'était déjà fait un nom par ses travaux dans le *National* et dans la *Revue du progrès*, Godefroy Cavaignac, avec lequel il s'était lié intimement et qui subissait l'ascendant de ses idées socialistes de plus en plus systématisées, le fit entrer à la rédaction de la *Réforme*. Là, après la mort de Cavaignac, il prit à côté de M. Ledru-Rollin et des autres continuateurs de la politique jacobine, une place à part et une importance toute personnelle.

J'ai dit dans la première partie de cette histoire quelle a été la suite des travaux de M. Louis Blanc à partir de ses articles isolés jusqu'à la brochure de l'*Organisation du travail*. Ses doctrines, ou plutôt son système avait ses racines dans le saint-simonisme ; mais, laissant de côté les formules religieuses de l'école, il concentra toute son attention sur un seul point de la vie sociale et fit de l'atelier industriel le pivot du monde. L'État, considéré comme dépositaire de la richesse commune, l'État capitaliste distribuant à la société des travailleurs la tâche et la récompense, réglant la production et la consommation, anéantissant la concurrence et avec elle toutes les inégalités de la fortune, telle était l'utopie que le talent abondant de M. Louis Blanc reproduisit sous toutes ses faces pendant plus de dix années et que le prolétariat, rassemblé à sa voix sur les bancs des législateurs du passé, devait prendre pour base d'une législation renouvelée de fond en comble[1].

---

[1] Dans son *Histoire de la Révolution de* 1848, t. IV, p. 84, M. Garnier-Pagès accuse M. Louis Blanc d'avoir soutenu le système des *associations forcées*. M. Louis Blanc, dans une lettre que j'ai sous les yeux et dont je donnerai un extrait, proteste contre cette accusation ; il raconte autrement que M. Garnier-Pagès une discussion qui eut lieu dans une réunion chez M. Marie, avant la révolution, entre quelques députés et un certain nombre de journalistes, rédacteurs du *National*, de la *Réforme* et de l'*Atelier*. Selon M. Louis Blanc, M. Garnier-Pagès aurait commis une double erreur et la discussion n'au-

Nous allons maintenant assister jour par jour à l'évanouissement de ces illusions gigantesques; mais, pour être équitable, nous constaterons en même temps les résultats excellents qui, en dehors du rêve inapplicable, furent obtenus par les conférences du Luxembourg, et auxquels on ne saurait reprocher que leur disproportion avec les espérances infinies dont M. Louis Blanc avait bercé l'imagination populaire. Le bien que firent les conférences du Luxembourg, c'est-à-dire les nombreuses conciliations entre ouvriers et patrons dans ce Paris incandescent où les moindres contestations pouvaient à chaque minute allumer la guerre civile, et l'impulsion donnée aux associations ouvrières qui formeront, avec le temps, l'organisation naturelle du travail, se pouvaient obtenir avec moins d'appareil et de bruit. M. Louis Blanc, qui l'a compris sans doute, a rejeté sur le mauvais vouloir de ses collègues dans le gouvernement cette disproportion humiliante entre l'effet et la promesse. Il a dit qu'en lui refusant un budget et un ministère, on l'avait réduit à l'impuissance : c'était étrangement s'abuser. Un budget ne peut servir qu'à l'application de principes acceptés par la conscience publique, et les siens, qu'une grande partie de la nation ne connaissait seulement pas, n'étaient pas même adoptés encore par le prolétariat, dont ils caressaient cependant tous les instincts. Le peuple aimait la personne de M. Louis Blanc et le sentiment qui lui inspirait ses théories. Lui, toujours prompt à l'illusion, en conclut que ses idées étaient populaires. Ce fut une erreur dans laquelle un homme d'État ne serait point tombé et qui l'entraîna en mille écarts de jugement. Nous ne tarderons pas à nous en convaincre en reprenant le fil des événements où nous l'avons interrompu.

Nous avons laissé les ouvriers en séance dans la salle des délibérations de la pairie. M. Louis Blanc leur expose le but

rait même point porté dans cette réunion sur la question des associations libres ou forcées. Voir aux *Documents historiques*, à la fin du volume, n° 6.

de la commission qui est d'étudier toutes les questions relatives au travail, d'en préparer la solution dans un projet qui sera soumis à l'Assemblée nationale et, en attendant, d'entendre les requêtes urgentes pour faire droit à toutes celles qui seront reconnues justes. Quelques ouvriers montent à la tribune et déclarent que deux demandes sont l'objet d'une insistance particulière. Les ouvriers mettent pour condition à leur rentrée dans les ateliers la réduction des heures de travail et l'abolition du marchandage, c'est-à-dire de l'exploitation vexatoire des ouvriers par des sous-entrepreneurs de travaux qui, sans être d'aucune utilité réelle, absorbent une part considérable des bénéfices. Cette première réclamation, si modérée, si équitable qu'elle soit en principe, soulève des difficultés dont M. Louis Blanc sent sur le coup toute l'importance. Secondé par M. Arago qui, fidèle à sa promesse, venait lui prêter l'appui de son nom et de ses années, il essaye de gagner du moins un peu de temps en refusant de rien statuer avant que des élections régulières aient constitué une représentation complète des corporations. Il ajoute que l'avis des patrons, qui ne souffrent pas moins de la crise que les ouvriers et dont les intérêts sont au fond semblables, mérite aussi d'être entendu, si l'on ne veut risquer de compromettre, par une précipitation trop grande, le succès des mesures demandées.

Cette convocation des patrons a lieu le soir même. La plupart témoignent à l'égard des ouvriers les intentions les plus libérales et agréent les requêtes qui leur sont présentées. M. Louis Blanc, soulagé d'une inquiétude très-vive, fait rendre aussitôt par le gouvernement un décret qui abolit le marchandage et diminue d'une heure la durée de la journée de travail par toute la France, ce qui la fixe pour Paris à dix et pour les départements à onze heures. Mais la facilité qu'il rencontre dans ce premier essai de réforme est complétement illusoire. A peine rendu, le décret du 2 mars, qui n'est passible d'aucune sanction pénale[1], devient

---

[1] Le gouvernement essaya plus tard de lui en donner une. La peine

l'objet d'une résistance à peu près générale. Le plus grand nombre des chefs d'industrie refusent formellement de s'y conformer ; d'autres vont plus loin et renvoient leurs ouvriers ; beaucoup d'ouvriers ne veulent plus travailler que huit ou neuf heures.

Cependant l'imagination de M. Louis Blanc, un moment éblouie par la pensée des grands débats parlementaires qui, du Luxembourg, allaient retentir dans toute l'Europe, se calmait singulièrement en voyant dans la réalité, d'une part, des difficultés extrêmes à la moindre amélioration, de l'autre, d'infiniment petits détails auxquels, du sommet de ses théories, il lui fallait descendre dans le domaine de la pratique. Son début en matière de gouvernement n'avait pas été heureux. Son premier décret du 2 mars n'était que très-imparfaitement exécuté et jetait déjà le trouble dans l'industrie. Son second décret, qui portait création dans les douze mairies de Paris de douze bureaux de renseignements, chargés de dresser des tableaux statistiques de l'offre et de la demande du travail et de faciliter ainsi les rapports entre les chefs d'industrie et les ouvriers, ne reçut pas même un commencement d'exécution. C'étaient là des échecs sensibles et qui tempéraient beaucoup sa première ardeur. Des conciliations, après d'interminables débats, entre les entrepreneurs et les conducteurs d'omnibus et de cabriolets de place, entre les maîtres et les ouvriers couvreurs, boulangers, paveurs, etc., quoique d'une utilité réelle, ne pouvaient suffire à une ambition qui rêvait de changer le monde. On voit dans les réunions de publicistes et d'économistes qu'il provoque à plusieurs reprises au Luxembourg, et où se rendent MM. Considérant, Vidal, Pecqueur, Dupont-White, Duveyrier, Dupoty, Wolowski, Toussenel, combien ses espérances de réformateur sont

de l'amende et, en cas de récidive, celle de la prison, furent décrétées contre les chefs d'ateliers qui laisseraient leurs ouvriers travailler au delà du temps prescrit par la loi. Mais ce décret ne reçut jamais d'application.

déjà réduites, car il n'expose aucun plan général de réforme industrielle et il se borne à proposer des palliatifs momentanés à la misère des ouvriers, tels que la création de cités ouvrières et la suppression du travail dans les prisons. Le langage de M. Louis Blanc aux ouvriers se ressent aussi de ce découragement intérieur. Il insiste de jour en jour davantage sur le danger de la *précipitation;* sur la nécessité de *méditer profondément* les problèmes ; sur la *patience* et la *prudence* qu'il convient d'apporter dans les délibérations; sur l'impossibilité d'aucune réalisation immédiate ; il reporte constamment la pensée de ses auditeurs sur la prochaine convocation de l'Assemblée nationale et, pour remplir les heures de séance, il use amplement des moyens oratoires que M. de Lamartine employait à l'Hôtel de Ville, en recommençant à tout propos le récit épique de la révolution et le tableau des grandes choses accomplies par le peuple.

La réunion générale des délégués ouvriers, légalement constitués au nombre de quatre cents, et la réunion des délégués des patrons qui se fit le 17 mars, dans laquelle ceux-ci témoignèrent de nouveau les dispositions les plus conciliantes, n'eurent d'autre effet sur l'esprit de M. Louis Blanc que de lui montrer avec plus d'évidence combien son rôle allait s'amoindrissant et combien il lui importait d'occuper d'une autre manière l'activité des hommes que son éloquence captivait encore, il est vrai, mais qu'elle ne pourrait longtemps abuser sur le peu de fruit qu'on en devait attendre.

Désabusé lui-même de l'utilité de ces assemblées nombreuses, où la multiplicité des intérêts particuliers fait à chaque instant perdre de vue l'intérêt général, M. Louis Blanc fit élire un comité de vingt membres[1] qui devait rester en permanence au Luxembourg pour élaborer les questions, et les soumettre, lorsqu'elles auraient été suffisam-

---

[1] Ce comité était composé de dix ouvriers et de dix délégués des patrons.

ment élucidées, à l'assemblée générale des ouvriers. MM. Vidal et Pecqueur travaillèrent consciencieusement, au sein de ce comité, à un projet de travail industriel et agricole, dans lequel les idées de M. Louis Blanc reçurent des modifications considérables. Ce projet, dont l'éclectisme faisait une part à tous les systèmes socialistes, et qui se fondait sur la supposition erronée qui leur est commune à tous, que l'État est en puissance de régler la production et la consommation générales, fut déposé sur le bureau de l'Assemblée, mais il ne fut pas lu à la tribune. On n'en fit aucune mention dans la grande discussion sur le *Droit au travail;* il passa inaperçu aussi bien des législateurs que du public et de la plupart des ouvriers.

Cependant les prolétaires, que le sentiment de leur droit rendait persévérants, continuaient de se réunir, apprenaient ainsi à se connaître, à se considérer en corps et comme une force collective. Peu enclins à s'absorber dans l'examen des théories, ils commençaient à s'entretenir des avantages pratiques de l'association; ils discutaient ses divers modes, se communiquaient des projets de société, des plans de règlements disciplinaires, se confirmaient insensiblement les uns les autres dans cette salutaire pensée que c'était en eux-mêmes et par eux-mêmes, en substituant à l'ancienne association partielle, incomplète et égoïste, du *compagnonnage* une solidarité générale des corporations ouvrières, qu'ils devaient chercher la réalisation de leurs vœux. La sagacité de M. Louis Blanc comprit toute l'importance de cette nouvelle direction des esprits; il se flatta de ressaisir par cette voie l'ascendant qu'il compromettait par ses harangues trop multipliées et trop vagues. Il encouragea les désirs manifestés par les ouvriers tailleurs, qui forment la corporation la plus nombreuse, la plus intelligente et la plus souffrante de Paris[1], de former une association;

---

[1] Le nombre des ouvriers tailleurs paraît être de quinze à dix-huit mille hommes parmi lesquels se trouvent beaucoup d'étrangers; celui

il les aida à rédiger des statuts, leur fit ouvrir, le 28 mars, l'ancienne prison des détenus pour dettes à Clichy, et obtint pour eux, du ministre de l'intérieur et de la ville de Paris, une commande considérable d'habillements pour la garde nationale sédentaire et pour la garde mobile. M. Louis Blanc contribua aussi à fonder une association de selliers et une association de fileurs.

Au bout de peu de temps, ces associations, malgré les difficultés résultant de la crise industrielle et de l'impossibilité où se trouvaient les ouvriers sans fortune de réunir un capital suffisant, réussirent, ainsi que les mécaniciens de l'établissement Derosnes et Cail, à réaliser des bénéfices modestes. C'en était assez, dans la disposition des esprits, pour que leur exemple fût suivi. L'idée de l'association gagna de proche en proche. Les ouvriers de Paris, mus par un ardent désir d'affranchissement, préférant à la loi des maîtres tous les sacrifices que leur imposaient ces tentatives imparfaites d'indépendance, supportant avec un courage admirable, dans une pensée d'avenir, les privations et le joug aggravé du présent, firent à leurs risques et périls une expérience qui devait profiter au prolétariat tout entier [1].

L'administration par des commissions électives, la discipline soumise à un jury également choisi par l'élection, l'égalité du salaire et l'égale répartition des bénéfices entre tous les associés, sans tenir compte ni de la quantité ni de la qualité de l'ouvrage, furent la base commune de ces associations diverses. Par la suite cette organisation dut se modifier, l'égalité des salaires ayant été reconnue à l'épreuve aussi contraire à l'intérêt collectif qu'à l'équité. Pour

---

des ouvrières est de cinq à six mille. (Voir les excellents articles de M. Cochut, sur les *associations ouvrières*, *National* du 24 janvier 1851 et des jours suivants.)

[1] En 1832, un essai d'association entre les tailleurs avait été fait à Nantes. Il échoua par mauvaise gérance. En 1848, quelques villes départementales imitèrent Paris, et des associations mutuellistes s'organisèrent à Tours, à Reims, à Lyon, à Angers, etc.

le moment, il importe seulement de constater comment, du sein même des délibérations les plus vagues sur des théories conçues *à priori* par un esprit systématique, sortit spontanément, en vertu même d'une liberté qu'on y attaquait trop souvent avec violence, un essai de réalisation pratique [1] que l'on peut considérer comme le point de départ de l'organisation *naturelle* du prolétariat, comme l'origine d'une *commune* industrielle destinée avec le temps à devenir, pour les prolétaires du monde moderne, ce que fut la *commune* du moyen âge pour les bourgeois : la garantie des droits et la sécurité de l'existence par la combinaison et la confédération des forces [2].

Les soins donnés par M. Louis Blanc à ce qu'il appela les ateliers *sociaux*, les arbitrages qui lui étaient sans cesse demandés au Luxembourg et les séances du gouverne-

---

[1] « En cherchant les chimères, ils trouveront les lois éternelles, » disait Bernard Palissy, parlant des alchimistes du seizième siècle.

[2] Il sera intéressant de consulter une *statistique de l'industrie de Paris* résultant de l'enquête faite par la Chambre du commerce pour les années 1847 et 1848 (un vol. in-4° chez Guillaumin). Dans un article du *Journal des Débats*, 7 juillet 1852, M. Michel Chevalier, qui rend compte de cette publication, s'exprime ainsi en en citant un fragment :

« La tendance des ouvriers à s'élever s'est manifestée par un autre phénomène sur lequel l'attention publique a été appelée à plusieurs reprises : la formation d'associations ouvrières. Les recenseurs de la chambre de commerce les ont consignées à part dans leurs relevés ; ils en ont visité plus de cent, mais elles sont en bien plus grand nombre. Beaucoup appartiennent à des professions que la chambre de commerce laissait en dehors de son cadre, aux professions commerciales proprement dites ou à celles des restaurateurs et des coiffeurs. Il en est qui ont mal tourné : d'autres, au contraire, ont réussi. Dans la plupart de ces associations, disent les auteurs de la *Statistique de l'industrie à Paris*, « la direction des affaires a été confiée aux hommes les plus capables : on a fait appel au dévouement individuel, de grands efforts ont été faits pour pousser les travailleurs à placer leur point d'honneur à se conduire d'une manière régulière, en se respectant eux-mêmes dans leur personne et dans leur tenue. Dans les moments les plus difficiles, l'économie la plus sévère a été acceptée, et l'on a cité des associations où, pendant toute une année, les sociétaires sont restés sans boire de vin. »

ment provisoire auxquelles il assistait de moins en moins, ne suffisaient point à occuper l'activité de son esprit. Les élections de la garde nationale qui se préparaient et la convocation prochaine des réunions électorales pour l'Assemblée constituante éveillaient en lui de vives appréhensions. Il sentait confusément la bourgeoisie passer de la première stupeur à la réflexion. De la réflexion au concert, il n'y avait pas loin ; si elle arrivait à se concerter, c'en était fait, selon toute apparence, de la prépondérance du prolétariat. Il importait donc que le prolétariat se coalisât fortement pour opposer aux habiletés de la bourgeoisie une action politique bien combinée.

Ce fut là l'objet des conférences particulières et confidentielles qui se tenaient au Luxembourg en dehors des séances à demi officielles de la commission des travailleurs. Là ne furent admis que des hommes absolument dévoués à M. Louis Blanc et disposés à recevoir de lui le programme de leur conduite politique. Ces hommes, choisis par les ouvriers comme les plus capables et les plus énergiques d'entre eux, exerçaient sur le peuple de Paris une influence considérable ; ils connaissaient avec exactitude ses dispositions morales, ses ressources matérielles ; ils pouvaient se rendre compte, jour par jour, des plus légères variations de l'opinion populaire. Par eux, M. Louis Blanc, qui n'avait aucun rapport direct ni avec les clubs, ni avec aucune police, pas plus celle de M. Caussidière que celle de M. Sobrier ou celle de M. Ledru-Rollin, restait cependant en contact avec le cœur de la population ouvrière et comptait en quelque sorte les battements de ce cœur agité. Au moment dont je parle, la fièvre populaire excitée par les clubs correspondait avec les vues intimes de M. Louis Blanc. Le jacobinisme, qui dominait dans l'entourage du ministre de l'intérieur, avait réveillé par des paroles provocantes les susceptibilités de la bourgeoisie. Voyant qu'elle pourrait bien prendre sa revanche dans l'urne électorale, il jetait dans la population ouvrière cette pensée funeste, qu'il fallait à tout prix retarder les élections et perpétuer entre les mains du gouvernement provisoire, qu'il serait facile de surveiller et d'épurer au besoin, le pouvoir révolutionnaire.

M. Louis Blanc qui, dès l'origine, avait conçu l'établissement de la République par l'action d'un gouvernement dictatorial, indéfiniment prolongé, seconda de toute son éloquence, dans ses entretiens confidentiels du Luxembourg, les idées impolitiques suscitées dans les clubs et dans la presse par les agitateurs. Sans se concerter avec eux, il prépara, il organisa de son côté ce que l'on commençait alors à nommer une *manifestation* populaire, dans le double dessein de faire passer à la bourgeoisie, qui commençait à l'oublier, une revue du peuple, d'obtenir de la majorité du conseil l'ajournement des élections et de la rentrée des troupes dans Paris : deux moyens infaillibles, selon lui, d'affermir et de perpétuer le gouvernement du prolétariat.

Afin de bien comprendre ce que fut cette manifestation, à laquelle est resté le nom de *Journée du 17 mars*, il nous faut retourner de quelques jours en arrière et saisir à son origine le premier mouvement de résistance à la révolution, le premier symptôme de rébellion contre le gouvernement provisoire qui se trahit dans la bourgeoisie. L'occasion en fut puérile ; les suites immédiates tournèrent à son détriment. Mais l'impulsion une fois donnée ne s'arrêta plus, et les factions royalistes, se fortifiant chaque jour et par le temps que leur laissait la prolongation d'un état provisoire et par la tactique absurde des meneurs populaires, regagnèrent insensiblement dans le pays une grande partie du terrain que la victoire clémente du peuple et l'établissement d'une République conciliatrice leur avaient fait perdre.

La désorganisation de l'ancienne garde nationale, de cette armée civique qui représentait, sous le règne de Louis-Philippe, le véritable esprit de la bourgeoisie, en défiance aussi bien contre les usurpations du pouvoir royal que contre les invasions de la force populaire, portait une atteinte profonde à l'orgueil et à la sécurité des classes riches. Par décret du 27 février, le gouvernement provisoire avait déclaré que tout Français majeur faisait partie de la garde nationale; le 14 mars, sur la proposition du ministre de l'intérieur, il avait prononcé le changement des anciens cadres, la dissolution des compagnies d'élite, grenadiers et voltigeurs [1], et fixé au 18 avril l'élection des nouveaux officiers par le suffrage universel. Ce décret était tout à la fois le plus régulier dans la forme et le plus révolutionnaire dans le fond de tous ceux qu'eût encore rendus le gouvernement; ce n'était ni plus ni moins que l'armement légal du prolétariat et sa prépondérance organisée dans une institution dont le caractère et l'esprit primitif avaient été de le combattre. La bourgeoisie sentit le coup qui lui était porté : le sentiment d'égalité jalouse et le principe du droit démocratique qui l'avaient animée pendant sa longue lutte contre la noblesse et contre la royauté semblaient tout à coup taris en elle du moment qu'elle se voyait forcée d'en étendre au peuple les conséquences. La féodalité industrielle ne voulut pas comprendre qu'à son tour il lui fallait renoncer à ses priviléges. La garde nationale se révolta à la pensée de l'égalité dans l'uniforme et, sans prendre souci de l'exemple détestable qu'elle donnait à la multitude, elle se répandit en murmures contre le gouvernement.

De son côté, M. Ledru-Rollin venait de fournir un motif spécieux aux murmures de la bourgeoisie. Nous l'avons laissé au ministère de l'intérieur donnant aux commissaires envoyés dans les départements ses premières instructions. Comme ces instructions se trouvaient insuffisantes en pré-

[1] Les gardes nationales avaient été jusque-là composées : 1° de chasseurs qui formaient la masse des soldats; 2° de voltigeurs; 3° de grenadiers. Les voltigeurs et les grenadiers, recrutés parmi les habitants les plus considérables, formaient deux compagnies d'élite qui portaient des signes distinctifs et constituaient dans les rangs de la garde civique une espèce d'aristocratie bourgeoise.

sence des mille difficultés que soulevait à chaque pas une mission très-complexe, les commissaires insistèrent vivement pour qu'on leur en adressât de plus précises. Alors le ministre chargea M. Jules Favre de rédiger une circulaire qui parut le 8 mars au *Moniteur*, revêtue de sa signature, et qui devint aussitôt l'occasion, le prétexte et le signal d'une scission ouverte entre les classes et les partis, scission que la sagesse du peuple de Paris et la balance établie dans le gouvernement provisoire entre les opinions extrêmes avaient jusque-là retardée.

La circulaire du ministre de l'intérieur ne contenait cependant rien, ni dans le fond ni même dans la forme, d'aussi révolutionnaire que plusieurs des décrets du gouvernement provisoire. Elle ne faisait autre chose que de confirmer un fait accompli et nécessité par la révolution, c'est-à-dire la concentration provisoire de pouvoirs extraordinaires entre les mains de républicains chargés de remplir dans les départements les fonctions que le Gouvernement provisoire remplissait dans la capitale. Le ton de la circulaire était, d'ailleurs, sauf une phrase malheureuse et qui donna prise à la malveillance, plein de modération, en parfait accord avec les paroles que l'on applaudissait chaque jour dans la bouche de MM. de Lamartine, Arago, Garnier-Pagès : « L'union de tous, y disait le ministre de l'intérieur, doit être la source de la modération après la victoire. Votre premier soin aura donc été de faire comprendre que la République est exempte de toute idée de vengeance et de réaction. » Puis il recommandait aux commissaires de rassurer les esprits timides et de calmer les impatients : « Les uns, disait-il, s'épouvantent de vains fantômes, les autres voudraient précipiter les événements au gré de leurs ardentes espérances. Vous direz aux premiers que la société actuelle est à l'abri des commotions terribles qui ont agité l'existence de nos pères; aux autres vous direz qu'on n'administre pas comme on se bat. Le sol est déblayé, le moment est venu de réédifier. Or qui, pour l'accomplissement de cette grande œuvre, n'est pas disposé à s'élever au-dessus de tous les méprisables calculs de l'égoïsme? La France est prête à donner au monde le beau spectacle d'une nation assez forte pour faire appel à toutes les libertés, assez sage pour en user pacifiquement. Dans ce vaste mouvement des esprits si énergiquement entraînés vers l'application des principes de fraternité et d'union, où est le danger pour qui que ce soit? Où rencontre-t-on le prétexte d'une crainte? »

Non content de répudier ainsi, sans aucune équivoque, toute atteinte aux libertés et aux lois, M. Ledru-Rollin, pour achever de rassurer les esprits, annonçait le terme prochain d'un état transitoire par la convocation de l'Assemblée nationale. Il ne laissait subsister à cet égard aucun doute en disant :

« Quant à nous, salués par l'acclamation populaire pour préparer l'établissement définitif de la démocratie, nous avons hâte, plus que tous, de déposer dans les mains de la nation souveraine l'autorité que l'insurrection et le salut public nous ont conférée. Mais, pour remplir plus dignement cette noble tâche, nous avons essentiellement besoin de confiance et de calme. Tous nos efforts tendront à ce qu'il n'y ait pas une heure de perdue, et qu'au plus tôt, sortis cette fois sans fiction du sein du peuple tout entier, les représentants du pays se réunissent pour révéler sa volonté et régler les destinées de l'avenir. A cette Assemblée est réservée la grande œuvre. La nôtre sera complète si, pendant la transition nécessaire, nous donnons à la patrie ce qu'elle attend de nous : l'ordre, la sécurité, la confiance au gouvernement républicain. Pénétré de cette vérité, vous ferez exécuter les lois existantes en ce qu'elles n'ont rien de contraire au régime nouveau. Les pouvoirs qui vous sont conférés ne vous mettent au-dessus de leur action qu'en ce qui touche l'organisation politique dont vous devez être les instruments actifs et dévoués. N'oubliez pas non plus que vous agissez d'urgence et provisoirement, et que je dois avoir immédiatement connaissance des mesures prises par vous. C'est à cette condition seulement que nous pourrons, les uns et les autres, maintenir la paix publique et conduire la France, sans secousses nouvelles, jusqu'à la réunion de ses mandataires. »

Il poussait enfin les ménagements envers les classes riches jusqu'à recommander explicitement aux commissaires *de résumer avec précision et clarté tout ce qui touchait au sort des travailleurs, de ménager les transitions, et de ne point inquiéter des intérêts respectables, dont le trouble pourrait nuire à ceux mêmes que l'on voudrait protéger* [1].

L'esprit de conciliation qui dictait de semblables instructions sera manifeste dans l'avenir pour tous les hommes de bonne foi; mais, dans les discordes civiles, la bonne foi des partis, qui relèverait la défaite et tempérerait la victoire, disparaît si complétement que la calomnie trouve accès partout, et que là où l'on tente de la repousser, c'est encore en lui opposant le mensonge.

Une indignation vraie à demi, à demi factice, de même nature que celle qui poussait à la révolte les compagnies privilégiées de la garde nationale, éclata dans les partis royalistes à la lecture de la circulaire où se trouvait, entre tous les passages que je viens de citer, le passage suivant, dont on se fit contre M. Ledru-Rollin une arme perfide :

« Le pouvoir méprisable que le souffle populaire a fait disparaître, disait la circulaire, avait infecté de sa corruption tous les rouages de l'administration. Ceux qui ont obéi à ses instructions ne peuvent servir le peuple. A la tête de chaque arrondissement, de chaque municipalité, placez donc des hommes sympathiques et résolus. Ne leur ménagez pas les instructions, animez leur zèle. Par les élections qui vont s'accomplir, ils tiennent dans leurs mains les destinées de la France : qu'ils nous donnent une Assemblée nationale

---

[1] Voir la première circulaire de M. Ledru-Rollin, au *Moniteur* du 9 mars.

capable de comprendre et d'achever l'œuvre du peuple. En un mot, *tous hommes de la veille et pas du lendemain.* »

Cette phrase malhabile, qui cependant n'exprimait autre chose qu'une idée fort simple, acceptée par tout le monde, à savoir que la République devait employer des agents républicains [1], fut commentée et raillée de mille manières par la presse royaliste. Comme il arrive généralement en pareilles occasions, ces attaques outrées, au lieu d'éclairer le ministre et de le rendre plus circonspect, le provoquèrent à des exagérations nouvelles. Dans la circulaire du 12 mars, il insista sur le point qui avait blessé, et lui qui recommandait à ses agents, dans ses instructions verbales, tous les ménagements de la prudence, il leur adressa dans une circulaire officielle, comme s'il eût pris plaisir à défier l'opinion, des injonctions aussi inutiles qu'impolitiques.

« Vous demandez quels sont vos pouvoirs, disait le ministre, *ils sont illimités. Agent d'une autorité révolutionnaire, vous êtes révolutionnaire aussi.* La victoire du peuple vous a imposé le mandat de faire proclamer, de consolider son œuvre. Pour l'accomplissement de cette tâche, vous êtes investi de sa souveraineté, vous ne relevez que de votre conscience, vous devez faire ce que les circonstances exigent pour le salut public. »

---

[1] Cette nécessité était comprise de tous les hommes de bonne foi. Un grand nombre d'anciens députés, de personnes influentes dans le parti conservateur ou libéral, renoncèrent aux candidatures qui leur étaient offertes par ce sentiment de convenance politique. M. Paillard-Ducléré, beau-père de M. de Montalivet, proclamait tout haut l'intention d'appuyer l'élection de MM. Garnier-Pagès et Ledru-Rollin. Le maréchal Bugeaud déclinait la candidature. Un ancien député des Côtes du Nord et du Morbihan, M. Bernard, conseiller à la cour de cassation, s'exprimait ainsi dans une lettre à ses concitoyens : « Est-ce bien, d'ailleurs, aux députés qui ont soutenu depuis huit ans la monarchie constitutionnelle, qu'il faut demander l'établissement de la République? Quelque sincère que fût leur concours, la défiance inspirée par leur passé ne les frapperait-elle pas d'impuissance ? Il importe, à mon avis, que l'Assemblée nationale, sauf un certain nombre d'orateurs et d'écrivains éminents de nos deux anciennes chambres, soit composée d'hommes nouveaux. » (*Journal des Débats*, 23 mars 1848.)

Cette seconde circulaire eut pour effet immédiat de déterminer dans Paris, et bientôt après dans les départements, un mouvement prononcé contre la République. Les petits commerçants, les petits capitalistes d'opinion libérale qui avaient accepté la République comme une conséquence un peu forcée, mais supportable, de leur opposition au gouvernement déchu, en voyant qu'on voulait exclure de la représentation nationale les anciens députés de la gauche, s'irritèrent. Plutôt que d'examiner les choses de sang-froid et d'apprécier à leur juste valeur des paroles où l'inconsidération avait plus de part que la volonté d'opprimer, ils s'en prirent à M. Ledru-Rollin de tout ce qui les effrayait ou les blessait dans le mouvement révolutionnaire et, pour résumer tous leurs déplaisirs en une brève formule, ils l'accusèrent de communisme.

De son côté, la majorité du conseil blâmait M. Ledru-Rollin et se déclarait offensée de ce que le ministre n'avait pas jugé convenable de lui soumettre un acte de cette importance. M. de Lamartine surtout, qui voyait avec une inquiétude extrême l'irritation de part et d'autre aller croissant, tout en exprimant très-ouvertement à M. Ledru-Rollin sa désapprobation personnelle, tentait de sincères efforts pour l'arrêter dans la voie où son entourage le poussait et pour empêcher l'éclat d'une scission dans le gouvernement provisoire. « Vos circulaires, disait-il au ministre de l'intérieur dans leurs entretiens particuliers, font plus de mal à la République que dix batailles perdues, car elles réveillent dans le pays les souvenirs d'un temps que le peuple lui-même a voulu répudier; elles détruisent tout l'effet que sa modération a produit sur l'opinion; elles aliènent à la République, en lui faisant parler un langage dictatorial, tous les citoyens qu'une politique libérale et généreuse lui avait conciliés dès sa première heure. »

Par moments, l'éloquence de M. de Lamartine persuadait M. Ledru-Rollin, dont l'intelligence ne se fermait pas volontairement à la vérité; mais, dès qu'il retrouvait son entourage intime et les ambitieux subalternes qui voulaient par lui soumettre la France à leur bon plaisir, il prêtait l'oreille à leurs suggestions et ne repoussait plus que d'un accent bien faible les projets de complots qui se tramaient entre eux pour l'investir de la dictature. Pendant ce temps, la garde nationale s'excitait de plus en plus contre lui, et n'osant encore élever la voix contre le gouvernement provisoire tout entier, elle affectait d'isoler le ministre de l'intérieur et le rendait seul responsable de toutes les mesures révolutionnaires.

On était dans ces dispositions réciproques, quand, le 15 mars, la veille même du jour annoncé pour la grande protestation des compagnies d'élite, quelques délégués de la garde nationale de la banlieue vinrent à l'Hôtel de Ville. Ayant été introduits auprès de M. de Lamartine, que l'on espérait pousser à une rupture avec M. Ledru-Rollin, ces délégués se plaignirent amèrement à lui du décret du 14 mars, et lui firent entendre qu'ils comptaient sur son intervention dans le conseil pour obtenir la réparation qui leur était due. Le même soir, une députation du club de la garde nationale, ayant à sa tête un riche bourgeois d'opinion légitimiste, M. de Lépine, renouvela les mêmes plaintes à M. de Lamartine et lui peignit avec plus d'insistance encore le mécontentement général soulevé dans la bourgeoisie parisienne par les circulaires de M. Ledru-Rollin. M. de Lépine n'omit rien de ce qui pouvait, selon lui, faire impression sur l'esprit de M. de Lamartine, et termina son discours en l'interpellant sur sa politique particulière et sur la part de responsabilité qu'il lui convenait d'assumer dans les actes du ministre de l'intérieur.

Il y avait, dans ces démarches de la garde nationale auprès de M. de Lamartine, une insinuation très-directe et en quelque sorte une sommation de se détacher de la partie révolutionnaire du gouvernement provisoire et de prendre, au nom des classes bourgeoises et de l'opinion conservatrice, le gouvernement des affaires. Mais M. de Lamartine, que nous venons de voir reprocher vivement à M. Ledru-Rollin son langage impolitique, ne se laissa point aller à la tentation d'en tirer avantage. Il ne voulait pas plus de la dictature bourgeoise en sa personne qu'il n'entendait souffrir de dictature populaire en la personne de MM. Ledru-Rollin ou Louis Blanc. Son ambition lui montrait dans une perspective rapprochée un but plus haut. Il voulait être l'élu du pays tout entier; et cette ambition, à l'heure où il la conçut, n'avait rien de chimérique, car de tous les points de la France on entendait monter vers lui un murmure approbateur, un assentiment, inquiet encore, mais dont l'accent se raffermissait chaque jour, et qui, en lui promettant l'empire de l'opinion, lui commandait la patience.

L'attitude prise en cette circonstance par M. de Lamartine fait honneur à sa loyauté. Il repoussa la prétention des compagnies privilégiées à rester en dehors de la règle commune; il évita de parler en son nom personnel, mais, en même temps, il promit que le gouvernement *tout entier* s'expliquerait sur la conduite qu'il entendait tenir dans les élections, et rétablirait ce qui, dans les termes et non dans l'intention des circulaires, avait pu blesser la fierté publique. Ces assurances obligeaient M. de Lamartine à se retirer si le gouvernement refusait de les ratifier; mais il connaissait trop bien la faiblesse du ministre de l'intérieur et son isolement dans le conseil, où MM. Louis Blanc et Albert ne le soutenaient qu'à demi, pour concevoir à cet égard des inquiétudes sérieuses. Il s'occupa donc sans retard à rédiger un projet de proclamation, qui contenait le désaveu des circulaires, et l'apporta le lendemain au conseil réuni à l'Hôtel de Ville.

Depuis le matin, Paris était agité; mille bruits contradictoires jetaient le trouble dans les esprits. On savait qu'il se tramait quelque chose contre le gouvernement provisoire, mais, ainsi qu'il arrive le plus souvent dans nos discordes civiles, l'émotion, produite à la fois sur tous les points de la cité, ou ne s'expliquait pas du tout à elle-même, ou s'expliquait par des causes opposées.

Aux abords de l'Hôtel de Ville, tout présageait une lutte sérieuse. Quand la première légion de la garde nationale, qui s'était mise en marche, tambours en tête, sous la conduite de ses officiers, déboucha sur la place du Châtelet, elle se vit tout d'un coup arrêtée par une masse considérable d'hommes du peuple qui, avertis la veille au soir dans les clubs, étaient accourus pour défendre, contre les bourgeois et les légitimistes, le gouvernement provisoire. Des colloques animés s'engagent, des propos injurieux sont échangés. Le général Courtais, escorté de trois chasseurs à cheval et de deux élèves des écoles, paraît à ce moment et, l'épée nue à la main, haranguant la première légion, il lui reproche, en termes très-vifs, l'illégalité de sa démarche et le mauvais exemple qu'elle donne au peuple. Une clameur prolongée l'interrompt; les cris de *à bas Courtais! à bas les communistes*[1]! retentissent dans les rangs; le peuple se presse autour du général pour le défendre; une lutte corps à corps s'engage pendant laquelle un garde national, se précipitant sur le général et l'accablant d'insultes, lui arrache son épée et ses épaulettes. A cette vue, la foule qui grossissait de minute en minute, se jette en avant, rompt les rangs de la garde nationale, la force à reculer, la disperse et, après l'avoir poursuivie quelque temps de ses huées, revient triomphante occuper les quais et la place.

Mais, pendant que la 1re légion subissait cet échec ridicule, la 10e occupait la place de l'Hôtel-de-Ville, appuyant les compagnies d'élite qui attendaient, dans une attitude menaçante et en proférant les propos les plus séditieux, le retour de la députation envoyée au gouvernement provisoire. Pendant la délibération du conseil, qui ne

---

[1] A ce moment-là, la confusion des idées était si grande que la bourgeoisie voyait dans M. Ledru-Rollin le chef des communistes.

dura pas moins de deux heures, des clameurs de toute nature ne cessèrent de retentir. L'arrivée de M. Ledru-Rollin, qui se rendait à l'Hôtel de Ville dans la voiture de M. Arago, porta l'exaspération des séditieux à son comble. Mille propos insultants, mille outrages furent proférés sur le passage du ministre de l'intérieur. En vain M. Arago, penché hors de sa voiture, essayait de calmer, de ramener à la raison, au respect d'eux-mêmes ces hommes qui se disaient les défenseurs de l'ordre. « Mort à Ledru-Rollin! » répétaient ces furieux, sans vouloir rien entendre. L'un d'eux même, en se rapprochant de la voiture, fit un geste menaçant. « Malheureux! s'écria M. Arago en lui saisissant le bras, oubliez-vous donc qu'ici même, à cette place, périt Foulon! » Mais que pouvaient, sur de si aveugles passions, les avertissements d'un vieillard et les souvenirs de l'histoire!

Parvenu enfin, à travers cette émeute odieuse autant que ridicule, jusqu'à l'Hôtel de Ville, M. Arago, en faisant au conseil le récit de ce qui se passe sur la place, prête une force nouvelle à l'opinion de M. de Lamartine. M. Ledru-Rollin n'essaye point de la combattre; il désavoue les termes de la circulaire, dont il rejette la responsabilité sur M. Jules Favre, et, après que M. de Lamartine, sur les observations de M. Louis Blanc, a de son côté consenti à modifier plusieurs des expressions de sa proclamation, tous les membres du gouvernement y apposent leur signature[1]. Pendant ce temps, MM. Arago, Marrast et Buchez recevaient la députation de la garde nationale et lui exprimaient avec sévérité le blâme que méritait sa conduite. M. Arago, surtout, usant du droit que lui donnaient son âge et l'autorité de son nom, lui faisait sentir sans ménagement l'absurdité d'une pareille rébellion et les effets fâcheux qu'elle ne pouvait manquer de produire.

« On a parlé de M. Ledru-Rollin, dit M. Arago, comme

---

[1] Voir aux *Documents historiques*, à la fin du volume, n° 7.

ayant pris personnellement la détermination dont il s'agit. En sa qualité de ministre de l'intérieur, M. Ledru-Rollin a des déterminations à prendre, dont nous le laissons seul responsable. Mais le décret qui vous émeut a été arrêté en conseil du gouvernement, après avoir entendu les chefs naturels de la garde nationale, MM. de Courtais et Guinard. Nous nous sommes bien imaginés que cette mesure causerait une petite émotion; mais nous n'avions pas cru que cette émotion fût aussi profonde, et que surtout elle vous déterminerait à faire une démarche qui a eu déjà ses inconvénients, mais qui en aura peut-être un bien plus grave encore. Cet inconvénient-là, vous le verrez demain. Demain, nous aurons une manifestation de la classe ouvrière pour répondre à celle de la garde nationale. Nous la calmerons, je l'espère; mais ne pensez-vous pas qu'il serait déplorable d'établir entre les ouvriers et la garde nationale un antagonisme, quand nous voulons, au contraire, la plus grande union? »

Le ton sévère de cette admonestation et l'annonce positive d'une démonstration populaire pour le lendemain firent tomber l'arrogance des députés. Ils se retirèrent en silence ; descendus sur la place, ils virent qu'ils avaient agi prudemment, car les masses populaires affluaient de tous côtés aux cris de *Vive Ledru-Rollin!* et il n'était plus possible à la garde nationale de persister dans sa tentative insensée.

Elle se retira donc, confuse et humiliée, emportant avec elle la honte d'une démarche puérile et la désapprobation de tous les bons citoyens. Dans une révolution où les masses aveugles s'étaient montrées si promptes à l'oubli et si facilement apaisées, n'était-ce pas, en effet, une faute impardonnable à la bourgeoisie que de donner ouvertement, comme elle venait de le faire, l'exemple des rancunes et de l'esprit de vengeance? N'était-ce pas une chose inouïe que le premier signal de la lutte entre les classes partît de celle-là même qui se prétendait commise à la défense de l'ordre, et que les premiers cris de mort fussent poussés par les hommes de la légalité et de la paix?

Nous allons assister à un spectacle bien différent et voir comment le peuple, si follement provoqué, répondit une seconde fois encore par la modération et la sagesse.

J'ai dit que M. Louis Blanc méditait, depuis quelque temps déjà, une grande manifestation populaire, non dans le but de renverser la majorité du gouvernement, les complots et les conspirations répugnaient à son esprit orgueilleux [1], mais pour exercer sur elle une intimidation morale. Dans ce dessein, il était nécessaire que cette manifestation restât calme et ne devînt le prétexte d'aucun désordre. Aussi en régla-t-il avec un soin minutieux l'ordonnance et la discipline. Pas d'armes, pas de cris, pas de violence, mais une longue, silencieuse et solennelle procession de toutes les corporations à travers Paris; la demande, respectueusement apportée au conseil par une députation, de l'ajournement des élections et de l'éloignement des troupes : tel était le programme donné par M. Louis Blanc aux délégués du Luxembourg, d'accord en cela avec M. Caussidière, qui favorisait le parti de M. Ledru-Rollin, mais ne jugeait pas le moment venu d'agir ouvertement à main armée.

Les clubs qui, de leur côté, sans projets bien arrêtés, entretenaient dans le peuple l'agitation et la défiance, comprirent, en voyant l'émeute avortée de la garde nationale, que l'instant était favorable pour faire la loi au gouvernement, et qu'il fallait saisir l'occasion. En conséquence, une réunion générale des chefs de clubs eut lieu dans la soirée du 16, et l'on y tomba d'accord sur la nécessité de convoquer le peuple pour le lendemain. Toute la nuit se passa à écrire, à imprimer des lettres, des proclamations, des affiches. Une

---

[1] M. de Lamartine lui rend ce témoignage : « Il souffla les erreurs, écrit-il dans son *Histoire de la Révolution de* 1848 (v. II, p. 207), jamais les séditions. » En effet, M. Louis Blanc refusa, quelques jours avant le 17 mars, de se rencontrer en maison tierce avec M. Blanqui. « Un membre du gouvernement, dit-il à la personne qui l'engageait à cette entrevue, ne doit pas voir un conspirateur. »

foule d'émissaires se répandirent dans les ateliers de Paris et de la banlieue. Le gouvernement provisoire, disaient-ils, attaqué par les royalistes, avait courageusement résisté; il fallait aller l'en féliciter, lui promettre de nouveau le concours du peuple, et remercier en particulier M. Ledru-Rollin de son dévouement à la nation.

La proclamation suivante, affichée dans la matinée du 17 sur tous les murs de Paris et saisie, par ordre de M. Émile Thomas, dans les ateliers nationaux, où elle avait causé une grande émotion, fait voir avec quelles précautions infinies ceux d'entre les chefs de clubs qui complotaient le renversement du gouvernement provisoire dissimulaient, en parlant au peuple, des projets que sa loyauté eût repoussés avec indignation

RÉPUBLIQUE FRANÇAISE.
LIBERTÉ, ÉGALITÉ, FRATERNITÉ.

« Le peuple a été héroïque pendant le combat, généreux après la victoire, magnanime assez pour ne pas punir...

« Il est calme, parce qu'il est fort et juste.

« Que les mauvaises passions, que les intérêts blessés se gardent de le provoquer !

« Le peuple est appelé aujourd'hui à donner la haute direction morale et sociale.

« Il est de son devoir de rappeler fraternellement à l'ordre ces hommes égarés qui tenteraient encore de se maintenir en corps privilégiés dans le sein de notre cité.

« Il voit d'un œil sévère ces manifestations contre celui des ministres qui a donné tant de gages à la révolution. »

Cette proclamation très-habile exprimait exactement les dispositions naïves de la masse populaire. La plus grande partie des ouvriers ne connaissaient encore que très-vaguement la division qui régnait entre la majorité et la minorité du conseil. Ils vénéraient par tradition les noms d'Arago et de Dupont (de l'Eure); ils ne s'occupaient ni de M. Marrast, ni de M. Marie, ni de M. Garnier-Pagès. La plus grave accusation qui se fût encore produite contre M. de Lamartine, c'était d'être un peu faible et de se laisser tromper par les royalistes. Il ne s'agissait donc véritablement, dans l'esprit du peuple, que de donner confiance au gouvernement et de l'engager à persévérer dans le bien[1]. Les principaux chefs de clubs, qui portaient dans ce projet de manifestation populaire une vue plus politique et voulaient, en arrachant à la majorité du conseil l'ajournement des élections et l'éloignement de l'armée, raffermir dans le gouvernement l'autorité de la minorité révolutionnaire, étaient loin cependant de se prêter à la trahison préméditée par quelques factieux. Aucun d'eux ne voulait renverser M. de Lamartine. M. Cabet, qui eut, le 16 au soir et dans la matinée du 17, des entretiens avec lui, s'employa, avec beaucoup de zèle et d'habileté, à modérer ces hommes et à les mettre en garde contre les suggestions des agents de M. Blanqui; M. Sobrier, qui mieux que d'autres connaissait le plan des conspirateurs, promettait d'y avoir l'œil. Ce plan, d'ailleurs, pas plus que le complot du 25 février, évanoui au souffle même de celui qui l'avait conçu, ne reposait sur rien de solide. Crier bien haut à la trahison du gouvernement provisoire, dire tout bas qu'on était en force pour s'emparer de l'Hôtel de Ville, glisser dans l'oreille de quelques-uns que Blanqui méritait seul la confiance des révolutionnaires, c'était toute la tactique des conspirateurs, et cette tactique, qui pouvait amener un tumulte passager, était absolument impuissante à remuer la grande masse du peuple. M. Blanqui lui-même, dans la dernière conférence qu'il eut à une heure du matin avec les conjurés, n'osa pas

[1] Qu'il me soit permis de rappeler ici un propos naïf entendu le 17, dans un groupe populaire, au moment où le gouvernement parut sur l'estrade de l'Hôtel de Ville, et qui peint admirablement le sentiment le plus général dont la masse était animée : « Quel malheur qu'il y en ait un qui soit un peu vieux, disait un ouvrier, en regardant Dupont (de l'Eure), les autres en ont bien pour vingt ans encore *à faire notre bonheur et à nous défendre contre l'étranger.* »

dire qu'il fallait *renverser* le gouvernement provisoire, et ne parla que de l'*épurer*. La pétition, qui demandait dans l'origine l'ajournement *indéfini* des élections, fut aussi très-modifiée par l'influence de M. Cabet.

Cependant le gouvernement provisoire, prévenu depuis plusieurs jours par M. Louis Blanc de la manifestation des corporations, et mieux instruit que ne pouvait l'être celui-ci des éléments perturbateurs qui menaçaient d'en dénaturer le caractère, attendait avec une inquiétude extrême, à l'Hôtel de Ville, ce qui allait sortir d'un pareil ébranlement de la population.

Si la majorité du conseil n'avait songé qu'à son propre salut, il lui était facile d'appeler à sa défense les baïonnettes de la garde nationale. La journée de la veille montrait assez son vif désir de commencer la lutte avec la révolution. Mais, j'ai déjà eu occasion de le faire remarquer, les hommes qui composaient la majorité du conseil, aussi bien que ceux qui s'y trouvaient en minorité, pour différer de vues politiques, n'en restaient pas moins d'accord dans le sentiment du dévouement au pays. Tous souhaitaient sincèrement d'épargner à la République les malheurs de la guerre civile.

Les préparatifs de défense du gouvernement se bornèrent donc à faire fermer les grilles de l'Hôtel de Ville, derrière lesquelles le colonel Rey disposa deux à trois mille volontaires auxquels il commandait depuis le 24 février. C'était une troupe formée au hasard, médiocrement disciplinée et plus disposée, à en juger par son origine et par son langage, à se joindre dans l'occasion au peuple qu'à lui opposer une résistance sérieuse. Tout allait donc dépendre de la sagesse populaire, et l'issue de la journée se pouvait d'autant moins prévoir que cette sagesse instinctive et orageuse n'avait pas conscience d'elle-même.

Vers une heure de l'après-midi, on vit paraître, à l'extrémité de la place de Grève, la tête du cortège populaire. Elle était composée de cinq à six cents clubistes, parmi lesquels on comptait quelques femmes, et qui marchaient en rang, dix par dix, précédés de leurs drapeaux. Après eux venait la longue procession des corporations ouvrières. Séparées l'une de l'autre par des intervalles égaux, chacune de ces corporations suivait sa bannière flottante et, s'avançant lentement, d'un pas mesuré, elle se rangeait sous les fenêtres de l'Hôtel de Ville dans un ordre parfait. On n'entendait dans cette masse compacte d'hommes, de femmes, de vieillards, d'enfants, aucune rumeur. Le commandement s'y faisait sans bruit, et la plus stricte discipline maintenait dans les rangs de cette armée en blouse une régularité que les plus belles troupes du monde eussent applaudie. Les physionomies mêmes, toutes recueillies et graves, exprimaient la pensée du devoir accompli qui animait et contenait cette multitude.

Quand la place fut entièrement remplie, le mouvement du cortége s'arrêta : les chefs des clubs et les délégués des corporations, s'approchant de la grille, demandèrent à être introduits auprès du gouvernement provisoire. M. de Lamartine, qui venait de recevoir de M. Cabet l'assurance que les clubs n'avaient aucune intention hostile, fit ouvrir les grilles à une cinquantaine de délégués, et le conseil tout entier se transporta dans une des salles les plus spacieuses de l'Hôtel de Ville, afin de les recevoir solennellement. Pendant ce temps, le peuple, resté sur la place, entonnait d'une voix mâle, et sans rompre ses rangs, la *Marseillaise*.

« Citoyens ! que demandez-vous ? » dit, en s'adressant à la députation des clubs, le vieux défenseur des libertés constitutionnelles, Dupont (de l'Eure). Il y avait dans l'accent avec lequel il posa cette interrogation une certaine fierté qui contrastait avec l'affaissement de son corps et la tristesse résignée de son visage. Un moment de silence suivit ces paroles. De part et d'autre on s'observait, on cherchait à surprendre sur les physionomies le secret de chacun, à deviner le concert ou l'isolement des volontés, la force de l'attaque, les chances de la résistance. Aux deux côtés de M. Dupont (de l'Eure), qui était assis dans un fauteuil adossé à la muraille, les membres du gouvernement provisoire se tenaient debout : à droite, MM. Arago, Louis Blanc, Albert, Ledru-Rollin; à gauche, MM. de Lamartine, Marrast, Crémieux, Marie, Garnier-Pagès.

Dans le groupe des clubistes, on remarquait MM. Barbès, Cabet, Sobrier, Huber et M. Blanqui qu'entouraient plusieurs de ses hommes les plus intrépides, entre autres MM. Flotte et Lacambre, « *figures inconnues*, a dit M. Louis Blanc, *et dont l'expression avait quelque chose de sinistre*[1]. » Un ouvrier nommé Gérard, s'avançant vers Dupont (de l'Eure), lut une pétition qui, au nom du peuple de Paris, réclamait l'éloignement des troupes, l'ajournement des élections de la garde nationale et celles de l'Assemblée. A peine l'ouvrier avait-il achevé sa lecture que M. Blanqui prit la parole. Il ne fit autre chose que répéter à peu près les demandes formulées dans la pétition; mais le ton et le geste dont il accompagnait sa requête tenaient plus de la menace que de la prière; il ajouta, d'ailleurs, à ce que l'ouvrier venait de dire, la sommation au gouvernement provisoire de délibérer séance tenante et de rendre aux délégués du peuple une réponse immédiate. M. Louis Blanc, surpris de tant d'audace et la croyant sans doute appuyée sur une force dont il n'avait pas le secret, appréhenda tout d'un coup de voir passer en d'autres mains que les siennes la conduite du mouvement populaire. Un regard échangé avec M. Barbès ne lui laissa plus de doute. Si le gouvernement cédait aux injonctions des clubs, Blanqui, leur ennemi commun, en remportait l'honneur et l'avantage. Si Blanqui sortait de l'Hôtel de Ville triomphant, à lui la révolution, à lui le peuple : où les conduirait-il ?

Dans une pareille conjoncture, il ne restait plus à M. Louis Blanc d'autre parti à prendre que de faire cause commune

---

[1] Voir *Pages d'histoire*, p. 90.

avec la majorité du gouvernement provisoire, de repousser une intimidation dont il avait eu cependant la première pensée, s'il ne voulait pas se livrer, se subordonner à un chef de factieux dont les desseins lui étaient inconnus et les intentions suspectes. Sa délibération intérieure ne fut pas longue. S'avançant vers le groupe des délégués : « Citoyens ! dit-il, d'une voix à laquelle le sentiment du péril et de l'outrage donnait une autorité singulière, le gouvernement de la République est fondé sur l'opinion ; il ne l'oubliera jamais. Notre force, nous le savons, est dans la force du peuple ; notre volonté doit toujours être en harmonie avec la sienne ; nous vous remercions des paroles pleines de sympathie et de dévouement que vous nous adressez. Le gouvernement provisoire les mérite par son courage, par son ferme vouloir de faire le bien du peuple, avec le concours du peuple et en s'appuyant sur lui. Les pensées d'ordre que vous avez manifestées sont la consécration de la liberté en France. Il faut que la force du peuple se montre sous l'apparence du calme ; le calme est la majesté de la force. Vous nous avez exprimé des vœux qui feront l'objet de nos délibérations. Vous-mêmes, citoyens, vous ne voudriez pas que le gouvernement qui est appelé à vous représenter cédât à une menace. Nous vous remercions de ce que vous êtes venus à nous pleins de confiance dans notre patriotisme, pleins de confiance dans le désir qui est au fond de nos cœurs, de faire avec vous, dans votre intérêt, sans vous oublier jamais, le salut de la République. Nous vous remercions, comme hommes, de nous avoir mis en état de le faire avec indépendance. Maintenant, citoyens, laissez-nous délibérer sur ces vœux ; laissez-nous délibérer, pour qu'il soit bien entendu que le gouvernement provisoire de la République ne délibère pas sous l'empire d'une menace. A ceux qui ne représentaient que les priviléges, il était permis d'avoir peur : cela ne nous est pas permis, à nous, parce que nous sommes vos représentants, et qu'en gardant notre dignité, nous gardons la vôtre. »

Ces paroles, applaudies par les délégués des corporations qui s'abandonnaient aveuglément à la direction de M. Louis Blanc, provoquèrent dans le groupe des clubistes un murmure prolongé. « Le peuple attend autre chose que des paroles! s'écria l'un d'entre eux, d'une voix pleine de colère; il veut une réponse définitive; nous ne sortirons pas d'ici sans avoir une réponse à transmettre au peuple. » Mais, sans laisser à M. Louis Blanc le temps de répondre, MM. Cabet et Sobrier, craignant de voir s'engager le conflit, s'interposèrent; par des paroles pleines de sens ils atténuèrent l'impression que venait de produire l'orateur clubiste et donnèrent à M. Ledru-Rollin quelques minutes pour peser les paroles qu'il allait prononcer à son tour. « Je n'ai qu'un mot à vous dire, dit enfin le ministre de l'intérieur, mais je crois que ce mot aura quelque action sur vos esprits. Vous représentez Paris, mais vous comprenez que la France se compose de l'universalité des citoyens. Or, je me suis adressé, il y a deux jours, à tous les commissaires des départements pour leur demander ceci : Est-il possible matériellement que les élections aient lieu le 9 avril? Est-il possible, politiquement et dans l'intérêt de l'établissement de la République, que les élections aient lieu le 9 avril? Vous ne pouvez pas, citoyens, imposer au gouvernement de délibérer sans être éclairé avant tout sur l'état de la France, sans être informé par ses commissaires. Vous représentez indubitablement la cité la plus active et par cela même la plus intelligente, mais vous ne pouvez pas avoir ici la prétention de représenter la France tout entière; vous ne pouvez l'avoir qu'à une condition, c'est que, élus par le peuple, représentants du peuple, nous ayons pour les départements, pour la France entière comme pour Paris, la volonté et le dernier mot du peuple. Il faut que vous attendiez quelques jours. J'ai fixé au 25, au plus tard, les réponses qui doivent m'être faites. Quand le gouvernement, prenant en considération le vœu de Paris, qui ordinairement donne l'impulsion à la France, mais qui cependant ne peut vouloir opprimer la France, quand les vœux des départements auront été exprimés, alors le gouvernement, représentant du pays tout entier, pourra assigner un délai, et pourra dire si, en effet, cet ajournement est nécessaire pour l'établissement de la République. »

Ce discours, habile autant que ferme, déconcerta visiblement les fauteurs du complot, qui ne s'étaient pas attendus à trouver dans le gouvernement provisoire un pareil accord de résistance. Voyant que les paroles de M. Ledru-Rollin leur enlevaient toute chance de diviser le conseil et de se défaire de la majorité à l'aide de la minorité, ils ne voulaient pas cependant battre en retraite sans avoir porté à M. de Lamartine un coup décisif. M. Sobrier, qui venait de prendre la parole pour appuyer M. Ledru-Rollin, leur en fournit l'occasion.

« Les délégués du peuple, dit-il, n'ont nullement l'intention de faire violence au gouvernement provisoire ; ils ont une confiance entière en lui. »

« Pas en tous ! pas en tous ! » interrompt brusquement l'un des hommes de Blanqui, en regardant M. de Lamartine ; et le nom de Lamartine est murmuré de bouche en bouche.

« Qu'il s'explique ! qu'il s'explique ! » s'écrient plusieurs.

Alors M. de Lamartine s'avance à son tour et réfute avec beaucoup d'éloquence l'accusation portée contre le gouvernement provisoire et contre lui, en particulier, d'avoir voulu faire rentrer les troupes dans Paris, afin d'opprimer le peuple. « Il faudrait, dit M. de Lamartine, que le gouvernement fût insensé, après ce qui s'est passé, après que la royauté déchue a vu se fondre 80,000 hommes de troupes contre le peuple désarmé de Paris, pour songer à lui imposer, avec quelques corps d'armée épars et animés du même républicanisme, des volontés contraires à vos volontés et à votre indépendance ! Nous n'y avons pas songé, nous n'y songeons pas, nous n'y songerons jamais ! Voilà la vérité, rapportez-la au peuple : sa liberté lui appartient parce qu'il l'a conquise ; elle lui appartient parce qu'il saura la garder de tout désordre. La République, à l'intérieur, ne veut d'autre défenseur que le peuple armé.

« Mais quoique ceci soit la vérité aujourd'hui, et que nous vous déclarions que nous ne voulons que le peuple armé pour protéger ses institutions, n'en concluez pas que nous consentions jamais à la déchéance des soldats français ! N'en concluez pas que nous mettions notre brave armée en suspicion, et que nous nous interdisions de l'appeler, même dans l'intérieur, même à Paris, si des circonstances de guerre commandaient telle ou telle disposition de nos forces pour la sûreté extérieure de la patrie ! »

Applaudi par un grand nombre de délégués, se sachant appuyé par les chefs des clubs, M. de Lamartine trouve en terminant sa harangue une de ces images frappantes qui souvent déjà l'ont fait triompher des défiances populaires. « Soyez sûr, s'était écrié avec émotion un ouvrier, que le peuple n'est là que pour appuyer le gouvernement. — Je le crois, j'en suis certain, réplique M. de Lamartine ; mais prenez garde, citoyens, à des réunions comme celles d'aujourd'hui, quelque belles qu'elles soient. Les dix-huit brumaire du peuple pourraient amener, contre son gré, les dix-huit brumaire du despotisme ; et ni vous ni nous n'en voulons. »

Un applaudissement général couvre, à ce mot, la voix de M. de Lamartine. La députation déconcertée s'ébranle. MM. Cabet et Sobrier saisissent ce moment favorable pour déterminer le mouvement de retraite. Blanqui et les siens sont entraînés. Au même instant, on entend sur la place des milliers de voix qui demandent à grands cris le gouvernement provisoire. Il devient manifeste que la force morale est à lui. La colère et l'indignation éclatent sur les physionomies des factieux. Comme M. Louis Blanc descendait les degrés du grand escalier, l'un d'eux, lui saisissant le bras et le secouant brutalement : « Tu es donc un traître, toi aussi ! » s'écrie-t-il. M. Louis Blanc le regarde stupéfait ;

il ne le connaissait pas; c'était un séide de Blanqui, un jacobin fanatique, le cuisinier Flotte [1].

Quand le gouvernement provisoire parut sur l'estrade, il fut reçu par une longue et enthousiaste acclamation du peuple qui ne s'informait seulement pas si ses demandes avaient été accueillies ou rejetées. Seulement, il exprimait par les cris infiniment plus répétés de : Vive Louis Blanc! vive Ledru-Rollin! sa sympathie plus grande pour les membres les plus révolutionnaires du conseil. M. Louis Blanc, sur l'invitation même de ses collègues, prit la parole pour remercier le peuple de la force qu'il donnait par son adhésion, si chaleureuse et si complète, au gouvernement chargé d'exécuter ses volontés.

Après qu'il eut terminé sa harangue, le gouvernement provisoire rentra dans l'hôtel de ville et le défilé des corporations commença. Il fut long et garda jusqu'à la fin sa parfaite discipline. On a évalué à 100,000 hommes environ le chiffre de l'armée populaire. A cinq heures seulement les dernières corporations quittaient la place de Grève. Un groupe nombreux d'ouvriers y resta pour escorter M. Louis Blanc; un autre accompagna M. Ledru-Rollin au ministère de l'intérieur, où le ministre essaya encore une fois, dans une chaleureuse allocution, de leur faire sentir combien ils avaient tort de vouloir éloigner de Paris une armée dévouée au pays et composée d'enfants du peuple.

M. de Lamartine, resté seul, pensif, atteint d'un premier doute, s'achemina lentement à pied, par les rues qui s'illuminaient en l'honneur de ses adversaires politiques, vers l'hôtel de la rue des Capucines, où l'attendaient dans une vive inquiétude sa femme et ses amis. Ceux-ci, effrayés des bruits qui couraient, veillèrent en armes au ministère des affaires étrangères. Ils avaient été avertis par des agents de leur police secrète que Blanqui et ses hommes devaient, pendant la nuit, enlever M. de Lamartine.

---

[1] Voir *Pages d'histoire*, p. 94.

Paris fut jusqu'au matin en proie à un grand trouble. L'impression produite par ce que l'on savait et par ce que l'on soupçonnait des événements de la journée pesait sur tous les esprits. Ce long cortége de prolétaires qui, de l'arc de triomphe à l'Hôtel de Ville et de l'Hôtel de Ville à la Bastille, avait partout, sur son passage, notifié, imposé en quelque sorte à la bourgeoisie, avec une effrayante solennité, sa volonté muette et mystérieuse, jetait les imaginations dans une perplexité extraordinaire. Personne ne comprenait clairement le sens indéterminé de cette manifestation; chacun l'interprétait à sa manière. La majeure partie des ouvriers qui s'étaient joints spontanément à la manifestation, dans un esprit naïf et sincère de fraternité républicaine, demeuraient persuadés qu'ils avaient donné au gouvernement un témoignage de respect et qu'ils l'avaient protégé contre un complot des carlistes. Plusieurs entre les chefs populaires, MM. Cabet, Raspail, Barbès, qui accusaient ce qu'ils appelaient le parti du *National* de conspirer au sein du gouvernement, d'accord avec M. Thiers, le retour de la duchesse d'Orléans et de son fils, avaient eu principalement en vue de raffermir la minorité du conseil et d'enlever M. de Lamartine, en lui montrant le peuple si fort et si sage, aux influences d'un entourage suspect. Les cinq ou six cents partisans de M. Blanqui, dont l'espoir était déjoué, n'osaient pas le laisser voir et feignaient de partager la joie populaire. M. Louis Blanc, qui avait eu l'initiative et la conduite principale de la manifestation, avait senti cependant qu'il n'en tenait pas tous les fils; il se demandait à part lui ce que signifiait cette intervention occulte de quelques meneurs; il s'étonnait aussi que M. Ledru-Rollin eût une part égale, sinon supérieure à la sienne, dans l'acclamation populaire.

On le voit, autant il y avait eu d'ordre, de régularité, de discipline extérieure dans cette grande procession populaire, autant il y avait de confusion dans l'esprit de ceux qui l'avaient préparée. Mais les jours qui suivirent en marquèrent le sens et jetèrent dans la bourgeoisie une grande

7.

appréhension. Elle vit, dès le soir du 17 mars, M. de Lamartine, en qui elle avait mis tout son espoir, devenir soucieux. Elle reconnut dans les décrets, dans les proclamations qui suivirent coup sur coup, la prépondérance de M. Ledru-Rollin et l'influence de M. Louis Blanc. Elle comprit que Paris était décidément acquis à la révolution, et elle tourna son principal effort vers les départements, où les royalistes et les conservateurs, un moment dispersés, étourdis par un choc inattendu, commençaient à reprendre haleine, à se rapprocher, à se concerter pour ressaisir, dans la lutte électorale, les avantages politiques que donnent en tous temps l'hérédité ou l'illustration du nom, l'éducation supérieure et la fortune acquise.

CHAPITRE XXIV

Situation des départements. — Commissaires extraordinaires. — Rouen. — Lille. — Strasbourg. — Lyon. — Nantes. — Marseille. — Toulouse. — Bordeaux.

Quand la première ivresse de la victoire se fut dissipée dans cette incroyable expansion de la joie populaire dont j'ai essayé de rendre quelques aspects, le gouvernement et les partis se prirent à songer aux départements et se demandèrent dans quel esprit allaient se faire les élections générales dont le jour était proche. Il était difficile de s'en former une idée exacte. Nous avons vu comment la province reçut l'avis d'une révolution à laquelle elle n'avait pris, par le mouvement réformiste, qu'une part très-indirecte. Son attitude passive, sa soumission inquiète et comme involontaire, ne surprirent personne. Si la société officielle, au centre même de son action politique, si les trois grands pouvoirs de l'État, réunis sur le point le mieux défendu du pays légal, s'étaient laissé disperser presque sans combat, comment la représentation affaiblie et partielle de ces pouvoirs se serait-elle maintenue? En vertu de quel principe une administration locale, dépendante, étrangère aux populations sur lesquelles elle n'exerçait qu'une action passagère, superficielle et en quelque sorte mécanique, aurait-elle provoqué une résistance dont la royauté ne donnait pas le signal? Il eût fallu pour cela un fanatisme de dévouement dont nos mœurs avaient depuis longtemps effacé jusqu'au souvenir dans les âmes. Le pays, d'ailleurs, eût-on voulu le pousser à la guerre civile pour un motif purement politique, non-seulement n'aurait pas répondu à l'appel, mais ne l'aurait pas même compris. Sous ce rapport, la France si diverse de traditions et de coutumes, si variée d'opinions, si inégale dans la culture intellectuelle et le bien-être matériel, était possédée d'un seul esprit. La prépondérance des intérêts positifs sur les sentiments et les croyances était universelle. Or, depuis 1789, les deux intérêts de la France, l'agriculture et l'industrie, ne relevaient plus que d'eux-mêmes. Le sillon et le métier, également affranchis, ne recevaient plus d'en haut la fertilité ou le mouvement. La démocratie, qui ne se montrait pas encore à découvert dans l'établissement politique, avait pris racine dans le sol ; elle dominait les mœurs ; et, bien que ce caractère nouveau de la nation ne lui fût pas encore complètement révélé à elle-même, il était trop prononcé déjà pour qu'il fût possible de lui donner le change et d'entraîner les populations, même les plus ignorantes, à combattre la République, c'est-à-dire le gouvernement le plus conforme aux principes et aux intérêts de la démocratie.

Cependant, malgré ce caractère démocratique des mœurs nouvelles, les particularités originelles et traditionnelles, les conditions de sol et de climat, la nature des travaux, imprimaient aux provinces du nord ou du midi, du centre, de l'est ou de l'ouest, une physionomie individuelle ; les commissaires du gouvernement rencontrèrent des difficultés locales suivant qu'ils furent envoyés à des populations plus ou moins en rapport avec Paris, plus ou moins en proie surtout à la crise économique qui, depuis le commencement du siècle, allait menaçant et désolant chaque jour davantage la production industrielle et agricole. Le caractère et la réputation des commissaires, le respect qu'ils surent inspirer, eurent aussi une part notable dans l'accueil que reçut en leur personne la République. Si les choix arrachés à M. Ledru-Rollin n'avaient pas été si contraires à ceux qu'il fit de son propre mouvement, si dans tous les départements on n'avait eu affaire qu'à des hommes honorables et prudents, tels que MM. Lichtenberger, Grévy, Émile Ollivier, Marchais, Guépin, Bordillon, etc., bien des divisions, ou ne fussent pas nées, ou du moins n'eussent pas dégénéré en collisions sanglantes. L'autorité du gouvernement n'eût pas été compromise par le renvoi de plusieurs commissaires; l'on n'eût pas vu des électeurs démocrates voter pour des candidats orléanistes ou légitimistes, dans le seul dessein de protester contre les sottises administratives des fonctionnaires républicains. M. Ledru-Rollin fut aussi très-mal inspiré en laissant aux commissaires la faculté de se porter candidats à la représentation nationale. C'était là une tolérance contraire à l'esprit de l'institution parlementaire. Elle devait avoir pour effet de rendre la conduite des commissaires suspecte de vues intéressées et de blesser le sentiment de l'indépendance électorale.

Jetons un coup d'œil sur les points principaux d'après lesquels nous serons le mieux en mesure d'apprécier l'ensemble du mouvement qui agita le pays, pendant l'administration des commissaires, jusqu'à l'ouverture de l'Assemblée nationale.

Rouen, tout d'abord, fixera notre attention. Assise au sein des plus fertiles campagnes de France, la vieille capitale de la Neustrie, dont les traditions féodales semblent vivre encore dans ses nefs imposantes qui furent, au moyen âge, l'expression française de l'art catholique, Rouen, sous ses dehors de grandeur et de prospérité, recèle des misères si profondes et d'une telle nature que le seul récit en paraît insupportable à notre imagination. La population rouennaise, qui porte l'activité dans le travail, l'intelligence dans les affaires, que tout favorise, son climat tempéré, sa situation géographique, ses communications faciles avec les deux nations les plus commerçantes du monde, l'Angleterre et les États-Unis, vit agglomérée hors de toutes proportions, dans des conditions d'existence auprès desquelles l'esclavage antique pourrait paraître enviable. Par une fatalité que la conscience moderne repousse et que la science économique a mise dans une effrayante évidence, plus l'activité de la fabrication s'accroît, plus les machines se perfectionnent, plus les produits excellents et nombreux font honneur au génie de la nation qui en enrichit le monde, plus aussi la misère s'appesantit sur les travailleurs, et plus, enchaînés sans répit à un travail abrutissant et ingrat, ils perdent le temps, la faculté et parfois jusqu'au désir de cultiver leur être moral. Une hostilité profonde entre les maîtres et les ouvriers est l'effet d'un état aussi anormal qui crée, pour les uns, l'impérieuse obligation de produire vite, beaucoup, à vil prix, afin de soutenir toutes les concurrences intérieures et extérieures ; pour les autres, un travail de quinze à seize heures, l'emploi prématuré des forces de la jeunesse, l'abandon des enfants en bas âge par leurs mères, assises tout le jour au métier, la cruelle nécessité, enfin, pour pouvoir exister, de se mesurer chaque jour plus avarement le pain dont on se nourrit, la paille sur laquelle on couche et jusqu'à l'air que l'on respire.

Et je parle ici de l'état habituel de la fabrique dans les temps où rien ne la trouble. On peut se figurer ce qu'une secousse politique doit jeter de perturbation violente dans ce désordre régularisé, jusqu'à quel point d'exaspération elle doit porter les passions et les haines qui couvent sourdement, mais constamment, au sein du prolétariat industriel.

En 1830, quelques semaines seulement après les événements de Paris, une révolte générale des ouvriers éclatait à Rouen. Le tocsin sonnait dans les vallées ; des milliers de combattants sortaient à la fois de toutes les usines. Leur nombre et leur résolution paraissaient formidables ; mais l'insurrection, n'ayant ni drapeau, ni chef, ni but déterminé, avorta misérablement, et pendant toute la durée du règne de Louis-Philippe la paix extérieure ne fut plus troublée. En 1833, la *Société des droits de l'homme* essaya d'organiser à Rouen des sections. Mais elle ne réussit pas à embrigader au delà de 1,500 hommes que la loi de 1834 vint presque aussitôt forcer à se dissoudre. Depuis lors, la population ouvrière laissa faire à la bourgeoisie son opposition politique. En dernier lieu, elle ne parut prendre aucun intérêt au mouvement réformiste et n'inquiéta plus le pouvoir. Mais, tout à coup, en apprenant la nouvelle de la chute de Louis-Philippe, et comme à un signal attendu, 30,000 ouvriers entrèrent en grève, demandant à la fois la réduction des heures de travail, la hausse du salaire, l'interdiction du travail dans les prisons et l'expulsion des étrangers. En présence de ces exigences du prolétariat, les chefs d'industrie voyaient toutes les commandes suspendues et le crédit anéanti[1]. Personne, d'ailleurs, pas plus à Rouen qu'à Paris, n'était préparé, en aucune manière, à cette subite explosion de la crise industrielle, et l'on n'y sut trouver d'autre remède que la création des ateliers nationaux, d'où sortit incontinent la guerre civile.

M. Ledru-Rollin avait nommé commissaire dans le département de la Seine-Inférieure un avocat radical d'un talent distingué, M. Deschamps, qui, depuis bien des années, rivalisait d'influence au barreau et dans la lutte politique avec M. Sénard, dont les opinions se rapprochaient davantage du libéralisme de la bourgeoisie. C'était encore là, comme partout, la querelle du *National* et de la *Réforme*. La campagne des banquets venait d'envenimer très-fort cette querelle. Le parti radical s'était laissé battre sur la question du *toast* au roi, et quand M. Deschamps se présenta officiellement à Rouen en qualité de premier fonction-

---

[1] On a constaté que le département de la Seine-Inférieure avait perdu une valeur d'environ 100 millions, pendant les premiers mois de l'année 1848.

naire de la République, la bourgeoisie, qui se croyait maîtresse du terrain, se tint pour offensée de ce choix. Elle envoya immédiatement à Paris une députation de gardes nationaux, chargée de protester contre la nomination de M. Deschamps et d'exiger qu'il fût remplacé par M. Sénard. Mais, comme les accusations qu'elle portait contre M. Deschamps étaient des plus vagues et accompagnées de menaces, le ministre n'y fit pas droit. Dès lors, la ville de Rouen se partagea en deux camps pleins d'animosité, et il fut aisé de prévoir qu'ils ne tarderaient pas à en venir aux mains.

L'armement de la garde nationale, dont, sous différents prétextes, on éloignait les ouvriers, fut pendant tout le mois de mars le sujet de plaintes de leur part et l'occasion de provocations imprudentes de la part de la bourgeoisie. L'irritation des ouvriers était grande; loin de chercher à l'apaiser, on la porta au comble en les menaçant brusquement de faire fermer les ateliers nationaux. Enfin, l'agitation causée par les élections et l'échec de la liste exclusive, très-impolitiquement suggérée aux prolétaires par le comité parisien, amenèrent l'explosion, prévue depuis longtemps, des colères du peuple.

Sous beaucoup de rapports, la ville de Lille était en 1848 dans des conditions analogues à celles où se trouvait Rouen. Chef-lieu d'un département qui compte un million d'habitants répartis entre les travaux de l'agriculture, de la navigation et de la fabrique; centre actif et en apparence florissant d'une province où les progrès de la culture, savamment combinés avec ceux de l'industrie et l'extension du commerce, ont atteint, dans les genres les plus variés, une perfection admirable, Lille est comme Rouen, malgré ses anciennes institutions de bienfaisance municipale plus nombreuses et plus larges qu'en aucune autre ville de France, dévorée par un effroyable paupérisme [1].

---

[1] De plus amples détails ne seraient pas ici à leur place. Selon le

Mais l'opinion républicaine et les traditions révolutionnaires sont demeurées plus vives dans le département du Nord que dans le département de la Seine-Inférieure. La ville de Lille, qui s'était signalée, en 1789, par son patriotisme et, sous la Restauration, par son esprit libéral, avait eu, dès les premières années du règne de Louis-Philippe, une société républicaine formée des débris du carbonarisme, qui fit par la presse et par des affiliations secrètes une propagande active. Peu à peu, le radicalisme se dégagea du libéralisme avec lequel il s'était d'abord confondu. On se rappelle comment, au banquet réformiste, il l'emporta définitivement sur l'opposition dynastique représentée par M. Odilon-Barrot, dans la personne de M. Ledru-Rollin, à qui son ami, M. Delescluze, rédacteur en chef du journal l'*Impartial du Nord*, avait ménagé ce triomphe. Quant au socialisme, il existait à peine encore à l'état théorique, et l'école phalanstérienne, qui comptait à Lille un certain nombre d'adeptes, repoussait toute alliance avec les radicaux révolutionnaires[1].

Lorsque parvinrent à Lille les nouvelles de la fuite de Louis-Philippe et de l'établissement d'un gouvernement provisoire, le préfet, M. Desmousseaux de Givré, quitta précipitamment la préfecture et se retira chez le commandant de la division militaire. Le 27 février au soir, M. Antony-Thouret, chargé par M. Ledru-Rollin d'une mission assez vague, mais qui s'annonçait comme préfet pro-

rapport d'un médecin de Lille, on a calculé que, dans les temps prospères, Lille compte un indigent sur trois habitants. Sur 21,000 enfants dans la classe pauvre, il en est mort, dans une année ordinaire, 20,700, avant l'âge de sept ans. (Voir le *Rapport de M. Blanqui à l'Académie des sciences morales et politiques*.)

[1] M. Hennequin, l'un des chefs de l'école phalanstérienne, se trouvant à Lille, le jour du banquet, non-seulement ne s'y présenta pas, mais, pour mieux protester, il fit annoncer pour la même heure une conférence publique. De son côté, M. Ledru-Rollin, à qui, dans un souper que lui offrait la loge maçonnique, l'un des convives posait cette question : « Êtes-vous communiste ? » répondait catégoriquement : « Je ne suis ni communiste ni socialiste. »

visoire du département du Nord, arriva à Lille escorté de quelques jeunes gens des villes d'Amiens, d'Arras et de Douai où il venait de faire proclamer la République. M. Antony-Thouret fut accueilli sans démonstrations hostiles, mais avec une extrême froideur. Ses antécédents ne lui donnaient pas une grande autorité dans le département qu'il venait administrer, et cette autorité se vit encore fort amoindrie par la lutte qui s'engagea immédiatement entre lui et M. Delescluze, à qui il avait apporté, sans le savoir, une dépêche de M. Ledru-Rollin, qui conférait à ce dernier les pouvoirs extraordinaires de commissaire général dans les départements du Nord et du Pas-de-Calais. Des conflits qui furent la suite de ce malentendu, de l'extrême négligence dans les instructions données au ministère de l'intérieur [1],

---

[1] J'ai déjà eu occasion de faire remarquer combien ces instructions, beaucoup trop vagues au point de vue administratif, étaient modérées et conciliantes au point de vue politique. La lettre ci-jointe de M. Jules Favre, adressée à M. Delebecque, rédacteur en chef du *Libéral du Nord*, en date du 2 mars, le montre avec évidence :

Paris, 2 mars 1848.

« La République doit être partout accueillie avec joie, parce qu'elle est la fin d'un système de compression et de honte nationale, et le commencement d'une ère vraiment démocratique. Pacifique, parce qu'elle est forte, elle doit se montrer calme et généreuse. Vous devez donc éviter avec soin tout ce qui peut effrayer la bourgeoisie qui est avec nous par le cœur, qui le sera dans peu par l'intérêt, mais qui s'inquiète d'un état de choses si nouveau pour ses idées. Annoncez partout que la République n'est pas la destruction de ce que la bourgeoisie peut croire menacé : la propriété, la famille. Elle en est au contraire la consolidation. En favorisant les travailleurs, elle intéresse un plus grand nombre de citoyens au repos social. Elle réalise ce que bien des gens traitaient hier d'utopie : tout pour le peuple et par le peuple. Ne craignez pas du reste les clubs qui vont s'ouvrir en province, comme ils sont ouverts déjà ici. Les libres réunions, les discussions publiques des actes du gouvernement et des théories politiques sont la conséquence du système nouveau. Contrariées, elles le renverseraient. Tolérées, encouragées, elles le fortifieront. Que vos amis s'empressent de se faire affilier à ces sociétés, et soyez sûr que la raison et le bon sens du peuple feront justice de toutes les exagérations, de toutes les excentricités de quelques esprits mal faits.

« En résumé, nous sommes forts; nous pouvons être modérés. Ni et de leur peu d'accord avec celles qui émanaient des ministères de la police, des finances et de la guerre, il résulta ceci, que le département du Nord resta comme abandonné à lui-même, et que les commissaires n'y eurent que l'apparence du pouvoir. C'est dans cette situation qu'on se prépara aux élections. Les républicains, mal dirigés par le commissaire qu'irritait sa situation fausse, se montrèrent ombrageux, excessifs, impolitiques.

La réaction s'organisa sous l'influence du procureur général M. Corne. Tous les partis monarchiques s'y joignirent. M. Delescluze s'irrita de plus en plus ; M. Antony-Thouret, qui avait tenté d'attirer les anciens conservateurs, fut renvoyé de la préfecture et accepté comme candidat de la réaction, en haine de M. Delescluze. Une polémique très-vive s'engagea ; on révéla alors des faits oubliés ou méconnus, relatifs aux spéculations industrielles de M. Antony-Thouret, qui se vit rayé des deux listes. Tous les républicains prononcés échouèrent ; M. de Lamartine, porté sur toutes les listes, réunit plus de 200,000 voix.

Le commissaire nommé à Strasbourg, M. Lichtenberger, eut une tâche aisée par comparaison avec celle des commissaires de Rouen et de Lille. Aucune hostilité entre la bourgeoisie et le prolétariat n'existe en Alsace. La distinction des classes s'y fait à peine sentir. Un esprit très-libéral et des habitudes très-démocratiques dans cette population laborieuse ont depuis longtemps rapproché et presque confondu les rangs. L'ancienne noblesse est, d'ailleurs, peu nombreuse dans ce pays où le sol extrêmement fertile appartient à une multitude de petits propriétaires. La haute bourgeoisie industrielle s'y était montrée équita-

---

persécutions ni menaces. Mais n'oublions jamais que nous sommes les instruments du peuple et que si nous cessions un instant d'obéir à ses inspirations, d'être guidés par le désir de tout faire par lui, nous travaillerions à désorganiser le nouveau gouvernement.

« Le secrétaire général provisoire,
« Jules Favre. »

ble ; l'ouvrier n'avait pas songé encore à chercher dans les utopies communistes un remède désespéré à des maux qu'il voyait compris et allégés par les chefs d'industrie. De grands établissements de charité prévenaient la misère ou la rendaient plus tolérable. L'instruction était généralement répandue, même dans la population catholique, par suite de l'émulation des deux clergés. De fréquents changements de religion depuis la Réformation, l'usage établi de prendre alternativement les magistratures dans l'un et dans l'autre culte, y avaient enseigné une tolérance mutuelle singulièrement favorable au progrès de la liberté. Il ne faut pas oublier non plus, parmi les causes essentielles de ce progrès qui faisait de l'Alsace le pays de France le mieux préparé aux institutions républicaines, les études scientifiques dont Strasbourg est le centre et dont l'origine remonte à sa vieille université protestante. De brillantes écoles de droit et de médecine y ont continué jusqu'à nos jours ce mouvement ininterrompu de la science ; la présence des régiments d'armes savantes servait encore à l'entretenir.

Le contre-coup de la révolution de Février fut donc à peine sensible en Alsace, où tout concourait depuis longtemps, dans la pratique de la vie, à familiariser les esprits avec l'égalité républicaine. Une partie seulement de la population eut à en souffrir. Dans un grand nombre de localités, les paysans se soulevèrent contre les usuriers qui appartenaient presque tous à la religion israélite ; avant que l'autorité pût les protéger, ils furent chassés du territoire. Des villages entiers furent saccagés ; mais il ne se mêla à ces soulèvements aucune idée de politique ni de socialisme. Ce fut une vengeance brutale du débiteur sur le créancier, pas autre chose.

On n'ignore pas combien le prêt à usure cause, dans la population des campagnes, de détresse et de ruines. La passion de la propriété foncière, dont le rapport, dans les meilleures conditions, ne représente pas au delà d'un intérêt de 3 pour cent, livre le paysan, qu'elle entraîne à acquérir une plus grande étendue de sol qu'il n'en saurait payer avec son épargne, à la rapacité des usuriers. Dès qu'il est entré en relation de commerce avec cette race rusée, dès qu'il a mis son nom au bas d'un papier qu'il a lu et relu vingt fois sans apercevoir la clause cachée qui le perd, le paysan, malgré toutes ses finesses, ne parviendra plus à recouvrer sa liberté. Désormais son activité, son intelligence, les bienfaits de la Providence qui lui envoie de riches moissons, ne profiteront plus à lui, mais à son nouveau maître. L'intérêt exorbitant d'un tout petit capital absorbera son temps et ses sueurs. Chaque jour il verra diminuer l'aisance de sa famille et grossir ses embarras. A mesure qu'approche le jour fatal de l'échéance, le visage plus sombre de son créancier l'avertit qu'il n'a point de répit à en attendre. Il faut se résoudre, il faut entrer plus avant dans la voie de perdition; emprunter encore, emprunter toujours, jusqu'à ce que la ruine soit consommée, et que champs, prés et bois, maison, troupeaux et ménage, tout soit passé de ses mains laborieuses dans les mains rapaces de l'usurier. Que de ressentiments alors, que de haine dans le cœur du malheureux dépossédé! Avec quelle ardeur il souhaitera, avec quelle patience il saura attendre, épier l'occasion des représailles! La pensée de commettre une injustice ne se présente pas même à son esprit lorsque, comme on l'a vu en Alsace, il saccage la demeure, il poursuit la famille, il pille les biens du juif usurier et qu'il se venge, en un jour, des souffrances endurées pendant toute une vie! Chose incompréhensible, l'expérience n'éclaire ni l'un ni l'autre de ces ennemis. Les juifs de l'Alsace, rentrés dans leurs demeures ravagées, recommencent à tendre leurs embûches au paysan, qui ne manque pas de s'y prendre encore. De part et d'autre, la passion d'acquérir fait tout oublier et rapproche dans une même hypocrisie des esprits tout chargés de haines irréconciliables.

Hormis cet incident, qui n'avait rien de commun avec la

révolution politique, les départements du Rhin virent s'accomplir sans trouble le changement de l'administration. Les comptoirs d'escompte suffirent à parer aux difficultés de la crise financière; le parti républicain avancé sut ajourner ses prétentions et seconda l'action conciliante de M. Lichtenberger. Les partis royalistes étaient sans influence dans le pays; les élections y furent, malgré les intrigues du clergé catholique, l'expression modérée, mais sincère de l'opinion républicaine.

Un spectacle bien différent nous attend dans le département du Rhône.

Lyon, la seconde ville de France par sa force de production, la première peut-être par son énergie, moins spontané que Paris, moins prompt aux révolutions politiques, est le centre véritable, le foyer toujours incandescent de la guerre sociale. L'antique cité d'Auguste est aujourd'hui la capitale du prolétariat. Sur un sol qui présente des traces visibles d'immenses bouleversements, au-dessus des cryptes et des catacombes qu'arrosa le sang des premiers chrétiens, et qui, d'âge en âge, ont enfoui pêle-mêle les ossements des martyrs de toutes les croyances, s'élève sous un ciel pluvieux, enveloppée de brumes épaisses, une ville dont la richesse assombrit l'imagination, que l'on dirait maudite dans sa prospérité, où s'observent, se mesurent, se menacent incessamment, en silence, des haines invétérées.

A partir de ces premiers métiers pour le tissage de la soie, qui, sous le règne de Louis XI, furent le commencement modeste de l'industrie lyonnaise, jusqu'au dix-huitième siècle, où la fabrique organisée occupait 50,000 ouvriers, on peut suivre, dans la ville de Lyon, un progrès constant de la production et du commerce, malgré la révocation de l'édit de Nantes qui lui porta un rude coup, malgré des impôts très-onéreux, très-mal répartis, malgré de fréquentes séditions d'ouvriers provoquées par des règlements injustes [1]. En 1744, les ouvriers, réduits par ces

---

[1] En 1667, on comptait déjà dans la fabrique de Lyon 8,000 compa-

règlements à une extrême disette, se soulevèrent et se rendirent maîtres de la ville. L'autorité, prise au dépourvu, leur accorda l'augmentation de salaire qu'ils exigeaient; mais, dès qu'elle les eut ainsi pacifiés, elle les surprit à son tour et fit occuper la ville militairement. En 1768, une nouvelle sédition, dans laquelle il y eut beaucoup de tués et de blessés, n'eut pas pour les ouvriers des résultats meilleurs. Enfin, dans les premières années du règne de Louis XVI, l'industrie étant devenue très-florissante[1], ils se crurent en droit de demander une augmentation de salaire de deux sous par aune. Pour toute réponse, on en pendit quelques-uns et l'on menaça les autres. Tout rentra dans l'ordre; mais la discorde intestine entre les maîtres et les ouvriers n'en devint que plus profonde, et les passions politiques de la Révolution trouvèrent dans cette irritation comprimée de la masse ouvrière un puissant levier de guerre civile.

Les péripéties sanglantes du drame lyonnais, depuis le commencement de la Révolution jusqu'à la fin du règne de Louis-Philippe sont connues. En 1834, la construction de douze forts et d'une enceinte crénelée qui coupe en deux la ville des bourgeois et la ville des prolétaires, et renferme dans un cercle de fer la population la plus nombreuse, rendit sensible à tous les yeux la menace d'extermination toujours suspendue sur le prolétariat[2].

---

gnons employés tantôt dans un atelier, tantôt dans un autre; 8,000 maîtres ayant chacun plusieurs métiers; environ 90 marchands qui, sans prendre part au tissage, supportaient tous les risques de l'opération commerciale. D'après le recensement général, fait en 1846, on comptait à Lyon 31,399 métiers de tous genres.

[1] L'imprimerie et la chapellerie étaient alors très-florissantes à Lyon et sont aujourd'hui en pleine décadence. Le tissage des étoffes de coton et surtout le tissage des étoffes de soie sont à peu près les seuls qui occupent en ce moment la fabrique lyonnaise (Je crois devoir rappeler au lecteur que ce volume est écrit en 1852.)

[2] L'enceinte fortifiée de Lyon date de plus de trois siècles. Détruite après le siège, en 1793, elle a été reconstruite en 1831. Cette construction et celle des forts, ajoutés en 1834, défectueuses sous le rapport militaire, en vue de la défense extérieure, sont disposées de telle façon,

Toujours vaincus, jamais découragés, les ouvriers lyonnais avaient réussi, depuis la Révolution de 1830, malgré une surveillance rigoureuse et des persécutions de tous genres, à se donner, par le moyen des sociétés secrètes, une organisation très-forte. Sous l'influence de ces sociétés affiliées à celles de Paris, l'esprit républicain s'était infiltré dans ces masses que les questions de salaire avaient jusque-là exclusivement absorbées. La vaste société des *Mutuellistes*, entre autres, purement industrielle à l'origine, avait pris peu à peu un caractère politique. Bientôt les théories communistes y pénétrèrent; mais la rivalité des systèmes et la controverse n'engendrèrent pas comme à Paris la division : le lien indestructible d'une solidarité tant de fois cimentée dans le sang tenait fortement unis ces hommes intrépides. Rien ne pouvait les détourner de leur but commun; un même souffle vengeur les animait; une même destinée les ferait vaincre ou périr ensemble.

Moins lettré que l'ouvrier de Paris, moins avide de divertissement, d'une race moins mélangée, moins sociable et moins artiste, l'ouvrier lyonnais couve, sous une impassibilité apparente, des haines inextinguibles. Sa passion, pour rester taciturne, n'en est que plus intense. Rien ne distrait, ne rebute, ni ne décourage sa patiente énergie. Il est l'homme de la fatalité. Tel il était par nature et tel il devient de plus en plus, en se heurtant à la dure loi sociale qu'il ne parvient pas à briser.

Cependant, vers la fin du dernier règne, la population lyonnaise paraissait sensiblement calmée. L'active persévérance d'un clergé habile, secondé par une noblesse très-opulente, les congrégations religieuses multipliées depuis vingt ans, et qui occupaient, dans de vastes ateliers, des ouvriers en grand nombre, le gouvernement occulte des jésuites, dont l'établissement, rue Sala, formait le centre

que les meurtrières du mur d'enceinte plongent à portée de pistolet sur les fenêtres et dans l'intérieur des ménages des ouvriers. Aussi le peuple lyonnais les a-t-il en exécration.

de la compagnie en France, toutes ces influences morales, combinées avec l'intimidation des forts, inspiraient au pouvoir une sécurité entière. Dans le corps des électeurs censitaires [1], les républicains formaient une imperceptible minorité qui, à Lyon comme partout, se dissimula, pendant la campagne des banquets, derrière l'opposition constitutionnelle. Un seul orateur, au banquet de Lyon, osa parler des misères du prolétariat. Le parti radical avait si peu de confiance dans ses propres forces qu'une adresse aux députés de l'opposition, signée le 17 février 1848, dans les bureaux du journal démocratique le *Censeur*, ne fut pas même envoyée à Paris. La tiédeur politique était générale. Les affaires, d'ailleurs, allaient bien : 25,000 métiers étaient en pleine activité, quand les premières nouvelles de l'abdication de Louis-Philippe arrivèrent à Lyon par dépêches télégraphiques.

Un étonnement qui voulait encore douter accueillit dans tous les partis cette nouvelle incroyable pour les hommes politiques; mais, dès que la population ouvrière eut entendu le mot de *république*, elle fit éclater sa joie et, se répandant par toute la ville, elle se montra préparée, décidée, au triomphe ou au combat. Personne n'essaya de disputer aux bandes populaires la préfecture, où elles se portèrent en premier lieu. Là elles nommèrent par acclamation une commission préfectorale et une commission exécutive, qui aussitôt alla s'installer à l'Hôtel de Ville où elle arbora le drapeau rouge. Le lendemain matin, le maire provisoire, M. Laforest, qui avait été à deux reprises différentes le candidat de toutes les nuances de l'opposition, fait connaître officiellement à la ville de Lyon que l'autorité républicaine est définitivement constituée et que le commandement des troupes est confié au général Neumayer, qui vient de prêter serment à la République. Mais l'inquié-

---

[1] Ils étaient au nombre de 4,954 pour une population de 200,000 âmes.

tude est vive dans le peuple, au sujet de la garnison des forts. Lyon est en ce moment occupé par 8,000 hommes de troupe de ligne, sous le commandement d'officiers supérieurs que l'on sait très-mal disposés. Le général Perrot, qui commande en chef, en l'absence du général de Lascours, a refusé, dit-on, de faire acte d'adhésion à la République; il a donné l'ordre de concentrer la troupe dans la presqu'île de Perrache.

Bien que cet ordre ne soit pas mis à exécution, il suffit pour causer une fermentation extrême. Le peuple afflue à l'Hôtel de Ville pour y prendre des fusils; il exige à grands cris qu'on lui remette les forts; il menace de brûler les machines et de chasser les communautés religieuses. On ne parvient à le modérer un peu qu'en lui annonçant la prochaine arrivée du commissaire du gouvernement provisoire et en organisant sur l'heure un comité de subsistance, qui délivre des bons de pain à tous les malheureux que la brusque cessation du travail laisse sans ressource. Mais cet apaisement momentané est suivi d'un redoublement de fièvre populaire, et quand M. Emmanuel Arago arrive à Lyon, la ville est en proie à toute l'exaltation des passions révolutionnaires.

M. Emmanuel Arago, avocat, fils aîné de M. François Arago, membre du gouvernement provisoire, était envoyé à Lyon en quelque sorte malgré le ministre de l'intérieur, qui lui croyait trop peu d'expérience et d'autorité pour occuper un poste aussi périlleux.

Sur aucun point de la France, en effet, la tempête révolutionnaire n'est plus violemment déchaînée. La noblesse et la haute bourgeoisie, saisies d'effroi, émigrent en toute hâte; les ateliers sont fermés; les bruits les plus sinistres se répandent et portent partout la terreur. Le gouvernement, assure-t-on, a promis aux ouvriers cinq millions et deux heures de pillage. La vérité est que les prolétaires sont maîtres des forts. Ils ont trouvé dans les casernes de Saint-Laurent et des Bernardines des armes et des munitions en abondance. Les associations ouvrières communistes et jacobines, les *Charbonniers*, les *Ventres creux* ou *Voraces*, les *Vengeurs*, les *Vautours*, ont constitué à la Croix-Rousse un pouvoir indépendant de l'Hôtel de Ville, et ils dirigent avec une autorité souveraine le mouvement populaire. Il n'y a plus dans Lyon aucune force de résistance. L'autorité militaire est anéantie. Le général Perrot, qui semblait d'abord disposé à engager la lutte, ne donne plus aucun ordre. Les soldats, qui ne sentent plus la main des chefs, fraternisent avec les ouvriers. Une multitude de clubs se sont ouverts; une presse violente les excite. Malgré l'adhésion de l'archevêque, M. le cardinal de Bonald, la haine du peuple contre les congrégations religieuses l'a emporté à des excès déplorables. Plusieurs fabricants sont menacés; déjà la scierie mécanique de Vaise, l'atelier de construction des bateaux à vapeur sont détruits. Le pénitencier d'Oullins, dirigé par l'abbé Rey, est réduit en cendres. Les souvenirs de la Terreur se dressent dans toutes les imaginations.

Le premier acte par lequel M. Arago essaye de rétablir l'autorité centrale, qui dans toutes nos luttes civiles a rencontré à Lyon plus de résistance que dans aucune autre ville de France, c'est de substituer au drapeau rouge les couleurs officielles adoptées par le gouvernement provisoire. La foule très-agitée, à qui l'on avait déjà insinué que le gouvernement de Paris n'était pas républicain, ne paraissait guère d'humeur à souffrir ce changement. Cependant, quand M. Arago eut expliqué que le drapeau rouge était le drapeau du combat et qu'en signe de victoire il fallait arborer le drapeau tricolore, il fut applaudi, et les cris de *Vive Arago!* lui donnèrent quelque espoir de pouvoir se faire accepter par ce peuple en défiance.

Son premier soin fut d'annoncer publiquement le décret du gouvernement provisoire qui *garantissait l'existence de l'ouvrier* et de nommer une commission, à l'instar de celle du Luxembourg, pour rechercher les moyens d'organiser le travail; puis il fit ouvrir des ateliers nationaux et commencer des travaux de terrassement et de construction qui occupèrent une partie des ouvriers auxquels on avait distribué jusque-là des bons de pain [1].

Mais, à Lyon comme à Paris, le gouvernement devait rencontrer dans le corps des ponts et chaussées la plus inexcusable inertie. Il n'y a rien d'exécutable sur-le-champ, les projets sont à l'étude, disent les ingénieurs; à peine trouvent-ils de l'ouvrage pour une centaine d'hommes, quand plus de 20,000 prolétaires demandent de l'emploi. Heureusement, les chefs du génie militaire font preuve de plus de zèle.

Cependant le travail reste bien au-dessous des besoins, et le mauvais système de salaire à la journée, joint à un affreux gaspillage dans l'administration, produit bientôt les résultats les plus pitoyables [2].

L'état des finances rendait, d'ailleurs, la situation infiniment critique. La caisse municipale était très-obérée depuis longtemps; un emprunt était irréalisable, et chaque jour il fallait pourvoir aux achats de vivres, d'habillements, aux payements des ateliers nationaux, etc. Les souscriptions volontaires, malgré la générosité du peuple, étaient insuffisantes. Les prolétaires exaspérés s'en prenaient aux riches qui émigraient, emportant, disait-on, des trésors; ils accusaient les fabricants qui fermaient leurs ateliers, attribuant ces effets spontanés de la peur à une savante machination

[1] Du 26 février au 1er mai il a été délivré à Lyon pour 338,000 francs de bons de pain.

[2] « Le moindre des inconvénients de ces chantiers, dit l'*Annuaire de Lyon* (1849), c'était de coûter chaque jour à la ville, et en pure perte, des sommes énormes; le plus considérable fut la démoralisation des classes ouvrières. » Je trouve l'évaluation suivante des pertes éprouvées dans les ateliers nationaux sur divers points, dans un rapport de l'ingénieur en chef des ponts et chaussées du département des Bouches-du-Rhône : « A Paris, valeur des travaux exécutés à peu près nulle; à Lyon, 75 francs pour 100 de perte; à Nantes, 65 pour 100; à Nîmes, sommes dépensées presque en pure perte ; à Arles, 64 pour 100. »

contre la République. Dans l'espoir de déjouer ce complot, la multitude se porta aux barrières de la ville, et se mit en devoir de fouiller toutes les voitures. On peut se figurer de quels désordres une pareille exécution fut l'occasion ou le prétexte. M. Arago qui, malgré ses instances réitérées, ne recevait du ministère de l'intérieur ni ordres, ni instructions, ni secours, eut dans cette pressante nécessité l'idée de donner une satisfaction apparente au peuple et de prévenir ainsi des désordres plus graves, en rendant un décret qui prohibait la sortie du numéraire, un autre qui frappait les quatre contributions directes d'un impôt extraordinaire, avec exemption des cotes au-dessous de 25 fr., et des patentes au-dessous de 100 fr. En même temps, il prenait sur lui de consacrer une somme de 500,000 fr. envoyée par M. Garnier-Pagès pour fonder le comptoir d'escompte, à solder la paye arriérée des ateliers nationaux [1].

L'occupation des forts par les ouvriers donnait aussi de graves inquiétudes au gouvernement. M. Arago décida de se rendre à la Croix-Rousse et de tâcher d'obtenir par la persuasion ce qu'il n'avait aucun moyen d'obtenir d'une autre manière : la remise des forts à la garde nationale. Il comptait dans cette circonstance difficile sur le concours de quelques-unes des principales associations ouvrières, entre autres sur celle des *Voraces*, avec laquelle, depuis son arrivée à Lyon, il entretenait de bons rapports, et qui s'était engagée d'honneur à exercer dans la ville une police rigoureuse. L'attente de M. Arago ne fut pas déçue. La réunion convoquée

---

[1] Ce changement de destination, devenu le texte de calomnies grossières, ne fut décidé par M. Arago qu'après qu'il eut pris l'avis de M. Laforest, maire de Lyon, de M. Delahante, receveur général, de M. Magimel, inspecteur des finances, de M. Olivier, directeur du comptoir d'escompte. Tout le monde tomba d'accord qu'il fallait courir au péril le plus pressant, et qu'on ne pouvait, sans s'exposer à d'horribles malheurs, ajourner la paye de 20,000 ouvriers en armes. Le gouvernement provisoire approuva, d'ailleurs, la mesure de M. Arago.

par lui à la Croix-Rousse, et composée du maire, du conseil municipal, des chefs de la garde nationale, de plusieurs ouvriers influents, se montra favorablement disposée; il obtint sans beaucoup de difficultés la promesse que les forts seraient rendus le jour même. Mais, comme il se disposait à rentrer dans Lyon, M. Arago, qui était venu seul et à pied à la Croix-Rousse, se voit tout à coup entouré d'une foule immense qui crie : *A la trahison!* et s'oppose de force à son passage. Il essaye de haranguer cette foule et de lui faire comprendre l'utilité de la mesure qui vient d'être adoptée par le conseil municipal; mais des cris redoublés étouffent sa voix. Une trentaine d'hommes furieux ferment les grilles de l'octroi, saisissent M. Arago, le poussent contre le mur, le couchent en joue et menacent de le fusiller sur l'heure, à moins qu'il ne jure au peuple de lui laisser les forts. Cependant l'alarme s'est répandue, on entend sonner le tocsin de la ville, une compagnie de *Voraces* paraît. A cette vue, la foule se range, et le commissaire, délivré, est reconduit solennellement à la Préfecture.

Le lendemain, une longue procession d'hommes, de femmes, d'enfants, descend de la Croix-Rousse, tambours et drapeau en tête, défile devant l'Hôtel de Ville où M. Arago, prévenu de cette manifestation, vient recevoir le témoignage des regrets que causaient à la population les violences dont il avait failli être victime. Les trente hommes qui l'avaient couché en joue marchaient ensemble et portaient en signe de repentir le crêpe noir au fusil. L'un d'eux essaye de prononcer quelques paroles; mais son émotion est trop forte, les sanglots le suffoquent, ses camarades se prennent à pleurer avec lui. Pendant que la procession défilait encore, on entendit les coups de feu que les ouvriers tiraient en l'air en remettant les forts à la garde nationale. Dans les fluctuations orageuses de ces masses indéterminées, où, pour parler avec Bossuet, *tout est en proie*, des colères sauvages faisaient place à des docilités d'enfant; à des révoltes confuses succédaient des repentirs aveugles; la raison, confondue encore avec l'instinct, jetait comme au hasard, sur ce chaos mouvant, ses clartés rapides.

Pour se dédommager de la reddition des forts, les ouvriers s'étaient mis à démolir le mur d'enceinte; ils poussaient avec un acharnement extrême cette œuvre de destruction et de représailles. M. Arago, pour prévenir les accidents causés par un travail précipité et désordonné, obtint qu'on en laisserait l'achèvement à la direction du génie militaire. Au bout de quelques jours, l'enceinte crénelée avait disparu. Il ne restait debout que le fort Saint-Jean, nécessaire, disait le décret, à la défense commune du faubourg et de la ville.

Toutes ces mesures, bien que révolutionnaires, ne soulevaient encore dans les classes riches aucune opposition apparente; la noblesse et la bourgeoisie savaient gré au commissaire du gouvernement de ses efforts pour maintenir l'ordre, et elles connaissaient trop la force populaire pour trouver mauvais que l'on composât avec elle; mais il n'en fut plus de même quand les jésuites et le parti ultramontain se virent menacés. Le signal de la résistance partit de ce côté, et la lutte commença, d'abord à demi avouée, mais bientôt ouvertement conduite avec une audace incroyable. M. Arago avait cru devoir prévenir le général des jésuites et le supérieur des capucins des dispositions hostiles de la population; il les avait engagés à quitter la ville, se déclarant dans l'impossibilité de protéger contre l'animadversion du peuple des congrégations non autorisées par la loi. Peu de jours après, le 12 mars, il rendait un décret qui, rappelant les décrets de la Constituante, la loi de 1792, celles de 1817 et de 1825, prononçait la dissolution de toutes les congrégations non autorisées.

Aussitôt une plainte, des moins mesurées, fut portée au ministre des cultes par l'archevêque de Lyon contre le commissaire; et comme le gouvernement provisoire refusait de lui donner satisfaction en rapportant le décret, le parti ultramontain, à défaut de satisfaction, se mit en devoir de se procurer vengeance.

La presse cléricale et légitimiste se répandit en calomnies contre M. Arago, le traitant tout à la fois de pacha et de communiste; elle n'appela plus son décret que l'*ukase* et démontra qu'il avait entrepris la destruction de la famille et de la propriété. Le langage des clubs et des émissaires du parti clérical fut plus violent encore. Ils dirent, ils répétèrent partout, dans les villes et dans les campagnes, que les *disciples de Voltaire écrasaient les catholiques*, que la République était une *monstruosité*. Ils appelèrent sur elle les *vengeances divines*[1]; ils prêchèrent ouvertement le refus de l'impôt.

Ces violences, inexcusables au point de vue de l'équité, étaient de la dernière imprudence au point de vue de la sécurité publique, car les ouvriers que l'on provoquait ainsi étaient encore, à ce moment, maîtres de la ville. Sous la dictature des *Voraces*, ils ne reconnaissaient ni l'autorité du commissaire, ni celle de la municipalité, obéissant exclusivement au *conseil exécutif*, constitué révolutionnairement le 25 février, et qui depuis lors n'avait pas quitté l'Hôtel de Ville. Le quartier général des *Voraces* était établi à la Croix-Rousse. En relation directe avec les clubs populaires, très-mal avec la partie bourgeoise de la garde nationale, ils faisaient la police et maintenaient l'ordre dans les rues [2], mais à leur manière et par des moyens qui causaient plus de frayeur qu'ils ne donnaient de sécurité. Les visites domiciliaires étaient extrêmement fréquentes; on se sentait absolument à leur merci. Ni la troupe de ligne, où l'insubordination faisait chaque jour de nouveaux progrès, ni la garde nationale, où la bourgeoisie était en minorité, ne rassuraient personne.

---

[1] Les mots soulignés sont extraits textuellement des journaux ultramontains de Lyon.

[2] « Nous devons être impartiaux, même pour eux (les *Voraces*), dit l'*Annuaire de Lyon* (1849), publié par un conservateur ; on n'eut à leur reprocher aucun attentat contre les personnes, ni contre les propriétés; *ils ne coûtèrent rien à la ville*, etc. »

Le général Bourjolly, qui remplaçait M. de Lascours dans le commandement de la division, sentait l'autorité militaire lui échapper et ne répondait plus de rien. Presque journellement les scènes d'insubordination se renouvelaient dans les casernes [1]; une insurrection générale des soldats paraissait imminente.

Le 29 mars, un bataillon du 13ᵉ de ligne et quelques soldats du 12ᶜ léger, las des consignes sévères qui leur étaient imposées, entrèrent en révolte contre leurs officiers; après avoir passé la nuit à chanter la *Marseillaise*, ils allèrent le matin rejoindre sur la place Bellecour les groupes populaires réunis pour escorter les ouvriers étrangers qui se disposaient à rentrer dans leur patrie. Au retour, se formant en colonne, les soldats se promenèrent par la ville, musique en tête, précédés d'un large écriteau sur lequel on lisait la demande d'élargissement d'un de leurs camarades, le fourrier Gigoux, du 4ᵉ régiment d'artillerie, emprisonné la veille pour cause d'insubordination. La colonne, conduite par un maréchal des logis de ce même régiment d'artillerie, se présente devant les portes de la caserne; elle menace de les enfoncer si l'on ne livre immédiatement le prisonnier. Le général Neumayer paraît alors à l'une des fenêtres, harangue les soldats et le peuple, s'engage à demander, en leur nom, au général Bourjolly la liberté du sous-officier. Mais la foule défiante ne se paye pas de cette promesse; elle exige du général qu'il se rende sur l'heure avec elle à l'hôtel du lieutenant général. Celui-ci, prévenu de ce qui se passe, fait ouvrir les portes, annonce à la foule que la grâce est accordée, et qu'il vient d'envoyer chercher en poste à Grenoble le prisonnier.

Le peuple, satisfait de cette concession, se retire; mais ce n'était pas l'affaire des clubs qui entendaient tirer un meilleur parti de cet incident. Le 13 mars, dans la nuit,

---

[1] Le général Rey, commandant de l'artillerie, et M. Arago s'entre-accusèrent plus tard, dans une polémique très-vive, de ces scènes regrettables.

ils envoyèrent à M. Arago une députation pour demander, *au nom du peuple et de l'armée*, que les corps de la garnison, dont le départ était fixé au lendemain, restassent jusqu'à l'arrivée du sous-officier, afin de prendre part à l'ovation qu'on lui préparait. M. Arago, tout en essayant de leur faire entendre la nécessité d'obéir aux ordres précis du gouvernement provisoire et de ne pas entraver la formation de cette armée des Alpes qui va sur la frontière défendre la patrie, accorde aux clubs un délai de vingt-quatre heures.

Le lendemain, le fourrier Gigoux arrivait à Lyon. Une foule innombrable, qui l'attendait sur la place de l'Hôtel de Ville, demande à grands cris qu'il paraisse au balcon; lorsqu'il se montre entouré des autorités municipales, une acclamation immense le salue à plusieurs reprises. Quand le calme est rétabli, Gigoux prend la parole. A la surprise universelle, il harangue la foule du ton le plus modéré ; il recommande au peuple le bon ordre, le respect à la loi; puis, s'adressant particulièrement aux soldats, il les supplie de rentrer dans leurs casernes et de faire acte de soumission à leurs officiers. Il insinue même qu'il regrette d'avoir donné lieu, par un moment d'oubli de la discipline, à ce qui se passe. Sans trop s'arrêter au sens de son discours, la multitude bat des mains, crie : *Vive Gigoux !* et une heure après, une marche triomphale parcourt les rues et les quais de Lyon en célébrant, en quelque sorte malgré lui, le héros involontaire et repentant de l'indiscipline.

A la suite de cette journée, qui se termina par la mise en liberté de tous les soldats détenus au pénitencier militaire, le colonel du 4e régiment d'artillerie donna sa démission, et le général Bourjolly sollicita un changement de commandement.

Le commissaire commençait aussi à se décourager ; il désespérait d'amener une conciliation entre la population ouvrière qui s'exaltait de plus en plus, et les partis conservateurs qui, au lieu de seconder l'action du gouvernement, entretenaient par leurs actes et leurs discours provocants la méfiance et l'irritation dans les masses.

Cette méfiance donna lieu, pendant ces mêmes jours, à une scène des plus étranges. Un bateau à vapeur, nommé le *Vautour*, venant de Valence, arrivait le 30 mars au soir à l'embarcadère, portant à son mât une flamme blanche. Les ouvriers qui travaillaient au remblai du quai l'aperçoivent et se persuadent que c'est une manifestation légitimiste. Ils se précipitent vers l'embarcadère; au moment où le capitaine du *Vautour* aborde, il est entouré, saisi, menacé de mort, sans pouvoir même deviner de quoi on l'accuse. Un poste voisin de gardes nationaux le tire des mains de la foule. Pendant ce temps, le drapeau arraché au mât du *Vautour* est traîné dans la boue et porté à l'Hôtel de Ville. L'animation causée par cet incident est si vive qu'elle se prolonge très-avant dans la nuit; le lendemain matin, pour éviter le pillage du bateau, le commissaire est obligé de le faire saisir au nom de la République et garder militairement en le déclarant propriété nationale. Le capitaine, conduit en prison, y reste trois semaines, pendant lesquelles le gouvernement est censé poursuivre l'enquête; après quoi, la population étant occupée d'autre chose, on rend au prisonnier sa liberté et son bateau.

Ce trait montre jusqu'à quel point le peuple de Lyon était excité, hors de lui. Il demandait avec une insistance menaçante qu'on lui remît les forts que la garde nationale avait imprudemment remis à la troupe de ligne; et, comme M. Arago se refusait à les livrer, les clubs et le comité exécutif menaçaient de les reprendre de vive force.

C'est dans une pareille fermentation que les élections se préparaient. M. Arago, complétement découragé, voyant qu'il n'exerçait plus le moindre ascendant sur personne, et qu'il avait réussi à se rendre également impopulaire dans tous les partis, demanda son rappel [1].

---

[1] L'annuaire conservateur déjà cité lui rend ce témoignage : « M. Emmanuel Arago a montré du courage et du dévouement dans quelques

Il fut remplacé par M. Martin-Bernard, ancien ouvrier imprimeur, homme honnête, exalté, violent en paroles comme toute cette école de démocrates que l'on appelait, depuis la circulaire de M. Ledru-Rollin, *républicains de la veille*, mais bien intentionné et ennemi des mesures arbitraires. Ce ne fut pas sans de grands efforts que le nouveau commissaire parvint à contenir de nouvelles explosions et qu'il gagna le jour fixé pour les élections générales.

Rien assurément n'est plus propre à faire comprendre le caractère nouveau de la Révolution de 1848 que le contraste entre l'agitation extrême des villes industrielles de Rouen, de Lyon, et un peu plus tard de Limoges, avec la tranquillité de l'Ouest pendant toute la durée du gouvernement provisoire. Pour la première fois dans nos troubles civils, Nantes, Rennes, Angers, Saint-Malo, Brest, ces foyers naguère si incandescents du vieil esprit breton et vendéen, ne répondent point au défi que leur jette l'esprit du siècle. Les populations catholiques et royalistes de la Bretagne, de l'Anjou, de la Vendée, le noble, le prêtre, le paysan intrépide, que ni la Convention ni l'Empire n'ont pu dompter, et qui, forts de leur intime union, avaient à tant de reprises bravé le pouvoir central et repoussé la domination de Paris, se taisent cette fois, sans presque interrompre leur activité paisible; ils se conforment au gouvernement de la République. Cette soumission des populations royalistes, opposée à l'insurrection qui, au sein des populations républicaines, menace dès le lendemain de son établissement la République, rend, selon moi, d'une évidence incontestable, cette vérité à laquelle tant de bons esprits refusent encore leur assentiment, à savoir : que la République de 1848 ne faisait guère que *déclarer*, *nommer* un état politique préexistant dans les mœurs, tandis qu'elle *annonçait* seulement un état social dont les uns, n'en concevant encore aucune idée, rejetaient jusqu'à l'hypothèse,

circonstances critiques; il avait mission d'empêcher à tout prix l'effusion du sang, et il a réussi. » (p. 64) et que les autres, s'en formant une idée fausse, supposaient immédiatement réalisable.

Si quelques éléments de la lutte ancienne entre la monarchie et la République, entre l'Église et l'État, avaient encore existé en France, à coup sûr on les aurait vus aux prises dans ces contrées de l'Ouest où la sincérité des croyances, la passion forte et grave eut dans tous les temps ses héros et ses martyrs. Le sang breton n'a pas dégénéré, et si le mot de république n'a pas rallumé ses ardeurs belliqueuses, c'est que les esprits et les cœurs, désabusés, détachés des objets de leur culte, rendus à eux-mêmes par l'expérience, étaient au fond plus véritablement républicains, dans leur indépendance un peu sauvage, que l'esprit de parti qui si souvent ailleurs usurpe le nom de républicanisme.

En 1848, la ville de Nantes, dont le commerce colonial et l'industrie avaient pris un grand développement sous le dernier règne, et qui comptait une population d'environ 100,000 âmes, était devenue assez indifférente en matière politique. Les querelles de partis s'étaient fort assoupies depuis 1830. La majorité du clergé, de la noblesse et de la haute bourgeoisie restait comme presque partout légitimiste, plutôt par bienséance que par conviction. La classe moyenne s'accommodait fort de la paix qui favorisait les entreprises commerciales et se croyait orléaniste. Le parti républicain, en très-petite minorité, se composait de radicaux proprement dits, qui suivaient la politique de la *Réforme* et de socialistes appartenant pour la plupart à la classe ouvrière.

Le commissaire chargé par M. Ledru-Rollin de proclamer la République à Nantes, le docteur Guépin, professeur à l'école de médecine, connaissait bien l'état des esprits. L'exercice de sa profession le mettait journellement en rapport avec toutes les classes de la société; ses études scientifiques le disposaient à la tolérance; aussi, quoiqu'on le sût favorable aux tendances socialistes, sa nomination produisit-elle une bonne impression sur l'opinion publique.

A la vérité, quelques jacobins exclusifs, mécontents de ce que le ministre de l'intérieur n'avait pas nommé leur chef, envoyèrent à Paris une députation pour demander la révocation du docteur Guépin. Leurs principaux griefs se résumaient à ceci : que le commissaire faisait trop peu de destitutions et qu'il avait rendu une visite à l'évêque. L'accusation, passionnée en raison même de sa puérilité, trouva au ministère des oreilles complaisantes. M. Guépin fut révoqué, mais pendant quelques jours seulement. A peine cette décision prise, M. Ledru-Rollin, mieux informé, faisait jouer le télégraphe et réintégrait dans ses fonctions le commissaire, sans toutefois lui donner aucun éclaircissement ni sur l'une ni sur l'autre de ces mesures.

L'administration conciliante de M. Guépin ne tarda pas, du reste, à justifier la confiance du gouvernement et à gagner jusqu'à ses dénonciateurs. Nantes et le département du Morbihan, où il fut envoyé un peu plus tard, restèrent paisibles; le jour des élections arriva sans que, malgré la perturbation jetée dans les affaires et la nécessité de créer, comme partout, des ateliers nationaux, aucun conflit eût éclaté, ni dans les villes ni dans les campagnes.

L'administration prudente de M. Bordillon, à Angers, eut à peu près les mêmes effets que celle du docteur Guépin, à Nantes; l'ordre ne fut pas un moment troublé sur ce point si important de l'ancienne chouannerie.

Un homme tout jeune encore, et qui ne pouvait avoir aucune expérience des affaires publiques, M. Émile Ollivier, commissaire dans les départements du Var et des Bouches-du-Rhône, eut aussi l'heureuse fortune de retenir dans la soumission, sans recourir aux mesures violentes, les passions et les intérêts que la révolution mettait aux prises. Cependant les populations auxquelles il venait annoncer le gouvernement républicain étaient les moins préparées qu'il y eût en France à la République. Nulle part peut-être les souvenirs de la Terreur n'étaient aussi vivants que dans les imaginations méridionales. L'échafaud de 1793 restait debout encore dans les esprits; le mot de république, malgré la belle tradition qui y rattachait l'origine même et la grandeur première de Marseille, ne s'y prenait que dans le sens étroit et haïssable de terrorisme.

Une noblesse ancienne, illustre et opulente, mais entêtée de préjugés, y garde une influence considérable, subordonnée toutefois à la puissance du clergé, qui pénètre jusqu'au plus profond des masses populaires. Le catholicisme, à demi païen dans le Midi de la France comme en Italie, possède le cœur et anime l'existence de ce peuple amoureux de symboles et de solennités. Le miracle est partout sur cette terre ardente. La légende peuple ces campagnes, splendides dans leur aridité, où le poëme divin de la Judée semble se continuer à l'ombre de l'olivier mélancolique qui en rappelle les plus suaves accents [1]. Tous les habitants sont religieusement associés, partagés en confréries. La mystérieuse organisation du *compagnonnage*, dont Marseille était une des villes capitales [2], et qui prenait ses couleurs à la Sainte-Baume, a créé au sein des corporations ouvrières un esprit d'aristocratie qui domine tout, mais qui est dominé lui-même par l'autorité ecclésiastique.

La révolution démocratique de 1848 ne trouvait donc aucune disposition favorable ni sur les degrés inférieurs, ni sur les degrés supérieurs de cette hiérarchie cimentée par l'esprit catholique. Elle devait encore moins espérer se concilier la classe moyenne, où régnait un esprit mercantile très-habile, très-hardi, mais avide et égoïste, qui voyait tout à coup son essor paralysé par la suspension des affaires et l'anéantissement du crédit.

Lorsque M. Ollivier arriva à Marseille, le 3 mars, il trouva la préfecture et la mairie encore occupées par les fonc-

---

[1] On sait que, selon la légende, Madeleine demeura sept ans dans la grotte de la Sainte-Baume. De pieux pèlerinages attestent le lieu où saint Lazare et saint André moururent.

[2] Les trois autres étaient Lyon, Nantes et Bordeaux.

tionnaires de la royauté. Appuyés sur l'opinion publique, ils avaient aisément repoussé les tentatives du comité révolutionnaire, qui s'était résigné à attendre le représentant officiel du gouvernement provisoire. Tout se passa donc régulièrement. Le préfet, M. Lacoste, et le maire, M. Renard, remirent sans difficultés aucunes leurs pouvoirs à M. Ollivier. Le commandant de la division, le général d'Hautpoul, vint avec un empressement obséquieux faire acte d'adhésion à la République; l'évêque prévint la visite du commissaire et lui exprima dans des termes affectueux les dispositions les meilleures; la magistrature se montra, comme partout, beaucoup plus zélée qu'il n'était nécessaire ou convenable; enfin, les rapports entre les anciens fonctionnaires et le nouveau pouvoir s'établirent avec une facilité et une courtoisie parfaites. Mais c'était là le côté apparent des choses, et M. Ollivier ne se dissimulait pas qu'il ne pourrait faire sérieusement accepter le gouvernement républicain par les populations qu'en ménageant le clergé et le parti légitimiste, et en tenant grand compte de leur puissance. Il s'employa d'abord à contenir l'impatience des vieux républicains, qui n'avaient, non plus que les royalistes de la Restauration, *rien appris et rien oublié;* il entra en rapport direct avec la classe ouvrière et fit des ouvertures aux hommes éminents de tous les partis pour les engager avec lui, pour intéresser leur honneur à une œuvre commune de progrès. Dans la commission municipale, il introduisit des ouvriers républicains, mais sans exclure ni les bourgeois orléanistes ni les nobles légitimistes, et sut leur inspirer à tous un bon esprit de conciliation, de zèle pour la chose publique [1]. Par l'heureuse initiative de cette commission, la ville s'imposa des sacrifices qui permirent d'imprimer aux travaux publics une impulsion extraordi-

[1] Cette commission s'acquitta de ses fonctions avec une intelligence et un dévouement si parfaits que lors des élections municipales, bien qu'on fût alors en pleine réaction contre l'esprit républicain, tous les membres furent réélus.

naire. Au milieu de la confusion et de la précipitation de toutes choses l'organisation des ateliers nationaux qui occupaient 9,000 ouvriers, se fit avec sagesse et discernement. Des améliorations, des embellissements d'une utilité générale occupèrent les ouvriers d'une manière qui satisfit les classes riches [1]. Enfin le comptoir d'escompte, organisé avec une promptitude merveilleuse par les soins de la chambre du commerce et le concours de la corporation des portefaix, vint en aide au commerce de telle façon qu'après un embarras momentané il reprit son mouvement normal sans avoir eu à souffrir la honte d'aucune faillite [2].

Tout allait donc bien, et la popularité que M. Ollivier s'était acquise dans toutes les classes préparait des élections excellentes, quand M. Ledru-Rollin, inquiété par les dénonciations qui lui arrivaient de tous côtés contre les commissaires, crut devoir, par une mesure générale, conférer des pouvoirs extraordinaires à des commissaires généraux auxquels il subordonna les commissaires particuliers.

Déjà les circulaires et les bulletins du ministère de l'intérieur, et surtout le retard impolitique des élections [3],

---

[1] Particulièrement les travaux du canal qui conduit à Marseille les eaux de la Durance et les distribue dans la ville ; le nivellement de la place de la Corderie, qu'aucune des administrations précédentes n'avait pu mener à bonne fin, à cause de l'opposition opiniâtre du génie militaire ; la promenade du Prado, etc.

[2] Le comptoir d'escompte de Marseille fut le premier qui fonctionna dans les départements. La chambre du commerce en fit les fonds principaux. Les portefaix déposèrent une somme de 60,000 francs.

[3] En réponse à une dépêche du ministre de l'intérieur qui demandait l'opinion des commissaires sur l'utilité d'un retard, M. Ollivier répondit par les considérations suivantes qui pouvaient s'appliquer à la presque totalité des départements :

« A Marseille et dans les départements que je représente, la respiration sociale, si je puis parler ainsi, est suspendue jusqu'aux élections. Jusqu'à cette époque aucune affaire ne se fera, et si le délai se prolonge la stagnation pourra devenir un immense désastre. L'opinion du commerce, en majorité ici, ne saurait être douteuse ; elle se fortifie de avaient jeté l'incertitude et le trouble dans les esprits. La complication qu'apportèrent dans la direction des affaires les mésintelligences inévitables entre les commissaires généraux et les commissaires particuliers, offensés de cette espèce de surveillance et de suprématie qui leur était imposée, enlevèrent au gouvernement sa plus grande part d'action et achevèrent de détruire le bon effet que l'établissement paisible de la République avait produit partout.

Le commissaire général nommé pour les quatre départements des Bouches-du-Rhône, du Var, des Basses-Alpes et de Vaucluse, M. Reppelin, avocat de Grenoble, appartenait à la fraction exclusive des *républicains de la veille*. A peine arrivé à Marseille, il se laissa circonvenir par les plus exagérés entre les révolutionnaires et blâma la conduite de M. Ollivier. La garde nationale, selon lui, était beaucoup trop bourgeoise; il la fallait immédiatement dissoudre et reconstituer; le comptoir d'escompte était présidé par un réactionnaire qu'il fallait destituer; enfin, l'alliance avec les légitimistes et le clergé était une alliance adultère, et la candidature de M. Berryer, que M. Ollivier avait promis de ne pas combattre, devait être ouvertement repoussée.

A toutes ces prétentions d'un républicanisme absolu qui n'avaient aucun point d'appui dans une ville où la révolution de Février n'avait pas trouvé plus de cent républicains,

celle des travailleurs qui souffrent beaucoup de la suspension d'un grand nombre d'usines. Les malheureux consentent à ajourner leurs prétentions jusqu'à l'Assemblée constituante, mais à la condition qu'on n'éloignera pas cette époque désirée. Certes, les élections prochaines ne permettront pas à certaines personnes inconnues, qui tombent sur nous de Paris comme des nuées de sauterelles, de préparer leurs candidatures; mais, d'autre part, elles empêcheront les partis vaincus de nouer leurs trames. Les conservateurs du passé ont besoin de temps pour préparer leurs intrigues; nous, pour faire consacrer nos principes, nous n'avons besoin que d'enthousiasme. » (*Le commissaire du gouvernement au ministre de l'intérieur*, Marseille, le 22 mars 1848.)

M. Ollivier opposait : l'impossibilité d'opérer de vive force le désarmement de la garde nationale qui, certes, ne se laisserait pas dissoudre de bonne grâce; les heureux effets produits par les opérations du comptoir d'escompte qui, n'étant point une institution politique, avait dû considérer, dans la nomination de son président, la probité et le crédit bien plutôt que le zèle républicain; enfin, il affirmait que la nomination de Me Berryer, impolitiquement combattue, n'aurait pour tout résultat, en rompant l'alliance antérieure à la révolution des légitimistes et des radicaux, que de procurer l'élection de M. Thiers, considérée par le gouvernement comme infiniment plus dangereuse.

Des débats très vifs entre les deux commissaires se renouvelèrent sur ces trois points principaux, pendant une huitaine de jours ; après quoi, le ministre de l'intérieur ayant donné raison à M. Ollivier[1], M. Reppelin dut céder et quitter Marseille, non sans avoir singulièrement nui à la cause qu'il croyait devoir servir par des moyens incompatibles avec l'état des esprits.

Indépendamment des excellents résultats que je viens de rapporter, l'administration de M. Ollivier, à Marseille, fut marquée par un incident d'un singulier intérêt. Le jeune commissaire, qui croyait le gouvernement républicain engagé d'honneur à réparer toutes les fautes et toutes les injustices du dernier règne, voulut avoir un entretien avec Abd-el-Kader, détenu au fort Lamalgue, et porter à l'illus-

[1] Dans une dépêche du ministère de l'intérieur, adressée le 18 mars à M. Émile Ollivier, le secrétaire général, M. Jules Favre, s'exprime ainsi, au nom du ministre : « Je partage votre opinion que vous ne devez apporter aucun obstacle à la réélection du citoyen Berryer, qui, légitimiste seulement dans la forme, est au fond un patriote sincère, et dont l'éloquence, comme vous le dites avec raison, est une des gloires du pays. En principe, d'ailleurs, je ne crois pas que le succès des candidatures légitimistes, bien entendu toutefois à défaut d'autres, présente un danger réel. Les hommes les plus remarquables de ce parti, comprenant enfin qu'ils représentent des idées sans racines dans le pays, ont sincèrement adhéré à l'ordre de choses nouveau, les autres seront sans action sur l'Assemblée. »

tre victime de la politique dynastique quelques paroles de consolation, si ce n'est d'espérance, au nom du gouvernement républicain.

Il voulait aussi voir par lui-même si la captivité que le fils de Mahi-Eddin s'obstinait fièrement à appeler l'hospitalité du fort Lamalgue, était adoucie par tous les soins et tous les égards compatibles avec l'exécution des ordres militaires. Il souhaitait enfin, tout en intercédant auprès du gouvernement provisoire pour que la liberté fût rendue à Abd-el-Kader, persuader à celui-ci, en cas de refus, de demander ou, du moins, d'accepter une liberté relative dans quelque belle résidence de l'intérieur du pays.

Abd-el-Kader se montra sensible à la démarche de M. Ollivier; mais il se refusa constamment aussi bien à se plaindre d'une sévérité ou d'une négligence qu'à solliciter une faveur de ses geôliers. Dans l'étroite enceinte où le sultan du désert se voyait confiné, il n'oubliait pas qu'il avait conquis naguère et possédé un royaume sans limites. En tendant sa main délicate à ce jeune inconnu qui venait lui offrir son appui, il se rappelait que cette même main avait porté l'étendard triomphant du prophète, tracé à d'innombrables tribus les lois d'une civilisation nouvelle, reçu des présents de nos plus illustres chefs d'armée et signé avec le roi de France des traités superbes. Aussi ne voulait-il entendre parler que d'une seule chose : le maintien de la foi jurée. Le mot *clémence* blessait son oreille; il n'en prononçait jamais d'autre que *justice*. « Vous n'avez pas blessé mon cheval, disait-il à M. Émile Ollivier en attachant sur lui son grand œil noir plein de douceur et de passion; vous ne m'avez pas pris les armes à la main. J'ai envoyé volontairement mon sceau et mon sabre au général Lamoricière, qui m'a envoyé le sien en échange. Je me suis rendu parce que j'étais fatigué de lutter avec des hommes que je méprise. J'ai goûté la mort. Aujourd'hui, l'on peut me rendre sans crainte à la liberté; je ne demande plus qu'à aller dans un pays où je puisse élever mes femmes et mes enfants suivant ma religion. Je ne souhaite autre chose que de suivre la voie de mon père et de mes aïeux, que de m'ensevelir aux lieux saints, dans l'adoration de Dieu, jusqu'à la mort. » Et à la prière de M. Ollivier, il signait le serment solennel de ne jamais reprendre les armes contre les Français[1]. Quant au séjour en France, « cela n'est pas possible, disait-il encore avec son inflexible douceur. Nous sommes trop différents, répétait-il en faisant glisser entre ses doigts les grains de son chapelet ; vous montrez vos femmes et nous cachons les nôtres ; vous portez des vêtements étroits et nous en portons de larges ; nous n'écrivons pas du même côté ; nous n'avons pas la même religion ; nous ne pouvons pas vivre sous le même soleil. »

Cependant M. Ollivier fit de vives instances auprès du gouvernement provisoire pour obtenir la mise en liberté d'Abd-el-Kader, mais ses demandes restèrent sans effet. A la vérité, M. Arago écrivit à l'émir une lettre pleine d'égards où il promettait d'examiner ce que le gouvernement était à même de faire ; mais l'examen de M. Arago, pas plus que les négociations de M. Guizot, ne devait apporter aucun changement dans la condition d'Abd-el-Kader. La République agit envers l'illustre captif exactement comme l'avait fait la monarchie.

Le commissaire envoyé par M. Ledru-Rollin dans les quatre départements du Gers, du Tarn, de Tarn-et-Garonne et de Lot-et-Garonne, appartenait, ainsi que M. Reppelin, à l'école de la république dictatoriale. M. Jolly, avocat, député de l'Ariége en 1831, élu à Toulouse en 1839, non réélu en 1846, défenseur des accusés républicains dans le procès d'avril, était l'un des plus caractérisés entre ces républicains armés de toutes pièces auxquels, depuis la circulaire du 8 mars, on donnait, un peu ironiquement, le nom de *républicains de la veille*. Il possédait à fond la pra-

---

[1] Voir aux *Documents historiques*, à la fin du volume, n° 8.

tique et le langage des anciens patriotes; il aimait l'appareil militaire; il croyait fermement ce que M. Ledru-Rollin ne parvenait pas toujours à se persuader; que le gouvernement républicain devait se montrer jalousement exclusif, et qu'entrer en accommodement avec le temps, les hommes et les choses, ce serait une trahison à la cause démocratique.

On se rappelle le triste procès intenté au frère Léotade, dans le courant de l'année 1847. La ville de Toulouse en était encore tout émue. Les passions religieuses s'étaient réveillées en cette occasion avec une ardeur qu'on ne leur croyait plus. Catholiques et protestants, nobles légitimistes et bourgeois libéraux se retrouvaient en présence, armés de tous leurs préjugés, de tous les souvenirs de leurs anciennes luttes.

M. Jolly, défenseur des parents de Cécile Combette, la victime de Léotade, était, le 26 février, à l'audience, où il se disposait à plaider, lorsqu'on lui remit une lettre qui lui apprenait les événements de Paris. D'autres correspondances, arrivées par le même courrier, annonçaient à plusieurs personnes présentes au palais la régence de madame la duchesse d'Orléans et le ministère de M. Odilon-Barrot. Le trouble causé par ces nouvelles fut si grand, qu'il fallut suspendre l'audience.

Les amis politiques de M. Jolly, qui l'attendaient à la sortie du palais, au nombre de quatre à cinq cents environ, décidèrent qu'il fallait faire la révolution à Toulouse et, sans attendre d'autres nouvelles de la capitale, proclamer, à leurs risques et périls, la république.

Aussitôt cette résolution prise, une vingtaine d'étudiants se répandent par les rues pour soulever le peuple. M. Jolly, à la tête d'une colonne de républicains, très-petite au départ, mais qui grossit en marchant, va droit à la place du Capitole, où la troupe, sans trop comprendre de quoi il est question, la laisse passer. Il entre dans la salle du conseil municipal qui, en l'absence du préfet, M. Duchâtel, administre le département. Après avoir destitué de sa propre autorité les membres présents, il paraît au balcon, harangue le peuple qui, dans cet intervalle, s'est rassemblé en grande foule sur la place, proclame la république et ordonne aux officiers, qui le regardent tout ébahis, de faire rentrer les troupes dans les casernes. A la préfecture, M. Jolly ne rencontre pas plus de difficultés. Le secrétaire général, apprenant ce qui se passait au Capitole, avait jugé prudent de s'éloigner en laissant les clefs à un garçon de bureau. Trois cents hommes du régiment d'artillerie, qui occupaient l'hôtel, ne firent pas mine de le vouloir défendre. Du 26 au 29 février, où le télégraphe apporta à M. Jolly la nouvelle officielle de l'établissement d'un gouvernement provisoire et sa propre nomination aux fonctions de commissaire, la ville de Toulouse demeura dans le plus singulier état qui se puisse imaginer. La république était proclamée, à la vérité, mais elle n'avait qu'une existence tout à fait abstraite, car, en cas de lutte, la petite minorité de la population qui l'aurait soutenue était sans armes et sans organisation. Depuis sept ans la garde nationale était dissoute; tandis que le parti conservateur, s'il avait eu la moindre velléité de combat, disposait de 6,000 hommes de troupes régulières dans la ville et de 12 à 15,000 dans les environs. Les républicains eux-mêmes ne pouvaient croire à un si facile succès. Plus tard, quand les royalistes se vengèrent du dédain qu'on avait trop laissé paraître pour eux, ils oublièrent qu'ils devaient surtout s'en prendre à eux-mêmes de tout ce qui les avait blessés, et qu'une attitude plus ferme eût rendu les procédés dont ils se plaignaient absolument impossibles chez un peuple où le courage tient le premier rang entre toutes les vertus dans l'estime publique.

Cependant M. Jolly se trouva bientôt dans une situation embarrassée entre le ministre de l'intérieur, qui désapprouvait formellement les destitutions, les suspensions, toutes les mesures conformes au vieux programme de la politique jacobine, et le club communiste par lequel il se voyait traité de réactionnaire.

Les défiances en étaient venues à ce point, parmi les ouvriers qui fréquentaient ce club dirigé par un partisan de M. Blanqui, que, le 9 avril, ils se portèrent à la préfecture dans le dessein de s'en emparer et d'en chasser le commissaire; mais M. Jolly avait été prévenu. La garde nationale, accourue à sa défense, eut aisément le dessus dans la lutte qui s'engagea, malgré l'extrême animation des ouvriers, parce que ceux-ci, au nombre de neuf cents environ, étaient très-mal armés et que leur chef se laissa prendre dès le commencement de la lutte. Le lendemain, le club communiste fut fermé, son journal suspendu; la garde nationale vint féliciter le commissaire de la victoire que le parti de l'ordre, comme on disait déjà, avait remportée en sa personne.

Cette mesure, cependant, était beaucoup trop complète aux yeux de M. Jolly, car elle rendait aux royalistes, à la veille des élections, une force qu'ils n'avaient jamais perdue en réalité, mais dont ils avaient perdu le sentiment, et qui, par conséquent, leur était devenue inutile. M. Jolly crut donc devoir, sans plus tarder, combattre leur influence, et il s'attaqua, sans beaucoup de prudence, à l'un des hommes les plus considérables du parti orléaniste, M. Charles d'Arragon, qui devait à ses relations personnelles avec M. Garnier-Pagès sa nomination au commissariat d'Alby et le patronage presque officiel du gouvernement pour sa candidature. M. Jolly tenta d'autorité, sans aucun motif sérieux, presque sans prétexte, de révoquer M. d'Arragon; il installa un avocat, nommé Boguel, à sa place; mais la force morale de l'opinion publique l'emporta sur la volonté cependant très-énergique de M. Jolly. On écrivit de tous côtés, à Paris, pour protester contre la révocation de M. d'Arragon, et bientôt, à la grande surprise du commissaire, il se vit désavoué par M. Ledru-Rollin qui réintégra M. d'Arragon dans ses fonctions.

Ces conflits entre la population des villes et l'autorité officielle n'étaient pas les seuls qui agitassent le pays. Dans les campagnes, des mouvements où la politique n'entrait pour rien, éclatèrent sur plusieurs points à la fois, et l'on eut quelque peine à les apaiser. Les départements de la Haute-Garonne, des Hautes-Pyrénées, de l'Ariége et de l'Aude sont couverts de forêts magnifiques. L'État, dans le seul département de l'Aude, en possède pour une valeur d'environ 20 millions. Par une anomalie qu'a créée, de restriction en restriction, un pouvoir plus jaloux de ses droits qu'intelligent de ses intérêts véritables, les populations, pour lesquelles la proximité de ces richesses naturelles devrait être un accroissement de bien-être, souffrent des privations très-dures et sont en butte à mille vexations intolérables de la part de l'administration forestière. Le droit des communes qu'on appelle *riveraines* et le droit de l'État, perpétuellement contesté et interprété, donnent lieu, sous tous les gouvernements, à de sanglants conflits, et tiennent les paysans de ces contrées, très-braves et très-bons tireurs, en état permanent d'insurrection, insurrection étrangère, comme je l'ai fait observer, à la politique, sous une forme particulière, locale, n'est autre chose que la protestation aveugle de la misère du peuple contre la mauvaise gérance et le gaspillage de la fortune publique.

En 1830, après de graves émeutes, le gouvernement rendit aux communes riveraines la plupart des droits anciens qu'elles avaient réclamés vainement sous la Restauration; mais les concessions qu'on s'était cru forcé de faire en principe, on les retirait de fait, en mettant pour condition à l'exercice de ces droits des formalités telles qu'elles les rendaient plus onéreux que profitables[1]. L'esprit

[1] Il arrive ainsi que les arbres des forêts de l'État pourrissent sur place, tandis que les paysans manquent de bois à brûler. Durant les hivers rigoureux, il y a eu des exemples de personnes mortes de froid, dans des communes tout environnées de forêts.

de rébellion qui anime toutes ces campagnes ne pouvait manquer d'éclater de nouveau à la première occasion. Cette occasion fut la révolution de Février. Trois à quatre mille paysans, intrépides chasseurs d'ours, se répandirent dans le pays en commettant toutes sortes de dégâts. Le château de M. de Goulard, noble légitimiste, et quelques autres habitations furent brûlés; il fallut envoyer deux régiments de troupes de ligne pour réduire les séditieux.

Entre toutes les villes importantes de France, c'est à Bordeaux que la révolution de Février devait rencontrer les dispositions les moins favorables. Ces dispositions se manifestèrent tout d'abord par une résistance passive, mais très-prononcée, à la proclamation de la République. L'opinion orléaniste était prépondérante à Bordeaux dans les classes aisées; les ouvriers ne s'occupaient aucunement de politique. Ils avaient formé entre eux des associations de secours mutuels qui suffisaient, le travail n'ayant pas manqué depuis bien des années, à parer aux nécessités pressantes; c'est à peine si l'on aurait pu réunir, à Bordeaux, une cinquantaine de républicains très-ignorés et dont l'influence était nulle à ce point qu'ils n'étaient pas même parvenus à avoir dans la presse un organe de leurs opinions.

Les autorités de Bordeaux, le préfet M. Sers, le maire M. Dufour-Duvergier, tous deux attachés à la dynastie d'Orléans, ne mirent aucun empressement à proclamer la république; comme le peuple ne les y poussait pas et que la garde nationale était avec eux, ils demeurèrent en monarchie jusqu'à l'arrivée assez tardive de M. Ch. Chevalier, commissaire officiel du gouvernement provisoire.

M. Chevalier, publiciste assez peu connu, républicain de fraîche date, s'entoura des hommes de l'ancienne administration qui étaient ouvertement hostiles au pouvoir nouveau. Sa conduite alarma le petit nombre d'hommes qui composaient à Bordeaux le parti républicain. Ils adressèrent leurs plaintes à M. Ledru-Rollin et le déterminèrent à envoyer un commissaire général, M. Latrade.

L'état financier de la ville était meilleur qu'on ne devait l'espérer en une telle crise. La banque, ayant fait spontanément une souscription considérable pour fonder un comptoir d'escompte, vint en aide aux maisons dont le crédit était menacé. On trouva sans peine assez d'ouvrage pour faire vivre les ouvriers dans un pays où les denrées sont à très-bas prix. La secousse commerciale et industrielle fut donc, comparativement à beaucoup d'autres points du territoire, fort peu ressentie à Bordeaux.

M. Latrade, avant d'avoir pu se faire connaître à la population bordelaise par aucun acte administratif, fut signalé par les partis royalistes comme un révolutionnaire de 93. On sema le bruit, on affirma qu'il venait établir la guillotine sur la place publique. Ces propos trouvèrent des oreilles crédules ; on s'ameuta dans les rues ; un rassemblement entoura la préfecture en menaçant de mort le commissaire. M. Latrade n'essaya pas de résister à l'émeute. Quelques amis l'aidèrent à s'évader par les toits, le cachèrent dans une maison particulière et le firent partir le lendemain matin pour Paris. M. Clément Thomas, l'un des rédacteurs du *National*, le remplaça et parvint sans de grands efforts à calmer une agitation qui n'avait rien de sérieux. Rappelé à Paris par sa nomination au grade de colonel d'une légion de la garde nationale, il fut remplacé à son tour par M. Henri Ducos, qui présida aux élections.

Les hostilités entre la garde nationale et les commissaires se produisirent dans plusieurs autres départements et partout restèrent impunies, parce que M. Ledru-Rollin, quand on lui faisait connaître les maladresses politiques de ses agents, les blâmait et les désavouait. D'ailleurs, les pouvoirs illimités qu'il leur avait conférés ne pouvaient, en cas de résistance, se faire obéir qu'au moyen de la garde nationale ; du moment que la garde nationale se tournait contre les commissaires, il n'y avait plus d'autre recours que l'appel aux passions ultra-révolutionnaires, le gouvernement des clubs, la terreur. Je crois avoir montré surabondamment que M. Ledru-Rollin ne voulait, pas plus que M. de Lamartine, de ces moyens extrêmes. Il redoutait la domination des clubs. Nous venons de le voir, à Marseille, à Lyon, à Toulouse, repousser presque constamment les dénonciations qui lui arrivaient contre les commissaires accusés de tiédeur politique. Il y avait donc contradiction flagrante entre ses paroles officielles et ses actes, entre les pouvoirs illimités qu'il proclamait et l'autorité absolument nulle qu'il donnait en réalité ; il en résulta cet effet déplorable, qu'il fournit à ses ennemis mille prétextes d'accusation contre ses agents, en même temps qu'il ôtait à ceux-ci la force avec laquelle ils auraient pu triompher.

La négligence était aussi grande au ministère de l'intérieur que l'indécision ; la plupart du temps les demandes des commissaires demeuraient sans réponse[1] ; souvent le télégraphe apportait dans l'espace de quelques heures des ordres et des contre-ordres, des révocations et des réintégrations qui jetaient le plus grand trouble dans les affaires. Entre les deux partis que le gouvernement provisoire avait à prendre, administrer doucement, prudemment, sans secousse, ou gouverner avec une énergie toute révolutionnaire, il ne sut se tenir fermement ni à l'un ni à l'autre, et l'on vit pendant deux mois entiers, dans le pays le plus centralisé du monde, l'étonnant spectacle d'une multitude de tiraillements partiels et de rébellions locales ; l'opinion tantôt refoulée, tantôt emportée sous la main d'hommes divisés entre eux ; la nation entière agitée vainement d'un mouvement confus, contraire à ses instincts, et qu'elle ne parvenait pas à s'expliquer à elle-même.

[1] A Besançon, par exemple, où, sur une question d'étiquette entre les commissaires et le général Baraguay-d'Hilliers, une émeute de la garde nationale avait forcé les commissaires à quitter la place, le commissaire général, M. J. Demontry, ayant adressé un rapport (8 avril) au ministre, ne reçut aucune réponse.

CHAPITRE XXV

La Révolution en Europe. — Pétersbourg. — Vienne. — Milan. — Berlin. — Expédition des corps-francs.

Si l'étonnement de la France démocratique fut grand lorsqu'elle apprit de Paris qu'elle n'avait plus de roi, que dut penser l'Europe monarchique et aristocratique en entendant tout à coup résonner à ses oreilles cette nouvelle incroyable : les Français viennent de chasser la dynastie d'Orléans ; ils ont choisi pour les gouverner un poëte lyrique, un avocat radical, un astronome et un prolétaire !

Aucune explication vraisemblable d'une telle énormité ne venait à l'esprit ni des souverains ni de leurs cours. Depuis bien des années déjà la diplomatie européenne considérait la force révolutionnaire comme très-affaiblie, sinon détruite, en France, par la longue application d'une politique savamment combinée. Les ambassadeurs des puissances étrangères, captivés par l'accueil et l'entretien aimables de Louis-Philippe, éblouis par les élégances de la société parisienne qu'ils voyaient dans une sécurité parfaite, avaient fini par réconcilier leurs maîtres avec la royauté illégitime. Les colères et les inquiétudes que l'usurpation de 1830 avait fait naître s'étaient peu à peu dissipées avec les préventions conçues contre le favori de la bourgeoisie libérale, devenu roi par la grâce du peuple. Comme la surprise exagère tout, quand on vit Louis-Philippe sacrifier sa popularité au maintien de la paix et se retourner résolûment contre la révolution qui l'avait mis sur le trône, les hommes d'État de tous les pays le portèrent aux nues; sa sagesse devint proverbiale; on l'appela le *Napoléon de la paix*; on en vint à le regarder comme le régulateur de l'ordre européen. Le bruit de sa chute étonna les souverains plus encore que ne l'avait fait le retentissement de son élévation.

Ce changement dans les dispositions des têtes couronnées était surtout remarquable à la cour de Russie. L'empereur Nicolas avait mis fin, en ces derniers temps, aux sarcasmes et aux épigrammes que, pendant plusieurs années, il s'était plu à lancer, à tout propos, contre Louis-Philippe et sa famille. Depuis qu'il avait vu tous ses desseins favorisés par l'attitude passive de la diplomatie française, qui n'osait même plus parler de la Pologne, il s'était singulièrement adouci. On assure que la connaissance personnelle qu'il fit, dans son voyage en Italie, du duc de Bordeaux et de ses conseillers, acheva de lui ôter la pensée d'une restauration[1]; à dater de ce jour, le ton de ses agents auprès du gouvernement français marqua, dans plusieurs circonstances, un désir de rapprochement très-sensible. L'indifférence qu'il affecta en public lorsque se répandirent, à Saint-Pétersbourg, les premières nouvelles d'une insurrection à Paris, ne trompa que peu de gens; bien qu'il répétât d'un ton railleur « qu'après tout les Français étaient les maîtres chez eux; que peu importaient à la Russie les fantaisies parisiennes, etc.; » bien qu'il voulût montrer au bal et au spectacle un front serein, il ne commandait pas à sa pâleur qui trahissait ma préoccupation secrète. Toute la ville avait les yeux sur lui. Les hommes de cour, voyant

---

[1] Selon le bruit général, l'empereur Nicolas aurait paru charmé de la dignité parfaite, de la politesse et même de l'intelligence du duc de Bordeaux; mais, en même temps, il n'aurait pas dissimulé qu'il ne lui supposait pas les qualités d'esprit et de caractère propres à gouverner la France dans des conjonctures aussi difficiles.

que l'empereur voulait paraître insouciant, se composaient le visage. Le peuple, au contraire, lui attribuant, comme à Dieu, tous les événements, disait que le Goçoudar[1] avait fait chasser Louis-Philippe, parce que ce prince déloyal refusait de lui rendre les millions qu'il lui avait empruntés. « Nous irons reprendre notre Paris! *nasz Pariz,* » s'écriait-on dans les groupes populaires. Mais l'empereur ne se laissait pas distraire par ces naïvetés de l'orgueil national. Les dépêches qui lui arrivaient à la fois de tous côtés l'assombrissaient d'heure en heure. Au bruit bientôt démenti d'une contre-révolution dont on faisait honneur, tantôt au maréchal Bugeaud, tantôt au général Lamoricière, avait succédé la nouvelle officielle de la proclamation de la république; presque au même moment des lettres particulières annonçaient comme accomplies les révolutions qui devaient éclater, quinze jours plus tard, à Berlin et à Vienne.

Il devenait indispensable de prendre, sinon un parti, du moins une attitude politique. L'empereur le sentit; malgré son trouble, il publia un manifeste dans lequel il se déclarait prêt à combattre *pour la justice de Dieu et pour les principes sacrés de l'ordre établi sur les trônes héréditaires;* il ordonna que l'on fît avancer sur la frontière deux corps d'armée et renvoya immédiatement à Varsovie le maréchal Paskewitch. En même temps un agent diplomatique[2] partait pour Paris, chargé de porter à tous les Russes l'ordre de quitter la France au plus vite.

Sur ces entrefaites, l'arrivée du manifeste de M. de Lamartine rendit à l'esprit agité du czar quelque repos. Il éprouva d'autant plus de satisfaction de ce langage pacifique qu'il avait ressenti plus d'inquiétudes en se préparant à la guerre. Il sembla respirer plus librement. « Il n'aurait,

---

[1] Goçoudar: nom familier que le peuple russe donne à l'empereur.
[2] M. Balabine. On raconte que dans son audience de congé, l'empereur lui dit, en lui frappant sur l'épaule : « Prends bien garde au moins de ne pas te faire écharper par ces Parisiens : toutes leurs peaux ensemble ne valent pas la tienne. »

pas cru, répétait-il à son entourage, qu'un poëte fût capable d'autant de sagesse. Puisqu'il en était ainsi, et si la France demeurait fidèle au programme de M. de Lamartine, la Russie ne prendrait pas l'offensive et resterait chez elle. » Mais ce calme, cette satisfaction relative furent de courte durée et l'empereur retomba dans un état violent. Il se parlait haut à lui-même, comme un homme qui n'est plus maître de ses pensées; plusieurs fois on le rencontra très-avant dans la nuit, seul, à pied, se dirigeant vers la demeure de son ministre de la guerre. Le récit des événements de Vienne et de Berlin, dont le bruit prématuré avait fait place à une certitude accablante, causait en lui cette perturbation nouvelle[1]. Toute dissimulation, toute réserve lui devenaient impossibles. Aucune expression ne lui semblait trop méprisante quand il parlait du roi de Prusse, des archiducs, du prince de Metternich, de tous *ces gens sans tête et sans cœur* qui déshonoraient, disait-il, les races royales. D'autres fois, en des entretiens intimes avec le duc de Leuchtenberg, qu'absorbait le souci de ses pertes pécuniaires sur les valeurs industrielles françaises, le souverain de toutes les Russies peignait, dans un langage d'une éloquence amère, la ruine des espérances grandioses qu'il avait conçues pour lui-même et pour sa nation. « Nous voici, disait-il alors avec amertume, nous voici, moi et mon peuple, par la faute de ces misérables, refoulés vers l'Asie. La France triomphe en Occident; l'Europe nous repousse. Avant même que d'avoir pu combattre, les Slaves sont vaincus par la Révolution française! »

Ce qui venait de se passer à Vienne méritait bien le mépris et l'indignation du czar. Quelques écrivains libéraux,

---

[1] L'arrivée de la grande-duchesse Hélène à Pétersbourg avait achevé de troubler l'empereur. Cette princesse, qui fuyait l'Italie insurgée, s'était arrêtée à Vienne, où elle avait trouvé le prince de Metternich très-peu ému. « Les événements sont graves sans doute, lui disait le vieux ministre; mais, ici, du moins, nous sommes à l'abri. Jamais la révolution ne viendra jusqu'à Vienne. »

des étudiants, des étrangers, y fomentaient, depuis un certain temps, par des écrits clandestins et par une propagande orale assez confuse, une agitation et un mécontentement qui ne descendaient guère au-dessous de la classe bourgeoise. Une intrigue de cour favorisait cette agitation. L'archiduchesse Sophie, femme ambitieuse et rusée, voulait, par son mari, l'archiduc François-Joseph, ou par son jeune fils, régner en Autriche. D'obstacles à ses projets, elle n'en voyait qu'un : le prince de Metternich. Aussi travaillait-elle, de concert avec une partie de la noblesse qu'avait lassée la longue domination du vieux ministre et secondée par quelques membres influents du clergé, à discréditer une politique et des conseils où elle n'avait point assez de part. Bien qu'elle fût, dans le secret de sa pensée, plus absolutiste que le prince de Metternich, elle savait, dans l'occasion, parler le langage du libéralisme, et, loin de redouter les démonstrations populaires, elle y voyait un moyen de renverser le cabinet et de rendre nécessaire l'abdication d'un empereur incapable de gouverner par lui-même. Lorsque parvint à Vienne la nouvelle des événements de Paris, elle s'en réjouit parce qu'ils devaient précipiter une crise trop lente à son gré. Comme elle vit qu'en effet la population commençait à s'émouvoir et se rassemblait dans les rues aux cris de *Vive la liberté! à bas Metternich!* elle mit en œuvre toutes ses habiletés pour empêcher qu'aucune mesure sérieuse de répression ne fût prise par le gouvernement.

Le 12 mars, une pétition demandant la liberté de la presse et la convocation d'une assemblée fut présentée aux états de la basse Autriche. Le lendemain, des étudiants et des professeurs, réunis dans les salles de l'université, rédigent une pétition à peu près semblable. Les cours n'ont jamais hâte de répondre à ces sortes de demandes, et déjà les rassemblements populaires qui stationnaient sur la place publique, au lieu de s'irriter de cette longue attente, commençaient à se refroidir, quand des meneurs, parmi lesquels on affirme avoir vu des émissaires de l'archiduchesse Sophie, s'écrient que c'est Metternich qui trompe l'empereur et l'empêche d'accéder aux vœux du peuple. La multitude, crédule à ces propos, se précipite vers la maison de campagne du prince : les maîtres n'y sont pas; les serviteurs ferment les portes. La foule les enfonce, se répand dans les appartements, brise les glaces, allume dans la cour, avec quelques meubles, un feu de joie; après quoi elle revient, triomphante, grossir un attroupement qui entoure la chancellerie d'État, et demande à grands cris le renvoi du ministre. Là le résultat est plus sérieux et le succès plus décisif. Au bout de très-peu de temps, un conseiller impérial paraît au balcon, harangue le peuple et lui annonce que Sa Majesté l'Empereur, plein de sollicitude pour ses fidèles sujets, s'occupe en ce moment même de décréter les libertés demandées. Par une étrange coïncidence, pendant que le conseiller parle encore, les troupes qu'on avait vues jusque-là immobiles, l'arme au bras, et qui partout avaient laissé passer le peuple, se déploient et s'apprêtent à dissiper les rassemblements. La foule murmure; quelques enfants jettent des pierres aux soldats; un officier supérieur est atteint au front d'un coup qui fait jaillir le sang. A cette vue, la troupe, irritée, oublie l'ordre et fait feu; cinq à six insurgés tombent morts ou blessés grièvement. Le peuple fuit, mais en criant *Aux armes!* et les barricades s'élèvent. La troupe hésite à faire usage de ses armes. Les insurgés, très-résolus, au contraire, se rendent peu à peu maîtres de la ville. Dans la nuit du 13 au 14, le prince de Metternich se démet volontairement de ses fonctions et quitte Vienne précipitamment. Le lendemain, malgré cette apparente satisfaction donnée au peuple, l'agitation, loin de diminuer, devient formidable. L'empereur se décide à consentir toutes les réformes demandées par le peuple. Alors la joie publique éclate; les cris de *Vive l'empereur!* ébranlent les maisons. Des lampions, des transparents, des drapeaux décorent les fenêtres; la nuit se passe en réjouissances, et le lendemain matin la population, ivre de bonheur, lit sur toutes les murailles que les droits féodaux sont abolis, que la liberté de la presse est accordée, que la garde nationale va être organisée, que les condamnés politiques sont amnistiés, enfin que des *états généraux* sont convoqués, pour le 3 juillet prochain, dans la capitale de l'empire.

L'un des incidents les plus remarquables de cette révolution, ce fut l'arrivée de la députation hongroise dans la soirée du 15 mars. Quand le bateau à vapeur de Presbourg fut signalé, le peuple se porta en foule à la rencontre des envoyés de la diète et salua de ses acclamations ces nobles patriotes qui, les premiers, dans l'État autrichien, avaient revendiqué d'une voix virile le droit et la liberté. *Vivent les Hongrois! vive Kossuth! vive Batthiànyi!* Ce fut pendant plusieurs jours le cri d'allégresse de la population viennoise. Kossuth, plus que tous les autres, excitait une curiosité sympathique. Il ne pouvait se soustraire aux empressements de la foule qu'étonnait une si grande et si jeune renommée, que charmaient sa beauté, sa grâce, et qui ne pouvait se lasser d'entendre sa parole éloquente.

Arrêtons-nous un moment pour saluer aussi cet homme extraordinaire que nous allons voir tout à l'heure susciter, pour une lutte inouïe, un peuple de héros, lui inspirer la sainte folie du sacrifice, et vaincu enfin avec lui, après des efforts prodigieux, paraître aussi grand dans la défaite que plus d'un conquérant dans tout l'éclat du triomphe.

Louis Kossuth (Lajos) est né, en 1802, d'une famille hongroise, protestante, dans un village du comitat de Zemplin. Son enfance fut bercée par la légende païenne et chrétienne de cette contrée fameuse qui vit se dresser la tente nomade d'Attila et s'arrêter, dans le neuvième siècle, sous la conduite de son chef Arpad, la première invasion de ces tribus asiatiques auxquelles le peuple hongrois se plaît à rattacher son histoire. L'imagination vive de Kossuth s'imprégna tout entière de ces récits merveilleux. On ne peut se défendre de l'idée d'une prédestination en voyant sa jeunesse se tremper ainsi aux sources primitives de la tradition magyare. Plus tard, l'ardeur de ses pensées, l'abondance de sa parole, l'inexprimable mélancolie de sa fierté orientale, rappelleront involontairement à l'esprit les contrées où il vit le jour : cette *Égypte hongroise*, comme la nomment les chroniqueurs, cette Theiss, semblable au Nil, dont les débordements enfantent de riches moissons, ces monts Karpathes qui renferment l'or, ces versants de l'Hegyalja où fleurit la vigne grecque, et le ciel toujours clément de cette terre *sans seconde* [1].

Resté jeune orphelin, dans un état voisin de l'indigence, à portée seulement de ces écoles ou gymnases des petites villes de la Hongrie, dans lesquelles le gouvernement autrichien perpétue systématiquement l'ignorance, Kossuth parvint néanmoins à cultiver les facultés éminentes dont la nature l'avait doué. A une époque où la littérature hongroise était tombée dans l'oubli, où les magnats et les gentilshommes affectaient de parler latin, français, allemand, Kossuth marqua une prédilection constante pour l'idiome national, que l'on n'entendait plus, ailleurs, que dans les rangs du peuple. Venu à Pesth à l'âge de dix-huit ans, il se lia avec deux écrivains distingués, les frères Kisfaludyi, et fit, sous leurs auspices, ses essais littéraires en langue magyare. Dès ce moment, il s'appliqua à rajeunir l'idiome de ses pères, qui prit sous sa plume, et plus tard dans ses harangues, une souplesse et une clarté admirables. Lorsque Kossuth parut pour la première fois, en 1830, dans l'assemblée du comitat de Zemplin, où sa condition de gentilhomme et sa profession d'avocat lui donnaient accès, quand il appela les sympathies de ses concitoyens sur la Pologne insurgée,

---

[1] On sait que des ceps envoyés de l'île de Chypre et plantés sur les versants méridionaux des Karpathes, par ordre de l'empereur Probus, sont l'origine du fameux vin de Tokai. « *Ubertate locorum, cœlique benignitate, nulli terrarum secunda,* » disent les chroniqueurs.

une vive acclamation l'interrompit à plusieurs reprises; il fut décidé aussitôt qu'on enverrait à Vienne des députés, afin de demander, pour les Hongrois, l'autorisation de lever, à leurs propres frais, un corps d'armée de 50,000 hommes destinés à secourir l'insurrection polonaise. Seize comitats se joignirent en cette occasion au comitat de Zemplin. Ce premier succès donna au nom de Kossuth un retentissement dont lui-même, sans en être ébloui, sentit toute l'importance. Kossuth était déjà possédé alors d'une haute ambition. Il voulait ranimer le patriotisme magyar et former en Hongrie un parti politique pour défendre la constitution contre les empiétements arbitraires de la cour de Vienne. N'ayant ni rang, ni biens, ni fonction dans l'État, son unique moyen de conquérir l'ascendant sur les grands et sur le peuple, c'était son éloquence et le prestige qui s'attache à la célébrité. Il saisit, il multiplia en conséquence les occasions de parler dans les assemblées des comitats et réussit à se faire envoyer par eux, en 1832, à la seconde chambre de la diète, en qualité de député suppléant. Bien que cette position ne lui donnât dans les délibérations qu'une voix consultative, malgré la jalousie des magnats que l'éclat de son nom commençait à offusquer, il sut prendre, en plusieurs circonstances, une initiative très-heureuse qui marqua sa place à la tête du parti national. Ce fut lui qui, le premier, conçut l'idée d'adresser aux comitats des lettres circulaires où l'on rendait compte des discussions de la diète. Jusque-là, le pays n'apprenait le résultat des délibérations que par des résumés très-succints et très-inexacts donnés par la presse censurée. La pensée de Kossuth, en répandant, autant que le permettait la surveillance de la police, ces comptes rendus qui rappellent les fameuses *Lettres de Mirabeau à ses commettants*, était éminemment politique. Aussi le gouvernement autrichien ne tarda-t-il pas à en prendre ombrage, et la correspondance parlementaire fut interdite. Mais elle avait déjà porté ses fruits. L'opinion publique avait reçu une impulsion décisive ; Kossuth se sentait appuyé à ce point qu'il pouvait tenter de résister ouvertement aux ordres de l'Autriche. Quatre années dans la forteresse de Bude châtièrent sa hardiesse ; une popularité immense la couronna. L'attention publique se concentra sur sa personne ; il préoccupa toutes les imaginations, gagna toutes les sympathies, et, quand les portes de la prison s'ouvrirent devant Kossuth, le pays tout entier crut avoir retrouvé la liberté.

Pendant les quatre années qu'il vécut enfermé à Bude, il s'appliqua à l'étude de la révolution d'Angleterre et de la Révolution française, particulièrement dans la conduite des assemblées. A peine hors de prison, en 1841, il prit la direction d'un journal démocratique (*Pesti Hirlap*) fondé à Pesth par le baron Wesselényi. Le succès de ce journal, le premier où les affaires publiques eussent été traitées avec talent et liberté, passa toute espérance. L'adhésion du comte Louis Batthiànyi, chef de l'opposition dans la chambre des magnats, fut la marque la plus significative de ce succès. L'union du grand seigneur, resté jusque-là dans la mesure politique du parti tory, avec l'agitateur démocratique acheva de constituer le parti national.

En 1847, le comte Batthiànyi proposa la candidature de Kossuth aux électeurs du comitat de Pesth qui le nommèrent. Dès son entrée à la diète de Presbourg, et malgré les attaques du parti conservateur à la tête duquel était le comte Szécsenyi, Kossuth se vit implicitement reconnu comme chef de l'opposition. Les hommes les plus considérables dans les deux chambres, Wesselényi, Ladislas Teleki, Majlath, Dèak, Szemere, Eötvös, recherchaient son amitié et rendaient à l'envi hommage à un talent dont aucun autre ne pouvait déjà plus balancer l'influence. Chacun des discours de Kossuth devint un événement politique. Chacun de ses succès de tribune relevait l'orgueil national et grandissait dans les cœurs l'image de la patrie.

Lorsque arriva, à la diète, la nouvelle de la révolution de Février, ce fut Kossuth qui, dans un discours où il se surpassa lui-même, fixa les points principaux où l'opposition devait porter l'attaque et posa en quelque sorte les bases du nouveau droit constitutionnel sur lequel ses concitoyens auraient à édifier l'indépendance de la Hongrie. Son grand sens politique lui faisait comprendre dès lors que la Hongrie ne devait pas combattre isolément pour des droits particuliers, mais se faire le champion du droit général de toute la monarchie autrichienne. « L'avenir de la dynastie, s'écriait-il, est, selon ma ferme conviction, intimement lié à la confédération fraternelle des peuples sur lesquels s'étend son empire; et cette confédération, elle n'y peut parvenir qu'en inscrivant le droit des nationalités dans une constitution libérale. Ni le bourreau, ni la baïonnette ne seront jamais un moyen d'organiser et d'unir les peuples. » Ce discours, accueilli par des applaudissements passionnés, déterminait l'assemblée à envoyer à Vienne une députation où toutes les nuances d'opinion étaient représentées, et qui, sous la conduite de l'archiduc palatin, se chargeait de porter à l'empereur les vœux de la nation hongroise.

Nous venons de voir comment cette députation fut accueillie par le peuple. Le nom de Kossuth, déjà populaire à Vienne, avait plus d'une fois retenti pendant les jours précédents. Son discours du 3 mars, lu à haute voix par un étudiant, sous les fenêtres de la princesse de Metternich[1], avait passé de main en main et éveillé de vives sympathies pour sa personne et pour sa cause. La cour impériale, en voyant arriver la députation de Presbourg, comprit qu'elle allait être forcée d'étendre à la nation hongroise les concessions qu'elle venait de faire à l'Autriche, et, malgré la répugnance du parti qui triomphait dans les conseils, le langage énergique des députés, les instances officielles du prince Esterahzy, la déterminèrent à céder. Le 18 mars, la députation repartit triomphante pour Presbourg, empor-

---

[1] On sait que la princesse de Metternich, née comtesse Zicsy, est hongroise.

tant la nomination du comte Louis Batthiànyi en qualité de premier ministre chargé de former un ministère indépendant pour les affaires de Hongrie. L'archiduc Étienne devenait vice-roi. La séparation politique et administrative de la Hongrie était implicitement prononcée. Cette nouvelle concession de la cour avait encore exalté les Viennois. Kossuth cependant était loin de s'abandonner à l'allégresse générale. Cette satisfaction immodérée lui semblait de mauvais augure. « Ce peuple croit avoir accompli la révolution, disait-il à ses compatriotes ; il ne se doute pas qu'il ne fait que la commencer. »

A peu de jours de là, l'insurrection de Milan venait donner raison à ce pressentiment du génie. Le caractère de cette insurrection n'eut rien de commun avec ce qui venait de se passer à Vienne. Autant la population viennoise inclinait par nature, par coutume, par la douceur d'un joug traditionnel que l'affabilité de ses princes savait lui déguiser, à l'indolence politique et au respect des volontés royales, autant la haine des Lombards pour la domination étrangère était profonde et irréconciliable. Le gouvernement allemand, établi en Lombardie par les traités de Vienne, était trop contraire au génie de la nation italienne pour que, même bienfaisant et magnanime, il ne dût pas rencontrer dans la seule antipathie des races des obstacles presque insurmontables. Mais loin de chercher à gagner le cœur du peuple par ses bienfaits, il n'avait pas même essayé de se faire accepter de la classe riche par ces ménagements habiles, par ces condescendances superficielles auxquelles la noblesse oisive et démoralisée de notre temps se laisse partout si facilement prendre. Le gouvernement autrichien avait affecté à Milan et à Venise des allures de conquérant. Non content d'opprimer, il avait humilié ses nouveaux sujets. A toutes les lois prohibitives, aux impôts excessifs qui pesaient sur les fortunes, à une conscription odieuse qui enlevait la fleur de la jeunesse pour l'envoyer au loin dans des pays inconnus, aux lenteurs calculées de l'administration, aux vexations incessantes de la police, de la douane, de la censure, venait encore s'ajouter, par surcroît d'iniquité, l'insolence soldatesque qui, depuis le feld-maréchal jusqu'au dernier soldat de l'armée, semblait s'être donné pour tâche d'irriter en toute occasion la fibre endolorie de l'orgueil national.

Aussi, au bout de peu d'années, le patriotisme lombard, qui s'était un peu émoussé sous l'administration française, se réveilla-t-il avec une vivacité incroyable. Par réaction contre le despotisme autrichien, la noblesse lombarde se passionnait pour les idées libérales en même temps qu'elle flattait les ambitions juvéniles d'un prince de la maison de Savoie qui promettait d'entraîner l'armée piémontaise à sa suite et de chasser l'étranger du sol italien. On sait la triste issue de cette première alliance lombardo-piémontaise. Les cachots du Spielberg s'emplirent; Charles-Albert se rétracta. L'exil, la confiscation, la torture mirent à néant les espérances de la jeunesse italienne.

Au couronnement de l'empereur, en 1838, l'amnistie ramena en Italie les principaux conjurés de 1830 et de 1834. Ils ne conspirèrent plus cette fois, mais les idées anglaises et françaises qu'ils rapportaient de l'exil conspirèrent pour eux. Des écrivains distingués, des poëtes, des hommes de cœur et d'intelligence, Gioberti, d'Azeglio, Balbo, Capponi, Mamiani, et enfin Montanelli, Tommaseo, Manin, Cattaneo, Giusti, étendirent à tous les États italiens la propagande libérale et créèrent, par la puissance de leur talent, une force morale capable de lutter avec la force des baïonnettes étrangères. L'opinion publique, nationale, *italienne*, prit une consistance qu'elle n'avait jamais eue auparavant. L'esprit aristocratique et l'esprit démocratique qui devaient se diviser plus tard se confondaient au début dans une commune entreprise de délivrance. *Odio e pazienza* était la devise universelle; *fuorii barbari!* c'était la pensée, le cri unique de toute l'Italie.

En 1846, le libéralisme de Pie IX, l'impulsion des réformes, donnée au Vatican, et qui eut son contre-coup en Toscane, en Piémont, dans le royaume de Naples, exaltèrent singulièrement les imaginations. Une presse clandestine, fondée par Montanelli en Toscane, et qui répandait par milliers les feuilles démocratiques, entretint l'agitation; la diplomatie anglaise favorisait presque ouvertement, dans les Deux-Siciles surtout, cette propagande révolutionnaire[1]. Le clergé, encouragé par l'exemple du souverain pontife, laissait paraître son patriotisme et prêchait la révolte dans les campagnes[2]. La population des villes entrait en lutte avec la police; des démonstrations, frivoles en apparence, mais très-sérieuses au fond, telles que l'abstention du tabac et de la loterie, montrèrent bientôt que la conspiration contre l'Autriche était en permanence, et que la plus merveilleuse entente, si ce n'est dans les idées, du moins dans la haine, animait tous les rangs et tous les partis de la nation.

Cependant l'opinion purement libérale, représentée par la noblesse, l'emportait en tous lieux, à Milan en particulier, où l'aristocratie, par ses largesses et par le concours du clergé exerçait sur le peuple une influence souveraine. Il eût été insensé au parti démocratique, connu sous le nom de *jeune Italie*, d'entamer avec elle une lutte aussi ouverte; aussi ne l'essaya-t-il pas; il se savait en trop petit nombre et trop discrédité par l'issue malheureuse de ses dernières tentatives insurrectionnelles. Bien que très-dédaigneux de l'opposition légale des patriciens milanais et peu confiant dans l'alliance piémontaise que ceux-ci cherchaient à renouer, il suppliait Mazzini de modérer son lan-

---

[1] La mission de lord Minto, en 1847, éveilla les appréhensions du cabinet russe et du cabinet autrichien. M. de Metternich, dans ses dépêches au comte Ditriechstein, ambassadeur à Londres (février 1848), se plaint de l'attitude du gouvernement britannique en Italie.

[2] Le maréchal Radetzki connaissait si bien cette influence du clergé qu'il fit défendre par un ordre du jour aux soldats de se confesser à des prêtres italiens.

gage et se rangeait, en apparence, à la suite du mouvement qu'il espérait entraîner plus tard.

Les choses en étaient là quand le gouvernement autrichien promulgua en Lombardie la *loi d'État* (*legge stataria*) qui l'autorisait à faire rendre et exécuter ses jugements dans l'espace de *deux heures* : c'en était trop. La patience était à son terme ; un cri d'indignation éclata. A ce cri, répondit comme un écho le cri victorieux de la Révolution française.

Chose étrange et qui marqua sur l'heure une dissidence inaperçue jusque-là, le parti libéral ressentit plus d'inquiétude que de joie à la nouvelle des événements de Paris[1]. Ni l'influence française, ni les idées républicaines n'étaient sympathiques à la noblesse. Elle appréhendait de voir se rompre les négociations à peine entamées avec le Piémont et craignait dans Milan une insurrection dont le triomphe lui paraissait ou impossible ou redoutable.

Dans la population milanaise, l'agitation était extrême. Le bruit public annonçait tantôt l'entrée en campagne de l'armée piémontaise, tantôt l'arrivée à Milan de 40,000 fusils envoyés par Charles-Albert. Le maréchal Radetzki semblait, par toutes les mesures qu'on lui voyait prendre, se disposer à une lutte prochaine. Il concentrait des troupes sur la frontière du Piémont, faisait entrer dans Milan des régiments croates et tyroliens ; enfin, le 17 au matin, sur un ordre exprès venu de Vienne, l'archiduc vice-roi et le comte de Spaur, gouverneur de la ville, partaient pour Vé-

---

[1] Dans une dépêche adressée à lord Palmerston, le consul général d'Angleterre à Milan s'exprime ainsi : « La majeure partie de ceux qui ont quelque chose à perdre, presque toute la noblesse et les plus raisonnables dans la classe moyenne, considèrent ces événements avec frayeur. L'appréhension des effets possibles de ce qui s'est passé en France l'emporte en ce moment sur la haine contre l'Autriche. » Gioberti écrivait de Paris à ses amis politiques (3 mars) : « Quale è il pericolo più grave che ora sovrasti all' Italia ? Quello d'imitare scioccamente i Francesi, e di far qualche moto per suistire alla monarchia la republica. » (*Archivio triennale delle cose d'Italia*, série I, v. I, 1850.)

rone en lui remettant des pouvoirs extraordinaires. Mais, tout à coup, au lieu des événements prévus, au lieu de la déclaration de guerre que l'on attendait de Piémont ou de France, une nouvelle inimaginable tombe comme la foudre sur Milan. Vienne est en pleine révolution ; Metternich a pris la fuite. Une constitution libérale est promulguée en Autriche ; c'est l'autorité autrichienne, le vice-gouverneur O'Donnel lui-même, qui fait proclamer, le 17 mars au soir, cet attentat inouï du peuple viennois contre la majesté impériale. L'effet de cette proclamation ne se fait pas attendre. Aussitôt, le drapeau tricolore flotte à toutes les fenêtres ; on entend le tocsin sonner dans les soixante clochers de la ville ; le peuple sans armes, mais résolu à tout, entoure la maison du podestat et l'entraîne malgré lui, aux cris de *vive Pie IX! vive l'indépendance italienne!* au palais de la chancellerie. Les factionnaires surpris laissent entrer la foule, qui pénètre jusqu'aux appartements du gouverneur et le force à signer l'ordre d'organiser la garde civique. Dans le même temps, toutes les rues de la ville se hérissent de barricades. Une telle audace, sous les yeux d'une garnison de 20,000 hommes, ne s'explique pas. Le maréchal Radetzki se persuade que tout est concerté avec les Piémontais ; dans la crainte d'une surprise, il quitte à la hâte son palais, se retranche dans la forteresse, et s'apprête de là à bombarder la ville[1]. Mais rien n'arrête l'intrépidité des Milanais. Le mouvement est universel, irrésistible. A défaut de fusils de munition, on se distribue des fusils de chasse, des pistolets, des couteaux, des poignards ; on parvient même à fabriquer quelques canons en bois, cerclés de fer, et l'on engage un

---

[1] Le 19, le consul général de France, M. Denois, réunit les consuls des différentes puissances et leur fit signer une protestation qu'il envoya au maréchal Radetzki. N'ayant pas obtenu de réponse, M. Denois demanda au maréchal une entrevue, et, le 21, il porta dans la forteresse les représentations énergiques du corps consulaire. Ce fut lui que le maréchal pria de se charger pour la municipalité de Milan d'une proposition d'armistice de trois jours.

combat à outrance avec la troupe, restée maîtresse du centre de la ville. En vain le canon autrichien tonne pendant cinq jours; en vain les bombes, les balles, la mitraille pleuvent du haut des bastions et des édifices publics sur cette héroïque population ; elle prend d'assaut le Dôme, les casernes et jusqu'au palais du vice-roi, que défend une artillerie formidable. Les femmes se mêlent au combat et l'animent; elles chargent les fusils, portent les pavés, ramassent les morts, pansent les blessés, distribuent les vivres, chauffent l'huile bouillante que de tous les étages on verse sur la tête des ennemis. L'insurrection triomphe. Le 22, le maréchal Radetzki envoie proposer à la municipalité, qui s'est constituée en gouvernement provisoire, un armistice. Mais le peuple, exalté par sa victoire, force le gouvernement à rejeter l'armistice et lui arrache une proclamation qui appelle au secours de la ville la population des campagnes. On voit alors un étonnant, un merveilleux spectacle. Pendant que des hommes, munis de télescopes et postés en observation sur les clochers, signalent au peuple les mouvements de l'ennemi, des ballons, auxquels sont attachées les proclamations du gouvernement provisoire, s'élèvent dans l'air; passant sur la tête des soldats, par-dessus les bastions et les remparts, à travers les balles qui ne les atteignent pas, vont porter sur tous les points du territoire l'appel à l'insurrection. Nulle part on ne réfléchit, on n'hésite. D'immenses masses d'hommes s'ébranlent ; les montagnards du Tyrol et de la Suisse italienne, les paysans de la Brienza, de la Valsassina, ceux du lac de Côme et du lac Majeur accourent en foule ; ils défont sur leur route les troupes autrichiennes déconcertées. Une poignée de jeunes gens s'emparent de la porte Tosa ; d'autres ouvrent la porte de Côme. C'en est fait, Milan est délivré. Le maréchal Radetzki, averti, d'ailleurs, que l'armée piémontaise s'approche, lève son camp dans la soirée du 22 et se retire précipitamment, en désordre, à travers les rizières de la plaine lombarde, vers Lodi et Mantoue, en vengeant par des atrocités exécrables l'humiliation de sa défaite.

Les cinq journées milanaises ont mis près de 1,000 de ses hommes hors de combat. Et ce n'est là, selon toute apparence, que le premier signal de ses désastres. De ces terres d'Italie qu'il foulait impunément depuis tant d'années de son pied lourd, et qu'il croyait, à les voir si mornes, ne plus recéler aucune vie, jaillissent tout à coup, comme de cette vallée des sépulcres que traverse le poëte, des flammes ardentes. Venise, presque sans combat, délivre ses lagunes d'une odieuse présence. Brescia chasse sa garnison ; Parme et Modène se proclament en république. A Turin, le peuple frémissant force le roi à déclarer la guerre et le pousse, en quelque sorte, à la tête de son armée. Enfin, Pie IX laisse s'organiser sous ses yeux un corps de 20,000 hommes, prêts à voler au secours de la Lombardie [1].

Quel moment à saisir pour cette rivale de la vieille Autriche dont Frédéric-Guillaume guide les destinées, si l'âme étroite de ce prince pouvait s'ouvrir aux grandes ambitions! Quel jour pour le chef de la maison d'Hohenzollern que celui où il voit les États d'Italie échapper à la maison de Hapsbourg, la Hongrie revendiquer fièrement ses droits historiques, et l'Allemagne, se détournant d'une fortune éclipsée, attendre, solliciter en quelque sorte de la Prusse une direction nouvelle! Tout conspirait pour Frédéric-Guillaume, au dehors et au dedans. L'éducation parlementaire de a Prusse, très-avancée depuis quelques années, par la publicité des états provinciaux, par celle des débats judiciaires, par une certaine liberté de presse et de réunion et en dernier lieu par les états généraux, où des orateurs éminents avaient soutenu avec éclat tous les principes du droit constitutionnel, la rendait capable d'une

---

[1] Voir Cattaneo, *Insurrection de Milan*; Pepe, *Révolutions et guerres d'Italie*.

initiative légitime dans la commune entreprise de la nouvelle unité germanique. Toute la politique du roi de Prusse, dans ses rapports avec les souverains allemands aussi bien que dans ses rapports avec son peuple, aurait pu se définir en un seul mot : sincérité. Mais il ne paraît pas être dans la destinée des maisons royales de concourir volontairement à la formation des institutions démocratiques. Le sang parle en elles plus haut que la raison. Aux oreilles des rois les plus philosophes, le mot de liberté ne sonne pas beaucoup mieux que le mot de révolte. Frédéric-Guillaume devait bientôt mettre dans la plus triste évidence cette incapacité de race à comprendre et à aimer le progrès de la raison politique. La nouvelle de la révolution de Vienne troubla ses esprits au point qu'il ne vit dans la ruine d'une rivale redoutable qu'un sujet d'irritation. Au lieu de quitter résolûment le rôle équivoque qu'il avait gardé pendant toute la session des états généraux, au lieu de saisir une occasion si belle de faire cesser une lutte contre l'esprit public, très-mal engagée et dans laquelle il n'avait pas eu l'avantage, Frédéric-Guillaume entra plus avant dans ses hypocrisies ; il rusa de la façon la plus odieuse avec un peuple loyal qui ne lui demandait que de grandir avec lui et par lui et de prendre, par une meilleure constitution politique, un rang supérieur dans la hiérarchie des puissances européennes. Les premiers bruits de la chute du cabinet conservateur et de l'abdication de Louis-Philippe avaient été accueillis sans déplaisir à la cour de Berlin ; mais dès qu'on y apprit la proclamation de la république et l'entrée d'un ouvrier dans les conseils du gouvernement provisoire, la satisfaction fit place à la colère. La *Gazette d'État* publia, le 1er mars, un article très-vif contre la révolution. Elle accusa *d'ingratitude envers ses princes* la population parisienne et fit ouvertement des vœux pour que la nation, restée fidèle à la royauté, trouvât un chef capable de la venger de ce qu'elle appelait une *surprise de la force brutale*. La *Gazette* ajoutait que, sans aucun doute, l'Allemagne, avertie à temps, allait s'arrêter dans la voie fatale où elle s'était trop légèrement engagée. Pendant que la feuille semi-officielle trahissait ainsi la pensée de la cour, toutes les autres feuilles périodiques demandaient d'un commun accord la liberté de la presse et la convocation immédiate des états-généraux. Les hommes les plus considérables de l'opposition libérale appuyaient ces instances auprès de Frédéric-Guillaume. Mais ni le vœu public, ni l'avis des plus honnêtes gens de son royaume, ni l'exemple de Louis-Philippe, ne furent pour le roi de Prusse un avertissement suffisant. Gagner du temps lui parut la seule chose à faire dans des conjonctures où il fallait, au contraire, devancer l'opinion et donner au plus vite de l'espace à la liberté. Aux sérieuses demandes qui lui étaient adressées, il répondait évasivement « que, sans aucun doute, il était disposé à y faire droit, mais qu'il jugeait convenable d'attendre les mesures générales de la Diète germanique. » En même temps, on concentrait par son ordre des troupes nombreuses à Berlin, à Potsdam, et M. de Radowitz partait pour Vienne afin de concerter avec le gouvernement autrichien les mesures propres à étouffer dans son germe le mouvement révolutionnaire.

De son côté, le prince de Prusse, chef déclaré de l'opinion absolutiste et grand partisan du gouvernement russe, flattait la vanité des officiers de l'armée et prenait à tâche de distraire l'opinion publique, en annonçant d'un ton provocateur la guerre contre la France. Mais une si pauvre tactique allait recevoir un prompt châtiment. Les rassemblements populaires, brutalement dissipés à plusieurs reprises par la troupe, se reformaient avec obstination et grossissaient d'heure en heure. On y tenait des discours politiques; on y signait des pétitions, des adresses. Les députations municipales et provinciales qui arrivaient de tous côtes, des provinces du Rhin, de Breslau, de Kœnigsberg, montraient l'unanimité de ce mouvement constitutionnel dont l'expression était encore aussi légale qu'énergique. Cependant le roi refusait de se rendre à l'évidence. Quand, de guerre lasse, il daignait recevoir l'une ou l'autre de ces députations, il la persiflait ou la congédiait brusquement, en lui disant qu'il *n'ignorait pas ce qu'il avait à faire.* Cela signifiait, dans sa pensée secrète, qu'il voulait attendre le retour de M. de Radowitz et la réunion des souverains, annoncée par la *Gazette d'Augsbourg* pour le 25 mars, à Dresde.

Qu'on se figure son désappointement et sa frayeur, quand, au lieu de ce qu'il attendait, il reçut, le 17 mars, la dépêche officielle qui lui apprenait la révolution de Vienne. Le matin même, M. de Bodelschwing, son ministre des affaires étrangères, avait annoncé à l'ambassadeur de Russie que *tout était terminé à Berlin.* Le roi et ses ministres comprirent alors qu'il était temps de changer de ton, et qu'au lieu de jeter le masque, comme on s'apprêtait à le faire, il devenait urgent de redoubler d'hypocrisie. Le langage de la *Gazette d'État* fut tout autre « Voici donc, disait la feuille stipendiée, en ayant l'air de se féliciter, voici donc l'Autriche *entrée enfin, comme la Prusse l'a déjà fait depuis longtemps*, dans la voie des réformes ! » Les faits, cette fois, répondirent aux paroles. Le 18, une députation de la bourgeoisie fut solennellement reçue par le roi ; elle rapporta au peuple la liberté de la presse et la convocation de la diète pour le 2 avril. Le roi promettait, en outre, pour l'Allemagne, une confédération unitaire dont la Prusse allait avoir l'initiative et en quelque sorte la souveraineté. Depuis la plus humble mansarde jusqu'aux palais des princes du sang, tout s'illumina, tout retentit de cris de joie. Une foule immense se porta spontanément sous les fenêtres du château et demanda à voir le roi. Contraint par l'insistance de ces cris et de ces prières, dont il se tenait pour offensé, à paraître sur son balcon, Frédéric-Guillaume, pâle et courroucé, répéta d'une voix mal affermie l'annonce des concessions qu'on lui avait arrachées. Le peuple salua sa présence; mais le souvenir des brutalités de la soldatesque était si récent et la défiance qu'inspirait le prince de Prusse était telle, qu'aussitôt on demanda à grands cris la retraite des troupes. *Militair-fort!* ce cri importun retentit pendant plusieurs heures sur la place. Vainement, à différentes reprises, le roi essaya de haranguer le peuple, de supplier que du moins on lui laissât le temps de réfléchir; sa voix était couverte par la clameur populaire. A la vue de cette souveraineté nouvelle qui surgissait devant lui, son geste indécis retombait découragé, inhabile à la supplication comme il avait été inégal dans le commandement.

Une dernière fois, ayant encore tenté sans succès de fléchir le peuple, il faillit se trouver mal et se retira, pour ne plus reparaître, dans le fond de ses appartements. C'est alors qu'on l'entendit murmurer d'une voix éteinte ces paroles indignes d'un souverain : « Du repos! du repos! j'ai besoin de repos! » Que ces paroles aient été le signal d'une attaque traîtreusement concertée, ou que l'ordre de faire feu fût venu d'ailleurs, il n'en reste pas moins certain que le peuple sans armes et qui criait encore : « Vive le roi! » fut dispersé à coups de fusils, de sabres et de baïonnettes par les troupes royales, et que de nombreuses victimes expièrent, sous les yeux du souverain, le tort de l'avoir associé à leur joie et de lui avoir rendu grâce de ses bienfaits. A Berlin, comme à Paris, la révolution qui semblait arrêtée, reprit son cours. Les masses populaires, chassées de la place du palais, se précipitèrent par toutes les rues de la ville en criant : « Aux armes! » Le combat s'engagea; il fut opiniâtre entre la bravoure enthousiaste des ouvriers et le courage discipliné des soldats. Après une lutte de seize heures, le bon droit avait triomphé, le peuple gardait l'avantage; le prince de Prusse fuyait; Frédéric-Guillaume annonçait pompeusement au peuple l'organisation de la garde nationale, la liberté de la presse et une constitution démocratique. L'humiliation était grande à coup sûr, mais

Frédéric-Guillaume en avait mérité une plus grande encore et qui ne lui fut point épargnée.

Le 22, dans l'après-midi, on aperçut des fenêtres du château une longue procession qui s'avançait à pas lents en psalmodiant des chants d'église. Des femmes et des jeunes filles vêtues de deuil, tenant à la main des branches de cyprès, ouvraient la marche; puis, venaient deux par deux, sur une file dont on ne voyait pas la fin, des hommes du peuple qui portaient sur leurs épaules des cercueils ouverts. Une foule grave et recueillie accompagnait ce cortége. A mesure qu'il approchait et qu'on distinguait mieux les morts ensanglantés couchés dans leurs bières, on se sentait glacé d'horreur. Personne n'osa se présenter pour arrêter la procession lugubre quand, franchissant la cour intérieure du palais et le seuil de la demeure royale, elle se déploya avec solennité et déposa sous les fenêtres mêmes du roi ces morts à la face découverte, couronnés de fleurs funéraires. Autour de chacun des cercueils la famille du mort était groupée et gardait un silence pathétique. Après que ce silence se fut longtemps prolongé, tous ensemble, réunis en un chœur religieux, ils entonnèrent l'hymne des funérailles. Mais ce n'était pas encore assez; il fallut que le roi parût à son balcon; il fallut que pâle, défait, chancelant, tenant par la main la reine tout en larmes, il vînt faire acte de repentir et d'expiation. Après quoi, le cortége s'ébranla, les cercueils s'éloignèrent, et Frédéric-Guillaume, aussi blême que les cadavres qu'on venait de présenter à sa vue, remporta dans ses bras défaillants la reine évanouie.

C'est ici peut-être le lieu d'observer la différence profonde qui, dans des circonstances toutes pareilles, se marque entre le peuple de Paris et celui de Berlin; entre le caractère d'une révolution allemande, qui reste philosophique et je dirai presque contemplative jusque dans ses vengeances, et cet instinct dramatique, qui chez nous pousse tout à l'action, fait jaillir la poésie de la réalité, rend l'image vivante et met, en quelque sorte, l'épée aux mains de la Muse.

Quand le peuple de Paris relève ses morts et les range avec un sinistre appareil sur un char funèbre, ira-t-il, comme le peuple de Berlin, les mener en procession au roi et se donner tout à loisir le spectacle de ses remords et de son épouvante? Non, non! Cette vengeance abstraite n'est pas pour le satisfaire. Le peuple, ici, porte ses morts au peuple; et, quand il se précipite vers les Tuileries, ce n'est pas pour y faire entendre des lamentations ni pour regarder de loin une reine évanouie; ce n'est pas non plus pour en chasser seulement un roi, c'est pour en expulser la royauté elle-même.

Les deux grandes puissances de l'Allemagne, l'empire d'Autriche et la monarchie prussienne, réduites, comme nous venons de le voir, à des concessions radicales, il n'était plus possible aux États secondaires de continuer la lutte. Partout l'opinion publique s'était prononcée dans le même sens qu'à Berlin et à Vienne; partout elle demeurait maîtresse. A Munich, le peuple force le vieux roi d'abdiquer; il obtient de Maximilien, son successeur, la liberté de la presse et la responsabilité des ministres. A Leipzig, l'insurrection arrache au roi de Saxe son accession au parlement allemand. En Hanovre, dans le Wurtemberg, dans les Hesses, dans le duché de Bade, mêmes démonstrations, mêmes résultats. Hambourg, Brême et Lubeck réforment leurs constitutions. Le Schleswig se prépare à la guerre. La Pologne menace à la fois la Russie, la Prusse, l'Autriche et promet d'entraîner tous les peuples slaves à sa suite. La presse de tous les États adresse un appel patriotique aux hommes éminents de chaque pays et les invite à former à Francfort un parlement préparatoire, chargé de constituer la *Diète du peuple*. Quelques publicistes, quelques docteurs en droit, quelques professeurs de philosophie et d'économie politique se réunissent à Heidelberg et fixent au 31 mars l'ouverture de ce parlement. Cinq cents notables sont désignés pour en faire partie. L'Allemagne tout entière va changer de face.

Ces nouvelles merveilleuses, ou plutôt ces éclairs qui sillonnaient à la fois tous les points de l'horizon embrasé, causaient à Paris une sensation extraordinaire. On y voyait, non sans raison, l'indice certain d'un état tout nouveau de l'Europe. Les prédictions des socialistes s'accomplissaient plus rapidement qu'ils ne l'avaient pensé eux-mêmes. Les peuples, en s'affranchissant, se reconnaissaient frères. Par ce bel enchaînement du progrès humain que la Révolution française avait si bien pressenti, partout la liberté révélait la fraternité. Si la surface géographique du continent restait encore ce que l'avaient faite les traités de Vienne, si les royaumes et les principautés gardaient leurs noms et leurs limites, on sentait que les esprits, devenus libres, franchissaient ces frontières, formaient entre les peuples d'autres associations, d'autres groupes d'idées, et préparaient en quelque sorte, par un mouvement commun à toute l'Europe et analogue à celui qui fonda l'église chrétienne, une catholicité nouvelle de la raison. Là, où les hommes aveuglés par la passion ne voulaient voir que le travail d'une propagande d'émigrés et l'agitation factice de quelques émissaires des sociétés secrètes, les esprits attentifs discernaient une œuvre historique. Les ennemis mêmes de la révolution ne s'y trompaient pas. « D'où vient, disait alors un recueil que j'ai fréquemment occasion de citer, parce qu'il est l'expression la plus intelligente de l'opinion stationnaire, d'où vient cet empire que la jeune République exerce déjà sur le vieux monde, où elle est à peine entrée? D'où vient le charme qui transforme, à sa seule apparition, les anciennes sociétés politiques? C'est qu'elle a dit le mot du siècle dès son premier pas ; c'est qu'elle a dit ce que la monarchie constitutionnelle, égarée dans ses voies par de fausses directions, ne voulait pas et ne savait plus dire : elle a dit qu'elle s'appelait la démocratie[1]. »

[1] *Revue des Deux-Mondes,* n° du 1er avril 1848.

On se rappelle qu'il y avait alors à Paris un grand nombre de proscrits de toutes les nations : allemands, belges, italiens, polonais, etc. La persécution exalte et l'exil rend crédule. Tous, à la nouvelle des révolutions accomplies chez eux, conçurent les espérances les plus outrées. Beaucoup eurent la pensée funeste de rentrer à main armée dans leur patrie et d'y proclamer la république. Des députations incessantes vinrent à l'Hôtel de Ville, bannières déployées, demander dans ces vues, au gouvernement provisoire, des moyens de transport et des armes. Ils étaient encouragés dans leurs prétentions par les orateurs des clubs [1], et ils s'emportèrent plusieurs fois en menaces, parce que les réponses du gouvernement n'étaient pas conformes à leurs désirs. M. de Lamartine, fermement résolu à ne point favoriser des entreprises dont il n'attendait rien de bon, prenait à tâche, par ses discours aux émigrés et par ses avertissements aux cours étrangères, de bien établir que la France n'interviendrait point de cette façon dans les affaires européennes. Sa réponse aux Irlandais fit hausser la rente à Londres. La hauteur de sa réponse aux Polonais montra qu'il portait jusqu'à l'excès le soin de rassurer les puissances. Quand les Allemands et les Belges firent leurs préparatifs de départ, il en prévint l'ambassadeur de Belgique et le ministre de Bavière. Sur le bruit d'une expédition de Savoisiens qui s'organisait à Lyon, il fit offrir au roi de Piémont de protéger par un corps de troupes françaises la frontière de Savoie. Mais une telle manière de voir et d'agir était absolument opposée à l'esprit qui régnait

---

[1] Cependant, même dans les clubs les plus violents, le bon sens et la fierté nationale se révoltèrent plus d'une fois à ces exigences des corps-francs. Un jour que M. de Bornsted venait demander au club Blanqui des armes pour l'expédition du grand-duché de Bade, il lui arriva, dans la chaleur de l'improvisation, de blâmer le gouvernement provisoire et de dire « *qu'on aurait pu donner des armes en cachette.* » De violents murmures l'obligèrent à se rétracter et à déclarer qu'*il respectait les motifs du conseil.* Le peuple ne souffrait pas volontiers alors qu'on lui parlât mal de son gouvernement.

dans les conseils du ministre de l'intérieur. Là, comme nous avons eu occasion de le remarquer, on croyait beaucoup à l'intimidation extérieure et intérieure ; on y poussait; et comme l'action de chacun des ministres était complètement indépendante de celle des autres, il en résulta, dans cette occasion en particulier, pour le gouvernement provisoire, une apparence de déloyauté qui eût été évitée par une concentration plus rigoureuse des pouvoirs politiques. Ni M. de Lamartine ni M. Ledru-Rollin, n'avaient de vues bien arrêtées sur le rôle nouveau que la République créait à la France, dans cette transformation de l'état européen dont ils se formaient tous deux une idée assez vague ; mais, du moins, M. de Lamartine restait-il conséquent, lui qui avait repoussé la guerre générale, en refusant son concours à de petites expéditions clandestines dont l'issue ne pouvait être douteuse ; tandis que M. Ledru-Rollin, comme nous l'allons voir, entraîné par sa faiblesse, retenu par son instinct, ne sut ni les vouloir, ni les empêcher, et laissa se tramer sous ses yeux des complots dont le dénoûment ridicule porta la première atteinte à ce sentiment de grandeur et de force qui s'attachait dans toute l'Europe au nom de République.

Entre toutes les personnes qui exerçaient de l'influence sur le ministre de l'intérieur, M. Caussidière était la plus favorable à cette idée de propagande armée. L'émigration belge en particulier l'avait circonvenu. Chasser de Bruxelles le gendre de Louis-Philippe et proclamer la république belge lui paraissaient un jeu d'enfant. Dans les premiers jours de mars, il s'en ouvrit à M. Ledru-Rollin et lui communiqua un plan de campagne. Selon lui, 2,000 réfugiés belges sont prêts à partir; si le ministre consent à mettre à leur disposition la somme de 100,000 francs et à leur adjoindre les 2,000 gardes municipaux inoccupés que l'on tient sous la main à Beaumont-sur-Oise, l'affaire peut être considérée comme certaine. De son côté, le commissaire de la République dans les départements du nord, M. Delécluze, écrivait dans le même sens que M. Caussidière, et demandait des armes. Mais M. Ledru-Rollin, ce jour-là et les jours suivants, malgré les instances de M. Caussidière et des réfugiés, refusa de faire, comme ministre, aucune dépense irrégulière; seulement, il promit d'user, en faveur de l'expédition, de son influence personnelle et d'accorder le transport gratuit des réfugiés. Bientôt M. Delécluze obtint de lui quelque chose de beaucoup plus compromettant : ce fut un ordre, expédié par le ministre de la guerre au général Négrier, commandant de la 16e division militaire, de délivrer au commissaire de la République, 1,500 fusils de l'arsenal de Lille pour *l'armement de la garde nationale.*

Pendant ce temps, les réfugiés abusés par M. Caussidière, qui exagérait beaucoup l'importance des témoignages de sympathie qu'on arrachait à M. Ledru-Rollin, s'apprêtaient au départ. Un ancien officier de cavalerie au service belge, nommé Fosse, organise avec l'assentiment du maire de Paris, dans des bureaux ouverts à cette effet à l'Hôtel de Ville, une colonne où l'on embrigade ouvertement des recrues. Une autre colonne était organisée par un marchand de vin de Ménilmontant, appelé Biervacq, qui communiquait directement avec le ministre de l'intérieur. La division ne tarda pas à éclater entre les deux colonnes dont les chefs s'accusaient mutuellement d'être des agents provocateurs aux gages de l'ambassade. Le fait est que, de manière ou d'autre, le prince de Ligne n'ignorait rien et que par lui le gouvernement belge connaissait avec exactitude le jour et l'heure où les deux colonnes insurrectionnelles, qui comptaient environ 1,200 hommes chacune, prenaient par le chemin de fer la route de Belgique. Soit trahison, soit étourderie, les wagons du convoi emportant la première colonne se laissèrent remorquer à Valenciennes par des locomotives belges qui les entraînèrent jusqu'à Quiévrain. Là, un bataillon de troupes belges les reçut au débarcadère; et, après qu'on eut poliment reconduit les Français sur la frontière, on dirigea les Belges, dont plusieurs étaient des repris de justice, dans les prisons de leurs divers domiciles. Le sort de l'autre colonne, bien que moins rapidement décidé, ne fut guère plus heureux. Sous la conduite de quatre élèves de l'École polytechnique, délégués par le gouvernement *pour accompagner les émigrants*, elle resta deux jours à Séclin, où, sur l'ordre du commissaire, on lui délivra des rations de pain, les 1,500 fusils, des cartouches et quelques secours en argent. Cependant, le ministre de la guerre, averti par le général Négrier, qui commandait à Lille, des projets d'invasion à main armée dont s'entretenaient les émigrants, envoyait l'ordre aux élèves de l'École polytechnique de revenir à Paris, « *le gouvernement provisoire ne voulant*, disait la dépêche, *ni violer, ni aider à violer la frontière belge.* »

Voyant la tournure que prenaient les choses, M. Delécluze, embarrassé de sa position vis-à-vis des réfugiés qui le sommaient de tenir ses promesses, écrivit en toute hâte à M. Ledru-Rollin cette simple question : « Faut-il autoriser les Belges à passer la frontière ? » Il demandait, vu l'extrême urgence, qu'on lui transmît par le télégraphe un *oui* ou un *non*, sans plus d'explication. M. Ledru-Rollin fit répondre *non*. Un signe mal interprété sur la ligne empêcha que cette réponse ne fût transmise, et les réfugiés, qu'on ne pouvait plus retenir, se mirent en marche, le 23 mars au soir, en se dirigeant, sous la conduite d'un contrebandier, vers la frontière, à Bousbecque. Une influence, dont on a suspecté la loyauté, fait changer l'itinéraire et, après avoir erré toute la nuit à travers la campagne, la colonne arrive au grand jour à la douane belge. Un régiment d'infanterie et quelques pelotons de chasseurs évidemment prévenus, sortent d'une embuscade; ils ouvrent le feu; la colonne expéditionnaire riposte, mais, après un combat d'une heure environ où sept à huit hommes sont tués de part et d'autre, elle prend la fuite et, rentrée sur le territoire français, se rallie au village de Risquons-Tout qui, pour comble de malheur, laisse à cette expédition manquée un nom ridicule.

Personne, excepté peut-être MM. Delécluze et Caussidière, ne fut surpris d'un pareil résultat. Il avait fallu toute leur ignorance de la politique extérieure pour s'être persuadé que la Belgique souhaitait, à ce moment-là, le renversement de son gouvernement. Les dernières élections, en donnant la majorité au parti libéral, faisaient espérer de larges réformes électorales et municipales qui ranimaient le sentiment patriotique. Le clergé, aisément réconcilié par une reine très-catholique avec un roi peu zélé protestant, aidait de son ascendant le rapprochement des partis constitutionnels. De nombreuses défections dans le parti radical avaient achevé de donner au libéralisme une prépondérance décisive. La Flandre, qui avait longtemps incliné vers la France, souhaitait aussi, dans l'intérêt de son commerce, l'union douanière avec la Hollande, où le roi abolissait les vieilles institutions restrictives de la liberté. Dans de telles conjonctures, l'expédition de Risquons-Tout n'eut d'autre effet que de resserrer le lien national, en achevant de discréditer, et pour longtemps peut-être, l'influence française.

Une expédition analogue en Savoie, expédition à laquelle M. Ledru-Rollin n'eut aucune part et que le commissaire de Lyon s'efforça d'empêcher, eut un résultat pareil[1]. La colonne insurrectionnelle, forte de 2,000 hommes, s'empara par surprise de la maison de ville à Chambéry; mais, au bruit du toscin, les paysans accoururent au secours de la garde nationale, et, après un combat très-court, ils reprirent la ville.

L'expédition des corps-francs allemands, entrés dans le grand-duché de Bade ne fut ni mieux concertée ni plus

---

[1] Les ministres et le public sont maintenant bien convaincus, écrit l'ambassadeur de Sardaigne au ministre des affaires étrangères, que le gouvernement de la République française n'a pas excité ce mouvement, et que s'il avait voulu intervenir, même indirectement, la lutte aurait été bien autrement sérieuse » (Voir le discours de M. de Lamartine à l'Assemblée constituante, séance du 23 mai 1848.)

heureuse. Les concessions que le grand-duc avait faites, dès la première nouvelle de la révolution de Paris, à l'esprit très-démocratique qui régnait dans ses États, l'abolition des droits féodaux, la liberté de la presse, l'accession au parlement allemand, etc., décrétées le 4 mars, avaient satisfait l'opinion. Dans le grand-duché de Bade, comme dans toute l'Allemagne, on attendait de ce prochain parlement le salut du pays, et la proclamation à main armée de la république, dans un pareil moment, était l'acte le plus intempestif qui pût se faire.

La faiblesse dont le ministre de l'intérieur avait fait preuve dans cette circonstance porta aussi une première atteinte à sa considération. Pendant que Caussidière et les clubs l'accusaient de déloyauté, les hommes politiques apercevaient dans ces entreprises, faites en quelque sorte avec lui, malgré lui, l'irrésolution de son caractère et cette absence d'autorité dont j'ai parlé plus haut, qui le condamnaient, en dépit de sa passion révolutionnaire et de ses talents, à ne jamais rien dominer ni conduire.

Ces premiers échecs faciles à prévoir, ces tentatives qui vinrent étourdiment se jeter à la traverse du mouvement spontané des nationalités, furent extrêmement nuisibles à la révolution elle-même. Elles fournirent aux princes étrangers des arguments tout-puissants sur la fierté offensée des peuples et furent partout le signal, contre la France, d'une réaction dont les partis monarchiques profitèrent avec une grande habileté. Plus la mission de la République française était grande en Europe, plus il convenait d'y apporter de prudence.

A l'extérieur comme à l'intérieur, cette mission pouvait se résumer dans un même mot qui est la formule du progrès démocratique : Association.

Association des citoyens libres au sein de l'État français; confédération ou association des gouvernements libres par groupes naturels au sein de l'État européen, c'était, au fond, pour elle, un principe et un but identiques. Mais, pour apercevoir ce but et pour s'en rapprocher, il fallait tout à la fois une vue philosophique très-étendue et une action politique très-mesurée. Si la philosophie compte par siècles, la politique compte par jours. Ce que l'une prévoit, l'autre le prépare. S'il avait eu cette conscience des nécessités du présent et des besoins de l'avenir qui fait le jugement des hommes d'État, le gouvernement de la République aurait pu ébaucher le plan et commencer peut-être la réalisation d'une œuvre d'unité européenne, analogue à l'œuvre d'unité nationale accomplie par la monarchie sur le sol divisé des Gaules. Mais la révolution de 1848 ne devait porter au pouvoir ni ses philosophes ni ses politiques. L'esprit de parti s'empara d'elle et voulut la conduire. Or, l'esprit de parti, qui ne prévoit ni ne prépare rien, est ce qu'il y a dans le monde de plus opposé à la philosophie aussi bien qu'à la politique.

On l'a déjà vu dans ce qui précède, on le verra mieux encore dans les événements qui vont suivre, l'esprit de parti, en se jetant tête baissée dans des voies sans issues, brouilla tout, compromit tout; il rendit pour longtemps irréconciliables les hommes de spéculation et les hommes de pratique, dont l'action commune pouvait seule amener, dans l'État français et dans l'État européen, un progrès naturel et durable.

CHAPITRE XXVI

Suites de la journée du 17 mars. — Journée du 16 avril. — Le général Changarnier. — Fête de la Fraternité.

La manifestation du 17 mars (c'est le nom qui resta à ce long défilé des corporations et des clubs dont j'ai rapporté plus haut le but, l'ordonnance et l'issue), avait produit sur les imaginations une impression profonde. La puissance du prolétariat dans Paris était apparue visiblement à tous les yeux. Du moment que les prolétaires se montraient capables de discipline et d'organisation, par cela seul qu'ils savaient régler leurs mouvements, contenir leurs passions, et de l'état confus de *masse* s'élever à la notion distincte de *nombre*, ils devenaient formidables ; la nécessité de subir leur loi ne paraissait plus pouvoir être conjurée. Dans le même temps, par la plus étrange anomalie, un mouvement opposé de l'opinion se déclarait dans les provinces, et l'on recevait de tous côtés l'avis que, selon toute vraisemblance, les élections pour la garde nationale et pour l'Assemblée donneraient la majorité à la bourgeoisie conservatrice.

Cette contradiction dans des faits simultanés, le contraste fortement tranché entre le triomphe incontesté à Paris et la défaite à peu près certaine dans les départements, suggéra aux meneurs du parti révolutionnaire une idée qui devait achever de brouiller des affaires déjà fort embrouillées et compromettre gravement les intérêts de la démocratie. Ils convinrent entre eux qu'il était urgent de faire ajourner des élections dont on ne pouvait pas se rendre maître, et qu'il faudrait, pendant la prolongation de l'état provisoire, saisir la première circonstance propice pour renverser la majorité du gouvernement et remettre un pouvoir dictatorial aux hommes les plus prononcés du radicalisme et du socialisme. De cette conception impolitique, des trames, des intrigues et des complots qu'elle fit ourdir dans l'ombre, nous allons voir sortir au grand jour un dénoûment inattendu qui changera le cours des événements et sera pour le prolétariat le commencement d'une série d'échecs, dans lesquels il perdra peu à peu les avantages qu'il avait conquis en quelques heures et dont il avait usé avec générosité, il est vrai, avec grandeur, mais sans discernement ni prévoyance.

L'effet instantané de la journée du 17 mars avait donné dans le conseil du gouvernement provisoire une prédominance marquée à MM. Louis Blanc et Ledru-Rollin; ni l'un ni l'autre n'en surent tirer parti.

M. Louis Blanc, qui manquait d'instinct politique, se contenta d'une démonstration vaine en faveur des ouvriers et d'une mesure dont l'utilité était douteuse. A sa demande, le gouvernement provisoire rendit une visite officielle à la réunion du Luxembourg et autorisa l'envoi dans les départements de quelques ouvriers en qualité d'agents électoraux. Après quoi M. Louis Blanc, sans plus se concerter avec M. Ledru-Rollin, ni avec aucun des autres chefs révolutionnaires, reprit isolément ses conférences, où beaucoup de paroles, et très-éloquentes, accusaient des résolutions peu judicieuses et nourrissaient dans le prolétariat des illusions dont tous les esprits clairvoyants apercevaient déjà l'inévitable, le prochain réveil.

De son côté, M. Ledru-Rollin, bien que mieux informé de l'état général des affaires et plus disposé que M. Louis Blanc à comprendre, du moins par moments, ce qu'exigeait la diversité extrême des opinions et des intérêts qui partageaient la France, se laissait pousser cependant par les plus aveugles et les plus compromettants de ses amis à des menées dangereuses.

Livré à sa propre inspiration, M. Ledru-Rollin avait, autant que pas un de ses collègues, le désir d'abréger pour le pays l'épreuve difficile de l'état provisoire. Il souhaitait de voir reconstituer une autorité bien assise, une hiérarchie de pouvoirs bien définis, et ne confondait pas la licence avec la liberté. Aussi, le soir même du 17 mars, dans tout l'enivrement d'un triomphe populaire, résistait-il avec beaucoup d'énergie à la multitude qui lui demandait l'éloignement des troupes, et il bravait l'impopularité en terminant sa harangue par le cri de : *Vive l'armée !* Ce n'était pas là chez lui l'effet d'un entraînement passager, car, dans le même temps, il prenait, pour la rentrée de plusieurs régiments dans Paris, des mesures sérieuses de concert avec ses collègues ; bien qu'il eût signé avec eux l'ajournement au 5 avril des élections de la garde nationale et paru favorable à l'ajournement des élections pour l'Assemblée, il demandait loyalement aux commissaires, avant de prendre un parti définitif, leur avis sur l'utilité ou l'inconvénient de ce retard.

Par malheur, l'entourage du ministre de l'intérieur était possédé d'ambitions plus impatientes ; on y rêvait pour lui la dictature ; on voulait avec lui et par lui gouverner révolutionnairement la France. Ce rêve de quelques hommes passionnés prenait chaque jour plus de consistance par l'intervention très-directe et très-efficace de M. Caussidière. Peu à peu, il se transformait en projet ; du projet au complot, il n'y avait pas loin pour des hommes habitués aux pratiques des sociétés secrètes. Sans y tremper d'une manière active, M. Ledru-Rollin prêtait une oreille quelquefois distraite, mais souvent complaisante, aux discours des conspirateurs ; tout en agissant contre eux de la manière que je viens de dire, en pressant la rentrée des troupes, il ne les dissuadait pas de leur entreprise et laissait faire leur zèle. Madame Sand était l'un des agents les plus animés de la conspiration, moins dans l'intérêt de M. Ledru-Rollin que dans celui de M. Louis Blanc. Elle y avait amené M. Barbès et travaillait dans ce sens l'esprit des ouvriers qu'elle réunissait tous les soirs dans un petit logement voisin du Luxembourg, où elle était descendue. Vers la fin de la soirée, elle allait rejoindre au ministère de l'intérieur le petit cercle des initiés, parmi lesquels on comptait habituellement MM. Jules Favre, Landrin, Portalis, Carteret, Étienne Arago, Barbès, etc. Là, soit en présence de M. Ledru-Rollin, soit en son absence, on discutait les moyens de remettre entre ses mains le sort de la République. Ces moyens, depuis le succès de la manifestation du 17 mars, paraissaient très-simples. Provoquer, sous un prétexte quelconque, une réunion générale de prolétaires, tenir des armes et des munitions prêtes, ce qui était d'autant plus facile qu'on avait pour soi le préfet de police, entrer à l'Hôtel de ville, en chasser ceux des membres du gouvernement provisoire qui déplairaient, quoi de plus élémentaire et d'une exécution plus prompte? Une seule inquiétude, mais grave, troublait les conspirateurs. On avait vu, le 17 mars, M. Blanqui paraître inopinément en scène; on l'avait vu sur le point de remporter en un quart d'heure tout le fruit d'une journée préparée de longue-main et combinée en dehors de lui par ses adversaires. Quelle garantie avait-on qu'un homme aussi expert en matière de complot n'avait pas vent déjà de celui qui se tramait et qu'il ne saurait pas le faire tourner à son avantage?

On n'ignorait pas que l'influence de M. Blanqui allait croissant dans les clubs. Il parut donc urgent, et de la plus savante politique, de ruiner cette influence. Pour le cas où l'on n'y parviendrait pas assez vite, on concerta le moyen de se débarrasser de M. Blanqui, à l'instant même où l'on se rendrait maître de l'Hôtel de Ville.

Le hasard vint servir à souhait la première de ces résolutions. Parmi les papiers trouvés au ministère des affaires étrangères, on avait mis la main sur un rapport adressé à M. Duchâtel, le 22 octobre 1839, au sujet de la conspiration du 12 mai. Ce rapport non signé, mais d'un style très-particulier et très-incisif que l'on crut reconnaître, contenait des détails sur l'organisation des sociétés secrètes et spécialement sur les hommes qui avaient monté le coup du 12 mai. Dans le conseil du gouvernement provisoire, personne ne révoqua en doute l'authenticité de ce document, car il venait confirmer des soupçons qui depuis longtemps déjà planaient sur la probité politique de son auteur présumé. Tous y virent un moyen assuré de perdre un ennemi dangereux, et l'on s'entendit aussitôt avec un écrivain du parti républicain, M. Taschereau, pour la publication d'une *Revue* composée de pièces historiques relatives à la monarchie déchue, et dont le rapport en question ouvrirait la série.

Le premier numéro de la *Revue rétrospective* parut le 31 mars. Ce fut un coup de foudre. A peine M. Barbès eut-il parcouru les premières lignes du rapport que, frémissant d'indignation, sans admettre une seule minute l'hypothèse d'une pièce supposée ou falsifiée, il nomma M. Blanqui. Blanqui seul au monde, avec Barbès, avait eu cette connaissance intime des moindres circonstances de la conspiration. Ou Blanqui ou Barbès était le délateur. Poser ainsi la question, c'était assurément la résoudre.

Une rumeur effroyable agita les clubs. M. Blanqui, frappé d'un coup si imprévu, protesta dans son club contre un document qui n'était ni écrit, ni signé de sa main, et déclara qu'il ne verrait plus personne jusqu'à sa justification complète. De son côté, le club de Barbès sommait Blanqui de s'expliquer devant un tribunal d'honneur chargé d'examiner l'affaire, d'entendre les témoignages et de prononcer la sentence; mais Blanqui récusait ce tribunal et refusait d'y comparaître. A huit jours de là, il publiait sa réponse qui était bien moins une justification qu'une accusation contre ses accusateurs. M. Raspail qui, malgré son esprit soupçonneux, prenait seul alors dans la presse parti pour M. Blanqui, trouvait bien, à la vérité, que sa réponse *s'était fait attendre un peu trop longtemps*, mais il l'excusait en rappelant que M. Blanqui était sorti de prison *exténué, incapable d'un travail pénible;* et il terminait en sommant M. Taschereau de comparaître devant le peuple : « C'est devant le peuple que l'on triomphe, s'écriait Raspail ; c'est devant des juges opprimés par vous que l'on opprime[1]. »

Cette intervention d'un homme aussi défiant que M. Raspail, en faveur de M. Blanqui, rendit courage à ses partisans, un moment déconcertés en le voyant assimilé à l'infâme Delahodde. Ils relevèrent la tête et menacèrent à leur tour. Cependant, le tribunal d'honneur présidé par MM. Schœlcher et Étienne Arago, composé de MM. Lamieussens, Cabet, Dupoty, Langlois, Proudhon et Lachambeaudie, tenait ses séances ; il appelait en témoignage tous les compagnons de captivité de M. Blanqui à Doullens et au mont Saint-Michel ; on recueillit un grand nombre de faits qui pouvaient constituer une présomption morale, mais dont aucun ne produisait de charge judiciaire[2]. Peu à peu, les

---

[1] Voir l'*Ami du peuple*, N° du 16 avril 1848.

[2] Par suite d'une plainte en diffamation, portée vers la fin d'avril contre M. Blanqui par M. Taschereau, la chambre du conseil du tribunal de première instance entendit en témoignage MM. Pasquier, Zangiacomi, Dufaure, etc. M. Dufaure, qui était ministre en 1839, dit qu'à cette époque M. Blanqui avait demandé à être mis en rapport avec un membre du gouvernement ; que M. Duchâtel s'était rendu trois fois à la prison de M. Blanqui et avait reçu de lui des révélations importantes. Selon une version répandue par quelques-uns des hommes qui composaient le tribunal d'honneur, M. Blanqui, pour obtenir sa grâce après le 12 mai, aurait consenti à faire connaître au ministre de l'intérieur les détails du complot. Il aurait dicté à sa femme le rapport en question. Celle-ci, suivant les conventions acceptées par M. Duchâtel, aurait été à plusieurs reprises lui faire la lecture du rapport en détruisant chaque fois les feuilles lues ; mais un sténographe, caché derrière une tenture, aurait écrit à mesure que madame Blanqui lisait ce document, où, d'ailleurs, Barbès et ses amis prétendaient reconnaître

délibérations perdirent leur intérêt ; les procès-verbaux s'amassèrent sans établir aucune preuve matérielle ; bientôt le cours des événements qui se pressaient entraîna les accusateurs et l'accusé dans une même déroute politique.

M. Blanqui, cependant, après le premier étourdissement causé par un si rude coup, avait compris, avec son grand instinct, qu'au lieu de chercher à se disculper auprès d'hommes aussi fortement prévenus que MM. Barbès, Lamieussens, Martin Bernard, etc., qui avaient fait partager leur opinion à la presque totalité du tribunal d'honneur, il fallait faire diversion, agiter les ouvriers, les entraîner à un coup de main, se montrer plus révolutionnaire que pas un de ses accusateurs et reprendre ainsi l'avantage que donne infailliblement, dans l'estime des masses, l'action sur la parole, l'audace sur la circonspection.

Redoublant autour de lui le mystère, qui était un de ses principaux moyens de fascination, il ne resta plus en communication qu'avec un petit nombre d'hommes tout à lui, dont la confiance n'avait pas été même effleurée et dont l'ardeur s'était encore accrue du désir de venger l'honneur outragé de leur chef. A l'aide de ces hommes très-actifs et constamment en rapport avec les ouvriers, il excita partout le sentiment de crainte que donnait l'approche des élections. Il fit dire, répéter, démontrer que l'Assemblée nationale ne serait composée que de royalistes et que, si l'on ne prévenait pas sa réunion, c'en était fait de la révolution et de la République. De la sorte, il tenait les esprits en

---

non-seulement le style de Blanqui, mais jusqu'à certaines locutions non usitées, dont il faisait fréquemment usage. La défense de M. Blanqui portait sur ce que la pièce était controuvée. Quelques-uns de ses amis admettaient l'hypothèse que sa femme avait pu, dans un moment de faiblesse, acheter la vie de Blanqui à son insu par cette communication. Le plus grand nombre ne voulait voir dans la publication de M. Taschereau qu'une manœuvre de la réaction pour perdre un ennemi dangereux, et la popularité de M. Blanqui n'en souffrit pas d'atteinte sérieuse.

éveil, les entretenait dans l'espoir d'un coup de main et se disposait, comme il l'avait déjà tenté au 17 mars, à saisir la dictature au moment même où ses ennemis, dont il connaissait les menées, se croiraient maîtres de l'Hôtel de Ville.

La première quinzaine d'avril se passa ainsi : préparatifs au Luxembourg d'une seconde manifestation assez imposante pour achever de détruire, dans le gouvernement provisoire, le parti que M. Louis Blanc croyait frappé au cœur par la manifestation du 17 mars; conspiration permanente au ministère de l'intérieur et surtout à la préfecture de police, où M. Caussidière servait d'intermédiaire entre les combinaisons de M. Louis Blanc et celles de M. Ledru-Rollin, sans toutefois s'en ouvrir ni à l'un ni à l'autre, les sachant incapables de s'entendre pour une action commune; enfin, autour de M. Blanqui, comme je viens de le montrer, organisation d'un complot enté sur la conspiration, pour agir selon que l'indiquerait la circonstance et que le permettrait la fortune. Telles étaient les complications étranges du mouvement que, d'un jour à l'autre, on s'attendait à voir éclater dans Paris.

M. de Lamartine voyait grossir l'orage, et son esprit, si ferme tant qu'il avait senti la popularité, s'abandonnait à des inquiétudes extrêmes. La journée du 17 mars l'avait troublé profondément. Jusque-là, il ne lui était pas arrivé de mettre en doute son ascendant sur le peuple; il avait cru régner sur les volontés parce qu'il enchantait les imaginations. Ce jour-là, son illusion se dissipa. Déjà il voyait pâlir son étoile. Malgré les nombreux avis qui lui arrivaient sur le résultat certain des élections dans le sens de sa politique, il n'avait plus de confiance en lui-même depuis qu'il avait passé la revue de l'armée prolétaire. Le triomphe de M. Ledru-Rollin l'éblouissait; il croyait voir toute la force de la révolution se concentrer dans cet heureux rival; il se reprochait de ne lui avoir accordé dans son estime politique qu'une valeur et une importance secondaire.

Dès ce moment son attitude changea. Il se rapprocha du

ministre de l'intérieur, le flatta et déploya toutes les ressources de son esprit pour prendre sur lui de l'ascendant. Il lui représenta avec force les périls auxquels l'exposait son alliance avec les ultra-révolutionnaires; il lui montra Blanqui dans l'ombre, minant sous ses pas tous les chemins, disposant des embûches, aiguisant des poignards; tout prêt, enfin, à donner un signal qui serait la perte, non-seulement de lui et des siens, mais de la République.

Pendant qu'il essayait ainsi d'arracher M. Ledru-Rollin aux conspirations et qu'il se servait du nom de Blanqui pour l'effrayer, il voyait secrètement le fameux chef de conjurés, essayait également sur lui la séduction de son beau langage et ne dédaignait même pas de pratiquer les plus obscurs entre les agitateurs de la place publique. Par un effet de son organisation d'artiste, il apportait dans ces pratiques infiniment moins de duplicité qu'on ne l'a supposé plus tard. Sans doute, quand il se rendait chez M. Ledru-Rollin, quand il se décidait à voir MM. Blanqui, Raspail, Cabet, de Flotte, etc., il agissait par calcul politique; mais, dès qu'il se trouvait en présence de ces hommes passionnés, il subissait jusqu'à un certain point leur influence. Dans l'animation extrême de ses entretiens avec des esprits ardents, il se laissait pénétrer par je ne sais quelle électricité révolutionnaire; il comprenait, il ressentait jusqu'à un certain point la fièvre de ces âmes agitées. Par un don naturel de poëte, il parlait leur langue, il sympathisait avec leurs espérances; il ne les trompait pas en leur tendant une main qui jamais depuis ne consentit à signer contre eux un acte de rigueur. M. de Lamartine, pas plus que M. Ledru-Rollin, n'eut, dans ces circonstances difficiles, de duplicité préméditée. Il parut quelquefois par élan d'imagination ce que M. Ledru-Rollin était par faiblesse de caractère : mobile et variable à l'excès, suivant l'heure et la circonstance; mais il ne fut jamais perfide de parti pris; il n'abusa jamais personne que dans la mesure où il s'abusait lui-même.

La disposition éminemment bienveillante et accessible de son esprit paraît dans la manière charmante dont il a raconté lui-même sa première entrevue avec M. Blanqui[1]. Un officier de marine, appartenant à l'école phalanstérienne, M. de Flotte, avait conduit au ministère des affaires étrangères le terrible conspirateur. A ce moment-là, des accusations formelles, des bruits sinistres, des soupçons de toute nature et le fanatisme redoublé de ses adeptes qui parlaient tout haut de le venger par l'assassinat, faisaient à Blanqui comme un cortége invisible d'épouvantements. On le disait, on le croyait capable de tout, prêt à tout. Chaque jour M. de Lamartine était averti que dans la nuit suivante il serait enlevé, enfermé dans quelque lieu inconnu, tué peut-être par les partisans de Blanqui. Ses amis ne le quittaient plus; ils veillaient armés aux abords de sa chambre, disposant tout dans l'hôtel et dans le jardin, soit pour soutenir un siège, soit pour faciliter une évasion. Les domestiques, malgré les plaisanteries de M. de Lamartine, étaient en proie à l'anxiété la plus grande. Qu'on se figure la stupéfaction de cette petite troupe de fidèles, amis et serviteurs, quand, dans la matinée du 15 avril, un homme vêtu misérablement et de visage très-sombre, suivi de deux ou trois personnes inconnues, vient demander à l'huissier des affaires étrangères de l'annoncer à M. de Lamartine, et déclare se nommer Blanqui. Une telle audace avait de quoi confondre; mais l'étonnement est au comble, lorsqu'au bout de deux minutes on voit la porte du cabinet du ministre s'ouvrir et se refermer aussitôt sur celui que l'on regardait comme son assassin.

L'entretien se prolongea de façon à donner lieu aux interprétations les plus étranges; ce qu'il fut en réalité, je doute que personne le sache avec exactitude. Une chose certaine, c'est que l'impression qu'en rapporta M. de Lamartine, et qu'il communiqua le soir même à des per-

---

[1] *Histoire de la Révolution de* 1848, t. II, p. 232 et suivantes.

sonnes fortement prévenues, n'était pas défavorable. Blanqui, selon M. de Lamartine, était un caractère aigri, mais non pervers; un esprit fourvoyé, mais capable de rentrer dans le vrai; un cœur ulcéré, mais qui sous l'écorce impénétrable qu'il s'était faite, battait encore avec force; Blanqui, enfin, et comme homme et comme citoyen, n'était pas indigne des enthousiasmes et des dévouements qu'il faisait naître.

Pendant que M. de Lamartine essayait par la séduction de son éloquence, par le charme de ses entretiens, auxquels il savait donner l'accent d'une intimité confidentielle, de dissoudre les éléments de conspirations, pendant qu'il concertait avec le général Négrier un plan de résistance dans les départements, en cas que Paris tombât aux mains des conjurés, les autres membres de la majorité du conseil ne demeuraient pas non plus inactifs.

Obligés, au lendemain de la manifestation du 17 mars, de feindre la satisfaction, de proclamer leur reconnaissance pour le peuple[1], de donner de nouveaux gages au parti radical par l'ajournement des élections générales et par la suppression de l'impôt sur les boissons, se voyant dans le conseil hors d'état de résister à la domination de M. Ledru-Rollin, ils sentirent la nécessité de se créer au dehors une force capable de lutter avec la force populaire.

M. Marrast entreprit avec beaucoup de suite et d'habileté de former à l'Hôtel de Ville un centre de résistance composé d'éléments tirés en partie de la bourgeoisie, en partie du peuple. Secondé par MM. Buchez, Recurt, Edmond Adam, de concert avec M. Marie, il pratiqua des intelligences dans la garde nationale, dans les ateliers nationaux, et s'assura le concours de la garde mobile par le général Duvivier, qui était en ce moment fort irrité contre M. Le-

---

[1] Voir, au *Moniteur* du 19 mars, la proclamation du gouvernement provisoire et l'ordre du jour du général Courtais à la garde nationale.

dru-Rollin, auquel il attribuait à tort les retards apportés à l'habillement de ses bataillons en blouse. M. Marrast, tout en cherchant son principal point d'appui dans la garde nationale, n'était pas exempt d'inquiétudes sur ses dispositions. Il faut se rappeler que le décret du 25 février, en appelant tous les citoyens à en faire partie, l'avait complètement renouvelée. L'ancien effectif des légions (56,751 hommes) était porté à 190,299 hommes. Les ouvriers y étaient conséquemment en majorité[1]. A l'élection des officiers, on avait posé aux candidats une question captieuse à laquelle la plupart avaient répondu en termes évasifs ou ambigus : « Si l'Assemblée nationale n'était pas avec nous, disaient les chefs de clubs, marcheriez-vous contre elle? » On comprend que la majorité du conseil ne devait pas se sentir très-solidement appuyée sur une garde civique à laquelle on avait imposé un pareil programme. M. Marrast, en sa qualité de maire de Paris, était chargé de présider à la reconnaissance des officiers. Il en prit occasion pour les rassembler fréquemment, les haranguer, s'ouvrir plus ou moins, selon qu'il les trouvait disposés, sur les attaques projetées contre l'Hôtel de Ville et sur la nécessité d'une défense énergique de la société. Parlant, tantôt vaguement, tantôt d'une manière précise, du jour prochain où la lutte ne pouvait manquer de s'engager entre les communistes et les républicains modérés, défenseurs de la famille et de la propriété, il les animait, il les préparait au combat.

Dans les rangs de la garde mobile, il n'était question aussi que de se battre. Contre qui? On ne le savait pas trop, et, à vrai dire, on ne s'en inquiétait guère. Depuis quelque temps on avait des fusils de munition, les gibernes étaient remplies de cartouches, on savait à fond l'exercice et le maniement des armes, on exécutait des charges et des feux avec une précision admirable, la caserne paraissait fasti-

[1] Dans les premiers jours d'avril, 60,000 ouvriers des ateliers nationaux furent, par les soins de M. Marie, inscrits sur les nouveaux rôles.

dieuse; n'était-il pas bien temps de marcher à l'ennemi? Sur ce point, tous étaient d'accord dans les rangs bigarrés de cette bizarre milice. Recrutée, comme on l'a vu, au lendemain des barricades, la garde mobile était composée en presque totalité de l'essaim turbulent, et qu'on avait cru jusque-là indisciplinable, de ces enfants, vagabonds des rues et des carrefours, qu'on appelle *gamins de Paris*. Le reste était un mélange d'hommes de toutes conditions. Plusieurs venaient de ces régiments de soldats insubordonnés auxquels on donne en Afrique le sobriquet de *zéphirs*. Des fils de famille, croyant les temps glorieux de 92 revenus pour la République, s'étaient engagés dans un esprit tout patriotique, pour marcher à la frontière et pour échapper ainsi honorablement aux malheurs de la guerre civile. Des officiers et des sous-officiers de différents régiments de l'armée avaient été appelés pour instruire toute cette jeunesse dans le métier de soldat. Au temps dont je parle, le plus grand nombre était encore déguenillé; beaucoup manquaient de chemises, de chaussures. Irrités de la lenteur qu'on apportait à les vêtir, ils allèrent plusieurs fois aux ateliers de Clichy réclamer leurs uniformes. Il y eut à cette occasion des querelles très-vives entre eux et les ouvriers tailleurs. Ce fut l'origine de la scission qui s'opéra entre ces enfants de prolétaires et les prolétaires, entre le peuple en blouse et le peuple en uniforme, scission qui, à peu de jours de là, parut, passive encore et comme inavouée, dans la journée du 16 avril, et qui se révéla deux mois plus tard dans un combat mortel.

J'ai dit que M. Marie secondait activement M. Marrast dans ses préparatifs de résistance. Le ministre des travaux publics fondait ses plus grandes espérances pour le jour de la lutte sur les ateliers nationaux. « Veillez à ce qu'ils soient armés, disait-il à M. Émile Thomas; ne ménagez pas l'argent ; le jour n'est peut-être pas loin où il faudra les faire descendre dans la rue. » Et ne s'en tenant pas aux paroles, il leur avait fait allouer un crédit de cinq millions, moyennant quoi, du 12 au 20 mars, on avait fait des embrigadements supplémentaires de 1,000 ouvriers par jour. Le 28 mars, on annonça une revue générale des ateliers nationaux. M. Marie harangua les ouvriers, les combla de louanges, leur accorda l'élection de leurs brigadiers. M. Marrast ajouta ses louanges à celles du ministre. Son influence était devenue très-grande dans les ateliers. Chaque jour, par son ordre, MM. Buchez, Recurt, Edmond Adam avaient de longues conférences avec M. Émile Thomas. Enfin, de ce côté, le parti de la résistance se tenait pour assuré de garder à sa disposition une force considérable [1].

Dans la première semaine d'avril, M. Marrast s'occupa plus particulièrement de la défense de l'Hôtel de Ville. Deux bataillons de gardes mobiles bien armés et bien équipés y furent installés. Le général Bedeau et le général Changarnier aidaient M. Marrast de leurs conseils et lui dictaient des mesures stratégiques. Le général Changarnier surtout se montrait plein de zèle. A son arrivée d'Algérie, dans les premiers jours de mars, il s'était rendu tout d'abord chez M. de Lamartine, parce qu'il le considérait comme le moins révolutionnaire d'entre les membres du gouvernement provisoire et qu'il n'était pas éloigné, la guerre devenant fort douteuse, d'accepter une mission diplomatique, si l'on venait à la lui offrir. Sa surprise avait été grande d'apprendre, de la bouche du ministre, sa nomination aux fonctions de gouverneur général de l'Algérie, en remplacement du général Cavaignac, nommé ministre de la guerre.

M. de Lamartine insistait même pour que le général Changarnier repartît sur l'heure, et celui-ci avait témoigné plus d'humeur que de satisfaction de se voir ainsi éloigner du théâtre des évènements. Il s'était plaint du mal de mer,

---

[1] *Histoire des ateliers nationaux*, par M. Émile Thomas, p. 147 et suivantes.

des fatigues du voyage ; pour se montrer aussi désagréable que possible à un gouvernement qui ne l'employait pas selon son gré, il s'était répandu en éloges des princes de la maison d'Orléans et avait exprimé avec affectation ses regrets de la monarchie.

Le général Changarnier était possédé d'ambitions d'autant plus impatientes qu'elles avaient été longtemps comprimées. Né à Autun, d'une famille obscure, il avait pris jeune du service ; mais, sans protection, sans occasion de se signaler, il était resté pendant toute la Restauration dans les grades inférieurs. En 1836, il n'était encore que chef de bataillon, lorsqu'à la retraite de Constantine, comme il commandait l'extrême arrière-garde, il protégea l'armée par une manœuvre aussi hardie que savante et mérita dans le rapport du maréchal Clauzel, cette phrase devenue célèbre et qui donna en quelque sorte l'essor à sa fortune : « Le commandant Changarnier s'est couvert de gloire. » A partir de cette heure, il eut un avancement rapide et marqué par des actions d'éclat.

Lieutenant général en 1844, il fut obligé de quitter l'Algérie parce que son caractère hautain et provocant ne pouvait se plier à l'autorité absolue du maréchal Bugeaud ; il n'y retourna qu'en 1847, pour fortifier de sa présence et de ses conseils l'autorité du duc d'Aumale. Nous avons vu comment il remit le commandement au général Cavaignac. Pendant qu'il faisait route pour aller le remplacer, celui-ci adressait au gouvernement provisoire un refus formel d'accepter le ministère de la guerre[1], de sorte que le général Changarnier, à peine débarqué en Afrique, reprit

---

[1] Voir aux *Documents historiques*, à la fin du volume, n° 9. La lettre du général Cavaignac avait fortement indisposé le conseil, qui lui répondit par une lettre d'un ton très-sévère. On y lisait, entre autres, la phrase suivante rédigée par M. Louis Blanc : « Le moment est proche où le pays aura besoin de tous ses généraux ; restez en Afrique, général, le gouvernement vous l'ordonne. » M. Marrast, qui avait ajouté en marge des expressions fort dures, se réconcilia dans la suite

la route de Paris, où le pressentiment de quelque événement favorable et d'une carrière politique nouvelle l'attirait puissamment. Cet événement favorable ne tarda pas. La journée du 16 avril mit en évidence le général Changarnier et le plaça en quelque sorte à la tête du mouvement réactionnaire.

Cependant les discussions au sein du gouvernement provisoire prenaient un caractère d'acrimonie qu'elles n'avaient pas eu jusque-là. Il semblait que, lassé enfin de ménagements réciproques, on se reconnût ennemi et qu'on renonçât à le cacher. M. Ledru-Rollin, de plus en plus circonvenu par les conspirateurs, s'absentait fréquemment du conseil où sa présence irritait la discussion, et l'on disait hautement qu'il se préparait au combat. M. Louis Blanc donnait des avertissements qui ressemblaient à des menaces. Le peuple, disait-il, ne se contenait plus; le jour approchait d'une manifestation semblable à celle du 17 mars, mais beaucoup plus décidée, cette fois, à ne se retirer que satisfaite. Le 14 avril, dans une séance qui se prolongea très-avant dans la nuit, il annonça positivement que cette manifestation aurait lieu le surlendemain. Déjà M. Flocon qui, malgré ses relations intimes avec M. Ledru-Rollin, désapprouvait les entreprises violentes et se tenait politiquement avec M. de Lamartine, avait appris à ce dernier de la manière la plus précise le plan et le but de la conjuration. Enfin le *Bulletin de la République*, placardé le 15 au matin sur les murs de Paris, parut le signal décisif et comme l'appel aux armes des conjurés.

Le *Bulletin de la République*, affiché de deux en deux jours sur la place publique et envoyé dans toutes les communes de France, avait pour but, ainsi que l'indique l'article d'introduction au premier numéro du 13 mars, de

---

avec le ministre de la guerre. Cette lettre fut l'origine de l'éloignement que témoigna plus tard le général Cavaignac pour celui qui avait été l'ami le plus cher de son frère.

mettre les habitants des campagnes et les ouvriers des cités en communication directe avec le gouvernement et de leur faire connaître les droits et les devoirs de la vie politique qui commençait pour eux. « Le plus solide lien entre un gouvernement et le peuple, disait, avec une raison parfaite, le premier *Bulletin*, c'est un perpétuel échange d'idées. La royauté, qui dédaignait le peuple, n'avait pas besoin de lui parler; le gouvernement républicain, qui est une émanation du peuple, doit lui parler sans cesse pour l'éclairer; car l'éclairer, c'est le rendre meilleur, et le rendre meilleur, c'est le rendre plus heureux. »

C'était là une pensée philosophique, républicaine, et qui répondait exactement aux vœux et aux besoins d'un peuple où commençaient à s'agiter les nobles curiosités de la vie politique. Si la rédaction des *Bulletins* eût été conforme à ce premier dessein, il n'est guère douteux qu'ils n'eussent fortement contribué à former dans le pays une opinion publique plus stable et plus réfléchie. Mais les intentions sages du gouvernement provisoire furent encore en ceci mal servies dans l'application. Rédigés dans l'origine par MM. Elias Regnault et Jules Favre, les *Bulletins* passèrent à peu près inaperçus jusqu'au commencement d'avril où, sur la proposition de M. Étienne Arago, madame Sand en devint le rédacteur principal[1] et donna au langage du ministre de l'intérieur, et à son insu[2], un accent d'impatience et en dernier lieu un ton de provocation qui dénaturaient complètement le caractère officiel et le but politique de cette publication. Si le *Bulletin* n° 12, où madame Sand peignait avec éloquence les souffrances de la femme du peuple et

---

[1] Voir au vol. II, p. 30, du *Rapport de la commission d'enquête*. « Le gouvernement provisoire autorise le ministre de l'intérieur à s'entendre avec madame George Sand, pour fournir des articles au *Bulletin de la République*. » Le *Bulletin* ne devait paraître que sur un *bon à tirer* de l'un des membres du gouvernement; mais cette clause ne fut pas exécutée.

[2] M. Ledru-Rollin a formellement désavoué, entre autres, le *Bulletin* n° 16, affiché le 15 avril.

les hontes de la prostituée, trahissait plus qu'il n'était acceptable pour l'opinion et utile dans la circonstance, un talent de femme et d'artiste, le *Bulletin* n° 16 parlait la langue des factieux et proclamait hautement l'intention secrète des clubs : à savoir que, si les élections ne se faisaient point au gré du peuple de Paris, *il manifesterait une seconde fois sa volonté et ajournerait les décisions d'une fausse représentation nationale*[1]. Cette imprudente menace produisit immédiatement un effet tout contraire à celui qu'en attendait sans doute l'auteur. Au lieu d'intimider, elle anima le parti de la résistance. Averti de la sorte vingt-quatre heures à l'avance, il eut tout le temps de prendre ses mesures et d'opposer à une conspiration si mal conduite des moyens bien concertés.

Cependant les clubs directeurs, persuadés que M. Ledru-Rollin marchait avec eux et que la majorité du gouvernement provisoire, encore sous le coup de la manifestation du 17 mars, serait aisément expulsée de l'Hôtel de Ville, faisaient, sans beaucoup de mystère, leurs préparatifs pour le lendemain. Dans une réunion qui délibéra pendant la nuit chez M. Sobrier, on avait arrêté la liste des noms qui devaient composer le comité de salut public. On y gardait de l'ancien gouvernement, MM. Ledru-Rollin, Flocon, Louis Blanc et Albert, auxquels on adjoignait MM. Raspail, Blanqui, Kersausie et Cabet.

M. Sobrier que M. de Lamartine tenait pour sien, et qui l'était à demi, selon que le vent révolutionnaire soufflait avec plus ou moins de force sur ses pensées flottantes, avait reçu quelques jours auparavant, d'après l'ordre formel du ministre de la guerre, 400 fusils et 3,000 paquets de cartouches[2]. On était autour de lui parfaitement résolu aux dernières extrémités ; mais M. de Lamartine se flattait que

---

[1] *Rapport de la commission d'enquête*, v. II, p. 73.
[2] Voir au vol. I, p. 227, du *Rapport de la commission d'enquête*, la Arago.

dans la mêlée dont il connaissait, par M. Sobrier et par d'autres hommes bien instruits, tous les fils, Sobrier, comme au 17 mars, après avoir poussé à l'attaque, tournerait à la défense du gouvernement provisoire et servirait à faire échouer la conspiration.

Pendant qu'on délibérait et qu'on s'armait rue de Rivoli, M. Caussidière, à la préfecture de police, faisait également des distributions d'armes et de munitions [1]; il prenait, à moitié d'accord avec le Luxembourg et avec le ministre de l'intérieur, ses mesures pour le lendemain. Assez mécontent de M. Ledru-Rollin qui, malgré sa vive opposition, venait de placer au département de la police un ancien agent de M. Duchâtel, M. Carlier, M. Caussidière agissait néanmoins encore en vue de la dictature du ministre de l'intérieur, le jugeant plus propre à gouverner révolutionnairement que M. Louis Blanc qui, d'ailleurs, se refusait à conspirer et se berçait, avec les délégués du Luxembourg, d'espérances trop vagues pour satisfaire l'activité pratique du préfet de police. La grande préoccupation de M. Caussidière, c'était M. Blanqui. Il se demandait parfois si, en poussant au renversement du gouvernement provisoire, il ne travaillait pas pour le compte d'un adversaire. S'il avait fait tant de bruit les jours précédents, c'est qu'il avait, lui aussi, souhaité, en intimidant le conseil et la bourgeoisie[2], de rendre superflue une manifestation populaire dont il n'était pas certain de demeurer maître.

A l'exception des clubs où dominait l'influence de M. Blanqui, le prolétariat n'était pas non plus sans hésita-

---

[1] Par ordre ministériel envoyé le 14 avril à Vincennes, il lui avait été délivré 600 fusils et 3,000 paquets de cartouches.

[2] Le 3 avril, M. Caussidière avait convoqué à la préfecture tous les commissaires de police; il leur avait reproché leur tiédeur, leur inaction. Paris, disait-il, était menacé d'une destruction complète : il ne serait besoin pour cela que d'un paquet d'allumettes chimiques, etc.; 400,000 ouvriers n'attendaient qu'un signal pour exterminer la bourgeoisie. Un pareil langage, tenu devant un si grand nombre de personnes, n'était assurément pas d'un conspirateur sérieux.

tion. Le club de la *Fraternité* avait décidé de ne pas se rendre à la manifestation et d'envoyer des délégués au gouvernement provisoire pour l'assurer de son dévouement[1]. Le club de M. Cabet désapprouvait la conspiration. Au club de M. Barbès, on tenait en suspicion les menées de M. Blanqui. M. Pierre Leroux, arrivé la veille du Berry, et qui avait vu MM. Ledru-Rollin, Louis Blanc, madame Sand, etc., augurait mal d'une manifestation dont les éléments lui semblaient si confus. Très-inquiet cependant de la tournure que prenaient les élections dans les départements, il venait avertir le ministre de l'intérieur que si l'on n'avisait pas au plus vite, la révolution serait étouffée par une Assemblée réactionnaire. Il proposait, dans ce péril pressant, un moyen qui, pour être différent du plan des conjurés, n'en était pas beaucoup plus praticable ; il voulait que l'on rapportât sur l'heure la loi électorale, que l'on formât un conseil d'État composé des principaux chefs du socialisme et du radicalisme, et que le ministre soumît à leur approbation un projet de loi électorale, imité du plan de Saint-Just, d'après lequel tous les électeurs, votant sur toutes les candidatures, les neuf cents candidats qui obtiendraient le plus de suffrages formeraient l'Assemblée nationale. Mais ni M. Ledru-Rollin ni M. Louis Blanc n'avaient goûté cette proposition. Ce dernier ne concevait pas la moindre inquiétude sur l'esprit de la future Assemblée. Il pensait qu'une fois réunie à Paris, elle se sentirait trop dominée par la force populaire pour oser agir contre la République. Il voulait, d'ailleurs, rester dans la légalité, au moins relative, du gouvernement, et se sentait engagé d'honneur à ne pas revenir sur les décisions prises en conseil. M. Ledru-Rollin était, lui, plus soucieux de l'avenir. Informé par ses commissaires, il savait que sa politique recevrait aux élections un échec considérable. Cependant, il refusait de revenir sur la loi, ne voulant pas se séparer de M. de Lamar-

---

[1] *Rapport de la commission d'enquête*, v. II, p. 105.

tine [1] ; tout en rêvant le renversement de la majorité, en souhaitant de se débarrasser de MM. Garnier-Pagès, Marie, Marrast, il craignait de travailler pour M. Blanqui et n'était pas trop sûr de pouvoir s'entendre avec M. Louis Blanc, dont le socialisme ne lui convenait guère. Quelques-uns de ses amis, les plus clairvoyants, commençaient à craindre pour lui qu'il ne restât pas vainqueur de la double et triple conjuration dans laquelle ils l'avaient si légèrement engagé, et, s'efforçant un peu tard de le retenir, ils agissaient sur son esprit dans le même sens que M. de Lamartine. M. Carteret combattait l'influence de M. Caussidière ; MM. Jules Favre et Landrin le rendaient attentif aux menées de M. Blanqui ; M. Flocon le fortifiait dans la volonté de ne point se séparer de ses collègues. L'indécision naturelle de M. Ledru-Rollin leur venait en aide. A la veille même du jour de l'exécution, lorsque l'un des conjurés apporta au futur dictateur la liste de ses nouveaux collègues dans le comité de salut public, il entra dans une violente colère, déclara avec emportement qu'il ne consentirait jamais à aucune combinaison avec M. Blanqui, et, malgré les instances de MM. Caussidière et Sobrier, il refusa obstinément de recevoir Flotte.

Les choses ainsi brouillées et tous les fils de la conspiration à la fois mêlés et détendus de la manière que nous venons de voir, le jour parut sans qu'il fût possible aux hommes les mieux informés et le plus avant dans le complot de prévoir ce qu'il apporterait.

Dix heures avaient sonné. Déjà les corporations du Luxembourg se rendent au champ de Mars, bannières déployées. Les mots *Organisation du travail, Abolition de l'exploitation de l'homme par l'homme*, inscrits sur ces bannières, montrent que ostensiblement du moins, les corporations suivent

---

[1] « M. de Lamartine n'entend rien à la politique, ne s'en mêlera pas, laissera faire, » disait M. Ledru-Rollin en expliquant à ses amis sa résolution de garder, dans le gouvernement, son collègue des affaires étrangères.

la direction du Luxembourg. Dans les jours précédents, M. Louis Blanc a obtenu de l'intervention de M. Guinard, pour contre-balancer l'effet des élections de la garde nationale qu'il juge mauvaises, quatorze places d'officiers d'état-major au choix des ouvriers; le motif apparent de la réunion au champ de Mars, c'est le scrutin préparatoire pour les candidatures populaires. On a décidé aussi de faire une collecte et de la porter en signe d'hommage au gouvernement provisoire.

Pour la majeure partie des prolétaires, c'est là, comme au 17 mars, tout le but de la réunion. Pour d'autres mieux informés, c'est un moyen de pénétrer dans l'intérieur de l'Hôtel de Ville et d'y seconder le coup de main préparé par M. Blanqui. Cependant, sauf un infiniment petit nombre, tous sont venus sans armes et ils ne sont pas plus de huit mille. Dans le même temps, les ouvriers des ateliers nationaux, obéissant à l'impulsion donnée par M. Caussidière, se rassemblent à l'Hippodrome. Il était convenu entre les meneurs que les deux colonnes, parties du champ de Mars et de l'Hippodrome, se rejoindraient en route et marcheraient ensemble vers l'Hôtel de Ville.

Nous avons vu qu'on s'y préparait depuis quelque temps à la résistance; mais, à mesure que le jour de la lutte approchait, on s'inquiétait davantage, car, malgré la vigilance des agents de M. Marrast et malgré ses informations nombreuses, il n'était guère possible de connaître avec exactitude ni le nombre des agresseurs, ni l'état des forces défensives. Les dispositions de la garde nationale, qui n'avait pas encore été réunie depuis sa nouvelle formation, et les éléments incroyablement mêlés de la manifestation populaire ne pouvaient être appréciés que d'une manière conjecturale. Tout dépendait, d'ailleurs, selon la plus grande vraisemblance, du parti qu'allait prendre M. Ledru-Rollin. A cet égard, on était et l'on avait mille motifs d'être dans la plus complète incertitude.

Le 16, de grand matin, M. Marrast, à tout événement,

avait fait passer dans les mairies des ordres secrets, afin que les gardes nationaux prévenus se tinssent prêts à un rappel général des légions. Vers onze heures, le général Changarnier était accouru au siége du gouvernement pour offrir ses services ; autorisé par M. Marrast, à qui un pareil auxiliaire venait bien à point, il prenait des dispositions militaires à l'Hôtel de Ville.

C'était par le plus grand des hasards que le général Changarnier avait appris les dangers qui menaçaient le gouvernement. Il était allé au ministère des affaires étrangères, afin de presser son départ pour Berlin, où M. de Lamartine se disposait à l'envoyer en mission. Ne trouvant pas le ministre et voyant sur tous les visages un trouble extraordinaire, il en demanda le motif, et sur l'invitation de madame de Lamartine, qui croyait son mari à l'Hôtel de Ville, il s'y rendit en hâte. M. de Lamartine n'y était pas arrivé encore. Il avait veillé toute la nuit précédente, en proie à une tristesse profonde, recevant d'heure en heure les rapports les plus alarmants, persuadé que le jour qui se levait serait le dernier de la République, telle qu'il l'avait voulue, et le dernier aussi de sa propre existence. Les nombreux agents envoyés par lui dans les réunions d'ouvriers afin d'y réveiller les sympathies populaires et d'organiser, au sein même de la manifestation générale, une manifestation en sa faveur, avaient rencontré l'accueil le plus froid. M. Ledru-Rollin l'évitait depuis quelques jours ; les partisans du ministre de l'intérieur, réunis à ceux de MM. Louis Blanc et Blanqui, ne pouvaient manquer de déterminer un mouvement des masses si formidable qu'il n'y avait pas moyen de songer à en triompher. Ainsi pensait M. de Lamartine, et, croyant sa dernière heure venue, il s'y préparait avec calme. Ses dispositions testamentaires étaient faites ; ses amis devaient conduire sa femme dans un asile sûr ; tous ses papiers compromettants étaient brûlés ; son sacrifice intérieur était accompli. Déjà il se levait pour se rendre à l'Hôtel de Ville, quand, la porte de son cabinet s'ouvrant brusquement, un homme entre, hors de lui, en proie à un trouble extrême : cet homme était M. Ledru-Rollin.

« Nous sommes perdus ! s'écrie-t-il, sans laisser à M. de Lamartine le temps même de s'étonner; cent mille hommes sont en marche sur l'Hôtel de Ville. Les corporations du Luxembourg sont maîtresses du mouvement; Blanqui, au champ de Mars, les excite et les dirige. Les factieux usurpent mon nom, je les renie; me voici prêt à les combattre avec vous, prêt à mourir, s'il le faut, plutôt que de subir leur épouvantable tyrannie; je n'ai jamais été, je ne serai jamais un traître envers mes collègues! » M. Ledru-Rollin, tendant la main à M. de Lamartine, convint rapidement avec lui des mesures qu'il fallait se hâter de prendre; après quoi, ils allèrent tous deux donner de divers côtés des ordres pour lesquels il n'y avait plus une minute à perdre. M. de Lamartine courut prévenir le général Duvivier, à qui M. Marrast venait d'écrire, afin qu'il rassemblât ses bataillons et les fît marcher en colonnes par toutes les rues perpendiculaires au quai, depuis le Louvre jusqu'à la place de Grève. Comme on se plaignait de manquer de munitions, M. de Lamartine passa à l'état-major de la garde nationale pour demander des cartouches et s'assurer, en même temps, que l'ordre de battre le rappel avait été effectivement donné par le ministre de l'intérieur, dont il ne suspectait pas la loyauté, mais dont il craignait le trouble et la faiblesse. Vers midi, enfin, il arriva à l'Hôtel de Ville. Il se hâta d'apprendre à M. Marrast la résolution de M. Ledru-Rollin. « Si nous pouvons tenir trois heures ici, lui dit-il, nous sommes sauvés. » Le général Changarnier qui, en quelques instants, a transformé l'Hôtel de Ville en place de guerre, et dont l'ardeur s'est communiquée à toute la troupe où règne une animation extraordinaire, répond de sept heures.

On attend ainsi l'événement. Il est une heure environ; on sait que la colonne populaire approche; ni M. Louis

Blanc ni M. Albert ne paraissent; on n'entend point encore battre le rappel; le ministre de l'intérieur ne vient pas; aurait-il trahi M. de Lamartine? A toute minute les émissaires de M. Marrast accourent et jettent l'alarme. « Le faubourg Saint-Antoine est en pleine insurrection, disent-ils; les communistes ont pris les Invalides; ils y mettent le feu; deux cent mille prolétaires en armes s'apprêtent à saccager Paris. »

Mais sur ces entrefaites, M. Ed. Adam, qui est allé à l'état-major de la garde nationale pour s'assurer que les ordres ont été donnés, revient dire qu'elle accourt de toute part au secours du gouvernement. Bientôt on entend le tambour; c'est Barbès qui, à la tête de sa légion, débouche sur la place de Grève aux cris de : *Vive le gouvernement provisoire!* M. Ledru-Rollin a tenu parole, la partie est perdue pour M. Blanqui; la conspiration est avortée.

Cependant, entre deux et trois heures, la colonne des ouvriers du champ de Mars s'ébranle. Elle s'avance en bon ordre, portant sa collecte; elle se grossit en marchant d'une partie des ateliers nationaux rassemblés à l'Hippodrome[1] et d'un grand nombre d'hommes du peuple accourus sur le bruit répandu partout que MM. Ledru-Rollin et Louis Blanc viennent d'être assassinés. Elle arrive ainsi jusqu'au quai du Louvre sans avoir entendu aucun bruit de tambour, ni aperçu le moindre signe de défiance. Mais, là, elle se trouve tout d'un coup en présence de deux légions de la rive droite qui, sans faire de démonstration hostile, enveloppent les ouvriers, les escortent en séparant les groupes et en les observant jusqu'à l'entrée de la place de Grève. A ce mo-

---

[1] La majeure partie des ouvriers rassemblés à l'Hippodrome quittèrent la manifestation en entendant battre le rappel et rejoignirent les rangs de la garde nationale. Leur jalousie contre les délégués du Luxembourg avait été en ces derniers temps fort excitée; on leur persuadait qu'ils agiraient directement contre leurs intérêts en favorisant les entreprises de M. Louis Blanc.

ment, les légions de la rive gauche, arrivées par le pont Saint-Michel, coupent la manifestation. La place entière est hérissée de baïonnettes. Le général Duvivier, à cheval au milieu de ses bataillons de gardes mobiles, défend l'abord de la maison commune. Un cri formidable de *A bas les communistes!* s'élève de cette forêt de baïonnettes et retentit longtemps. Les ouvriers, resserrés, ne pouvant plus ni avancer ni reculer, ne comprenant pas, pour la plupart, cet appareil de guerre opposé cette fois à une manifestation toute semblable à celle pour laquelle le gouvernement leur adressait, il y a un mois, des remercîments publics, restent déconcertés.

Les cris de la garde nationale : *A bas Blanqui! à bas Louis Blanc! à bas Cabet! à l'eau les communistes!* redoublent et étouffent la voix de ceux qui essayent de se faire entendre. Cependant, l'ordre est donné d'introduire les délégués du peuple, mais on ne les fait point entrer dans la salle du conseil. Les trois adjoints, MM. Recurt, Buchez, Edmond Adam, les reçoivent dans les salles supérieures, écoutent la pétition qu'ils apportaient avec une froideur glaciale, et y répondent par des paroles d'une sévérité extrême[1].

Les délégués vont se plaindre à M. Louis Blanc. Celui-ci, accablé en voyant la déroute de cette marche des prolétaires qu'il avait voulue triomphale; isolé, suspecté, presque honni par la garde nationale, retrouve cependant quelque vivacité de colère pour reprocher à ses collègues l'accueil fait aux ouvriers et pour ordonner au colonel Rey de faire ouvrir un large passage sur la place de Grève, afin que le défilé des corporations puisse se faire avec convenance et dignité. L'ordre est, en effet, donné immédiatement de laisser les ouvriers défiler devant le gouvernement provisoire; mais il est exécuté de façon que la manifestation perde tout son caractère. On lui trace entre deux rangs,

---

[1] Voir aux *Documents historiques*, à la fin du volume, n° 10.

très-serrés de gardes nationaux en armes, un passage étroit, coupé de distance en distance, assez éloigné du perron pour que les vivats des ouvriers ne puissent être entendus distinctement par le gouvernement. Ce jour-là, les rôles et les attitudes étaient bien différents de ce qu'ils avaient été au 17 mars. MM. Marrast, Marie, Garnier-Pagès triomphaient visiblement. M. de Lamartine, délivré d'un parti ennemi, en voyait surgir un autre plus redoutable et restait pensif. M. Crémieux se félicitait avec le général Changarnier et se lamentait avec M. Louis Blanc de l'issue de la journée. Quant à M. Ledru-Rollin, par un heureux don de son tempérament, il se réjouissait de son triomphe supposé sur ce qu'il appelait alors les *sectaires*, comme il s'était réjoui, au 17 mars, de son triomphe supposé sur la bourgeoisie; il n'était pas très-fâché de l'humiliation du Luxembourg; il ressentait une satisfaction sincère de son union politique désormais fortement nouée avec M. de Lamartine.

Cependant, le morne défilé des ouvriers achevé, la garde nationale commença le sien, aux cris mille fois répétés de : *Vive Lamartine ! à bas les communistes !* Les derniers bataillons passèrent à la clarté des flambeaux devant l'Hôtel de Ville; une illumination splendide éclaira la nuit. La bourgeoisie de Paris resta persuadée qu'on venait de la sauver du communisme.

Tout en se félicitant de la victoire obtenue sur le Luxembourg et sur M. Blanqui, la majorité du gouvernement ne laissa pas d'en être embarrassée. Un esprit de réaction exigeant et aveugle se déclarait tout à coup dans les rangs de la garde nationale. La bourgeoisie, à peine délivrée de l'oppression morale que lui avait causée la vue du prolétariat au 17 mars, voulait se venger; les arrestations et les dénonciations arrivaient de toutes parts. « La moitié de Paris veut emprisonner l'autre, » disait le préfet de police.

Des maires et des officiers supérieurs pressaient M. Marrast de faire arrêter M. Louis Blanc. On s'était porté au club de M. Blanqui et à la maison de M. Cabet dans l'intention de mettre la main sur les deux chefs de parti[1]. Le langage des journaux conservateurs prenait un ton d'insolence extrême. L'accusation de communisme devenait l'occasion et le prétexte des calomnies les plus odieuses[2]. On représenta le Luxembourg comme un lieu de délices, où les plaisirs les plus raffinés et les festins les plus dispendieux rassemblaient chaque jour les sybarites du prolétariat[3]. Sous cette rubrique : *Nouvelles de la Cour*, le *Constitutionnel* et l'*Assemblée nationale* racontaient des orgies à Trianon, qui n'avaient jamais existé. Selon ces chroniques scandaleuses, M. Ledru-Rollin faisait à une célèbre actrice des présents de roi ; des sommes immenses étaient détournées du Trésor et passaient en Angleterre ; M. Crémieux

---

[1] Une foule furieuse promena un cercueil sous les fenêtres de M. Cabet. M. de Lamartine, apprenant qu'il était sérieusement menacé, lui offrit un asile dans sa maison.

[2] « Les préventions que l'administration, du 24 février au 11 mai, a fait naître dans l'esprit sont si profondes et si enracinées que l'opinion a accueilli avec une sorte d'avidité furieuse toutes les insinuations qui devaient l'égarer, » dit le *Rapport de la commission chargée de l'examen des comptes du gouvernement provisoire*. (*Moniteur* du 26 avril 1849.)

[3] Il serait fastidieux et aujourd'hui heureusement superflu de répéter une à une ces ignobles calomnies. L'administration du Palais-National et du Luxembourg a prouvé, pièces en main, que la dépense de table du président et du vice-président de la commission était, pendant le premier mois, fixée à six francs par tête ; mais, que sur une réclamation de M. Louis Blanc, qui trouvait la nourriture trop abondante, les repas, fournis par un restaurant du quartier, restèrent fixés à la somme de 2 fr. 50 par tête, pour le déjeuner, et de 3 fr. 50 pour le dîner. (Voir le *Constitutionnel*, n° du 2 juin 1848.) Pendant que le *Constitutionnel* et l'*Assemblée nationale* parlaient *de faisans à la purée d'ananas*, que l'on servait à la table du Luxembourg, M. Garnier-Pagès, mieux informé, reprochait à son jeune collègue une affectation spartiate qui, disait-il, déversait un blâme indirect sur les membres du gouvernement provisoire, dont les frais de représentation étaient de toute nécessité plus considérables. Il est à remarquer que M. Louis Blanc et M. Dupont de l'Eure, seuls entre tous les membres du gouvernement provisoire, ne touchèrent pas d'appointements personnels. Les délégués du Luxembourg, pendant toute la durée des conférences, ne touchèrent pas non plus une obole.

achetait une forêt avec les deniers de l'État[1]; l'ouvrier Albert devenait millionnaire[2], etc.

[1] La commission nommée par l'Assemblée nationale pour examiner les comptes du gouvernement provisoire, déposait, le 14 avril 1849, un rapport dont voici les conclusions : « Quant à nous, nous déclarons à l'unanimité que, dans les longues et laborieuses recherches auxquelles nous nous sommes livrés avec la plus rigoureuse impartialité, nous *n'avons découvert ou rencontré aucun témoignage, aucune preuve* qui accusât d'infidélité les membres du gouvernement provisoire et qui nous mît sur la trace de quelque détournement frauduleux des deniers confiés à leur gestion. Cette déclaration n'a pas seulement pour garantie l'honnêteté de notre parole. L'admirable combinaison de notre mécanisme financier suffirait pour rassurer toutes les consciences. *Un ministre ne peut soustraire du Trésor public une partie de sa richesse, sans avoir de nombreux complices et sans laisser à l'instant même des preuves éclatantes de sa culpabilité.* »

[2] La justification de M. Albert mérite de trouver place ici. On y remarquera comment, en réponse aux insolences de la bourgeoisie, le prolétariat commençait à prendre à son tour un ton de morgue très-singulier. C'est à cette époque que, par peur ou par adulation, on imagina l'aristocratie ouvrière. Un homme de lettres célèbre en donna le premier le signal en s'intitulant *ouvrier de la pensée*. L'Assemblée nationale, dans ses premières séances, eut à casser l'élection d'un *faux ouvrier*. C'était quelque chose d'analogue à ces temps de la démocratie florentine qui précédèrent et suivirent la tyrannie du duc d'Athènes, où, pour ne pas se voir exclus de toutes les charges, de tous les emplois publics en vertu des *ordres de justice*, les grands abandonnaient leurs titres et leurs noms de famille, prenaient des noms plébéiens et tâchaient, dit Machiavel, de se donner l'air d'appartenir au peuple. (Machiavel, *Histoire de Florence*, liv. II.)

« Parmi les bruits plus ou moins malveillants ou ridicules qui ont été épandus sur le Luxembourg, dit le *Moniteur* du 5 mai 1848, il en est un qui s'attache particulièrement au citoyen Albert. On a dit que le citoyen Albert n'était pas ouvrier ; que c'était un industriel enrichi ; mieux que cela encore, un millionnaire. Rien n'est plus absurde et plus faux. La plus grande gloire que le citoyen Albert, membre du gouvernement provisoire, revendique, c'est d'avoir été, c'est d'être encore un ouvrier prêt à prendre la lime et le marteau. Et pour que personne n'en ignore et ne vienne lui contester à lui, homme du peuple, son origine et son nom, voici ce qu'il veut que l'on sache :

« Albert (Alexandre-Martin), né à Bury (Oise), en 1815, d'un père cultivateur, a commencé son apprentissage chez un de ses oncles, le citoyen Ribou, mécanicien, rue Basse-des-Ursins, n° 21. Depuis, il a parcouru successivement plusieurs ateliers, parmi lesquels il faut citer celui du citoyen Pecqueur, mécanicien près le marché Popincourt, et

Toutes ces attaques, répétées journellement par la presse royaliste, produisaient une impression très-vive sur les esprits. Dans les salons de l'ancienne noblesse, où l'on ne s'était dans aucun temps piqué d'austérité, on ne voulait pas permettre à un gouvernement bourgeois de goûter des plaisirs aristocratiques ; la petite bourgeoisie, qui avait si fort apprécié les habitudes plus que modestes du roi Louis-Philippe à son avénement, était véritablement outrée de ce luxe présumé du gouvernement provisoire; les ouvriers eux-mêmes, à force de l'entendre dire, commençaient à croire qu'on leur avait fait faire une révolution uniquement pour procurer à quelques prétendus républicains le luxe et les divertissements des familles royales.

Pendant que le gouvernement allait ainsi s'affaiblissant dans l'opinion, il se divisait chaque jour davantage. A partir du 16 avril, les discussions dans le conseil devinrent d'une violence inouïe. M. Marrast et M. Ledru-Rollin ne pouvaient plus se contenir; il fallait les efforts constants de M. de Lamartine pour les empêcher de rompre avec éclat. A chaque instant, l'un ou l'autre membre de la minorité, quelquefois la minorité tout entière, menaçait de se retirer. C'est de cette manière qu'elle obtint coup sur coup plusieurs décisions entièrement opposées à l'opinion qui venait de triompher. Ainsi, le 18 avril, on vit paraître au *Moniteur* une première proclamation qui affectait de confondre dans un même remercîment au peuple les deux journées si différentes du 17 mars et du 16 avril. Une proclamation rédigée en conseil par M. Louis Blanc confirmait la liberté des clubs déjà menacée, frappait de réprobation

celui du citoyen Margox, rue Ménilmontant, n° 21 ; enfin, la veille même du jour qu'il vit triompher la République, le citoyen Albert travaillait comme mécanicien dans la fabrique de boutons du citoyen Bapterousse, rue de la Muette, n° 16, où se trouvent encore aujourd'hui sa blouse et son pantalon de travail. Ces explications simples et précises doivent mettre fin à des insinuations que le citoyen Albert avait dédaignées jusqu'ici, mais dont il ne lui convient pas d'encourager, par son silence, la persistance maligne et impudente. »

les cris hostiles aux personnes, c'est-à-dire les cris de *A bas les communistes!* poussés par la garde nationale pendant la journée du 16 avril. Un décret supprimait les droits d'octroi sur la viande de boucherie et modifiait le droit d'octroi sur les vins. Un autre décret mettait à la retraite soixante-cinq officiers supérieurs de l'armée. On proposa même dans le conseil de reprendre le drapeau rouge, mais la majorité, et en particulier M. Arago, s'y opposant avec force, les choses restèrent dans le premier état.

Ces concessions de la majorité à la minorité apaisèrent pour un moment les colères. M. Ledru-Rollin surtout s'adoucit. On le vit alors fréquemment chez M. de Lamartine. Le ton des *Bulletins* changea du tout au tout. « Quant aux communistes, disait le numéro du 20 avril, attribué à madame Sand, contre lesquels se sont fait entendre des cris de réprobation et de colère, ils ne valaient pas la peine d'une démonstration. Qu'un petit nombre de sectaires prêchent le chimérique établissement d'une égalité de fortunes impossible, il ne faut ni s'en étonner ni s'en effrayer. A toutes les époques, des esprits égarés ont poursuivi, sans l'atteindre, la réalisation de ce rêve[1], etc. »

M. Louis Blanc demandait de très-bonne foi une enquête sur la manifestation du 16 avril; M. Ledru-Rollin, qui savait ce que deviennent les enquêtes, chargeait M. Landrin de poursuivre l'instruction[2]. Enfin, M. Caussidière, affirmant qu'il était sur la trace d'un nouveau complot de M. Blanqui, obtenait du gouvernement provisoire l'autorisation d'arrêter le grand conspirateur, ainsi que ses amis, MM. Flotte et Lacambre, et de les faire conduire tous trois à Vincennes[3]. L'importance que venait de prendre le géné-

---

[1] Voir la publication intitulée : *Bulletins de la République émanés du ministère de l'intérieur*, du 13 mars au 6 mai 1848.

[2] Dans le même temps, le club de M. Raspail demandait qu'on fît connaître et poursuivre l'auteur du rappel qui avait, disait-il, *jeté l'épouvante dans la capitale*.

[3] Rapport de la commission d'enquête, v. I, p. 171. MM. de Larmar-

ral Changarnier causait aussi au gouvernement provisoire assez d'ennui. Le désir très-vif qu'exprimait le général de rester à Paris, son attitude, son langage hautain, montraient qu'il aspirait à jouer un rôle : celui de chef de la réaction s'offrait naturellement. Si cette réaction serait légitimiste ou orléaniste, on ne le pouvait deviner encore; les partis royalistes n'en étaient pas venus à ce point d'oser se démasquer et de se ranger sous leurs drapeaux particuliers; ils se confondaient alors sous le titre commun de *parti de l'ordre*, et ne visaient qu'à prendre dans l'Assemblée nationale une bonne position défensive. Quoi qu'il en fût, le ministre de la guerre donna l'ordre au général Changarnier de partir, dans les vingt-quatre heures, pour aller remplacer en Algérie le général Cavaignac, qui, blessé au vif de l'arrivée d'un commissaire de M. Ledru-Rollin revêtu de pouvoirs extraordinaires, venait de demander un congé.

Ce fut dans cette confusion extrême de pensées et de sentiments, dans cette absence complète de toute direction politique ou sociale, que parut enfin le jour désigné pour la *fête de la Fraternité*. Le temps était nébuleux, l'air tiède. Paris était plongé dans cette vague atmosphère qui lui est propre, et qui atténue parfois si heureusement, en les enveloppant d'un voile, les contrastes trop accentués de la vieille cité et de la ville moderne. Les masses d'arbres des Champs-Élysées, du Champ de Mars et des Tuileries, l'Obélisque et les colonnades de la place de la Concorde, les palais des Invalides et de l'École militaire, se dégageant tour à tour, selon qu'un rayon de soleil venait à les toucher à travers la brume, semblaient, comme à la voix d'un artiste, disposer, coordonner peu à peu la décoration d'une fête majestueuse. Dès le matin, une population avide de tout voir affluait dans les rues. Deux cent mille hommes environ, gardes nationaux, gardes mobiles, troupes

---

tine et Crémieux engagèrent M. Caussidière à détruire le mandat d'arrestation lancé contre M. Blanqui.

de ligne [1] et gardes républicaines étaient sous les armes. A neuf heures, une salve de vingt et un coups de canon annonça que le gouvernement provisoire montait à l'estrade de l'arc de triomphe. Sur les gradins d'un amphithéâtre décoré de drapeaux et d'emblèmes, et qui dominait la longue avenue dont la ligne droite et toujours ascendante relie le palais de Catherine de Médicis au monument triomphal de Napoléon Bonaparte, le peuple apercevait de loin et saluait de ses vivats la représentation officielle et l'image imposante de sa propre souveraineté. Au haut de l'estrade, des magistrats, des officiers de l'armée, des fonctionnaires, des députations des corporations et des écoles prenaient place entre deux orchestres dont les accords retentissaient puissamment dans l'espace. Un groupe de femmes élégamment vêtues et qui tenaient toutes à la main des bouquets noués de rubans tricolores, couronnait, comme une gerbe de fleurs, cette ordonnance simple et grave de la fête patriotique. Vers dix heures, le défilé commença; il ne se termina que très-avant dans la soirée.

Pendant la longue durée de cette évolution de troupes, pressées de toutes parts par le flux et le reflux d'une multitude innombrable, pas un accident, pas même un désordre momentané ne vint troubler la paix publique. La bouche des canons ceinte de guirlandes, les baïonnettes ornées de lilas et d'aubépines, le miroir étincelant des cuirasses, les casques aux joyeux panaches, les sabres brandis en l'air, les épées nues levées vers le ciel, le roulement des tambours, les fanfares, les cris enthousiastes, tout cela composait un spectacle à la fois grandiose et touchant, où le caractère de la nation, ce caractère belliqueux et doux, passionné pour le mouvement et le bruit, mais amoureux d'ordre et de discipline, se montrait dans toute sa vérité et dans toute sa grâce.

A mesure que les détachements de cavalerie, d'artillerie

---

[1] Le ministre de la guerre avait été autorisé à faire rentrer cinq régiments, trois d'infanterie et deux de cavalerie.

et d'infanterie arrivaient devant l'arc de triomphe, les chefs de corps montaient à l'estrade et, recevant le drapeau des mains du ministre de la guerre, juraient à haute voix fidélité à la République. Les soldats, détachant les fleurs enlacées à leurs armes, les jetaient en signe d'hommage aux pieds du gouvernement provisoire; les femmes agitaient leurs mouchoirs en criant : « Vive l'armée! »

Ce jour fut beau encore et plein d'illusions. Dans cette fête toute parée des plus riches dons du printemps, dans les effusions de la confiance universelle, la discorde et les mauvaises passions avaient honte d'elles-mêmes et rentraient dans l'ombre. Au sein de cette population immense, vieillards, femmes, enfants, magistrats, soldats et prêtres, tous se sentaient au fond du cœur joyeux de la même joie.

Les partis, les factions, les classes, dociles à la voix de la patrie, animés d'un bon désir, semblaient se convier mutuellement à une grande destinée et, confiants dans les desseins de Dieu sur la France, se dire, comme ces amis de la sagesse aux beaux jours de la Grèce antique : *Essayons le génie en vivant ensemble.*

CHAPITRE XXVII

Beaux-arts. — Loi électorale. — Professions de foi des candidats à la représentation nationale. — Ouverture de l'Assemblée constituante.— Le gouvernement provisoire à bien mérité de la patrie.

Personne, dans le gouvernement, ne reçut du spectacle que présenta la *fête de la Fraternité* une impression aussi vive que le ministre de l'intérieur. M. Ledru-Rollin avait l'âme jeune; il se prenait aisément au côté extérieur des choses. Plus qu'aucun de ses collègues il se considérait comme l'auteur de la Révolution et portait à la République un amour qui tenait un peu de la paternité. Il aurait voulu que toutes les classes, que toutes les opinions fussent séduites par la grandeur clémente du gouvernement républicain, et, comme il savait que l'appareil guerrier plaît par-dessus toutes choses aux fils des Gaules, il s'était singulièrement réjoui de cette journée de baïonnettes fleuries, qui, pourtant aux yeux de tous les hommes politiques, marquait le terme de sa propre autorité et la dernière heure de son pouvoir éphémère.

C'est à cette sollicitude pour l'honneur et le renom de la démocratie qu'il faut attribuer aussi le soin particulier que prit M. Ledru-Rollin de rassurer, dès son entrée en fonctions, les artistes très-inquiets de leur avenir, et de convier tous les arts à célébrer l'avénement de la *jeune* République[1].

[1] C'était à ce moment-là l'épithète obligée dans le langage politique.

M. Ledru-Rollin n'avait pas craint, à cet égard, un peu d'ostentation en signant, le 24 février, au plus fort de la mêlée révolutionnaire, dans un moment où sa propre existence, celle de Paris, l'existence même de la République et de la société semblaient menacées, un décret qui fixait au 15 mars l'ouverture de l'exposition annuelle de peinture, de sculpture et d'architecture.

A peu de jours de là, il nommait à la direction des Musées M. Jeanron, qui devait y marquer son passage par une excellente classification, selon les écoles et les siècles, des tableaux disséminés auparavant sans méthode, sans goût et sans profit pour l'étude de l'art. Enfin, M. Ledru-Rollin faisait ouvrir un concours de musique pour les chants républicains, et un autre concours d'esquisses peintes et modelées, de médaillons et de timbres gravés pour une figure symbolique de la République. Dans le même temps, le Théâtre-Français recevait l'ordre de donner des représentations gratuites pour le peuple.

De cet appel adressé aux artistes, de ce louable effort pour attirer leur attention sur le peuple, il ne devait malheureusement ressortir, pour l'observateur attentif, qu'une seule chose : l'absolue incapacité des arts à créer l'image, la forme sensible d'une idée qui n'est plus ou qui n'est pas encore vivante dans la généralité des esprits. La même fatalité, inexplicable pour le vulgaire, qui rend aujourd'hui la main de l'architecte inhabile à bâtir des temples ou des cathédrales, qui éteint sous le pinceau et sous le ciseau de nos artistes le courroux de Jéhovah ou la divinité du fils de Marie, glace leur inspiration quand ils cherchent un symbole aux vagues tendances du dix-neuvième siècle. Dans l'étude même de la métamorphose qui s'accomplit, l'intelligence pure, la raison abstraite trouvent un vaste sujet de méditation et la satisfaction qui leur est propre; mais l'art hésitant, déconcerté, inhabile à rendre par l'image le mouvement indéterminé d'une société qui se transforme à son insu par la science et par l'industrie, n'en saisit que les accidents individuels, les sentiments particuliers et conséquemment inférieurs, dont la reproduction, si parfaite qu'elle soit, n'a droit d'intéresser que la curiosité, et ne saurait ni enflammer la passion ni exalter la pensée.

Qui n'a pas senti naître cette réflexion en parcourant l'exposition des figures symboliques à laquelle sept cents artistes, dont beaucoup d'un talent incontestable, avaient concouru, et qui pourtant parut si insuffisante qu'on n'osa pas décerner le prix et qu'il fallut la recommencer? Le trouble de la conception, l'incohérence des idées étaient visibles dans ces esquisses. La plupart des artistes avaient fait de la République une furie, l'œil en feu, la chevelure au vent, brandissant sur des ruines amoncelées la torche ou la pique. D'autres lui avaient donné les traits, l'attitude et le geste d'une vivandière. Plusieurs, ne s'élevant pas même à l'idée de type, avaient tout simplement reproduit l'une de ces physionomies parisiennes, tout à la fois vulgaires et étranges, où l'ardeur des cupidités se combine avec l'ennui d'une dépravation blasée. Pas un seul artiste ne paraissait avoir entrevu l'idéal d'une république fière et douce. Tous n'avaient su peindre que la licence ou la fureur, là où il fallait au contraire représenter la force paisible de la sagesse.

La plus grande artiste dramatique de ce temps ne réussit pas beaucoup mieux dans cette tentative que les peintres et les statuaires. Mademoiselle Rachel, pour complaire à l'auditoire populaire que lui imposait la révolution et pour flatter le nouveau souverain, imagina, un jour qu'elle venait de jouer la *Lucrèce* de Ponsard, de reparaître sur la scène dans son vêtement blanc, la taille ceinte d'une écharpe tricolore, et de déclamer, soutenue par l'orchestre qui jouait *pianissimo* la musique de Rouget de l'Isle, les strophes guerrières de la *Marseillaise*. Son succès fut immense. Les lignes pures de ses poses empruntées à Phidias, la pâleur passionnée de son visage, son œil qui dardait la colère, le geste impérieux de son bras frêle et jusqu'au sourire de sa lèvre de Méduse, arrachaient au public des applaudissements enthousiastes. Mais la réflexion qui succédait à l'entraînement ne demeurait pas satisfaite. Au lieu d'atténuer l'anachronisme qui plaçait dans la bouche d'une république pacifique des paroles de haine et de vengeance, mademoiselle Rachel en outrait l'accent. Sous la beauté sereine de la forme grecque qu'elle avait acquise par l'étude, éclatait le sombre génie de la race juive dont elle est issue. On ne sentait vivre en elle que l'imprécation. Sa voix gutturale semblait altérée de sang. Son œil fixe guettait la proie. Ni la pensée ne rayonnait à son front morne, ni le cœur ne battait sous le pli droit et immobile de sa draperie de marbre. Les anneaux déroulés de sa chevelure en désordre apparaissaient au regard fasciné comme les ondulations des serpents maudits. Cette personnification dramatique de la Némésis révolutionnaire formait un contraste frappant avec les sentiments du peuple, auquel on imposait d'y reconnaître et d'y applaudir sa propre image. Jamais, cependant, le progrès des mœurs ne fut plus sensible qu'à ces représentations populaires, où la politesse, l'attention émue de cet auditoire en blouse et en veste, la vivacité et la justesse de ses applaudissements, le montraient accessible à toutes les nobles curiosités, passionné pour la vraie grandeur, pénétré de ce respect des maîtres et de ce respect de soi, qui est la marque certaine du sens moral.

Si les arts plastiques ne parvenaient pas à imaginer la figure de la République, il ne fallait pas attendre que l'art musical en rendît l'accent. A part des effets de rhythme variés et saisissants, mais toujours d'inspiration guerrière, les musiciens appelés à concourir pour la composition de chants patriotiques ne trouvèrent rien qui méritât d'être retenu. Il devint évident, pour tous ceux qui, dans ces temps de bouleversements politiques, gardaient la faculté de s'occuper du mouvement des arts, que la République, non plus que la monarchie du dix-neuvième siècle, ne verrait se produire des œuvres d'un caractère sublime ou d'une beauté accomplie. La tendance générale de l'art au dix-neuvième siècle n'est pas de s'élever, mais de s'étendre, de se vulgariser, de pénétrer dans les masses. L'art, comme la politique, a pour mission de faire participer le grand nombre au mouvement de la vie intellectuelle. De là, la rareté de ces œuvres excellentes qui satisfont les esprits délicats ; de là, les inventions, les méthodes, les procédés sans nombre d'un art devenu industriel pour mettre à la portée de tous, par la multiplication et la reproduction, ce qu'un philosophe de nos jours a si justement appelé le *pouvoir général de l'esprit humain*. A l'art aristocratique qui ne saurait souffrir les approches du vulgaire, succède un art démocratique qui appelle à lui le peuple tout entier. L'architecture élève, pour la communication de tous avec tous, d'immenses débarcadères. Elle s'essaye à construire de vastes enceintes, arènes ou jardins d'hiver, pour les plaisirs de la multitude[1]. La musique, par des méthodes faciles, se rend familière à une population jusque-là très-rebelle aux mystères de l'harmonie. Le daguerréotype, la lithographie et la photographie, les procédés du moulage perfectionnés, arrivent pour les arts plastiques au même résultat[2], et l'on

---

[1] On promettait après la révolution de consacrer le Louvre et les Tuileries, réunis sous le nom de Palais du peuple, aux amusements populaires. Ce projet était, comme tous ceux que l'on formait alors, plus ambitieux que sensé. Mais le jour viendra où le gouvernement démocratique sera contraint de toute nécessité à construire, pour les réunions habituelles des citoyens, de vastes enceintes d'un caractère noble et simple, des salles appropriées à des concerts, à des cours, à des bibliothèques, reliées entre elles par des galeries couvertes, ou promenoirs d'hiver, dont une exposition perpétuelle de fleurs, de peinture et de sculpture formera la décoration toujours renouvelée

[2] Il est curieux de voir comment, au temps de Catherine de Médicis, le calviniste Bernard Palissy se plaint (*De l'art de terre*, 1580), de cette vulgarisation de l'œuvre des maîtres. « As-tu pas veu aussi, dit-il, combien les imprimeurs ont endommagé les peintres ou pourtrayeurs savants. J'ay souvenance d'avoir veu les histoires de Nostre-Dame imprimées de gros traits, après l'invention d'un Allemand nommé Albert, lesquelles histoires vindrent une fois à tel mépris à cause de

voit les génies individuels, comme effrayés de ce mouvement sans frein, consumer dans un stérile effort de résistance le temps de la production libre et féconde, se tenir opiniâtrément à la tradition et s'attacher à préserver sur un autel à part, abrité, inaccessible au vulgaire, le culte de la beauté pure[1].

Après bien des hésitations, le gouvernement provisoire avait définitivement convoqué les colléges électoraux pour le dimanche de Pâques, 23 avril.

La loi électorale était la plus largement démocratique qui eût encore été appliquée dans aucun pays[2]. Tous les Français résidant depuis six mois dans la commune étaient électeurs. A vingt-cinq ans ils étaient éligibles. Tous les électeurs devaient voter au chef-lieu de canton par scrutin de liste. Chaque bulletin devait contenir autant de noms qu'il y avait de représentants à élire dans le département. Le dépouillement devait avoir lieu au chef-lieu de canton, et le recensement au chef-lieu de département. Le scrutin

---

l'abondance qui en fut faite qu'on donnoit pour deux liards chacune des dites histoires, combien que la pourtraiture fût d'une belle invention. Vois-tu pas aussi combien la moulerie a fait dommage à plusieurs sculpteurs sçavants, à cause qu'après que quelqu'un d'iceux aura demeuré longtemps à faire quelque figure de prince et de princesse, ou quelque autre figure excellente, que si elle vient à tomber entre les mains de quelque mouleur, il en fera si grande quantité que le nom de l'inventeur, ni son œuvre ne sera plus connue, et donnera à vil prix lesdites figures à cause de la diligence que la moulerie a amenée, au grand regret de celui qui aura taillé la première pièce. »

[1] L'école de peinture si fortement retenue dans la tradition grecque et florentine et prémunie contre le dévergondage du temps par la rigoureuse discipline de M. Ingres; d'habiles travaux de restauration à la Sainte-Chapelle, à Fontainebleau, au Louvre ; des monuments d'une érudition pleine de goût, élevés par MM. Labrouste et Duban, serviront d'exemple à ce que j'avance.

[2] On sait que la loi de 1791 excluait les hommes à gage et exigeait, comme cens électoral, une contribution égale à trois journées de travail. La loi du 21 juin 1793, qui établissait l'élection directe des députés par des assemblées formées de citoyens domiciliés depuis six mois dans un canton, ne fut pas exécutée. La loi du 22 août, qui rétablit l'élection à deux degrés, fut suivie jusqu'en 1799.

était secret. Nul ne pouvait être nommé représentant du peuple s'il n'avait réuni au moins deux mille suffrages. Enfin, chaque représentant recevait une indemnité de 25 fr. par jour, pendant toute la durée de la session.

Le premier effet de la promulgation de cette loi fut, sinon une satisfaction, du moins une sorte d'apaisement d'esprit à peu près général. Les dispositions principales, rédigées, d'après les avis de MM. Cormenin et Isambert, par M. Marrast, auquel revient plus particulièrement l'idée du scrutin de liste, annonçaient l'intention bien réfléchie de soustraire la population des campagnes aux influences qu'on appelait *de clocher*, c'est-à-dire à l'ascendant du curé et du gros propriétaire, et aussi d'ouvrir l'accès de l'Assemblée nationale au prolétariat[1]. En n'excluant pas les soldats du vote, en y appelant les domestiques, la loi de 1848 se montrait plus confiante dans le principe égalitaire qu'on n'avait encore osé l'être jusque-là. Enfin cette loi, défectueuse sans doute, mais la meilleure, selon toute apparence, que pût encore supporter la nation, obtint dans le premier moment l'approbation de tous les hommes sincèrement désireux de voir se fonder en France le gouvernement démocratique. Le suffrage universel était la seule base acceptable pour l'honneur des partis et qui leur permît à tous ce qu'ils souhaitaient sans oser le dire : une défection avouable, l'abandon, sans indignité, de principes auxquels ils avaient cessé de croire.

Le suffrage universel, c'était le gouvernement de la société remis à la société elle-même. Si donc, pour aucun parti, il n'en devait sortir l'accomplissement parfait de ses vœux, tous pouvaient se tenir assurés qu'ils seraient représentés à l'Assemblée nationale dans une proportion plus ou moins favorable, mais suffisante pour qu'aucune des opinions du pays ne demeurât étouffée.

---

[1] L'indemnité de 25 francs par jour, si inconsidérément attaquée par la presse démocratique, n'avait pas d'autre but.

Aussi aucun parti n'eut-il la pensée de s'abstenir; chacun, au contraire, redoubla d'efforts pour se faire dans l'Assemblée une place considérable. Le clergé donna l'exemple de cette politique. Se pliant aux événements, se conformant aux circonstances, il ne perdit pas un moment et n'omit aucun des moyens d'influence que lui donnaient, dans les campagnes surtout, ses relations étroites avec le peuple. Les listes du clergé habilement combinées, mélangées, selon les localités, de noms choisis parmi les moins compromis dans la noblesse et dans la bourgeoisie, et parmi les plus catholiques entre les ouvriers et les paysans, obtinrent la majorité dans un grand nombre de départements. Les noms qu'ils exclurent positivement ne passèrent pas, ou ne passèrent qu'à grand'peine. Enfin, sauf quelques évêques ultramontains qui restèrent à part, le clergé, par ce don d'interprétation qui lui est propre et qu'il appliqua largement à la révolution de 1848, se trouva comme naturellement, sans apparence de lâcheté, sans désaveu de ses principes, placé au centre même du mouvement électoral. Pendant que les partis politiques disputaient bruyamment sur le droit et sur le sens de la révolution, lui, sans rien contester, sans rien prétendre, il s'appliquait, et il réussissait à faire tourner cette révolution à son avantage[1].

---

[1] Le passage suivant d'un mandement de l'évêque de Dijon, en date du 8 mars 1848, donne une idée exacte de l'attitude généralement prise par le clergé catholique :

« Monsieur le curé,

« Vous le savez déjà, le gouvernement fondé en 1830 vient d'être emporté par un orage semblable à celui du sein duquel il était sorti. Celui qui règne dans les cieux et de qui relèvent tous les empires vient encore de donner aux peuples et aux rois cette grande et terrible leçon. Tout pouvoir qui méconnaîtra les intérêts généraux du pays ne pourra jamais y prendre racine. Tout gouvernement qui voudra arrêter les développements progressifs des libertés publiques sera tôt ou tard englouti par ce flot des idées et des besoins légitimes qui monte sans cesse, et qu'on ne peut dominer qu'à la condition de lui tracer un libre et paisible cours. »

La politique laïque ne montra pas, à beaucoup près, le tact et la convenance de la politique ecclésiastique : elle passa les bornes; la plupart des candidats royalistes ne gardèrent, dans leurs professions de foi, aucune mesure. Craignant sans doute de ne pas faire assez en se déclarant républicains, ils professèrent le socialisme. Les exemples en sont trop nombreux pour pouvoir être cités tous; je choisis les plus considérables. Dans sa circulaire aux électeurs du Doubs, M. de Montalembert s'accuse avec componction d'avoir partagé, *non pas l'indifférence, mais l'ignorance de la plupart des hommes politiques sur plusieurs des questions sociales qui occupent aujourd'hui une si grande et si juste place dans les préoccupations du pays;* il appelle la liberté *l'idole de son âme;* il se vante d'avoir toujours *proclamé la légitimité du peuple* et *le droit divin des nationalités*[1].

M. de Falloux, que l'on verra plus tard si prononcé contre la République, proclame son admiration pour *le peuple de Paris,* et dit *qu'il a donné à la victoire un caractère sacré;* rappelant le mot fameux de M. de Chateaubriand, qui s'était proclamé naguère *monarchique par principes, républicain par nature,* il affirme que ce mot « est *parfaitement sincère, surtout dans la bouche des hommes de l'Ouest.* »

M. Denjoy, qui vota à l'Assemblée constituante des lois répressives, voulait alors *la gratuité de l'enseignement à tous les degrés, depuis l'asile jusqu'à l'école professionnelle;* il exigeait *la rétribution, la retraite assurée à tous par l'État* et devenant un dogme *que suive immédiatement l'application.*

M. Léon Faucher affirme que *l'État a qualité pour mettre les instruments de travail à la portée du plus grand nombre, en développant les institutions de crédit et par la réforme hypothécaire.* L'État peut, disait-il, *limiter l'expan-*

---

[1] Voir la circulaire de M. de Montalembert aux électeurs du Doubs, 3 avril 1848.

sion des classes supérieures en les appelant à supporter une plus grande part des charges publiques.

M. de Mouchy, dans le département de l'Oise, n'est pas moins explicite. Selon lui, l'Assemblée nationale est convoquée *pour continuer l'œuvre démocratique de la révolution sociale de* 1789; il demande que le travail soit *organisé;* que l'impôt soit plus *équitablement établi;* que les taxes sur les *denrées alimentaires de première nécessité pour le peuple soient supprimées;* que l'enseignement soit *gratuit et obligatoire.* Il déclare, enfin, que la république est le seul gouvernement possible pour la France, et qu'il *faudrait être insensé* pour rêver le rétablissement de la monarchie. Il accepte cette république avec ses *conséquences sociales. Il faut,* dit-il à ses électeurs, *nommer des hommes sincèrement dévoués à la sainte cause du peuple, au triomphe des idées sociales qui doivent régénérer la vieille Europe.*

M. de Dampierre, en s'adressant aux électeurs des Landes, confesse, comme l'a fait dans le Doubs M. de Montalembert, *le tort immense de n'avoir pas fait la préoccupation constante de toute sa vie des questions sociales.* Il demande un état social nouveau.

M. Fialin de Persigny dit aux électeurs de la Loire : « Ce n'est pas une révolution politique qui finit, c'est une révolution sociale qui commence. » Il proclame qu'il doit sa vie au service du peuple; il jure que *tout ce que Dieu voudra lui accorder de courage, d'intelligence et de résolution, sera désormais consacré à l'affranchissement de la seule servitude qui pèse encore sur lui : la servitude de la misère.*

Selon M. Rouher, la révolution est à la fois politique et sociale. Il veut la suppression *immédiate des impôts vexatoires, plus particulièrement onéreux à la classe ouvrière; il demande la liberté de réunion pleine et entière; il juge les clubs indispensables; il veut l'impôt progressif, le travail organisé; tout enfin pour et par le peuple.*

Le général Grouchy et le général Gémeau parlent dans le même sens.

M. de Ségur d'Aguesseau, après avoir proclamé son *inaltérable dévouement à la république*, déclare que *la forme monarchique a fini son temps;* « elle est désormais, dit-il, convaincue d'impuissance pour satisfaire aux *nécessités sociales* de la démocratie triomphante. »

M. Baroche se vante d'avoir été *des cinquante-quatre membres qui, devançant de quelques heures la justice du peuple, ont proposé la mise en accusation d'un ministère odieux et coupable.*

M. Dupin croit qu'*il n'y a plus de monarchie possible et qu'il est de son devoir social de se rallier franchement à la seule forme qui désormais puisse conjurer les malheurs publics* [1].

Que pouvaient souhaiter de mieux les républicains, et même les socialistes, que de voir leurs adversaires, sans aucune contrainte, spontanément, librement, se compromettre par des professions de foi si exagérées; s'engager envers la République, s'exposer, en cas de rétractation et de palinodie, à une confusion, à un abaissement moral funestes à la cause royaliste?

S'il y avait dans ce fait un indice fâcheux pour la moralité et la dignité des classes élevées de la société, les démocrates, en tant qu'hommes de parti, n'avaient pas à s'en plaindre : tout au contraire.

Laissant à Dieu le soin de scruter les consciences et de sonder les cœurs, ils devaient, en bonne politique, accueillir ces démonstrations et les tenir pour sincères. Ne pouvant d'ailleurs, l'eussent-ils voulu, exclure de l'Assemblée la majorité du pays qui n'était pas républicaine par principes, qu'avaient-ils de mieux à faire que d'engager autant que possible ces républicains du *fait accompli*, de les envelopper, pour ainsi parler, et de les entraîner dans le mouvement révolutionnaire contre lequel ils n'avaient pas la force de protester?

[1] Voir pour plus de facilité toutes ces professions de foi réunies dans le numéro de *la Presse* du 25 février 1851.

Par malheur, cette politique si simple ne fut pas comprise par les comités électoraux républicains et par leurs agents. Ils voulurent à toute force *révolutionner*, *républicaniser*, c'était leur expression, un pays si profondément démocratique qu'il n'y avait qu'à le laisser aller à sa pente naturelle et à le préserver de toutes les oppressions, pour que la république fût fondée.

L'immense force jetée tout à coup dans la balance du côté du peuple par le suffrage universel, qui obligeait tous les partis d'entrer en rapport avec lui, c'était là, dans les conditions de temps nécessaire pour toute œuvre naturelle ou humaine, la révolution véritable. Le résultat des premières élections, dût-il même ne donner qu'une Assemblée plus mitigée encore et moins républicaine que ne le fut l'Assemblée constituante, le mal était beaucoup moindre pour la démocratie que celui de montrer, comme le firent les meneurs de clubs, le parti républicain en contradiction flagrante avec son propre principe[1], le répudiant, le foulant aux pieds, s'efforçant d'entraîner la démocratie dans des voies où elle n'aurait plus été autre chose qu'une révolte perpétuelle de toutes les minorités contre toutes les majorités, c'est-à-dire, une constante anarchie.

Sans doute, le mal était grand de donner au peuple l'exercice d'un droit préalablement à l'éducation qui lui en aurait enseigné le fondement et le but. Il aurait fallu, comme le dit Jean-Jacques, « que l'esprit social, qui doit être l'ouvrage de l'institution, présidât à l'institution même, et que les hommes fussent avant les lois ce qu'ils devaient devenir par elles[2]. » Mais cela n'était pas, cela ne pouvait pas être. Il avait été démontré, sous le règne de Louis-Philippe, que

---

[1] Il est remarquable que le langage de la presse réactionnaire et le langage des journaux ultra-radicaux étaient à ce moment le même. Les journaux royalistes protestaient aussi contre ce qu'ils appelaient une *fausse représentation nationale*. (Voir l'*Assemblée nationale*, n° du 8 mars 1848 et des jours suivants.)

[2] *Contrat social*, v. I, ch. VII.

la bourgeoisie n'entendait pas donner au peuple une éducation qui l'émancipât et le fît égal à elle en droit et en capacité. Il était donc de toute nécessité que le peuple conquît révolutionnairement l'émancipation politique *de fait*, pour pouvoir se donner lui-même, avec le temps, l'émancipation morale et *de droit*.

De cet ordre fatalement interverti par la faute des classes dirigeantes, ressortait pour le pays tout entier un danger très-grave. Dans un pareil état des esprits, il fallait s'attendre à une expression de la révolution outrée chez quelques-uns, insuffisante chez le plus grand nombre[1].

« Vous avez admis le principe, subissez-en la conséquence; un échec n'est qu'un retard », disait avec beaucoup de raison l'un des chefs les plus avancés du socialisme aux hommes de son parti qui songeaient dès ce moment à renverser l'Assemblée nationale[2].

Une Assemblée, même médiocrement révolutionnaire, n'aurait jamais pu faire autant de mal à la République qu'en firent ces prédications et plus tard ces attentats contre la souveraineté du peuple, dont le premier signal partit malheureusement de la presse républicaine.

M. Ledru-Rollin avait commis, ainsi que nous l'avons vu, une faute capitale en remettant au *club des clubs*, dirigé par des hommes dont les uns étaient suspects et les autres sans capacité, le choix des agents envoyés dans les départements pour influencer les élections. Ces agents, inconnus ou trop connus dans les différentes localités où ils parurent, inon-

---

[1] Beaucoup de paysans, dans les campagnes reculées, s'étonnaient de cette liste de noms imprimés qu'on leur remettait et disaient naïvement : « *Mais le gouvernement a déjà choisi, pourquoi nous fait-on voter?* »

[2] Raspail, l'*Ami du peuple*, avril 1848. M. Louis Blanc, dans les *Pages d'histoire*, ch. xv, exprime la même pensée. « Ce n'est point à l'intérêt du moment que se doit mesurer l'importance des principes qui régissent les sociétés; le suffrage universel repose sur la notion du droit, et rien que dans la reconnaissance solennelle du droit il y a un fait d'une portée immense. »

dèrent les bureaux du ministère de dénonciations extravagantes; ils firent les rapports les plus faux ou les plus exagérés; les révocations qu'ils provoquaient, et les réintégrations qui se firent par suite de l'évidence de leurs erreurs, portèrent une grande perturbation dans les affaires. Pensant y remédier, le ministre publia, le 8 avril, une nouvelle circulaire; mais, bien loin d'atteindre son but, il ne fit que jeter un trouble plus complet dans les esprits.

De son côté, le ministre de l'instruction publique avait jugé utile de stimuler le zèle des fonctionnaires dépendant de son administration et de leur donner des avis sur le caractère que devait avoir l'élection. Dans une circulaire en date du 6 mars, il disait : « La plus grande erreur contre laquelle il faille prémunir la population de nos campagnes, c'est que, pour être représentant, il soit nécessaire d'avoir de l'éducation ou de la fortune. Quant à l'éducation, il est manifeste qu'un brave paysan, avec son bon sens et de l'expérience, représentera infiniment mieux à l'Assemblée les intérêts de sa condition qu'un citoyen riche et lettré, étranger à la vie des champs, ou aveuglé par des intérêts différents de ceux de la masse des paysans; quant à la fortune, l'indemnité qui sera allouée à tous les membres de l'Assemblée suffira aux plus pauvres... » — « Des hommes nouveaux, ajoutait le ministre, voilà ce que réclame la France : une révolution ne doit pas seulement renouveler les institutions, il faut qu'elle renouvelle les hommes. »

Cette dernière phrase, en rappelant la circulaire de M. Ledru-Rollin, que M. Carnot avait cependant fortement désapprouvée, parut l'expression d'une exclusion systématique concertée dans le gouvernement. Un ministre de l'instruction publique qui venait dire que l'instruction n'était pas nécessaire pour représenter le pays, c'était encore là un grand sujet de scandale pour les partis.

Le ministre, violemment attaqué, insista, comme l'avait fait M. Ledru-Rollin, et, le 10 mars, il fit paraître au *Moniteur* une note où il recommandait encore aux électeurs de nommer des paysans, *et de ne pas se laisser éblouir par le prestige de l'opulence et des manières du grand monde.* « Le danger que les amis sincères de la République peuvent redouter, disait encore M. Carnot, ce n'est pas qu'il y ait à l'Assemblée trop peu de lettrés, c'est plutôt qu'il y ait trop peu de gens de pratique, honnêtement et profondément dévoués aux intérêts de la classe la plus nombreuse et la plus pauvre. » Et il recommandait de nouveau *les hommes capables, qui, pour n'avoir pas dépassé le niveau de l'instruction primaire, n'en étaient pas moins dignes, malgré le défaut de ce que l'on nomme éducation et fortune, de figurer parmi les éléments précieux de l'Assemblée.*

Les manuels des droits et devoirs du citoyen, ou catéchismes politiques, publiés à la demande du ministre par les recteurs d'académie, commentaient et développaient pour la plupart cette pensée[1]. A Paris, M. Henri Martin, M. Ducoux et M. Renouvier entreprirent cette tâche. Le manuel de M. Renouvier fut l'objet d'attaques très-vives, que l'on résuma, afin de mieux frapper les imaginations, dans le mot de *communisme*. On alla répétant partout que le ministre et ses subordonnés prêchaient l'égalité dans l'ignorance, et cette communauté dans l'indigence des biens intellectuels que M. Ledru-Rollin voulait établir dans l'indigence des biens matériels.

Ces accusations étaient injustes[2]; mais il était bien im-

---

[1] Cette pensée n'avait rien d'erroné, ni même de nouveau. Bien avant M. Carnot, Xénophon avait dit dans sa *République d'Athènes* (ch. I) : « Rien cependant de plus sage que de permettre, même au dernier plébéien, de parler en public. Le dernier artisan, étant maître de se lever et de haranguer l'assemblée, y donnera des conseils utiles à lui et à ses pareils. Dans l'opinion publique, cet homme, tel qu'il est, avec son ignorance, ses vues basses, mais son zèle pour la démocratie, vaut mieux qu'un citoyen distingué avec des vues nobles, de la pénétration, mais qui a des intentions perfides. »

[2] « La révolution qui a emporté les rois, les pairs et les députés, respecte la famille, le mariage, les testaments et les tribunaux, » dit le *Manuel* de M. Renouvier ; partout il développe cette pensée, que *le capital et l'intérêt du capital, la donation et l'héritage* sont choses

prudent d'en fournir même le prétexte. Le ministre de l'intérieur et le ministre de l'instruction publique n'y songèrent pas assez ; ils confondirent ce qui, dans un gouvernement, peut être l'objet d'instructions confidentielles données avec choix à un petit nombre d'hommes capables de discernement, et ce qui peut se dire dans des actes officiels lus par des adversaires, commentés par l'esprit de parti, mal interprétés par l'ignorance ou le mauvais vouloir. La pratique des affaires leur manquait à tous deux et, par là, la mesure dans le langage et le sentiment de l'opportunité, qui fait le fonds de la politique.

Cependant, malgré ces erreurs, ces tiraillements du pouvoir, malgré les agitations journalières des clubs, la grande épreuve du suffrage universel fut soutenue avec honneur par le pays. A très-peu d'exceptions près, les opérations du scrutin se firent avec une régularité parfaite.

On se rappelle que le 23 avril était le jour de Pâques. Quelques scrupules s'étaient élevés dans le conseil. On craignait de blesser le clergé et les populations religieuses, en assignant à l'accomplissement d'un acte politique le jour consacré à la plus grande des solennités du culte. M. de Lamartine combattit cette pensée timorée. Il voyait, au contraire, dans cette coïncidence un heureux augure et pour la religion et pour la République. Le clergé le comprit ainsi. Bien loin de murmurer, il se prêta avec empressement aux changements d'heures nécessités par cette décision. Partout, dans les campagnes, on célébra la messe de la résurrection à l'aube du jour ; à l'issue de l'office, le curé se joignant au maire, au juge de paix, au commandant de la garde nationale et à l'instituteur, ils rassemblèrent les électeurs, les formèrent en colonne et les conduisirent processionnellement, bannière déployée et musique

---

parfaitement légitimes, nécessaires à la dignité et à la liberté du citoyen. (Voir au *Manuel*, le ch. II : *De la sûreté et de la propriété*.)

en tête, au chef-lieu de canton, en chantant des chants patriotiques.

Partout l'ordre et le calme régnèrent dans cet immense mouvement moral et matériel d'un peuple tout entier. Pas un accident, pas un désordre grave ne vint troubler une opération jugée *matériellement impossible* [1] par les habiles. Les craintes si vives qu'avait excitées cette journée reçurent un éclatant démenti. Au sein de la population la plus irritée du pays, à Lyon même, tout se passa avec une tranquillité merveilleuse. La veille même de Pâques, une manifestation, organisée par le club central, avait eu lieu. Dix à douze mille clubistes et ouvriers des chantiers nationaux, la plupart armés, avaient fait le tour de la ville, portant un transparent sur lequel on lisait les noms des quatorze candidats du communisme. Le même jour, le club central avait fait afficher un placard qui dénonçait au peuple les manœuvres frauduleuses du comité préfectoral, et il avait envoyé demander au commissaire du gouvernement le changement de ce comité. Sur le refus du commissaire, avait paru un nouveau placard menaçant les autorités d'une *protestation d'une tout autre nature, afin d'apprendre à ce conseil que l'autorité du peuple souverain devait l'emporter sur les iniques et niaises machinations d'une infâme coterie.*

Mais, en dépit de toutes ces démonstrations, le club central n'obtint au scrutin que six nominations, dont deux seulement appartenaient au communisme, MM. Greppo et Pelletier; les huit autres appartenaient à l'opinion républicaine modérée. Exaspéré de cet échec, le club central envoya une députation à M. Martin-Bernard pour protester, en menaçant, contre le résultat de l'élection; mais les opérations avaient été régulières. Ni à Lyon, ni ailleurs, on ne tint compte de ces protestations de l'esprit de parti. A Rouen et à Limoges seulement, elles prirent un caractère sérieux.

[1] Ce fut l'avis émis par l'Institut; c'était l'opinion de beaucoup d'hommes politiques.

A Limoges, où la fabrique de porcelaine occupe plus de six mille ouvriers, et qui compte environ treize mille indigents sur une population de cent mille âmes, le peuple arracha les bulletins de vote aux mains des scrutateurs et désarma la garde nationale. Le 27 avril, les ouvriers de Rouen, irrités par l'échec de leur liste, qu'ils avaient faite beaucoup trop exclusive [1], et par des provocations imprudentes de la garde nationale qui, depuis la journée du 16 avril, se montrait animée d'un mauvais esprit de réaction, coururent aux armes. Le combat s'engagea; il dura deux jours, si toutefois on peut appeler combat la lutte inégale d'une masse populaire, à peu près dépourvue d'armes et de munitions, mêlée de femmes, de vieillards et d'enfants, sans chef militaire, contre les troupes les mieux disciplinées, agissant de concert avec la garde nationale; la disproportion entre le chiffre des morts et des blessés, chiffre considérable dans les rangs du prolétariat [1], et si peu élevé dans les rangs de la troupe qu'on a pu dire que ni un soldat ni un garde national n'avaient péri, témoigne assez de cette inégalité. Cependant le généra Gérard, qui commandait à Rouen, fit sur le combat un rapport dont le langage sévère, et sans aucun retour de pitié, blessa ceux-là mêmes d'entre les membres du conseil qui souhaitaient le plus une répression énergique des soulèvements populaires.

MM. Ledru-Rollin et Louis Blanc protestèrent contre ce rapport et demandèrent que le général Gérard parût devant un conseil de guerre; mais leur demande fut écartée. On chargea M. Frank-Carré, ancien procureur général dans la Seine-inférieure, de dresser une enquête. M. Deschamps

---

[1] Sur cette liste, composée de 19 noms, il y en avait 10 appartenant au prolétariat.

[2] M. Senard, dans son discours à l'Assemblée nationale (séance du 8 mai 1848), donne les chiffres suivants : 41 barricades, contre lesquelles il aurait été tiré 19 coups de canons; 11 hommes tués dans le combat, 76 blessés, recueillis dans les hospices et dont 23 y sont morts. Mais ces chiffres paraissent être restés fort au-dessous de la réalité.

fut remplacé par M. Dussard, nommé commissaire général dans la Seine-Inférieure. Les prisons se remplirent; la plus grande rigueur des lois fut appliquée contre une sédition coupable sans doute, mais où les fautes de l'administration, les provocations de la bourgeoisie, et surtout la fatalité des circonstances avaient eu tant de part qu'une indulgence entière pour les vaincus n'eût été peut-être qu'une stricte justice.

A Paris, les élections furent principalement discutées entre les républicains modérés, qui représentaient l'opinion de la bourgeoisie, et les républicains socialistes ou communistes, qui représentaient l'esprit du prolétariat.

Les premiers avaient un grand avantage. Le comité central, dirigé par le parti qui se groupait autour du *National*, agissait avec ensemble et politique; il était soutenu par la mairie de Paris, et il disposait des fonctionnaires. Les brigadiers des ateliers nationaux et un grand nombre d'artistes, qui y recevaient une solde de cinq francs par jour, furent employés à la propagande électorale.

Le prolétariat, au contraire, à qui toutes les ressources de ce genre manquaient, et qui aurait eu besoin de concentrer tous ses efforts, se divisa. Les délégués du Luxembourg firent bande à part; les chefs de club agirent chacun de son côté; on ne voulut se faire que des concessions insignifiantes; la passion dicta les listes beaucoup plus que le jugement. Il en advint que pas un candidat socialiste ne réussit, à l'exception de MM. Louis Blanc et Albert, acceptés par le comité central, en leur qualité de membres du gouvernement provisoire.

La liste des délégués du Luxembourg donna lieu à de longs débats. Sur l'avis de M. Louis Blanc, les délégués avaient formé une commission chargée d'entendre les candidats présentés par les corporations et d'examiner leurs titres. Cette commission [1] posa d'abord en principe que,

---

[1] Elle se composait des citoyens : Viez, délégué des typographes; Six, délégué des tapissiers; Bonnefond, délégué des cuisiniers; Passard.

pour contre-balancer les candidatures presque exclusivement bourgeoises des élections départementales, il fallait mettre vingt noms d'ouvriers sur les trente-quatre de la liste parisienne ; après quoi, elle procéda, pendant huit jours entiers, à l'examen des candidats et passa en revue les hommes politiques et les écrivains qui avaient donné des gages à la démocratie. L'esprit le plus exclusif domina malheureusement cet examen. Béranger, adopté par acclamation dans la plupart des réunions populaires, ne parut pas assez socialiste aux délégués du Luxembourg. De Lamennais, malgré les *Paroles d'un croyant* et tant d'autres écrits admirables, fut rejeté à cause d'une lettre au *National* sur les utopistes, et de ses récentes attaques dans le *Peuple constituant* contre l'atelier de Clichy et le communisme. M. Proudhon fut repoussé comme trop peu d'accord avec lui-même. MM. Cabet et Blanqui furent écartés sans discussion, ce dernier sans doute par l'influence de M. Louis Blanc, mais on accepta le cuisinier Flotte. MM. Pierre Leroux, Barbès, Raspail, Vidal, Caussidière, Sobrier, Flocon, et même M. Ledru-Rollin, malgré la journée du 16 avril, furent admis. M. Thoré n'obtint qu'une majorité peu considérable. Quant aux candidatures d'ouvriers, elles furent très-vivement disputées.

délégué des brasseurs ; Pernot, délégué des ébénistes ; Duchêne, délégué des compositeurs. Cette commission siégea huit jours durant, à partir du 5 mars ; elle entendit 70 candidats. Les questions auxquelles ils eurent à répondre étaient celles-ci :

« Que pensez-vous des institutions actuelles ?

« Quelles sont vos idées en matière de religion ? Êtes-vous pour la liberté des cultes ? Les cultes doivent-ils être salariés par l'État ?

« Quelles sont vos vues sur l'organisation du travail ?

« Quelles réformes croyez-vous qu'on doive introduire dans la magistrature ?

« Comment entendez-vous l'organisation de l'armée ? Quel rôle doit être le sien, maintenant, et plus tard ?

« Sur quelles bases doit reposer, suivant vous, le système des impôts ?

« Quel est votre opinion relativement au divorce ?

« Que pensez-vous des relations à établir entre la France et les divers peuples de l'Europe, notamment l'Allemagne et l'Italie ?

On rejeta tout d'abord les candidats proposés par le compagnonnage, dont les vieilles prétentions à la suprématie n'étaient pas oubliées, et que l'on croyait influencé par le parti clérical. On fit exception, par des considérations personnelles, pour trois d'entre eux, dont était M. Agricol Perdiguier, maître menuisier, homme de mœurs pures et d'un caractère droit, auteur de plusieurs ouvrages populaires écrits dans un excellent esprit de conciliation. Tous les autres noms d'ouvriers inscrits sur la liste du Luxembourg appartenaient à l'opinion communiste [1].

On a peine à comprendre comment des hommes aussi intelligents que les délégués du Luxembourg purent nourrir un seul instant l'espérance de faire réussir une liste aussi exclusive. Une idée fausse, malheureusement encouragée par M. Louis Blanc, les égara. Ils se persuadèrent que la révolution devait amener la domination absolue du prolétariat, et, comme ils n'avaient aucun esprit politique, au lieu de dissimuler soigneusement une prétention blessante pour la masse de la nation, ils se hâtèrent de la faire sentir. Aussi arriva-t-il que, sur une liste si mal combinée, il ne passa que les quatre noms du gouvernement provisoire, acceptés par le comité central, M. Caussidière, pour lequel la bourgeoisie parisienne gardait encore quelques souvenirs reconnaissants, et M. Agricol Perdiguier, dont les opinions anti communistes étaient notoires [2].

---

[1] Voir aux *Documents historiques*, à la fin du volume, n° 11. La liste des candidats du Luxembourg fut arrêtée, après trois séances consécutives, dans l'assemblée qui se constitua le 17 avril.

[2] Deux incidents de ce mouvement électoral méritent particulièrement d'être rapportés.

M. Blanqui proposa lui-même à son club la candidature de M. Auguste Comte, disciple de Saint-Simon, fondateur de la philosophie positive ; comme ce nom, commun à un physicien célèbre, fut accueilli par un éclat de rire, M. Blanqui entra en colère, gourmanda son auditoire et lui fit honte de sa profonde ignorance.

Béranger déclina la candidature par une lettre ironique adressée aux électeurs du département de la Seine :

« Il est donc bien vrai que vous voulez faire de moi un législateur,

Le 28 avril, à dix heures du soir, le maire de Paris lut au peuple, assemblé sur la place de l'Hôtel de Ville, la liste des représentants élus dans le département de la Seine. Le premier nom, sorti avec 259,800 voix, était celui de M. de Lamartine. Les noms de MM. Dupont (de l'Eure), Arago, Garnier-Pagès, Armand Marrast, Marie et Crémieux, venaient après[1]. C'était une approbation éclatante donnée par les électeurs à la majorité du gouvernement provisoire. Le premier nom de la minorité, celui de M. Albert, ne venait

disait-il, j'en ai douté longtemps. J'espérais que les premiers qui ont eu cette idée y renonceraient par pitié pour un vieillard resté étranger jusqu'à ce jour aux fonctions publiques, et qui, pour s'en montrer digne, aura tout à apprendre à l'époque de la vie où l'on ne peut plus apprendre rien. Des amis m'ont répété que refuser de pareilles fonctions serait une faute. Je crois le contraire. Mais, en effet, si c'est une faute, *évitez-la-moi* (sic), vous à qui je voudrais les éviter toutes.... J'ai été prophète, dites-vous. Eh bien, donc, au prophète le désert. Pierre l'Ermite fut le plus mauvais conducteur de la croisade qu'il avait si courageusement prêchée, bien qu'il eût pour compagnon le brave Gautier-sans-Avoir, comme disaient les riches de ce temps-là.

« Puis n'est-il pas plus sage qu'à une époque où tant de gens se prétendent propres à tout, quelques-uns donnent l'exemple de ne savoir être rien? La nature m'a créé pour ce genre d'utilité qui ne fait envie à personne.

« Enfin, chers concitoyens, que l'ivresse du triomphe ne vous abuse pas. Vous pourrez avoir besoin encore qu'on relève votre courage, qu'on ranime vos espérances. Vous regretteriez alors d'avoir étouffé sous les honneurs le peu de voix qui me reste. Laissez-moi donc achever de mourir comme j'ai vécu, et ne transformez pas en législateur inutile votre ami, le bon et vieux chansonnier.

« A vous de cœur, chers concitoyens.

« BÉRANGER.

« Passy, 30 mars 1848. »

Béranger, élu malgré lui, ne parut que très-peu de temps à l'Assemblée constituante. Le 8 mai, il adressait au président sa démission sous le prétexte goguenard qu'il ne s'était préparé au mandat de représentant, ni par des méditations, ni par des études assez sérieuses. Cette démission, repoussée à l'unanimité par l'Assemblée, il la renouvela, le 14 mai, en termes plus pressants encore et la fit accepter.

[1] Voir aux *Documents historiques*, à la fin du volume, n° 12, la liste, par ordre numérique, des suffrages obtenus par les candidats à l'Assemblée nationale, dans le département de la Seine.

que le vingt et unième. Outre le nom de M. Albert, deux noms d'ouvriers, ceux de MM. Corbon et Peupin, étaient portés par le parti clérical et marquaient la concession très-petite faite au prolétariat. Aucun des candidats du Luxembourg n'était élu. Les délégués, qui s'étaient flattés de disposer de 400,000 voix, n'en avaient pas réuni plus de 64,000 sur le nom de M. Savary, communiste. Les chefs d'écoles socialistes, MM. Barbès, Raspail, Pierre Leroux, avaient obtenu, le premier 64,065 et le dernier 47,284 voix. Le prolétariat, en tant que classe, était donc vaincu. Mais l'opinion républicaine restait victorieuse dans cette élection imposante de Paris, où l'indépendance et le choix raisonné des votes étaient beaucoup plus certains que dans tout le reste de la France.

L'élection des départements eut à peu près le même sens. Les tendances socialistes y obtinrent une assez large place. Le communisme, proprement dit, y parut en minorité imperceptible. Le nom de M. de Lamartine, élu dans dix départements, caractérisa ce moment de la révolution; il marqua l'acception libérale, pacifique et conciliatrice que la grande majorité des électeurs entendait donner au mot de république.

Le clergé envoya à l'Assemblée plusieurs évêques et un assez grand nombre d'ecclésiastiques. Le parti légitimiste fut brillamment représenté par environ 130 députés, parmi lesquels on comptait MM. Berryer, de Falloux, la Rochejacquelein. A l'exception de M. Thiers, l'ancienne opposition dynastique revenait en masse à l'Assemblée nationale.

Une assemblée ainsi composée n'était assurément pas l'expression du prolétariat communiste, elle n'était pas même l'expression du mouvement révolutionnaire; mais, siégeant à Paris, au foyer même de la révolution, sous l'action la plus vive des idées démocratiques, elle ne pouvait pas être rétrograde, et il y avait tout lieu d'espérer qu'elle donnerait au pays une constitution largement et sincèrement républicaine. Je ne veux pas anticiper ici sur les événements et montrer ce qui arriva. Assistons à la cérémonie solennelle de son installation.

Un soleil splendide éclaira cette journée. Vers onze heures du matin, les membres du gouvernement provisoire et leurs ministres, réunis au ministère de la justice, se mirent en marche et se dirigèrent, par la rue de la Paix, par les boulevards et par la place de la Concorde, vers l'ancien Palais-Bourbon. Précédés du commandant en chef de la garde nationale et de son état-major, ils marchaient tête nue entre deux officiers, l'épée à la main, suivis de tous les maires et adjoints de Paris et de la banlieue. Une acclamation ininterrompue, partant à la fois de la foule pressée sur le passage du cortége, de toutes les fenêtres et de tous les toits des maisons, salua ces hommes de cœur qui, sans faire un seul acte de despotisme, sans verser une goutte de sang, sans attenter à aucune liberté, avaient inauguré en France, dans les circonstances les plus critiques, le règne de la démocratie. Ce ne furent pas des applaudissements commandés, mais un mouvement spontané de reconnaissance qui éclata à la vue de ces premiers citoyens de la nouvelle République, qui venaient rendre à la représentation légale du peuple le pouvoir qu'ils tenaient de son acclamation.

Le canon des Invalides annonça l'entrée du gouvernement dans la salle des séances. L'Assemblée tout entière se leva pour le recevoir, au cri puissant et prolongé de : *Vive la République!*

L'aspect de la salle, construite à la hâte et provisoirement dans le Palais-Bourbon, décorée sans style, sans goût et sans magnificence, eût mieux convenu au parlement des États-Unis d'Amérique qu'à l'Assemblée nationale de la République française.

Aucun des représentants, à l'exception de M. Caussidière, ne s'était conformé au décret qui leur imposait un costume imité de la révolution; la plupart ne portaient d'autre signe distinctif qu'une rosette rouge et or à la boutonnière; mais, sous cette uniformité extérieure de costume, les contrastes politiques et sociaux les plus piquants abondaient et excitaient la curiosité des spectateurs. Ainsi, M. Barbès venait s'asseoir auprès de ses anciens juges, et dans l'acclamation de la République, sa voix se mêlait aux voix de ceux-là mêmes qui avaient naguère prononcé sur lui la sentence de mort; le P. Lacordaire, dans son blanc vêtement de dominicain, apparaissait comme le fantôme de l'inquisition entre l'israélite Crémieux et le pasteur protestant Coquerel; le paysan du Morbihan et l'ouvrier de Vaucluse apportaient dans l'urne législative une boule de même poids que le savant de l'Institut et le lettré de l'Académie française; deux Bonaparte, envoyés par la Corse, siégeaient en face d'un la Rochejacquelin; des fils de régicides y coudoyaient des fils de chouans, et, par l'effet merveilleux de cette pénétration de l'esprit moderne qui s'assimile tout, ni les uns ni les autres ne s'étonnaient de se trouver ensemble.

Le contraste que présentaient les tribunes n'était pas moins frappant. Entre la tribune diplomatique, représentation officielle des royautés légitimes, et la tribune de la garde nationale, qui rappelait particulièrement la royauté quasi légitime de Louis-Philippe, la tribune accordée aux délégués des clubs figurait le mouvement et le tumulte révolutionnaires. Enfin, le seul aspect de l'Assemblée, la réflexion que la diversité inouïe de ses éléments ne pouvait manquer de faire naître, était un argument en faveur du gouvernement républicain.

Une forme de gouvernement, qui retirait à tous les partis la prédominance exclusive pour donner à la conscience publique le temps de se former et la faculté de s'exprimer librement, était sans contredit la meilleure, la plus facilement acceptable, dans l'état de nos mœurs et de nos croyances. Une Assemblée issue du suffrage universel, et souvent renouvelée, était le gouvernement le plus apte à favoriser, sans le comprimer ni le précipiter, le mouvement des esprits.

La séance du 4 mai, solennelle et paisible, s'ouvrit sous la présidence du doyen d'âge, M. Audry de Puiraveau. Les six plus jeunes représentants occupaient le bureau. M. Dupont (de l'Eure) monta à la tribune et lut, au nom du gouvernement provisoire, le discours suivant :

« Citoyens représentants du peuple, le gouvernement provisoire de la République vient s'incliner devant la nation et rendre un hommage éclatant au pouvoir suprême dont vous êtes investis.

« Élus du peuple ! soyez les bienvenus dans la grande capitale, où votre présence fait naître un sentiment de bonheur et d'espérance qui ne sera pas trompé.

« Dépositaires de la souveraineté nationale, vous allez fonder nos institutions nouvelles sur les larges bases de la démocratie et donner à la France la seule constitution qui puisse lui convenir : une constitution républicaine.

« Mais, après avoir proclamé la grande loi politique qui va constituer définitivement le pays, comme nous, citoyens représentants, vous vous occuperez de régler l'action possible et efficace du gouvernement dans les rapports que la nécessité du travail établit entre tous les citoyens, et qui doivent avoir pour bases les lois de la justice et de la fraternité.

« Enfin, le moment est arrivé, pour le gouvernement provisoire, de déposer entre vos mains le pouvoir illimité dont la révolution l'avait investi. Vous savez si, pour nous, cette dictature a été autre chose qu'une puissance morale au milieu des circonstances difficiles que nous avons traversées.

« Fidèles à notre origine et à nos convictions personnelles, nous n'avons pas hésité à proclamer la République naissante de février.

« Aujourd'hui, nous inaugurons les travaux de l'Assemblée nationale à ce cri qui doit toujours la rallier : *Vive la République !* »

Ce cri, sorti de la bouche émue du vieillard, fut répété

par un long et retentissant écho. Après quoi l'Assemblée passa dans les bureaux pour procéder à la vérification des rapports. Lorsqu'elle rentra dans la salle, M. Démosthène Ollivier, représentant des Bouches-du-Rhône, demanda que chacun des membres jurât individuellement fidélité à la République; mais cette proposition, combattue par M. Crémieux, qui flétrit avec beaucoup de verve le scandale si souvent renouvelé dans notre histoire des serments prêtés et trahis, fut en quelque sorte étouffée sous une acclamation unanime. L'Assemblée se leva spontanément en criant : *Vive la République!* « Vos applaudissements, reprit M. Crémieux, qui n'avait pas quitté la tribune, disent assez ce qui est dans nos cœurs, qu'avons-nous donc besoin de le mettre sur nos livres? » Un cri nouveau de : *Vive la République!* éclatant à plusieurs reprises dans la salle, exprima l'assentiment de l'Assemblée à ces paroles et termina ce premier incident.

Il était environ quatre heures. A ce moment, le général Courtais parut à la tribune et demanda à l'Assemblée de se rendre sous le péristyle du palais qui fait face à la place de la Concorde, afin d'y proclamer la République en présence du peuple. Malgré une légère opposition de la part de quelques représentants, qui prétendaient qu'on ne devait pas interrompre la vérification des pouvoirs, l'Assemblée quitta ses bancs et se rendit en masse sur le péristyle. Rien ne saurait rendre l'émotion profonde avec laquelle le peuple, qui depuis plusieurs heures attendait ce moment solennel, accueillit ses représentants.

Des drapeaux de l'armée et de la garde nationale avaient été apportés. M. Audry de Puiraveau proclama, au nom du Peuple et de l'Assemblée nationale, la République démocratique. Un transport d'enthousiasme couvrit sa voix; des larmes mouillaient tous les yeux; les mains se cherchaient et s'étreignaient sans se connaître, dans une indicible émotion de confiance et de joie.

L'Assemblée rentrée dans la salle; M. Trélat constata en

termes très-précis le consentement unanime, formel et irrévocable qu'elle venait de donner au gouvernement républicain :

« Le témoignage le plus éclatant en faveur de la République, dit-il, c'est *que de ceux-là mêmes qui protestaient encore, il y a deux mois*, contre la République, il n'y en a pas un qui proteste aujourd'hui; c'est que leurs *vœux sont unanimes* et que, s'il est ici quelques citoyens qui, dans la sincérité de leurs consciences, aient proposé à la nation une autre forme de gouvernement il y a deux mois, aujourd'hui il n'y a qu'un seul cri, qu'une seule parole, qu'un seul hommage, qu'un seul sentiment au fond de tous les cœurs pour cette République éclairée, préparée, grandie et tellement universalisée qu'elle est partout reconnue, que, comme on l'a dit depuis longtemps dans de nobles paroles : la République est comme le soleil, aveugle qui ne la verrait pas! » Un dernier cri de : *Vive la République!* éclata encore à ces paroles, puis l'Assemblée se sépara. Cette belle journée, qu'on avait vainement tenté de troubler par des craintes et des menaces chimériques[1], s'écoula dans la joie et dans l'espérance d'un grand avenir.

Les trois jours suivants furent consacrés à la vérification des pouvoirs. L'élection contestée de M. l'abbé Fayet, évêque d'Orléans, montra les abus de l'influence cléricale dans toute leur immoralité. Refus d'absolution dans le confessionnal, recommandation d'un candidat dans la chaire évangélique, bulletins falsifiés distribués aux paysans qui ne savaient pas lire, aumônes politiques, tels étaient les moyens employés par les curés et les desservants des campagnes pour obtenir des voix à leurs supé-

---

[1] Le procureur de la République, M. Landrin, avait averti le gouvernement que les clubs tramaient quelque complot, et il avait demandé quatre mandats d'amener contre M. Blanqui et les siens; mais le gouvernement s'y refusa. M de Lamoricière, le matin même de l'ouverture de l'Assemblée, avait été demander au ministre de la guerre de prendre des mesures de défense.

rieurs. L'Assemblée, cependant, ne cassa pas l'élection et se borna à ordonner l'enquête. Elle se montra plus sévère relativement à l'élection, dans le département de la Seine, d'un nommé Schmit, ancien maître des requêtes, ancien chef de division au ministère des cultes, auteur d'un *Catéchisme des ouvriers*, qui avait profité de l'erreur de beaucoup de prolétaires dont le suffrage s'adressait à un ouvrier cordonnier portant également le nom de Schmit. Interrogé dans le bureau chargé de la vérification de ses pouvoirs, Schmit dit qu'il n'avait pas été ouvrier et fut obligé d'avouer qu'il avait à dessein laissé subsister l'équivoque. Son élection fut annulée.

La vérification des pouvoirs terminée, l'Assemblée nomma son président et son bureau. La nomination de M. Buchez à la présidence; celles de MM. Recurt, Cavaignac, Corbon, Guinard, Cormenin et Senard en qualité de vice-présidents; de MM. Peupin, Degrange, Ed. Lafayette, Lacrosse, Émile Péan, comme secrétaires; Degousée, Bureaux de Puzy, Négrier, à la fonction de questeurs, marquèrent la victoire de la mairie de Paris sur le ministère de l'intérieur; l'ascendant du *National* l'emportait définitivement sur l'influence de la *Réforme*.

Les jours suivants, les membres du gouvernement montèrent, l'un après l'autre, à la tribune pour y lire un compte-rendu circonstancié de leur administration. M. de Lamartine, au nom de M. Dupont (de l'Eure), avait commencé par un tableau général des actes accomplis et de la politique suivie par le gouvernement provisoire. Écouté avec une faveur extrême, il fut couvert d'applaudissements, lorsqu'en terminant son tableau, il fit, d'une voix solennelle, cette belle invocation : « Puisse seulement l'histoire de notre chère patrie inscrire avec indulgence, au-dessous, et bien loin des grandes choses faites par la France, le récit de ces trois mois passés sur le vide, entre une monarchie écroulée et une République à asseoir; puisse-t-elle, au lieu des noms obscurs et oubliés des hommes qui se sont dévoués au salut commun, inscrire dans ses pages deux noms seulement : le nom du Peuple qui a tout sauvé, et le nom de Dieu qui a tout béni sur les fondements de la République. »

Après M. de Lamartine, M. Ledru-Rollin fut le plus applaudi de tous les membres du gouvernement; mais ce n'était là qu'une démonstration trompeuse et qui ne cacha pas longtemps les véritables dispositions de l'Assemblée à son égard.

Une partie des hommes qui avaient formé la majorité du conseil, quelques-uns de ceux qui appartenaient à ce qu'on appelait alors la politique du *National*, voulaient à tout prix exclure M. Ledru-Rollin de la formation d'un nouveau pouvoir exécutif. A mesure que les représentants, médiocrement favorables à l'auteur des circulaires, arrivaient à Paris, on les travaillait dans ce sens et on les gagnait à l'idée que le premier acte de l'Assemblée devait être une désapprobation manifeste de la politique de M. Ledru-Rollin. Des efforts inouïs furent tentés dans ce sens auprès de M. de Lamartine, mais il demeura inébranlable; rien ne put le décider à abandonner M. Ledru-Rollin. Non-seulement, depuis le 16 avril, il se considérait comme engagé d'honneur à le soutenir, comme il en avait été soutenu, mais encore il croyait, beaucoup plus que personne, à la puissance de l'idée révolutionnaire, et il estimait très impolitique de repousser du gouvernement l'homme en qui se personnifiait alors la révolution.

La combinaison du *National* fut proposée, le 9 mai, à l'assentiment de l'Assemblée, par MM. Jean Reynaud, Trélat et Dornès. Voici le texte de cette proposition : « L'Assemblée nationale constituante reçoit le dépôt des pouvoirs extraordinaires conférés au gouvernement provisoire constitué le 24 février dernier; elle déclare que ce gouvernement, par la grandeur des services qu'il a rendus, a bien mérité de la Patrie.

« L'Assemblée nationale constituante étant investie de la souveraineté populaire dans sa plénitude, le gouvernement provisoire, né de la révolution de Février, cesse d'exister.

« La souveraineté de l'Assemblée devant s'exercer par délégation jusqu'à la mise en vigueur de la constitution, qui va être décrétée par elle, elle confie le pouvoir exécutif à une commission exécutive composée de cinq membres. »

Après quelques débats, la proposition fut adoptée et l'on procéda à la nomination des cinq membres de la commission exécutive, chargée d'exercer le pouvoir jusqu'à l'établissement définitif de la constitution.

MM. Arago, Marie et Garnier-Pagès furent nommés sans contestation. Le nom de M. Ledru-Rollin, repoussé à une grande majorité dans les bureaux, passa à une faible majorité au scrutin public et à une majorité un peu plus forte au scrutin secret, uniquement sur la déclaration formelle de M. de Lamartine que, si l'Assemblée persistait dans cette exclusion, il ne consentirait pas à faire partie de la commission exécutive. Cette déclaration excita un vif mécontentement et l'Assemblée, qui n'osa passer outre, en témoigna du moins son déplaisir en donnant à M. de Lamartine moins de voix qu'à ses trois collègues.

Le résultat du scrutin secret donna : 725 voix à M. Arago; à M. Garnier-Pagès, 705; à M. Marie, 702; à M. de Lamartine, 645, et à M. Ledru-Rollin, 458. M. Pagnerre fut nommé secrétaire de la commission exécutive.

Deux jours auparavant, MM. Louis Blanc et Albert s'étaient démis de leurs fonctions de président et de vice-président de la commission des travailleurs.

La seconde partie de la proposition Dornès, qui déclarait que le gouvernement provisoire *avait bien mérité de la Patrie*, fut l'objet d'une courte discussion soulevée par M. Barbès, qui protesta, *au nom du peuple*, contre *une foule d'actes faits par le gouvernement*, et qui demanda compte des *massacres commis à Rouen*, de l'abandon des Polonais, des Belges, des Italiens et des Allemands.

Pour toute réponse à ces accusations, M. Crémieux annonça qu'une enquête était ouverte sur les événements de Rouen, et l'Assemblée vota à l'unanimité, moins trois ou quatre voix, que le gouvernement provisoire avait bien mérité de la Patrie.

Ainsi fut close la période purement révolutionnaire du gouvernement républicain. La royauté abolie; le principe de la souveraineté du peuple, non plus seulement reconnu dans le droit abstrait, mais pratiqué sans opposition; la paix maintenue; la liberté respectée; c'étaient là les œuvres signalées, accomplies depuis le 24 février par un gouvernement né d'une insurrection, soutenu presque uniquement par l'amour et le dévouement des classes populaires.

L'Assemblée, issue du suffrage universel, allait avoir à fortifier, à développer, à constituer enfin cette œuvre immense. La France et l'Europe avaient les yeux sur elle; ses décisions souveraines seraient, pour toute une génération d'hommes peut-être, le sceau de la paix ou le signal de la guerre; l'accomplissement ou le déchaînement de la plus grande révolution des temps modernes.

Le gouvernement provisoire avait-il, en effet, *bien mérité de la Patrie?*

Au moment où l'Assemblée nationale prononçait cette parole solennelle sur les hommes qui venaient abdiquer dans son sein le pouvoir révolutionnaire et leur décernait ainsi la couronne civique, une seule voix s'éleva pour protester : c'était la voix de Barbès.

Depuis lors[1], les choses ont bien changé. Les partis vaincus, déconcertés et réduits au silence par la grandeur des événements, ont retrouvé dans un retour inespéré de fortune, avec la parole hautaine, l'esprit d'infatuation et d'injustice. Ce qui pour eux fut un objet d'étonnement et d'admiration est devenu un sujet de scandale. La calomnie

---

[1] Je crois devoir rappeler encore que ceci était écrit en 1850.

succède à l'hyperbole. De ces lèvres pâlies qui balbutiaient naguère l'enthousiasme, on n'entend plus sortir que les accents raffermis de la haine et de la vengeance. A les croire, le gouvernement révolutionnaire a excédé tous ses droits; il a failli à tous ses devoirs; la patrie et l'histoire ne doivent à ses *forfaits*[1], à défaut d'un oubli impossible, que la flétrissure et l'anathème.

Si le lecteur a daigné accorder quelque confiance au récit qu'il vient de lire; s'il a cherché avec moi à pénétrer les sentiments des hommes sur lesquels on voudrait faire peser à cette heure une condamnation aussi rigoureuse, je doute qu'il la ratifie. La simple narration des événements, aussi fidèle qu'il m'a été possible de la faire d'après des témoignages nombreux, scrupuleusement confrontés, en sacrifiant à ma conscience d'historien mes prédilections, mes antipathies et jusqu'à l'espoir du succès; cette seule exposition des faits que je n'ai point fardés, suffirait, à mon sens, pour établir une opinion très-différente de celle qui prévaut aujourd'hui. Je crois utile cependant d'ajouter ici quelques réflexions générales, afin de résumer l'opinion qui me paraît devoir s'élever un jour au-dessus des clameurs de l'esprit de parti; mon but principal, en entreprenant la tâche ingrate de retracer des événements accomplis à peine, dont l'issue reste douteuse et dont les conséquences nous échappent, ayant été, non pas d'accommoder ces événements au gré de mes convictions et de faire connaître au public mes espérances, mais de transmettre à ceux qui viendront après nous le sentiment vrai des contemporains, de ceux-là du moins dont la raison a dominé les passions, et dont la voix équitable et sincère a mérité d'être recueillie.

En vertu de quel droit le gouvernement provisoire a-t-il gouverné la France pendant l'espace de temps qui s'est écoulé du 24 février au 4 mai 1848?

---

[1] Expression des journaux royalistes.

La négation de ce droit est le point de départ des accusations qui se sont élevées après que les onze hommes investis du pouvoir par l'insurrection en eurent été dépossédés par l'Assemblée. Ce droit, il en faut convenir, n'est écrit nulle part; il n'a jamais été formulé dans un article de loi; on ne le rencontre dans aucune charte.

Le nier néanmoins, c'est, selon moi, nier quelque chose de plus évident et de plus légitime que toutes les lois écrites; c'est nier le droit, le besoin suprême, inhérent à tout ce qui respire, de résister à la dissolution par tous les moyens que suscite l'instinct conservateur de la vie.

L'instinct social de la population parisienne, en prononçant le nom des onze hommes qu'elle chargea de la guider pendant le déchaînement d'une tempête formidable, leur transmettait ce droit naturel et leur imposait le devoir de l'exercer en vue du salut commun.

Si l'on remonte dans l'histoire à l'origine des souverainetés les mieux établies, à partir de la souveraineté élémentaire des chefs de hordes nomades jusqu'à celle des dynasties royales et aux souverainetés compliquées des gouvernements constitutionnels, il est douteux qu'on en découvre une seule qui ait été conférée ou subie à un autre titre. Le consentement universel n'a jamais pu être que supposé et déduit de l'acclamation d'un grand nombre.

Mais cette légitimité d'origine, admise par le gouvernement provisoire, quelle était la nature et jusqu'où s'étendait la limite de ses pouvoirs? C'était là une question plus grave encore, et qui devait donner lieu à des accusations nouvelles. Le gouvernement lui-même se partagea sur ce point; il se forma dans le conseil une majorité et une minorité; il s'y produisit spontanément comme deux consciences politiques. Selon la minorité, les pouvoirs du gouvernement, par cela seul qu'ils étaient révolutionnaires, étaient absolus, illimités, constituants; on ne devait les abdiquer qu'après avoir complètement organisé les forces et institué les principes révolutionnaires dans l'État. Selon la majorité, le gouvernement d'urgence sorti de l'insurrection avait pour tâche uniquement d'aider la nation à se donner un pouvoir légal et, en attendant qu'il fût formé, d'administrer la chose publique, sans s'immiscer dans la législation, sans rien préjuger, sans anticiper en aucune manière sur les décisions de l'Assemblée nationale, pas même par la proclamation de la République.

Dans l'un comme dans l'autre de ces jugements, je trouve quelque chose de trop absolu.

Après trente années de règne constitutionnel, dans un temps et dans un pays où les mœurs ne permettaient pas les violences systématiques, la dictature exercée par onze hommes aussi divisés entre eux que l'étaient les différentes classes de la nation entre elles, c'était une conception chimérique. L'administration pure et simple des affaires, cette espèce d'arbitrage, de justice de paix sans initiative, en était une autre non moins absurde, dans un moment où le besoin d'agir, de se répandre, de s'organiser, poussait chaque jour des masses de prolétaires armés sur la place publique, où la soif des nouveautés s'était emparée des imaginations, de telle sorte qu'il fallait se hâter de la satisfaire, sous peine de la voir dégénérer en fureur. La raison d'État commandait, en des circonstances si compliquées et si graves, d'abréger la durée d'un pouvoir né fortuitement d'une nécessité temporaire; mais elle commandait également d'ouvrir au plus vite de larges issues à l'esprit révolutionnaire qui, depuis 1789, n'a jamais reculé en France que pour revenir à la charge avec une intensité redoublée, et de lui donner toutes les satisfactions que ne repoussait pas la conscience publique.

C'était là une question d'appréciation infiniment délicate. Il aurait fallu aux hommes du gouvernement provisoire un don singulier d'intuition pour reconnaître, dans la multitude des exigences, des vœux, des avis dont ils se voyaient assaillis à toute heure, les idées susceptibles d'être formulées en lois, autrement dit, les idées qui trouvaient dans les mœurs cette préparation suffisante, laquelle est aux créations de la science sociale ce qu'un certain état de l'atmosphère est aux créations de la nature physique. Il aurait fallu que, dans ce conflit tumultueux des passions déchaînées, ils entendissent distinctement, pour lui obéir, *la voix du peuple* qui, selon l'antique et mystérieux axiome, est l'oracle souverain, *la voix de Dieu.*

Nous touchons ici au point essentiel de notre examen.

Que doit-on entendre par cette *voix du peuple* ou *de Dieu*, que la révolution venait de donner pour fondement au droit politique, en instituant le suffrage universel?

Pas autre chose que l'instinct commun à tous les êtres organisés, depuis le plus infime animal jusqu'aux sociétés les plus parfaites, de retenir ou d'accroître en eux la vie en repoussant ce qui nuit, en s'assimilant ce qui convient à leur nature.

C'est par ce travail organique que les êtres s'individualisent, que les individus forment des races, que les races se conservent et se perfectionnent. Quand ce travail s'alanguit et s'arrête, l'individu ou la race décroît et meurt.

Mais ce qui reste chez les races inférieures à l'état de pur instinct, se combine chez l'homme avec la réflexion et prend un caractère supérieur : l'*instinct* devient le *génie*.

Tous les gouvernements que les peuples se sont donnés, ont eu pour mission de représenter cette action commune de la raison combinée avec l'instinct et d'exprimer ainsi le génie national aux différentes phases de son développement historique.

Ils ont été légitimes et forts tant qu'ils ont écouté l'instinct confus et général des masses, tant qu'ils l'ont défini, particularisé suivant les temps, et prononcé dans les lois. Ils ont été brisés, expulsés par les révolutions, quand, devenant sourds à la voix du peuple, ils ont opposé une volonté personnelle, isolée et conséquemment usurpatrice au génie national.

Les exemples en sont frappants dans notre propre histoire.

L'instinct social a trouvé chez nous sa première expression dans la possession du territoire. L'idée de *patrie* s'est attachée au sol conquis et possédé exclusivement par la noblesse guerrière : la royauté féodale a été le gouvernement naturel et légitime de ce premier état. La propriété héréditaire du sol, exempte de travail, défendue par les armes, c'est l'institution primitive et génératrice de la société française. *La voix de Dieu* parlait alors exclusivement par la bouche du seigneur, de son chef, le roi, et par celle de leur consécrateur à tous deux : le prêtre.

Mais peu à peu, le travail et l'industrie, concentrés aux mains des bourgeois et des manants, créèrent des richesses considérables. À côté de la propriété foncière, s'éleva la propriété des capitaux mobiliers. Les communes se rachetèrent de la domination des seigneurs. Une longue lutte s'engagea pendant laquelle l'instinct social de la bourgeoisie, de plus en plus énergique, arriva à se connaître lui-même et devint capable de gouvernement. En 1789, il se sentit assez fort pour briser, pour expulser les derniers restes de la féodalité. *La voix de Dieu* parla par la bouche du tiers-état. *Le droit du travail* fut glorieusement institué dans les lois sur les ruines du droit de conquête.

Le gouvernement constitutionnel correspondait exactement à ce droit nouveau de la richesse acquise par le travail ; mais ce droit se montra jaloux, exclusif, comme l'avait été le droit de possession par la conquête ; la bourgeoisie n'eut en vue qu'elle seule. Elle fit conspirer toutes les lois à un but égoïste : « *La défense du riche contre le pauvre, de celui qui possède quelque chose contre celui qui n'a rien*[1]. » Elle marqua nettement son règne par l'établissement du cens qui traçait avec un cynisme insolent les limites du pays légal et créait pour les enrichis l'aristocratie de la patrie.

[1] Adam Smith, liv. I et V,

Dès ce moment, une scission nouvelle s'opéra au sein de l'unité bourgeoise. Le travailleur industriel tombé rapidement, par un concours de circonstances imprévues, dans un état de misère qui l'excluait non-seulement de toute participation à la vie politique, mais encore de tout espoir d'y arriver, forma une classe, un ordre nouveau. L'*hérédité de la misère* constitua *le prolétariat*.

Enfermé dans un cercle fatal, refoulé, comprimé, l'instinct social du prolétariat fit un effort prodigieux ; il éclata en plaintes, en reproches ; il réclama son droit par les armes. La bourgeoisie demeura sourde ou insensible. La royauté constitutionnelle refusa d'écouter le vœu du prolétariat ; elle refusa même d'indiquer par l'abaissement du cens que peut-être elle l'écouterait un jour. Ce fut le signal de la révolution. L'instinct social encore confus et vague, au sein du prolétariat, *la voix du peuple, la voix de Dieu*, se choisit un gouvernement qui devait être son expression rationnelle : la République fut proclamée.

Le gouvernement provisoire a *bien mérité de la patrie*, parce qu'il a été animé tout entier du désir sincère de se conformer à la volonté nationale ; parce qu'il s'est dévoué à cette tâche, sans arrière-pensée ; parce que, enfin, si quelques-uns de ses actes politiques ont été contre son but, tous portent l'empreinte d'un respect profond pour la dignité humaine que la révolution venait relever de son dernier abaissement.

Les difficultés devant lesquelles le gouvernement provisoire a vu échouer sa bonne volonté, et qui appellent toute l'indulgence de l'histoire, tenaient à une complication qui n'a pas été assez remarquée.

Le mouvement qui se produisait dans le prolétariat, et qu'il fallait seconder, se manifestait par un phénomène complexe et jusqu'à un certain point contradictoire. Au plus profond des masses, un essor général, une tendance organisatrice, aspirait à procurer à tous ce que la bourgeoisie avait conquis pour elle seule : *la liberté et l'égalité*. Sous le nom de *socialisme*, qu'on lui donna après la révolution de Février, cette tendance voulait se frayer les mêmes voies légitimes par lesquelles la bourgeoisie est arrivée à l'émancipation : l'éducation qui donne la propriété intellectuelle; le travail qui donne la propriété matérielle. Le socialisme demandait que l'État instituât l'éducation nationale égale pour tous ; il voulait rendre la condition du travail directement productif, qui est le travail du prolétaire, égale à celle du travail indirect de la spéculation capitaliste, qui est le travail de la bourgeoisie. Il voulait, en un mot, rendre la relation du capital et du travail, concourant ensemble à la richesse publique, plus équitable et telle qu'il n'en dût pas fatalement résulter cette *hérédité de la misère*, dont j'ai parlé, qui perpétue à l'état de classe le prolétariat, en l'excluant, sinon en droit, du moins en fait, de tous les bienfaits de la vie sociale.

Le mouvement du prolétariat socialiste n'était donc, au fond, que l'affirmation, la consécration nouvelle, par l'extension à tous, des principes et des droits *de liberté et de propriété*, sur lesquels repose la société européenne.

Mais cette tendance générale organisatrice était combattue par un mouvement accidentel, particulier, purement négatif qui, sous le nom de *communisme matérialiste*, niait complétement ce que le socialisme voulait étendre et transformer : le principe de la liberté individuelle, ou la personnalité, et la notion de propriété qui en est, dans les sociétés modernes, le signe et le gage.

Cette opération élémentaire de l'esprit humain qui consiste à opposer la négation à l'exagération d'un principe, se fait généralement dans les cerveaux étroits où naissent les passions aveugles. Il en arriva ainsi au communisme matérialiste. Plus aisément formulé que le socialisme, il adopta, comme mode de réalisation de son principe très-simple, le procédé également très-simple et très-logique du terrorisme et passionna un petit nombre d'hommes dont le fanatisme fut d'autant plus grand que leurs vues étaient plus bornées. Sans adopter ni rejeter les doctrines des communistes, le prolétaire, voyant en eux les défenseurs les plus intrépides de sa cause, les laissa dire et faire. La bourgeoisie peu disposée, au plus fort de l'orage, à examiner de sang-froid des théories, à distinguer le juste de l'injuste, le vrai du faux, dans un mouvement révolutionnaire qui détruisait sa sécurité et menaçait son règne, confondit, dans une même réprobation, le socialisme et le communisme; elle engagea la lutte, une lutte sans issue, à outrance, où ses victoires mêmes ne servent qu'à lui montrer plus manifestement les forces indestructibles qu'elle voudrait anéantir.

Le gouvernement provisoire, où le socialisme avait pénétré, essaya bien de le séparer du communisme et de lui faire sa place par les conférences du Luxembourg, par quelques mesures financières, par quelques projets de loi sur l'instruction publique, et marqua à cet égard des intentions sérieuses. Mais les exigences extrêmes d'un côté, les frayeurs outrées de l'autre, les heures et les jours emportés dans un tourbillon d'une rapidité inouïe, l'imprévu de tous les instants, la perplexité des meilleurs esprits, l'hésitation des consciences les plus fermes, paralysèrent sa bonne volonté. Après deux mois d'angoisses sans égales, il résigna le pouvoir comme il l'avait pris, avec la simplicité d'un patriotisme sincère. Mais il laissa toutes choses indécises et la nation en proie au plus grand trouble moral où peut-être on l'ait jamais vue. Qui ne l'absoudrait cependant; qui oserait se montrer plus sévère envers lui que ne le fut l'Assemblée nationale, en constatant qu'après trois années de luttes et de péripéties les plus extraordinaires, la situation reste au fond pareille, si ce n'est empirée?

Communisme ou *terrorisme*, c'est encore à cette heure le mot d'une lutte dont on ne sait pas conjurer la menace. *Socialisme* ou *démocratie*, c'est le mot incompris de l'organisation et de la paix indéfiniment ajournées. Aussi longtemps que la bourgeoisie confondra le communisme et le socialisme, la démocratie et le terrorisme, et combattra l'un avec l'autre, au lieu de combattre l'un par l'autre, la société sera livrée à l'action et à la réaction perpétuelles de l'état révolutionnaire.

Le jour où la bourgeoisie comprendra que l'aspiration du prolétariat est légitime et qu'il lui faut donner satisfaction par la réforme des institutions sociales, le communisme et le terrorisme auront cessé d'exister. On ne saurait trop le répéter, le communisme n'a qu'une valeur accidentelle et toute négative dans l'état social au dix-neuvième siècle, particulièrement dans l'état de la société française. Non-seulement la conception sur laquelle il repose est anti-scientifique et radicalement opposée au mouvement de la civilisation moderne, mais encore il est plus spécialement anti-français.

L'hypothèse d'un État communiste, admissible à la rigueur pour quelques peuples de l'Europe orientale, n'est pas soutenable quand on l'applique aux nations de race latine où le sentiment de la personnalité, et conséquemment de la propriété, est arrivé à son plus haut degré de puissance. Dans la conception française de l'idée de propriété, on sent encore la consécration religieuse de son origine romaine. Le prolétariat communiste lui-même, qui nie la propriété et la personnalité, par cela seul qu'il désespère d'y atteindre, le jour où il saisirait le pouvoir, se sentirait frappé d'impuissance et vaincu par le génie de la nation [1].

Aux yeux du philosophe, le problème reste aujourd'hui, après une douloureuse expérience de trois années, posé exactement dans les mêmes termes où le posa *la voix du*

---

[1] La répulsion profonde du peuple pour les deux formes de l'idée communiste qu'il voit réalisées, l'hospice et la fosse commune, serait, à défaut d'autres raisons plus scientifiques, un signe manifeste de son sentiment énergique de personnalité et de propriété. Un gouvernement qui assurerait au cadavre du pauvre la propriété de six pieds de terrain dans un cimetière serait le gouvernement le plus populaire qu'on eut jamais vu.

peuple en proclamant, le 24 février 1848, la République *démocratique et sociale*.

Quels que soient désormais les accidents prochains ou lointains de la crise dans laquelle la France est engagée; quels que soient le nom et la forme des gouvernements qui se succèderont, ils n'auront pas d'autre sens, pas d'autre caractère, pas d'autre mission que celle qui fut donnée au gouvernement provisoire. Ils seront brisés, ils demeureront impuissants, ils n'auront ni force ni durée, s'ils n'expriment pas le génie national, *la voix de Dieu* au dix-neuvième siècle : *Le suffrage universel instituant la démocratie*[1].

---

[1] « Le salut ou la perte des États, écrit Gioberti, reposent aujourd'hui sur les idées et sur les classes démocratiques. Qui les a contraires est perdu ; parce que la démocratie croît terriblement chaque jour, envahit tout et acquiert de la force jusque dans ses défaites.

« La salute o la perdizione degli stati sono oggi riposte nelle idee e nelle classi democratice. Chi le ha contro è sfedato; perchè la democrazia cresce ogni giorno terribilmente, invadi tutti gli ardicci e acquista verbo dalle sue sciagure. » (*Del Rinovamento civile d'Italia*, v. I, p. 91.)

TROISIÈME PARTIE

CHAPITRE XXVIII

L'Assemblée constituante. — Le ministère du travail. — Affaires de Pologne. — Journée du 15 mai.

Jamais peut-être, depuis l'établissement des gouvernements libres, aucune assemblée politique n'avait possédé une force de situation et d'opinion comparable à celle dont l'Assemblée nationale constituante se voyait investie lorsqu'elle ouvrit solennellement ses débats, le 4 mai 1848.

Derrière elle, pour la soutenir, la nation entière dont elle était issue par le suffrage universel, exercé pour la première fois dans toute son extension, avec une liberté parfaite et un ordre admirable. Devant elle, table rase. Plus un seul pouvoir debout pour partager son initiative, limiter ses droits ou résister à ses volontés : pas un *veto* pour en suspendre l'application. Ni roi, ni princes, ni cour, ni ministres, pour lutter avec elle de ruse ou d'audace. Rien qui pût seulement la distraire de son omnipotence incontestée.

Que manqua-t-il donc à l'Assemblée constituante pour

créer une œuvre durable? Que manqua-t-il à ses intentions droites, à ses talents, à son courage? Une chose; une seule, mais décisive dans la vie des hommes et des sociétés : la conscience de sa force.

L'expérience a fait connaître que de l'échange perpétuel des idées et des sentiments dans une réunion d'hommes, très-séparés d'ailleurs, mais appliqués à un but commun, il se dégage une sorte d'esprit collectif, qui constitue le caractère, ou ce que l'on pourrait appeler l'individualité de cette réunion. Cela s'est vu toujours dans les communautés religieuses, dans la magistrature, dans l'armée, dans les académies, dans les assemblées politiques. Et selon que cet esprit s'est plus ou moins révélé à lui-même, on l'a vu exercer au dehors une action plus ou moins sensible. L'Assemblée constituante de 1848, troublée dès ses débuts par des événements et des influences dont je vais essayer de retracer les effets, n'est jamais arrivée à un dégagement complet du bon esprit dont elle était animée; sa personnalité ne s'est accusée suffisamment ni aux yeux du peuple, ni à ses yeux propres. Aussi, après une carrière de plus d'une année, carrière pleine d'angoisses et de contradictions, après avoir montré tour à tour beaucoup de fermeté et beaucoup de faiblesse, les pressentiments les plus justes et d'inconcevables illusions, a-t-elle résigné avec découragement et tristesse la puissance suprême, sans en laisser d'autres traces qu'une constitution éphémère du sein de laquelle surgissaient deux pouvoirs égaux et opposés, rivaux avant même de s'être regardés face à face, et qui allaient bientôt replonger le pays dans une confusion plus grande encore que celle dont on venait à peine de le faire sortir.

L'histoire de l'Assemblée constituante nous offre cependant un digne sujet d'études, et l'intérêt qui s'attache à ses travaux se mesure moins aux résultats obtenus qu'à la grandeur de l'entreprise tentée.

Instituer la démocratie ce sera l'œuvre de plusieurs siècles, peut-être, car il s'agit d'une civilisation nouvelle à faire sortir d'un principe tout nouveau. Depuis que les dieux n'interviennent plus dans les affaires humaines, depuis qu'on ne voit plus les législateurs descendre du Sinaï ou remonter vers l'Olympe, depuis que l'esprit humain n'obéit plus à l'instinct, mais veut comprendre les lois qu'il accepte, le progrès des sociétés se complique et s'étend de telle sorte que ceux-là mêmes qui y travaillent avec le succès le plus apparent, ne le saisissent point dans son ensemble et n'en conçoivent souvent qu'une idée vague, obscure et bornée.

J'ai dit plus haut comment l'Assemblée, en se constituant, avait choisi dans le gouvernement provisoire les membres de la commission exécutive. De part et d'autre on se connaissait peu ; on s'observait et l'on demeurait dans l'incertitude sur les rapports qui s'allaient nouer, aussi bien que sur la politique qu'il conviendrait de suivre jusqu'à la promulgation d'une constitution définitive.

Le mot de conciliation avait été souvent prononcé dans les débats concernant la forme et les attributions du pouvoir exécutif, et ce mot exprimait avec exactitude le sentiment le plus général. Les membres des anciennes Chambres monarchiques, qui venaient siéger au côté droit de l'Assemblée républicaine, ne se sentaient pas assez forts pour attaquer ouvertement la Révolution et n'aspiraient encore qu'à composer avec elle. La plupart n'avaient dû leur élection qu'à l'influence du clergé ou s'étaient crus obligés, en se présentant au suffrage universel, à des professions de foi d'une exagération démocratique qui les amoindrissait sensiblement, même à leurs propres yeux. Aussi, dans les premiers temps, leur attitude et leur langage furent-ils d'une modestie excessive. Ces habiles d'autrefois, déconcertés par l'événement, se rallièrent en assez grand nombre autour de M. Odilon Barrot, dont le nom marquait suffisamment le caractère peu défini de l'opposition que l'on croyait pouvoir se permettre ; d'ailleurs, ni M. Thiers, ni M. Molé, n'étant entrés à l'Assemblée, M. Odilon Barrot y jouait, en leur absence, le personnage le plus considérable.

Les nouveaux venus dans cette réunion imposante s'y présentaient avec une certaine timidité; ils éprouvaient quelque embarras dans la compagnie des anciens parlementaires dont ils ne voulaient pas accepter, mais dont ils subissaient malgré eux l'ascendant. Presque tous apportaient de leurs provinces la résolution loyale de ne s'enrôler dans aucun parti, une connaissance très-imparfaite de la situation et, pour toute doctrine politique, le désir d'épargner au pays, comme l'avait su faire le gouvernement provisoire, le choc des factions et l'explosion de la guerre civile. A part la prétention d'une trentaine de représentants qui voulaient continuer la tradition jacobine et qui, en venant s'asseoir sur les gradins les plus élevés du côté gauche de la salle, se donnèrent collectivement, en mémoire de la Convention, le nom de *Montagne*, sans avoir toutefois de plan tracé ni d'idées arrêtées, l'habileté des uns, l'honnêteté des autres, l'hésitation et l'inexpérience du plus grand nombre, allaient en ce moment à une même fin; tout, dans le langage comme dans les actes de l'Assemblée, parut empreint d'un esprit de tempérament et de prudence.

De leur côté, les cinq membres du gouvernement provisoire maintenus dans la commission exécutive, soit qu'ils fussent flattés et comme désarmés par cette marque de confiance, soit que les dangers à peine conjurés de la dictature révolutionnaire leur fissent considérer comme un souverain bien la jouissance paisible d'un pouvoir médiocre, s'abstinrent de toute initiative, afin de garder la paix au sein du conseil et de n'éveiller dans l'Assemblée ni contestation, ni ombrage.

M. de Lamartine, lui-même, quoique moins atteint que ses collègues de la lassitude qui suit les grands efforts, parce qu'il n'avait eu besoin d'aucune tension d'esprit pour s'élever à la plus haute éloquence et au plus haut courage, semblait prendre à tâche d'influencer le moins possible l'opinion de ses collègues et ne paraissait pas soucieux de se créer un parti dans l'Assemblée[1]. Le vote du 10 mai le blessait à la vérité, car, tout en lui cédant, ce vote jetait sur son immense popularité l'ombre d'un premier blâme, mais il ne l'avait pas excité à la lutte. Confiant toujours, oublieux, plein de sérénité, il attendait tout du temps et de son étoile.

La formation du ministère, laissée par l'Assemblée à la Commission exécutive, se ressentit de ces dispositions indécises. Le département de l'intérieur fut donné à un médecin, M. Recurt, républicain d'ancienne date, mais étranger à la pratique des grandes affaires, incapable d'occuper la tribune, et qui n'apportait au gouvernement aucune force, ni conservatrice, ni révolutionnaire. Un autre médecin, M. Trélat, qui s'était placé au premier rang dans les luttes du parti républicain par son talent et sa fermeté d'âme, mais qui était moins apte encore que M. Recurt aux affaires proprement dites, remplaça M. Marie au ministère, si important alors, des travaux publics.

M. Flocon succéda, au ministère du commerce, à M. Bethmont, nommé ministre des cultes; M. Duclerc prit, des mains de M. Garnier-Pagès, le portefeuille des finances; M. de Lamartine voulut être remplacé au département des affaires étrangères par M. Bastide, homme d'un courage à toute épreuve, d'un caractère incorruptible, mais timide sous des formes roides et trop peu préparé par ses antécédents aux discussions parlementaires, trop peu prémuni surtout, par la nature de son esprit, contre les habiletés de la diplomatie européenne. MM. Carnot et Jean Reynaud restèrent au ministère de l'instruction publique, malgré le déplaisir du parti clérical, dont l'influence était déjà sensible; le portefeuille de la justice demeura à M. Crémieux qui

---

[1] Aux représentants qui venaient lui demander une direction politique, il répondait que tout irait de soi-même. A ceux qui souhaitaient de connaître ses idées sur le projet de constitution, il disait qu'il fallait consulter MM. de Béranger et de Lamennais.

avait montré au gouvernement provisoire une mobilité d'opinion excessive ; l'amiral Cazy eut le département de la marine ; le lieutenant-colonel Charras devint ministre de la guerre par *intérim*, en attendant l'arrivée du général Cavaignac, nommé ministre.

M. Ledru-Rollin obtint sans trop de peine que M. Caussidière, encore très-bien vu de la bourgeoisie parisienne qu'il avait tout à la fois rassurée et amusée pendant la crise révolutionnaire, restât à la préfecture de police. Ses collègues consentirent également à placer deux hommes dans lesquels il avait mis toute sa confiance, MM. Carteret et Jules Favre, le premier, en qualité de sous-secrétaire d'État, au ministère de l'intérieur, le second au ministère des affaires étrangères. Mais M. Ledru-Rollin ne put ni enlever la mairie de Paris à M. Marrast, son adversaire déclaré, ni empêcher que M. Pagnerre, qui appartenait au parti de M. Garnier-Pagès, fût nommé secrétaire de la commission exécutive.

Comme on le voit, les éléments hétérogènes que la révolution avait poussés au gouvernement provisoire, et qui avaient neutralisé son action, se retrouvaient au sein de la commission exécutive, et, cette fois, non plus fortuitement, mais avec réflexion et comme par un aveu général d'impuissance. A ce moment, où les partis se mesuraient de l'œil, aucun d'eux ne savait en effet ce qu'il pouvait oser, parce que personne ne se rendait un compte bien net des situations et des forces respectives.

Depuis le 16 avril, un trouble extrême était resté dans les esprits. La position de M. Ledru-Rollin était devenue très-fausse et presque intolérable entre les vaincus et les vainqueurs de cette singulière journée, où il avait tout à la fois protégé l'attaque et préparé la défense de l'Hôtel de Ville. Les vainqueurs, ignorant qu'ils lui devaient en partie leur salut, s'indignaient de voir leurs efforts pour le renverser lui donner, en apparence, une force nouvelle ; les vaincus, pleins de ressentiment, n'osaient s'y abandonner, n'ignorant pas que, sans son appui, réel ou nominal, ils ne pouvaient rien entreprendre. Personne ne savait trop qu'attendre ou que craindre d'un homme aussi divers. Lui-même, devenu l'allié, puis insensiblement le protégé de M. de Lamartine, ne comprenait plus son rôle ; comme il personnifiait encore à cette heure la révolution, on croyait la sentir s'affaisser et chanceler avec lui sur une base mouvante.

Nous avons vu aussi que les principaux chefs révolutionnaires s'étaient étonnés et alarmés sans mesure du tour que prenaient les élections. Lorsqu'ils entrevirent le résultat du suffrage universel, ils s'excitèrent l'un l'autre à n'en tenir aucun compte et se répandirent à l'avance contre l'Assemblée nationale en menaces insensées. Malheureusement quelques hommes d'un esprit supérieur et qui auraient dû se montrer plus sages, encouragèrent ou tolérèrent ces tendances dangereuses et laissèrent se former autour d'eux des foyers d'une opposition préconçue qui touchait à la sédition.

Dès le 16 avril au soir, M. Louis Blanc et ses adhérents décidaient, dans une réunion au Luxembourg, qu'il fallait incessamment réparer l'échec de la journée en reprenant l'offensive. A la vérité, on ne s'était entendu ni sur l'occasion, ni sur le mode d'une nouvelle intervention du prolétariat, mais on s'était quitté en se payant de l'assurance que, si l'Assemblée ne se montrait pas docile aux volontés du peuple, on ferait bonne et prompte justice de ces mandataires infidèles. A quelques jours de là, MM. Pierre Leroux et Cabet proposaient de leur côté au gouvernement provisoire de s'adjoindre un comité permanent composé des hommes les plus avancés de la démocratie, afin de rentrer par leur influence et par leurs conseils, malgré l'Assemblée et sans elle, dans les voies de la révolution sociale.

Enfin, dans le même temps, il se tenait au ministère de l'intérieur des conciliabules où MM. Portalis, Landrin, Jules Favre, Étienne Arago, madame Sand, agitaient la question de savoir si l'on se débarrasserait de l'Assemblée le jour même de son ouverture ; trop souvent cette question absurde se tranchait d'une manière affirmative.

Ces dispositions soupçonneuses des chefs de parti ne tardèrent pas à se communiquer, par la presse et les clubs, à la population parisienne. A peine le nouveau gouvernement entrait-il en fonctions qu'il se vit attaqué de toutes parts. Pendant que les anciens journaux royalistes, profitant d'une liberté de la presse illimitée, raillaient les *pentarques* et annonçaient la chute prochaine de cette *quasi-royauté*, comme ils l'appelaient, les feuilles révolutionnaires répétaient sur tous les tons que *le suffrage universel, faussé par mille manœuvres électorales, avait menti au peuple ; que la République était pervertie, la question de la royauté gagnée*. Les murs de Paris, couverts pendant si longtemps de dithyrambes à la Fraternité et de louanges au gouvernement provisoire, changeaient d'aspect ; on n'y voyait plus qu'avertissements hostiles et menaces. « Si vous persistez à défendre l'ancienne forme sociale, » disait, entre autres, une affiche de la société des *Droits de l'homme*, qui portait la signature de Barbès et qui s'adressait aux *privilégiés de l'ancienne société*, « vous trouverez à l'avant-garde, au jour de la lutte, nos sections organisées : et ce ne sera plus de *pardon* que vos frères vous parleront, mais de *justice*[2]. »

Chaque jour on répétait dans les journaux, comme une chose toute simple, que si l'Assemblée ne se hâtait d'exécuter les volontés du peuple, il *chasserait cette fausse représentation nationale ;* ou bien on disait encore que les ouvriers de Paris apporteraient aux représentants une constitution toute faite, proclamée au champ de Mars, et qu'ils les forceraient à la voter séance tenante[1].

Cette simplification grossière de la notion de souveraineté

---

[1] Voir le *Rapport de la Commission d'enquête*, t. II, p. 285.
[2] Voir l'*Ami du peuple*, la *Vraie république*, la *Commune de Paris*, la *Cause du peuple*, journaux rédigés par MM. Raspail, Thoré, Sobrier, madame Sand, etc. (Numéros du 16 avril au 4 mai.)

ne trouvait que trop d'échos dans les imaginations populaires, surexcitées par la facile victoire de février; la conscience politique du peuple fut faussée par des prédications extravagantes, avant même de s'être formée ; le vertige d'une tyrannie démocratique emporta les esprits. Toutes les apparences du droit et de la raison furent abandonnées, comme à plaisir, aux ennemis de la démocratie, dans la lutte que nous allons voir si témérairement engagée par des hommes sans génie et par des chefs subalternes.

Une imprudente provocation de M. Louis Blanc fut l'avant-coureur des hostilités.

Le 10 mai, c'est-à-dire le jour même où l'auteur de l'*Organisation du travail* se voyait exclu du nouveau pouvoir exécutif, dans un moment où la plus extrême réserve lui était commandée, M. Louis Blanc montait à la tribune et demandait à une Assemblée prévenue à l'excès contre lui la création d'un ministère du travail et du progrès. A une heure mieux choisie, et venant d'une autre bouche, cette proposition aurait été peut-être l'objet d'une discussion utile; mais, dans les circonstances données, quand l'opinion se retirait visiblement de lui, M. Louis Blanc ne pouvait se flatter qu'il obtiendrait de l'Assemblée une concession que le gouvernement provisoire, malgré les intimidations du 26 février et du 17 mars, lui avait obstinément refusée en affrontant une impopularité redoutable. Une pareille tentative était tout à fait impolitique, car elle allait, sans nécessité, jeter une plus grande défaveur sur son auteur dans les rangs de l'Assemblée et venir en aide aux cabales des factieux qui travaillaient à discréditer l'Assemblée dans les rangs du peuple. Le discours de M. Louis Blanc se ressentit, d'ailleurs, de la gêne d'une situation fausse. En disant des choses vraies, il parut personnel et devint irritant. De fréquents murmures l'en avertirent. Plusieurs républicains protestèrent contre la prétention que semblait afficher M. Louis Blanc de représenter, à lui seul, la cause populaire : « Nous sommes *tous* ici pour le peuple et pour défendre ses droits ! » lui criait-on ; et comme il continuait à développer son thème sans s'interrompre, il arriva que l'Assemblée entière se levant impatiemment, l'on entendit ces cris, partis à la fois de tous côtés : *Vous n'avez pas le monopole de l'amour du peuple! nous sommes tous ici pour la question sociale; nous sommes tous venus au nom du peuple; toute l'Assemblée est ici pour défendre les intérêts du peuple.*

A mesure que M. Louis Blanc parlait, le malentendu et l'irritation allaient croissants; aussi, sa proposition fut-elle unanimement rejetée. Néanmoins, tout en repoussant avec quelque dureté les prétentions d'un socialiste, l'Assemblée écoutait avec sympathie, pendant ce débat, des paroles favorables au socialisme.

Il fut établi par plusieurs orateurs, sans que personne vînt y contredire ou parût s'en étonner, « *que la question sociale dominait dans toutes les intelligences, non-seulement en France, mais en Europe.* »

On insista sur le *profond intérêt que prenait l'Assemblée à la cause que M. Louis Blanc venait défendre.* Un ouvrier dit que les *travailleurs espéraient tous en l'Assemblée ; que l'Assemblée pouvait avoir confiance dans le peuple.* M. Freslon affirma que *l'Assemblée poserait nécessairement toutes les grandes bases de l'organisation du travail. Si elle ne le faisait pas,* ajouta-t-il avec l'accent d'une conviction sincère, *la France la mépriserait; elle serait maudite par la postérité*[1].

En votant enfin, à l'unanimité, *l'enquête sur l'amélioration du sort des travailleurs industriels et agricoles,* l'Assemblée tint à bien marquer que, si elle écartait en la personne de M. Louis Blanc le système particulier d'un socialiste, elle n'entendait aucunement condamner l'esprit général du socialisme.

---

[1] Voir, au *Moniteur,* séance du 10 mai, les discours de MM. de Falloux, Peupin, Freslon, etc.

Et cela était vrai jusqu'à un certain point.

La révolution faite par le peuple était trop récente pour qu'on imaginât de nier qu'il dût en retirer les fruits. On avait vu le peuple grand, on s'exagérait sa force ; pour les révolutionnaires de 1830, la force et le droit c'était tout un. Il était donc admis, comme une vérité incontestable, qu'on devait quelque chose au peuple victorieux. Les uns par peur, le plus grand nombre par un sentiment d'équité mêlé de repentir, d'autres par politique, estimaient juste et croyaient nécessaire de tenir, en partie du moins, les promesses de février ; si l'on différait d'opinions, ce n'était encore que sur l'interprétation plus ou moins large qu'il convenait de donner à ces promesses. Qu'il y eût déjà, comme je l'ai indiqué, chez la plupart des membres des anciennes assemblées, une intention sourde de reprendre peu à peu avec le temps, dans la mesure où cela serait possible, les concessions arrachées par la nécessité, cela n'est guère douteux ; mais ces velléités de réaction étaient paralysées par la majorité républicaine, et vraisemblablement elles seraient demeurées impuissantes sans les fautes parlementaires de la *Montagne*, sans les extravagances des feuilles ultra-révolutionnaires, sans les outrages et les provocations des meneurs de la place publique.

Depuis l'ouverture de l'Assemblée, ces meneurs cherchaient un prétexte pour convoquer les masses populaires. Les échecs réitérés de l'émeute dans ses tentatives contre le gouvernement provisoire ne les avaient pas découragés. Pour les hommes de cette trempe, il semble y avoir, dans une certaine ivresse causée par la fermentation des esprits et par le tumulte des foules, un attrait de même nature et tout aussi irrésistible que l'ivresse des liqueurs fortes ; ceux qui sont possédés de cette soif maladive, s'irritent d'autant plus qu'ils la satisfont davantage. Ils avaient compté pour entraîner le peuple sur le rejet de la proposition de M. Louis Blanc ; mais, lorsqu'ils virent que la question du *ministère du travail* n'agitait qu'une faible partie des ouvriers, ils épièrent une occasion meilleure : elle ne devait pas se faire attendre.

Les interpellations sur les affaires de la Pologne, mises à l'ordre du jour du 15 mai, occupaient la population; on pensa qu'elles y produiraient une émotion naturelle, assez générale pour qu'on pût espérer, à l'aide d'excitations dans les clubs et dans la presse, de pousser les masses à quelque extrémité. Le calcul ne manquait pas de justesse. Aucune cause ne fut jamais populaire en France à l'égal de la cause polonaise. Pendant les guerres du Consulat et de l'Empire, il s'était établi, entre nos soldats et les soldats polonais, une complète fraternité d'armes. L'enthousiasme pour Napoléon n'était pas moins vif en Pologne qu'en France. On trouvait l'image de l'Empereur aussi fréquemment dans les chaumières les plus reculées de la Lithuanie que l'image de Poniatowski dans la demeure des paysans de la Loire. La *Varsovienne* de M. Delavigne n'avait pas été chantée avec moins de passion dans nos rues que la *Parisienne*[1]. En 1831, les chansons de Béranger se vendaient par milliers au profit d'un comité polonais formé dans les bureaux du *National*, sous la présidence de la Fayette, et le plus illustre des républicains français s'intitulait avec complaisance : « premier grenadier de la garde nationale de Varsovie. »

En vain les ministres de Louis-Philippe auraient-ils voulu empêcher les Chambres de déclarer chaque année dans l'adresse au roi, qu'elles faisaient des vœux sincères pour le rétablissement de la nationalité polonaise; elles n'en eussent pas moins persisté dans cette déclaration, suivant en cela le courant de l'opinion publique.

---

[1] On se rappelle ces vers célèbres de C. Delavigne :

> A nous Français! les balles d'Iéna,
> Sur nos poitrines, ont inscrit nos services;
> A Marengo le fer les sillonna;
> De Champ-Aubert comptez les cicatrices.
> Vaincre et mourir ensemble autrefois fut si doux !
> Nous étions sous Paris... Pour de vieux frères d'armes
>   N'aurez-vous que des larmes?
> Frères! c'était du sang que nous versions pour vous!

Les discours et les écrits du général Lamarque, de MM. Mauguin, de Lamennais, de Montalembert; les cours de M. Mickiewicz au Collége de France, empêchaient le courant de se ralentir. Enfin, les émigrés polonais du parti démocratique s'étaient en toute occasion mêlés à nos troubles civils; la plupart étaient même affiliés aux sociétés secrètes et vivaient en relations étroites avec nos plus ardents révolutionnaires.

La révolution de Février vint raviver les espérances communes. Les jeunes gens des écoles applaudirent avec enthousiasme un de leurs professeurs les plus célèbres, lorsqu'il peignit en traits mystiques du haut de la chaire « cette *France du Nord*, ce *Christ des nations*, cette Pologne qu'il avait rencontrée debout et vivante au milieu de nos barricades, et dont il avait touché du doigt les plaies saignantes[1]. » Quand, à peu de jours de là, une députation des Polonai émigrés se rendit à l'Hôtel de Ville pour demander au gouvernement provisoire des secours et des armes, elle fu accueillie sur son passage par les démonstrations de la sympathie la plus vive.

Aussi, le désappointement fut-il extrême lorsque M. de Lamartine, chargé de répondre aux Polonais, en sa qualité de ministre des affaires étrangères, repoussa leur demande et leur déclara, avec quelque sévérité d'accent, qu'il entendait rester fidèle à la politique de son manifeste; que la France ne permettrait volontairement aucun acte d'agression contre les nations germaniques, et qu'elle se réservait l'appréciation de la *cause*, des *moyens* et de l'*heure* de son intervention dans les affaires de l'Europe.

A cette déclaration, des murmures éclatèrent. L'un des députés s'emporta en paroles inconvenantes, qu'il rétracta aussitôt. Mais, à partir de ce jour, les Polonais travaillèrent activement à dépopulariser M. de Lamartine; comme ils

---

[1] Voir le discours d'ouverture du cours de M. Quinet, à la Sorbonne. (*Moniteur*, 10 mars 1848.)

pensaient qu'un gouvernement plus révolutionnaire leur serait plus favorable, ils s'employèrent sans relâche à fomenter dans les masses l'irritation contre le pouvoir exécutif et contre l'Assemblée.

Assurément, l'émigration polonaise exigeait trop en voulant que la France fît de la réorganisation de la Pologne une condition absolue de paix ou de guerre ; mais l'instinct n'était pas trompeur, qui l'avertissait que la Pologne allait être encore une fois abandonnée. Non-seulement M. de Lamartine, qui conduisait seul alors les négociations diplomatiques et à qui l'envoyé de France, M. de Circourt, peignait sous les couleurs les plus défavorables l'état des populations polonaises, ne croyait pas les Polonais en mesure de reconquérir leur indépendance, mais encore il mettait une sorte d'amour-propre mal entendu à rassurer sur ce point les puissances monarchiques et à leur bien expliquer qu'il ne prétendait à rien de pareil. Il se flattait, c'était la pente invincible de son esprit, d'obtenir par voie d'insinuation, pour les provinces polonaises, en faisant valoir auprès de leurs souverains respectifs des considérations tirées non de l'intérêt, mais de la justice, la plus grande somme possible de libertés administratives. Il attendait particulièrement du roi de Prusse, dont il ne suspectait pas la bonne foi et dont il recherchait l'alliance, des concessions importantes.

Les instructions données dans ce sens à M. de Circourt furent suivies ponctuellement et sans doute exagérées. Le choix même d'un agent dont les opinions monarchiques et aristocratiques étaient notoires fut une faute ; car, plus un tel agent serait consciencieux, plus il trahirait, sans le vouloir, une cause qui n'avait pas ses sympathies et dont le triomphe, qu'il ne souhaitait pas, devait lui paraître impossible.

Le roi de Prusse, en effet, dès qu'il eut entendu le langage de l'envoyé français, comprit qu'il n'était pas sérieusement menacé et qu'il en serait quitte pour quelques concessions apparentes. Le ministre de Russie à la cour de Berlin, M. de Meyendorff, le fortifia dans cette pensée. Il lui montra la Pologne russe, occupée par les troupes de l'Empereur, hors d'état de s'insurger ; Cracovie, révoltée un moment et presque aussitôt réduite[1] ; la France, enfin, hésitante et arrêtée dans son élan par un gouvernement sans vigueur ; il l'engagea à temporiser, à équivoquer, à ruser : c'était la politique naturelle de Frédéric-Guillaume.

L'insurrection de Berlin, dont le premier acte a été la délivrance de Mieroslawski et de ses compagnons, enfermés à la prison d'État, avait arraché au roi la promesse de la réorganisation nationale et de la liberté intérieure du grand-duché de Posen. Pour procéder à la réalisation de cette promesse, une commission composée d'Allemands et de Polonais s'était aussitôt installée dans l'Hôtel de Ville de Posen. Son premier soin fut d'organiser la garde nationale. Des masses considérables de bourgeois et de paysans s'armèrent, et, au nombre de 20,000 environ, ils se concentrèrent sur différents points du territoire.

Le général Willisen, nommé commissaire-royal, fut envoyé en Posnanie pour prévenir les conflits et procurer, par tous les moyens, la réorganisation pacifique du grand-duché. La mission était difficile. Le parti allemand, qui occupait toutes les places, tous les emplois, à l'exclusion des Polonais, et qui avait tout à perdre au triomphe de la nationalité polonaise, lui suscita mille obstacles. Le général des troupes prussiennes, Colomb, cernait les camps des

---

[1] Le conflit entre le comité polonais et les autorités autrichiennes s'engagea à l'occasion d'une colonne d'émigrés qu'on avait arrêtée à la frontière. M. Kricq, représentant le commissaire aulique, dut céder à la violence et révoquer ses ordres. Mais, le lendemain, les soldats provoquèrent la population et commencèrent le combat ; battus dans les rues par une poignée d'hommes sans armes, réfugiés au château, ils bombardèrent la ville et lancèrent tant de fusées à la congrève, qu'au bout d'une demi-heure il y avait déjà vingt maisons en proie à l'incendie ; il fallut capituler. Le comité se retira et les émigrés furent contraints de quitter la province.

volontaires polonais et menaçait d'en finir avec eux par un coup de main. Enfin, les Juifs, qui forment environ un vingtième de la population, se prononçaient pour les Allemands.

Malgré ces difficultés extrêmes, le général Willisen, plein de zèle et de sympathie pour la cause polonaise, parvint à faire conclure, le 11 avril, à Jaroslawicz, une convention qui garantissait au duché une armée et une administration distinctes. Dans le même temps, Frédéric-Guillaume faisait annoncer à M. de Lamartine que les émigrés polonais étaient autorisés à rentrer dans leurs foyers. Tout paraissait aller au gré des patriotes; mais leur joie devait être de courte durée.

Les autorités civiles et militaires du grand-duché protestèrent contre la convention de Jaroslawicz. Le parti allemand se souleva contre le général Willisen, intrigua à Berlin et obtint sans peine du roi, déjà revenu de sa première frayeur, qu'il désavouât Willisen et qu'il rendît un décret par lequel les districts limitrophes du grand-duché étaient exclus de la convention, et par lequel aussi était ordonné dans tout le grand-duché un nouveau recensement des populations mixtes. Il était convenu que les districts peuplés en majeure partie de Polonais, seraient administrés d'après les principes des réformes récemment concédées; ceux où les Allemands se trouveraient en majorité, devaient être réunis à la Confédération germanique. Ce nouveau recensement ne fut qu'une insigne tromperie. Les employés prussiens, qui en furent chargés dans les campagnes, surprirent la bonne foi des paysans en leur persuadant qu'il s'agissait de les affranchir de tout impôt. On parvint de la sorte à réunir un nombre considérable de signatures au bas de l'acte d'adhésion à la Confédération germanique; plus des deux tiers de la Posnanie furent ainsi frauduleusement enlevés à la Pologne.

Cependant le général Colomb, malgré l'exécution ponctuelle de la convention de Jaroslawicz par les volontaires polonais qui s'étaient dissous, à l'exception de ceux qui devaient être incorporés dans l'armée, s'irritait du voisinage des camps. Croyant avoir bon marché de ces recrues nouvelles, les Prussiens attaquèrent inopinément le camp de Ksionz, et, après une lutte terrible, où les paysans armés de faux et de fourches se battirent héroïquement, les Polonais cédèrent au nombre, la ville de Ksionz fut prise et réduite en cendres. Le major Dembrowski perdit la vie ; des cruautés atroces furent exercées sur les paysans par la soldatesque[1]. A peu de jours de là, Mieroslawski, attaqué par le général Blumen au camp de Miloslaw, prit une revanche signalée ; mais, malgré des efforts prodigieux, il ne put soutenir longtemps une lutte trop inégale ; le général Pfuel, commissaire du roi en remplacement du général Willisen, entra le 5 mai à Posen, y proclama la loi martiale et fit enfermer Mieroslaswki dans la citadelle. Une nouvelle ordonnance, qui incorporait arbitrairement Posen et dix-huit districts à la Confédération allemande, mit à néant les espérances de la Pologne.

Cependant les colonnes d'émigrés partis de France et d'Allemagne arrivaient à Breslau, à Magdebourg ; un grand nombre étaient déjà à Cracovie.

En y voyant entrer les régiments autrichiens qui s'étaient concentrés sans bruit, depuis quelque temps, autour de la ville, le comité national préposé pour veiller à la chose publique s'alarma ; il se rendit auprès du commissaire autrichien pour lui demander des explications au sujet des émigrés. Le commissaire fit des réponses évasives ; le soir même, on apprit qu'une colonne d'émigrés venait d'être arrêtée à la frontière, et le bruit se répandit qu'ils allaient être livrés à la Russie. A ce bruit, le peuple et la garde nationale courent aux armes, l'insurrection éclate ; mais

---

[1] Afin de reconnaître ces paysans s'ils venaient à s'insurger encore, on leur coupait les oreilles et on leur faisait des marques sur les bras avec du nitrate d'argent.

les Autrichiens, maîtres du château, bombardent la ville ; alors les émigrés polonais envoient des parlementaires au général autrichien, qui promet l'amnistie aux habitants, à la condition expresse que tous les émigrés rentrés quitteront sous trois jours le sol polonais.

Quelques-uns de ces *rendus à la patrie*, comme on les appelait, repartirent pour Paris, où ils arrivèrent dans les premiers jours de mai.

A l'aspect de leur détresse, au récit de leurs souffrances, à la peinture des villes et des villages incendiés, saccagés, des campagnes dévastées, des populations passées au fil de l'épée, on s'émeut ; les murailles se couvrent d'appels à la fraternité des peuples ; sous le titre de *Bulletin de Posen*, un placard reproduit, dans les termes les plus véhéments, les griefs de l'émigration polonaise contre M. de Lamartine ; on parle de faire une manifestation et de porter processionnellement à l'Assemblée une pétition pour lui demander le rétablissement de la Pologne.

Ce fut là le point de départ, le but ostensible de cette fameuse journée du 15 mai, comparée par la presse du temps à l'insurrection de prairial, et dont les éléments, beaucoup plus mêlés encore que ceux des manifestations du 17 mars et du 16 avril, n'ont pas été jusqu'ici suffisamment connus. Il importe de nous en rendre compte. Bien que confuse à son origine, ridicule dans son issue, équivoque par les mains suspectes qui en tenaient les principaux fils, l'émeute du 15 mai a malheureusement exercé sur les destinées du pays une influence considérable. Elle a ébranlé les bonnes dispositions de l'Assemblée, en remuant sous ses yeux les bas fonds de la démagogie ; elle a fourni au parti de la contre-révolution un premier fait, mais énorme, à tourner contre le peuple. Elle va nous montrer enfin, et ce sont là des vérités utiles à méditer dans les sociétés démocratiques, comment, sous l'action de vils meneurs, se travestissent les sentiments populaires les plus honnêtes ; comment, dans les mouvements révolutionnaires, des personnages subalternes usurpent aisément les principaux rôles et précipitent le peuple, sans qu'il le veuille, sans même qu'il le sache, dans des actes contraires à sa moralité et funestes à ses intérêts véritables.

A entendre les explications contradictoires des partis, qui ne s'inquiètent guère de la vérité historique, la journée du 15 mai fut, selon les uns, un vaste complot ourdi par MM. Barbès, Louis Blanc, Caussidière, avec l'assentiment de M. Ledru-Rollin et la tolérance de M. de Lamartine, pour renverser l'Assemblée et remettre le gouvernement du pays à une dictature révolutionnaire; selon les autres, cette prétendue émeute ne fut qu'une ignoble machination de police, un piége tendu aux démocrates socialistes pour se défaire des principaux d'entre eux[1] : dans cette dernière hypothèse, l'invention du piége est attribuée tantôt à M. Marrast, tantôt à M. Buchez, tantôt encore à M. de Lamartine.

De chacune de ces explications si opposées, on peut tirer, selon moi, une parcelle de vérité.

M. Barbès, qui s'était refusé à voter que le gouvernement provisoire avait *bien mérité de la patrie;* MM. Louis Blanc et Albert, qui s'étaient vus exclus de la commission exécutive, et à qui l'on refusait la création d'un *ministère du travail;* M. Pierre Leroux, qui avait conseillé au gouvernement provisoire de casser les élections et de refaire la loi électorale, formaient dans Paris et dans l'Assemblée même, un parti également hostile au pouvoir exécutif et au pouvoir législatif, et qui, favorable en principe à l'intervention directe du peuple dans les affaires politiques, l'approuvait ou la désapprouvait uniquement selon qu'elle avait ou non des chances propices.

[1] Voir, entre autres, au *Procès de Bourges*, la défense de M. Raspail qui appelle la journée du 15 mai : « Un vaste coup de filet jeté dans le bourbier de l'Hôtel de Ville, pour prendre certains hommes, dont la droiture et la probité étaient aussi à craindre que leur dévouement à la République. »
C'était là également l'opinion de MM. Pierre Leroux et Cabet.

De son côté, la fraction la plus avancée du gouvernement, M. Ledru-Rollin, M. Caussidière et même M. de Lamartine, se sentant menacée déjà par les anciens partis dynastiques, accusait l'Assemblée de mollesse et pensait parfois qu'il pourrait être utile de la ranimer un peu en lui rappelant, au moyen de quelque *pression extérieure*, c'est ainsi que par euphémisme on désignait alors l'émeute, la force populaire qu'elle mettait trop en oubli.

Enfin, le parti de la République qu'on appelait bourgeoise, MM. Marrast, Buchez et d'autres, ne trouvait nul danger et voyait quelques avantages à une manifestation inoffensive qui lui permettrait d'intervenir comme régulateur entre le socialisme, dont on écarterait les chefs compromettants, et les dynastiques, que l'on protégerait contre les prolétaires, mais en leur faisant bien sentir ce qu'ils en avaient encore à craindre.

Entre ces politiques incertaines, diverses, compliquées, et le peuple, qui voulait naïvement voler au secours de la Pologne, s'agitaient, allant de l'un à autre, une foule de ces brouillons turbulents, de ces personnages ambigus, entremetteurs de troubles civils, un pied dans la police, un pied dans l'émeute, que personne n'avoue, qui dupent tout le monde et semblent parfois étourdis par leur propre bruit au point de se duper eux-mêmes. Ce furent ceux-là qui prirent, dans la journée du 15 mai, le rôle actif et qui lui imprimèrent un caractère si douteux que tous les partis s'y sont crus joués et se renvoient encore aujourd'hui, avec quelque apparence de vérité, les accusations de provocation et de perfidie.

Le président du *Comité centralisateur*, l'ancien détenu politique Huber, fut l'organisateur principal de la manifestation. Malgré ses antécédents fort suspects[1], Huber,

---

[1] On se rappelle que Huber, condamné en 1836 à cinq ans de prison, obtint du roi une commutation de peine; qu'il partit pour Londres à la fin d'août 1837, entra dans le complot de Steuble et de mademoiselle Grouvelle, fut soupçonné de les avoir trahis et, enfin, à peu

depuis le 24 février, avait repris dans le parti républicain une certaine importance. Il avait renoué son ancienne intimité avec MM. Barbès et Marrast[1]; il était entré en rapports avec M. Carlier et voyait même M. de Lamartine, qui se servait volontiers de ces sortes d'agents, les supposant plus influents ou plus dociles qu'ils ne l'étaient en réalité. Captif pendant dix-sept ans dans les prisons d'État, Huber se croyait des droits à la reconnaissance publique, et très-irrité d'avoir échoué aux élections du département d'Indre-et-Loire, il sollicitait de la commission exécutive la place d'intendant du domaine du Raincy, en insinuant qu'il dépendait de lui de faire ou de défaire à son gré une émeute populaire. Le 14 mai au soir, comme il pérorait dans son club, où il venait d'annoncer définitivement pour le lendemain la manifestation déjà plusieurs fois ajournée, on lui remit, sous un pli de l'Hôtel de Ville, sa nomination, que M. Marrast venait de faire signer au conseil. « C'est trop tard! » murmura Huber, tout en continuant sa harangue. Il était trop tard, en effet, pour prévenir la manifestation, mais il était temps encore de la faire avorter, et c'est à quoi il s'employa, dès ce moment, de tous ses moyens.

Depuis plusieurs jours, M. Buchez était averti qu'il se préparait quelque chose, et l'Assemblée qui, dès les premiers jours de sa réunion, avait pourvu à sa sûreté en investissant son président du droit de requérir la force armée, voulut parer plus complétement encore au danger d'une invasion tumultuaire, en rendant un décret qui interdisait l'apport des pétitions à sa barre.

près convaincu d'avoir, depuis cette époque, fourni au gouvernement de Louis-Philippe des renseignements sur le parti républicain. (Voir les débats du *Procès de Bourges* et particulièrement la déposition du témoin Monnier. — Voir aussi, dans les journaux du mois de janvier 1852, la demande en grâce qu'Huber adresse de Belle-Isle au prince Louis-Napoléon Bonaparte).

[1] Il a été établi (affaire Hardouin), qu'après le 15 mai, Huber a continué de voir M. Marrast et qu'il a touché six cents francs de la commission des récompenses nationales, sur les secours destinés aux blessés de février.

Cependant on s'était rassuré, parce qu'à plusieurs reprises le jour annoncé pour une manifestation s'était écoulé dans le plus grand calme. Ainsi, le 9 mai, comme la douzième légion, commandée par M. Barbès, montait la garde au Palais-Bourbon, on avait convoqué la onzième, pour déjouer le complot et pour attendre de pied ferme la pétition; mais personne n'avait paru. Le 13 encore, une procession d'ouvriers, venue de la Bastille, aux cris de : Vive la Pologne! et signalée comme très-dangereuse, s'était arrêtée à la place de la Madeleine, et, malgré la présence de M. Blanqui, elle avait remis paisiblement sa pétition à M. Vavin, envoyé à sa rencontre par l'Assemblée. D'ailleurs, on comptait toujours sur les ateliers nationaux, dont M. Émile Thomas vantait le bon esprit, et qu'il proposait de mêler, en cas de besoin, aux masses populaires pour les envelopper et les détourner d'une agression violente.

Toutefois, le lendemain 14, en voyant sur les murs de Paris, une lettre de convocation signée Huber et Sobrier, qui fixait le rendez-vous populaire pour le 15 au matin, à la Bastille, le président de l'Assemblée et la commission exécutive concertèrent quelques mesures pour le cas où le mouvement prendrait un caractère séditieux. Le général Courtais réclama avec beaucoup d'insistance le commandement en chef de toute la force armée et, ayant réuni dans la soirée les colonels des légions, il leur ordonna de convoquer dans chaque mairie mille hommes de réserve pour défendre, si cela devenait urgent, les abords de la Chambre. La réserve de la première légion, commandée par M. de Tracy, devait occuper la place de la Concorde, afin d'interdire le passage aux colonnes des pétitionnaires; le général Foucher, commandant de la première division, eut ordre de se tenir à l'École militaire, prêt à marcher avec toutes les troupes disponibles; mais il ne devait sortir que si l'attaque était sérieuse et ne faire agir la troupe que dans le cas d'une nécessité absolue.

Sur l'ordre de M. Buchez, un bataillon de la garde mobile

était chargé de garder le pont de la Concorde; deux autres bataillons devaient se placer dans le jardin du palais; un quatrième devait stationner sur l'esplanade des Invalides. En même temps, la commission exécutive faisait afficher sur les murs une proclamation contre les attroupements.

Ces précautions semblaient plus que suffisantes, car, dans tous les rapports envoyés le 14 de la préfecture de police, M. Caussidière annonçait que la manifestation serait pacifique. Il répondait des hommes qui la conduisaient: ses agents, d'ailleurs, disait-il, mettraient la main sur Blanqui et sur Sobrier au premier signal; il répondait de tout enfin, à une seule condition : *c'est que l'on ne ferait pas battre le rappel.* C'était aussi l'opinion de M. Marrast, qui ne considérait pas la chose comme grave. MM. de Lamartine et Ledru-Rollin, qui avaient donné leurs instructions à Sobrier, ne concevaient non plus aucune inquiétude. Il n'y avait pas lieu, en effet, de s'alarmer : on était loin déjà du 17 mars; l'impulsion révolutionnaire était sensiblement ralentie; on ne sentait plus ni direction, ni concert dans les agitations populaires. A mesure que l'heure approchait, les meneurs, troublés ou gagnés, changeaient de langage. Les véritables chefs du parti révolutionnaire, ou bien se prononçaient contre la manifestation, ou bien restaient indécis. Dans son journal le *Représentant du peuple*, M. Proudhon tançait rudement *les fades humanitaires, les clubistes sans cervelle,* qui projetaient une manifestation. M. Barbès la désapprouvait, y soupçonnant la main de Blanqui, et faisait jurer à Huber que, du moins, elle se ferait sans armes. M. Cabet avait décidé que son club n'y paraîtrait pas. A la réunion qui eut lieu chez M. Louis Blanc, et où se trouvaient MM. Greppo, Detours, Thoré, on reconnut qu'une manifestation, en tête de laquelle on verrait figurer des brouillons tels que Sobrier, Laviron, Flotte, des personnages énigmatiques tels que Borme, Quentin, Degré, était extrêmement dangereuse : on convint, en conséquence, qu'il fallait s'efforcer d'en dissuader le peuple.

M. Blanqui lui-même, qui n'augurait pas favorablement d'une tentative si mal combinée, combattait dans son club les excitations de plusieurs orateurs qui parlaient d'aller *nettoyer les écuries d'Augias*, et il promettait à M. de Lamartine de dissoudre la manifestation s'il ne parvenait pas à la contenir.

Quant à M. Raspail, tout en cédant aux passionnés de son club, qui avaient exigé qu'il rédigeât une pétition pour la Pologne, il avait bien établi qu'il fallait se borner à produire une *impression morale*, et à s'assurer du droit révolutionnaire d'apporter les pétitions à la barre de l'Assemblée. Enfin, dans un dernier conciliabule tenu le 15, à une heure du matin, au boulevard Bonne-Nouvelle, entre les plus déterminés clubistes et sectionnaires, il avait été arrêté, après une discussion très-vive, qu'il fallait empêcher la manifestation, parce qu'elle était conduite par Huber, dans un but hostile à M. Ledru-Rollin, sous la direction occulte de M. Marrast et des modérés de l'Assemblée.

Parmi les ouvriers, le plus grand nombre étaient d'une bonne foi parfaite dans l'expression de leurs sympathies pour la Pologne et ne songeaient aucunement à renverser le gouvernement, encore moins à chasser l'Assemblée. Ce fut par les cris de : Vive la Pologne! vive la République! que les corporations, les clubs et les délégués du Luxembourg se saluèrent en arrivant, le 15 mai, à dix heures du matin, sur la place de la Bastille. Ils se rangèrent dans le plus grand ordre et se mirent lentement en marche par les boulevards. Huber et Sobrier conduisaient la colonne, où l'on voyait flotter, entre les soixante-dix bannières des ateliers nationaux, les drapeaux des nations étrangères ornés de rubans, de fleurs et de feuillages. Une foule de curieux affluaient dans les contre-allées et se montraient l'un à l'autre l'aigle de la Pologne, la harpe de l'Irlande, les trois couleurs italiennes; beaucoup de gardes nationaux des provinces, venus pour assister à une fête que l'Assemblée devait donner le 13, et qu'on avait ajournée dans la crainte qu'elle ne fournît une occasion à l'émeute[1], s'étaient joints au cortége, bannières déployées. L'on n'entendait que de joyeux propos. « Nous allons faire une visite à nos commis, » disaient les uns ; « Ce soir nous partons pour la Pologne, » disaient les autres. Un soleil radieux éclairait la procession populaire, ondoyante comme un long serpent auquel venaient, de distance en distance, s'ajouter de nouveaux anneaux. M. Raspail, disposé à voir partout la main de la police, était resté, lui et son club, tout à l'extrémité du cortége, afin de ne prendre part que le moins possible à ce qui s'allait passer. Mais, bientôt, comme la tête de la colonne approchait de la Madeleine, des émissaires d'Huber et de Sobrier accourent lui dire que le désordre se met dans les rangs ; que la pétition que portait Huber est égarée ; qu'on demande la sienne ; que lui seul, enfin, peut rétablir le calme et le silence qui conviennent, en une telle circonstance, à la dignité du peuple.

M. Raspail se laisse persuader. Arrivé sur la place de la Madeleine, il ne reconnaît plus la manifestation telle qu'il l'avait vue à la Bastille. De nouvelles bandes sont survenues ; des hommes, qu'il ne connaît pas, montés sur des bornes et sur des bancs, haranguent le peuple et l'excitent ; les rangs sont brisés ; il aperçoit des visages suspects ; il entend avec surprise les cris de : Vive Louis Blanc ! Vive l'organisation du travail ! se mêler aux cris de : Vive la Pologne ! Tout à coup on voit paraître le général Courtais ; on entoure son cheval, on le salue du cri de : Vive le général du peuple ! Le vieux général, qui a la folie de la popularité, salue à son tour, sourit, parle à la foule ; il promet qu'une députation de délégués sera admise à l'Assemblée pour y présenter la pétition et que la colonne populaire défilera devant le péristyle du palais ; puis il retourne vers le pont de la Concorde. Chacun affirme qu'il va donner

---

[1] Dès le 11 mai, en effet, les délégués du Luxembourg avaient déclaré qu'ils n'assisteraient pas à la fête, parce que l'Assemblée nationale avait manqué aux promesses du 25 février.

l'ordre à la troupe de ne pas s'opposer au passage du peuple, et l'on voit, en effet, presque aussitôt, un mouvement de la garde mobile qui met la baïonnette dans le fourreau.

Néanmoins, la multitude hésite à s'approcher du pont; elle semble avoir le sentiment confus que, si elle le traverse, elle sera entraînée au delà de ce qu'elle a entendu faire; on dirait qu'elle comprend que franchir cette dernière limite, ce sera, en quelque sorte, insulter à l'Assemblée nationale. Mais à ce moment décisif une voix stridente crie : *En avant!* c'est Blanqui qui commande. En voyant la manifestation si nombreuse et les apprêts de la défense si peu redoutables, il a pris confiance dans le succès. Son instinct révolutionnaire l'emporte; son club le suit avec entraînement, l'ébranlement est donné, la foule passe le pont, se répand sur les quais; une partie escalade les grilles du péristyle sous les yeux de la garde mobile qui rit de ce tumulte; l'autre se pousse, par la rue de Bourgogne, vers la place sur laquelle donne l'entrée principale du palais : la représentation nationale est à la merci du caprice populaire.

La séance s'était ouverte à l'heure accoutumée; rien n'indiquait dans l'aspect de la salle qu'on s'attendît à quelque événement. Les tribunes étaient garnies de femmes élégantes et de curieux auxquels la pensée d'un danger quelconque n'était pas venue.

Par une coïncidence singulière, cette séance, qui allait devenir si orageuse, s'ouvre par une protestation contre *le bruit des affaires publiques*[1]. Béranger, le chansonnier-philosophe, en adressant, pour la seconde fois, sa démission à l'Assemblée, la supplie de *le rendre à l'obscurité de la vie privée*. Après la lecture de cette lettre et l'acceptation de cette démission, on entend les interpellations de M. d'Aragon sur les affaires d'Italie.

---

[1] Voir la lettre de Béranger, *Moniteur* du 16 mai.

M. Bastide, mis en demeure de se prononcer sur la conduite que le gouvernement veut tenir, répond avec embarras; il pose bien en principe que la *France, par sa position géographique et son génie national, doit être à la tête d'une fédération de peuples libres; il affirme que c'est là son avenir et celui de l'Europe;* il fait bien la déclaration obligée que les traités de 1815 n'existent plus; il ajoute même que la carte de l'Europe, telle que ces traités odieux l'ont faite, est aujourd'hui une *lettre morte;* mais il se hâte de conclure que *ce n'est pas à la France seule qu'il appartient de la refaire;* il fait entrevoir dans *un avenir indéfini un congrès européen;* il insiste surtout très-particulièrement sur la force que la République doit puiser dans sa *modération et dans sa sagesse.*

Une pareille réponse ressemble beaucoup à une défaite. M. d'Aragon le comprend ainsi, car il remonte à la tribune pour mieux préciser sa question et demande très-explicitement : « *Si le gouvernement emploie les moyens nécessaires pour obtenir des concessions de l'Autriche, et s'il est suffisamment préparé dans le cas où l'Italie demanderait une intervention.* » Comme ces mots étaient prononcés, M. de Lamartine prenait place à son banc. Il venait de parler à voix basse au président, l'avait instruit de ce qui se passait au dehors, en l'engageant à prendre au plus vite des mesures pour prévenir un désordre populaire. Ce n'était pas le moment de traiter à fond une question diplomatique; aussi, M. de Lamartine, ajournant à une séance prochaine les explications, cède-t-il la tribune à M. Wolowski pour les interpellations annoncées sur les affaires de la Pologne.

Déjà des bruits alarmants circulent; on dit qu'une grande masse de peuple remplit la place de la Concorde; qu'elle s'avance; qu'elle semble vouloir se porter vers la Chambre; une certaine agitation se peint sur les physionomies; l'orateur lui-même n'en est pas exempt; il voit qu'il n'est guère écouté, et, tout en prononçant quelques banalités sur le dévouement de l'Assemblée à la cause polonaise, il prête l'oreille, il entend au loin des clameurs... Voulant cependant faire bonne contenance et rappeler à lui l'attention, M. Wolowski enfle sa voix, multiplie ses gestes : « Non, la Pologne n'était pas morte! s'écrie-t-il avec force... elle sommeillait seulement... » Au même instant, et comme pour lui répondre, un cri retentissant de : « Vive la Pologne ! » s'élève dans l'air. L'orateur se tait; chacun garde le silence; tous les yeux se portent vers le questeur Degousée qui entre précipitamment et s'élance à la tribune : « L'enceinte de l'Assemblée, dit-il d'une voix entrecoupée par l'émotion, va être envahie; l'émeute est aux portes. Le commandant en chef de la garde nationale, contrairement aux ordres des questeurs, a fait mettre à la garde mobile la baïonnette dans le fourreau. » Une stupeur profonde accueille cette nouvelle, mais on n'a pas le temps d'en demander l'explication. A la rumeur confuse de la masse populaire répandue dans les cours, succède le bruit distinct des pas et des voix dans les escaliers, dans les corridors; les portes des tribunes hautes s'ouvrent avec fracas; on voit apparaître les bannières du peuple. « En place ! » crient les huissiers. Par un mouvement spontané, les représentants qui s'étaient levés se rasseoient; ils restent silencieux, immobiles; leur attitude est pleine de dignité.

Les premiers dans la masse populaire qui, du haut des tribunes envahies, voient ce spectacle nouveau pour eux, sont saisis d'étonnement et comme intimidés; ils baissent la voix, se rangent avec précaution dans les tribunes, en s'excusant auprès des personnes qui les occupent[1]; ils

[1] Lord Normanby, qui assistait à la séance, fut très-frappé de cette singulière courtoisie des insurgés. L'un d'eux, averti que la baïonnette dont il était armé effrayait les dames, la mit aussitôt sous une banquette. Un autre demandait avec beaucoup de politesse qu'on voulût bien lui montrer MM. de Lamartine, Louis Blanc, etc.; un autre encore, ayant lu sur le siège d'un représentant le nom de Georges la Fayette : — « C'est donc vous, monsieur, dit-il, qui êtes le fils du général la Fayette ? » Et sur la réponse affirmative du représentant : — « Ah ! monsieur, quel dommage que votre pauvre papa soit mort! Comme il serait content, s'il était ici ! »

disent qu'ils n'ont aucune intention mauvaise, et ils semblent, en effet, disposés à jouir du spectacle nouveau pour eux d'une discussion parlementaire, plutôt qu'à chasser les représentants. Mais le flot qui monte derrière eux les presse; la foule déborde; les tribunes s'encombrent et semblent fléchir sous le poids; on se dispute les places, on s'étouffe; les femmes poussent des cris d'effroi; plusieurs hommes en blouse, autant pour dégager un peu les tribunes que pour voir de plus près les choses, se laissent glisser le long des murs en s'accrochant aux corniches, et, descendant par les petits escaliers qui divisent l'amphithéâtre, ils se mêlent aux représentants, s'asseoient aux places vides, sans se douter qu'ils commettent une énormité; puis ils entament des conversations avec leurs voisins. De leur côté, les représentants, voyant ces hommes sans armes, ces physionomies plus curieuses que menaçantes, se rassurent un peu; ils regardent ce désordre avec surprise, mais sans trop d'indignation; ils semblent se prêter à l'originalité d'une scène qui n'a rien de très-alarmant et va, sans doute, tout à l'heure finir d'elle-même. Le président, qui s'était couvert, se découvre pour indiquer que la séance n'est pas interrompue. Les femmes et les curieux se rasseoient dans les tribunes; tout le monde se tranquillise, mais cette espèce de trêve ne dure pas. De nouveaux flots populaires entrent incessamment dans la salle et l'on commence à entendre des propos inquiétants. La multitude venue par la rue de Bourgogne, trouvant la grille fermée, l'avait assiégée avec une certaine violence. Le général Courtais, qui se flattait toujours de tout apaiser par sa seule présence, va pour la haranguer; il dit qu'il brisera son épée plutôt que de jamais la tirer contre le peuple; il prie qu'on se tienne tranquille; il annonce que le président de l'Assemblée ayant consenti à recevoir la pétition des mains de vingt-cinq délégués, il va leur faire ouvrir les grilles. Mais cette harangue ne produit pas l'effet qu'il en attendait; l'irritation était grande sur ce point. Des orateurs en

22.

habits, des femmes d'une mise recherchée et qui n'étaient pas du peuple, excitaient par leurs discours à la révolte. Le tumulte avait pris là le caractère d'une sédition. A peine la grille est-elle entr'ouverte que la foule se précipite, force le passage, renverse le général Courtais qui, monté sur l'entablement, essayait encore de la contenir, et se répand dans les cours. Le petit nombre de gardes nationaux qui s'y trouvent courent aux armes; on amène des chevaux aux officiers d'ordonnance; on va et vient effaré; tout le monde crie à la fois; personne ne donne d'ordre.

Cependant, les premiers qui ont forcé la grille, se poussant au hasard par les vestibules, sont entrés dans une salle sans issue. Là, ils commencent à briser les glaces, à fracasser les meubles. Le commandant du palais, M. Châteaurenaud, se présente à la porte et demande, de la part du président, les vingt-cinq délégués porteurs de la pétition. Plusieurs représentants, reconnaissant M. Raspail, que le flot populaire a poussé là, l'invitent à entrer dans l'Assemblée. Au même instant, M. de Lamartine, qui était allé avec M. Ledru-Rollin au haut du péristyle pour haranguer la foule, voyant de ce côté ses efforts complétement infructueux, revenait vers la porte de la salle dite des *Pas perdus*, afin de tenter, puisqu'il n'avait pu empêcher l'invasion du palais, de l'arrêter du moins avant qu'elle eût violé l'enceinte de la représentation nationale. Aussitôt entré dans la salle des *Pas perdus*, il est entouré par un groupe de clubistes. Le représentant Albert est avec eux. « Vous ne passerez pas, leur dit M. de Lamartine, vous n'entrerez pas à l'Assemblée!

— Citoyen Lamartine, lui dit Laviron, nous venons lire une pétition à l'Assemblée en faveur de la Pologne; nous voulons un vote immédiat, ou sinon...

— Vous ne passerez pas! répète M. de Lamartine, avec hauteur.

— De quel droit nous empêcheriez-vous de passer? s'écrie Laviron; nous sommes le peuple. Il y a assez longtemps que vous nous faites de belles phrases ; il faut autre chose au peuple que des phrases ; il veut aller lui-même à l'Assemblée nationale lui signifier ses volontés. »

Les bras croisés sur sa poitrine, M. de Lamartine écoutait ces propos d'un air grave et profondément triste. Son attitude pleine de noblesse, l'accent de sa voix faite pour le commandement, imposent à ces hommes égarés par la passion, mais bien intentionnés dans leur folie.

« Citoyen Lamartine, reprend Laviron, mais cette fois avec un ton de déférence très-marqué, nous vous admirons tous comme poëte ; mais vous n'avez pas notre confiance comme homme d'État. Par vos hésitations, par vos moyens dilatoires, vous perdez la Pologne. »

Pendant ce colloque, un certain nombre de personnes s'étant approchées. « Malheureux! s'écrie une voix partie de la foule, et qui s'adressait aux clubistes, que faites-vous? Vous faites reculer la liberté de plus d'un siècle ! »

N'espérant plus rien gagner sur des hommes visiblement hors de sens, M. de Lamartine va reprendre sa place dans l'enceinte de l'Assemblée. La chaleur était devenue suffocante ; un soleil ardent frappait sur les vitres ; la poussière des tapis, soulevée par les pas de la multitude, l'odeur des foules, y faisaient une atmosphère insupportable. La rumeur allait toujours croissant ; la confusion était inouïe ; il devenait impossible de discerner une volonté dans tout ce tumulte, de deviner une intention dans tout ce désordre.

MM. Ledru-Rollin, Clément Thomas, Barbès, tous trois ensemble à la tribune, essayent vainement de se faire écouter. M. Louis Blanc y paraît à son tour, sans plus de résultat. Enfin, M. Buchez, voyant l'inutilité de tant d'efforts, s'adresse à M. Raspail, qui se tient au pied de la tribune, sa pétition à la main : « Venez à notre aide, lui dit-il, lisez la pétition, et faites ensuite retirer cette foule. » M. Raspail obéit. Le président agite sa sonnette, mais le bruit redouble. « Qui donc écouterez-vous, s'écrie M. Antony Thouret, si vous n'écoutez pas Raspail? » A ce nom, plusieurs représentants se lèvent et protestent du geste avec énergie. «Vous n'êtes pas représentant, s'écrient-ils; vous n'avez pas la parole; vous violez l'Assemblée nationale!... »

M. Louis Blanc, debout au bureau, pensant que le moment est favorable, s'adresse de nouveau au peuple pour le conjurer de faire silence *afin que le droit de pétition*, dit-il, *soit consacré et pour qu'on ne puisse pas dire qu'en entrant dans cette enceinte, le peuple, par ses cris, a violé sa propre souveraineté.*

Cependant M. Raspail a commencé la lecture de la pétition, mais au milieu d'une rumeur telle que ni les membres du bureau, ni aucune des personnes les plus voisines ne sauraient entendre une seule de ses paroles. M. Raspail lit, d'ailleurs, sans accentuation, sans geste, à la manière dont on débite d'ordinaire le procès-verbal; avec une monotonie et une lenteur calculées pour gagner du temps, pour calmer, engourdir cette foule qui lui semble, comme il l'a dit plus tard, attaquée du *tournis*[1].

A plusieurs reprises, on entend au-dessus des clameurs confuses les cris de : « Vive la Pologne! Vive l'organisation du travail! » De nouvelles masses ne cessent d'affluer du dehors; il n'y a pas moins de deux mille personnes étrangères dans la salle. Des hommes de tumulte, Laviron, Borme, Flotte, Quentin, Seigneuret, Houneau, Villain, Degré, en uniforme de sapeur-pompier, Dumoulin, ont envahi le bureau; ils sont armés; ils entourent le fauteuil du président; ils se disputent la place très-exiguë, se poussent sur les degrés de la tribune, se collètent, s'apostrophent, se culbutent : c'est un spectacle des halles.

Barbès, qui n'a pas quitté la tribune, supplie le peuple de se retirer; on lui répond par le cri de : « Vive Barbès! » mais personne ne songe à lui obéir. Tout à coup, un nom est prononcé qui domine le bruit : « Blanqui! Où est Blanqui?... Nous voulons Blanqui! » Et l'on voit, porté au-dessus

---

[1] Voir au *Procès de Bourges*, la défense de M. Raspail.

de la foule, hissé en quelque sorte à la tribune, un petit homme pâle, sec et grêle. Les regards se fixent sur lui. Son aspect est étrange, sa physionomie impassible ; ses cheveux noirs coupés en brosse, son habit noir boutonné jusqu'au haut, sa cravate et ses gants noirs lui donnent un air lugubre. A sa vue, le silence s'établit ; la foule tout à l'heure si agitée demeure immobile, dans la crainte de perdre une seule des paroles que va prononcer le mystérieux oracle des séditions.

« Le peuple, dit Blanqui, en élevant sa voix dure et pénétrante, exige que l'Assemblée nationale décrète, sans désemparer, que la France ne mettra l'épée au fourreau que lorsque l'ancienne Pologne tout entière, la Pologne de 1792 sera reconstituée. » Puis, après avoir brièvement développé cette pensée et promis que le peuple irait en masse à la frontière sur un signe de l'Assemblée, il demande, au nom de ce peuple dévoué, *justice pour les massacres de Rouen*; il insiste pour qu'on *s'occupe immédiatement de rétablir le travail*; il parle *des causes sociales de la misère, des hommes systématiquement écartés du gouvernement.*

Ici, plusieurs voix l'interrompent : « Il ne s'agit pas de cela ! s'écrie Sobrier ; la Pologne ! la Pologne ! parle de la Pologne !... »

Blanqui se voyant favorablement écouté et comme maître de cette multitude frémissante, avait eu la pensée, sans doute, de substituer à la question polonaise une question où le peuple fût plus directement intéressé, et de faire sortir une révolution de ce désordre sans caractère, mais il comprit aussitôt qu'il se trompait ; il reprit, avec le tact que lui donnait sa longue habitude de l'émeute, la seule pensée qui passionnât en ce moment le peuple ; il répéta l'injonction à l'Assemblée de déclarer immédiatement la guerre à l'Europe pour la délivrance de la Pologne.

Pendant qu'il parlait encore, M. Louis Blanc, averti qu'une foule considérable rassemblée dans la cour l'appelle à grands cris, demande au président l'autorisation d'aller haranguer le peuple afin de prévenir, s'il se peut, une invasion nouvelle. M. Buchez, sans l'y autoriser, comme président, l'y engage comme citoyen[1]. M. Louis Blanc sort et va rejoindre M. Albert et M. Barbès qui, debout sur l'entablement d'une fenêtre, reçoivent une espèce d'ovation populaire. On remet à M. Louis Blanc un drapeau polonais ; il se place entre ses deux amis, commence un discours, où, pour apaiser l'effervescence, il parle longuement de la souveraineté populaire, de la nécessité d'assurer en ce jour le triomphe de la cause du peuple ; mais en même temps il insiste pour qu'on laisse à l'Assemblée le loisir de délibérer et pour qu'on attende avec calme le résultat de ses délibérations[2]. Les cris de : Vive Louis Blanc ! Vive la République démocratique et sociale ! lui répondent.

Un groupe qui s'est formé derrière lui, le saisit, l'enlève malgré sa résistance et le ramène dans l'enceinte de l'Assemblée, dont on lui fait faire le tour, porté en triomphe. Mais quel triomphe, hélas ! et combien celui qui en est l'objet paraît le subir avec confusion ! Le visage de M. Louis Blanc est d'une pâleur livide ; de grosses gouttes de sueur coulent le long de ses joues ; ses lèvres remuent comme pour parler, mais sa voix éteinte n'articule aucun son ; il fait un geste pour indiquer qu'il voudrait écrire et va tomber enfin, brisé d'émotion, sur un banc où il demeure durant quelques minutes privé de connaissance.

Pendant cette ovation si pénible, des scènes inouïes se passaient au bureau. Immédiatement après le discours de Blanqui, M. Ledru-Rollin avait proposé que l'Assemblée se déclarât en permanence, et que le peuple se retirât sous le

---

[1] Voir au *Procès de Bourges*.
[2] La conduite des représentants de la Montagne fut en cette circonstance assez semblable à celle des Montagnards, à la journée de prairial, qui « sans provoquer la crise, dit Levasseur, la désiraient et se promettaient d'en profiter ; » et qui, selon M. Thiers, « ne prirent la parole que pour empêcher de plus grands malheurs et pour hâter l'accomplissement de quelques vœux qu'ils partageaient. »

péristyle. M. Raspail, toujours au bas de la tribune, appuie cette motion, à laquelle Flotte et quelques autres ne répondent que par des rires moqueurs ; le mot de *trahison* est prononcé : « C'est comme au 16 avril » s'écrie-t-on. Mais Raspail persiste à soutenir M. Ledru-Rollin et déclare, en élevant la voix, qu'il ne reconnaît plus comme républicain quiconque ne se retire pas à l'instant même. Le président est serré de près par les factieux. Debout derrière son fauteuil, Laviron, qui porte l'uniforme de capitaine d'artillerie, communique du geste avec un groupe d'hommes armés, qui épient le moindre de ses mouvements. L'exaltation de ces hommes est au comble ; ils ne savent plus ni ce qu'ils veulent, ni ce qu'ils disent. Le moindre incident, une arme déchargée par hasard, peut en ce moment amener d'affreuses catastrophes. Barbès lui-même ne se connaît plus ; la vue de Blanqui lui ôte tout son sang-froid ; il veut tenter un effort suprême pour arracher à Blanqui sa popularité usurpée. Il monte à la tribune, et d'une voix qui, malgré son trouble intérieur, reste calme et empreinte d'un certain caractère de solennité, avec l'accent et le geste d'un homme qui se voue au martyre pour sauver sa cause, il demande à l'Assemblée d'accéder au vœu du peuple ; il la somme en quelque sorte de voter *le départ immédiat d'une armée pour la Pologne* ; et s'apercevant sans doute que ces motions ne produisent plus aucun effet sur les énergumènes qui l'entourent, il recourt à un moyen extrême et qu'il juge infaillible : il demande un impôt d'un milliard sur les riches.

Mais à ce moment un mouvement extraordinaire se fait dans la foule ; Barbès s'interrompt ; il questionne. On dit qu'on entend battre le rappel. « Le rappel ! s'écrie Barbès ; pourquoi le rappel ? On nous trahit ! à bas les traîtres ! Hors la loi celui qui fait battre le rappel ! » A ces mots, on se précipite vers le président, qui, en effet, depuis quelques instants, a trouvé moyen, quoique entouré par les séditieux, de signer et de remettre à un officier d'état-major l'ordre adressé au général Courtais et aux officiers des légions de faire battre le rappel; on le saisit au collet; des sabres nus se lèvent sur sa tête; on exige qu'il révoque l'ordre qu'il a donné. Le président se débat, résiste. Sur ces entrefaites, M. Degousée, qui vient du dehors, se glisse jusqu'à lui, et lui parlant à voix basse : « La garde nationale est réunie, lui dit-il; avant un quart d'heure elle sera ici; un peu de ruse pour gagner du temps, et l'Assemblée est sauvée. » M. Buchez alors feint de céder aux séditieux; il signe sur des feuilles volantes, sans timbre et sans date, l'ordre de ne pas faire battre le rappel, certain, d'après ce qu'affirme M. Degousée, qu'il ne sera pas obéi, qu'on devinera la violence qui lui est faite. Les clubistes Flotte, Quentin, Laviron, s'emparent de ces feuilles. Un moment de calme succède au tumulte.

Les représentants sont toujours à leurs places; quelques minutes s'écoulent. Barbès a quitté la tribune; elle est assaillie, escaladée incessamment par des hommes qui semblent en proie au délire, et qui, le visage ruisselant de sueur, la lèvre écumante, le poing levé et se menaçant l'un l'autre, poussent des cris confus et font tous à la fois les motions les plus insensées. Tout à coup on voit apparaître sur le bureau un drapeau noir surmonté d'un bonnet rouge et d'une épée nue.

A la vue de ces emblèmes sinistres, M. Buchez, apercevant non loin de lui Huber, qui revient d'un long évanouissement : « Au nom du ciel, tirez-nous de là, lui dit-il, ce sont des scènes de Bicêtre. » Alors Huber, dont les intentions et les consignes sont depuis longtemps outre-passées, monte à la tribune et s'écrie d'une voix tonnante : « Citoyens, puisqu'on ne veut pas prendre de décision, eh bien! moi, au nom du peuple français, trompé par ses représentants, je déclare que l'Assemblée est dissoute. » Aussitôt il prend des mains d'un de ses affidés une large pancarte qu'il élève au haut de la hampe du drapeau de son club et sur laquelle on lit, tracées en gros caractères, les paroles qu'il vient de prononcer :

« Au nom du peuple, l'Assemblée nationale est dissoute. »

L'horloge marquait en ce moment trois heures et demie.

Dans le même temps, M. Buchez, insulté, menacé par les factieux, est renversé de son fauteuil. Des amis l'entourent, lui font un rempart de leurs corps et parviennent à le faire sortir de la salle. Le plus grand nombre des représentants suit cet exemple. Quelques-uns, qui croyaient au succès possible de l'insurrection, vont à tout hasard sur les quais du côté de l'Hôtel de Ville; les autres rejoignent à l'hôtel de la Présidence MM. Senard et de Lamartine. M. Louis Blanc est poussé par la foule vers l'esplanade des Invalides. M. Raspail, qui, pendant les scènes que je viens de décrire, a quitté la salle, s'est évanoui sur le gazon du jardin, où il est encore. M. Sobrier est porté en triomphe par des ouvriers. Huber va sur le péristyle annoncer que l'Assemblée est dissoute et il disparaît.

MM. Barbès et Albert ont pris le chemin de l'Hôtel de Ville; la salle est abandonnée à quelques factieux. Se croyant vainqueurs, ils écrivent à la hâte des listes de noms pour un gouvernement provisoire. Laviron, qui s'est assis sur le fauteuil du président, propose successivement à l'acceptation du peuple ces noms qui soulèvent des protestations nombreuses[1]; un bruit de tambours les interrompt. « La garde mobile! voici la garde mobile! nous sommes trahis! » s'écrie-t-on avec effroi. Une panique épouvantable saisit la foule; on fuit, on se disperse, et quand le commandant Clary, à la tête du deuxième bataillon de la garde mobile, paraît à l'entrée de la salle, il n'aperçoit plus que quelques fuyards qui se précipitent par les issues opposées; les banquettes sont vides. Il est alors près de cinq heures.

---

[1] Sur ces listes improvisées à l'insu des personnes intéressées, on lisait les noms suivants : MM. Barbès, Blanqui, Louis Blanc, Ledru-Rollin, Huber, Raspail, Caussidière, E. Arago, Ch. Lagrange, Cabet, P. Leroux, Considérant, Proudhon.

A peine la salle est-elle évacuée que beaucoup de représentants, qui ne s'étaient pas éloignés, y rentrent. Le ministre des finances monte à la tribune et prononce avec solennité ces paroles : « Au nom de l'Assemblée nationale *qui n'est pas dissoute;* au nom du peuple français qu'une minorité infime et infâme ne déshonorera pas, l'Assemblée nationale reprend ses travaux. » Un immense applaudissement lui répond ; la séance est reprise aux cris de : Vive la République !

Le général Courtais, en grand uniforme, se montre à l'entrée de la salle ; le désordre de ses pensées est visible sur son front et dans toute sa personne. Depuis l'envahissement de l'Assemblée, ne sachant que vouloir, que devenir, haranguant le peuple sans pouvoir se faire entendre, balbutiant à la garde nationale des ordres et des contre-ordres qui ne sont point obéis, il a erré de tous côtés, en proie à un trouble extrême. Il vient en dernier lieu de l'hôtel de la Présidence, où il est allé demander avis à Lamartine ; et bien que celui-ci lui ait conseillé de se mettre à la tête des troupes, il continue d'aller et de venir au hasard sans se résoudre à rien et finit par rentrer machinalement dans l'Assemblée. Voyant qu'elle a repris sa séance, il donne machinalement encore aux gardes nationaux de la 2e légion, qui ont suivi de près la garde mobile, l'ordre de se retirer ; mais des cris violents éclatent : « A bas Courtais ! il nous a trahis ! A bas le traître ! » On se jette sur lui ; on lui arrache son épée, ses épaulettes ; on lui fait subir mille outrages. Heureusement, plusieurs représentants s'interposent ; MM. de Fitz-James, Flocon, Vieillard le tirent des mains de ces furieux et le font entrer dans la salle de la Bibliothèque où il reste gardé à vue.

Dans le même temps, M. Clément Thomas, colonel de la 2e légion, annonce, aux applaudissements de toute l'Assemblée, qu'il vient d'être investi par la commission exécutive du commandement général de la garde nationale de Paris. Sur l'invitation du président, les gardes nationaux en uniforme qui sont répandus pêle-mêle dans l'hémicycle, et qui occupent une partie des places des représentants, se rangent en cordon autour de la salle; plus de deux cents représentants reprennent leurs siéges. On va commencer à délibérer quand tous les yeux se tournent vers la porte d'entrée : c'est M. de Lamartine qui paraît suivi de M. Ledru-Rollin; il se dirige vers la tribune, le silence s'établit. M. de Lamartine demande à l'Assemblée de voter les remercîments de la France à la garde nationale; il flétrit, mais avec beaucoup de ménagements, les scandales qui ont un moment déshonoré l'enceinte de la représentation nationale puis il annonce qu'il va se réunir à ses collègues de la commission exécutive et se rendre avec eux à l'Hôtel de Ville. « Dans un moment pareil, dit-il, la place du gouvernement n'est pas dans le conseil; elle est à votre tête, gardes nationaux; dans la rue, sur le champ même du combat; à cette heure, la plus belle tribune du monde, c'est la selle d'un cheval! »

Après ces mots couverts d'applaudissements, les tambours battent la marche. On amène un cheval à M. de Lamartine, un autre à M. Ledru-Rollin; quelques représentants et un grand nombre de gardes nationaux les suivent. Le régiment de dragons, caserné sur le quai d'Orsay et commandé par le colonel de Goyon, prend la tête du cortége aux cris frénétiques de : Vive l'Assemblée nationale! il emmène six pièces de canon. On s'avance rapidement et sans obstacle jusqu'à la hauteur de la place Saint-Michel. Là, on se voit arrêté par une masse compacte de peuple, au milieu de laquelle un détachement de Montagnards et de gardes Républicains se dispose à la résistance. On entend dire dans cette foule que l'Hôtel de Ville, occupé par le nouveau gouvernement, est formidablement gardé. On voit aux fenêtres des maisons des hommes armés de carabines qui n'attendent qu'un signal pour faire feu; mais le colonel de Goyon commande un mouvement de division qui montre les canons à la foule. A cette vue les Montagnards se retirent et reprennent le chemin de la préfecture de police. MM. de Lamartine et Ledru-Rollin, un moment séparés, se remettent en marche vers la place de Grève.

Voici cependant ce qui s'était passé.

Le maire de Paris avait été averti, le 14, par un agent de sa police particulière, qu'une manifestation, armée en partie, se porterait le lendemain sur l'Assemblée d'abord, puis, selon toute apparence, à l'Hôtel de Ville. Mais depuis le 24 février, ces sortes d'avertissements étaient si fréquents, et le plus souvent si mal fondés, qu'on avait fini par n'en plus tenir compte. M. Marrast, pensant, d'ailleurs, que si une manifestation avait lieu en effet, M. Barbès, M. Sobrier et d'autres qui lui étaient connus sauraient la contenir, ne s'en alarma pas et ne jugea pas à propos d'augmenter les forces dont il disposait.

Elles consistaient en une garnison de deux mille sept cents hommes, choisis avec soin, très-animés contre les Montagnards de Caussidière, et sur lesquels on croyait pouvoir compter absolument. Quelques compagnies de gardes mobiles étaient constamment de service à l'Hôtel de Ville. On avait huit cents fusils de réserve et des munitions en abondance. Le commandant de l'Hôtel de Ville, M. Rey, inspirait bien quelque défiance à cause de ses liaisons intimes avec des hommes exaltés; mais M. Marrast croyait l'avoir gagné, en faisant régulariser et porter sur les cadres de l'armée son grade révolutionnaire de colonel.

On ne prit donc à l'Hôtel de Ville aucune mesure de sûreté particulière. Dans la matinée du 15, tout s'y passa aussi tranquillement que d'habitude. M. Marrast y arriva comme à l'ordinaire, entre une et deux heures, et s'installa dans son cabinet sans donner un seul ordre. Presque au même moment une foule considérable, sans armes, mais bannières déployées, s'avançait par le quai et débouchait sur la place qu'occupaient plusieurs détachements des 7e, 8e et 9e légions, commandées par le colonel Yautier. Quelques clubistes entrent en pourparlers avec les gardes nationaux; ils affirment qu'un nouveau gouvernement est proclamé; que l'Assemblée est dissoute; que quatre-vingt mille prolétaires marchent sur l'Hôtel de Ville; que la garde mobile est avec eux. Soit qu'on ne pût croire à une telle audace de mensonge, soit que la vue des uniformes des gardes nationaux qui se trouvent parmi les insurgés donne le change, soit surtout que le souvenir du 24 février trouble les esprits, les quatre à cinq mille hommes qui occupent la place se dispersent.

Le colonel les laisse faire; il n'avait pas d'ordre écrit; et, comme il l'a dit plus tard, il se rappelait l'affaire de Bailly au champ de Mars, « qui avait payé de sa tête, deux ans plus tard, l'ordre de faire tirer sur le peuple [1]. » Voyant cela, la garde républicaine, postée derrière la grille, n'oppose qu'une molle résistance à l'invasion populaire. Quelques ouvriers escaladent la grille; on l'ouvre; la foule se précipite, elle monte le grand escalier, remplit tumultuairement les couloirs, les salles du premier étage; des centaines de proclamations sont jetées par les fenêtres sur la place.

Sur ces entrefaites, Barbès et Albert, sortis ensemble de l'Assemblée nationale et suivis d'une centaine de personnes environ, arrivent devant le perron de l'Hôtel de Ville.

Barbès est pâle, défait; il semble exténué, agité des inquiétudes les plus vives. « Vous nous perdez, murmure-t-il en promenant sur son entourage des regards éteints et cherchant vainement dans la foule un visage ami; vous perdez la République. » Il ne se trompait pas, tout était manqué.

Au sortir de l'Assemblée, tous les chefs, traîtres ou non, s'étaient dispersés. La manifestation avait disparu. Les ouvriers des ateliers nationaux, qui s'y étaient joints au nombre de douze à quatorze mille, ont été emmenés avant même que d'entrer à l'Assemblée, par leurs brigadiers,

[1] Voir au *Procès de Bourges*.

pour recevoir la paye qui se fait à trois heures[1]. Blanqui, qui le premier a compris que rien de sérieux ne pouvait sortir de tout ce désordre, s'est glissé hors de la salle et s'est réfugié chez un ami. M. Louis Blanc, que nous avons vu poussé vers l'esplanade des Invalides par une foule serrée et violente[2], à laquelle il ne cesse de demander où est Barbès, et qui veut l'entraîner à l'Hôtel de Ville, est rejoint par son frère, qui parvient à grand'peine à le tirer de ce danger, en répétant à la masse populaire que tout est fini, que la journée est manquée, qu'aller maintenant à l'Hôtel de Ville ce serait se perdre. Un cabriolet venant à passer, M. Louis Blanc s'y jette, se fait mener dans le quartier de l'École-de-Médecine, voisin de l'Hôtel de Ville, où il attend des nouvelles de Barbès et d'Albert; il revient ensuite chez lui, rue Taitbout, et comme on lui dit que l'Assemblée est rentrée en séance, il s'achemine vers le palais législatif pour y reprendre son siége.

La même chose à peu près était arrivée à M. Raspail. Nous l'avons laissé évanoui dans le jardin du palais. Lorsqu'il revint à lui, la salle des séances était déjà occupée par la troupe. Il sortit par la rue de Lille et se vit presque aussitôt entouré de personnes qui lui parurent suspectes. Un fiacre était là : il y monta après avoir fait dire à son club, qui n'était pas entré dans l'Assemblée et qui l'attendait en bon ordre sur le quai, qu'on eût à se séparer au plus vite.

Voyant que le fiacre, au lieu de le conduire à sa demeure, comme il l'avait dit, prenait la direction de l'Hôtel de Ville, et se défiant d'une personne inconnue qui était assise à côté du cocher, Raspail saute à bas de la voiture,

---

[1] Les personnes qui voient dans la manifestation du 15 mai un coup de filet de la police pour prendre MM. Barbès, Raspail, etc., insistent beaucoup sur cette circonstance, et disent qu'on avait choisi à dessein le jour de paye des ateliers nationaux, afin d'emmener les ouvriers si la manifestation prenait un caractère séditieux.

[2] Voir *Pages d'histoire*.

s'échappe et court chez son fils, rue des Francs-Bourgeois, où deux heures après un commissaire de police vient l'arrêter. M. Pierre Leroux s'était également soustrait aux imprudentes ovations d'un groupe populaire. M. Laviron s'était rendu à la préfecture de police; Quentin, au Luxembourg, où M. Arago le fit arrêter. M. Sobrier, qui s'était chargé d'aller au ministère de l'intérieur avec une poignée de factieux, pour y prendre les sceaux et faire jouer le télégraphe, fut reconnu, comme il en revenait, par le représentant Rondeau, dans le café d'Orsay, au moment où il y annonçait le triomphe de l'insurrection, et remis à la garde du colonel de Goyon.

Caussidière, sur qui Barbès comptait comme sur lui-même, restait enfermé à la préfecture de police et ne donnait pas signe de vie. Enfin, M. Ledru-Rollin, que son entourage compromettait malgré lui au 15 mai, comme il l'avait compromis au 16 avril, après s'être barricadé dans un bureau de la questure, où il se défendit longtemps contre les factieux qui l'avaient proclamé membre du nouveau gouvernement et qui voulaient l'emmener avec eux à l'Hôtel de Ville, s'était rangé de la manière que nous avons vu à la suite de M. de Lamartine.

Quant à Huber, comme il prenait tranquillement le chemin de sa demeure, des gardes nationaux l'avaient arrêté et conduit à la mairie du quatrième arrondissement, où, après quelques paroles échangées entre lui et le maire, il fut immédiatement relâché.

Ainsi, pour un motif ou pour un autre, par l'effet du hasard ou par suite d'une inspiration prudente, il arrive qu'aucun des hommes en qui Barbès a dû se fier ne partage son sort. Sur le perron de l'Hôtel de Ville, il est reçu par un secrétaire de M. Marrast, qui l'invite très-poliment à monter l'escalier de droite et lui indique une porte sur le palier du premier étage.

C'est là que, dans une salle pleine de cris et de tumulte, sur une table où l'on se bouscule, des orateurs inconnus, des hommes de mine équivoque parlent en faveur de la Pologne et proclament, pour un gouvernement provisoire, des noms acclamés ou repoussés par l'auditoire. Dès que l'on aperçoit Barbès, on l'entoure, on le hisse sur la table. Albert demande que l'on aille chercher Louis Blanc; un peu de silence se fait. « Citoyens, dit Barbès, l'Assemblée réactionnaire est dissoute comme au 24 février; un nouveau gouvernement est constitué pour sauver la République, parce qu'un seul jour sans gouvernement serait le chaos[1]. » Il déclare que ce gouvernement se compose de MM. Albert, Louis Blanc, Ledru-Rollin, Huber, Thoré, Raspail, Cabet et Pierre Leroux; puis il rédige, au milieu des cris et des vociférations, une proclamation au peuple et dicte des décrets, dont on fait à la hâte, sur des feuilles volantes, des centaines de copies, que l'on jette par les fenêtres sur la place.

Le premier de ces décrets prononce la dissolution de l'Assemblée; le deuxième met hors la loi tout citoyen qui portera l'uniforme de la garde nationale; un troisième prescrit aux gouvernements russe et allemand de reconstituer la Pologne, sous peine de guerre avec la France.

Comme on est occupé à rédiger le quatrième, on entend battre la charge; les cris de : « Vive l'Assemblée! à bas les communistes! » retentissent dans les cours et dans les escaliers. C'est la garde nationale qui charge à la baïonnette. On fuit, on se disperse. Un petit groupe d'hommes, qui se serre autour de Barbès et d'Albert, recule de salle en salle jusqu'à une dernière pièce, d'où la retraite n'est plus possible. Un officier de la garde nationale paraît :

« Que nous voulez-vous? » lui dit Barbès, en se levant.
« Que faites-vous là? » dit à son tour l'officier.
« Je suis membre du nouveau gouvernement provisoire, » reprend Barbès avec calme.
« Eh bien! moi, au nom de l'ancien, je vous arrête. »

[1] Voir au *Procès de Bourges*.

Sur un signe de l'officier, les gardes nationaux entrés à sa suite s'emparent de Barbès et d'Albert, et les conduisent à M. Edmond Adam, qui les fait garder à vue dans une salle voisine. On commence immédiatement des perquisitions ; beaucoup de personnes sont arrêtées, le plus grand nombre s'évade ; plusieurs, dans le pêle-mêle général, profitent de ce qu'ils portent l'uniforme de la garde nationale pour passer de l'émeute dans la répression, et simulent un grand zèle. Les mêmes hommes qui ont poussé Barbès à l'Hôtel de Ville, crient : « Mort à Barbès ! » Il règne, depuis une heure, une confusion, un désordre qui favorise ces changements à vue.

Les deux gouvernements, l'un régulier, l'autre révolutionnaire, ont fonctionné simultanément à l'Hôtel de Ville. Les insurgés, qui sont montés par l'escalier du milieu, ont pris à droite, tandis que M. Marrast et son adjoint restaient dans les bureaux situés à gauche. Dans l'espace qui sépare les deux gouvernements se presse une foule de gens qui, ne connaissant pas les lieux, s'égarent, se trompent ; tel croyant rejoindre Barbès se trouve en présence de Marrast ; tel autre qui venait offrir ses services à la mairie de Paris se voit emporter par le flot au milieu du gouvernement provisoire de l'émeute.

Il ne manquait pas non plus, entre ces anciens conspirateurs, d'amis communs qui allaient de l'un à l'autre porter des paroles de conciliation. Plusieurs fois, M. Marrast lui-même, qui a donné l'ordre au général Foucher de cerner l'Hôtel de Ville, et qui a fait prévenir les colonels des légions, envoie vers M. Barbès son secrétaire Daviau, pour l'avertir qu'il est perdu s'il ne se dérobe au plus vite.

Une heure s'est écoulée de la sorte, lorsqu'on entend rouler sur la place l'artillerie de la garde nationale. Ce sont les généraux Foucher et Bedeau qui arrivent d'un côté, à la tête d'une colonne de troupes, tandis que MM. de Lamartine, Ledru-Rollin et Clément Thomas paraissent de l'autre. La place est occupée, l'Hôtel de Ville cerné. La grille, très-mal défendue par les factieux, est reprise par un bataillon de la 6ᵉ légion ; ce bataillon monte le grand escalier au pas de charge ; le gouvernement provisoire est déjà dispersé ; le petit nombre d'insurgés qui reste encore prend la fuite. Cette incroyable mêlée n'a pas duré en tout plus d'une heure.

Depuis le moment où la colonne populaire franchissait le pont de la Concorde et enveloppait le palais législatif, Paris était demeuré livré aux conjectures. Pendant les longues heures qui s'écoulèrent jusqu'à la reprise de la séance, aucune nouvelle certaine n'apprit à la population ni la nature du danger qu'elle courait, ni son étendue. Les bruits les plus faux se propageaient avec une surprenante rapidité et trouvaient créance. Le jardin des Tuileries en était le centre. Au milieu des femmes et des enfants qui jouaient ou se reposaient à l'ombre des marronniers, on voyait passer des hommes en blouse qui proclamaient le nouveau gouvernement établi à l'Hôtel de Ville ; un orateur improvisé expliquait à son auditoire pourquoi la commission exécutive était renversée ; un autre accusait l'Assemblée de tout le mal ; un troisième s'attendrissait en parlant de la Pologne. Des gardes nationaux effarés couraient dans différentes directions le fusil en main, s'écriant que Barbès, maître de l'Hôtel de Ville, venait de décréter deux heures de pillage. On s'abordait sans se connaître, on s'interrogeait, on se donnait des démentis. A sept heures seulement on apprit tout à la fois le triomphe momentané de l'émeute et sa défaite définitive. A la consternation, à la frayeur, succéda aussitôt une violente explosion de colère. Les gardes nationaux parcourent la ville et se répandent en menaces. Dans l'excès de leur zèle, ils voulaient tout arrêter : « A bas *les assassins sans armes!* » criaient-ils à l'Hôtel de Ville ; ils se précipitent maintenant sans mandat, sans commissaire de police, dans la maison de Sobrier, qu'ils saccagent ; chez la mère de Blanqui, chez Raspail, chez Cabet ; dans une salle du passage Molière, louée par la

Société des droits de l'homme, où ils tirent au hasard des coups de fusil les uns sur les autres [1].

Cette exaspération se communique malheureusement à l'Assemblée. Le danger réel et présent l'a trouvée calme; l'image du danger évanoui la met hors d'elle-même. Une frayeur vraie chez les uns, feinte chez les autres, se propage de rang en rang; une panique rétrospective s'empare des imaginations. Et comme dans cette extravagante émeute tout reste obscur et équivoque, tout prête aux exagérations les plus déplorables. Le moment est propice pour les partis hostiles à la République; ils le saisissent : comprenant qu'il en faut profiter sur l'heure, ils ouvrent l'attaque. Avant même que MM. de Lamartine et Ledru-Rollin soient revenus de l'Hôtel de Ville et qu'on puisse connaître avec exactitude l'état des choses, un membre de la droite, M. de Charancey, demande l'enquête; M. Léon Faucher, plus impatient encore, veut qu'on mette en accusation M. Barbès et le général Courtais, qu'il déclare traîtres à la patrie. Ces propositions sont combattues par plusieurs représentants qui s'efforcent de ramener l'Assemblée à plus de calme. MM. Flocon, Ducoux, Huot, la conjurent de ne pas grandir démesurément l'importance de quelques hommes; de ne pas donner surtout un *caractère d'animosité* à ses délibérations; de ne pas s'emporter si vite aux mesures de rigueur et de reprendre l'ordre de ses travaux en attendant les communications du gouvernement. A ce moment, M. Buchez revient occuper le fauteuil. Il dit qu'en quittant l'Assemblée il est allé au palais du Luxembourg rejoindre la commission exécutive; il fait connaître qu'elle a nommé le général Baraguay-d'Hilliers commandant supérieur des forces qui protègent la représentation nationale. Cette no-

---

[1] Le populaire n'était guère moins furieux contre les factieux que la garde nationale. Lorsque le 16, vers midi, les prisonniers partent pour Vincennes, ils entendent en traversant le faubourg Saint-Antoine les imprécations de la foule, hommes, femmes, enfants, qui, malgré l'extrême chaleur du jour, suit les voitures, l'injure à la bouche, jusqu'aux premières maisons de Vincennes.

mination est accueillie avec faveur par la droite et l'engage à reprendre son ordre du jour. Presque au même moment, M. Garnier-Pagès et, peu après, M. de Lamartine viennent annoncer le complet rétablissement de l'ordre et tâchent, par la manière même dont ils rendent compte des événements, d'inspirer la modération après une victoire si peu disputée. Ils énumèrent quelques mesures prises dans l'intérêt de la sûreté publique : la fermeture de quelques clubs, les perquisitions faites au domicile des factieux. Enfin le procureur général Portalis demande et obtient l'autorisation de poursuivre M. Barbès et le général Courtais.

Des rumeurs se font alors entendre dans les couloirs. On distingue le nom de Louis Blanc. Presque aussitôt on le voit paraître, poursuivi par des gardes nationaux; il est protégé par quatre ou cinq de ses collègues. M. Louis Blanc se débat, ses cheveux sont en désordre, ses habits déchirés... Il va vers la tribune... un long murmure d'indignation s'élève sur son passage. Au moment où il veut parler, des interpellations injurieuses lui sont adressées de toutes parts.

« Respectez un collègue! s'écrie une voix. — Ce n'est pas un collègue, c'est un factieux! » dit un autre. L'Assemblée est dans une agitation inouïe; la plupart des représentants quittent leur place et descendent vers la tribune. Le président obtient avec peine un peu de silence. « Citoyens, dit Louis Blanc, c'est votre dignité, c'est votre honneur, c'est votre droit que je viens défendre en ma personne!

— Vous insultez l'Assemblée! s'écrie-t-on.

— Ce que j'affirme sur l'honneur, répond M. Louis Blanc, après cette incroyable apostrophe, c'est que j'ignorais de la manière la plus absolue ce qui devait se passer aujourd'hui dans l'Assemblée.

— Vous ne parlez que de vous! vous n'avez jamais eu de cœur! » s'écrie un représentant. Et aussitôt les murmures, les cris : « A la question! à l'ordre! » reprennent avec force. M. Louis Blanc tient tête à l'orage, mais les violences passent toutes les bornes. Alors, voyant que l'Assemblée est résolue à ne pas l'entendre et que le président renonce à lui maintenir son droit, M. Louis Blanc descend de la tribune et va se rasseoir à sa place, où le suivent les regards courroucés de ses collègues.

Cependant M. Landrin, procureur de la République, vient demander à l'Assemblée d'étendre à M. Albert l'autorisation de poursuite, déjà accordée pour MM. Barbès et Courtais. Malgré les représentations de M. Flocon, qui supplie les représentants de ne pas *débuter dans la carrière d'action et de réaction des partis*, ils votent, à la presque unanimité, l'autorisation demandée. Puis on décrète, par acclamation, que la garde nationale, la troupe de ligne et la garde mobile ont bien mérité de la patrie.

Ainsi se termine cette journée déplorable.

J'ai dit qu'on l'avait comparée, dans tous les journaux du temps, à la journée du 1ᵉʳ prairial an III; mais cette comparaison n'est que superficielle, et on doit l'attribuer beaucoup moins à des analogies sérieuses entre les hommes et les circonstances qu'à la manie générale, depuis le 24 février, de tout rapporter à notre première révolution. Chacun, les hommes politiques aussi bien que les écrivains, se prêtait volontiers à un rapprochement qui paraissait grandir l'importance des uns et faisait valoir l'érudition des autres. M. Ledru-Rollin aimait à s'entendre appeler Danton; M. Louis Blanc ne haïssait pas les allusions à Robespierre; M. de Lamartine, en parlant de Vergniaud, ne pensait évidemment qu'à lui-même; les oisifs, pour animer les conversations, faisaient de Raspail un Marat, et de l'auteur de *Valentine* une Théroigne.

Dans le récit que fait M. Proudhon de l'événement du 15 mai, il raille impitoyablement cette manie : « Une masse confuse apporte une pétition à l'Assemblée, dit-il : *souvenir de 1793*. Les chefs du mouvement s'emparent de la tribune et proposent un décret : *souvenir de prairial*.

L'émeute se retire et ses auteurs sont jetés en prison : *souvenir de thermidor*. Cette manifestation inintelligente, impuissante, liberticide et ridicule, ajoute-t-il ailleurs, ne fut, du commencement jusqu'à la fin, qu'un pastiche des grandes journées de la Convention. »

En effet, dans l'insurrection de prairial, qui exprimait des passions vraies, tout fut tragique; presque tout, dans la journée du 15 mai, parut ridicule, parce que tout y était factice. En 1795, une disette effroyable, combinée avec l'avilissement des assignats, exaspère le peuple; aussi trouve-t-il à l'instant même une formule précise pour ses exigences. Il veut *du pain et la constitution* de 93, « à laquelle se rattachaient, dit Levasseur, toutes les espérances. » Deux représentants sont les chefs avoués de la conspiration[1]. L'un des principaux accusés, sans attendre l'issue du procès, s'enfonce un couteau dans la poitrine, et trois autres, qui s'étaient frappés du même fer, sont traînés sanglants à l'échafaud. Les commissions militaires s'établissent en permanence. La répression est sans pitié, parce que l'attaque a été terrible. L'insurrection du 15 mai, au contraire, qui demandait à la fois deux choses contradictoires, la guerre et l'organisation du travail, ne fut qu'un de ces vagues mouvements de fermentation, comme il s'en produit souvent, sans aucune cause particulière, dans les masses inoccupées qu'agite l'esprit de révolution; ce fut une journée de Fronde démocratique où les intrigues entre-croisées de quelques aventuriers politiques eurent la part principale, que désavouèrent à l'envi tous les chefs populaires, hormis Barbès, et qui devint bientôt, non sans raison, un sujet de confusion ou de risée pour tout le monde.

[1] M. Thiers le nie, mais Levasseur, le Montagnard, en convient.

CHAPITRE XXIX

Suite de la journée du 15 mai. — L'enquête. — Vote favorable à M. Louis Blanc. — La réunion du Palais-National et la commission exécutive. — Fête de la Concorde. — La famille d'Orléans à Claremont. — Décret de bannissement. — Élections du 5 juin.

Dans la nuit qui suivit cette étrange journée, la commission exécutive manda au petit Luxembourg le préfet de police, afin qu'il expliquât sa conduite. Il paraissait hors de doute que M. Caussidière était resté neutre, tout au moins, tant qu'avait duré la mêlée, se réservant, selon que tournerait la fortune, de se prononcer pour ou contre l'insurrection.

A partir de dix heures du matin, ses rapports avec l'autorité avaient cessé. Renfermé dans la préfecture pendant que la colonne populaire s'avançait vers l'Assemblée, il n'avait donné aucun ordre. On savait qu'après l'envahissement de la salle deux ou trois cents factieux étaient accourus lui demander des armes, et qu'ils avaient voulu le mettre à leur tête pour marcher sur l'Hôtel de Ville. Il les avait renvoyés, il est vrai, en leur disant qu'il attendait les ordres du *pouvoir constitué*; mais il avait souffert que ses Montagnards battissent aux champs et criassent *à bas l'Assemblée!* en apprenant que Barbès venait de proclamer un nouveau gouvernement provisoire; il les avait vus, sans s'y opposer, fêter les prisonniers qu'amenaient les gardes nationaux, leur distribuer du vin, des fusils, et finalement leur rendre la liberté. On n'ignorait pas que Laviron, Flotte et d'autres conjurés étaient restés longtemps en conférence avec lui : le bruit s'accréditait même que les Montagnards et les gardes républicains complotaient un coup de main pour le jour suivant, de concert avec la Société des droits de l'homme.

M. Caussidière, qui se savait compromis et qui se défiait des intentions de plusieurs des membres de la commission exécutive, ne se rendit pas sans hésitation au petit Luxembourg. Son beau-frère, M. Mercier, colonel de la garde républicaine, était persuadé qu'on lui tendait un piège et qu'on les allait tous deux retenir prisonniers ; plusieurs fois, dans le trajet, il exhorta M. Caussidière à rebrousser chemin. A tout événement, il donnait l'ordre à sa petite escorte de se ranger en bataille sous les fenêtres du Luxembourg, afin qu'au premier signal elle pût courir à la préfecture de police et revenir avec toute la garnison, restée sous les armes, pour enlever de vive force les prisonniers de la commission exécutive.

En arrivant au Luxembourg les appréhensions de M. Mercier redoublent. Il est deux heures après minuit ; comme il entrait dans la salle d'attente, il voit passer le colonel Saisset, chef d'état-major de la garde nationale, que l'on conduit en prison ; un secrétaire de M. Ledru-Rollin, qui sort du conseil, sans s'arrêter, sans oser même regarder M. Mercier, lui glisse à l'oreille qu'on va l'envoyer à Vincennes.

M. Mercier s'approche d'une fenêtre et tire son mouchoir ; il va l'agiter, c'est le signal convenu avec ses Montagnards ; mais, au même moment, la porte s'ouvre. Il est introduit devant la commission exécutive pour y subir un interrogatoire ; Caussidière y était déjà depuis quelques minutes ; à la grande surprise de Mercier, il entend son beau-frère refuser obstinément de donner sa démission, que MM. Marie et Garnier-Pagès lui demandent avec instance ; Caussidière est loin, d'ailleurs, de parler le langage d'un prévenu. La présence de M. Ledru-Rollin qui lui a tendu la main quand il est entré dans la salle du conseil, l'attitude bienveillante de M. de Lamartine, l'enhardissent à braver ses adversaires.

Au lieu de se justifier, il accuse; au lieu de prier, il menace. Le gouvernement, dit-il, n'a rien fait pour la garde républicaine et les Montagnards; on les a négligés, oubliés à dessein; ils attendent encore la juste récompense des services qu'ils ont rendus à la République. Le décret qui doit les constituer ne paraît pas au *Moniteur*; les grades donnés à l'élection dans leurs rangs ne sont pas officiellement confirmés.

Et comme, après deux heures de discussions, on prie M. Caussidière de sortir un moment pour aller attendre dans la pièce voisine la décision du conseil, il tire sa montre. « Citoyens, il est quatre heures du matin, dit-il avec une merveilleuse audace; si dans un quart d'heure nous ne sommes pas rentrés à la préfecture de police, on vient nous chercher ici. Vous connaissez nos hommes; rien ne les fera reculer; ce qui peut arriver, je l'ignore, mais vous seuls en serez responsables. »

La délibération du conseil fut courte. M. Ledru-Rollin et surtout M. de Lamartine obtinrent de leurs collègues qu'on ne livrerait pas M. Caussidière à ce qu'on commença dès ce jour d'appeler la réaction. On le laissa partir.

« Allez, lui dit M. Garnier-Pagès en lui serrant la main, rentrez vite à la préfecture de police, calmez vos hommes et comptez sur nous, comme nous comptons sur vous. »

M. Arago promit à M. Mercier, pour le lendemain, le décret d'organisation de la *garde du peuple*, à la seule condition qu'elle admettrait dorénavant la garde nationale à faire concurremment avec elle le service de la préfecture de police.

On se quitta ainsi. M. Caussidière parut satisfait; toutefois, pensant qu'il aurait à s'expliquer devant l'Assemblée, où il ne rencontrerait pas sans doute des juges aussi faciles, il fit immédiatement placarder sur les murs de Paris une proclamation dans laquelle il vantait *l'attitude calme et courageuse des représentants;* disait en parlant *du magistrat chargé de veiller à la police, que son action, quoique inaperçue, n'avait pas cessé d'exister;* puis, s'adressant à la garde nationale dont il bénissait la *salutaire intervention :* « Vous étiez *avec moi sur les barricades de la liberté*, disait-il ; je serai *avec vous sur les barricades de l'ordre*[1]. »

Son discours à l'Assemblée en réponse à M. Baroche, qui venait demander sa révocation, fut d'une verve surprenante et d'une singulière habileté. Après avoir fait avec une sorte de naïveté l'apologie de sa police, qu'il appela une police *de bon sens et de conciliation*, après avoir exalté le dévouement de ses Montagnards qui, pendant deux mois et demi, avaient fait, sans se plaindre, le service le plus pénible *dans les poux et dans la vermine*, il s'excusa d'avoir relâché quelques prisonniers, en peignant le zèle excessif des dénonciateurs : « La moitié de Paris voulait emprisonner l'autre, » dit-il ; puis il résuma son propre panégyrique par ce mot resté célèbre : « J'ai fait de l'ordre avec du désordre. » Arrivant aux causes de l'insurrection, il prit à tâche de l'amoindrir, de la réduire à rien ; rejeta tout sur Blanqui, renia Sobrier, se mit à couvert derrière M. de Lamartine qui, au commencement de la séance, n'avait pas craint de se faire sa caution, d'attester sa moralité et son patriotisme ; il termina enfin sa longue harangue par un mouvement d'éloquence qui ne laissa pas de produire quelque impression sur l'Assemblée.

« Oui, je le confesse, s'écria-t-il, mes pensées et mes paroles sont pour le peuple, pour le peuple souffrant, pour le peuple travaillant, pour le peuple que l'on doit aider. Rappelons à ce peuple, dit-il encore, qu'il est nous et que nous sommes lui ; ne soyons ni de la réaction, ni de la démagogie, faisons de la modération et de la politique. »

---

[1] La rédaction de cette proclamation a été attribuée à M. de Lamartine.

Pendant que M. Caussidière parlait de la sorte et captivait l'attention de ses adversaires, la préfecture de police était cernée par ordre du pouvoir exécutif; au lieu du décret d'organisation de la garde du peuple promis à M. Caussidière, au lieu d'un poste de cinquante hommes de gardes nationaux qu'on était convenu d'envoyer, le général Bedeau, le général Clément Thomas, à la tête de quatre bataillons de troupe de ligne et de quelques canons, venaient, accompagnés de M. Recurt, ministre de l'intérieur, sommer M. Mercier de quitter la place, ajoutant que, s'il n'y consentait pas de bon gré, l'ordre était donné de s'en emparer par la force.

Le colonel Mercier, qui n'avait pas ajouté foi un seul instant aux promesses de MM. Arago et Garnier-Pagès, s'était occupé, depuis sa rentrée à la préfecture, de la mettre en état de défense. Pour toute réponse aux sommations du général Bedeau et aux clameurs des gardes nationaux qui sont accourus au nombre de douze à quinze mille hommes, en apprenant qu'on va mettre la main sur Caussidière, M. Mercier prie le général d'entrer, en compagnie de MM. Clément Thomas et Recurt, pour juger des dispositions prises à la préfecture et se convaincre de l'impossibilité d'en faire l'assaut.

En effet, tout était préparé pour soutenir un siège. Outre la garnison habituelle, il était arrivé des renforts de toutes les sociétés révolutionnaires. On avait des armes, des munitions, des vivres en abondance; on comptait sur le peuple. La résolution, d'ailleurs, était prise, plutôt que de se rendre, quand on verrait tout perdu, de mettre le feu à la poudrière et d'ensevelir assiégeants et assiégés sous les décombres de la préfecture de police. La situation parut assez grave aux généraux pour les engager à transiger; ils proposèrent à M. Mercier de les accompagner jusqu'à l'Assemblée, où se trouvait en ce moment le pouvoir exécutif, afin d'y prendre des instructions nouvelles. M. Caussidière, averti par son beau-frère de ce qui se passait, se plaignit à la tribune de ce que l'on braquait des canons sur la préfecture. Le général Bedeau donna quelques explications; il affirma qu'en ce point le général Tempoure avait excédé ses ordres; Caussidière parut s'apaiser. Alors M. de Lamartine, saisissant le moment favorable, l'emmena dans sa voiture, l'exhorta, pour prévenir un conflit, à donner sa démission et à faire sortir ses hommes. M. Caussidière ne pouvait s'y résoudre; il croyait la République menacée; il se savait très-populaire, en mesure d'engager la lutte. Les bonnes paroles de M. de Lamartine ne le persuadaient qu'à demi; cependant il finit par céder et promit sa démission. A son tour, M. de Lamartine s'engagea à obtenir du général Bedeau et de M. Clément Thomas, qui continuaient le blocus de la préfecture, des conditions honorables pour la garnison.

On arrive ainsi au petit pont Saint-Michel; un nombre considérable de gardes nationaux se trouvaient là. A la vue de M. Mercier, qui escortait la voiture à cheval, en uniforme de colonel de la garde républicaine, ils entrent en rumeur. M. Caussidière met la tête à la portière; il est aussitôt reconnu; on crie: « A l'eau! mort à Caussidière! » On serre de près le cheval de M. Mercier; on allait lui faire un mauvais parti, quand M. de Lamartine saute à bas de la voiture, monte sur le siége pour dominer la foule, harangue et parvient à calmer un peu ces colères insensées. La voiture reprend son chemin. M. Caussidière, fidèle à sa promesse, rédige sa double démission de représentant et de préfet de police. M. Clément Thomas fait connaître à M. Mercier le décret de licenciement et de réorganisation des Montagnards et de la garde républicaine; mais il consent à ce que la préfecture ne soit évacuée que le lendemain matin, à la condition, toutefois, qu'une centaine de gardes nationaux y seront introduits sur l'heure.

Le lendemain, les gardes républicains sortirent en silence, mais la rage dans le cœur. Quoiqu'on eût promis aux officiers la conservation de leurs grades, on les destitua presque tous peu de jours après. Les Montagnards de la caserne Saint-Victor ne furent pas mieux traités. Ces hommes intrépides, qu'on appelait depuis trois mois les héros des barricades, les sauveurs de la patrie, furent honnis, maltraités, désarmés, après quoi jetés sur le pavé sans ressource.

M. Trouvé-Chauvel, banquier au Mans, ancien ami de M. Ledru-Rollin, devenu l'ami de M. Marrast, fut nommé préfet de police, en remplacement de M. Caussidière. Le général Tempoure, qui s'était laissé envelopper par les factieux pendant l'invasion de l'Assemblée et qui avait, du haut d'une tribune, assisté malgré lui à ce spectacle, fut destitué, en partie pour ce fait, que l'on voulut considérer comme une preuve de complicité, en partie aussi pour avoir ensuite, par trop de zèle et sans ordre supérieur, fait braquer le canon sur la préfecture de police.

La révocation de M. Saisset, sous-chef d'état-major de la garde nationale, accusé de n'avoir pas obéi à l'ordre de faire battre le rappel, suivit de près. Le club des Droits de l'homme, celui de Blanqui furent fermés ; les prisonniers furent transportés à Vincennes ; mais toutes ces mesures de rigueur ne donnaient pas assez de satisfaction à la garde nationale. L'Assemblée elle-même se laissait aller à des soupçons excessifs, à des colères qui, si elles n'étaient pas complétement injustes, étaient du moins très-impolitiques.

A dater du 15 mai, le mot de *réaction* devint fréquent dans le langage de la presse, parce qu'il exprimait la tendance presque avouée de la droite. A partir de cette malheureuse journée, elle perdit le sentiment de crainte et d'étonnement mêlé de respect que le peuple du 24 Février lui avait inspiré, ou plutôt imposé. En voyant la garde nationale si animée à sa défense et l'émeute si aisément dispersée sans combat, elle se crut de nouveau maîtresse du pays, ne souffrit plus que très-impatiemment la loi de la majorité républicaine, et, loin de chercher désormais à prévenir les luttes à main armée, elle souhaitait plutôt que l'imprudence populaire lui fournit de nouvelles occasions de triomphe et de nouveaux motifs de répression.

Secondée dans ses vues par un certain nombre de représentants sans expérience politique, que le 15 mai troubla beaucoup, qui s'indignaient sincèrement de voir leurs bonnes intentions méconnues par le peuple et croyaient des mesures vigoureuses de répression utiles à la République, la droite, qui, à l'ouverture de l'Assemblée, considérait comme un succès la présidence donnée à M. Buchez, obligea celui-ci à venir excuser sa conduite pendant l'émeute, et l'ayant ainsi humilié, elle ne fit plus que le tolérer jusqu'à l'expiration de ses fonctions. Elle écouta également avec des marques d'incrédulité offensantes les explications du colonel Charras, qu'elle accusait d'avoir favorisé l'émeute en empêchant de battre le rappel; elle murmura quand M. Clément Thomas, dont elle venait d'applaudir la nomination, déposa sur le bureau une pétition des officiers de la garde nationale, qui déclaraient ne vouloir pas plus de *réaction* que d'*anarchie*. Enfin, et ceci montre quel chemin on avait parcouru en peu de jours, et combien on se croyait déjà sûr de la victoire, on commença d'attaquer M. de Lamartine.

Sa popularité, déjà fort ébranlée au 10 mai par son alliance avec M. Ledru-Rollin, reçut, au 15 mai, une nouvelle atteinte. Lorsqu'on le vit soutenir M. Caussidière, on se confia d'abord à voix basse, puis on dit tout haut qu'il était complice des factieux. On assigna les motifs les plus frivoles, ou les plus scandaleux, à sa prétendue intimité avec M. Ledru-Rollin, à son alliance supposée avec M. Blanqui. Bientôt, lorsqu'on s'aperçut que ces bruits ridicules trouvaient des oreilles complaisantes, on alla plus loin; on ne rougit pas d'attaquer la probité et l'honneur de M. de Lamartine [1].

Une telle audace de la droite, succédant si promptement

---

[1] Voir la *Lettre aux dix départements*, dans laquelle M. de Lamartine répond à ces ignobles calomnies.

à tant de circonspection, serait à peine croyable, si nous ne la trouvions expliquée par la conduite de la majorité républicaine. Les républicains de l'Assemblée obéissaient à ce moment à l'influence de M. Marrast. Réunis depuis le commencement du mois de mai au nombre de deux cent cinquante environ, dans une galerie du Palais-National, sous les auspices de M. Dupont (de l'Eure), ils s'étaient d'abord proposé pour but de soutenir la Commission exécutive.

Les principaux orateurs de cette réunion, d'où l'on avait exclu les socialistes, MM. Sénard, Billault, Pascal Duprat, Dupont (de Bussac), d'Adelsward, avaient hâte de se rendre importants. Entrés en rapport avec les membres de la Commission exécutive, ils s'empressaient, s'agitaient, donnaient des avis, offraient leur concours, prétendaient stipuler des conditions; mais ni M. Ledru-Rollin, ni M. de Lamartine ne comprirent le parti qu'ils pouvaient aisément tirer de ces dispositions. Non-seulement ils ne parurent jamais à la réunion du Palais-National, mais encore ils accueillirent ses ouvertures avec une réserve extrême; de là un refroidissement sensible. Le zèle dédaigné tourne vite en ressentiment. La réunion du Palais-National commença à critiquer la Commission exécutive, en insinuant qu'elle n'avait pas la confiance du pays, que les départements surtout la croyaient favorable au mouvement ultra-révolutionnaire. Plusieurs journalistes, M. de Girardin entre autres, qui se tournaient contre M. de Lamartine, reproduisirent ces critiques en les exagérant. Ils dénoncèrent au pays le luxe et l'oisiveté du nouveau *Directoire;* on inventa que madame Pagnerre occupait au Luxembourg la chambre de Marie de Médicis; on raconta que M. Marie gardait la cave et les maîtres-d'hôtel du grand référendaire; on dit que M. Garnier-Pagès se promenait dans les carrosses du roi.

Comme on ne pouvait parvenir à rendre odieux des hommes qui respectaient les libertés publiques et les volontés de l'Assemblée, on essayait de les rabaisser dans l'opinion, et de les tuer par le ridicule.

Quelques républicains éclairés, qui ne s'abandonnaient pas à leurs préférences ou à leurs antipathies particulières, et qui jugeaient sans passion l'état des choses, commencèrent à s'inquiéter sérieusement de ces revirements de l'opinion. On ne pouvait plus se dissimuler l'impopularité de la Commission exécutive. Il devenait fort à craindre que le côté droit, si on lui laissait prendre dans l'Assemblée l'initiative de l'attaque, ne retirât tout l'avantage d'un combat dont l'issue n'était guère douteuse. Il eût été souhaitable que la Commission, allant au-devant de ces difficultés, se retirât d'elle-même, pour faire place à un chef unique du pouvoir exécutif. C'était la seule manière, pensait-on, de mettre un terme aux progrès de la réaction, et de faire reprendre au gouvernement, dans l'Assemblée, une autorité que les tiraillements de la Commission exécutive avaient singulièrement compromise.

Entre les républicains politiques qui souhaitaient cette transformation, ce renouvellement du pouvoir, M. Martin (de Strasbourg) était le plus actif. Son caractère respecté de tous, son excellent esprit de conciliation, le rendaient plus qu'un autre propre à conduire une affaire de cette importance; on l'en chargea. Après s'être assuré du consentement de M. Arago, qui semblait désigné par l'opinion, peu préparée encore à ce moment à l'acceptation d'un chef militaire, M. Martin (de Strasbourg) alla trouver les membres de la Commission. A plusieurs reprises il essaya de les persuader; il invoqua leur patriotisme, leur honneur; il fit valoir l'intérêt de leurs ambitions dans l'avenir; mais chaque fois qu'il revenait à la charge, ses réflexions étaient moins goûtées, ses propositions repoussées avec plus de hauteur.

M. Marie et sa famille, se trouvant bien dans le palais du Luxembourg, ne comprenaient pas trop la nécessité d'en sortir. M. de Lamartine, irrité contre l'Assemblée, se croyait encore plus fort qu'elle, et ne doutait pas qu'il ne fût indispensable au pays. M. Garnier-Pagès se flattait qu'en livrant aux colères de la droite MM. Albert, Louis Blanc, et peut-être même M. de Lamartine, dont la mise en accusation ne paraissait pas invraisemblable, lui et ses amis apaiseraient la droite; enfin, M. Ledru-Rollin, ne voyant dans tout ce qui se passait qu'une intrigue de M. Marrast, acceptait le défi et bravait l'attaque.

On en vint bientôt dans ces pourparlers à des personnalités, à des paroles aigres. M. Marrast, qui avait hésité beaucoup jusque-là à se séparer de ses anciens collègues du gouvernement provisoire, voyant qu'il n'obtiendrait rien par négociation, résolut de rompre ouvertement, afin de ne pas compromettre plus longtemps avec eux sa position dans l'Assemblée. S'étant entendu sur ce point avec M. Senard, désigné comme le successeur probable de M. Buchez, il fit décider, dans la réunion du Palais-National, que l'on pousserait à une enquête politique sur le 15 mai. Cette enquête ne devait avoir en apparence pour principal objet que la conduite de MM. Louis Blanc et Caussidière, mais on espérait bien atteindre jusqu'à MM. Ledru-Rollin et de Lamartine et dissoudre de cette façon la commission exécutive. M. Marrast crut habilement préparer l'attaque en confiant sous le secret, à un très-grand nombre de personnes, qu'il avait vu M. Louis Blanc, le 15 mai, à l'Hôtel de Ville, et qu'il avait, lui-même, favorisé son évasion. Puis MM. Portalis et Landrin demandèrent à l'Assemblée l'autorisation d'exercer des poursuites contre M. Louis Blanc, prévenu, disait le réquisitoire, *d'avoir pris part à l'envahissement et à l'oppression de l'Assemblée, ce qui constituait le crime d'attentat ayant pour but soit de détruire, soit de changer le gouvernement.*

M. Louis Blanc parla avec beaucoup d'éloquence contre les conclusions du réquisitoire. « La voix des passions tombera, dit-il, la voix de l'histoire retentira un jour; elle fera justice de tous ces mensonges, de toutes ces imputations dont on essaye de noircir ceux qui n'ont commis d'autre crime que de vouloir la République; de la vouloir grande, noble, glorieuse, respectant la liberté individuelle, à ce point que, pendant deux mois, pas une arrestation n'a été opérée, et que la liberté de personne n'a été ni atteinte, ni même menacée. »

De nombreux témoignages s'élevèrent en faveur de M. Louis Blanc; il fut défendu, avec l'accent de la conviction, par plusieurs de ses adversaires politiques, mais l'Assemblée était prévenue contre lui; elle écouta à peine la défense, parce qu'elle ne voulait pas être persuadée, et décida qu'une commission serait nommée pour examiner la demande en autorisation de poursuites. Cette commission, après avoir entendu M. Garnier-Pagès et M. de Lamartine, qui parla pour M. Louis Blanc avec une vivacité extraordinaire, conclut à l'autorisation [1] et choisit pour son rapporteur M. Jules Favre.

Le 2 juin, M. Jules Favre apporta à la tribune un rapport très-long, très-embarrassé, qu'il lut d'un ton si adouci, que presque jusqu'à la fin le public des tribunes s'imagina qu'il allait conclure contre l'autorisation de poursuites [2].

Ce rapport produisit sur l'Assemblée une impression pénible et qui inclina favorablement les esprits vers M. Louis Blanc. On n'ignorait pas que M. Jules Favre obéissait en cette circonstance à des animosités personnelles plutôt qu'à l'équité.

La presse tout entière ou resta neutre ou prit parti pour M. Louis Blanc. Le *National* se prononça fortement dans ce dernier sens; M. de Lamartine répétait tout haut, dans son salon et dans les couloirs de l'Assemblée, que M. Louis Blanc n'était pas plus coupable que lui-même; enfin M. Bar-

---

[1] Ce fut à la majorité de quinze voix contre trois. Les trois représentants qui votèrent contre l'autorisation de poursuites étaient MM. Freslon, Bac et Dupont (de Bussac).

[2] Dans un journal du temps on compare le rapport de M. Jules Favre à une *jatte de lait empoisonné*.

bès adressa du donjon de Vincennes, au président de l'Assemblée, une lettre dans laquelle il achevait de détruire les vagues accusations du rapport. « A chacun la responsabilité de ses paroles et de ses actes, écrivait M. Barbès; on accuse le citoyen Louis Blanc d'avoir dit dans la journée du 15 mai, aux pétitionnaires : « Je vous félicite d'avoir recon-« quis le droit d'apporter vos pétitions à la Chambre; désor-« mais, on ne pourra plus vous le contester. » Ces mots, ou leur équivalent, ont été, en effet, prononcés dans cette séance; mais il y a confusion de personnes; ce n'est pas Louis Blanc qui les a dites, c'est moi; vous pouvez les lire dans le *Moniteur*, écrits quelque part après mon nom. » Un pareil témoignage était irrécusable, et il fit dans l'Assemblée le meilleur effet. Cependant il restait encore contre M. Louis Blanc une accusation très-grave; il avait été vu à l'Hôtel de Ville; le maire de Paris l'affirmait; c'était là le fait décisif. Dans la séance du lendemain, 3 juin, M. Dupont (de Bussac) interpella à ce sujet M. Marrast. Celui-ci, dont les propos, plus légers que perfides, n'avaient pas eu à ses propres yeux la gravité d'une accusation formelle, les regretta et s'efforça d'en prévenir les conséquences. Il ne craignit pas de faire à la tribune une rétractation complète : il dit avoir cru, en effet, que M. Louis Blanc avait été vu à l'Hôtel de Ville, mais il reconnut qu'il s'était laissé abuser par quelques apparences sans fondement, et ajouta qu'aujourd'hui, mieux informé, il lui restait la *conviction la plus complète que M. Louis Blanc n'avait pas mis les pieds, le 15 mai, à l'Hôtel de Ville*[1].

Ainsi donc le seul fait précis qui se fût élevé contre M. Louis Blanc était détruit. Le reste de l'accusation ne se composait plus que de faits sans authenticité et d'inductions forcées. Néanmoins, telle était encore dans l'Assemblée

---

[1] Cette déclaration verbale de M. Marrast n'était que la répétition d'une déclaration écrite que les représentants Lefranc, Raynal, Pelletier étaient allés lui faire signer à l'Hôtel de Ville peu d'heures avant la séance.

l'irritation contre M. Louis Blanc, que lorsqu'on procéda au vote, une première et une seconde épreuve furent déclarées douteuses ; un bruyant tumulte, qui dura près d'une demi-heure, montra toute la passion qui emportait les esprits. Il fallut passer au scrutin de division ; il donna une majorité de 32 voix sur 706 contre les conclusions du rapport.

Le cabinet vota avec la majorité, à l'exception d'un de ses membres, M. Bastide. Le résultat immédiat du vote fut la retraite de M. Jules Favre et les démissions de MM. Portalis et Landrin.

Cette malheureuse affaire porta un nouveau coup à la commission exécutive, et elle acheva de la dépopulariser dans Paris. Le peu d'accord de ses membres entre eux, leur manque de décision et de franchise apparurent à tous les yeux avec une évidence accablante ; une réprobation générale de l'opinion se manifesta avec force dans le sein de l'Assemblée et au dehors.

C'était dans des circonstances pareilles, quand la discorde éclatait partout, que l'on imaginait de célébrer la fête de la *Concorde*. Cette fête était offerte aux gardes nationales des départements, dont les délégués devaient être passés en revue dans le champ de Mars par la commission exécutive et par l'Assemblée. Le gouvernement n'avait pas voulu que la revue eût un caractère purement militaire. L'Agriculture, l'Industrie et l'Art y devaient être représentés. Toutes les professions, tous les métiers, portant leurs insignes et des œuvres excellentes de leur travail, allaient passer sous les yeux du peuple et lui montrer, pour ainsi dire, son propre génie dans ses applications les plus variées. On n'épargna rien pour rendre cette solennité splendide. La saison la favorisait ; le lieu était merveilleusement approprié au déploiement des pompes théâtrales. La pensée, le plan, la décoration, tout était bien conçu et fut bien exécuté. L'à-propos seul manquait.

Le mécontentement de la population parisienne en était

encore à ce premier période où il se fait jour par les propos moqueurs : dans la fête de la Concorde, chaque chose devint matière à raillerie. On rit du char de l'Agriculture, traîné sur le programme par des bœufs à cornes dorées, mais en réalité par vingt chevaux de labour; on persiffla les cinq cents jeunes filles couronnées de chêne qui suivaient le char; on se moqua de la statue de la République et des quatre lions couchés à ses pieds; on s'obstina, enfin, à ne voir dans la fête de la Concorde qu'un mauvais pastiche de la fête à l'Être suprême[1]. Combien l'on était loin, en 1848, de cette disposition naïvement déclamatoire, qui permettait, en l'an III, au peintre David, de célébrer dans son programme, *le peuple laborieux et sensible;* d'inviter les *mères à s'enorgueillir de leur fécondité;* les jeunes filles à promettre *au pied des rameaux protecteurs de l'arbre de la liberté, de n'épouser jamais que les hommes qui auraient servi la patrie; de faire périr, enfin, dans les flammes et rentrer dans le néant le monstre désolant de l'athéisme*[2].

La commission exécutive, en ordonnant une semblable fête, montrait assez qu'elle avait complétement perdu ce tact, cette divination de l'état des esprits, qui sont l'un des secrets de l'art de gouverner. Le refus de l'archevêque de Paris de se joindre au cortége aurait dû lui servir d'avertissement. En lisant dans le *Moniteur* le programme de la fête de la Concorde, en voyant la place assignée au clergé, derrière le char de l'Agriculture, après les choristes de l'Opéra, l'archevêque comprit que le peuple allait tourner toutes ces choses en ridicule, et il fit dire aux ordonnateurs de la fête que ni lui ni aucun prêtre n'y assisteraient. Ce refus n'était pas sans gravité. C'était le premier acte d'op-

---

[1] « On ne fait pas les fêtes, les fêtes se font; » me disait M. de Lamennais, que frappaient comme moi la froideur extrême du peuple, en cette solennité, et les observations malignes de la bourgeoisie.

[2] Voir le curieux programme du peintre David, pour la fête à l'Être suprême, du 20 prairial an III.

position du clergé de Paris, depuis l'avénement de la République, et cet acte émanait d'un prélat considérable qui jusqu'alors avait montré beaucoup de bon vouloir.

Nous avons vu que, dès le 24 février au soir, M. Affre s'était empressé d'envoyer au gouvernement provisoire son adhésion, et qu'à son exemple le clergé de Paris avait béni pendant deux mois consécutifs les arbres de la liberté. L'archevêque avait décidé également que l'on irait aux élections; on n'ignorait pas qu'il avait voté pour les candidats du gouvernement; il promettait, enfin, à la République un concours plus actif qu'il ne l'avait jamais accordé à la monarchie de 1830. M. Affre était sincère en ceci comme en toutes choses. Dans la longue lutte qu'il avait soutenue pour défendre l'indépendance de son église, contre le roi Louis-Philippe, qui voulait un clergé dynastique; dans sa lutte avec son propre clergé pour introduire des réformes utiles aux ecclésiastiques pauvres; par son zèle à rétablir dans les séminaires la culture des sciences et des lettres, à propager l'éducation dans la classe ouvrière; par sa tolérance envers les comédiens, il avait fait paraître un esprit élevé, capable de comprendre les besoins d'une société démocratique, une âme toute préparée, par la vertu chrétienne, à l'état républicain[1]. Aussi, ce premier acte de désapprobation, de la part d'un homme si bien intentionné, parut-il à tous les esprits attentifs un signe fâcheux; il concordait, d'ailleurs, avec beaucoup d'autres signes du malaise général.

Tout le monde était mécontent : la bourgeoisie, parce qu'elle ne sentait nulle part d'autorité qui la protégeât contre l'émeute; la droite de l'Assemblée, parce qu'elle ne se trouvait pas encore assez maîtresse de la situation; le parti de M. Marrast, parce qu'il ne réussissait pas à renverser la commission exécutive, et qu'il venait de subir un échec dans l'affaire de M. Louis Blanc; MM. de Lamartine

---

[1] « Siete buoni christiani, e sarete ottimi democratici, » disait, en 1797, l'évêque d'Imola, depuis Pie VII.

et Ledru-Rollin, parce qu'ils se voyaient injustement soupçonnés dans l'Assemblée et abandonnés par leurs collègues dans la commission exécutive.

Le peuple à son tour murmurait. Les ateliers nationaux, oubliés dans le programme de la fête de la Concorde, menacés par le rapport que M. de Falloux venait de déposer au nom de la commission du travail, commençaient à laisser paraître des dispositions hostiles. La prison de Barbès, l'arrestation de Blanqui, servaient de texte aux conversations des ouvriers sur la place publique ; de nombreux rassemblements stationnaient dans les rues ; on y tenait mille propos séditieux. La presse communiste, un moment silencieuse, reprenait le ton menaçant, et, laissant de côté les questions politiques, elle posait ce fatal antagonisme entre la bourgeoisie et le peuple qui devait, à peu de temps de là, éclater d'une manière si formidable.

Les républicains éclairés ne voyaient pas sans chagrin de grands talents s'employer à cette œuvre de dissolution [1]. De telles erreurs servaient trop bien les partis dynastiques, pour qu'ils ne se hâtassent pas d'en profiter. Les agents légitimistes commençaient à sonder les dispositions du peuple en prononçant le nom d'Henri V. Les bonapartistes allaient s'asseoir auprès des ouvriers, dans les banquets populaires ; ils rappelaient dans leurs discours les gloires oubliées de l'Empire et le neveu de l'Empereur captif sous

---

[1] Un article de madame Sand, entre autres, publié dans la *Vraie République*, le 28 mai, fit sensation. Elle mettait dans la bouche d'un ouvrier, qui racontait à sa femme la journée du 15 mai, l'explication que voici : « Nous tombâmes tous d'accord qu'il fallait aller chercher nos armes et obéir au rappel ; mais nous y avons tous été avec l'intention bien arrêtée de tirer sur le premier habit qui tirerait sur une blouse, car, dans ce moment d'étonnement où nous ne comprenions rien du tout à tout ce qui se passait, nous sentions que Coquelet était mieux inspiré par son cœur, que nous ne l'avions été par la raison. Oui, oui, criait Bergerac, quand même ce serait Barbès qui tirerait sur la blouse, et quand même la blouse cacherait Guizot, malheur à qui touchera à la blouse ! Coquelet a raison. Voilà toute notre politique à nous autres. »

Louis-Philippe, exilé sous la République. Les orléanistes, qui se croyaient déjà plus près du but, imprimaient des pancartes où l'on posait la candidature du prince de Joinville pour les élections prochaines à la représentation nationale.

L'attention publique venait de se tourner de nouveau vers les princes de la famille d'Orléans. L'Assemblée nationale avait voté, à la majorité de 651 voix contre 64, le 26 mai, un décret portant que le territoire de la France et de ses colonies, *interdit à perpétuité à la branche aînée des Bourbons, par la loi du* 10 *avril* 1832, *était interdit également à Louis-Philippe et à sa famille* [1]. Le peuple, qui aime la politique généreuse, n'approuvait pas ce décret. Les partisans de la maison d'Orléans en profitèrent pour la rappeler à la mémoire des habitants de Paris, qui, dans les préoccupations de la crise révolutionnaire, avaient oublié, ou peu s'en faut, le roi et les princes.

La famille royale, un moment dispersée après le 24 février, s'était réunie à Claremont, jolie résidence dans le voisinage de Londres, qui appartenait au roi des Belges. Elle y vivait dans la retraite, peu importunée de visites, avec une frugalité et une économie poussées jusqu'à l'excès. C'était la volonté de Louis-Philippe. Soit qu'il voulût prouver ainsi la fausseté des bruits qui l'accusaient d'avoir, depuis son avènement au trône, placé en Angleterre des capitaux considérables, soit qu'il ne se fiât pas entièrement aux assurances du gouvernement provisoire, et qu'il craignît après le séquestre la confiscation de ses propriétés [2],

---

[1] La plupart des amis de la famille d'Orléans votèrent pour ce décret. M. Odilon Barrot, selon son habitude, s'abstint; M. Louis Blanc vota contre.

[2] Louis-Philippe méconnaissait en cela les intentions loyales du gouvernement provisoire. Dans la plus extrême pénurie d'argent, alors que les hommes réputés conservateurs conseillaient de réunir les domaines de la maison d'Orléans à l'État, le gouvernement, si divisé sur d'autres points, resta d'accord pour repousser ce conseil. M. Ledru-Rollin, sollicité par ses amis de donner ces biens au peuple, s'y refusa

toujours est-il qu'on se privait à Claremont des choses les plus nécessaires. La reine ne buvait pas de vin; les princesses travaillaient elles-mêmes à leurs robes. La famille était triste, mais, hormis chez Marie-Amélie, cette tristesse n'avait rien de royal.

La couronne de France avait bien pu échoir, par un hasard heureux, aux princes de la maison d'Orléans, mais le sentiment de la royauté n'était pas entré dans leur âme. Louis-Philippe, imbu dès sa première jeunesse des idées de la Révolution, plus semblable par ses goûts et ses opinions à un citoyen des États-Unis d'Amérique qu'à un prince du sang de Bourbon, ne s'était jamais considéré, même en s'asseyant sur le trône de Louis XIV, comme un souverain par droit héréditaire, mais comme un grand administrateur de la chose publique, qui portait occasionnellement le titre de roi. Il n'avait jamais examiné la légitimité, mais seulement l'utilité de ce pouvoir royal qui lui était confié, à certaines conditions, par des hommes de mœurs républicaines. Il ne possédait ni les vertus, ni les vices de la souveraineté traditionnelle; ses défauts et ses qualités étaient, à un degré éminent, ceux d'un bourgeois de Paris, émancipé par le dix-huitième siècle et la Révolution française. Aussi, sa chute ne l'avait-elle pas étourdi plus que son élévation. Comme il n'avait pas connu les soucis de la grandeur, il ne connaissait pas davantage les angoisses de l'exil. Les trop rares visiteurs de Claremont le trouvaient là, comme aux Tuileries, causeur infatigable, d'humeur bien tempérée, familier avec les vicissitudes des temps démocratiques; comprenant tout, expliquant tout; ramenant tout à cette ligne moyenne

---

toujours. A plusieurs reprises, il déchira un projet de décret de confiscation que lui apportait M. Jules Favre. M. Goudchaux, en prenant le portefeuille des finances, avait annoncé à M. de Montalivet et à M. Vavin, nommés administrateurs des biens, qu'il ne considérait le séquestre que comme une mesure temporaire de prudence, et qu'immédiatement après la réunion de l'Assemblée nationale les biens de la maison d'Orléans lui seraient remis intégralement.

qui, parce qu'elle avait été la mesure de sa vie, lui semblait la régulatrice du monde.

Ses fils, élevés sous ses yeux, dans nos colléges, non en princes du sang, mais en particuliers riches, se montraient, autant que lui, résignés aux caprices du sort et soumis à la volonté du peuple. Le projet de décret de bannissement leur arracha un premier cri de douleur. La lettre qu'ils adressèrent, en cette circonstance, au président de l'Assemblée nationale, exprimait avec une simplicité parfaite, leur étonnement de se voir assimilés, dans le style du décret, aux princes de la branche aînée des Bourbons. Dans le même temps, le prince de Joinville écrivait à un officier de marine des lettres que publiait la *Presse*, où il laissait entrevoir le désir de devenir représentant du peuple et l'ambition de la présidence; annonçant, dans le cas où le pays ne voudrait pas le rappeler, l'intention d'aller aux États-Unis s'établir et faire à ses enfants *une petite fortune* : singulières pensées, langage étrange pour un fils de roi, et qui montre en un exemple frappant la pénétration universelle des idées et des mœurs démocratiques.

J'ai dit que les partisans du prince de Joinville, croyant le moment opportun, avaient posé sa candidature pour les élections prochaines. Par suite de plusieurs élections doubles, de la démission de M. Caussidière et de celle du P. Lacordaire qui n'avait pas eu à la tribune le succès qu'il obtenait à la chaire, et qui, pour s'être assis à la Montagne, s'était vu sévèrement repris par un journal religieux[1], on allait avoir à élire onze représentants du peuple.

Nous avons vu dans quel état de malaise, de trouble et d'irritation, l'inertie de la commission exécutive, l'indécision de l'Assemblée et les extravagances de la presse avaient jeté le pays; tous les mécontentements, toutes les inquiétudes, toutes les intrigues, agirent en sens inverse, pendant

[1] *L'Univers*, alors sous l'influence de M. de Montalembert.

a crise électorale, et amenèrent le résultat le plus surprenant qui se pût imaginer.

Pendant que les ateliers nationaux et les délégués du Luxembourg, réconciliés par l'entremise de quelques ouvriers intelligents, qui voyaient le prolétariat se perdre faute de concert, nommaient MM. Pierre Leroux, Proudhon et Charles Lagrange, une partie de la bourgeoisie, constante dans sa reconnaissance pour le préfet de police, se joignait aux ouvriers pour renvoyer à l'Assemblée M. Caussidière[1]. Les républicains modérés nommaient M. Goudchaux; les hommes qui désiraient par-dessus toute chose la tranquillité votaient pour M. Moreau, maire du septième arrondissement, et pour M. Boissel. La réaction se donnait un chef militaire par l'élection du général Changarnier, et un chef politique, en la personne de M. Thiers, envoyé à la Chambre par quatre colléges.

Enfin un nom, sorti de l'urne dans trois départements, couvrit tous les autres de son éclat et retentit jusque dans les profondeurs du pays avec une puissance extraordinaire : le nom du prince Louis-Napoléon Bonaparte.

---

[1] Voici le chiffre des voix obtenues par les canditats élus à la représentation nationale, le 5 juin 1848.

MM. Caussidière	146,400
Moreau.	126,889
Goudchaux.	107,097
Changarnier.	105,539
Thiers.	97,294
Pierre Leroux.	91,394
Victor Hugo.	86,965
Louis-Napoléon Bonaparte.	84,420
Lagrange.	78,682
Boissel.	77,247
Proudhon.	77.094

CHAPITRE XXX

Le prince Louis-Napoléon Bonaparte. — Ses premiers rapports avec le gouvernement provisoire. — Son élection. — Discussions sur son admission. — Mouvements populaires.

Charles-Louis-Napoléon Bonaparte, né aux Tuileries, le 20 avril 1808, troisième fils d'Hortense de Beauharnais, mariée à Louis-Napoléon, roi de Hollande, était personnellement très-peu connu en France à l'époque où il fut élu représentant.

Sa mère, exilée en 1815, l'avait emmené avec elle en Suisse et l'avait fait élever sous ses yeux, avec son frère aîné[1], dans le château d'Arenenberg, où elle demeura presque continuellement depuis cette époque, sans que le gouvernement de la Restauration parût en prendre ombrage.

En 1830, Louis-Napoléon était entré, à Rome, dans une conspiration contre le gouvernement temporel du pape. En 1831, il se jeta dans l'insurrection des Romagnes. On se rappelle que son frère y perdit la vie. Peu de temps après, la duchesse de Saint-Leu, venue *incognito* en France, crut pouvoir obtenir du roi Louis-Philippe l'autorisation d'y rester. Mais ses démarches furent infructueuses, et la loi de bannissement ayant été renouvelée par les Chambres,

---

[1] Le premier enfant de la reine Hortense, était mort à la Malmaison, en 1807, un an avant la naissance du prince Louis.

le 11 avril 1832, Louis-Napoléon Bonaparte fixa en Suisse son séjour définitif.

Pendant plusieurs années, il suivit, en qualité de volontaire, l'école d'application d'artillerie à Thun; fut successivement nommé bourgeois de la commune de Salenstein, citoyen de Thurgovie, président de la Société fédérale des carabiniers thurgoviens, capitaine dans le régiment d'artillerie de Berne[1] et membre du grand conseil. En 1834, il publia, sous le titre de *Manuel d'artillerie*, une brochure qui fut assez estimée des hommes spéciaux, pour qu'on l'attribuât au général Dufour, et cela malgré les plus formelles dénégations du général qui niait absolument avoir eu la moindre part à cet opuscule.

Louis-Napoléon s'était fait bien voir en Suisse, surtout des classes inférieures. Ses libéralités, ses manières douces, l'hospitalité qu'exerçait à Arenenberg la duchesse de Saint-Leu, le soin extrême qu'elle prenait d'y attirer les hommes marquants dans tous les partis, disposaient en sa faveur l'opinion publique; toutefois, on ne concevait pas du neveu de l'Empereur une opinion très-haute. Son précepteur, le républicain Lebas, depuis membre de l'Institut, lui trouvait une intelligence médiocre; les plus bienveillants, en lui donnant des louanges, vantaient surtout son application à l'étude, sa politesse, sa tenue et sa simplicité; mais lui, dans son for intérieur, aspirait à une autre renommée. Tout enfant, il parlait avec une assurance surprenante de son étoile. Simple dans ses manières, modeste pour lui-même, il attachait à son nom un orgueil sans bornes. De-

---

[1] Dans une lettre écrite en allemand, adressée par le prince Louis à la date de Baden, 14 juillet 1834, à l'avoyer de Berne, pour le remercier de l'envoi de son brevet, nous lisons ce passage curieux : « Ma patrie, ou plutôt le gouvernement de ma patrie, me repousse parce que je suis le neveu d'un grand homme; vous êtes plus juste. Je suis fier de pouvoir me compter parmi les défenseurs d'un État où la souveraineté du peuple est la base de la Constitution et où tout citoyen est prêt à sacrifier sa vie pour la liberté et l'indépendance de sa patrie. »

puis la mort de son frère aîné et celle du duc de Reichstadt, il disait ouvertement, sans jamais prononcer le mot d'Empire, qu'il serait un jour le chef de la démocratie française. Ses dédaigneuses prodigalités n'étaient pas d'un particulier riche, mais d'un prince du sang. Bien qu'habituellement réservé, il avait parfois des accents de domination qui le trahissaient. Tacite, Lucain, Machiavel, l'histoire de Cromwell, étaient ses lectures favorites. Enfin, celui qui l'aurait alors observé avec attention, eût découvert en lui, sous la pâleur de sa physionomie presque immobile, sous l'indolence de son langage, sous un flegme incroyable dans une aussi grande jeunesse, la fixité ardente d'une ambition concentrée.

La reine Hortense excitait ses secrets instincts; elle lui parlait sans cesse de l'Empire; consultait les devins sur son avenir; lui prédisait qu'il régnerait un jour; et comme elle était possédée de cette pensée unique, elle s'attachait à la lui inculquer par tous les moyens en son pouvoir[1]. Le hasard la servit en envoyant à son aide un homme d'un esprit singulier qui devait en peu de temps systématiser, répandre au dehors et traduire en faits ce que l'on commença, dès lors, d'appeler à Arenenberg *l'idée napoléonienne*.

Vers la fin de l'année 1834, M. de Persigny, allant en Allemagne, s'arrêta au château d'Arenenberg. On ne l'y connaissait pas. C'était un homme d'une naissance obscure; son nom était Fialin. Sa famille, sans fortune, et qui habitait un village du département de la Loire, n'ayant pu lui donner aucune éducation, l'avait fait entrer au service comme simple soldat. L'imagination inquiète du jeune Fialin, le désir de se pousser dans le monde, le déterminèrent, lorsqu'il eut fait son temps, à quitter le régiment où il n'avait pu dépasser le grade de brigadier. Il vint à

---

[1] Dès l'année 1823, du vivant du duc de Reichstadt, elle déclarait que le sang autrichien serait un motif d'exclusion à l'empire des Français, et que le prince Louis serait appelé à succéder au trône de Napoléon

Paris, à peu près sans ressources, sans autre introduction dans la société officielle qu'une lettre pour un membre du conseil d'État, M. Baude. Ses prétentions paraissaient plus que modestes. Il sollicitait d'entrer, comme simple employé, dans l'administration des douanes. Mais, tout à coup, s'étant introduit dans un salon où il noua des rapports assez intimes avec des personnes influentes, il changea de langage, quitta son nom de famille, prit le nom de sa commune, se fit appeler *de Persigny*, et obtint, on ne sait trop comment, du ministre de la guerre, d'être envoyé en Allemagne, afin d'y étudier l'élève et l'amélioration de la race chevaline.

Ce fut à cette occasion qu'il traversa la Suisse et reçut de la reine Hortense une hospitalité qu'il reconnut amplement et de la manière qui devait lui être le plus agréable, en livrant à ses rêves maternels un aliment nouveau. M. de Persigny avait récemment parcouru la Lorraine et l'Alsace. Il raconta au prince Louis et à sa mère qu'il avait trouvé partout, dans les auberges, dans les casernes, dans les cabarets, l'image de l'Empereur. « Partout, disait-il, le sou-
« venir de Napoléon est vivant dans l'imagination popu-
« laire. Le peuple attache au nom de Bonaparte des souve-
« nirs mêlés de république et d'empire, de gloire et de
« patriotisme, tandis que les Bourbons de l'une et de l'autre
« branche signifient pour lui les désastres de 1814, les
« traités de 1815, la domination des prêtres et des nobles,
« le règne des avocats et des journalistes, une charte oc-
« troyée ou consentie, un parlement anglais, enfin, auquel
« il ne saurait rien comprendre. »

M. de Persigny ajoutait qu'après avoir beaucoup réfléchi sur cette popularité latente, mais incontestable et universelle du nom de Bonaparte, il en était arrivé à la conviction qu'en invoquant le principe de la souveraineté du peuple, le neveu, l'héritier de l'Empereur, serait assez puissant pour renverser la quasi-légitimité des princes de la famille d'Orléans.

« En 1830, disait encore M. de Persigny, pendant que la bourgeoisie de Paris crie : Vive la Charte ! le peuple crie : Vive Napoléon II ! Depuis lors, pas une année ne s'est écoulée sans troubles. Les émeutes du 12 mai, des 5 et 6 juin ; la Vendée, Lyon, Grenoble insurgés ; les attentats de Fieschi, d'Alibaud, sont autant de signes manifestes de la haine qui couve en France contre la royauté escamotée par la maison d'Orléans. Les partis extrêmes, républicains ou légitimistes, s'entendront sur le principe du droit national, le seul qu'il faille ouvertement invoquer ; l'armée tressaillira de joie à la vue des aigles impériales... »

Ces discours et d'autres analogues, souvent renouvelés dans les fréquentes visites de M. de Persigny au château d'Arenenberg, ces observations qui ne manquaient pas de justesse, développées d'une façon spécieuse devant des personnes intéressées par leur passion à y donner créance, furent la première origine du complot de Strasbourg.

Le prince Louis Bonaparte s'attacha, en qualité de secrétaire, M. de Persigny, qui rentra en France avec le ferme dessein de se vouer tout entier au triomphe de la cause bonapartiste, et qui prit, dès ce jour, pour devise, ces deux mots significatifs : *Je sers*. Il s'employa activement et habilement à nouer, au nom du prince, des relations utiles. Il vit, sous prétexte de leur remettre le *Manuel d'artillerie*, tous ceux d'entre les officiers de l'armée que l'on pouvait espérer séduire. Le même prétexte introduisit M. de Persigny auprès d'Armand Carrel.

L'opinion de Carrel, qui conduisait alors le parti républicain, ne lui parut pas défavorable à *l'idée napoléonienne*. Armand Carrel appartenait, en effet, à la tradition jacobine beaucoup plus qu'à l'école libérale. Dans son *Histoire de la contre-révolution en Angleterre*, il avait fait l'éloge de Cromwell, de sa *violence inévitable* : « Partout et dans tous les temps, avait-il écrit, ce sont les besoins qui ont fait les conventions appelées principes, et toujours les principes se sont tus devant les besoins. » Les projets du neveu de l'Empereur n'allaient pas contre ces doctrines. Carrel leur donna, dans une certaine mesure, son approbation. « Le nom qu'il porte, disait-il, en parlant de Louis Bonaparte, est le seul qui puisse exciter fortement les sympathies populaires ; s'il sait oublier ses droits de légitimité impériale pour ne se rappeler que la souveraineté du peuple, il peut être appelé à jouer un grand rôle. »

Beaucoup de républicains, qui n'espéraient plus voir l'établissement de la République en France, partagèrent l'opinion de Carrel. Les écoles socialistes n'étaient pas non plus hostiles à la pensée d'un dictateur du prolétariat.

De secrètes sympathies dans l'armée se révélèrent également à M. de Persigny ; si bien que, d'une donnée générale, on crut pouvoir passer à une application particulière, d'une idée à un complot. On sait comment fut ourdie la conspiration de Strasbourg. Quoique mal conduite et dissipée en quelques heures, dans la journée du 30 octobre 1836, elle ne laissa pas d'inquiéter le gouvernement de Louis-Philippe, car elle avait fait découvrir dans l'armée des pensées dont on ne soupçonnait pas l'existence ; dans le peuple, des souvenirs que l'on croyait effacés ; dans le parti républicain, une disposition à s'allier aux Bonapartistes, qui pouvaient susciter à la dynastie d'Orléans des embarras nouveaux et sérieux.

Mais Louis-Philippe n'eût garde de laisser paraître ces impressions. Il suivit une tactique plus habile, plus conforme, d'ailleurs, à son esprit de modération et de clémence. Au lieu de grandir le prétendant impérial par l'éclat d'un procès, le gouvernement prit à tâche d'amoindrir et de ridiculiser sa tentative. Le prince Louis-Napoléon fut enlevé de prison pendant la nuit qui suivit son arrestation, conduit en toute hâte à Lorient, retenu en mer prisonnier sur un vaisseau de l'État, pendant cinq mois, puis enfin débarqué sur le territoire des États-Unis d'Amérique.

En l'absence de l'auteur principal du complot, le jury de Strasbourg acquitta les complices. Pendant quelque temps la presse ministérielle persiffla l'affaire de Strasbourg, affectant de ne l'appeler qu'une *échauffourée*, une *misérable équipée*, puis on cessa de s'en occuper et tout rentra dans l'oubli.

Une maladie de la reine Hortense, à laquelle elle succomba le 5 octobre 1837, rappela en Europe Louis Bonaparte. Trompant toutes les polices, il reparut soudain à Arenenberg. Peu de temps après, le lieutenant Laity, qui avait pris une part très-active dans l'affaire de Strasbourg, en publia, sous les yeux du prince, une relation qui fut distribuée à profusion parmi les troupes, particulièrement dans les garnisons de Lille et de Paris.

Le gouvernement de Louis-Philippe, de nouveau provoqué, fit saisir cette apologie du prince Louis-Napoléon, dans laquelle la légitimité de ses prétentions au trône était ouvertement proclamée. L'auteur, traduit devant la cour des pairs, fut condamné à cinq ans de détention. Dans le même temps, M. Molé, président du conseil, après plusieurs insinuations inutiles, faisait remettre, par M. de Montebello, à la diète helvétique, une note officielle, appuyée par l'Autriche et la Prusse, qui demandait que Louis-Napoléon fût expulsé du territoire suisse.

Le ton de la note blessa le gouvernement fédéral. Il résista aux sommations de M. Molé. Des hommes recommandables soutinrent le droit de Louis-Napoléon. Dans son *Rapport au conseil représentatif* (24 septembre 1838) le professeur de La Rive établit que Louis Bonaparte était légalement citoyen suisse depuis 1832; qu'on ne pouvait considérer comme un prétendant *le fils obscur du troisième des frères de l'Empereur*, le sénatus-consulte, qui le faisait entrer dans la ligne de succession étant, d'ailleurs, aboli par l'acte de déchéance. Enfin, le grand conseil, à l'unanimité, déclara la demande de la France inadmissible.

Aussitôt Louis-Philippe fait avancer des troupes sur la frontière. A leur tour, les États suisses mettent sur pied leur contingent. Voyant cela, Louis-Napoléon, qui pendant tout le débat s'était tenu dans l'ambiguïté, ne voulant ni réclamer ni renier son droit de citoyen suisse, quitte Arenenberg et se rend à Londres.

Là, il se vit médiocrement accueilli par l'aristocratie anglaise, qui, à cette époque, professait pour la politique de Louis-Philippe une admiration extrême ; il vécut dans la société excentrique du comte d'Orsay et de lady Blessington, et fut circonvenu par une foule d'aventuriers qui s'efforcèrent de le pousser à une expédition nouvelle. Ce ne fut pas difficile. Tout en paraissant s'absorber dans les amusements de la vie élégante, le prince Louis poursuivait ses plans cachés et méditait une descente sur la côte de France.

L'échec de Strasbourg, loin d'ébranler sa croyance superstitieuse, l'avait plutôt raffermie. Il avait fait paraître en cette circonstance toutes les qualités d'un conspirateur : le secret dans les desseins, l'audace dans l'entreprise, la constance dans les revers. Il ne doutait pas de sa mission. « Peu m'importent les cris du vulgaire qui m'appellera insensé, parce que je n'aurai pas réussi, et qui aurait exagéré mon mérite si j'avais triomphé, » écrivait-il à sa mère[1]. « Si je serai l'homme de la fatalité, ou l'homme de la providence, je l'ignore, disait-il encore à une femme de ses amies ; mais peu importe, je vivrai ou je mourrai pour ma mission. »

De semblables pensées, perpétuellement entretenues et flattées par les émissaires qui lui arrivaient de France, ne devaient pas rester longtemps spéculatives. Dans le mois d'août 1840, moins de quatre ans après l'expédition de Strasbourg, tout était disposé par Louis-Napoléon pour un débarquement.

Malgré le ridicule qui s'est attaché au complot de Boulogne, favorisé, a-t-on dit, puis éventé par la police de M. Thiers; bien que l'expédition ait échoué plus vite et plus complètement encore que celle de Strasbourg, les personnes ini-

---

[1] Lettres à sa mère, Œuvres complètes, vol. III, p. 183.

tiées à la conjuration affirment qu'elle était mieux ourdie. On avait eu le temps de mieux s'entendre avec les mécontents des divers partis. L'embauchage des troupes était depuis plus longtemps pratiqué et sur une plus large échelle. Un général était à demi gagné; un régiment tout entier devait trahir. Le prince, qui avait réalisé à peu près tout ce qui lui restait de fortune, s'était procuré des armes et des munitions. Il avait recruté une espèce de maison militaire. Ses proclamations, ses décrets étaient imprimés d'avance.

Le 4 août on s'embarque sur un bateau à vapeur loué à la Compagnie commerciale de Londres, sous le prétexte d'une partie de plaisir. Pendant la traversée, le prince découvre ses projets à l'équipage et aux passagers. Il lit ses proclamations et son ordre du jour. « Il se rend, dit-il, aux vœux du peuple français; du peuple livré, en 1814 et en 1815, par la trahison, aux baïonnettes étrangères; du peuple trompé, en 1830, par de misérables intrigues. Héritier du plus grand nom des temps modernes, il a des devoirs à remplir envers la nation; il vient pour la rétablir dans l'exercice de sa souveraineté! »

Les conjurés, à qui l'on a distribué du vin et des largesses, crient : « Vive l'Empereur ! » On revêt les uniformes dont les chefs de la conspiration ont fait emplette, on prépare les aigles, on apporte l'épée d'Austerlitz. Alors le prince fait connaître les premiers décrets de son gouvernement. Il prononce la déchéance de la dynastie d'Orléans, l'adoption des constitutions impériales. Il annonce que M. Thiers est président de son conseil.

Entre quatre et cinq heures du matin, le 6 août, on débarque sur la côte de France, à Vimereux, non loin de Boulogne-sur-Mer. Le lieutenant Aladenise et trois sous-officiers du 42ᵉ de ligne attendent le prince sur la plage et le reçoivent au cri de : « Vive l'Empereur ! » Ils promettent d'enlever par acclamation les deux compagnies qui sont en garnison à Boulogne. Le cortége se déploie et s'avance vers la caserne. Il est six heures du matin. Les officiers ne sont pas arrivés encore. Aladenise fait mettre les soldats en bataille; il leur annonce que Louis-Philippe a cessé de régner; il leur présente le neveu, quelques-uns disent le fils de l'Empereur.

Pendant que Louis Bonaparte fait des promotions et distribue des croix d'honneur, deux officiers, avertis de ce qui se passe, accourent en toute hâte, le sabre à la main. « On vous trompe, crient-ils aux soldats; n'écoutez pas les traîtres, vive le roi! » Le prince s'avance alors et veut se faire reconnaître. Une vive altercation s'élève; Louis Bonaparte tire à bout portant, au capitaine Col-Puygellier, un coup de pistolet qui va fracasser la mâchoire d'un soldat. A la voix de ses officiers, la troupe, un moment surprise, croise la baïonnette; les conjurés reculent. Renonçant à séduire les soldats, le prince se dirige vers la ville pour tenter d'entraîner le peuple; mais déjà l'on entend sonner le tocsin et battre la générale, on voit les portes se fermer. Le sous-préfet et le commandant de place, à la tête de la garde nationale et de la gendarmerie, marchent à la rencontre des conjurés. Ceux-ci se débandent et fuient vers le rivage.

On se jette dans les canots; le prince essaye de se sauver à la nage; mais, se voyant ajusté par les gendarmes, il cesse tout mouvement et se laisse prendre. On l'enveloppe dans la capote d'un douanier, on le fait monter dans un omnibus des bains, on le conduit en prison, d'où il est dirigé sur Paris, enfermé à la Conciergerie, traduit devant la Chambre des pairs et finalement condamné à la détention perpétuelle dans une forteresse[1].

L'expédition de Boulogne prêtait encore plus à rire que celle de Strasbourg. On ne s'en fit pas faute.

L'attitude du prince devant la cour des pairs avait paru

---

[1] 160 voix sur 161, déclarèrent le prince Louis-Napoléon coupable; 132 prononcèrent la peine de la détention perpétuelle. Il y en eut une qui vota la peine de mort.

embarrassée. Le président Pasquier l'avait accablé de son dédain. Tous les journaux abandonnèrent à l'envi le prétendant malheureux. La *Presse*, en racontant ce qu'elle appelait l'*équipée* de Boulogne, disait que *personne en France ne pouvait honorablement éprouver la moindre sympathie, ni même la moindre pitié, pour ce jeune homme qui paraissait n'avoir pas plus d'esprit que de cœur* [1]. Une seule voix osa s'élever en faveur du prisonnier : ce fut celle de M. Louis Blanc, qui, sans justifier les prétentions impériales, protesta avec beaucoup de force, dans la *Revue du progrès*, contre le principe des juridictions spécialement politiques.

Mais la longue captivité de Ham parla plus haut dans l'esprit du peuple que les railleries de la presse et des salons ministériels. J'ai déjà eu occasion de le remarquer, le peuple n'est que très-médiocrement sensible à ce que nous appelons le ridicule; il est, au contraire, plein de compassion pour le malheur, mérité ou immérité. La prison de Ham servit immensément la cause napoléonienne. Les soldats de garde dans la forteresse s'attendrissaient sur le sort du neveu de l'Empereur, on ne parvenait pas à les empêcher de lui rendre les honneurs militaires; rentrés dans les casernes, ils y rapportaient ses propos affables, ils vantaient son courage. Louis-Napoléon, qui possédait à un rare degré le don de se conformer aux circonstances et d'en tirer parti, tourna cette sévère solitude au profit de son instruction et de sa popularité. Il y vécut avec une sobriété favorable au travail. S'étant formé une bibliothèque considérable, il lut, il étudia, il acquit des connaissances solides.

Renonçant en apparence à son rôle de prétendant, il entra en correspondance avec les hommes les plus distingués du parti démocratique et parut ne plus songer qu'aux intérêts du pays et à la prospérité de la France. Les per-

---

[1] Voir la *Presse*, numéro du 8 août 1840.

sonnes qui l'allaient voir dans sa prison revenaient charmées de son accueil. On louait la facilité avec laquelle il supportait des privations dont sa santé même avait souvent à souffrir. On lui trouvait un esprit médiocre, mais qui semblait juste ; on le croyait éclairé par l'expérience.

Il souffrait qu'on le questionnât, et, quoiqu'il évitât de se prononcer, il paraissait incliner vers les idées républicaines. « La République serait mon idéal, disait-il à MM. Degeorges, Peauger, Louis Blanc, et aux autres républicains qui allaient le visiter, mais j'ignore si la France est républicaine. Je vois dans son histoire les deux éléments monarchique et républicain exister, se développer simultanément. Si le pays m'appelle un jour, je lui obéirai ; je réunirai autour de moi tous ceux qui veulent la liberté et la gloire ; j'aiderai le peuple à rentrer dans ses droits, à trouver la formule gouvernementale des principes de la Révolution. »

Les articles qu'il insérait dans la *Revue du Pas-de-Calais* exprimaient à peu près la même pensée et lui valaient les éloges de la presse républicaine. « Louis Bonaparte n'est plus un prétendant, disait le *Journal du Loiret*, c'est un citoyen, un membre de notre parti, un soldat de notre drapeau. » Les socialistes surtout se rapprochaient de lui avec empressement. Louis-Napoléon semblait goûter les idées de M. Louis Blanc. Il contribuait à la publication du journal fouriériste ; dans plusieurs de ses écrits il avait développé le système russe des colonies militaires, qui n'étaient pas sans quelque rapport avec le phalanstère. Le titre même de l'un de ses ouvrages : *Extinction du paupérisme*, annonçait des préoccupations socialistes, ou, pour parler le langage du temps, des idées humanitaires.

Il se formait ainsi de bien des sympathies diverses, de bien des courants d'opinion, autour du nom de Bonaparte, une force considérable [1]. Le retour des cendres de l'Empe-

---

[1] Je lis dans une lettre, écrite à cette époque, une curieuse appréciation de ces courants d'opinion : « Dans cet état de choses, beau-

reur fut pour cette force, encore inerte, comme un choc électrique qui l'anima.

Le contraste du triomphe décerné aux mânes de Napoléon et de la dure captivité que subissait son neveu saisit les imaginations. « Pendant qu'on déifie les restes mortels de l'Empereur, écrivait Louis Bonaparte, moi, son neveu, je suis enterré vivant [1]. » A cette pensée, un certain attendrissement pénétrait les cœurs.

Le gouvernement de Louis-Philippe s'irrita d'un sentiment qu'il aurait dû prévoir. A peu de temps de là, il refusa sèchement au prince Louis, malgré une lettre que celui-ci adressa directement au roi, malgré les démarches de lord Londonderry et de M. Odilon Barrot, l'autorisation d'aller à Florence, où l'appelait son père mourant.

L'évasion du prince suivit de près ce refus. Le 25 mai 1846, il s'échappa de Ham sous un déguisement, et, comme son père était mort dans l'intervalle des négociations, il gagna l'Angleterre. Depuis cette époque, il ne quitta plus le territoire anglais. C'est à Londres qu'il apprit les événements du 24 février. Le 26, il arrivait dans la soirée à Paris et descendait sans bruit rue de Richelieu, à l'hôtel de Castille. Un petit conseil d'amis s'y était rassemblé ; on mit en

---

coup d'hommes de tous les partis se rattachent au prince. Le mouvement des esprits est très-marqué dans ce sens, surtout en province. A Paris il s'accuse parmi les députés. On en compte une trentaine qui confessent volontiers leurs dispositions à cet égard. Toute l'ancienne extrême gauche est là en masse. La gauche Barrot est entamée, et le mouvement arrive presque jusqu'à son chef, cependant très-indécis. Thiers est suspect à quelques-uns ; je crois que c'est à tort. Thiers commence à douter de la dynastie, mais il n'en est pas détaché. C'est le seul homme peut-être qui sache bien sur tous les points notre situation ; il est impérialiste par le fond des idées, mais il redoute trop une révolution pour se faire révolutionnaire... Le parti bonapartiste pousse ses rameaux jusque dans le parti conservateur. C'est exceptionnel et rare, mais cela se trouve. C'est un parti qui se fait avec les déclassés de tous les côtés, et les déclassés abondent au point que le nombre et la force est avec eux désormais. »

[1] *Préface des Fragments historiques* publiés à Londres en 1841.

délibération la meilleure conduite à tenir; plusieurs avis furent ouverts.

L'une des personnes les plus avancées dans la confidence de Louis Bonaparte, M. Vieillard, l'engageait à se rendre sur l'heure à l'Hôtel de Ville, afin d'y présenter son hommage au gouvernement provisoire. D'autres personnes cherchaient à l'en dissuader. Le prince serait reçu avec indifférence, dit un républicain qui connaissait bien l'état des esprits; peut-être même avec dédain, comme un homme de nulle importance; il valait mieux écrire : en même temps un projet de lettre était soumis à l'approbation du prince, qui jusque-là avait écouté le débat sans y prendre part. Ce projet fut trouvé trop explicite. On ne devait pas, disait M. Vieillard, se prononcer d'une manière aussi formelle. Paraître plus révolutionnaire que le gouvernement provisoire, ce serait lui donner une leçon, lui créer peut-être des embarras; d'un autre côté, se montrer moins révolutionnaire que lui, ce serait compromettre la popularité du nom de Bonaparte : il fallait éviter avec un soin égal ces deux écueils.

Le prince ayant approuvé son ami, on rédigea une lettre insignifiante, à laquelle le gouvernement provisoire ne répondit qu'en exprimant le désir que Louis-Napoléon quittât la France. Le prince ne fit nulle difficulté d'obtempérer à ce désir. Ses partisans ne jugeaient pas le moment venu pour lui de se montrer; son nom prononcé dans les clubs n'y avait pas trouvé d'écho. Le gouvernement provisoire, M. de Lamartine surtout, était alors l'objet d'un enthousiasme qui ne souffrait aucune diversion. Louis Bonaparte repartit donc pour Londres; mais ses amis restèrent et commencèrent à s'entremettre pour lui avec un zèle redoublé. Ils avaient des moyens de propagande tout organisés sous la main, les associations bonapartistes ne s'étant jamais entièrement dissoutes en France.

La *Société des débris de l'armée impériale*, qui s'était constituée au retour des cendres de l'Empereur, et qui avait des cadres pour les anciens officiers de l'Empire, n'ayant pas obtenu d'autorisation officielle, avait en apparence cessé d'exister ; mais elle ne fit en réalité que se transformer. Une librairie napoléonienne s'était ouverte vers cette époque. On avait publié successivement, à Londres et à Paris, la *Revue de l'Empire*, le *Capitole*, la *Colonne*, l'*Idée napoléonienne*.

A partir du 24 février, la propagande, devenue plus libre, se multiplia, mais elle changea de caractère. La fraction la plus éclairée du parti bonapartiste, les hommes qui n'étaient pas éblouis par des souvenirs de jeunesse et par le regret des gloires impériales, comprirent que le pays était franchement entré dans le mouvement républicain, et qu'il serait téméraire de venir se heurter à la popularité du gouvernement provisoire ; tout ce qu'on pouvait faire, pensèrent-ils, c'était d'épier ses fautes et plus tard celles de l'Assemblée nationale, afin d'en tirer avantage selon que la circonstance le comporterait.

En conséquence, on contint l'impatience des zélés ; il ne fut plus question d'un empereur, mais seulement d'un chef populaire pour la République. On ne parla plus des droits au trône que Louis Bonaparte tirait de sa naissance, mais des devoirs que lui créait son nom envers le peuple ; on vanta sa *loyauté chevaleresque* et sa *probité antique*. On dit que, depuis vingt ans, il était l'espoir de la France ; lui seul, assurait-on, y pourrait fonder une démocratie sans anarchie[1], et l'on tâchait d'amener à cette idée les républicains que ne satisfaisait pas la politique du gouvernement. Le général Piat, devenu colonel d'une légion de la banlieue, M. Aladenise, nommé chef de bataillon dans la garde mobile, MM. Abattucci, Vieillard, représentants du peuple, d'autres encore communiquaient des correspondances de Louis Bonaparte, toutes empreintes des sentiments les plus démocratiques. M. Edgard Ney pratiquait les

---

[1] Voir, entre autres, le *Napoléon républicain*.

gardes municipaux licenciés; on glissait des hommes dévoués dans les ateliers nationaux et jusque dans les conférences du Luxembourg. Des femmes, animées d'un zèle ardent, allaient dans les faubourgs où elles prodiguaient, au nom de Louis Bonaparte, les aumônes et surtout les promesses.

L'approche des élections fit redoubler et concentrer les efforts encore épars; on fonda des journaux à bas prix qui furent colportés non-seulement dans Paris, mais dans les campagnes les plus reculées; les murailles se couvrirent d'affiches qui portaient le nom de Louis Bonaparte en caractères énormes; on répandit par milliers des portraits, des médailles, des lithographies qui montraient l'Empereur présentant son neveu à la France; on paya des joueurs d'orgues, des somnambules pour chanter et prédire le retour de Napoléon[1]. Il y eut des harangueurs de carrefour qui le représentèrent comme une victime de Louis-Philippe et de la bourgeoisie.

M. Émile Thomas, qui entretenait par sa mère des relations suivies avec le parti bonapartiste[2], favorisa ouvertement dans les ateliers nationaux la candidature du prince et fit placarder une affiche qui proposait ensemble aux électeurs : Louis Bonaparte, Émile Thomas, Émile de Girardin.

Pendant qu'on agissait sur les classes pauvres par ces pratiques vulgaires, on ne négligeait pas d'intéresser par d'autres moyens au succès de Louis-Napoléon les partis hostiles à la République. M. de Persigny renouait avec M. de Falloux d'anciennes relations; on voyait M. de Gi-

---

[1] Le refrain de l'une de ces chansons donnera l'idée du caractère bizarre de cette propagande populaire :

Napoléon, rentre dans ta patrie;
Napoléon, sois bon républicain.

[2] On sait que M. Émile Thomas fut un peu plus tard rédacteur en chef du journal napoléonien le *Dix décembre*, puis administrateur des biens du prince Louis Bonaparte dans la Sologne.

rardin, on circonvenait M. Carlier, on signalait enfin à tous les mécontents politiques la candidature de Louis Bonaparte comme l'acte d'opposition le plus habile et le plus efficace.

Le succès dépassa l'attente : une triple élection dans les départements de l'Yonne, de la Charente-Inférieure et de la Corse, envoya à l'Assemblée constituante le représentant du peuple Louis-Napoléon Bonaparte.

Cette élection était assurément le fait le plus grave qui se fût produit depuis le 4 mai. Cependant on ne voit pas que l'Assemblée s'en émut beaucoup. La majorité républicaine ne se préoccupait que de ses querelles avec la commission exécutive et des intrigues du parti orléaniste. L'élection de M. Thiers lui paraissait un danger bien plus grand pour la République que l'élection de Louis Bonaparte.

Dans la discussion soulevée à l'occasion du décret de bannissement de la maison d'Orléans, comme il avait été question d'étendre la mesure à la famille Bonaparte, les républicains s'étaient presque tous opposés avec beaucoup de vivacité à cette extension. En parlant des deux maisons de Bourbon : « Elles sont venues toutes deux dans les fourgons des Cosaques, qu'elles s'en aillent ensemble ! s'écriait le représentant Vignerte; quant à la famille Bonaparte, nous l'adoptons provisoirement, parce qu'elle n'est pas dangereuse ! » M. Ducoux, qui fut plus tard préfet de police sous le gouvernement du général Cavaignac, combattit également l'assimilation que l'on voulait faire entre les deux maisons royales et la famille Bonaparte. « La famille Bonaparte, disait-il, n'a plus qu'une valeur intrinsèque; elle n'est plus que la tradition glorieuse d'une époque que personne ne peut avoir la folie de vouloir recommencer. » Plusieurs représentants républicains parlèrent dans le même sens. Enfin, la discussion s'étant renouvelée le 10 juin, à l'occasion d'une proposition de M. Piétri qui tendait à abroger l'article 6 de la loi du 10 avril 1832, M. Crémieux, ministre de la justice, vint déclarer à la tribune que la loi de 1832 était virtuellement abolie par la révolution de Février.

Cependant l'agitation était grande dans Paris, des groupes nombreux se formaient dans les rues, et l'on y parlait à haute voix de mettre Louis-Napoléon à la tête de la République. Une pétition des ouvriers de la Villette demandait à l'Assemblée qu'il fût proclamé consul; dans la 12e légion de la garde nationale, il était question de le nommer colonel en remplacement de Barbès. L'émigration polonaise et quelques-uns des disciples influents de l'illuminé Towianski agissaient et parlaient pour lui dans les clubs et les sociétés secrètes. La presse aussi commençait à s'émouvoir. Le journal *le Napoléonien* disait au sujet de l'élection : « Nous avons vu dans ce fait autre chose que l'élection d'un simple représentant, nous y avons vu le vœu qu'une autre candidature fût portée devant le pays. »

Le *Constitutionnel*, en rapprochant le chiffre des voix données à Pierre Leroux, à Proudhon et à Louis Bonaparte, dénonçait cette élection comme le résultat d'une alliance contractée entre les républicains et les bonapartistes. Le *Représentant du peuple* niait l'alliance, mais il se montrait effrayé : « Le peuple, disait M. Proudhon avec sa verve caustique, a voulu se passer cette fantaisie princière, qui n'est pas la première du genre ; et Dieu veuille que ce soit la dernière! Il y a huit jours, ajoutait-il, le citoyen Bonaparte n'était encore qu'un point noir dans un ciel en feu; avant-hier ce n'était encore qu'un ballon gonflé de fumée; aujourd'hui c'est un nuage qui porte dans ses flancs la foudre et la tempête. »

Au sein de la commission exécutive on était beaucoup plus inquiet qu'à l'Assemblée nationale, parce qu'on était plus exactement informé du caractère de plus en plus hostile que prenait l'agitation populaire. Les attroupements qui, dans les premiers jours, ont stationné autour de la porte Saint-Denis, aux cris mêlés de : *Vive Barbès! vive Na-*

poléon! se rapprochent et se forment autour du Palais-Bourbon; on y attend, dit-on, l'entrée du prince Louis. Les cris de : *Vive Barbès!* deviennent rares et finissent par s'éteindre; les cris de : *Vive Napoléon!* s'accentuent. Les agents du parti bonapartiste répètent dans les groupes que le gouvernement veut empêcher l'exilé de rentrer en France; les ouvriers s'indignent. La promulgation de la loi sur les attroupements, présentée par la commission exécutive et votée par l'Assemblée à une majorité considérable, porte au comble le mécontentement populaire.

Entre tous les membres du gouvernement, M. de Lamartine était le plus préoccupé de ces symptômes. Jusqu'à ce jour, il n'avait pas conçu d'appréhensions sérieuses pour les destinées de la République. Dans les manifestations populaires qui précédèrent l'ouverture de l'Assemblée, il avait vu tantôt l'influence de quelques factieux, tantôt la popularité de M. Ledru-Rollin se substituant à la sienne; il s'était affligé de ces fluctuations stériles de l'opinion, mais rien dans tout cela ne lui avait paru alarmant pour la liberté. A ses yeux, les tendances orléanistes, légitimistes ou cléricales qui se montraient dans l'Assemblée ne pouvaient non plus remuer le pays qu'à la surface; mais dès qu'il entendit prononcer le nom de Bonaparte, son grand instinct politique l'avertit; il sentit que la République, telle qu'il l'avait comprise, était menacée. Il n'avait pas attendu, d'ailleurs, la révolution de 1848 pour prévoir, pour prédire avec une étonnante sagacité, la fascination qu'exercerait un jour sur la France, du fond de son tombeau, la grande figure de Napoléon. Dans l'année 1840, lors de la discussion relative au retour des cendres de l'Empereur, on voit M. de Lamartine s'élever avec force contre le projet ministériel; il ne craint pas de braver l'impopularité en combattant un projet qu'appuie M. Odilon Barrot et que soutient la faveur publique. Dans un discours, le plus beau peut-être, par la hauteur des vues philosophiques, qui soit sorti de sa bouche éloquente, il signale le danger de *ce culte de la force que l'on veut substituer dans l'esprit de la nation au culte sérieux de la liberté*[1]. Il proteste *contre ce grand mouvement donné par le gouvernement même au sentiment des masses; contre ces spectacles, ces récits, ces publications populaires, contre ces bills d'indemnité donnés au despotisme heureux.* Il affirme *qu'il y a grand péril, non-seulement pour l'esprit public,* MAIS AUSSI POUR LA MONARCHIE REPRÉSENTATIVE. Puis, après avoir examiné les divers lieux proposés pour l'érection d'un monument, il désigne le champ de Mars, afin de bien indiquer que c'est au grand capitaine et non au souverain que l'on bâtit une tombe. Il propose comme *la seule inscription qui réponde à la fois à l'enthousiasme et à la prudence* : A NAPOLÉON... SEUL.

« Cette inscription, dit-il, attestera aux générations présentes et futures que la France ne veut susciter des cendres de Napoléon ni la guerre, ni la tyrannie, ni des légitimités, ni des prétendants, ni même des imitateurs ! »

Lorsque M. de Lamartine, moins de huit ans après ces paroles prophétiques, les vit si près de se réaliser ; quand cette puissance d'un nom, prédite par lui et qu'il croyait fatale, surgit subitement à ses yeux du sein d'une démocratie à peine formée, il résolut de la combattre sans perdre un jour, et, pour ainsi dire, corps à corps, dans l'Assemblée d'abord, puis, s'il le fallait, dans la rue.

Entre une popularité due aux plus beaux dons du génie, aux plus grands services rendus, tout à l'heure, à la cause de la liberté, et les souvenirs d'un temps déjà lointain ; entre un citoyen aimé, honoré de tous, et un prétendant inconnu au pays ; entre celui que chacun nommait le Washington de la France et le neveu de l'Empereur, la démocratie hésiterait-elle ? l'esprit, le cœur du peuple pourraient-ils balancer ? M. de Lamartine pensa qu'il combattrait du moins à armes égales.

---

[1] Voir, au *Moniteur*, le discours de M. de Lamartine, séance du 26 mars 1842.

Il s'abusait. Cette popularité si passionnée, si parfaite et si juste, qui lui avait décerné, au 24 février, une souveraineté d'opinion presque absolue, elle s'était retirée de lui, il l'avait laissé perdre, faute de savoir l'employer à ses desseins. Ses qualités autant que ses défauts, la nature de son génie autant que la trempe de son caractère, le rendaient impropre au gouvernement de l'opinion. Tout-puissant à la séduire, il ne lui donnait pas d'aliment. Lui qui savait tout pressentir, il se montrait incapable d'exécuter rien. L'esprit d'application et de suite qui lie la veille au jour, le jour au lendemain, et conduit ainsi sans éclat, mais avec sûreté, les affaires publiques, il ne le possédait pas ; il l'aurait dédaigné. Étudier, connaître les hommes pour les amener à ses fins, c'eût été à ses yeux un souci vulgaire. D'ailleurs, ses conceptions politiques étaient trop vastes, ses vues trop idéales, pour se combiner entre elles, s'arrêter et se restreindre à un plan défini. Il reconnaissait bien, par exemple, et il avait dit l'un des premiers, qu'il s'agissait au dix-neuvième siècle d'organiser la démocratie; mais ce qu'il était urgent de faire pour donner satisfaction aux vrais besoins du peuple, il ne le savait, il ne le cherchait même pas. De même, il considérait comme un devoir facile pour la République française de procurer, sans faire de guerre offensive, l'indépendance des nationalités opprimées en Europe; mais la mesure qu'il fallait tenir auprès des gouvernements pour atteindre ce but, cette habileté dans l'exercice de la force morale, d'autant plus nécessaire que l'on voulait éviter de recourir à la force matérielle, il ne parut pas qu'il s'en formât la moindre idée. Son optimisme négligent, la persuasion fortifiée par d'inouïs triomphes que son éloquence parerait à tout, suffirait à tout, en France et en Europe, dans l'Assemblée et sur la place publique, s'ils aidèrent à son élévation, entraînèrent aussi sa chute rapide. Comme son étoile brillait au ciel d'un éclat incomparable, comme il semblait commander aux vents qui enflaient sa voile et aux flots furieux qui venaient mourir à ses pieds, sa main distraite reposait sur le gouvernail sans le diriger. Son génie et sa fortune le préservèrent des écueils ; mais au lieu du rivage où il se proposait d'aborder, il s'éveilla un matin du plus beau des rêves, seul, abandonné, presque oublié, sur une plage déserte.

Il est triste, mais il est encore plus intéressant et instructif de voir par quels moyens mal concertés M. de Lamartine essaya de ramener à lui l'esprit public et de vaincre cet adversaire absent, muet, énigmatique, que la révolution, par un de ses jeux les plus inattendus, lui opposait.

Il pensa d'abord qu'il serait d'un effet infaillible de provoquer au sein du peuple même un mouvement contraire au mouvement bonapartiste. Dans cette pensée, il manda près de lui quelques délégués du Luxembourg et d'autres chefs des corporations. Il s'efforça de les animer au tableau des dangers qu'allait courir la République ; il leur offrit des capitaux pour aider les associations ouvrières, et finit par leur demander d'organiser une *manifestation* contre la rentrée en France du nouvel élu.

Mais M. de Lamartine se vit écouté avec une froideur extrême. Les délégués du Luxembourg, sur l'avis de M. Louis Blanc, avaient voté pour Louis Bonaparte. Ils se tenaient, d'ailleurs, en grande défiance des paroles qu'ils entendaient et des promesses qu'on leur faisait depuis le 24 février. M. de Lamartine put se convaincre qu'il n'exerçait plus d'action sur les hommes du peuple ; il décida alors d'essayer, sans plus tarder, son pouvoir sur l'Assemblée.

L'émotion qu'avait causée dans Paris le nom de Napoléon s'était déjà manifestée à la tribune. Le 10 juin, le représentant Heeckeren, sans doute pour sonder la disposition des esprits, interpellait le ministre de la guerre au sujet d'un bruit qui s'était répandu. Selon ce bruit, un régiment envoyé à Troyes et reçu au cri de : Vive la République ! par la garde nationale, y aurait répondu par le cri de : Vive l'Empereur ! A cette interpellation, qui lui paraît une insulte pour l'armée, le général Cavaignac s'indigne ; il affirme « que rien de semblable ne lui est parvenu[1]. » Puis, donnant un libre cours aux sentiments qui l'agitent : « Loin de ma pensée, s'écrie-t-il dans un emportement d'éloquence qui contraste avec sa réserve et son laconisme habituels, de porter une accusation aussi terrible contre un de mes concitoyens. Oui, je veux croire, je dois croire innocent l'homme dont le nom est si malheureusement mis en avant. Mais je le déclare aussi, *je voue à l'exécration publique quiconque osera jamais porter une main sacrilége sur la liberté du pays !* »

A ces mots, tous les représentants entraînés se lèvent, et le cri de : *Vive la République !* retentit longtemps dans l'enceinte. « Oui, citoyens, je le voue à l'exécration publique, » reprend le général Cavaignac avec force.

Ce moment eut sa gravité, non pas apparente aux yeux de tous, mais profondément sentie par quelques-uns.

M. de Lamartine, en qui jusque-là s'était en quelque sorte personnifiée la République, se trouvait tout d'un coup comme écarté du débat. L'attention publique se détournait de lui. Un autre se levait, qui repoussait, au nom du pays, le prétendant à l'Empire. Par l'effet de quelques mots prononcés inopinément à la tribune, une rivalité nouvelle naissait dans les régions du pouvoir. Un antagonisme encore latent, mais qui allait, à partir de ce jour, se prononcer de plus en plus, puis éclater enfin, se posait dans l'Assemblée. On pouvait entrevoir déjà que désormais le pays n'allait plus se débattre entre la liberté et la licence, mais entre l'autorité et la dictature : entre le général Eugène Cavaignac et le prince Louis-Napoléon Bonaparte.

Selon toute apparence, M. de Lamartine en eut l'instinct. Néanmoins il persévéra dans son projet. Ayant obtenu de ses collègues un décret de bannissement contre Louis Bonaparte, il résolut de le proposer à l'Assemblée le 12 juin,

---

[1] Le général Cavaignac était mal informé. Le fait était parfaitement exact.

et d'enlever, s'il se pouvait, dans la séance même, un vote favorable.

Comme, en dépit de la loi contre les attroupements, le peuple continuait d'affluer autour du Palais-Bourbon et s'y tenait pendant toute la durée des séances, on convint d'entourer ce jour-là l'Assemblée d'un appareil militaire. La place de la Concorde est couverte de troupes; on fait avancer du canon. Le général Cavaignac, le général Négrier, le général Tempoure, en grand uniforme, surveillent les dispositions; le clairon sonne, le tambour bat. Les représentants, pour se rendre à leur poste, passent entre deux haies de soldats; de fortes patrouilles de gardes nationaux sillonnent les rues; les grilles du jardin des Tuileries se ferment.

Sur ces entrefaites arrivaient de tous côtés des masses de prolétaires. On leur avait annoncé un événement. Napoléon allait entrer à l'Assemblée suivi d'une brillante escorte, disaient les uns; toutes les troupes étaient réunies là pour qu'il les passât en revue, disaient les autres, tant l'idée de souveraineté s'attachait aisément au nom de Bonaparte.

Napoléon, fils de Jérôme, ancien roi de Westphalie, que le département de la Corse avait envoyé à l'Assemblée constituante, crut devoir protester à la tribune au nom de son cousin contre les rumeurs de la place publique; contre ce qu'il appela les mensonges et les insinuations des journaux.

« Vous savez tous, dit-il au commencement de la séance du 12 juin, qu'il existe des partis en France qui repoussent la République. Ils ne se recrutent qu'au sein d'une infime minorité. Ils se composent de ce que la nation a de moins bon, de moins généreux, mais ils existent. Le nom de Bonaparte est un levier, une puissance si l'on veut. Quoi de plus naturel que des gens qui veulent attaquer la République s'arment contre elle de ce nom sous lequel ils cachent de coupables intrigues? »

A son tour, le général Bedeau, dans le même sentiment que le général Cavaignac, et en rappelant ses paroles, vient repousser au nom de l'armée les imputations dont elle a été l'objet. « La force armée, en France, dit-il, est essentiellement intelligente ; elle est passive dans l'accomplissement d'un ordre dont elle a compris la légalité, mais jamais elle ne sera aveuglée par le prisme d'un prétendant quelconque. Un chef quelconque qui s'imaginerait trouver dans une influence secondaire la possibilité de tromper l'armée, le jour où il voudrait exciter de criminelles tentatives, *l'armée elle-même le mettrait en accusation.* » Ces paroles sont couvertes d'applaudissements ; mais tout à coup, au moment où l'on s'y attend le moins, le général Bedeau tourne son discours contre la commission exécutive. Il parle de ses divisions, qui paralysent l'action gouvernementale ; il insiste sur l'inefficacité de la forme actuelle. Insinuant qu'il est urgent de la modifier, il indique d'une manière assez peu voilée qu'un seul chef, et à ce moment un seul c'est le général Cavaignac, peut exercer un pouvoir assez fort pour comprimer les factions.

C'est l'instant que choisit M. de Lamartine pour monter à la tribune ; il n'a pas sa sérénité habituelle, son visage est pâle, contracté. Lui, obligé de venir se défendre devant l'Assemblée ! Quelle nouveauté dans sa carrière politique et comme on voit qu'elle le trouble ! Il commence une longue justification des actes du gouvernement provisoire, remonte jusqu'à la proclamation de la République, rappelle le drapeau rouge écarté. On l'écoute avec froideur ; on le trouve prolixe, emphatique. Il se glace en parlant ; il voit son auditoire distrait, inattentif, et demande enfin, sous prétexte qu'il a besoin de repos, la suspension de la séance. Pendant cette suspension une agitation sourde se répand dans l'Assemblée. On est inquiet, on s'interroge. Qu'y a-t-il de fondé dans toutes ces alarmes, dans ces accusations réciproques ? Pourquoi cet appareil militaire ? Que se passe-t-il au dehors ? On parle d'une collision engagée entre la troupe et les rassemblements, d'un coup de feu tiré. M. de Lamartine remonte à la tribune. « Citoyens représentants, dit-il, une circonstance fatale vient d'interrompre le discours que j'avais l'honneur d'adresser à cette assemblée. Plusieurs coups de feu ont été tirés : l'un sur le commandant de la garde nationale de Paris, l'autre sur un officier de l'armée; un troisième, enfin, sur la poitrine d'un officier de la garde nationale. »

« Les coups de feu, reprend-il, étaient tirés au nom de : « Vive l'Empereur! » C'est la première goutte de sang qui ait taché la Révolution éternellement pure et glorieuse du 24 février. Gloire à la population, gloire aux différents partis de la République, du moins ce sang n'a pas été versé par leurs mains : il a coulé, non pas au nom de la liberté, mais au nom du fanatisme des souvenirs militaires et d'une opinion naturellement, quoique involontairement peut-être, ennemie invétérée de toute république.

« Citoyens, en déplorant avec vous le malheur qui vient d'arriver, le gouvernement n'a pas eu le tort de ne s'être pas armé autant qu'il était en lui contre ces éventualités. Ce matin même, une heure avant la séance, nous avons signé d'une main unanime une déclaration que nous nous proposions de vous lire à la fin de la séance, et que cette circonstance me force à vous lire à l'instant même. Lorsque l'audace des factieux est prise en flagrant délit, la main dans le sang français, la loi doit être votée d'acclamation. »

Et alors M. de Lamartine, malgré l'absence complète de sympathie qu'il peut lire sur les visages, malgré les interruptions et les protestations qui partent de tous les bancs, lit le texte du décret :

« La commission du pouvoir exécutif, vu l'article 3 de la loi du 13 janvier 1816, déclare qu'elle fera exécuter, en ce qui concerne Louis Bonaparte, la loi de 1832, jusqu'au jour où l'Assemblée nationale [en aura autrement ordonné. »

Cette lecture excite une désapprobation générale. Pendant le long discours de M. de Lamartine on est allé aux informations et l'on a eu des renseignements circonstanciés : on sait que rien n'est exact dans son récit; qu'il n'y a pas eu trois coups de feu tirés, mais un seul; que, au lieu des factions prises la main dans le sang français, il s'agit d'un garde national maladroit qui s'est blessé lui-même.

Forcé par la rumeur générale de venir s'expliquer, M. de Lamartine se déconcerte; il ne se borne pas à parler de ce qui fait en ce moment le sujet de toutes les préoccupations, il revient encore en arrière; il évoque les souvenirs fâcheux du 15 mai; il croit devoir entrer dans mille détails pour se défendre de toute participation à cette malheureuse journée; il dit enfin ce mot resté fameux : « J'ai conspiré avec Blanqui, Sobrier, Cabet, Barbès, Raspail ! oui, j'ai conspiré, mais comme le paratonnerre conspire avec le nuage qui porte la foudre. »

Les rires et les murmures accueillent cette métaphore. M. de Lamartine rencontre à son tour dans l'Assemblée les préventions que M. Louis Blanc y soulevait naguère. La majorité et la minorité se trouvent d'accord contre lui. La droite, dans sa politique mesquine et vindicative, préfère le prétendant Louis Bonaparte au citoyen Lamartine; les représentants de la Montagne partagent ce sentiment. Le parti du général Cavaignac, qui commence à se dessiner, veut avant tout, advienne que pourra, se débarrasser de la commission exécutive.

Dans cette disposition universelle, l'Assemblée montre encore cependant quelque respect humain, en accordant à la commission un vote de confiance. Elle vote les cent mille francs par mois qui lui sont demandés pour les dépenses de bureaux et pour les fonds secrets. Mais on sent que c'est à une dernière concession arrachée à une sorte de commisération, et qui ne donne plus au gouvernement aucune force. Cette séance est d'un effet déplorable pour la commission exécutive; elle la place dans un état d'isolement complet entre l'Assemblée, où elle se voit répudiée par les deux partis, au nom de Cavaignac ou de Louis Bonaparte, et le peuple qui s'indigne de son obstination à repousser un candidat trois fois élu, comme d'une atteinte à sa souveraineté.

La séance du 13 devait être pire encore. On allait entendre les rapports des bureaux chargés d'examiner la validité de l'élection du prince Louis Bonaparte. Admettre ou rejeter cette validité, c'est dans la circonstance présente maintenir ou renverser la commission exécutive.

M. Jules Favre, rapporteur du septième bureau, a le premier la parole. Depuis le procès de 1840, où il a défendu le lieutenant Aladenise, M. Jules Favre est resté en relations avec le parti bonapartiste; ses récentes mésintelligences avec M. Ledru-Rollin contribuent plus encore à le rendre favorable au prince Louis; son rapport est un plaidoyer. « Le nouvel élu, dit-il, n'a justifié encore ici ni son âge ni sa nationalité, cela est vrai; mais s'arrêter à de telles chicanes serait indigne d'une grande Assemblée. Le gouvernement, d'ailleurs, n'a pas jugé sans doute que Louis-Napoléon ne fût pas éligible, puisqu'il n'a averti, avant l'élection, ni les électeurs ni le citoyen Bonaparte. Loin de là, il a ici même, par la bouche de son ministre de la justice, déclaré que la loi de 1832 est virtuellement abolie par la révolution de Février. »

« En présence de l'anxiété publique, ajoute M. Jules Favre, il ne faut pas d'atermoiement. Il convient d'aborder franchement les deux questions, légale et politique, que soulève l'élection. » La question légale, selon lui, a été antérieurement tranchée par l'admission de trois membres de la famille Bonaparte. Quant à la question politique, la raison d'État ne veut pas qu'on grandisse le citoyen Bonaparte, comme le ferait la commission exécutive par une exclusion timide. Traitant de *folles*, de *criminelles* les expéditions de Strasbourg et de Boulogne, M. Jules Favre affirme que rien d'analogue ne saurait se reproduire. « Si le citoyen Bonaparte, dit-il, *tentait une misérable parodie du manteau impérial qui ne va plus à sa taille, il serait à l'instant mis hors la loi et traîné sur la claie.* »

M. Buchez rapporteur du dixième bureau combat M. Jules Favre. Le bureau s'est prononcé à l'unanimité contre l'admission. Ce n'est pas le citoyen Bonaparte qui se présente, dit le rapporteur, c'est le prince Louis-Napoléon, c'est un prétendant qui est venu deux fois sur le sol français pour réclamer à main armée son droit héréditaire à l'Empire. Aujourd'hui même, c'est par le cri de : Vive l'Empereur! que ses partisans saluent son élection. M. Buchez fait remarquer, à l'appui de ses soupçons, que le prince Louis-Bonaparte *n'a pas reconnu la République*; qu'il n'est pas venu un mot de lui, pour mettre fin aux agitations de la rue, à l'ambiguïté de sa situation, à la perplexité de ceux de ses partisans qui le croient sincère.

A ces mots, M. Vieillard quitte son banc avec précipitation et monte à la tribune. Il vient, dit-il, accomplir un devoir sacré en défendant un absent, un ami. « Il y a trente ans, continue M. Vieillard, que je connais le citoyen Louis Bonaparte. Après en avoir fait un député malgré lui, on veut en faire un prétendant malgré lui. Son élection n'a pas été, comme on l'a dit, une conspiration, mais une protestation spontanée de la population contre les souvenirs funestes de 1815. » Et, pour mieux confirmer ses assertions, M. Vieillard donne connaissance à l'Assemblée d'une lettre de Louis Bonaparte, datée de Londres, 11 mai 1848, ainsi conçue : « Je n'ai pas voulu me présenter comme candidat aux élections, écrivait le prince à son confident, parce que je suis convaincu que ma position à l'Assemblée eût été extrêmement embarrassante. Mes antécédents ont fait de moi, bon gré, mal gré, non un chef de parti, mais un homme sur lequel s'attachent les regards de tous les mécontents. Tant que la société française ne sera pas rassise, tant que la constitution ne sera pas fixée, je sens que ma position en France serait très-difficile, et même très-dangereuse pour moi. J'ai donc pris la ferme résolution de me tenir à l'écart et de résister à toutes les séductions que peut avoir pour moi le séjour dans mon pays. Si la France avait besoin de moi, si mon rôle était tout tracé, si enfin je pouvais croire être utile à mon pays, je n'hésiterais pas à passer sur toutes les considérations secondaires pour remplir mon devoir; mais, dans les circonstances actuelles, je ne puis être bon à rien, je ne serais tout au plus qu'un embarras; j'attendrai donc encore quelques mois ici que les affaires prennent en France une tournure plus calme et plus dessinée. J'ignore si vous me blâmerez de cette résolution; mais si vous saviez combien de propositions ridicules me parviennent même ici, vous comprendriez combien davantage à Paris je serais en butte à toutes sortes d'intrigues. Je ne veux me mêler de rien. Je désire voir la République se fortifier en sagesse et en droit, et en attendant l'exil volontaire m'est très-doux, parce que je sais qu'il est volontaire. »

La lecture de cette lettre ne produisit pas sur l'Assemblée toute l'impression qu'on aurait pu attendre. Ainsi que je l'ai fait voir, la droite était aveuglée par sa haine pour la commission exécutive. Elle traita, par la bouche de M. Fresneau, la conspiration bonapartiste de *chimère*; elle déclara qu'il y avait en ce moment une émotion légitime du peuple, que le peuple protestait non pas contre le gouvernement, mais contre l'absence de gouvernement. Quelques hommes sincères parlèrent au nom du droit; d'autres dirent qu'ils voulaient la République confiante et magnanime. M. Louis Blanc s'exprima dans ce sens; il dit qu'il ne voyait dans l'élection de Louis Bonaparte aucun danger sérieux pour la République. « Voulez-vous, d'ailleurs, dit-il, un moyen bien simple d'empêcher Louis Bonaparte d'arriver à la présidence? Écrivez dans votre constitution l'article que voici : Dans la République française fondée le 24 février, il n'y a pas de président. » Mais l'Assemblée aspirait à se protéger par un pouvoir fort; elle voulait un gouvernement personnel. Bien que républicaine d'intention, elle restait en ceci dans la tradition monarchique et ne concevait la force que dans la personnalité. La proposition d'abolir la présidence venait donc heurter la disposition générale, sans nécessité et sans à-propos.[1]

M. Ledru-Rollin fut plus politique que M. Louis Blanc; il opposa des faits précis aux généralités de son collègue. Il certifia que, d'après une instruction commencée, il y avait eu de l'argent distribué, du vin versé au nom de l'Empereur. « Des embauchages se font pour une nouvelle garde impériale, dit M. Ledru-Rollin; il y a conspiration flagrante dans l'entourage du prince, dans les partis qui se servent de son nom. » Il conclut en suppliant l'Assemblée de *prévenir le sang versé*, et de faire exécuter temporairement une loi de nécessité. M. Ledru-Rollin parle avec beaucoup de sens et de vigueur, son langage est celui de la raison, mais M. Ledru-Rollin est impopulaire dans l'Assemblée, comme M. Louis Blanc, comme M. de Lamartine. Tout ce qu'il peut obtenir d'une majorité fortement prévenue contre lui, c'est qu'elle hésite un moment. Voyant ce mouvement insensible qui se fait dans les esprits, un partisan du prince, M. Bonjean, monte à la tribune et lit une lettre de Louis Bonaparte datée de Londres, 23 mai. L'Assemblée avait refusé d'entendre la lecture de cette même lettre dans la séance où avaient été lues les lettres du prince de Joinville et du duc d'Aumale; mais cette fois le temps avait marché. On savait par expérience que le nom du prince de Joinville n'éveillait que peu d'écho dans les masses. La droite avait compris

---

[1] Dans une lettre en date de Londres, 11 novembre 1861, M. Louis Blanc, après avoir donné à l'auteur quelques explications au sujet de son vote, ajoute ces paroles qui méritent d'être conservées : « Loin de me repentir d'avoir voté contre le bannissement à perpétuité des Bourbons, des d'Orléans et des Bonaparte, je m'honore de ces votes comme des actes les plus vraiment républicains que m'ait jamais inspirés ma conscience. »

qu'elle ne pouvait s'en faire une arme contre la République; elle en venait à examiner le parti qu'elle pourrait tirer du nom de Bonaparte.

« Citoyens représentants, disait Louis-Napoléon dans la lettre que vient lire M. Bonjean, j'apprends, par les journaux du 22, qu'on a proposé dans les bureaux de l'Assemblée de maintenir contre moi seul la loi d'exil qui frappe ma famille depuis 1816. Je viens demander aux représentants du peuple pourquoi je mériterais une semblable peine. Serait-ce pour avoir toujours publiquement déclaré que, dans mes opinions, la France n'était l'apanage ni d'un homme, ni d'une famille, ni d'un parti? Serait-ce parce que, désirant faire triompher sans anarchie ni licence le principe de la souveraineté nationale, qui seul pouvait mettre un terme à nos dissensions, j'ai deux fois été victime de mon hostilité contre le gouvernement que vous avez renversé? Serait-ce pour avoir consenti, par déférence pour le gouvernement provisoire, à retourner à l'étranger, après être accouru à Paris au premier bruit de la révolution? Serait-ce pour avoir refusé par désintéressement les candidatures à l'Assemblée qui m'étaient proposées, résolu de ne retourner en France que lorsque la nouvelle constitution serait établie et la République affermie? Les mêmes raisons qui m'ont fait prendre les armes contre le gouvernement de Louis-Philippe, me porteraient, si on réclamait mes services, à me dévouer à la défense de l'Assemblée, résultat du suffrage universel. En présence d'un roi élu par deux cents députés, je pouvais me rappeler que j'étais l'héritier d'un empire fondé par l'assentiment de quatre millions de Français. En présence de la souveraineté nationale, je ne peux et ne veux revendiquer que mes droits de citoyen français; mais ceux-là je les réclamerai sans cesse, avec l'énergie que donne à mon cœur honnête le sentiment de n'avoir jamais démérité de la patrie.

« Votre concitoyen,
« Louis-Napoléon Bonaparte. »

Cette lecture ramène à la tribune M. Jules Favre pour appuyer de nouveau l'admission. L'Assemblée n'hésite plus. Malgré M. Buchez, qui essaye une dernière fois de prévenir une rupture ouverte avec la commission exécutive ; malgré M. Degousée, qui propose un amendement modifié, dit-il, par la lettre du citoyen Bonaparte, et demande le maintien du décret de bannissement seulement jusqu'à la mise à exécution de la constitution, l'admission est prononcée aux deux tiers des voix. A cette nouvelle, qui se propage avec une grande rapidité, les rassemblements se dispersent en proférant de nouveaux cris de : *Vive Napoléon!* mais sans donner le moindre signe de reconnaissance pour l'Assemblée. Elle ne retira pour sa popularité aucun profit de l'humiliation qu'elle infligeait à la commission exécutive. Louis Bonaparte, plus habile qu'elle, ne se prévalut même pas du vote qui lui ouvrait l'enceinte de la représentation nationale ; ses partisans ne jugeaient pas que le moment fût propice. MM. Laity et de Persigny, arrêtés comme excitateurs de troubles, mais relâchés aussitôt par un gouvernement qui répugnait à toutes les rigueurs, étaient partis pour Londres immédiatement après le vote du 13 juin, afin de bien exposer au prince quels en étaient le sens et la portée. Ce vote n'était autre chose, à leur avis, qu'un acte d'opposition à la commission exécutive ; on s'abuserait en y voyant l'expression d'une sympathie pour Louis-Napoléon. La grande majorité de l'Assemblée, disaient ces ardents bonapartistes, était encore très-décidément républicaine. La droite, à la vérité, semblait prête à l'attaque, mais c'était sous l'inspiration de MM. de Falloux, Thiers et Montalembert, dans un intérêt dynastique. Le prince Louis, en entrant dans une assemblée ainsi disposée, n'y aurait qu'une position secondaire. Il y serait toléré comme peu dangereux, négligé par conséquent. Ou bien il engagerait une lutte prématurée et serait vaincu ; ou bien il garderait le silence, resterait confondu dans la foule des représentants et perdrait insensiblement tout son prestige.

Chacun de ses votes serait commenté, interprété; il livrerait à ses ennemis mille prétextes. Louis Bonaparte comprit la justesse de ces avis. Il ne se sentait nul talent oratoire, ni enthousiasme, ni mouvement, rien qui pût entraîner une assemblée. Il voyait, d'ailleurs, le flot populaire venir à lui et se grossir contre les obstacles; tout lui conseillait de temporiser; en conséquence il adressa au président la lettre suivante, qui fut lue à la tribune, dans la séance du 15 juin:

« Monsieur le président, je partais pour me rendre à mon poste, quand j'apprends que mon élection sert de prétexte à des troubles déplorables et à des erreurs funestes. Je n'ai pas cherché l'honneur d'être représentant du peuple, parce que je savais les soupçons injurieux dont j'étais l'objet. Je rechercherais encore moins le pouvoir. Si le peuple m'imposait des devoirs, je saurais les remplir; mais je désavoue tous ceux qui me prêtent des intentions que je n'ai pas. Mon nom est un symbole d'ordre, de nationalité, de gloire, et ce serait avec la plus vive douleur que je le verrais servir à augmenter les troubles et les déchirements de la patrie. Pour éviter un tel malheur, je resterais plutôt en exil. Je suis prêt à tout sacrifier pour le bonheur de la France. »

Cette lettre causa dans l'Assemblée une sensation désagréable. Elle avait dans son renoncement un ton de hauteur singulier. Le général Cavaignac y releva l'omission significative du mot de république. MM. Antony Thouret, Baune, David (d'Angers) signalèrent à l'attention cette phrase étrange: *Si le peuple m'imposait des devoirs je saurais les remplir*. M. Jules Favre, faisant en quelque sorte amende honorable de son discours du 13, demande que la lettre et l'adresse aux électeurs qui l'accompagne soient déposées entre les mains du ministre de la justice, *afin qu'il y donne telle suite qu'il avisera*. M. Duclerc vient dire que le gouvernement connaît les menées tramées par les bonapartistes, mais qu'il ne veut pas de précipitation, et il propose le renvoi de la discussion à demain. « A demain ! s'écrie

M. Clément Thomas, à demain, y songez-vous ! remettre à demain, c'est la bataille pour aujourd'hui ! »

L'Assemblée est un moment émue; le peuple se rassemble de nouveau autour du Palais-Bourbon. Les représentants, à leur sortie, sont accueillis par des huées. Les cris de : *Vive l'Empereur ! à bas Thiers ! à bas les représentants !* retentissent à leurs oreilles; les physionomies paraissent très-sombres. Au moment où le président refusait de lire l'adresse de Louis Bonaparte aux électeurs, un homme en blouse lui a jeté d'une tribune un billet ainsi conçu : « Si vous ne lisez pas les remercîments de Louis Bonaparte aux électeurs, je vous déclare traître à la patrie. » Ce billet était signé Auguste Blum, ancien élève de l'École polytechnique. Tant d'audace ne serait pas explicable, pensait-on, si elle ne s'appuyait sur une grande force populaire. On se confirme dans ces soupçons en apprenant que Blum est maintenant délégué des maçons aux conférences du Luxembourg, et qu'il passe pour l'un des principaux agents de M. Louis Blanc. On apprend aussi qu'un attroupement très-nombreux, qui stationne dans les Tuileries, parle de proclamer Bonaparte premier consul; l'orage gronde dans l'air; on a le pressentiment d'une insurrection prochaine.

Cependant, l'impopularité de M. Clément Thomas, venant s'ajouter à l'impopularité de la commission exécutive, fait encore une fois pencher la balance du côté de Louis Bonaparte. Considéré, le 15 mai, comme un libérateur, M. Clément Thomas a encouru dès le lendemain la disgrâce de la droite en déposant, ainsi que nous l'avons vu, une pétition des officiers de la garde nationale qui demandait qu'on ne fît pas de réaction. La garde nationale elle-même, devenue beaucoup moins républicaine que les officiers qu'elle a élus en un premier moment d'entraînement, souhaitait un autre chef. Dans une récente discussion soulevée par la proposition de deux représentants bonapartistes et qui tendait à rétablir l'effigie de Napoléon sur la croix de la Légion d'honneur, M. Clément Thomas a blessé le sentiment public en attaquant ces *signes de distinctions ridicules, ces hochets de la vanité.* Ces expressions qui rappellent l'opposition que fit, en 1802, le conseil d'État lors de la création de la Légion d'honneur [1], ce sentiment qui est celui des nations anglaises et américaine, irrite au plus haut degré la fibre si chatouilleuse en France de la vanité militaire. A partir de ce jour, M. Clément Thomas se voit en butte aux colères les plus violentes; on le honnit comme un blasphémateur de l'honneur national. Lorsqu'il paraît sur la place de la Concorde pour dissiper les rassemblements, les gardes nationaux le reçoivent en criant : *A bas Clément Thomas! vive la Légion d'honneur !* L'Assemblée ne se montrant guère plus favorable pour lui, il comprit qu'il ne pouvait plus garder son commandement, et deux jours après il envoya sa démission.

Comme on en était là, inquiet, perplexe, chacun se demandant ce qui allait sortir de ces hostilités entre le peuple et l'Assemblée nationale, entre les différents partis dans l'Assemblée, entre l'Assemblée et la commission exécutive, entre la commission exécutive et le prince Louis-Napoléon; quand tous les esprits sont livrés à l'appréhension d'un danger indéfini, mais imminent, une nouvelle lettre de Louis Bonaparte au président de l'Assemblée vient en apparence mettre fin à tout, en apportant un dénoûment pacifique à la crise où l'on s'était engagé sans trop la comprendre.

« J'étais fier d'avoir été élu représentant du peuple à Paris et dans trois autres départements, disait Louis-Napoléon; c'était à mes yeux une ample réparation pour trente ans d'exil et six ans de captivité ; mais les soupçons inju-

---

[1] Le conseiller Berlier ayant dit, en propres termes, que ces sortes de distinctions étaient des *hochets de la monarchie :* « C'est avec des hochets que l'on mène les hommes, » avait répondu le Premier Consul. L'historien Anquetil refusa la décoration, déclarant que « tout chef de gouvernement se rend coupable en établissant des distinctions sociales, et tout citoyen en les acceptant. »

rieux qu'a fait naître mon élection, mais les troubles dont elle a été le prétexte, mais l'hostilité du pouvoir exécutif, m'imposent le devoir de refuser un honneur qu'on croit avoir été obtenu par l'intrigue.

« Je désire l'ordre et le maintien d'une République sage, grande, intelligente, et puisque involontairement je favorise le désordre, je dépose, non sans de vifs regrets, ma démission entre vos mains. Bientôt, je l'espère, le calme renaîtra et me permettra de retourner en France comme le plus simple des citoyens, mais aussi comme un des plus dévoués au repos et à la prospérité de mon pays.

« LOUIS-NAPOLÉON BONAPARTE. »

Bien que le ton de cette lettre fût tout autre que celui de la première ; bien que le mot de république s'y trouvât comme un hommage au sentiment de l'Assemblée, et que l'expression de *simple citoyen* protestât contre le personnage de prétendant, l'Assemblée affecta de la traiter avec dédain et la renvoya au ministre de l'intérieur, sur ce motif que l'admission du citoyen Louis Bonaparte n'ayant été prononcée que conditionnellement, jusqu'à preuve d'âge et de nationalité, la démission ne pouvait pas être acceptée.

Ainsi se terminèrent les premiers rapports officiels entre le prince Louis-Napoléon Bonaparte et l'Assemblée constituante.

En renonçant à se prévaloir de sa triple élection, en feignant de céder aux désirs de l'Assemblée, Louis Bonaparte retira du conflit qui venait de s'élever un notable avantage. Sa modération le grandit dans l'opinion publique, sans empêcher qu'aux yeux du peuple il ne personnifiât le principe même de souveraineté nationale que les représentants semblaient méconnaître. Dès ce jour, il donna un nom, un nom éclatant aux vagues efforts que faisait, par des mains obscures, la révolution pour se dégager des entraves qu'on lui opposait. Il absorba en lui, il incorpora, pour ainsi parler, cet idéal de dictature révolutionnaire qu'une démocratie encore inculte, tumultueuse, irrationnelle et passionnée, préfère aux gouvernements libéraux.

La bourgeoisie intelligente et active le sentit confusément, et nous allons la voir, avec un instinct très-juste, se presser autour du général Cavaignac pour tâcher d'arrêter à une république tempérée le mouvement révolutionnaire. Mais la bourgeoisie opulente et parvenue, qui a perdu l'instinct politique; les partis que divisent dans l'Assemblée des questions d'intérêt personnel; les factions royalistes aveuglées par de petites rancunes, et dont la vanité redoute par-dessus toutes choses l'établissement définitif du gouvernement républicain, vont se jeter étourdiment du côté de Louis Bonaparte, c'est-à-dire du côté de leur ennemi historique le plus dangereux, le plus irréconciliable.

CHAPITRE XXXI

État moral de la population. — Inquiétudes dans Paris. — Troubles dans les départements. — Les ateliers nationaux. — M. Pierre Leroux. — M. de Falloux. — Décret de la commission exécutive. — Protestation des ouvriers. — Le lieutenant Pujol et M. Marie. — On décide la résistance à main armée.

Toutes ces rivalités d'ambition, toutes ces intrigues de coterie, n'étaient pas de nature à améliorer l'état moral de la population; bien au contraire. A la grande surprise des esprits honnêtes, qui avaient attendu de la réunion d'une Assemblée nationale le retour à l'ordre et la sécurité, tout allait empirant de jour en jour. Le malaise et l'inquiétude étaient universels. Les propriétés territoriales n'avaient plus de valeur appréciable; le cours de la rente 5 pour 100 ne pouvait s'élever au-dessus de 69; le 3 pour 100 restait à 46. La bourgeoisie et le prolétariat se plaignaient également de la stagnation des affaires. Quoique les motifs de leur mécontentement fussent opposés, ils s'entendaient pour accuser de tout le mal le mauvais esprit de la commission exécutive et l'inaction de l'Assemblée. Ce dernier reproche, assez motivé si l'on considérait le résultat des délibérations, cessait d'être équitable dès qu'on l'adressait aux intentions de la majorité.

J'ai montré de quel bon vouloir elle était animée au commencement de la session; elle avait le ferme dessein de travailler, de travailler sans relâche au bien public. Afin de mettre plus d'ordre et d'apporter plus d'activité dans ses travaux, elle avait adopté l'usage des anciennes assemblées, et s'était divisée, non-seulement en bureaux, où les représentants se trouvaient périodiquement appelés par la voie du sort, mais en comités spéciaux, correspondant aux différentes branches du service administratif, où chacun se faisait inscrire conformément à ses aptitudes particulières. Ce mode, excellent en lui-même, tourna cependant, par l'effet des circonstances, au détriment des intérêts démocratiques. Il devint beaucoup plus facile aux représentants de la minorité, dans ces fractions de l'Assemblée, dans ces comités, qui ressemblaient à des cercles intimes, d'émettre des opinions qu'ils n'auraient osé hasarder à la tribune, en présence d'une majorité imposante. Du moment surtout qu'ils se virent conseillés et guidés par M. Thiers, ils profitèrent de tous les avantages que leur donnaient la vieille habitude de la discussion, la pratique des affaires, et, gagnant peu à peu du terrain dans les comités importants, particulièrement dans le comité du travail et dans celui des finances, ils purent, sans se déceler encore à l'Assemblée, qui n'aurait pas souffert leurs prétentions, paralyser l'élan républicain et miner à sa base l'établissement des lois démocratiques.

Du 4 mai au 20 juin, époque à laquelle nous voici parvenus, on avait perdu en discussions assez vaines un temps précieux, et rien ne s'était fait pour améliorer la condition du peuple. Cependant l'Assemblée, en diverses occasions, même après l'émeute du 15 mai, avait encore témoigné de ses sympathies pour les classes laborieuses. Le 21 mai, elle écoutait et renvoyait aux trois comités des finances, de l'agriculture et de la législation, une proposition tendant à créer une banque hypothécaire, qui rappelait les plans d'institutions économiques de l'école phalanstérienne. Le 22, elle votait un crédit d'un million pour les ateliers nationaux. Dans la séance du 25, elle examinait un plan de M. Bouhier de l'Écluse pour l'organisation d'une banque nationale foncière. Souvent même il lui arrivait d'écouter avec trop de patience des propositions déraisonnables, celle de M. Charbonnel, entre autres, qui voulait que l'on forçât les propriétaires à faire des défrichements et des améliorations dans leurs terres pour la valeur d'un cinquième de leur revenu. Parfois elle accueillait des paroles qui, plus tard, dans une autre assemblée, paraîtront insensées ou séditieuses; elle se laissait dire, par exemple: « Qu'en proclamant la République, le peuple n'a pas voulu seulement changer la forme du gouvernement, mais détruire la cause de la misère et modifier d'une manière profonde les institutions sociales. » Elle supporte qu'on affirme à la tribune « qu'il serait d'une bonne politique de ne pas repousser légèrement les conseils des novateurs, et d'encourager les écoles socialistes à tenter des essais au lieu de chercher à les rendre ridicules [1]. » Elle se préoccupe enfin très-sérieusement des ateliers nationaux, et beaucoup de ses membres les plus éclairés cherchent avec application les moyens de pourvoir au sort des ouvriers, en les employant à des travaux utiles.

Par malheur, pendant qu'on se livrait à ces recherches sérieuses, bien des accidents fâcheux étaient survenus; des cabales au dedans de l'Assemblée, des troubles au dehors, avaient accru les difficultés et frappé d'impuissance les hommes de bien. Depuis quelque temps, la fermentation des esprits effrayait et décourageait tous ceux qui avaient espéré terminer pacifiquement, par voie de conciliation et de composition entre les classes et les partis, la crise révolutionnaire.

On ne se communique plus que de mauvaises nouvelles. Presque chaque jour on apprend qu'un nouveau corps de métier est entré en grève. Depuis le mois de mars, les ouvriers ont des altercations très-vives avec les patrons, dont ils repoussent les tarifs. Un très-grand nombre d'entre eux,

---

[1] Voir, au *Moniteur*, les séances des 28 et 30 mai 1848.

particulièrement les chapeliers, les tisseurs, les mécaniciens, plutôt que d'accepter l'augmentation de salaire qui leur est offerte, se font inscrire aux ateliers nationaux. A tout moment, on voit passer des colonnes d'ouvriers mêlés à des gardes mobiles et à des gardes républicains, qui se promènent par les rues en tenant des propos menaçants. On sait que les montagnards licenciés n'ont jamais cessé de se réunir. Ils se vantent de pouvoir compter sur cinquante mille hommes qui se tiennent prêts pour une insurrection prochaine; ils affirment que Caussidière reste leur chef; ils répètent que, s'il avait été libre au 15 mai, l'émeute aurait triomphé; ils font afficher sa candidature à la présidence de la République.

On entend crier par les rues des feuilles dont le titre seul épouvante : le *Tocsin des travailleurs*, le *Robespierre*, la *Carmagnole*, le *Journal de la canaille*. Les nouveaux journaux bonapartistes fomentent l'esprit de révolte avec un incroyable cynisme [1]. Les représentants, selon ces feuilles, ne sont que des commis oisifs à raison de vingt-cinq francs par jour, qui, *lorsque le peuple demande du pain, lui don-*

---

[1] On lit, par exemple, dans le *Napoléon républicain*, numéro du 11 juin : « Peuple, lorsque tes commis violent leur mandat, souviens-toi du drapeau rouge du Champ de Mars et du courage de tes frères en 1793. » Le 16 juin, la même feuille s'adresse aux gardes mobiles, afin qu'ils éclairent les soldats de la ligne que *la terreur bourgeoise* voudrait transformer en bourreaux de leurs frères. Cherchant à dépopulariser, l'un après l'autre, tous les républicains connus du peuple, le *Napoléon* appelle les membres du pouvoir exécutif « les cinq invalides à vingt mille francs par mois. » En parlant de M. de Lamartine, il dit : « L'aigle de la République n'en est plus que la chouette » (numéro du 18 juin). A propos des rassemblements dissipés par M. Clément Thomas : « Pour n'être général que de la veille, dit-il, on n'est pas tenu de faire sabrer le peuple de Paris. Ce sont de mauvais états de services que ceux que l'on écrit sur le pavé d'une capitale avec le sang de ses concitoyens. » (18 juin). A l'occasion des troubles réprimés à Guéret, la feuille bonapartiste parle avec horreur de quatorze Français tués par des fusils français, et s'écrie : « Quand vos frères malheureux se trompent, vous ne savez que les tuer ou les emprisonner. »

nent une pierre[1]. Les membres de la commission exécutive sont des Sardanapales gorgés d'or et repus de festins. On excite le prolétariat contre la bourgeoisie, les pauvres contre les riches. On en vient jusqu'à publier des listes de banquiers, de notaires, et d'autres capitalistes, en donnant l'indication de leur fortune.

Enfin l'annonce d'un *banquet des travailleurs* pour lequel quinze mille souscripteurs sont déjà inscrits dans les bureaux du *Père Duchesne,* et qui se rattache, dit-on, à un complot pour délivrer les prisonniers de Vincennes, est considérée par tout le monde comme un rendez-vous pris pour une insurrection générale.

Les nouvelles qui viennent de la province ne sont pas plus satisfaisantes. Dans un grand nombre de départements, la perception de l'impôt des quarante-cinq centimes que l'Assemblée a sanctionné est l'occasion de luttes à main armée. Le gouvernement provisoire n'avait rencontré presque aucune difficulté dans la perception de cet impôt, quelque pesant qu'il fût pour la petite propriété. Dans beaucoup de départements très-pauvres, mais républicains, il avait été recouvré avant les élections dans la proportion surprenante de 77 pour 100. Mais, à partir du mouvement électoral, les choses ont changé d'aspect. Beaucoup de candidats, pour se rendre populaires, se sont engagés à faire abolir l'impôt par l'Assemblée. Ils disent aux paysans que le gouvernement provisoire n'avait pas le droit de l'établir. Les agents de la candidature de Louis-Napoléon annoncent que le neveu de l'Empereur le payera en entier sur ses revenus, ou encore qu'il le fera payer par les Anglais. Il n'est jamais bien difficile de persuader aux pauvres gens qu'il leur est loisible de refuser l'impôt; aussi le succès de cette propagande est-il rapide. Sur tous les points où elle s'exerce, l'impôt ne se recouvre plus qu'avec une difficulté

---

[1] Voir, entre autres, *l'Organisation du travail*, journal fondé par M. Clavel, négociant, appartenant au parti bonapartiste.

excessive. En beaucoup de lieux on le refuse au cri de : Vive l'Empereur !

Dans le département de la Creuze, où la propriété est extrêmement divisée, une troupe de paysans s'est levée au son du tocsin ; armés de fourches, de faux, de gourdins, de piques et de serpes, ils se sont jetés dans les campagnes, en menaçant de mort les propriétaires qui payeraient l'impôt. A Guéret, un engagement avec la garde nationale a eu lieu ; dix personnes ont été tuées ; cinq sont blessées.

Sur d'autres points de la France, les révoltes éclatent par d'autres motifs. Dans le département de Vaucluse, dans la ville de Saint-Étienne, à Rive-de-Giers, les ouvriers quittent les fabriques et se rassemblent par petits groupes ; ils prennent, sans dire pourquoi, la route de Paris. Dans les départements de l'ouest et du nord, les émissaires du bonapartisme mettent tout en mouvement. Mille bruits absurdes sont colportés dans les fêtes de village, dans les foires, dans les marchés. A Lizieux, à Fécamp, à Chartres, à Saintes, les crieurs de journaux annoncent que Napoléon, proclamé empereur, marche sur Paris à la tête de quarante mille hommes ; dans le Morbihan et le Finistère, où l'opinion penche vers le général Cavaignac, on dit qu'il a été tué et que Bonaparte est nommé président de la République[1]. Dans les Ardennes, on distribue des proclamations et des appels aux armes. A Nîmes, à Toulouse, où les discussions prennent le caractère de querelles religieuses entre catholiques et protestants, on y mêle, sans que personne en comprenne la raison, le cri de : Vive l'Empereur[2] !

Mais toutes ces causes d'alarme, tous ces désordres, ne paraissent rien auprès d'un péril imminent. Toute autre appréhension s'efface, tout autre danger est mis en oubli, devant la calamité des ateliers nationaux, qu'on n'espère plus occuper et qu'on n'ose dissoudre. Cent sept mille

---

[1] Voir *Rapport de la Commission d'enquête*, vol. III.
[2] Voir *Rapport de la Commission d'enquête*, vol. III.

hommes armés au cœur de Paris! cent sept mille hommes exaspérés, dit-on, prêts à tout! L'imagination se refuse à entrevoir les maux innombrables qu'entraîneraient à leur suite de tels éléments déchaînés.

J'ai dit comment les ateliers nationaux étaient nés d'une nécessité impérieuse que personne n'avait songé à contester. Longtemps la partie modérée du gouvernement provisoire s'était flattée d'en disposer à son gré, soit au jour des élections, soit pour combattre une émeute, soit, comme au 15 mai, pour faire avorter ce qu'on appelait les manifestations populaires. Dans ce dessein, on les avait tenus en jalousie contre les corporations du Luxembourg, qu'on leur représentait comme des privilégiés. Mais les choses ont tourné, dans les mains mêmes du gouvernement, contre ses prévisions. Peu à peu, des éléments nouveaux se sont infiltrés dans les ateliers et en ont changé le caractère, ou plutôt, cette masse confuse et flottante qu'on a poussée là, pour en débarrasser la place publique, s'est animée insensiblement d'un esprit commun; elle s'est disciplinée, organisée, par sa force propre; elle constitue, à l'heure dont je parle, une armée véritable, mais une armée qui ne connaît pas ceux qui l'ont créée, et qui s'est donné, par l'élection, des chefs de son choix auxquels seuls elle obéira au jour décisif. La rivalité avec les corporations a cessé d'exister par les soins d'un nouveau comité, qui, après la dissolution de la commission du Luxembourg et la retraite de M. Louis Blanc, s'est formé sous la direction d'un ouvrier. Les délégués des corporations ont noué des rapports réguliers avec les délégués des ateliers nationaux. Le vote du 5 juin a consommé l'alliance par l'élection de MM. Pierre Leroux, Lagrange et Proudhon.

A cette époque également a commencé à s'exercer dans l'un et l'autre de ces centres populaires, mais avec un succès plus prononcé dans les ateliers, la propagande du parti bonapartiste. Elle n'y épargne pas l'argent[1]. Avoir pour

[1] A cette époque très-voisine de l'insurrection de juin, plusieurs

soi les ateliers nationaux était, dans ces temps révolutionnaires, un point capital. Le nombre des hommes enrôlés depuis leur fondation s'était accru avec une promptitude incroyable. On se rappelle que, d'après l'état approximatif dressé à l'Hôtel de Ville, le 2 mars, on ne comptait pas plus de dix-sept mille ouvriers sans travail dans Paris; mais, au 15 mars, le chiffre réel de ces ouvriers s'élevait déjà à quarante-neuf mille; le 20 juin, il dépassait cent sept mille. Dans ce nombre, quinze mille hommes, entrés par fraude dans les ateliers, ne sont pas des ouvriers véritables; on compte environ deux mille forçats ou reclusionnaires libérés. Il reste donc soixante-quinze mille hommes, prolétaires, artisans ou artistes, qui appartiennent à la ville de Paris et qui ont le droit d'y rester. Pendant le long espace de temps qui s'est écoulé depuis la formation des ateliers, on n'a jamais trouvé à occuper sérieusement plus de dix mille hommes par jour. Une somme de quatre millions, votée par l'Assemblée, a été dépensée en pure perte. Les ouvriers n'ont fait autre chose, suivant l'expression de Caussidière[1], « que gratter la terre et la transporter d'un endroit à un autre. » Ils se sont indignés de plus en plus, en voyant que rien ne se prépare pour améliorer cette condition d'oisiveté et de travail dérisoire qui les humilie. Le danger croît à vue d'œil. Un tel état de choses ne saurait se prolonger sans amener la démoralisation complète des ouvriers, la ruine des finances, l'anarchie dans Paris. Il faut donc qu'il cesse au plus tôt; c'est ce que personne ne met en doute.

---

brigadiers des ateliers avaient toujours beaucoup plus d'argent sur eux qu'il ne leur en fallait pour payer les hommes placés sous leurs ordres. L'un d'eux, ancien sous-officier dans le régiment du marquis de Bonneval, sous la Restauration, montra un jour à une personne de ma connaissance pour huit mille francs de billets de banque. Comme c'était un pauvre diable, on lui demanda d'où lui venait une somme aussi considérable. Il répondit : *Je sers un maître plus généreux que la République.*

[1] Voir, au *Moniteur*, la séance du 20 juin.

Seulement quelques esprits, tenant compte des circonstances et voulant agir avec humanité, dans l'intérêt de la paix publique, considérant, d'ailleurs, l'État comme engagé envers les ouvriers par des promesses formelles, cherchent un mode de dissolution lent et ménagé qui ne jette pas brusquement dans la détresse les familles de soixante-quinze mille braves ouvriers, dont le seul tort est de manquer d'ouvrage. D'autres, au contraire, traitant de complaisance coupable la compassion, l'équité des premiers, veulent sur l'heure, sans transition ni ménagement, chasser de Paris et disperser à tout prix, sans s'occuper de leur trouver du pain, ces *lazzaroni*, ces *janissaires*, comme ils les appellent dans leur langage aussi injuste qu'imprudent.

Le ministre des travaux publics, M. Trélat, dès le 17 mai, avait nommé une commission; l'Assemblée en avait, de son côté, choisi une autre, afin d'examiner cette grave question des ateliers nationaux. Le rapport de la commission nommée par M. Trélat fut soumis au bout de peu de jours aux membres de la commission exécutive. Ils refusèrent de le signer, parce que ce rapport reconnaissait en principe le droit au travail qu'ils avaient eux-mêmes proclamé trois mois auparavant. Étrange contradiction! et qui met dans toute son évidence le trouble et l'incertitude auxquels étaient en proie ceux qui voulaient et croyaient conduire la société.

La première commission, formée au ministère des travaux publics, se trouvant ainsi dissoute, une seconde commission, à laquelle il fut interdit de prendre pour base le droit au travail, commença ses travaux et formula bientôt un ensemble de mesures bonnes, humaines, secourables, qui montraient que, à ses yeux, le devoir du gouvernement et de l'Assemblée envers les ouvriers était positif.

La commission proposait, entre autres moyens d'occuper les ouvriers à des travaux utiles, la colonisation de l'Algérie sur une vaste échelle. Elle demandait à l'Assemblée de venir en aide aux industriels, aux commerçants et aux ouvriers, par des primes à l'exportation, par des avances sur les salaires, par des commandes directes, par l'organisation d'un système de caisses de retraite et d'assistance. A plusieurs reprises, M. Trélat se rendit dans la commission nommée par l'Assemblée pour lui communiquer et lui faire agréer l'ensemble, ou tout au moins une partie de ces propositions; mais il rencontrait dans la commission une opposition décidée. Le président, M. Goudchaux, combat les projets au point de vue financier, il allègue la pénurie du Trésor. M. de Falloux, qui a ses vues cachées et qui poursuit un plan politique, prodigue toutes les ressources de son esprit pour déconcerter et tromper tous ceux des membres de la commission qui souhaitent des mesures tempérées : il veut, il lui faut la dissolution immédiate des ateliers nationaux.

La lutte à main armée que tout le monde prévoit, que les républicains appréhendent comme le plus grand péril que puisse courir la République, il ne la craint pas, lui, qui n'a vu dans la révolution qu'un moyen extrême, mais assuré, de revenir à la monarchie légitime. Il redoute bien plutôt que, par des mesures prudentes et bien combinées, on gagne sans secousse le moment prochain où l'Assemblée va discuter la constitution. Si cette constitution est faite en conformité avec les principes de la révolution de Février, si elle est votée en pleine paix publique, sans effroi, sans que la scission entre la bourgeoisie et le prolétariat soit consommée, l'état républicain, selon toute vraisemblance, est fondé; la démocratie française a trouvé son expression et sa forme. Pour les ambitieux des partis royalistes, c'est là la plus insupportable des perspectives, la pire des humiliations. Mieux vaut cent fois le mal passager d'une insurrection de prolétaires, que l'on ne peut manquer de vaincre, et qui produira sur les âmes un salutaire effroi.

C'est à cette politique pleine d'arrière-pensée, à ce tortueux esprit d'égoïsme et de rancune, qu'il faut attribuer en grande partie les paroles et les actes provocants qui, tout à l'heure, vont tomber sur les esprits, comme l'étincelle sur la poudre, et faire éclater la plus calamiteuse des insurrections. Cet esprit dangereux s'insinue dans les salons, dans les clubs, dans l'Assemblée, dans le gouvernement. *Il faut en finir!* tel est le mot qu'on entend prononcer partout.

La commission exécutive se laisse aller, comme nous venons de le voir, au mouvement de réaction violente qui se fait contre les ateliers nationaux. Le temps, d'ailleurs, a dissipé ses illusions. Elle ne se sent plus maîtresse de cette foule; elle se défie de son chef, M. Émile Thomas. Dans sa déroute politique, elle s'en prend à tout, hormis à ses propres fautes.

En ce qui concernait M. Émile Thomas, les soupçons de la commission n'étaient pas sans fondement, seulement ses craintes étaient exagérées. Le directeur des ateliers montrait beaucoup de présomption, mais il exerçait peu d'autorité réelle sur les ouvriers. Il avait longtemps combattu en vain l'influence croissante de M. Louis Blanc; il se laissait maintenant circonvenir par M. de Falloux et par les amis du prince Louis Bonaparte. Les brigadiers, les lieutenants, les chefs d'escouade et de compagnie, dont beaucoup étaient d'anciens militaires, avaient seuls de l'ascendant sur les ouvriers. Quoi qu'il en fût, le ministre des travaux publics et M. Garnier-Pagès conçurent un jour la singulière pensée de se délivrer de M. Émile Thomas, en le faisant enlever de vive force. Le procédé des lettres de cachet fut remis en pratique de la manière que nous allons voir, sans que, dans le moment même, ni plus tard, le public ait jamais eu l'explication de cette violation de la liberté individuelle, si peu d'accord avec l'ensemble des actes du gouvernement.

Le 26 mai au soir, M. Émile Thomas est mandé au ministère des travaux publics. Une voiture attelée attend dans la cour. Un commissaire de police et deux officiers de paix sont dans l'antichambre du ministre. A sa grande surprise, M. Émile Thomas, introduit auprès de M. Trélat, apprend de sa bouche que le gouvernement a décidé de le faire partir sur l'heure pour Bordeaux.

Dans quel dessein, pour quel motif, en vertu de quelle loi? A-t-on contre lui un mandat d'amener? Ne pourra-t-il du moins, avant de partir, aller prendre quelques dispositions dans sa demeure, voir sa mère?... A ces questions le ministre de la République répond, comme aurait pu le faire un lieutenant de police sous le régime du bon plaisir, « qu'il n'a pas de compte à rendre, et que les ordres du gouvernement doivent être exécutés sans délai. » Puis il sonne. Le commissaire de police paraît; on dresse le signalement de M. Émile Thomas; on le fait monter en voiture; M. Trélat remet une bourse aux deux officiers de paix qui, armés de pistolets, prennent place aux deux côtés du prisonnier. Pour toute consolation, le ministre déclare à M. Émile Thomas qu'il sera remis en liberté à Bordeaux, où on lui fera connaître la mission de confiance dont le gouvernement juge à propos de le charger.

Arrivé à Bordeaux, le 29, M. Émile Thomas est arrêté par la gendarmerie sur un ordre du télégraphe. Relâché deux heures après sur un ordre nouveau, il est conduit chez le commissaire du département, M. Duclos. Celui-ci lui dit qu'il ne comprend rien aux instructions contradictoires reçues depuis vingt-quatre heures, lui rend la liberté et lui explique sa mission, qui consiste à aller étudier un projet de canalisation et l'embrigadement des ouvriers dans le département des Landes.

Cependant le bruit de l'enlèvement de M. Émile Thomas arrive aux ateliers nationaux et augmente l'inquiétude que la menace d'une prochaine dissolution y a déjà fait naître. On ne sait rien de précis. Quel est le motif de cette arrestation? est-ce prévarication dans l'administration? est-ce quelque complot contre l'Assemblée? Où se trouve le prisonnier? Personne ne peut le dire.

« Sans aucun doute, on veut se défaire de nous, disent les brigadiers ; cette violence n'est que le prélude de celles qu'on nous prépare. On commence par le directeur, puis viendra le tour des ouvriers. »

M. Trélat, connaissant ces discours et se flattant de calmer l'agitation par sa présence, se rend à Monceaux. Il fait réunir les délégués. Il leur annonce, en termes ambigus, la démission de M. Émile Thomas, son départ. On l'écoute d'abord en silence ; puis on l'interrompt. On exige des explications catégoriques. M. Trélat n'en saurait donner; ses réponses évasives provoquent des murmures. Des murmures, on en vient aux menaces ; des menaces, on va passer à l'effet, quand les sous-directeurs s'interposent; ils détournent l'attention des délégués en proposant de signer une pétition à l'Assemblée en faveur de M. Émile Thomas. Pendant qu'on se presse au bureau, ils font évader le ministre par une porte de derrière.

Le lendemain, malgré une si grande fermentation, M. Lalanne, ingénieur des ponts et chaussées, nommé directeur en remplacement de M. Émile Thomas, est bien reçu à Monceaux. Il trouve la plupart des ouvriers encore très-accessibles au langage de la raison. Ils consentent à rentrer chez leurs patrons, sous la seule garantie que leur donne la nouvelle loi des prud'hommes[1]. Approuvant le recensement ordonné par M. Trélat pour détruire les fraudes et les abus, ils se prêtent à toutes les investigations nécessaires pour constater l'identité de l'individu, le domicile et la profession des hommes inscrits[2]. Ils témoignent la meilleure volonté pour faciliter au gouvernement les moyens de diminuer le mal et d'y porter remède.

Voyons cependant ce qui se passait à l'Assemblée.

[1] Cette loi avait été présentée par M. Flocon, alors ministre du commerce.
[2] Voir aux *Documents historiques*, à la fin du volume, n° 13, le résultat du recensement par profession.

Dans la séance du 15 juin, à l'occasion d'un projet d'assimilation de l'Algérie à la France, l'angoisse d'une situation qui troublait les meilleurs esprits fut exprimée avec éloquence par un orateur qui paraissait pour la première fois à la tribune. En entrant à l'Assemblée, peu de temps auparavant, M. Pierre Leroux y avait causé un étonnement extrême. Il serait difficile, en effet, de peindre l'étrangeté de son apparition. La flamme subtile de son regard, sa lèvre sensuelle, son cou épais et court sortant d'une cravate à peine nouée, le geste de sa main amollie, sa chevelure inculte, et jusqu'au vêtement d'étoffe grossière dont l'ampleur informe accuse vaguement la forte stature un peu affaissée d'un homme entré dans la maturité de l'âge, tout cet ensemble d'une beauté à la fois épicurienne et rustique exprime avec une rare puissance le caractère de l'apostolat moderne. Son entretien achève l'impression que produit son aspect. Passant avec une insinuante souplesse de la contemplation des civilisations évanouies à l'anecdote du jour, qu'il conte avec une négligence piquante, M. Pierre Leroux possède et anime tous les sujets. Religions, arts, sciences, industries, mœurs, histoire, il sait tout ramener à sa conception primitive. Mais il emploie selon les esprits divers un mode différent de persuasion : pour les uns, les figures voilées d'un vague mysticisme; pour d'autres, le sentiment; pour très-peu, la logique; auprès de tous, la séduction des paroles flatteuses.

On conçoit qu'un discours de Pierre Leroux fût un événement dans une assemblée où il n'avait pas encore pris la parole, mais où sa conversation avait intéressé, charmé jusqu'à ses adversaires politiques les plus déclarés. Ses écrits n'y étaient connus que d'un petit nombre de personnes. Un silence de curiosité et de sympathie l'accueille. L'occasion du discours est, comme je l'ai dit, la colonisation de l'Algérie, mais on ne s'attend pas à ce que l'orateur s'en occupe.

L'Assemblée ne songe guère en ce moment à l'Algérie ; elle pense aux ateliers nationaux, au paupérisme, à la révolution sociale. On sait que M. Pierre Leroux est l'un des apôtres les plus populaires du socialisme ; plusieurs se disent que, peut-être, il ne tient qu'à lui d'allumer ou d'éteindre les brandons de la guerre civile. Peut-être, va-t-il exposer un moyen de satisfaire les ouvriers sans ruiner les chefs d'industrie ; peut-être, possède-t-il le secret de faire transiger le capital et le travail, de réconcilier les intérêts en lutte. On écoute. M. Pierre Leroux, laissant promptement de côté le prétexte de son discours, entre en plein dans le sentiment qu'il lit sur les physionomies. Il annonce qu'il va prendre les choses particulièrement dans leurs rapports avec la France.

Il débute par poser en fait et en principe que la France a besoin de colonisation, de migrations ; qu'il lui faut des *communes républicaines;* qu'elle a besoin de faire sortir de son sein tout un peuple qui demande une *civilisation nouvelle.* Puis, voyant l'attention excitée par ses premières paroles, et s'abandonnant à l'inspiration intérieure :

« Je dis, reprend-il avec autorité, en se tournant vers la droite, que si vous ne voulez pas admettre cela ; si vous ne voulez pas sortir de l'ancienne économie politique ; si vous voulez absolument anéantir toutes les promesses, non pas seulement de la dernière révolution, mais de tous les temps de la révolution française dans toute sa grandeur ; si vous ne voulez pas que le christianisme lui-même fasse un pas nouveau ; si vous ne voulez pas de l'association humaine, je dis que vous exposez la civilisation ancienne à mourir dans une agonie terrible. »

Une sorte de frayeur anticipée émeut l'Assemblée. L'orateur continue. Après avoir produit une statistique, heureusement très-exagérée, du paupérisme [1] ; après avoir examiné

---

[1] Selon cette statistique, il y aurait en France, sur trente-cinq millions d'hommes, huit millions de mendiants et d'indigents ; sur trois hommes qui meurent à Paris, il y en aurait un qui meurt à

un instant la situation de la propriété qu'il ne trouve guère plus favorable[1], il en vient à accuser le gouvernement d'agir sans ensemble, *sans une idée, faute de connaître la situation profonde de la société, faute d'avoir médité sur le problème que la révolution de Février a présenté aux esprits.*
« Vous n'avez pas de solution, dit-il ; pas d'autre que la violence, la menace, le sang, la vieille, fausse, absurde économie politique. Il y a des solutions nouvelles, le socialisme les apporte ; ne le calomniez pas, comme vous faites depuis trois mois ; *permettez au socialisme de faire vivre l'humanité.* Examinez les solutions du socialisme, et *si vous n'avez pas le temps, laissez le peuple les essayer, car il en a le droit, car il ne veut pas détruire le présent, mais le mettre d'accord avec l'avenir, réaliser dans un temps plus ou moins prochain la République.* »

Assurément, rien ne devait paraître plus singulier à cette assemblée, qui commençait à trouver qu'elle était un peu trop en république, que de s'entendre dire qu'elle n'y était pas assez. Mais la gravité de la situation commandait d'écouter jusqu'au bout l'orateur socialiste. Pierre Leroux poursuit ; il développe sa pensée en une image hardie et frappante, qui fut alors comprise d'un petit nombre. Selon lui, la république actuelle n'est pas la république vers laquelle l'humanité aspire, mais bien la mère d'une nouvelle république, d'une nouvelle société. Il ne faut pas que la mère se fasse avorter ; il ne faut pas qu'elle détruise le germe qu'elle porte dans son sein, *de même qu'il ne faut pas que la république nouvelle tue sa mère*[2].

---

l'hôpital ; outre ces huit millions de mendiants et d'indigents, il y aurait quatre millions d'ouvriers dont le salaire n'est pas assuré.

[1] Selon M. Pierre Leroux, il existe cinq millions de cotes au-dessous de cinq francs ; l'on compte en France plus de six millions d'hectares de terres incultes. Au total, un million d'hommes vivent en France de revenu net ; et trente-quatre millions vivent de salaires à différents titres. Voir, au *Moniteur*, la séance du 15 juin 1848.

[2] Après les journées de juin, le journal de M. Proudhon, reprenant

Passant aux conseils, M. Pierre Leroux veut qu'on favorise l'association agricole, la colonisation, et, présentant cette pensée dans sa généralité la plus vaste, « *ce grand mouvement de migration qui s'est accompli à toutes les grandes époques de l'humanité*, dit-il, *doit s'accomplir encore, mais non pas de la même façon que dans l'antiquité. C'est la grande loi de migration qui a fondé toutes les grandes choses humaines. Ceux qui connaissent l'histoire savent que c'est ainsi que l'humanité s'est toujours régénérée. C'est toujours une civilisation nouvelle qui est venue se placer à une certaine distance de l'ancienne, en apportant à l'humanité une vie nouvelle, une conception nouvelle de la vie.* »

Et il termine ainsi :

« Nous marchons à l'association ; souffrez-la, ouvrez-lui la terre, la terre, notre mère.

« Oui, c'est vers la terre, vers l'agriculture que l'association, que la commune républicaine doit marcher. Il faut lui ouvrir la route. Autrement, vous allez être obligés d'enfermer l'essaim dans la ruche, et alors ce qui s'observe dans les abeilles s'observera dans la société humaine : la guerre, la guerre implacable. Comment concentrer ce qui veut vivre? comment contenir ce qui veut sortir, ce que la loi divine veut qui sorte ! »

Ce discours si inattendu, qui semblait adressé à un concile plutôt qu'à une assemblée politique, causa une impression singulière. On n'entrevoyait qu'à travers un voile nébuleux les horizons qu'embrassait la pensée du philosophe; mais on était monté au ton tragique; les âmes étaient remplies de tristes pressentiments; on sentait l'approche des mauvais jours. Personne n'imagina de railler les paroles prophétiques de M. Pierre Leroux. M. de Montalembert vint lui serrer la main avec effusion en signe d'assentiment.

cette image, disait, en s'adressant au général Cavaignac : « Tu as tué l'enfant pour sauver la mère. »

M. de Falloux traversa toute la salle pour lui mieux témoigner son admiration et sa sympathie.

Cependant les républicains politiques, ceux qu'on appelait encore les républicains de la forme, ou de la république bourgeoise, ne voulurent pas rester sous le coup des accusations du philosophe socialiste. Ils avaient à cœur de laver le gouvernement, dont ils avaient fait ou dont ils faisaient encore partie, des reproches si graves qui venaient de lui être adressés. Ils poussent en quelque sorte M. Goudchaux à la tribune. Le ministre des finances des premiers jours de la République venait d'être élu représentant. Il avait la faveur de l'Assemblée parce qu'on le savait adversaire prononcé des théories communistes. On n'ignorait pas non plus son opinion invariable sur la question des biens de la maison d'Orléans; son opposition constante à tout projet d'émission de papier-monnaie. Il est accueilli avec une bienveillance marquée.

M. Goudchaux s'attache à relever, dans le discours de M. Pierre Leroux, d'assez nombreuses erreurs de chiffres; il dit qu'à son avis on a beaucoup exagéré le péril, que l'on va chercher un *remède inouï pour un mal auquel il est très-facile de porter remède*; ce remède, affirme M. Goudchaux, il est très-simple, il est dans *l'organisation du travail*.

A ce mot, qui avait si fort offusqué l'Assemblée quand M. Louis Blanc l'avait prononcé pour la première fois, on se regarde avec une surprise extrême. M. Goudchaux explique sa pensée. « Sous Louis-Philippe, dit-il, les travailleurs qui sont le nerf, la vie du pays, étaient dans une situation insoutenable; ils ne jouissaient pas de l'égalité; ils l'avaient en droit, pas en fait; ils manquaient des choses nécessaires pour sortir de la position dans laquelle ils se trouvaient. Un conseil de prud'hommes les jugeait; ce conseil était composé d'une manière partiale et rendait des jugements partiaux. Les lois du pays étaient également défavorables aux ouvriers. A cette époque, la grève avait toutes mes sympathies. »

« Ce qui manquait aux ouvriers, continue M. Goudchaux, ce qui leur manque encore aujourd'hui, c'est l'instruction gratuite à tous les degrés ; c'est une part au crédit, qui jusqu'à ce jour n'a existé que pour une certaine classe de la société, Il faut aussi les décharger des impôts trop onéreux. Il faut réformer enfin toutes les lois destinées à protéger le travail. Vous avez déjà réformé la loi des prud'-hommes ; d'une loi injuste vous avez fait une loi juste. Vous ne pouvez pas donner immédiatement l'instruction et le crédit, mais vous pouvez prendre l'engagement immédiat de les donner, et porter dans votre budget des sommes suffisantes pour réaliser ce que vous promettez. »

M. Goudchaux confesse qu'on a trop différé, qu'on n'a pas exprimé d'une manière assez complète ce qu'on voulait faire pour la classe des travailleurs. A toutes ces propositions, que l'Assemblée écoute avec quelque étonnement, il ajoute une conclusion qui rachète aux yeux de la droite tout ce qui précède. « *Il faut*, dit M. Goudchaux, *que les ateliers nationaux disparaissent immédiatement à Paris ainsi qu'en province. Il ne faut pas qu'ils s'amoindrissent*, répète-t-il, comme s'il craignait qu'on ne le comprit pas assez, *il faut qu'ils disparaissent.* »

Il demande enfin que cette question soit portée sans retard devant la commission exécutive, et qu'une proclamation adoptée par l'Assemblée entière établisse, dans des termes *clairs, positifs et très-formels*, ce qu'on fera pour les ouvriers.

« On a trop cru, dit en terminant M. Goudchaux, que l'on pouvait ajourner la solution. Il fallait la résoudre immédiatement. On a perdu du temps, il n'en faut plus perdre. Il faut résoudre, aujourd'hui même, la question des ateliers nationaux. Si vous ne la résolvez pas, la République périra, et la société passera par un tel état de choses que je ne veux pas vous le dépeindre. *Le sol sous vous est maintenant très-miné.* J'ai jeté la sonde et je pourrais vous en dire la profondeur ! »

Cette conclusion du discours de M. Goudchaux, si contraire à son intention qui était de combattre ce qu'il avait appelé les exagérations de M. Pierre Leroux, augmente les terreurs de l'Assemblée. Elle ne s'attache pas à ce qu'il propose en faveur des ouvriers, elle ne retient qu'une chose, c'est qu'il faut dissoudre *immédiatement, aujourd'hui même,* les ateliers nationaux. En vain M. Trélat vient demander un peu de temps, promettant d'apporter dans quinze jours un ensemble de projets de colonisation, de défrichements, qui occuperont les ouvriers sur tout le territoire. *On veut en finir.* La presse royaliste continue de représenter les ateliers nationaux comme un réceptacle de monstruosités, où vingt mille forçats et quatre-vingt mille ouvriers, comparables à tout ce que les bagnes vomissent de plus abject, attendent en frémissant le signal du meurtre, de l'incendie, du pillage. *Il faut en finir :* jamais les mauvaises passions qu'enfantent les guerres civiles ne trouvèrent dans la peur publique une aussi déplorable crédulité pour de plus tristes mensonges.

Pendant que l'on parlait ainsi des ateliers nationaux, ils envoyaient incessamment au ministère des travaux publics des députations qui apportaient les propositions les plus justes et les plus raisonnables.

Les ouvriers demandent que l'entrepreneur ne pèse plus sur eux comme par le passé ; qu'on les aide à s'associer ; qu'on leur fasse une part légitime dans les bénéfices. Ils ne refusent pas de rentrer dans les ateliers privés, pourvu qu'on les y protège contre la puissance sans contrôle du patron.

Voici en quels termes ils répondaient, le 18 juin, par une affiche, posée sur tous les murs de Paris, au discours de M. Goudchaux :

LES TRAVAILLEURS DES ATELIERS NATIONAUX
AU CITOYEN GOUDCHAUX.

« Ce n'est pas notre volonté qui manque au travail ; c'est

un travail utile et approprié à nos professions qui manque à nos bras. Nous le demandons, nous l'appelons de tous nos vœux.

« Vous demandez la suppression immédiate des ateliers nationaux, mais que fera-t-on des cent dix mille travailleurs qui attendent chaque jour de leur modeste paye les moyens d'existence pour eux et leurs familles? *Les livrera-t-on aux mauvais conseils de la faim, aux entraînements du désespoir?* Les jettera-t-on en pâture aux factieux? Ouvriers appelés à la construction de l'édifice social, organisez, instruisez, moralisez les ateliers nationaux, mais ne les détruisez pas! »

Dans le même temps ils rédigent, de concert avec les délégués du Luxembourg, la proclamation suivante :

RÉPUBLIQUE FRANÇAISE.

A TOUS LES TRAVAILLEURS.

« Nous, délégués des ouvriers au Luxembourg, nous, voués corps et âme à la République, pour laquelle, comme vous tous, nous avons combattu, nous vous prions, au nom de cette liberté si durement achetée, au nom de la patrie régénérée par vous, au nom de la fraternité, de l'égalité, de ne pas joindre vos voix et votre appui à des voix anarchiques, de ne pas prêter vos bras et vos cœurs pour encourager les partisans d'un trône que vous avez brûlé! Ces hommes sans âme, sans conviction, amèneraient inévitablement l'anarchie au milieu du pays, qui n'a besoin que de liberté et de travail.

« Nul ne doit prétendre désormais qu'au plus beau de tous les titres, à celui de citoyen. Nul ne doit essayer de lutter contre le véritable souverain, le *peuple*.

« Le tenter serait un exécrable crime, et quiconque l'oserait serait traître à l'honneur et à la patrie.

« La réaction travaille, elle s'agite ; ses nombreux émissaires feront luire à vos yeux un rêve irréalisable, un bonheur insensé.

« Elle sème l'or. Défiez-vous, amis, défiez-vous. Attendez encore quelques jours, avec ce calme dont vous avez fait preuve et qui est la véritable force.

« Espérez, car les temps sont venus, l'avenir nous appartient; n'encouragez pas par votre présence les manifestations qui n'ont de populaire que le titre; ne vous mêlez pas à ces folies d'un autre âge.

« Croyez-nous, écoutez-nous, rien n'est maintenant possible en France que la RÉPUBLIQUE DÉMOCRATIQUE ET SOCIALE.

« L'histoire du dernier règne est terrible, ne la continuons pas; pas plus d'*empereur* que de *roi*. Rien autre chose que la *liberté*, l'*égalité*, la *fraternité*.

« Tel est notre vœu, tel doit être le vôtre, celui du peuple.

« Vive la République! »

Certes, les hommes qui pensent et écrivent ainsi ne sont ni des brutes ni des anarchistes. Si les représentants bien intentionnés avaient eu l'idée très-simple de constater la vérité par eux-mêmes, ils n'auraient pas servi, comme ils le firent, les passions des partis. Ces partis voulaient *en finir*; et ce n'était pas uniquement avec les ateliers nationaux qu'ils voulaient en finir, c'était avec la révolution, avec la liberté, avec la République.

L'homme qui exerça dans ces jours mauvais l'influence décisive, celui qui, par une longue et habile tactique déjà signalée, contribua le plus à amener les esprits, dans la commission d'abord, puis dans l'Assemblée, à cette pensée, à ce mot terrible : *il faut en finir*, ce fut sans contredit M. de Falloux. Il fut à ce moment l'organe principal, le seul courageux, le plus éloquent de la réaction. Son nom reste attaché à la mesure funeste de la dissolution violente qui jeta les ateliers nationaux dans l'insurrection.

Il ne sera donc pas sans intérêt de nous occuper un moment de ses antécédents et de son caractère, afin de mieux apprécier le rôle qu'il lui a été donné de jouer dans des circonstances si grandes.

Né en Anjou, d'une famille aisée, récemment anoblie, en faveur de laquelle Louis XVIII créait, en 1823, un majorat avec le titre de comte, Alfred de Falloux avait reçu de la nature une intelligence déliée, un certain charme de paroles et de manières. Sa mère, dont la jeunesse s'était passée à la cour de Louis XVI, lui communiqua de bonne heure l'esprit d'insinuation et l'art de bien dire. Lorsque le jeune Falloux, en quittant le collège d'Angers, où il avait été élevé, vint à Paris pour y faire son entrée dans le monde, une autre femme, par une influence analogue, mais supérieure, acheva de le former dans la politique. C'était une étrangère, une Russe convertie au catholicisme par M. de Maistre, et qui s'était créée à Paris, par son esprit très-fin, par ses grâces mélangées de dévotion et de mondanité, un cercle nombreux où l'on voyait assidus les membres du haut clergé et les hommes actifs du parti clérical. Ce fut à cette époque, sous une inspiration féminine et sous un patronage jésuitique, qu'Alfred de Falloux, flatté et caressé comme un homme dont on attendait beaucoup pour la cause de l'Église, fut initié aux mystères de la politique cléricale. Dès l'année 1840, il publiait une histoire de Louis XVI, puis une brochure sur la Saint-Barthélemy, qui furent suivies bientôt de l'histoire de saint Pie V. Ces différents ouvrages révèlent, avec une audace propre à la jeunesse et avec une sincérité qu'on ne retrouvera pas plus tard, tout un ensemble de doctrines dont l'auteur fera constamment la règle de sa vie, et qu'il appliquera au gouvernement de l'État, le jour où la révolution lui donnera sa part de pouvoir. Dans l'histoire du pape Pie V, qu'il considère comme la plus haute personnification de ce qu'il appelle la *grande politique de l'Église*, M. de Falloux prend à tâche de glorifier l'institution de l'inquisition et de justifier tous ses actes. Par une suite de raisonnements tirés de l'axiome que la fin justifie les moyens, la guerre aux hérétiques y est proclamée légitime et sainte; la tolérance y est présentée comme le résultat d'une indifférence coupable[1]. A la vérité, suivant M. de Falloux et l'école dont il est un des plus fervents adeptes, l'État étant aujourd'hui athée, les moyens employés par l'Église aux temps de foi ne sont plus applicables. L'inquisition ne serait plus qu'une erreur, sans bénéfice pour la société. Il s'agit, avant toute chose, pour les croyants, de restaurer la foi, la théocratie; cela ne se peut faire qu'en renversant les pouvoirs athées.

Pour renverser ces pouvoirs, il faut la liberté. M. de Falloux préconise en conséquence la liberté. Il la veut, il l'aime presque, non pas en elle-même, comme un principe sacré qui découle de la nature de l'homme et consacre sa dignité, mais comme un moyen transitoire, dont à l'occasion les gens habiles peuvent tirer un parti meilleur que du despotisme. Quand le gouvernement théocratique sera restauré, alors seulement, selon M. de Falloux, on pourra rétablir les institutions des siècles de foi, qui firent, avec la puissance des Pie V et des Philippe II, la félicité du monde.

C'est sous l'inspiration de ces doctrines, réprouvées par la partie saine du clergé, qui n'ose toutefois les désavouer publiquement, que M. de Falloux donna son adhésion au gouvernement républicain.

Entré, depuis 1846, dans la vie politique, ayant acquis déjà l'expérience de la tribune et la pratique des coteries parle-

[1] « Quand l'État et la religion sont solidaires, dit M. de Falloux, quand la société civile repose entièrement sur la foi religieuse, attaquer la foi, c'est ébranler l'ordre social. On a donc pu faire légitimement contre les hérétiques et les impies, ce qu'on fait aujourd'hui contre ceux qui prêchent, ou conspirent contre le gouvernement établi. » — « La tolérance, dit-il encore dans ce livre curieux, n'était pas connue des siècles de foi, et le sentiment que ce mot nouveau représente ne peut être rangé parmi les vertus que dans un siècle de doute. Autrefois, il y avait en immolant l'homme endurci dans son erreur toute chance pour que cette erreur pérît avec lui, et que les peuples demeurassent dans la paix de l'orthodoxie. »

mentaires dans l'ancienne Chambre, où il avait brillamment débuté par un discours sur le mandat impératif auquel M. Guizot avait répondu, M. de Falloux, que sa naissance et ses idées rendaient hostile au gouvernement du juste-milieu, comprit tout de suite l'avantage que donnerait à son parti la liberté absolue de discussion et de presse, proclamée par le gouvernement provisoire. Aussi, dans les réunions électorales de son département, donna-t-il des éloges immodérés à ce gouvernement, parlant en toutes circonstances, avec une chaleur qui ressemblait à l'enthousiasme, de la liberté et des droits du peuple[1]. Il allait jusqu'à proclamer, dans un discours prononcé à Angers, en mars 1848, que la *révolution ayant emporté ce qu'on appelait les boulevards de la société, ce qu'il appelait, lui, ses garde-fous, la société ne pouvait désormais être sauvée que par la liberté*[2].

Dans l'embarras où se trouvaient les partis monarchiques en face d'une révolution dont ils ne pouvaient triompher que par la ruse, M. de Falloux, avec son esprit pénétrant et ses aptitudes à l'intrigue, était assurément le guide le plus habile. Lui-même se sentait appelé à ce rôle.

A son arrivée à Paris, il déploya, malgré sa santé débile, une activité extrême. Se hâtant de reconnaître le terrain où il allait prendre ses dispositions, il observa avec attention les hommes sur lesquels il serait utile d'exercer de

---

[1] Le 3 mars, il écrivait dans une lettre citée par l'*Univers* : « Les instincts du peuple de Paris sont d'une générosité, d'une délicatesse qui surpassent celles de beaucoup de corps politiques qui ont dominé la France depuis soixante ans. On peut dire que les combattants, les armes à la main, dans la double ivresse du danger et du triomphe, ont donné tous les exemples sur lesquels n'ont plus qu'à se régler aujourd'hui les hommes de sang-froid ; ils ont donné à leur victoire un caractère sacré. »

[2] On raconte qu'après le coup d'État du 2 décembre, M. de Falloux changeait d'avis. Visité au mont Valérien par M. de Persigny, il le félicitait de son heureuse audace. « Je l'avoue tout bas, à cause de mes collègues, disait le grand politique, mais, au fond, je pense que vous avez bien fait. »

l'influence. Ses premiers empressements furent pour M. de Lamartine, le seul membre du gouvernement qui, par ses relations, tînt à l'ancienne société légitimiste, et qui, par sa femme, très-fervente catholique, n'était pas sans rapport avec le parti clérical; mais, tout en cultivant M. de Lamartine, il ne négligeait pas M. Marrast. A peine eut-il entrevu les chances politiques du général Cavaignac, qu'il se tourna de son côté. En même temps, il flattait, en la personne de M. Pierre Leroux, le socialisme, et dès les premières manifestations favorables au prince Louis Bonaparte, il se rapprochait de M. de Persigny. Il jouait avec une facilité merveilleuse ce personnage multiple, en gardant toujours, dans son langage sobre et contenu, dans ses manières pleines de réserve, une sorte de dignité modeste qui cachait à tous les yeux son ambition et ses haines profondes.

Ce fut lui qui, à l'ouverture de l'Assemblée, décida son parti à porter au fauteuil M. Buchez, dont les idées révolutionnaires, singulièrement rattachées au dogme catholique, convenaient mieux à sa politique que le républicanisme rationnel et libéral de la majorité. Il tâcha de se faire nommer membre de tous les comités importants. Il sut prendre de l'ascendant dans le comité du travail et dans la commission des ateliers nationaux; il y accusa, sans ménagements, le pouvoir exécutif, et particulièrement le ministre des travaux publics; il peignit les ateliers nationaux sous les couleurs les plus effrayantes. Du moment que M. de Falloux fut nommé rapporteur de la commission, la dissolution immédiate fut assurée. Cependant, comme il craignait toujours un retour de l'opinion, il se hâta, pensant ainsi engager ses collègues, d'annoncer au dehors une résolution qui n'était pas encore prise; il dit partout que la dissolution était prononcée[1].

Dans le même temps, sur l'ordre de la commission exécutive, le ministre des travaux publics signait, le 21 juin,

---

[1] Elle ne le fut qu'après l'insurrection, dans la séance du 28 juin, par l'Assemblée nationale.

un arrêté qui invitait tous les ouvriers de dix-huit à vingt-cinq ans à s'enrôler immédiatement dans l'armée, ou bien à se tenir prêts à partir pour aller faire, dans les départements qui leur seraient désignés, des travaux de terrassements à la tâche. Le lendemain, 22, un premier convoi d'ouvriers partait pour la Sologne.

Cette mesure était dure à l'excès et d'autant plus insupportable qu'il était impossible d'y reconnaître autre chose qu'un expédient pour se débarrasser, à Paris, d'une force à laquelle on ne savait pas trouver d'emploi.

Cette espèce de recrutement arbitraire et superflu, dans un temps où l'on déclarait hautement ne vouloir pas la guerre; ces travaux de terrassements assignés à des hommes appliqués jusque-là à des industries délicates; cette première désignation d'un pays insalubre, ce n'était pas l'acte d'un gouvernement prévoyant, d'une République qui avait exalté au suprême degré, chez les prolétaires, le sentiment de l'honneur, l'orgueil individuel, le désir des grandes entreprises.

A la lecture de l'arrêt, l'indignation éclata dans les ateliers nationaux. Déjà, lorsqu'ils avaient vu le rapport de la commission confié à un homme dont les opinions royalistes leur étaient connues, les ouvriers étaient entrés en défiance; maintenant, leurs soupçons semblaient confirmés.

Le soir même, plusieurs rassemblements se forment sur la place publique. « On veut nous envoyer mourir de la fièvre, se disent les ouvriers l'un à l'autre; on veut, sous prétexte de défrichements dans un pays qui ne saurait rien produire, nous réduire à gagner 15 sous par jour; on nous proscrit; on a juré notre mort, la ruine de nos familles... Nous ne partirons pas. » Et, comme pour faire connaître cette résolution, ils parcourent les rues par bandes, en chantant la Marseillaise. Entre chaque strophe, quelques hommes en blouse crient : Vive Napoléon! Dans la nuit, les délégués des ateliers et les délégués du Luxembourg se réunissent et décident de faire une protestation en masse. On se donne rendez-vous sur la place du Panthéon pour neuf heures du matin.

Le 22, à neuf heures, douze à quinze cents ouvriers des ateliers nationaux et des corporations, portant leurs bannières, se dirigeaient vers le Panthéon. Sur la route, ils rencontrent un de leurs lieutenants, nommé Pujol; celui-ci les arrête; il leur dit qu'ils se trompent, que ce n'est pas au Panthéon qu'il faut aller, mais au siége même du gouvernement, au Luxembourg. A cette proposition, on bat des mains; Pujol se place à la tête de la colonne; on se remet en marche. Depuis un certain temps, cet homme exerce sur les ouvriers un ascendant extraordinaire. Il est doué d'une sorte d'éloquence naturelle, à laquelle il sait donner un tour mystique, qui répond à la disposition générale des esprits, accoutumés dans les clubs et dans les banquets à entendre les orateurs socialistes emprunter leurs textes et leurs métaphores aux Écritures. Généralement le peuple était comparé, dans ces harangues, au Christ flagellé, outragé, crucifié par les grands de la terre; et jamais cette image, quoique incessamment répétée, ne manquait de produire un grand effet. A la réouverture du club de Blanqui, le 15 juin, on applaudissait avec frénésie le président Esquiros, qui représentait l'Assemblée nationale et la commission exécutive soufflettant tour à tour le peuple couronné d'épines, en lui criant : « Devine qui t'a frappé? »

Pujol était l'auteur d'un pastiche des *Paroles d'un croyant*, intitulé la *Prophétie des jours sanglants*, où il mêlait le plus bizarrement du monde, *le vent de la colère de Dieu* avec *la griffe de Tarquin; le sang d'Abel et le baiser de Judas* avec *les mousquets, les baïonnettes et les cavernes mystérieuses de la royauté*.

La dernière strophe de ce dithyrambe politique faisait un appel direct aux ressentiments qui couvaient dans le cœur du peuple.

« Ils espèrent réserver les jours d'agonie pour le peuple,

y disait le *Prophète des jours sanglants*, en parlant des hommes qui gouvernaient la République, et garder pour eux les fêtes et l'ivresse de l'or. »

Ces sortes de déclamations remuent fortement les esprits incultes. Pujol était devenu le harangueur favori des ateliers nationaux. En cette circonstance solennelle, où il s'agissait de porter devant le conseil du pouvoir exécutif la parole du peuple, on s'estima heureux d'avoir pour soi un orateur dont l'éloquence paraissait irrésistible.

Ce fut M. Marie qui reçut Pujol, que suivaient quatre délégués choisis par les ouvriers; la masse attendait sur la place la réponse du conseil. Le rassemblement était en grande fermentation : « Nous ne partirons pas, répétaient les ouvriers; mieux vaut être tué d'une balle à Paris que d'aller mourir en Sologne, de la fièvre ou de la faim, loin de nos familles. » On entendait des murmures contre Lamartine, contre Marie, contre Thiers, contre l'Assemblée, contre les riches; le nom de Napoléon était fréquemment prononcé par ceux qui semblaient les meneurs, et le terrible mot : *Il faut en finir*, résumait énergiquement toutes ces colères. Pujol, introduit devant M. Marie, l'aborde d'un ton hautain.

« Citoyen, dit-il, avant la révolution de Février... — Pardon, interrompt M. Marie, mais il me semble que vous remontez un peu haut; souvenez-vous que je n'ai pas de temps à perdre. — Votre temps n'est pas à vous, citoyen, il est au peuple, dont vous êtes le représentant...

— Citoyen Pujol, dit M. Marie, avec un geste de menace, nous vous connaissons depuis longtemps; nous avons l'œil sur vous. Ce n'est pas la première fois que nous nous rencontrons; vous avez parlementé avec moi, le 15 mai, après avoir, un des premiers, franchi la grille de l'Assemblée.

— Soit! dit Pujol, mais sachez que du jour où je me suis voué à la défense des libertés du peuple, j'ai pris, vis-à-vis de moi-même, l'engagement de ne reculer devant aucune menace; vous me menacez donc inutilement. »

M. Marie, se tournant alors vers l'un des délégués qui accompagnaient Pujol : « Je ne puis, dit-il, reconnaître un organe du peuple dans un homme qui a fait partie de l'insurrection du 15 mai ; parlez, vous, exposez vos griefs, je vous écoute.

— Nul ici ne parlera avant moi, dit Pujol, en étendant le bras entre M. Marie et les délégués.

— Non, non ! s'écrient-ils.

— Êtes-vous donc les esclaves de cet homme ? » reprend M. Marie, avec indignation.

Un murmure prolongé accueille ce mot.

« Vous insultez les délégués du peuple, s'écrie Pujol.

— Savez-vous, lui dit M. Marie en le saisissant par le bras, que vous parlez à un membre du pouvoir exécutif?

— Je le sais, dit Pujol en dégageant son bras, mais je sais aussi que vous me devez du respect; car si vous êtes membre du pouvoir exécutif, je suis, moi, délégué du peuple. »

En ce moment, plusieurs officiers qui étaient dans la salle voisine, entendant ce bruit de voix, entrèrent et entourèrent les délégués en silence.

« Puisque vous ne voulez pas nous entendre, dit Pujol à M. Marie, en les voyant entrer, nous nous retirons.

— Puisque vous voilà, parlez, dit M. Marie.

— Citoyen représentant, reprit Pujol avec beaucoup d'assurance, avant la révolution de Février, le peuple des travailleurs subissait la funeste influence du capital. Pour se soustraire à l'exploitation de ses maîtres, il fit des barricades, et ne déposa les armes qu'après avoir proclamé la République démocratique et sociale, qui devait pour toujours le soustraire à la servitude. Aujourd'hui, les travailleurs s'aperçoivent qu'ils ont été indignement trompés ; c'est vous dire qu'ils sont prêts à faire tous les sacrifices, même celui de leur vie, pour le maintien de leurs libertés.

— Je vous comprends, dit M. Marie, eh bien ! écoutez : si les ouvriers ne veulent pas partir pour la province, nous les y contraindrons par la force; par la force, entendez-vous?

— Par la force, c'est bien ; nous savons maintenant ce que nous voulions savoir.

— Et que vouliez-vous savoir ?

— Que la commission exécutive n'a jamais voulu sincèrement l'organisation du travail. Adieu, citoyen. »

A ces mots, Pujol, suivi des délégués, s'éloigne ; il redescend sur la place. L'impatience y était grande ; déjà l'on commençait à dire qu'il était retenu prisonnier. Quand on l'aperçoit, il se fait une explosion de joie dans la foule ; on se précipite à sa rencontre, on le suit jusqu'à la place Saint-Sulpice, où, étant monté sur le rebord de la fontaine, Pujol commence à haranguer le peuple, et rend compte de sa mission. A mesure qu'il parle, les délégués attestent par signes la vérité de son récit, ou répètent ce que l'éloignement et le bruit des cloches empêchent d'entendre.

C'est le 22 juin, on célèbre la Fête-Dieu ; la foule est à l'église, en prières.

Quelques ouvriers montent dans le clocher et font taire la sonnerie qui les gêne. Pujol reprend son discours ; l'effet en est immense. Il le termine en convoquant ses hommes, pour six heures du soir, sur la place du Panthéon. On se disperse aux cris de : *Vive Barbès ! Vive Napoléon ! Vive Pujol !* et cette masse tumultueuse, divisée en plusieurs colonnes, se répand sur les quais, sur la place de Grève, dans le faubourg Saint-Antoine ; elle jette l'effroi dans Paris ; la physionomie des ouvriers est sinistre ; leur attitude les montre résolus à tout.

A six heures du soir, cinq ou six mille hommes sont rassemblés sur la place du Panthéon. Pujol arrive ; il monte sur le bord de la grille et s'écrie : « Citoyens, êtes-vous fidèles au saint drapeau de la République ? — Oui ! répondent, comme une seule voix, les voix de ces six mille prolétaires. — Eh bien ! gloire à vous, enfants de Paris ! vous allez donner à la France un exemple de votre patriotisme et de votre courage. Unissons-nous, et que ce cri retentisse aux oreilles de nos persécuteurs : *Du travail ou du pain!* S'ils sont sourds à la voix du peuple, malheur à eux! Vous avez promis trois mois de misère à la République, mais vous saurez vous venger de trois mois de trahison. En avant! » Les ouvriers se forment en colonne, Pujol les conduit; il descend avec eux la rue Saint-Jacques, traverse la Seine, parcourt le faubourg Saint-Antoine, recrute en chemin trois à quatre mille hommes, et revient à huit heures sur la place du Panthéon. Cette promenade, à laquelle beaucoup de femmes viennent se joindre, exalte encore les esprits. « Mes amis, dit Pujol, je déclare au nom des vrais républicains, que vous avez bien mérité de la patrie; vous avez, en 1830 et en 1848, versé votre sang pour la conquête de vos droits, vous saurez les faire respecter. — Oui! oui! crient à la fois plus de dix mille voix. — Aux promesses, continue Pujol, vous avez accordé la confiance, aux erreurs le pardon; mais, aujourd'hui, l'on nous trahit, et il faut que la trahison s'éteigne dans le sang de nos ennemis; elle s'y éteindra, je vous le jure! — Nous le jurons! répond la foule. — A demain, à six heures, dit Pujol. » Les torches s'éteignent et tout rentre dans le silence.

Je me suis étendu à dessein sur ce premier ébranlement donné à la masse des ateliers nationaux. J'insiste sur ce point de départ de l'insurrection, parce qu'il en marque à mes yeux le véritable sens et qu'il en détermine le caractère. Les prolétaires, insurgés en juin, ne formaient pas, comme l'esprit de parti l'a osé dire, le rebut de l'espèce humaine; ce n'étaient pas cent mille forcenés se ruant tout à coup, dans un accès de cupidité brutale, sur les riches pour les égorger; nulle part non plus on n'a vu, que je sache, *ces misérables aux gages des factions*, signalés par une presse envenimée, et auxquels on payait, à raison de tant par heure, le salaire d'une besogne de meurtre, de viol et d'incendie. S'il en eût été ainsi, une telle bande de malfaiteurs, en la supposant plus nombreuse encore, n'aurait pas tenu un seul jour, à la clarté des cieux, contre l'art et la discipline d'une armée, contre l'horreur et l'exécration de la population entière.

Ce qui fit la puissance de l'insurrection de juin et son incroyable durée, bien qu'elle n'eût jamais ni plan, ni chef, c'est qu'elle avait à son origine, et qu'elle conserva jusqu'à la fin, dans l'esprit d'un grand nombre, le caractère d'une juste protestation contre la violation d'un droit; c'est qu'il y avait ainsi en elle, malgré les éléments impurs qui la corrompirent, malgré les violences qu'elle commit, un principe moral, un principe égaré, mais vrai, d'enthousiasme, de dévouement, d'héroïsme : un *mont sacré* intérieur où le peuple sentait le droit.

L'insurgé de juin, ne l'oublions pas, c'est le combattant de février, le prolétaire triomphant, à qui un gouvernement, proclamé par lui-même, assure solennellement, à la face du pays qui ne proteste pas, le fruit modeste de sa conquête : le travail pour récompense de sa misère, le travail comme prix du combat.

Et ce prolétaire, à qui l'on confie en tremblant les embarras de la République, ajourne l'exécution de la promesse; il se montre désintéressé, patient; il donne du temps à l'État qui s'est reconnu son débiteur; il offre *trois mois de misère* à la patrie.

Trois mois sont écoulés.

Le prolétaire confiant vient réclamer son droit au travail; mais qu'entend-il alors? que rencontre-t-il? quelle réponse et quel accueil? Les mêmes hommes qui ont débattu avec lui, d'égal à égal, les conditions d'un pacte qu'ils ont ratifié, lui enjoignent, par un commandement subit et inexpliqué, de quitter sa famille, sa demeure, la ville où il est né, le séjour qui a vu ses triomphes, pour s'enrôler dans une armée qui n'ira pas, il le sait bien, au secours des peuples dont il souhaite la délivrance; et, s'il refuse de devenir soldat, ces hommes, portés par lui au pouvoir suprême, le condamnent à gagner loin de leurs yeux, par des travaux insalubres qui ne sont pas de son choix, auxquels il n'est pas propre, un salaire dérisoire qui ne saurait suffire à la plus humble existence.

La simple exposition de ces faits inouïs, le seul rapprochement de ces deux dates : 28 *février* — 22 *juin*, me dispensent de réflexions plus longues. Le lecteur ne doit point perdre de vue ces dates, s'il veut apprécier avec équité les tragiques, les néfastes jours de juin ; s'il veut comprendre cette insurrection formidable, où le peuple de Paris, qu'on venait de voir si généreux, si plein de douceur et de sagesse, se jeta d'une aveugle furie dans une mêlée barbare ; noya dans son sang, dans le sang de ses fils et de ses frères, la liberté qu'il avait voulu fonder sur la raison, et porta à la République, pour laquelle il croyait une seconde fois donner sa vie, une atteinte mortelle.

CHAPITRE XXXII

Premières barricades. — Dispositions militaires du général Cavaignac. — Positions prises par les insurgés. — Premiers engagements. — Opérations du général Lamoricière. — La garde mobile. — Opérations du général Bedeau. — Séance de l'Assemblée. — Rapport de M. de Falloux sur la dissolution des ateliers nationaux. — Aspect de Paris à la fin de la première journée. — Séance du 24. — Chute de la commission exécutive. — Le général Cavaignac nommé chef du pouvoir exécutif. — Paris mis en état de siége.

« A demain, ici, à six heures ! » avait dit Pujol, en quittant, le jeudi 22 juin, à dix heures du soir, ses hommes fanatisés.

Le vendredi 23, à six heures du matin, sept à huit mille ouvriers, rassemblés sur la place du Panthéon, attendaient impatiemment sa venue. Du haut du péristyle il regarda pendant quelque temps cette masse agitée, fit signe qu'il allait parler; tout bruit cessa : « Citoyens, dit Pujol, vous avez été fidèles à ma voix; je vous en remercie. Vous êtes aujourd'hui les hommes d'hier. En avant ! » Et la masse se range avec ordre à sa suite. Elle marche, bannières déployées, jusqu'à la place de la Bastille; elle entoure la colonne de Juillet. Pujol monte sur le piédestal : « Têtes nues ! » s'écrie-t-il. Toutes les têtes se découvrent. « Citoyens, reprend Pujol, vous êtes sur la tombe des premiers martyrs de la liberté. A genoux ! » Tous ploient le genou. Alors, au-dessus de ce vaste champ de têtes inclinées, au-dessus de cette multitude, frémissante tout à l'heure, mais soudain recueillie dans un silence religieux, on entend la voix grave de l'homme qui, en ce moment, commande à toutes les émotions et dispose de toutes les volontés : « Héros de la Bastille, dit Pujol, en levant les yeux vers le ciel, les héros des barricades viennent se prosterner au pied du monument érigé à votre immortalité. Comme vous, ils ont fait une révolution au prix de leur sang; mais jusqu'à ce jour leur sang a été stérile. La révolution est à recommencer. Amis, continue-t-il, en ramenant son regard sur la foule agenouillée, notre cause est celle de nos pères. Ils portaient écrits sur leurs bannières ces mots : La liberté ou la mort. — Amis! la liberté ou la mort! » Et la foule, en se relevant sur un signe de sa main, répète à l'unisson : « La liberté ou la mort! »

On voit alors une jeune fille, une marchande de fleurs, qui se détache de la foule et s'avance vers Pujol. Elle lui présente un bouquet; il l'attache à la hampe d'un drapeau. Puis le dictateur en blouse fait un geste de commandement; la masse s'ébranle et se remet en marche avec solennité.

Le peuple de Paris a le culte des morts. Ce peuple, incrédule et railleur à l'excès, est possédé d'un instinct de personnalité si fort, qu'il lui tient lieu de toute autre croyance. Il voit et il veut la personnalité partout; il la restitue jusque dans la tombe. Ingénieux à en multiplier les emblèmes sur les restes muets de ceux qu'il a aimés, il semble vouloir ainsi les protéger contre la plus lointaine idée de destruction. C'était le bien connaître assurément que de le mener au tombeau de ses martyrs, à la première heure d'un jour où l'on voulait de lui des actes surhumains de courage; c'était consacrer à ses propres yeux l'insurrection par le seule acte religieux qui ne le trouva jamais indifférent, frivole ou profane[1].

---

[1] J'ai eu fréquemment occasion d'observer cet étrange contraste d'un peuple railleur à l'excès envers les vivants et naïvement pieux envers les morts, en allant visiter, le dimanche, les cimetières de Paris. On

La masse populaire est arrivée par le boulevard à la hauteur de la rue Saint-Denis. Là, on s'arrête; un moment de silence se fait; puis tout à coup : « Aux armes! aux barricades! » crient les chefs. Aussitôt ils se mettent à l'œuvre. Ils tracent, en enlevant rapidement quelques pavés, les principales lignes de retranchement; ils ne semblent pas inquiets; ils ne craignent pas apparemment qu'on vienne les surprendre, car ils procèdent avec ordre et méthode. Ce sont pour la plupart d'anciens soldats, aujourd'hui brigadiers des ateliers nationaux. On les reconnaît au galon doré de leur casquette, à leur brassard tricolore. Tous portent la blouse des ouvriers; un mouchoir lié autour des reins leur sert à la fois de ceinture et de cartouchière.

A dix heures et demie, une première barricade est construite sur le boulevard Bonne-Nouvelle, une autre à vingt-cinq pas plus loin, une troisième en face de la rue Mazagran. On y plante les drapeaux tricolores des ateliers nationaux, dont plusieurs portent cette inscription : *Du pain ou la mort!* Le poste du boulevard Bonne-Nouvelle, qui compte à peine une vingtaine de gardes nationaux, n'a reçu aucun ordre et ne peut songer à s'opposer à quelques

---

voit la famille du mort qui s'est réunie pour lui rendre visite et lui porter quelque présent. L'un vient planter un rosier en fleurs sur la terre consacrée; un autre attache une couronne d'immortelles à la croix qui en marque le centre; celui-ci y suspend quelque emblème peint, un cœur, une pensée, etc. Chacun s'est vêtu de ses meilleurs habits. L'enfant mange en silence un gâteau qu'on lui achète sur le chemin afin qu'il soit sage; on est sérieux, ému, mais point trop affligé. La pensée d'une longue absence attriste les imaginations, mais la crainte d'une séparation éternelle n'en approche pas, moins encore celle des peines de l'enfer. L'idée de destruction, de néant ne serait pas même comprise.

J'ai quelquefois entendu de pauvres gens exprimer d'une manière touchante, en passant auprès d'un caveau de famille, le regret de ne pouvoir, eux aussi, rester unis dans le repos de la mort, comme ils l'avaient été dans le travail de la vie. Je conseille à tous ceux qui veulent bien connaître le peuple de Paris de passer de temps en temps quelques heures, le dimanche, au cimetière du Mont-Parnasse, par exemple.

milliers d'hommes, que la population paraît favoriser, au moins de ses vœux. De tous côtés on leur apporte des armes. Dans le même temps, sur un ordre simultané, mystérieux, des barricades s'élèvent au faubourg Saint-Martin, au faubourg du Temple, au faubourg Saint-Antoine, sur la place de la Bastille et dans tout le faubourg Poissonnière. Sur la rive gauche de la Seine, la place du Panthéon, le faubourg Saint-Jacques, la Cité, sont occupés par les ouvriers. A onze heures, la moitié de Paris semble déjà leur appartenir, quand, pour la première fois, on entend battre le rappel; on n'a vu jusqu'alors, sur aucun point, paraître aucune troupe.

La probabilité d'une insurrection prochaine est cependant, depuis près d'un mois, le sujet de tous les entretiens. A différentes reprises, la commission exécutive en a délibéré avec le ministre de la guerre. Elle a discuté avec lui, non-seulement le chiffre des troupes nécessaires, mais encore le mode le meilleur de les disposer et de les faire agir.

Sur le premier point on est tombé d'accord. Une garnison effective de vingt mille hommes qui, avec les seize mille hommes de gardes mobiles, les deux mille six cents gardes républicains et les deux mille cinquante gardiens de Paris, formerait un total de plus de quarante mille hommes, suffirait et au delà pour le premier moment.

Plus de quinze mille hommes dans la banlieue et dans les garnisons voisines peuvent arriver en quelques heures. Avec une pareille armée, pour peu que la garde nationale se montre telle qu'on l'a vue au 16 avril et au 15 mai, on doit se croire assuré de vaincre, et sans beaucoup de peine, le soulèvement populaire.

En ce qui concerne l'emploi des troupes, il s'est élevé deux avis. Plusieurs des membres de la commission exécutive souhaitaient qu'on prévînt l'insurrection générale; qu'on la gagnât, pour ainsi dire, de vitesse; qu'on l'étouffât avant même qu'elle ait eu le temps de naître, en s'opposant partout à la construction des barricades, en les défaisant une à une, à mesure qu'elles s'élèveraient. « Les barricades sont contagieuses, disait M. Ledru-Rollin, que soutenait M. Arago ; c'est la tentation, c'est la passion héréditaire de la population parisienne. Dispersez les faiseurs de barricades, dès qu'ils se mettront à l'œuvre, sinon, en un clin d'œil, vous verrez les faubourgs transformés en forteresses ; vous verrez des remparts mouvants, abritant des soldats invisibles, s'avancer, presser vos troupes des extrémités vers le centre, les écraser sans qu'elles puissent même combattre ; vous serez perdus, anéantis. »

Ce n'était pas l'opinion du général Cavaignac. Le désarmement de quelques bataillons pendant les journées de février, vingt-huit mille hommes réduits à l'impuissance par une insurrection très-mal conduite, avaient fait une forte impression sur son esprit. On a vu qu'il n'avait accepté le portefeuille de la guerre qu'avec une certaine hésitation, en stipulant qu'il n'aurait pas à sacrifier à son nouveau rôle politique *les convictions du soldat*, et que le gouvernement *rendrait à l'armée le sentiment de sa dignité*[1]. L'honneur militaire était le sentiment dominant du général Cavaignac. Selon lui, l'armée avait été humiliée en 1830 et en 1848 ; il voulait à tout prix éviter qu'entre ses mains elle subît une disgrâce nouvelle. « Si une seule de mes compagnies était désarmée, disait-il, en discutant dans le conseil, avec MM. Garnier-Pagès, Arago, Ledru-Rollin, un système d'attaque qui nécessitait la dispersion des forces sur un grand espace, je me brûlerais la cervelle. » Il avait conçu et arrêté un plan tout contraire, auquel il ne voulait pas souffrir la moindre modification.

Concentrer les troupes, les masser autour de l'Assemblée, afin de mettre hors de toute atteinte, même en cas de défaite, la souveraineté nationale ; laisser la garde nationale défendre, comme il le disait un peu dédaigneusement, ses

---

[1] Voir, à la fin du volume, le n° 9 des *Documents historiques*.

maisons et ses boutiques ; en aucun cas ne disséminer ses troupes, ne pas les engager isolément dans les rues, mais les jeter par colonnes puissantes dans les directions menacées, en maintenant toujours la libre communication avec le point central ; et si, enfin, l'armée ne pouvait tenir dans Paris contre la masse du peuple, sortir des murs et livrer bataille en rase campagne, tel était le plan stratégique du général Cavaignac[1]. Que l'on dût acheter la victoire par des pertes plus ou moins considérables, que plus ou moins de sang dût être versé, ce n'était là pour lui qu'une considération secondaire. Il s'impatientait, il s'indignait presque de voir les membres du gouvernement insister sur ce point. Pour lui, il s'agissait de sauver, avec son propre honneur, celui de son armée. A quel prix ? Il ne s'en occupait même pas. Il était de ceux qui pensent que rien n'est perdu quand l'honneur reste. D'ailleurs, il se voyait fortifié dans son dessein par les officiers supérieurs dont il avait demandé l'avis. Le général Bedeau, commandant de la garde mobile, depuis le 15 mai, et le général Lamoricière, qui, tous deux, avaient pris l'engagement formel de servir sous ses ordres, dans le cas où il aurait à combattre une insurrection sérieuse ; le général Négrier, questeur de l'Assemblée ; le colonel Charras, M. Clément Thomas, qui gardait le commandement de la garde nationale, en attendant l'arrivée du général Changarnier, tous étaient convenus qu'il fallait donner pour base d'opérations à l'armée un centre fixe, sur lequel chacune des ailes devrait pouvoir se replier au besoin, sans jamais risquer d'être coupée. Cette opinion était également soutenue dans le conseil par M. de

---

[1] Ce plan fut très-fidèlement exécuté. A aucun moment de l'insurrection, le rayonnement des extrémités au centre ne fut interrompu ; les ordres arrivèrent toujours avec la plus grande célérité ; jamais non plus le soldat ne manqua de vivres, ni le cheval de fourrage. L'excellente administration du colonel Charras qui avait tout prévu, la rapidité, la précision, l'ensemble de ses dispositions pendant le combat, eurent cet heureux effet. On se rappelle que, en 1830, l'armée de Paris avait manqué de tout.

Lamartine. Lui et M. Ledru-Rollin étaient les seuls qui connussent toute l'étendue du danger dont on était menacé. Mais tandis que M. Ledru-Rollin, suspectant les talents et surtout les intention du général Cavaignac, que le bruit public désignait comme l'adversaire caché, comme le successeur probable de la commission exécutive[1], n'aurait voulu lui laisser qu'un pouvoir limité, M. de Lamartine, au contraire, toujours confiant et généreux, l'appuyait non-seulement comme chef d'armée, mais encore comme chef présumé et prochain du pouvoir exécutif[2]. A plusieurs reprises, depuis le 15 mai, il avait engagé ses collègues à se retirer pour remettre aux mains d'un pouvoir militaire les affaires de la République, qu'il voyait périr par défaut de concert et de force dans le gouvernement ; ce pouvoir nécessaire, mais dangereux, il pensait qu'on pouvait le confier sans réserve à la loyauté du général Cavaignac.

Une fois, le 14 juin, il avait apporté au conseil sa démission, et, s'il l'avait retirée, c'était uniquement dans la crainte que sa retraite, à la veille d'une insurrection formidable, ne parût le calcul d'un égoïsme pusillanime.

Dans la séance qui se tint le 22 juin, après minuit, M. de Lamartine, tout en repoussant avec beaucoup de fierté, au nom de son propre honneur et de celui de ses collègues, l'avis de se retirer, que M. Martin (de Strasbourg) leur apportait de nouveau, au nom de la réunion du Palais-National, insista encore, et cette fois avec succès, pour que l'on concentrât toutes les forces militaires entre les mains du général Cavaignac. M. de Lamartine conseillait aussi, afin d'agir avec toute la célérité et tout l'accord désirables en des circonstances aussi graves, et pour rendre cet ac-

---

[1] La *Presse*, du 22 juin, disait ouvertement que le *National* voulait, par l'insurrection, rendre nécessaire la dictature du général Cavaignac,

[2] Le *Bien public*, journal dirigé par M. de Lamartine, disait dans son numéro du 16 juin : « Le général Cavaignac porte de jour en jour davantage à la tribune l'attitude de l'homme d'État ; sa parole sobre et sévère va toujours toucher une vérité. »

cord évident, qu'une partie du gouvernement demeurât auprès du général en chef, à l'hôtel du président de l'Assemblée[1].

L'opinion de M. de Lamartine ayant prévalu, et les choses étant ainsi réglées, le général Cavaignac prit ses dispositions. Pendant qu'on battait le rappel et que la garde nationale courait aux barricades, il appelait à lui les généraux Bedeau, Lamoricière, Damesme, Foucher, Lebreton, et leur remettait les commandements qu'il leur avait destinés. Selon le plan convenu, il faisait masser les troupes dans les Champs-Élysées, dans les Tuileries, sur la place de la Concorde, sur l'esplanade des Invalides, et le général Foucher recevait l'ordre de veiller à la sûreté de l'Assemblée. Deux divisions principales devaient se partager les opérations. La première division, confiée au général Bedeau, allait se porter à l'Hôtel de Ville. La seconde, sous les ordres du général Lamoricière, devait couvrir les faubourgs de la rive droite, sur toute la ligne des boulevards, depuis le Château-d'Eau jusqu'à l'église de la Madeleine. Une brigade de cavalerie commandée par le général Grouchy devait occuper les boulevards, depuis la rue du Helder jusqu'au faubourg Montmartre, et pousser des reconnaissances jusqu'au quartier général de M. de Lamoricière. Le général Damesme, à la tête d'une subdivision, était chargé de protéger la rive gauche, particulièrement le palais du Luxembourg, où siégeait une partie de la commission exécutive.

---

[1] On n'a pas assez remarqué, selon moi, le désintéressement politique qui inspira en ce moment la conduite et le langage de M. de Lamartine. Pour la seconde fois, il se sacrifiait au bien public. En refusant, après la journée du 16 avril, de se séparer de M. Ledru-Rollin, dont les ressentiments pouvaient, selon lui, jeter une force encore très-puissante dans l'opposition révolutionnaire, il avait renoncé à tout espoir d'influence sur l'Assemblée; cette fois, en reconnaissant que l'opinion publique donnait au général Cavaignac une autorité supérieure à la sienne et nécessaire pour traverser une crise dangereuse, en s'effaçant devant un rival, il foulait aux pieds son orgueil, son ambition, tous les sentiments les plus forts du cœur humain.

En donnant ainsi ses ordres à des généraux plus anciens que lui, et qui avaient été ses supérieurs dans la hiérarchie militaire, le général Cavaignac était très-ému. Lorsqu'il vit le général Lamoricière, avec lequel il avait eu, en Afrique, de vifs dissentiments, venir, avec une simplicité parfaite, prendre de ses mains un commandement périlleux, pour défendre une cause qui n'était pas la sienne, il eut peine à retenir ses larmes. Ses inquiétudes, d'ailleurs, étaient grandes. Il ne se formait aucune idée des forces de l'insurrection qu'il allait combattre. Quels étaient ses éléments, ses moyens d'attaque, ses chefs, son plan, son mot d'ordre? Avait-elle des armes, des munitions, des connivences secrètes? Que voulait-elle? Pour qui prenait-elle les armes? Aurait-on pour adversaires des communistes, des impérialistes ou des royalistes? Il ne le savait pas. Soit par habitude, soit par goût, soit plutôt par le besoin impérieux d'un tempérament mélancolique et d'un esprit concentré, le général Cavaignac a fait autour de lui une solitude où n'ont retenti que très-faiblement les idées qui meuvent les hommes politiques, les sentiments et les instincts qui passionnent les masses.

Quant aux forces dont il pouvait disposer pour la répression, il s'en était remis au colonel Charras, qui n'avait pas jugé possible, dans l'état de fermentation où étaient encore les esprits, de tenir dans Paris, comme l'aurait voulu la commission exécutive, une garnison de vingt-cinq mille hommes, dont une partie aurait été obligée de bivaquer [1],

---

[1] Quelques jours après la fête de la Fraternité (23 avril) le gouvernement provisoire avait cru pouvoir faire rentrer dans Paris le 29ᵉ régiment de ligne, commandé par le colonel Dulac. Arrivé à la barrière, le colonel se vit entouré d'une multitude très-animée et qui faisait mine de s'opposer à son passage. Avec un grand sang-froid : « Est-ce que e gouvernement provisoire est renversé? dit-il aux ouvriers qui se trouvaient le plus près de lui. — Non, répond la foule. — Eh bien! alors, voici son ordre, aidez-moi à l'exécuter. » — Et ces mêmes hommes, au cri de : « Vive le gouvernement provisoire! » entourent le colonel, le précèdent, lui font faire place, et ne le quittent qu'à

plus de la moitié des casernements qui suffisaient en temps ordinaire étant occupés depuis le mois de mars par la garde mobile. Il ne pouvait donc pas mettre à la disposition du général en chef plus de dix à douze mille hommes prêts au combat.

La garde mobile, forte de quinze à seize mille hommes, n'inspire aucune sécurité. Ce sont des enfants des faubourgs ; les fera-t-on marcher contre le peuple ? tireront-ils sur leurs parents, sur leurs frères ? On sait, d'ailleurs, que les ouvriers comptent sur eux ; qu'ils sont très-pratiqués par les factions. Ils ont élu, pour les commander, plusieurs partisans déclarés de Louis-Napoléon Bonaparte. On parle d'un complot qui se tramerait dans leurs rangs en faveur du prince ; on dit que les chefs de bataillon se sont réunis, le 18 et le 20, pour décider ensemble si l'on se battrait, et de quel côté des barricades.

La garde républicaine, malgré les mesures prises pour sa réorganisation, n'éveille pas moins de défiance que la garde mobile. Quant à la garde nationale, outre que plusieurs légions, la 12ᵉ et la 8ᵉ entre autres, appartiennent au parti de Barbès et que les légions de la banlieue sont généralement bonapartistes [1], le général Cavaignac ne fait aucun fonds sur elle. Il la juge bonne, tout au plus, à retarder de quelques heures l'engagement des troupes. Et ces troupes elles-mêmes, cette armée démoralisée par sa récente défaite et par les souvenirs de 1830, ces soldats dont il est peu connu, ces généraux, sur lesquels il ne se sent pas d'autorité, comment se porteront-ils à la rencontre de l'ennemi commun ? Comment feront-ils cette guerre perfide des rues, dans une ville qui leur est devenue presque étrangère après un long séjour en Afrique ? Enfin, et ceci

l'Hôtel de Ville. Cependant le gouvernement ne crut pas pouvoir laisser ce régiment dans Paris.

[1] Le 23 juin, la garde nationale de Grenelle, dirigée sur les Tuileries, se mit en marche au cri de : « Vive Napoléon ! » et déclara que si on l'envoyait aux barricades, elle ne tirerait point.

met au comble l'anxiété du général Cavaignac, on murmure, depuis le 15 mai, de vagues accusations contre la commission exécutive, et, s'il s'en rapporte à ses impressions personnelles, il croit avoir sujet de mettre en doute la loyauté de son concours; il apprend, sans pouvoir se l'expliquer, que l'ordre donné en conseil d'arrêter Pujol, Esquiros et cinquante-six délégués du douzième arrondissement, qui se sont réunis la veille au jardin des Plantes, n'est pas exécuté, et que ces hommes commandent aux barricades [1].

De telles perplexités sont cruelles; les rapports qui se pressent ne font que les tourner en certitudes accablantes. La garde nationale, à part la 1re, la 2e et la 10e légion, répond mollement à l'appel [2]. Elle se défie, se plaint de manquer de munitions, murmure contre la commission exécutive; elle veut savoir pourquoi l'on se bat; elle demande à voir de la troupe de ligne. De tous côtés, on exige du renfort. On n'a pas assez de troupes à l'Hôtel de Ville; les maires voudraient en avoir dans toutes les mairies. MM. Marie et Garnier-Pagès demandent un régiment de cavalerie et deux régiments d'infanterie pour couvrir le Luxembourg. Les représentants qui ont parcouru les quartiers insurgés reviennent en proie au plus grand trouble, et jettent la panique dans tous les esprits. Le général Cavaignac est assailli de demandes, de conseils, de reproches;

---

[1] Cet ordre, envoyé par M. Recurt, le 22, à sept heures du soir, à la préfecture de police, avait été reçu par M. Panisse, directeur de la sûreté générale; mais le préfet, M. Trouvé-Chauvel, qui, depuis la veille, demandait avec instance des ordres précis et n'en pouvait obtenir, étant sorti pour dîner, n'en prit connaissance que le lendemain 23, à dix heures du matin. On ignorait le domicile de la plupart des hommes désignés sur la liste d'arrestation. Il fallut du temps pour le trouver. Pendant ce temps, les barricades s'élevaient, et ces hommes commandaient l'insurrection.

[2] Dans la 4e légion, entre autres, forte de douze à quinze mille hommes, on n'en réunit que deux à trois cents. Dans la 11e, il ne vint pas plus d'une vingtaine d'hommes par compagnie de trois cents.

La bataille est à peine engagée, que déjà l'on vient lui annoncer qu'elle est perdue.

Il y a bien lieu, en effet, de s'alarmer. Pendant le peu d'heures qui viennent de s'écouler, les insurgés ont pris des positions très-fortes sur la rive droite de la Seine. Sur la rive gauche, ils sont maîtres du Panthéon, d'où ils descendent dans toutes les directions, par des rues barricadées de trente en trente pas, jusqu'au fleuve. Au centre, ils occupent toute la partie de la Cité qui s'étend au delà de la préfecture de police et du Palais de Justice. Partout, la population semble leur être favorable, ou tout au moins elle restera spectatrice du combat sans prêter aucun appui à la troupe.

Les premiers engagements qui ont eu lieu simultanément à la porte Saint-Denis et dans le voisinage du Panthéon, ont été très-meurtriers. Nous avons vu que, dès six heures du matin, huit à dix mille ouvriers s'étaient rassemblés sur la place du Panthéon. Ils y avaient construit quatre fortes barricades. Le maire du douzième arrondissement, M. Pinel-Grandchamp, fait battre le rappel. Trente hommes seulement y répondent. Une vive hostilité entre la 11ᵉ et la 12ᵉ légion complique la situation. On craint qu'en se rencontrant ces deux légions ne tournent leurs armes l'une contre l'autre. Le maire, qui exerce dans le quartier une certaine influence, parlemente avec les insurgés. Ils n'ont tous qu'une même réponse : ils ne veulent pas partir pour la Sologne ; ils exigent du travail. M. Pinel-Grandchamp promet de porter leur requête à l'Assemblée; ils s'engagent, à leur tour, à se tenir tranquilles derrière leurs barricades, si les soldats ne viennent pas les y chercher. Comme on en était à ces pourparlers, une colonne de troupes paraît. C'est M. Arago qui l'envoie pour faire une reconnaissance, pour dégager la place du Panthéon, la mairie et les rues avoisinantes. Cette colonne se compose d'un bataillon de la 11ᵉ légion, commandé par le colonel Quinet; d'un détachement du 73ᵉ de ligne et d'un détachement de dragons.

M. Pinel-Grandchamp, s'adressant au commandant, le conjure de ne pas engager la lutte. Il témoigne des dispositions pacifiques de son arrondissement; il affirme que les barricades seront, avant peu, abandonnées de plein gré, pourvu que le sang ne coule pas. Les officiers, qui n'ont nulle envie de commencer la guerre civile, se laissent persuader, et la colonne retourne sur ses pas.

En voyant ses ordres inexécutés, M. Arago s'irrite et décide aussitôt de marcher en personne sur les barricades. Il renforce sa colonne d'un escadron de dragons, de deux détachements d'infanterie, emmène deux pièces de canon; il arrive ainsi, vers midi, sur la place, en vue d'une barricade qui ferme la rue Soufflot. Il s'avance seul, à une assez grande distance de la troupe, et fait signe qu'il veut parler. M. Pinel-Grandchamp vient à sa rencontre. Deux ou trois chefs d'insurgés sont debout sur les pavés amoncelés, le fusil en main. Des groupes d'ouvriers, à droite et à gauche, suivent des yeux tous les mouvements de leurs chefs. On fait silence. M. Arago demande à ces hommes pourquoi ils se révoltent contre le gouvernement de la République; comment il se peut faire que de bons citoyens s'insurgent contre la loi, qu'ils aillent aux barricades... « Vous y étiez avec nous en 1832! lui crie une voix. Souvenez-vous du cloître Saint-Merry! — Monsieur Arago, vous êtes un brave citoyen, reprend un autre insurgé avec beaucoup de politesse; nous sommes, pour vous, pleins de respect, mais vous n'avez pas le droit de nous faire des reproches. Vous n'avez jamais eu faim; vous ne savez pas ce que c'est que la misère. »

M. Arago continue. Il leur parle avec éloquence des bonnes intentions du gouvernement, de son extrême désir de satisfaire à leurs vœux légitimes. « On nous a tant promis et l'on n'a rien fait, » reprend un homme en blouse, qui se sent ému malgré lui, en présence de ce vieillard courageux, dont le front et le regard sont animés de la double flamme du patriotisme et du génie. « On a fait ce qu'on a pu, » dit M. Arago d'un ton bref. « Cela n'est pas vrai ! » s'écrie une autre voix ; et une grande rumeur se fait dans les groupes. « Je ne puis parlementer avec des gens qui m'insultent, » dit M. Arago; et il s'éloigne en faisant un geste d'indignation.

A ce moment, on voit, dans un groupe d'insurgés, une carabine qui se relève et l'ajuste. Un brusque mouvement détourne le coup. « Tous mes efforts ont été inutiles, dit M. Arago, en s'adressant aux officiers de la garde nationale qui attendent son retour avec inquiétude; ces hommes sont insensés; je ne puis plus rien; il faut que la force décide. » Aussitôt on fait, sur son ordre, un roulement de tambours suivi des trois sommations légales; puis on braque les canons sur la barricade. La troupe avance au pas de charge. M. Arago marche à sa tête; il expose sa vie, une vie précieuse pour la France et pour le monde, avec la témérité d'un jeune soldat.

Soit que les insurgés ne se trouvent pas en nombre, soit que la vue du canon les intimide, ils quittent précipitamment la barricade et se jettent par les rues en criant : « Aux armes! » Alors M. Arago se dirige vers la place Cambrai et la rue des Mathurins-Saint-Jacques, où une forte barricade, commandée par un capitaine de la 12ᵉ légion, oppose à la troupe une longue résistance. On ne parvient à l'ébranler que par le canon. Il faut l'enlever à la baïonnette, en perdant beaucoup de monde. Après avoir pris deux ou trois autres barricades et dégagé le pourtour du Panthéon, M. Arago, suivi seulement des gardes nationaux, rentre au Luxembourg, laissant les canons et la troupe au général Damesme, qui vient d'établir son quartier général sur la place.

Vers la même heure, un engagement vif avait lieu sur le boulevard Bonne-Nouvelle. J'ai dit comment Pujol avait fait construire, à la hauteur de la porte Saint-Denis, la première barricade. Elle était flanquée de deux autres qui fermaient l'entrée des rues Mazagran et de Cléry.

Un détachement d'une cinquantaine d'hommes environ de la 2e légion, escortant les tambours qui battent le rappel, descendait le boulevard, sans se douter que les insurgés fussent si proches, lorsqu'il se voit inopinément en face de la barricade. Les gardes nationaux font signe de ne pas tirer, et continuent d'avancer jusqu'à quarante pas environ; mais, soit qu'on n'ait pas compris leur signe, soit qu'on n'en tienne pas compte, une fusillade, partie de la terrasse d'une maison qui forme l'angle du boulevard Bonne-Nouvelle et du faubourg Saint-Denis, les prend en écharpe; une dizaine d'entre eux tombent morts ou blessés. Au bruit des coups de feu, plusieurs gardes nationaux accourent isolément; bientôt on voit arriver un bataillon de la 2e légion, commandé par le lieutenant-colonel Bouillon, et une compagnie de la 3e légion, sous les ordres du commandant Leclerc. Le représentant Coraly est avec eux.

Accueillis par un feu terrible, ils avancent résolûment sur la barricade; une seconde décharge les force à reculer. Les insurgés qui descendent de la barricade, d'autres qui sortent en foule des maisons, les enveloppent. Une lutte s'engage; on se bat corps à corps; douze gardes nationaux sont tués; une quarantaine d'autres, parmi lesquels MM. Thayer et de Sussy, sont blessés grièvement. Rien n'ébranle cependant les courages. Les gardes nationaux reviennent à la charge avec vigueur. Le chef des insurgés, qui, debout sur une voiture renversée, son drapeau à la main, commande le feu, est atteint mortellement.

On croit le combat terminé; mais, au moment où le drapeau échappe au chef, une jeune fille, qu'on n'avait pas aperçue jusque-là, le saisit; elle l'élève au-dessus de sa tête; elle l'agite d'un air inspiré. Les cheveux épars, les bras nus, vêtue d'une robe de couleur éclatante, elle semble défier la mort. A cette vue, les gardes nationaux hésitent à faire feu; ils crient à la jeune fille de se retirer; elle reste intrépide; elle provoque les assaillants du geste et de la voix; un coup de feu part; on la voit chanceler et s'affaisser sur elle-même. Mais une autre femme s'élance soudain à ses côtés; d'une main elle soutient le corps sanglant de sa compagne, de l'autre elle lance des pierres aux assaillants. Une nouvelle décharge retentit; la voici qui tombe à son tour sur le cadavre qu'elle tenait embrassé. A ce moment terrible, au plus fort de la fusillade, un chirurgien de la garde nationale quitte les rangs pour venir porter secours à ces femmes. Les voyant sans vie, il retourne, toujours au milieu du feu croisé des balles, vers les blessés de la garde nationale. La barricade est prise d'assaut; les insurgés fuient vers le faubourg Saint-Denis. Le feu n'a pas duré moins d'une demi-heure.

Presque au même moment, paraît sur le boulevard, venant du côté de la Madeleine, la tête de la colonne que commande le général Lamoricière. Il est environ deux heures et demie. Le général Lamoricière vient établir son quartier général au Château-d'Eau. Il commande en chef à quatre colonnes qui doivent opérer simultanément dans le faubourg Poissonière, dans les faubourgs Saint-Martin, Saint-Denis et du Temple. Sa position est critique; on n'a pu lui donner que quatre à cinq mille hommes, avec lesquels il lui faut occuper la vaste surface qui s'étend, dans une direction, depuis l'extrémité du faubourg du Temple jusqu'à l'église de la Madeleine; dans l'autre direction, depuis le haut de la rue de Clichy jusqu'au palais du Louvre.

Son premier soin est d'envoyer reconnaître les positions de l'ennemi. Les rapports sont mauvais. La lutte est engagée partout et reste au moins indécise entre les insurgés, qui paraissent très-résolus, et la troupe qui montre peu d'ardeur. A la petite Villette, les insurgés se sont emparés de vingt-cinq caisses de mousquetons. Le général Clément Thomas, accompagné de MM. J. Favre et Landrin, qui a parcouru au pas de charge la rue Saint-Antoine, et s'est avancé jusqu'à la rue Culture-Sainte-Catherine, près l'église Saint-Paul, à la tête d'un détachement de la première légion, du 21° de ligne et d'un escadron de dragons, a reçu deux balles dans la cuisse à l'attaque de la barricade, qu'il enlève au bout d'une demi-heure seulement, après quatre assauts où il laisse plus de cinquante hommes tués ou blessés.

Le représentant Dornès, à la tête d'un détachement de gardes mobiles, a voulu essayer de parlementer à une barricade du faubourg Saint-Martin; il est atteint dangereusement. Sur la place des Vosges, deux cents gardes nationaux, tenus en échec par les insurgés, tirent, par mégarde, sur la garde mobile, qui arrive à leur secours; huit hommes morts et quinze blessés sont victimes de cette méprise. Dans le faubourg Poissonnière, les insurgés occupent les barrières Rochechouart, Poissonnière, de la Villette; ils s'appuient sur Montmartre et la Chapelle-Saint-Denis, où la population entière et la garde nationale font cause commune avec eux.

Il serait impossible au général Lamoricière, qui n'a en ce moment sous ses ordres que deux pièces de canon, deux escadrons de lanciers, deux bataillons des gardes mobiles, deux bataillons de la deuxième légion et quelques détachement du 11° léger, de prendre l'offensive. Inquiété sur ses derrières, obligé d'attaquer à la fois les barricades du faubourg Saint-Denis et du faubourg Saint-Martin, celles du Temple qui avancent et menacent son aile droite, il ne peut songer qu'à barrer aux insurgés le chemin de l'Hôtel de Ville, en gardant le bas des faubourgs, principalement l'extrémité des rues qui ouvrent sur le boulevard. Mais cela seul est d'une difficulté excessive. Le général Lamoricière accomplit là des prodiges d'habileté. Forcé d'agir avec une poignée d'hommes sur une immense étendue de rues et de carrefours qu'il ne connaît pas, où l'insurrection occupe les positions les plus favorables, il parvient, pendant tout un jour, par la rapidité et l'audace de ses manœuvres, à tromper l'ennemi sur l'état des forces dont il dispose, et à étourdir ses propres troupes, auxquelles il ne laisse pas le loisir de se compter.

On le voit partout sur les points menacés. Tantôt il franchit, sur le pavé glissant où son cheval tient à peine, toute la longueur d'une rue; tantôt, au contraire, il ralentit le pas et s'avance nonchalamment, son cigare à la bouche, sous le feu croisé des balles, vers la barricade où tous les fusils l'ajustent, en gourmandant gaiement ses soldats, comme il le pourrait faire en un jour de parade. Et cette valeur brillante, cette intrépidité de tous les instants, qui étonne les plus intrépides, elle est d'autant plus admirable que Lamoricière, qui ranime et relève autour de lui tous les courages, loin de s'abuser sur les chances d'une lutte trop inégale, s'en exagère encore le péril. Il laisse échapper une exclamation de surprise en apprenant avec quelle bravoure la garde nationale a enlevé, sans le secours de la troupe, les premières barricades. Il la considérait à peu près comme nulle, dans son plan d'opérations, ou plutôt il craignait qu'elle ne se jetât, comme au 24 février, entre le peuple et l'armée. Plus que personne, il se défiait de la garde mobile; il soupçonnait partout la trahison; il appréhendait à toute minute de voir la démoralisation gagner les soldats. Enfin, il jugeait sa position tellement difficile, qu'il envoyait dire au général Cavaignac, que, à moins de prompts renforts, il ne répondait pas de tenir jusqu'au soir contre une insurrection dont la confiance semblait croître de minute en minute, et décelait à coup sûr des ressources cachées.

Sur la place Lafayette, et dans les rues voisines, un combat acharné durait depuis plusieurs heures. Les insurgés y ont construit, avec des tonneaux d'arrosage, des planches et des pavés, une barricade très-haute, que défendent les ouvriers mécaniciens de la Chapelle-Saint-Denis, commandés par le capitaine de la garde nationale Legénissel, dont la compagnie tout entière a passé à l'insurrection.

Les insurgés occupent aussi les maisons qui forment l'angle de la place et des rues Lafayette et d'Abbeville. Un peu plus bas, deux autres barricades, également fortes, barrent la rue Bellefonds et la rue du Faubourg-Poissonnière, à la hauteur de la fabrique de gaz. Cette position est formidable. Plusieurs bataillons de la deuxième légion, quelques compagnies du 7ᵉ léger et de la garde mobile, commandés par le général Lafontaine, arrivent successivement par le faubourg Poissonnière, où les insurgés n'ont pas opposé de résistance, en vue de la barricade qui traverse la place Lafayette. On fait les trois sommations, mais inutilement. Le feu commence. Les insurgés ripostent. Pendant vingt minutes, les balles pleuvent des deux côtés et frappent un grand nombre de combattants. Le général Lafontaine fait battre la charge ; on marche sur la barricade la baïonnette en avant ; une trentaine de soldats, pour protéger ceux qui montent à l'assaut, brisent les portes des maisons à coups de crosse et s'emparent des fenêtres de vive force. Enfin la barricade est enlevée ; mais l'avantage est chèrement payé. Les insurgés ont montré un courage et un sang-froid qui étonnent la troupe. La garde nationale a perdu une vingtaine d'hommes. Le sang rougit les pavés. On voit passer sur un brancard le brave Lefèvre, qui commandait en second le troisième bataillon de la deuxième légion, et qui s'était avancé avec quelques tirailleurs jusqu'à l'angle des rues de Dunkerque et de Denain. Atteint mortellement d'une balle au foie : « La barricade est-elle prise? dit-il d'une voix expirante à ceux de ses camarades qui viennent l'entourer. — Elle est à nous! lui répondent-ils. — Eh bien! vive la République! » murmure Lefèvre en élevant sa main avec effort ; et chacun s'unissait en silence à la noble simplicité d'un patriotisme qui, à ce moment, remplissait et exaltait tous les cœurs.

Dans le même temps, une colonne de troupes, commandée par le général Rapatel, poussait jusqu'au faubourg Saint-Denis, attaquait au pas de course et prenait successivement, en moins d'une demi-heure, cinq barricades élevées à une très-petite distance l'une de l'autre dans la rue Saint-Laurent et autour de l'église du même nom. Le commandant Bassac, à la tête du 5ᵉ bataillon de la garde mobile, affrontait le feu avec une intrépidité qui électrisait sa jeune troupe. Quatre insurgés périssent de sa main ; il en désarme deux autres. Le général Rapatel, qui voit ces prodiges de courage, va vers lui, lui tend la main, et, l'embrassant sous le feu de la barricade : « Vous et votre bataillon, lui dit-il, vous vous couvrez de gloire. »

Rien n'était plus vrai ; la bravoure des enfants de la garde mobile, en cette première et terrible épreuve, ne saurait être même imaginée par ceux qui n'en ont pas été témoins. Le bruit des décharges, le sifflement des balles, leur semblent un jeu nouveau qui les met en joie. La fumée, l'odeur de la poudre les excite. Ils courent à l'assaut, grimpent sur les pavés croulants, se cramponnent à tous les obstacles avec une agilité merveilleuse. Une fois lancés, nul commandement ne les saurait plus retenir ; une émulation jalouse les emporte et les jette au-devant de la mort. Arracher un fusil des mains sanglantes d'un combattant, appuyer sur une poitrine nue le canon d'une carabine, enfoncer dans des chairs palpitantes la pointe d'une baïonnette, fouler du pied les cadavres, se montrer, debout, le premier, au plus haut de la barricade, recevoir sans chanceler des atteintes mortelles, regarder en riant couler son propre sang, s'emparer d'un drapeau, l'agiter au dessus de sa tête, défier ainsi les balles ennemies, c'étaient là, pour ces débiles et héroïques enfants de Paris, des ravissements inconnus qui les transportaient et les rendaient insensibles à tout.

Il ne fallut pas moins que ce transport de jeunesse et cette folie de gloire, soutenus par la valeur brillante et calme des officiers de l'armée, pour entraîner les régiments et la masse de la garde nationale. Si la garde mobile avait passé à l'insurrection, comme on l'appréhendait, il est à peu près certain que la victoire y eût passé avec elle.

Cependant, un jeune garde national, M. Dreyfuss, qui s'était offert au général Lamoricière pour faire, à ses côtés, le périlleux service d'aide de camp, arrivait auprès du général Cavaignac. Il lui explique brièvement la situation des troupes ; les pertes nombreuses qu'elles ont déjà faites ; l'impossibilité où elles sont de garder leurs avantages dans un espace immense où la population protége l'insurrection. Il lui dit les actes presque insensés de valeur que fait le général pour animer les soldats. A ce récit, Cavaignac a peine à contenir son émotion ; son angoisse intérieure est cruelle. Il voit, à n'en pouvoir douter, qu'il n'a sous la main que des forces insuffisantes. Il écoute depuis quelques heures avec impatience ou dédain les récits confus et troublés par la peur que viennent, à toute minute, lui faire les officiers de la garde nationale, les maires et les représentants ; mais, en apprenant que Lamoricière, dont les rapports ont été jusque-là pleins de confiance, demande qu'on vienne à son secours, il se sent saisi d'une inquiétude extrême.

Il connaît d'ancienne date la bravoure de Lamoricière ; il a vu avec quelle ardeur de dévouement, abjurant leurs anciennes querelles, il vient d'accepter de ses mains un commandement subordonné. S'il demande du secours, c'est qu'il est dans une situation désespérée.

« Dites au général que je vais moi-même lui conduire du renfort, » dit Cavaignac à M. Dreyfuss. Presque aussitôt il monte à cheval et s'avance par les boulevards vers le Château-d'Eau à la tête d'une forte colonne d'attaque.

Le général Cavaignac est escorté des représentants Landrin, Jules Favre, Heeckeren, Flandin, Prudhomme, de Ludre. M. de Lamartine, accompagné par les représentants Pierre Bonaparte, Treveneuc et Duclerc, se joint à lui. Tous deux, sans se le dire, sont atteints d'une tristesse profonde. Tous deux roulent des pensées sinistres.

« Je n'étais encore à ce moment que ministre de la

guerre, » a dit plus tard le général Cavaignac à des personnes qui ne rougissaient pas de lui demander compte, non-seulement de tous ses actes, mais encore de tous ses sentiments dans cette terrible journée, « j'étais bien libre d'aller me faire tuer si bon me semblait. »

Un orage qui obscurcissait tout le ciel, des éclairs suivis de coups de tonnerre prolongés, une pluie continue semblaient un fâcheux présage et abattaient encore les esprits attristés. On arrive ainsi au quartier général de Lamoricière. Il s'est établi dans un café situé à l'angle du boulevard et de la rue Saint-Denis. Là, il rend compte au général Cavaignac de ses opérations; il lui dit la froideur, l'hésitation de la troupe de ligne, les pertes nombreuses et les désertions qui diminuent de plus d'un tiers l'effectif de la garde mobile; l'ardeur incroyable des insurgés. A plusieurs reprises, il a voulu essayer de les haranguer; toujours ils lui ont répondu par des décharges à bout portant. Il a interrogé les prisonniers sur le but de l'insurrection; on n'en peut tirer aucune réponse précise. Les uns disent qu'ils veulent la République démocratique et sociale; d'autres, qu'ils veulent Louis Bonaparte. A chaque barricade, on entend, dans le silence que gardent les combattants, la voix d'un chef qui paraît commander militairement; mais on ne sait si ces chefs eux-mêmes obéissent à un ordre supérieur. Pas un nom, pas un cri, pas un emblème qui révèle le caractère ou le but de l'insurrection. On n'a vu jusqu'ici que des drapeaux tricolores. En inquiétant l'imagination du soldat, le mystère de cette guerre des rues en double la force.

Pendant ce court entretien, M. de Lamartine a continué sa route vers le faubourg du Temple, sur le boulevard des Italiens. La foule considérable qui s'y trouvait rassemblée, malgré l'orage, alors dans toute sa violence, accueille le passage du poëte par de nombreux cris de : *A bas Lamartine!* Mais plus loin, il est reçu de toute autre façon. Reconnu par la foule, on vient à lui, on l'entoure. Ces insurgés, que le général Lamoricière a trouvés sourds à sa voix, parlent avec émotion au poëte, au citoyen, à l'ancien membre du gouvernement provisoire; et comme il leur reproche leur révolte : « Nous ne sommes pas de mauvais citoyens, lui disent-ils, nous sommes des ouvriers malheureux. Nous demandons qu'on s'occupe de nos misères; songez à nous; gouvernez-nous, nous vous aiderons. Nous voulons vivre et mourir pour la République. » Et les hommes, les femmes, les enfants du faubourg, qui suivent leurs mères à la barricade, se pressaient autour de lui et voulaient serrer sa main. Il sentit encore à ce moment passer à son front, il crut respirer comme un dernier souffle de Février, comme un murmure expirant de popularité et d'enthousiasme.

Cependant, le général Cavaignac a repris sa marche par le boulevard. A la vue de sa colonne, plusieurs barricades sont abandonnées par les insurgés; mais, arrivé à la hauteur de la rue Saint-Maur, on se trouve en présence d'une barricade dont les assises sont formées de six rangs de pavés. S'élevant à la hauteur d'un premier étage, et reliée à trois autres dans la rue Saint-Maur, la rue des Trois-Couronnes et la rue des Trois-Bornes, elle forme une véritable redoute. Là, les insurgés se préparent à une résistance énergique. Une centaine d'hommes environ répondent aux sommations en attendant la troupe de pied ferme, le fusil haut. Cavaignac commande l'assaut. La 4ᵉ compagnie du 20ᵉ bataillon de la garde mobile s'avance au pas de course, le long des maisons, de chaque côté de la rue. Son commandant, le brave Huot, garde seul le milieu du pavé. Les ouvriers, qui espèrent toujours raviver chez ces enfants des barricades le souvenir de Février, crient : *Vive la garde mobile!* Ceux-ci, sans répondre, continuent de marcher. Déjà ils ne sont plus qu'à vingt pas de la barricade; les insurgés font feu. En même temps, une grêle de balles épouvantable pleut de toutes les fenêtres.

Les hommes tombent par centaines; le sang rougit les

trottoirs encombrés de cadavres. Un second assaut n'a pas d'autre effet. Cavaignac engage successivement les sept bataillons qui composent sa colonne, et sans plus de résultat. Alors, il fait avancer le canon. Seul, à cheval, au milieu du pavé, ajusté de toutes parts, il reste immobile et donne ses ordres avec un sang-froid parfait; les deux tiers des servants de pièces sont tués ou blessés à ses côtés. Le général envoie plusieurs détachements par les rues latérales pour essayer de tourner la barricade. Tout est en vain. Les heures passent; les munitions s'épuisent. Cavaignac, qui est venu pour porter du renfort à Lamoricière, est contraint de lui en faire demander. La nuit approche. Ce n'est qu'après une lutte de près de cinq heures que la barricade est enfin prise par le colonel Dulac, à la tête du 29ᵉ régiment de ligne. On compte près de trois cents soldats mis hors de combat; le général François est blessé; le général Foucher a reçu une contusion très-forte.

Cavaignac, le cœur navré de ce triste succès, reprend le chemin du Palais-Bourbon. Il y avait laissé M. Ledru-Rollin, en lui faisant promettre de ne donner aucun ordre en son absence. Près de quatre heures s'étaient écoulées. Pendant ce temps, plus de quatre cents personnes, gardes nationaux, représentants, adjoints des maires ou commissaires de police, étaient accourues à la Présidence.

Seul, en butte aux questions, aux reproches, aux soupçons les plus outrageants, M. Ledru-Rollin était en proie à de cruelles perplexités. On lui demande des ordres; il a promis de n'en pas donner. On veut savoir où est le général en chef, et il l'ignore. On murmure; on parle de trahison, on l'accuse, on le rend responsable de tout; lui qui ne peut rien.

Enfin, ne voyant pas revenir le général Cavaignac et ne sachant que croire, M. Ledru-Rollin prend sur lui, malgré sa promesse formelle, de faire jouer le télégraphe, pour mander au plus vite, par les chemins de fer, les régiments de ligne, la garde nationale des départements, et jusqu'aux marins des rades de Brest et de Cherbourg[1].

Il est nuit quand le général Cavaignac rentre à la Présidence. Il est accueilli par des reproches de M. Ledru-Rollin et par des nouvelles désastreuses. Le combat, dans la Cité et le faubourg Saint-Jacques, a été meurtrier; la troupe a fait des pertes considérables, sans remporter d'avantages décisifs. L'église du Panthéon est au pouvoir des insurgés. Le général Damesme envoie, coup sur coup, des aides de camp pour demander quelques bataillons de renfort.

Sans répondre à M. Ledru-Rollin, sans prendre un moment de repos, le général Cavaignac, après avoir donné quelques ordres à la hâte, remonte à cheval, afin d'aller porter en personne des instructions précises sur les centres d'opérations qu'il n'a pas visités. Il lui tarde surtout de voir le général Bedeau, dont la situation est plus grave, plus périlleuse encore peut-être que celle du général Lamoricière. Il est évident que tous les efforts des insurgés convergent vers l'Hôtel de Ville. La prise de la maison commune, qui est le siége traditionnel du gouvernement populaire, donnerait en quelque sorte un caractère légal à l'insurrection; aussi, les insurgés font-ils des efforts inouïs pour s'en rendre maîtres. Ils l'enveloppent d'un réseau de barricades, qui va se resserrant et se rapprochant avec une rapidité effrayante. Ils le menacent à la fois de quatre côtés : par la Cité, par la rue Saint-Antoine, par la rue du Temple et par la rue Saint-Martin. Leurs avant-postes ont paru déjà sur la place du Marché-Saint-Jean, sur la place Baudoyer, autour de l'église Saint-Gervais. Des feux de tirailleurs, qui partent des maisons situées entre la place de l'Hôtel-de-Ville et la place du Châtelet, harcèlent la troupe.

L'hôtel de ville est situé, comme on sait, sur la rive droite

---

[1] Le deuxième régiment d'infanterie de marine, transporté très-rapidement de Brest à Paris par le chemin de fer, y arriva le lundi matin et prit part à l'affaire de la barrière Fontainebleau. Les officiers étaient très-animés; ils criaient en brandissant leurs sabres : « Nous venons mourir pour la République! »

du fleuve, en face de l'île appelée la Cité, avec laquelle il communique par les deux ponts suspendus d'Arcole et de la Réforme et par le large pont en pierres appelé pont Notre-Dame, qui débouche sur la rue de la Cité, à l'extrémité de laquelle est le Petit-Pont, puis la rue du même nom, aboutissant à la rue Saint-Jacques qui monte par une pente rapide jusqu'au Panthéon. L'île de la Cité, labyrinthe de rues tortueuses, de ruelles, d'impasses, de carrefours, de quais étroits, de vieilles maisons à sept et à huit étages, et qui se relie à l'île Saint-Louis par le pont de la Cité et le pont de la Réforme, est l'antique berceau de Paris.

On considère généralement que prendre la Cité, c'est s'emparer de l'Hôtel de Ville. Comme, d'ailleurs, c'est le lieu le plus favorable pour s'y cantonner, en raison de la hauteur des maisons et de la multiplicité des courbes que forment ses rues très-étroites, il n'est pas étonnant que, dès le matin, les insurgés aient songé à s'en rendre maîtres.

Cela s'est fait sans bruit et sans empêchement. Des hommes en blouse sont venus tranquillement, silencieusement prendre position à l'angle des rues. Toute la population et la garde nationale, en majeure partie, les secondent. Ils se sont fournis de poudre dans deux magasins; ils ont mis des combattants dans la plupart des maisons; ils ont construit des barricades au pont Saint-Michel et dans la rue Constantine, faisant face au Palais de Justice qu'occupe la garde mobile. A une heure de l'après-midi seulement on a fermé le Palais, et les magistrats, en en sortant, entendent les premiers coups de feu échangés entre les soldats de la ligne et le peuple.

Quand le général Bedeau arriva à l'Hôtel de Ville, il y trouva deux bataillons du 48° et du 52° régiment de ligne, plusieurs bataillons de la garde mobile et mille hommes environ de gardes républicains, venus sur l'ordre du maire de Paris pour protéger la Cité. Mais il apprit que deux bataillons de la ligne, destinés également à opérer sous ses ordres, étaient arrêtés par les barricades, l'un au pont d'Austerlitz, l'autre rue Popincourt. L'adjoint, M. Edmond Adam, s'offre à les aller dégager à la tête d'un bataillon de la garde mobile. Il parlemente avec les insurgés; on voudrait encore éviter d'employer contre eux la force. Les insurgés eux-mêmes paraissent disposés sur ce point à retarder le combat; ils laissent passer la troupe; mais les officiers, ne pouvant faire franchir les barricades à leurs chevaux, les abandonnent au peuple et arrivent, à pied, à la tête de leurs bataillons. Ce spectacle produit sur les soldats une sensation fâcheuse.

D'un autre côté, une compagnie de la garde républicaine, envoyée à onze heures du matin pour déblayer le Petit-Pont et la place Saint-Jacques, ne reparaît pas, et bientôt on vient dire qu'elle est restée prisonnière. On sait que ces hommes sont d'une bravoure éprouvée. Il n'est pas vraisemblable qu'ils se soient laissé désarmer; n'ont-ils pas plutôt passé à l'insurrection? Le colonel Vernon et le lieutenant-colonel Baillemont, qui les commandent, déclarent qu'ils ne sauraient répondre de l'impression qu'auront pu produire les discours des insurgés sur une troupe dont les relations avec le peuple sont aussi étroites.

Enfin le général Bedeau porte plus loin encore ses soupçons. Il doute de l'esprit qui anime l'artillerie de la garde nationale, dont le colonel, M. Guinard, représentant du peuple, ancien conspirateur et ami de Barbès, a siégé, depuis l'ouverture de l'Assemblée, sur les bancs de la gauche.

Nous allons voir tout à l'heure par combien d'héroïsme ces soupçons injustes seront dissipés. Nous assisterons à un élan inouï de courage et de dévouement qui va pousser les gardes mobiles, les gardes républicains, les chefs et les soldats les plus fortement attachés à la révolution, à défendre contre l'égarement des instincts populaires le principe même de la démocratie, c'est-à-dire la souveraineté du peuple, librement et légalement exprimée au sein de l'Assemblée constituante.

Ce fut là, à vrai dire, la véritable force, la force morale, qui fit le succès de la répression [1]. Les républicains les plus convaincus, des hommes qui, pendant toute leur vie, avaient combattu pour le progrès des idées démocratiques, les Guinard, les Bixio, les Dornès, les Clément Thomas, les Edmond Adam, les Charras, les Charbonnel, les Arago, persuadés, cette fois, que le peuple, en s'insurgeant contre la représentation nationale, engloutirait, avec la loi et le droit, la République et peut-être l'État dans son calamiteux triomphe, se portèrent, le cœur navré, mais l'âme ferme, à la rencontre de cet étrange ennemi dont l'affranchissement était, depuis plus de vingt années, le but de leurs efforts. La conscience de ces hommes de bien commanda à leur pitié et fit taire jusqu'à la voix de leurs entrailles. Ils puisèrent dans la notion du droit un courage supérieur encore à la bravoure militaire, un dévouement égal aux dévouements les plus célébrés dans les cités antiques.

Quand le colonel Guinard parut devant le général Cavaignac pour prendre ses derniers ordres, quelques mots furent échangés entre eux, qui peindront mieux que tout ce que je pourrais dire l'angoisse d'une telle situation. Ils se connaissaient depuis leur enfance; leur intimité était parfaite. Tous deux pâles et le visage contracté, tous deux se parlant d'une voix brusque cachaient avec peine leur émotion. « Qu'allons-nous faire? dit Guinard, que nous ordonnes-tu? Qu'exiges-tu de nous? Le sais-tu bien toi-même? Nous allons tirer sur le peuple, avec qui nous avons combattu toujours! Peux-tu me jurer, du moins, me jurer devant Dieu, par la mémoire de ton père et de ton frère, que nous

---

[1] Un fait qu'on n'a pas assez remarqué et dont l'influence morale fut très-grande sur la population, c'est que les jeunes gens des écoles, qui, en 1830 et en 1848, s'étaient battus dans les rangs du peuple, se prononcèrent cette fois et avec une ardeur extrême pour la répression. La vue de leurs uniformes dans les rangs de la garde nationale produisit beaucoup d'effet sur le peuple qui ne tirait pas sur eux.

allons mourir ou vaincre pour la République? » Eugène Cavaignac lui serra la main avec une douloureuse effusion. « En peux-tu douter? répond-il à son vieil ami; s'il en devait être autrement, crois-tu que je consentirais à commander une aussi terrible guerre, à laisser sur mon nom tant de sang? »

Guinard partit rassuré. Il connaissait la loyauté de Cavaignac. A partir de ce moment, il ne conçut plus aucun doute sur la légitimité de la répression. Son sang-froid et son héroïsme entraînèrent les troupes et décidèrent le succès dans l'une des actions les plus longues et les plus meurtrières de la journée.

Il était environ cinq heures de l'après-midi quand le général Bedeau disposa tout pour l'attaque. A ce moment, on lui annonça une députation des insurgés qui demandait à parlementer. Il s'empressa de la faire introduire. Le général espérait encore qu'il serait possible de prévenir le combat; il le souhaitait ardemment. Autant sa valeur réfléchie devait le rendre intrépide une fois l'action engagée, autant sa conscience et son esprit d'humanité lui commandaient de ne rien négliger pour empêcher la guerre civile. Le général Bedeau était de ces hommes rares « chez lesquels, pour parler le langage d'un grand écrivain [1], l'état militaire s'allie avec la moralité et n'affaiblit nullement ces vertus douces qui semblent les plus opposées au métier des armes. » Profondément chrétien par le cœur et par la raison, il avait gardé toujours, sous l'obéissance hiérarchique du soldat, l'indépendance de l'homme. Il ne relevait dans son for intérieur que de lui-même; il ne reconnaissait pas de devoirs supérieurs à ceux que lui imposait sa conscience.

En cette circonstance si grave, il considérait comme un devoir rigoureux de ne rien épargner pour prévenir l'effusion du sang. Mais l'attitude et le langage des parlementaires

---

[1] M. de Maistre, *Soirées de Saint-Pétersbourg*.

lui enlevèrent bientôt toute espérance. « Général, lui dit en l'abordant d'un air hautain le chef de la députation, qui portait les épaulettes de capitaine de la garde nationale et qui, depuis le matin, commandait l'insurrection dans la Cité, je viens vous sommer d'obéir au peuple et à la garde nationale de Paris. Le peuple veut la reddition de l'Hôtel de Ville et la dissolution de l'Assemblée ; ce qu'il veut, il l'obtiendra de gré ou de force. L'armée ne tardera pas à se joindre à lui. Déjà, vous le voyez, la garde républicaine que vous avez envoyée contre nous a passé derrière nos barricades, le peuple... — Monsieur, interrompit le général avec indignation, je ne reconnais d'autre peuple que celui qui a nommé l'Assemblée constituante. Quant à l'armée, elle est fidèle à son devoir et vous le prouvera tout à l'heure en balayant vos barricades! »

Un murmure prolongé accueillit ces paroles. Le général n'en tint pas compte ; il essaya encore, avec une patience admirable, de faire entendre la voix de la raison à ces hommes exaltés. Mais aucun raisonnement, aucune explication, ne touchaient ni leur esprit ni leur cœur. Les délégués se retirèrent en proférant des menaces. Le général Bedeau apprit en même temps que d'autres tentatives, faites par les hommes les plus connus du peuple, avaient été repoussées.

La proclamation du maire de Paris aux ouvriers, bien qu'elle leur promît que la constitution garantirait le *droit au travail*[1], ne produisait aucun effet. MM. Bixio, Recurt, Edmond Adam, qui avaient parcouru, depuis le matin, à peu près toute la rive gauche, revenaient dire que désormais il y aurait folie à prolonger les pourparlers.

MM. Bixio et Recurt conseillent d'attaquer vivement les barricades de la rue Saint-Jacques, de la remonter au pas de course et de rejoindre ainsi le général Damesme, dont on entendait gronder l'artillerie sur la place du Panthéon.

---

[1] Dans le premier projet de constitution, publié le 20 juin, un article spécial garantissait, en effet, le droit au travail.

C'était une entreprise périlleuse. La rue Saint-Jacques, excessivement étroite, fort en pente et bordée de maisons très-hautes, était traversée, de vingt en vingt pas, par des barricades que défendaient des hommes résolus et bien armés. Toutes les fenêtres étaient occupées : il ne semblait pas possible que, sous un feu croisé aussi rapproché et aussi continu, les soldats pussent s'ouvrir un passage. MM. Recurt et Bixio s'offrirent de le tenter et se mirent aussitôt en marche à la tête de cent cinquante hommes de la garde mobile.

Dans le même temps, le général Bedeau, après avoir tenu conseil avec MM. Marrast, Vernon et Guinard, divise ses troupes en deux colonnes : l'une montera vers le Panthéon par le pont Notre-Dame et la rue de la Cité ; l'autre se rendra par le pont d'Arcole sur le parvis Notre-Dame. A un signal de six coups de canon, on donnera simultanément l'assaut aux barricades.

Ce double mouvement s'exécute. Un détachement de la 9e légion et la garde républicaine, sous les ordres du commandant Vernon, s'avancent par le pont Notre-Dame. M. Edmond Adam, sans armes, ceint de son écharpe, marche à côté du commandant, afin de bien montrer à la troupe et aux insurgés que l'autorité civile est d'accord avec l'autorité militaire et d'appuyer ainsi d'une plus grande force morale la force matérielle assez faible dont on dispose. Au même moment, le général Bedeau et le colonel Guinard arrivent au parvis Notre-Dame ; ils y établissent une batterie et font braquer des canons dans l'Hôtel-Dieu. Le signal est donné. La garde républicaine attaque la première barricade du Petit-Pont du côté de la rue de la Cité et s'en rend maîtresse sans trop de peine ; mais, à la barricade qui, de l'autre côté du pont, fait face à la rue Saint-Jacques, elle rencontre une résistance opiniâtre. Les assaillants sont entièrement à découvert, exposés à des décharges continuelles, à bout portant, tandis qu'ils tirent presque au hasard sur des hommes masqués par d'énormes blocs de pierre. A chaque décharge, les rangs de la garde républicaine s'éclaircissent visiblement. Un moment, les insurgés ayant repris la première barricade, les soldats se trouvent entre deux feux. Pendant dix minutes le sang coule à flots. Cependant, soldats et officiers restent impassibles; mais de part et d'autre, on essuie de telles pertes, on est si las de tuer qu'il se fait tacitement une espèce de trêve. Elle est de peu de durée. Le combat recommence avec plus de fureur. On fait pointer le canon sur la première barricade[1]. Après une lutte de deux heures, elle est enfin ébranlée. La garde mobile s'élance, la baïonnette en avant, les insurgés fuient et cherchent un abri dans les maisons.

Les principaux combattants de la barricade se réfugient dans un magasin de nouveautés, à l'enseigne des *Deux-Pierrots*. Le commandant de la barricade, l'intrépide Belval, propose de s'y défendre jusqu'à la dernière extrémité, en se barricadant d'étage en étage; mais on n'a plus de munitions, et, d'ailleurs, ses hommes sont frappés d'épouvante. Ces cruels enfants des faubourgs leur inspirent une terreur inouïe. Ils fuient de tous côtés, se dérobent, se cachent sous les comptoirs, se blottissent derrière les ballots de marchandises, dans les angles les plus obscurs des combles et des caves. Rien ne les protége contre la mort; la baïonnette fouille partout. Ceux qui tentent d'échapper par les toits sont ajustés par les gardes mobiles restés sur la place, qui rient à voir rouler, tomber et se fracasser sur le pavé ces figures humaines. De tous les combattants réfugiés là, un seul échappe miraculeusement. On emporte des charretées de cadavres[2].

Cependant, le général Bedeau, qui a dégagé le pont Saint-

[1] Cette barricade était défendue par des officiers de la 12e légion, anciens républicains, qui avaient été les compagnons de captivité de M. Guinard.

[2] En face de la rue des Mathurins, les gardes mobiles, ayant formé avec des tréteaux une espèce de tribunal, simulèrent un conseil de guerre et rendirent des sentences de mort qui furent exécutées sur l'heure.

Michel et une partie de la rue de la Harpe, entre dans la rue Saint-Jacques. Le colonel Guinard et le chef d'escadron Blaise, après avoir essuyé des pertes considérables, ont emporté, à coups de canon, la première barricade qui en ferme l'entrée. Le lieutenant-colonel Vernon et M. Edmond Adam sont un peu plus haut; MM. Recurt et Bixio sont plus avancés encore. On se bat là avec acharnement. Guinard reçoit deux balles dans son shako; Blaise est blessé. Pendant deux heures environ on s'obstine sous le feu continu des barricades et des fenêtres; mais les munitions vont manquer; les barricades se multiplient à mesure qu'on avance[1]. Plus de la moitié des soldats sont mis hors de combat. Trois fois, à la seule barricade du Petit-Pont, la troupe, saisie de panique, a refusé de marcher. La nuit tombe; il n'est plus possible de songer à gagner la place du Panthéon; le général Bedeau donne l'ordre de se replier sur l'Hôtel de Ville. On l'y ramène sur un brancard; un coup de feu, parti de la rue des Noyers, vient de l'atteindre à la cuisse. A quelques pas de là, M. Bixio, qui marche en avant, sans armes, a reçu une balle en pleine poitrine. Le commandant Vernon est blessé au genou; le chef de bataillon Masson a été frappé mortellement à la barricade du petit pont Saint-Michel, dès les premiers engagements de la journée. Tant de morts et de blessés, des pertes si disproportionnées avec les minces avantages qu'on a remportés, jettent une grande tristesse dans l'âme du général Bedeau. Le récit qu'il fait de la journée au général Cavaignac en est tout empreint. Sans songer à sa blessure, si grave pourtant que l'on craint pour ses jours, il ne s'occupe que de faire bien connaître au général en chef la situation des troupes qui lui ont été confiées. Mais il s'épuise en parlant; Cavaignac le quitte pour lui laisser un peu de repos, après qu'ils sont convenus que le général Duvivier viendra prendre le commandement de l'Hôtel de

---

[1] On comptait, dans la rue Saint-Jacques, environ trente-huit barricades.

Ville, et que le lendemain, à six heures, on recommencera l'attaque. Puis Cavaignac remonte à cheval et va rejoindre sur la place de la Sorbonne le général Damesme.

Il le trouve assis au bivac, tranquille sur l'issue définitive du combat. La journée a été chaude pourtant; faute des renforts qu'il a inutilement envoyé demander à cinq ou six reprises, il n'a pu prendre l'offensive. La lutte s'est concentrée autour du Panthéon. On a perdu beaucoup de monde à l'attaque des barricades de la rue des Grès, de la rue des Mathurins, du carrefour Buci, de la place Cambrai. Le 10º et le 23º bataillon de la garde mobile, toujours les premiers au feu, ont essuyé des pertes considérables. Le 23º a pris, à lui seul, onze barricades; mais une compagnie a été désarmée rue Mouffetard. La garde nationale est presque tout entière avec les insurgés; les munitions manquent. Le petit nombre des gardes nationaux qui ont répondu à l'appel, en voyant combien l'affaire est sérieuse, abandonnent leur poste et disparaissent. Le général se dispose à attaquer le lendemain le Panthéon, où les insurgés se sont retranchés; il répond, s'il reçoit du renfort, qu'il se rendra maître de tout le quartier Saint-Jacques.

Cependant l'Assemblée nationale s'était réunie à l'heure ordinaire. Elle est gardée par des forces imposantes. Toutes les issues de la place de la Concorde sont occupés par des détachements de la garde mobile. L'entrée du pont est défendue par deux pièces de canon; d'autres sont braquées sur le quai d'Orsay et stationnent tout attelées devant le péristyle. Les abords de la place de Bourgogne sont protégés par de l'artillerie, par les dragons du 2º régiment, que commande M. de Goyon, et par plusieurs compagnies d'infanterie de la ligne. Les sentinelles sont retirées à l'intérieur; les consignes les plus sévères sont données; la circulation est interrompue; on ne passe plus qu'avec des permis signés des autorités, ou sous l'escorte de quelque garde national. On craint une surprise à l'Assemblée. Déjà les insurgés ont essayé quelques barricades pour couper les communications entre le Palais-Bourbon et l'École militaire. On a vu passer une colonne de trois à quatre cents hommes en blouse qui ont parcouru une grande partie du faubourg Saint-Germain, en criant : « *A bas l'Assemblée!* » Enfin le bruit général est que l'insurrection gagne du terrain et va se porter en masse sur le Palais-Bourbon.

A une heure, les représentants entrent en séance. L'agitation est extrême dans la salle et au dehors. Ceux des représentants qui appartiennent à l'armée ou à la garde nationale paraissent en uniforme. Cet aspect inusité produit une sensation très-triste. Des généraux, des aides de camp, des officiers d'ordonnance vont et viennent dans les couloirs. On voit passer le général Cavaignac qui s'installe sur le péristyle, d'où il observe les mouvements de la place de la Concorde. La physionomie du président Senard exprime la plus vive angoisse.

Le général Lebreton propose à l'Assemblée d'envoyer quelques-uns de ses membres pour haranguer le peuple. « Ils parcourraient la ville à la tête des colonnes de troupe, dit-il ; ils prêteraient ainsi à l'armée une grande force morale. La vue des insignes de la représentation nationale produirait, sans aucun doute, sur le peuple de Paris, une impression salutaire. Les représentants pourraient, d'ailleurs, adresser au président des informations précises sur l'état des choses que l'on ne connaît jusqu'ici que par une foule de rapports vagues, exagérés ou contradictoires. » Plusieurs représentants émettent l'avis que l'Assemblée en masse se porte hardiment à la rencontre de l'insurrection. Mais ces propositions ne sont pas agréées ; on en discute les avantages et les inconvénients au milieu du tumulte ; le président, pour y mettre fin, annonce que l'on va passer à l'ordre du jour, c'est-à-dire à la suite de la discussion sur le rachat des chemins de fer.

Alors, plusieurs représentants lisent à la tribune des projets de rachat. M. Wolowski développe un projet de décret pour l'organisation du crédit territorial, que personne n'écoute. Les représentants entrent et sortent, s'interrogent, se communiquent des nouvelles, des conjectures; les tribunes publiques sont très-agitées. On y parle beaucoup du renversement de la commission exécutive, de la concentration des pouvoirs civils et militaires entre les mains du général Cavaignac. L'émotion est telle que la séance reste suspendue. Enfin M. Senard, qui, à plusieurs reprises, a quitté le fauteuil, monte à la tribune et communique à l'Assemblée des notes que lui envoie le préfet de police. Ces notes sont brèves et concises. Tout en annonçant qu'elles sont très-rassurantes, le président les lit d'une voix altérée dont l'émotion se communique.

M. Flocon lui succède à la tribune. Il vient, avec une véhémence extrême, dénoncer à l'Assemblée le caractère de l'insurrection. Selon lui, les agitateurs ne veulent que l'anarchie; si l'on parvient à saisir les fils de la conjuration on y trouvera plus que la main des ouvriers en désordre, plus que la main d'un prétendant; on y trouvera l'or et la main de l'étranger [1].

Quelques protestations ayant accueilli ces paroles : « C'est aux républicains que je m'adresse, » reprend M. Flocon, en se tournant vers la gauche. « A tout le monde, alors, » s'écrie-t-on sur les bancs de la droite. « C'est aux républicains que je parle, » répète M. Flocon. « Il n'y a que des républicains ici, » s'écrient les mêmes voix. « Eh bien! reprend encore M. Flocon, je parle non-seulement pour l'Assemblée, où il n'y a que des républicains, mais je le déclare bien haut, afin que du dehors on m'entende, tous ces efforts, tout ce désordre, n'ont qu'un but : c'est le renversement de la République et le rétablissement du despotisme. »

Une vive sensation est produite par ces paroles et par

---

[1] Il ne sera pas sans intérêt, pour apprécier l'état des partis populaires dans Paris, de consulter une liste des principales arrestations politiques opérées du 15 mai au 22 juin. Voir aux *Documents historiques*, à la fin du volume, n° 14.

l'accent avec lequel elles sont prononcées ; chacun cherche à en pénétrer le sens caché. Mais tout à coup les regards se portent vers la tribune ; M. de Falloux vient d'y monter ; il attend que le silence soit rétabli. Sa physionomie est plus composée encore que d'habitude ; il tient un papier à la main ; c'est le rapport de la commission des ateliers nationaux. Un représentant, M. Raynal, se lève de son banc avec vivacité ; il s'oppose à une lecture inopportune, dit-il, et dangereuse dans un pareil moment. « Lisez ! lisez ! » crie la droite à M. de Falloux.

Alors, M. de Falloux, sans émotion, sans trouble, et comme si l'on était en pleine paix dans Paris, en pleine sécurité dans l'Assemblée, commence la lecture du rapport. Il déclare que la seule voie de salut, dans la crise industrielle, commerciale et agricole qui inquiète le pays, c'est la dissolution, immédiatement opérée par le pouvoir exécutif, des ateliers nationaux. Et, de peur qu'on ne le comprenne pas suffisamment, il insiste, il répète sa pensée en en changeant l'expression. Il demande la dispersion radicale de ce foyer actif d'agitation stérile ; puis il propose un décret qui, sous trois jours, dissout les ateliers nationaux.

A peine M. de Falloux a-t-il achevé la lecture de ce rapport, que M. Corbon le remplace à la tribune et annonce à l'Assemblée, au nom du comité des travailleurs, un projet de décret sur la même question. C'est une sorte de protestation contre le rapport de M. de Falloux. M. Corbon dit que les ateliers doivent être modifiés, mais qu'il ne faut pas procéder à leur dissolution sans donner aux travailleurs les garanties *qu'ils exigent*. De violents murmures l'interrompent. « Qu'ils demandent, » dit-il en se reprenant. Puis, malgré la défaveur avec laquelle M. Corbon se voit écouté, il continue et donne lecture d'un projet de décret ainsi conçu :

« Art. 1er. Les associations de travail entre ouvriers sont protégées et encouragées par la République. Les conditions de chaque association sont librement débattues et arrêtées entre les intéressés.

« Art. 2. L'État n'intervient que par les encouragements qu'il fournit. Les encouragements de l'État sont indépendants des institutions de crédit destinées à favoriser le travail agricole et industriel. »

Le rapport de M. Corbon, dont toutes les expressions sont ménagées, son projet de décret qui, pour n'être pas la consécration du droit au travail, reconnaît cependant la légitimité et l'utilité des associations, aurait peut-être, s'il eût été adopté par acclamation, fait tomber les armes des mains de cette partie honnête et loyale de l'insurrection à laquelle les menées des factieux n'avaient point eu de part, et qui s'était soulevée uniquement dans la pensée que l'Assemblée nationale voulait, comme le pouvoir exécutif, se débarrasser des prolétaires. L'association était, en ce moment, l'idée fixe des ouvriers de Paris. Ils voyaient sous cette forme tous les progrès qu'ils avaient attendus de la proclamation de la République. On leur avait persuadé que la bourgeoisie et le gouvernement, influencés par les royalistes, s'opposaient à l'association, dans la crainte que le prolétariat y trouvât la force de s'arracher à la tyrannie des patrons, ou, comme on parlait alors, que le travail s'affranchît du capital. M. Corbon, ouvrier lui-même, connaissait bien cette disposition du prolétariat; son projet était conçu dans un esprit d'humanité et de véritable politique, que l'Assemblée, troublée par la peur du socialisme, travaillée et trompée par des hommes de parti, ne voulut ou ne sut pas comprendre; elle ne donna aucune marque d'assentiment au rapport et prononça la question préalable.

Quelques instants après, M. Garnier-Pagès vint excuser la commission exécutive de ne s'être pas rendue plus tôt au sein de l'Assemblée. « Elle a été tout occupée, dit-il, à prendre des mesures de vigueur; elle en va prendre de plus vigoureuses encore. » Il déclare qu'il *faut en finir*.

L'Assemblée répond par le cri de : « Vive la République ! »

M. de Lamartine paraît à son tour. Il conjure l'Assemblée de ne pas aller aux barricades comme on l'a annoncé. « C'est aux membres du pouvoir exécutif à s'y rendre ; c'est à eux, dit-il, d'aller où la gloire les appelle. » Puis il monte à cheval pour se joindre à la colonne du général Cavaignac, dont j'ai dit plus haut la marche. Le président suspend la séance jusqu'à huit heures du soir.

Quand l'Assemblée se réunit de nouveau, l'aspect de Paris est lugubre ; les maisons sont hermétiquement fermées, les rues désertes ; un silence sinistre plane sur la ville. De loin à loin, quelques décharges, quelques coups de feux isolés, annoncent que la nuit n'apporte pas la fin, mais la suspension momentanée des hostilités, nécessitée par les ténèbres. On entend à distance, sur la rive droite, battre la générale. Le tocsin sonne dans les faubourgs. Les représentants voudraient paraître calmes, mais l'anxiété la plus vive se lit sur les visages. Chacun apporte des nouvelles de son quartier. Tous sont persuadés que l'insurrection se propage ; on lui suppose un plan savamment combiné ; on dit que les barricades sont construites selon toutes les règles de l'art des fortifications ; les soldats, dit-on, sont peu animés. On doute beaucoup de l'efficacité des mesures prises par le gouvernement ; la garde nationale, qui a perdu beaucoup de monde, se défie à l'excès de la commission exécutive ; tout le monde est d'accord sur un point : c'est que, soit trahison, soit négligence, la troupe est partout insuffisante.

Cependant, M. Considérant est monté à la tribune. Il apporte une proclamation aux ouvriers qu'il a rédigée de concert avec M. Louis Blanc, et qu'ont signée M. Jules Simon et une soixantaine de représentants. « Cette proclamation a pour but, dit-il, de rassurer les ouvriers sur leur sort, de leur faire comprendre que leurs souffrances ont été engendrées par la fatalité des choses et non par la faute des classes ou des hommes ; elle leur annonce que l'Assemblée nationale veut consacrer, par tous les moyens possibles et pratiques, le droit qu'a tout homme en venant au monde de vivre en travaillant ; qu'elle veut développer, par des subventions et des encouragements de toutes sortes, ce grand principe de l'association, destiné à unir librement tous les intérêts, tous les droits. » M. Considérant demande à l'Assemblée de nommer une commission, afin d'entendre la lecture de sa proclamation. M. Baze s'y oppose. « Il ne faut pas, dit-il, que l'Assemblée tienne un langage opposé aux actes du gouvernement ; il faut laisser faire le général Cavaignac. » La proposition de M. Considérant est écartée. Quelques instants après, M. Caussidière la reproduit sous une autre forme. Il supplie l'Assemblée d'envoyer un certain nombre de représentants, accompagnés d'un membre de la commission exécutive, dans les faubourgs, ce soir même, à l'instant, sans perdre une minute, et de lire aux flambeaux, devant les barricades, une proclamation conciliante. C'est à peine si on écoute. « On ne raisonne pas avec les factieux, s'écrie M. Bérard, on les bat ! » M. Caussidière reprend avec chaleur, affirme qu'en accédant à ce qu'il propose, l'Assemblée ramènera l'ordre et fera cesser l'effusion du sang. Comme il sait qu'on le suspecte, il offre de se mettre à la tête de la députation, de se livrer en otage. « Mais, de grâce, dit-il, ne perdez pas de temps, empêchez Paris de s'entr'égorger demain ; n'attendez pas d'autres nouvelles. *Les clubs du désespoir sont en permanence !* —Vous parlez comme un factieux : à l'ordre ! » s'écrie-t-on.

M. Duclerc, au nom du gouvernement, prie l'Assemblée de ne pas se faire « *pouvoir des rues.* » Une catastrophe peut arriver, dit-il, alors où serait le gouvernement ?

L'Assemblée, après avoir rejeté la proclamation de M. Considérant et la proposition de M. Caussidière, adopte une proclamation à la garde nationale que propose M. Senard. Cette proclamation, en parlant *de l'incendie qui déjà désole la cité, des formules du communisme et des excitations au pillage, qui se produisent sur les barricades,* déclare que le crime des insurgés est à découvert, et que l'Assemblée ne reculera devant aucun effort pour faire son devoir, comme la garde nationale fait le sien [1].

C'était renoncer à tout espoir de conciliation. C'était donner à l'insurrection un caractère tellement odieux qu'elle ne pouvait plus prendre conseil que du désespoir. Cependant l'Assemblée, en adoptant cette proclamation, n'est pas aussi résolue à la guerre à outrance qu'elle peut le paraître; elle hésite, elle ne sait ce qu'elle doit vouloir. Ceux qui parlent de clémence lui semblent des traîtres; ceux qui conseillent des mesures extra-légales étonnent sa conscience. M. Degousée, qui demande l'arrestation de tous les rédacteurs de journaux socialistes, n'est pas écouté. La séance reste un moment suspendue.

A dix heures, un vif mouvement de curiosité se manifeste; le général Cavaignac monte à la tribune; on l'écoute dans un silence profond. Le général en chef paraît extrêmement triste. Il regrette, dit-il d'une voix brève et saccadée, de n'avoir pas de renseignements complets à donner à l'Assemblée; il n'y a pas de rapports des généraux. La résistance a été malheureusement bien énergique. Les barricades sont encore debout; mais les régiments des environs de Paris sont en route. Il ne doute pas que la garde nationale des départements n'arrive promptement. Il annonce que pendant la nuit les troupes resteront massées autour de l'Assemblée.

On se sépare sur ces paroles peu rassurantes du général en chef. La consternation est dans tous les esprits. Le président, le bureau de l'Assemblée et un certain nombre de représentants, passent le reste de la nuit au Palais-Bourbon.

Le lendemain 24, à huit heures du matin, la séance est reprise. On entend gronder le canon et la fusillade. Les bruits les plus contradictoires circulent. Selon les uns, l'in-

---

[1] Voir aux *Documents historiques*, à la fin du volume, n° 15, la proclamation de M. Considérant et celle de M. Senard.

surrection est refoulée et concentrée sur un point ; selon d'autres, elle avance et menace à la fois l'Hôtel de Ville et l'Assemblée. M. Senard vient mettre fin à ces doutes. D'un ton grave, il lit un rapport d'après lequel les insurgés étendraient leurs moyens d'action : « Il est impossible, dit M. Senard, d'opérer une solution prompte, à moins d'une lutte énergique. Il faut que l'Assemblée réponde à l'admirable dévouement de l'armée et de la garde nationale. » Alors il propose un décret par lequel l'Assemblée adopte, au nom de la République, les veuves et les enfants des citoyens morts pour la patrie. Il donne des nouvelles des représentants Bixio et Dornès, des généraux Bedeau et Clément Thomas. L'affliction et l'anxiété sont sur tous les visages ; la séance est encore une fois suspendue.

Pendant cette suspension, une décision de la plus grande gravité est prise.

On se rappelle que, depuis quelque temps, le parti des républicains modérés voulait remplacer la commission exécutive par un chef unique du pouvoir exécutif.

Le 22 juin, trente ou quarante membres de la réunion du Palais-National, voyant l'imminence de l'insurrection, avaient délibéré sur le choix qu'il conviendrait de faire en des circonstances si difficiles. Les noms de MM. Dupont (de l'Eure), Arago, Lamartine, et même celui de M. Ledru-Rollin, ayant été successivement proposés et écartés, on se prononça pour le général Cavaignac et l'on décida que trois membres de la réunion, MM. Landrin, Ducoux, Latrade, se rendraient auprès de lui, afin de sonder ses dispositions et de s'assurer qu'il accepterait le pouvoir, dans le cas où l'Assemblée renverserait la commission exécutive.

Dans le même temps, la réunion de la rue de Poitiers, composée exclusivement, à l'origine, de nouveaux parlementaires qui affectaient de n'appartenir à aucun autre parti qu'à celui qu'ils appelaient le parti de l'ordre, mais qui, en admettant tout récemment MM. Thiers et Berryer, avait pris un caractère politique beaucoup plus prononcé, délibérait également sur le renvoi de la commission exécutive et entrait, par l'entremise de M. d'Adelsward, en relations avec le général Cavaignac.

La réponse du ministre de la guerre aux membres de ces deux réunions fut la même. Le général était convaincu, disait-il, des inconvénients nombreux que présentait le partage du pouvoir dans les circonstances actuelles; il était à la disposition de l'Assemblée, si elle avait confiance en lui; mais il entendait agir loyalement envers la commission exécutive, dont il était en ce moment le subordonné, et ne voulait entrer en arrangement que sous la condition expresse qu'elle en serait prévenue.

Cependant l'opinion publique était si favorable à la formation d'un nouveau pouvoir, que, le 23, dès qu'on vît éclater l'insurrection, le bruit se répandit que le général Cavaignac était nommé chef du pouvoir exécutif. Ce bruit était prématuré. Nous avons vu que la commission, pressée de se retirer, avait répondu qu'elle ne pouvait consentir à se déshonorer en abandonnant son poste à l'heure du péril; mais, le 24, de grand matin, tout changea de face. L'insurrection prenait manifestement l'offensive; elle cernait l'Hôtel de Ville. Le général Duvivier, qui remplaçait le général Bedeau, déclarait que, sans des renforts considérables, il ne pouvait plus tenir; enfin, ce qui fut décisif, M. Recurt faisait savoir que la garde nationale, qui n'avait pas de confiance dans la commission exécutive, ne marcherait pas si l'on ne déclarait Paris en état de siége et si l'on ne concentrait tous les pouvoirs entre les mains du général Cavaignac.

Forts de cette déclaration, quelques représentants se rendent, à huit heures du matin, au conseil de la commission exécutive; ils lui annoncent ce qui se passe; ils ajoutent que la réunion du Palais-National et celle de la rue de Poitiers sont d'accord pour porter au pouvoir le général Cavaignac; ils demandent, enfin, positivement à la commission de donner sa démission. MM. de Lamartine, Garnier-Pagès, Barthélemy Saint-Hilaire et Pagnerre, s'y refusent encore formellement. Ils disent que leur honneur est engagé, qu'il faut avant tout en finir avec l'insurrection dans la rue, puis qu'on verra ensuite à prendre des mesures politiques dans le conseil. Les partisans du général Cavaignac, voyant qu'il n'y a rien à obtenir de ce côté, décident d'agir directement par l'Assemblée.

Pendant ce temps, M. Senard et le général Cavaignac conféraient ensemble sur les conditions du pouvoir. Le général parlait en soldat. « Il ne connaissait pas la France, disait-il; il ne connaissait pas l'opinion publique; c'était aux hommes politiques à résoudre ce qui convenait au pays. Quant à lui, il était prêt à faire ce que l'on déciderait, à une condition toutefois, c'est qu'il resterait seul chargé du pouvoir exécutif et qu'il choisirait ses ministres là où il jugerait bon de les prendre. »

La réunion de la rue de Poitiers faisait quelques difficultés d'accepter cette dernière condition. M. Thiers n'ignorait pas que le général Cavaignac l'excluait positivement, lui et ses amis, de toute participation aux affaires ; mais le danger pressait. C'était beaucoup, d'ailleurs, de renverser, par les mains des républicains, la commission exécutive, qui était un dernier reste du gouvernement provisoire et de la révolution. M. Thiers croyait peu aux talents politiques du général Cavaignac; l'antipathie que le général lui témoignait le faisait sourire; et, par une sorte de générosité dédaigneuse que lui inspirait la certitude d'être bientôt, à la tête du parti dynastique, maître des affaires, il joignait ses efforts à ceux de MM. Senard et Marrast pour porter au pouvoir le général républicain.

Quant à la déclaration de l'état de siège, on sonda les bureaux avant d'en porter la proposition à l'Assemblée. Là, on rencontra une opposition sérieuse; l'état de siège répugnait profondément aux républicains de l'école libérale ; un pouvoir tout militaire leur paraissait une énormité.

L'un des représentants qui parla le plus fortement dans ce sens, ce fut M. Grévy, représentant du département du Jura. C'était un esprit ferme et tempéré, à qui l'amour du bien et l'habitude des choses honnêtes traçaient toujours, sans qu'il eût besoin d'efforts, la ligne la plus droite. Sa parole était grave, lucide; il possédait cette logique invincible de la sincérité qui gagne tous les bons esprits. L'un des nouveaux venus dans l'Assemblée, il s'y était promptement acquis, sans intrigue et même sans ambition, une considération particulière. Républicain par réflexion plutôt que par entraînement, il ne concevait le progrès que par la liberté. Se tenant à cette notion très-simple, mais bien rare dans les querelles de parti, il parut constamment, au sein de l'Assemblée, comme une expression modeste de sa meilleure conscience, comme un exemple parfait de l'esprit parlementaire appliqué dans toute sa sincérité à l'affermissement et à l'extension des institutions démocratiques.

La répulsion de M. Grévy pour l'état de siége fut très-combattue par les membres actifs des partis dynastiques et surtout par ceux du parti clérical qui s'efforçaient de démontrer que l'état de siége ne serait pas ce qu'on pensait. « On voulait simplement, disaient-ils, une plus grande concentration des pouvoirs pendant le combat, afin de rendre la résistance militaire plus énergique; mais l'état de siége ne pourrait jamais signifier, pour une assemblée républicaine, ni l'arbitraire des jugements, ni la suppression de la liberté. » Cette opinion s'appuyait sur un grand fait contemporain. Lorsqu'en 1832, les ministres de Louis-Philippe, sans consulter les Chambres, eurent mis Paris en état de siége, un insurgé fut condamné à mort par le conseil de guerre. L'opinion se souleva; M. Odilon Barrot plaida pour le condamné devant la cour de cassation. Il attaqua, non le droit du gouvernement de déclarer en certains cas l'état de siége, mais l'illégalité des commissions militaires. Il soutint que l'état de siége impliquait non pas les tribunaux d'exception, mais uniquement la prépondérance momentanée de l'autorité militaire sur l'autorité civile. M. Odilon Barrot fut éloquent et vrai; il gagna sa cause devant la Cour et devant l'opinion publique.

Les républicains qui, en 1832, sous la monarchie, s'étaient fortement prononcés contre l'état de siége, ne pouvaient, sans la plus triste inconséquence, l'adopter sous la République. Aussi le projet de décret, lu par M. Pascal Duprat, le 24, à la reprise de la séance, fut-il d'abord mal acueilli. Plusieurs représentants protestèrent au nom des souvenirs de 1832. On hésitait beaucoup encore à prendre une mesure de cette gravité, qui paraissait à bien des consciences une violation manifeste du principe républicain. D'ailleurs, M. Pascal Duprat n'avait pas d'autorité dans la Chambre, et vraisemblablement sa proposition aurait été rejetée, si M. Bastide n'était monté à la tribune pour l'appuyer dans les termes les plus pressants. M. Bastide était très-ému; il exhorta les représentants à ne pas perdre un temps précieux; il les supplia de prendre une décision immédiate. « Citoyens, s'écria-t-il, au nom de la patrie, hâtons-nous! Je vous conjure de mettre un terme à vos délibérations et de voter le plus tôt possible; dans une heure peut-être l'Hôtel de Ville sera pris! J'en reçois à l'instant des nouvelles. » Cet accent suppliant d'un homme qu'on connaissait incapable d'intrigue, la parole tremblante de ce cœur plein de fermeté, l'émotion de cette âme si calme, produisirent sur l'Assemblée une impression qui entraîna tout. L'état de siége fut voté par assis et levé.

Soixante représentants seulement, parmi lesquels MM. Odilon Barrot, Grévy et Considérant, votèrent contre[1].

Une heure après, la commission exécutive envoyait à l'Assemblée sa démission rédigée par M. de Lamartine et conçue en ces termes : « La commission du pouvoir exé-

---

[1] « Donnez-nous la chose, mais pas le mot, disait à un représentant M. Odilon Barrot; j'ai voté contre en 1832, je ne saurais ainsi me contredire. »

cutif aurait manqué à la fois à son devoir et à son honneur en se retirant devant une sédition et devant un péril public. Elle se retire seulement devant un vote de l'Assemblée. En lui remettant les pouvoirs dont vous l'avez investie, elle rentre dans les rangs de l'Assemblée nationale pour se dévouer avec vous au danger commun et au salut de la République. »

Ainsi tomba, à la suite de quelques intrigues de parti, mais surtout devant le désir, le besoin général d'un pouvoir fort, la commission exécutive nommée le 10 mai par l'Assemblée.

Elle ne se retira pas glorieusement, comme l'avait fait le gouvernement provisoire; l'Assemblée ne songea pas à décréter qu'elle avait *bien mérité de la patrie;* mais elle put emporter du moins, malgré les calomnies auxquelles elle se vit en butte, la conscience d'avoir suivi l'exemple qui lui avait été légué, de modération dans l'exercice du pouvoir et de respect pour les libertés publiques.

Accusée avec violence par deux partis passionnés, incapables en ce moment de toute justice, la commission exécutive, si elle manqua d'unité, d'initiative et d'un grand sens politique, ne fut coupable de presque aucune des fautes qui lui furent si amèrement reprochées. Des hommes tels que MM. de Lamartine, Arago, Garnier-Pagès, ne furent pas des despotes; eussent-ils voulu l'être, ils ne l'auraient pas pu, en présence d'une Assemblée dont ils dépendaient de la manière la plus complète. Ils ne furent pas davantage des sybarites, gorgés d'or et repus de festins; tout au plus, quelques-uns d'entre eux commirent-ils de légères fautes de goût, en souffrant qu'on ornât le palais du Luxembourg de meubles qui avaient décoré les appartements des princes; moins encore étaient-ce des démagogues, comme le disait la presse dynastique, ou des hommes inhumains, ennemis du peuple, comme on l'imprimait dans les feuilles révolutionnaires.

C'étaient, comme j'ai tâché de le faire voir, des hommes

lassés, craintifs, non devant le danger, mais devant leur propre conscience; peu d'accord entre eux, ne sachant ni ce qu'ils devaient vouloir, ni ce qu'ils pouvaient oser, ni surtout ce que, dans un temps où tout était ébranlé, confus, contradictoire, les passions et les intérêts de la France commandaient davantage, ou bien l'application hardie des idées nouvelles, ou bien le raffermissement des institutions anciennes.

Le pouvoir, que nous allons voir passer en d'autres mains et prendre successivement des formes diverses, nous montrera, par son impossibilité à rien fonder, qu'en faisant peser, comme on l'a fait, sur le gouvernement provisoire d'abord, puis sur la commission exécutive et sur l'Assemblée constituante, la responsabilité entière et pour ainsi dire personnelle d'un état social sur lequel ils avaient si peu de prises, on a méconnu l'essence même et le caractère d'une révolution, la plus vaste, la plus compliquée surtout et la plus inconnue à elle-même, qui ait jamais agité le monde.

CHAPITRE XXXIII

Proclamation du général Cavaignac à l'armée. — Opérations militaires pendant la journée du 24. — Le général Duvivier à l'Hôtel de Ville. — Le général Damesme au Panthéon. — Séance du 25. — L'Assemblée vote trois millions pour les ouvriers nécessiteux. — Le général Lamoricière. — Mort du général Bréa. — Combats autour de l'Hôtel de Ville. — Mort du général Négrier. — Mort de l'archevêque de Paris. — Quatrième journée. — Bombardement et reddition du faubourg Saint-Antoine. — L'Assemblée nationale décrète que le général Cavaignac a bien mérité de la patrie.

Le général Cavaignac, investi du pouvoir exécutif, n'eut qu'à compléter les mesures qu'il avait prises déjà comme ministre de la guerre. Il laissa son quartier général à l'Assemblée, sa réserve sur la place de la Concorde; il fit adresser l'ordre, par dépêches télégraphiques, aux chefs de corps de la subdivision de la Seine-Inférieure, à ceux de la deuxième et de la troisième division, de diriger sur Paris toute l'infanterie disponible. Il envoya dans les départements des officiers d'état-major chargés de presser l'envoi des troupes et de faire marcher sur Paris l'armée des Alpes. Enfin, il fit publier trois proclamations : l'une qui s'adressait, au nom de l'Assemblée nationale, aux ouvriers; l'autre, en son propre nom, à la garde nationale[1]; la troisième à l'armée.

[1] Voir, aux *Documents historiques*, à la fin du volume, n° 16, ces deux proclamations.

Cette dernière proclamation, admirable par la grandeur des sentiments d'humanité qui l'inspirent, unique dans les fastes militaires par la dignité, par le respect de soi qu'elle suppose ou qu'elle veut faire naître chez ceux à qui elle s'adresse, mérite d'être retenue et méditée. On y verra quel langage la vertu républicaine sait parler, même dans la bouche d'un soldat. On comprendra comment, par cela seul que ce soldat est républicain et voit dans les soldats qu'il commande au nom de la loi, non plus des bras serviles façonnés à tuer par la discipline, mais des citoyens dont il respecte la conscience libre, quelques paroles de circonstance, oubliées d'ordinaire aussi vite qu'elles sont prononcée, s'élèvent à la hauteur d'un témoignage historique qui a droit d'occuper la mémoire d'une nation et d'intéresser la pensée humaine.

« Soldats, » disait le général Cavaignac, le 24 juin, à onze heures du matin, au moment même où le combat recommençait dans les conditions les plus défavorables et où il pouvait sembler nécessaire de surexciter les passions de l'armée, afin de rendre plus égale la force d'impulsion qui, jusqu'alors, avait paru tout entière du côté des insurgés, « soldats ! le salut de la patrie vous réclame. C'est une terrible, une cruelle guerre que celle que vous faites aujourd'hui. Rassurez-vous, vous n'êtes point agresseurs ; cette fois, du moins, vous n'aurez pas été de tristes instruments de despotisme et de trahison. Courage, soldats ! imitez l'exemple intelligent et dévoué de vos concitoyens ; soyez fidèles aux lois de l'honneur, de l'humanité ; soyez fidèles à la République. A vous, à moi, un jour ou l'autre, il nous sera donné de mourir pour elle. Que ce soit à l'instant même, si nous devions lui survivre ! »

Cette proclamation fit sur l'heure un très-grand effet. Elle est de nature à en produire un plus grand encore aujourd'hui que tant d'événements, en France et en Europe, éclairent d'un jour nouveau le sentiment qui l'a dictée. D'autres généraux ont été chargés, comme le général Cavaignac, de vaincre des insurrections populaires; de grandes capitales ont été reprises par la force armée; les Radetzky, les Wrangel, les Windischgraetz, ont fait marcher contre le peuple, au nom des rois et des empereurs, des troupes régulières. En est-il un seul qui, en envoyant ses soldats à l'assaut des barricades, ait songé à les rassurer sur la légitimité de la cause qu'ils allaient défendre? Un seul qui les ait félicités de n'être pas des *instruments de despotisme*, et qui les ait exhortés à rester *fidèles aux lois de l'humanité*? Que l'on me pardonne ce rapprochement et cette réflexion en l'honneur d'un soldat citoyen dont les actes ont été sévèrement jugés et les intentions souvent méconnues; en l'honneur aussi de la patrie républicaine, qui seule commande aux hommes, qu'elle rend égaux et libres, ces sentiments plus parfaits et ces devoirs supérieurs.

Revenons à l'action qui s'engage et considérons l'ensemble de la situation, à l'heure où je reprends mon récit.

Nous avons vu que la troupe, à cause de son petit nombre, encore réduit par les pertes énormes qu'elle a faites, n'a pu garder les barricades dont elle s'est emparée. A la chute du jour, il a fallu se concentrer et laisser ainsi aux insurgés le loisir de relever leurs retranchements. Le combat, néanmoins, n'a pas cessé entièrement, même au plus fort de la nuit. On a échangé des feux de tirailleurs autour de l'Hôtel de Ville et dans le voisinage du Panthéon. Les insurgés, quoiqu'ils n'aient remporté aucun avantage sur l'armée, et qu'ils aient perdu l'espoir d'entraîner la garde mobile, se considèrent comme assurés de vaincre. La société des droits de l'homme, qui, la veille, s'est tenue à l'écart, et la partie considérable des ateliers nationaux qui n'a pas donné encore, en voyant que la lutte se prolonge, ont décidé de s'y joindre. On répand le bruit que les populations de Rouen, du Havre et de Lille sont en marche et viennent prêter main-forte à l'insurrection. La famille de l'ouvrier se presse autour de lui et l'excite à la révolte.

Sur beaucoup de barricades, à la place du drapeau tricolore des ateliers nationaux, qui n'a aucun sens, on arbore le drapeau rouge, devenu, depuis le 26 février, le signe de protestation du prolétariat. En réponse aux proclamations du général Cavaignac, les ouvriers placardent sur les murailles un appel aux armes dans lequel ils disent qu'ils veulent la république démocratique et sociale[1]. L'insurrection se déclare : elle a désormais, si ce n'est un chef, du moins un nom et un caractère. Elle prend en quelque sorte conscience d'elle-même.

Le général Cavaignac, instruit par des rapports circonstanciés de ces dispositions du peuple, en conçoit de vives appréhensions. Il n'a pas fermé l'œil de la nuit. Son organisation très-nerveuse le fait souffrir plus qu'un autre de tout ce qui est incertitude et lenteur. Les hommes auprès desquels, en communiquant librement ses pensées, il trouverait l'appui moral dont il a besoin, les généraux Lamoricière, Bedeau, Damesme sont loin de lui. Il ne voit que des officieux, des importants, des gens troublés par la peur. Il vient d'apprendre, et sa colère n'a pu se contenir, que M. Thiers, dans une délibération de trois cents représentants de la droite, réunis dans l'ancienne Chambre des députés, s'étant levé précisément à la place qu'il occupait naguère, au banc des ministres, y a tenu un long discours pour blâmer les dispositions militaires prises depuis le 23. L'historien de l'Empire a particulièrement désapprouvé l'emploi de la cavalerie dans les rues, et, après avoir démontré à son auditoire l'impossibilité stratégique de résister au peuple, il a offert de porter à M. Senard l'avis, que celui-ci transmet au général Cavaignac, d'abandonner Paris à l'insurrection et de se retirer dans quelque ville de province. On conçoit que de pareils avis et de telles critiques achèvent d'exaspérer le général Cavaignac[2]. La

---

[1] Voir, aux *Documents historiques*, à la fin du volume, n° 17.
[2] Il est juste de dire que, le lendemain, M. Thiers changeait d'avis. Après avoir passé quelques heures auprès du général Lamoricière, il

situation devient, d'ailleurs, de plus en plus difficile. Les troupes qu'on attend impatiemment ne paraissent pas. Les munitions s'épuisent avec une rapidité effrayante; au bout de cette première journée, il ne reste presque plus rien d'un approvisionnement de trois cent mille cartouches[1]. On est douze heures sans nouvelles du colonel Martimprey, envoyé à Vincennes pour y chercher des munitions et de l'artillerie. Parti la veille, à onze heures et demie du soir, à la tête d'un régiment d'infanterie et d'un régiment de cuirassiers, le colonel Martimprey n'est arrivé à Vincennes qu'à quatre heures et demie du matin, à cause des détours qu'il lui a fallu faire pour ne pas se laisser surprendre par les insurgés, maîtres de tout le faubourg Saint-Antoine. A onze heures et demie du matin seulement, il ramène à Paris, les canons, les boulets, les bombes, les obus dont on va faire usage pour assiéger en règle et réduire la ville insurgée.

Le 24, à dix heures, le combat recommence partout à la fois. Comme la veille, les principaux engagements ont lieu sur trois points : dans la Cité, dans le haut des faubourgs Saint-Denis et Poissonnière, aux abords du Panthéon.

Dans la Cité, les insurgés ont repris, pendant la nuit du 23 au 24, les positions enlevées par le général Bedeau. Les barricades qu'ils ont construites depuis la rue Planche-Mibray jusqu'aux rues Rambuteau, de la Tixeranderie, Cloche-Perce, etc., n'ont pu être ni ébranlées par le canon, ni emportées à la baïonnette. Deux pièces d'artillerie, mises en batterie sur la place du Châtelet et sur la place Saint-Michel, ont été forcées de reculer. Le général Duvivier, qui a fait avec tant d'éclat la guerre d'Afrique, semble déconcerté par cette guerre des rues. On le voit étudier

---

revint dire à ses collègues que désormais il n'éprouvait plus de craintes sur le résultat final de la lutte, le général Lamoricière répondant de tout.

[1] « Les cartouches fondaient comme de la neige, » dit le général Cavaignac dans son discours du 26 novembre.

avec inquiétude le plan de Paris; son commandement est incertain, sa mémoire le trompe; il fait faire des marches et des contre-marches qui fatiguent la troupe; on abandonne, par son ordre, des positions faciles à garder. Le vieux colonel Renaut, à la tête du 48ᵉ de ligne, reste tout le jour exposé au feu sans gagner de terrain; un moment, les insurgés ne sont plus qu'à soixante pas de l'Hôtel de ville. Les soldats et la garde nationale, sentant l'absence d'une impulsion forte, se découragent; plusieurs compagnies reculent devant le feu et se débandent. Enfin, M. Marrast croit devoir aller trouver le général Cavaignac pour lui demander de remettre le commandement en d'autres mains. Cavaignac hésite à faire un pareil outrage à l'un des plus brillants généraux de l'armée; cependant, vers six heures, il envoie à l'Hôtel de Ville le colonel Charras à la tête d'une colonne de renfort, composée d'un bataillon de la garde nationale et de deux pièces de canon. Ce renfort, et surtout la nouvelle certaine que l'état de siége est proclamé, que tous les pouvoirs sont remis au général Cavaignac, raniment les esprits. On reprend confiance; on marche vivement aux barricades de la rue Saint-Antoine; on attaque avec le canon l'église Saint-Gervais. Vers huit heures, l'Hôtel de Ville est dégagé; on respire; on rentre à la nuit, plein d'espoir pour la journée du lendemain.

Dans le faubourg Poissonnière, où le général Lebreton a pris le commandement, la troupe qui avait poussé la veille jusque près des ateliers du mécanicien Cavé, a rétrogradé pour se concentrer autour de la prison Saint-Lazare. Tout est à recommencer. Les insurgés, pendant les quelques heures de répit qu'on leur a laissées, ont achevé de se fortifier. Ils ont crénelé et percé de meurtrières le mur d'octroi. La plupart des maisons sont à eux. Ils y ont pratiqué des communications au moyen desquelles ils se portent rapidement, à l'abri du feu, d'un point à un autre. Des hauteurs du clos Saint-Lazare, ils plongent sur toutes les rues qui descendent au boulevard. Les constructions inachevées de l'hospice de la République leur servent de retranchement. Les immenses blocs de pierre de taille, épars sur le sol inégal, et les palissades en planches qui les entourent, protégent leurs tirailleurs. Ils sont barricadés dans l'octroi, dans les abattoirs, dans le prolongement de l'embarcadère du chemin de fer de Strasbourg. Il semble y avoir sur ce point tout un ensemble de dispositions stratégiques qui dénotent un commandement militaire. On dit, en effet, que les insurgés ont mis à leur tête des soldats remplaçants de l'armée d'Afrique, d'anciens sous-officiers de l'Empire, et que leurs mouvements bien combinés convergent, de ces hauteurs dont ils sont maîtres, vers le centre de Paris. Ménagers de leurs munitions, il leur est ordonné de viser principalement les officiers supérieurs de l'armée; ils restent silencieux; un seul mot court à voix basse dans leurs rangs : « A l'Hôtel de Ville! à l'Hôtel de Ville! »

Il n'est pas difficile à l'insurrection, avec de pareils avantages, de tenir tête à la troupe pendant toute cette journée et toute la journée suivante. La seule barricade du faubourg Poissonnière résiste aux assaillants, depuis deux heures de l'aprs-midi jusqu'à six heures du soir. La garde nationale de la 2ᵉ légion y essuie le feu, pendant très-longtemps, avec le courage singulier qu'inspire à des pères de famille, à des chefs d'industrie, à des hommes riches et considérables, la persuasion qu'il s'agit pour eux, dans cette guerre sociale, de risquer le tout pour le tout, et que, s'ils se laissent désarmer, s'ils sont vaincus, c'en est fait, non-seulement de leurs richesses actuelles qu'ils verront livrées au pillage, mais encore du droit héréditaire de leurs enfants à ces richesses. Assurément ce courage, un peu égoïste, est moins héroïque que le point d'honneur du soldat qui défend le territoire; il est moins noble que le dévouement du sectaire ou du patriote à une cause religieuse ou politique; mais il n'en surmonte pas moins l'instinct naturel et produit, dans l'occasion, des actes tout à fait extraordinaires. « La crainte de perdre, dit Machiavel, engendre les mêmes passions que le désir d'acquérir [1]. »

Les officiers de l'armée s'étonnent de voir des hommes déjà sur le retour de l'âge, étrangers à la guerre, ou tout au moins déshabitués des armes, se porter sans tactique, sans discipline et sans enthousiasme, il est vrai, mais de parti pris et délibérément sur des points si exposés que les plus intrépides soldats hésitent à s'y tenir.

Le feu était terrible à la barricade Poissonnière. On ne voyait pas les insurgés qui tiraient par les meurtrières du mur d'octroi et à l'angle des fenêtres. La garde nationale assez peu nombreuse, n'avait pas de canon. Vers trois heures seulement, un faible renfort de deux cents gardes républicains lui arrive; une heure après, le général Lebreton, qui vient faire une reconnaissance, promet d'envoyer de l'artillerie, et l'on voit bientôt déboucher une petite colonne de six cents gardes nationaux qui amènent avec eux une pièce de huit, escortée par une vingtaine de cuirassiers. Le représentant Tréveneuc et M. Perrée, rédacteur en chef du *Siècle*, sont avec eux. Le combat recommence avec plus de vivacité, et l'on échange encore, pendant près d'une heure, des décharges à bout portant, sans le moindre résultat. Enfin la garde nationale de Rouen paraît de l'autre côté de la barrière; sa jonction décide la victoire. La barricade Poissonnière et la place Lafayette sont déblayées; les insurgés reculent et se retranchent derrière les constructions du clos Saint-Lazare.

Dans le faubourg Saint-Denis, où le colonel de Luzy d'abord, puis le général Korte, ont remplacé le général Lafontaine, les choses ne prennent pas une tournure plus décisive. Le général Korte n'a sous ses ordres que des détachements du 7ᵉ et du 9ᵉ bataillons de la garde mobile, du

---

[1] « La paura del perdere genera le medesime voglie che sono in quelli che desiderano acquistare. »
(Machiavelli, *Discorsi*, lib. I, cap. v.)

7ᵉ léger et de la garde nationale de Pontoise. Quatre-vingts coups de canon ont été tirés vainement contre une barricade de la rue Saint-Denis, que défendent avec beaucoup d'énergie et d'habileté les mécaniciens du chemin de fer du Nord. Le général pointe lui-même une pièce; plusieurs fois il fait donner l'assaut, toujours sans succès. Le général Bourgon, entendant cette canonnade prolongée, accourt se mettre à la disposition du général Korte; presque aussitôt, il est atteint d'une balle à la cuisse. Korte, blessé au bras, refuse, malgré des douleurs très-aiguës, de quitter son commandement. Tant de courage, tant de persévérance restent à peu près inutiles. A la fin de la journée du 24, on n'a remporté sur ce point aucun avantage décisif.

Sur un autre champ de bataille, très-étendu, entre le quartier général de Lamoricière et celui de Damesme, dans les sixième, septième, huitième et neuvième arrondissements, les insurgés ont remporté des avantages considérables, mais dont ils ne savent pas profiter. Dès le matin, ils ont attaqué la place des Vosges et pris la mairie du huitième arrondissement, où trois cent cinquante soldats de la ligne ont mis bas les armes[1]. On a planté sur la mairie le drapeau rouge et l'on y a installé, comme maire, un nommé Lacollonge, rédacteur en chef du journal l'*Organisation du travail*. Les insurgés ont trouvé à la mairie quinze mille cartouches, quinze mille sabres, des munitions de toute espèce et des uniformes de gardes nationaux qu'ils se partagent. Puis ils s'avancent par la rue Saint-Antoine et menacent l'Hôtel de Ville, dont les communications avec le corps d'armée du général Damesme restent toujours interceptées.

La position de Damesme est très-critique. Sept à huit

---

[1] Un ordre du jour du général Lamoricière, en date du 8 juillet, annonçait à l'armée, en termes très-sévères, le licenciement de ce détachement « qui avait, disait-il, lâchement rendu ses armes aux factieux. »

cents hommes de troupes de ligne, deux pièces de canon et cinq cents gardes mobiles composent tout son effectif. La 11e légion, placée sous ses ordres, suffit à peine à garder les rues reconquises sur les insurgés, et c'est avec d'aussi faibles ressources qu'il conçoit et exécute le plan le plus hardi. Il veut, en premier lieu, rétablir les communications avec la division de la rive droite. Dans ce dessein, il va faire, en sens inverse, ce que le général Bedeau a tenté la veille : reprendre par le haut, la rue Saint-Jacques, pousser jusqu'en bas, de barricade en barricade; puis, ceci fait, n'importe à quel prix, il attaquera le Panthéon, où les insurgés sont retranchés au nombre de quatre ou cinq mille.

Vers dix heures, le général Damesme quitte la place de la Sorbonne où il a bivaqué la nuit; il descend la rue Saint-Jacques à la tête de sa colonne, reprend, comme il se l'est proposé, toutes les barricades jusqu'à la rue du Plâtre et revient vers le Panthéon, devenu le quartier général des insurgés. Leur position y est extrêmement forte. Du haut de la coupole, ils dominent les avenues qu'ils ont barricadées; sur la place même ils ont construit une barricade énorme; ils sont maîtres de l'École de droit qui fait face à l'église; à gauche, ils occupent les bâtiments en construction de la mairie.

Pendant que le lieutenant-colonel Thomas, à la tête de deux bataillons du 14e et du 24e léger et d'un détachement de la garde républicaine, fait des efforts extraordinaires pour dégager les rues, la garde mobile essaye de s'emparer des bâtiments en construction qui entourent la place. Après une longue lutte, où plus de cent des leurs périssent, les gardes mobiles sont forcés de renoncer à leur entreprise. Mais, dans le même temps, la troupe de ligne, plus heureuse, a pénétré, par une porte de derrière, dans l'École de droit, et commence à tirer, par les fenêtres, sur le Panthéon. Les insurgés, installés dans la mairie, ripostent. Ce qui se passe là, pendant deux heures environ, est moins un combat qu'une horrible tuerie. Cependant le général Damesme, s'apercevant que les insurgés perdent plus de monde encore que lui et apprenant que le colonel Thomas a complétement réussi à déblayer les rues avoisinantes, donne l'ordre d'attaquer l'église. Il fait disposer ses troupes des deux côtés de la rue Soufflot et mettre les canons en batterie sur le milieu de la chaussée. Lui-même, pour animer les soldats et pour diriger les canonniers, reste pendant une heure entière entre ses deux pièces, calme, impassible, sous le feu continu des insurgés qui tirent du haut des galeries. Par deux fois, il faut renouveler le service des canonniers. Enfin, vers midi et demi, les portes massives du Panthéon commencent à s'ébranler, le feu de l'ennemi se ralentit; Damesme donne le signal de l'assaut, en y montant le premier. La garde mobile et les gardes nationaux de la 11e légion s'élancent vers les grilles, renversent tout devant eux, enfoncent les portes, se précipitent dans l'église, s'y battent corps à corps avec les insurgés, en désarment plus de mille; le reste fuit par une porte de derrière, à travers les jardins du collége Henri IV, et se réfugie dans une enceinte de barricades qui relie la place et la rue de la Vieille-Estrapade, la place et la rue de Fourcy, avec la rue des Fossés-Saint-Jacques.

C'est à peine si Damesme laisse un moment reposer sa troupe; dans le temps que le colonel Thomas attaque la barricade de la rue des Fossés-Saint-Jacques, il se porte à l'attaque de celle de la rue de l'Estrapade. Le canon et la fusillade grondent pendant près de cinq heures. A l'instant où l'on va s'emparer, après des pertes énormes, de la dernière barricade, rue de Fourcy, le général reçoit une balle dans la cuisse Un cri de douleur retentit dans les rangs lorsqu'on le voit tomber. Un enfant de la garde mobile, qui ne l'a pas quitté, s'élance d'un bond sur la barricade, va droit à l'insurgé qui vient de tirer, lui applique son pistolet sur la poitrine, l'étend roide mort à ses pieds, le regarde un moment avec l'expression froide de la vengeance satisfaite, puis il rentre dans les rangs et éclate en sanglots [1].

Cependant on emportait le général Damesme à l'hôpital du Val-de-Grâce. Un représentant du peuple, M. Valette, qui se trouvait non loin de là lorsqu'il fut frappé, s'approche respectueusement, tristement. Il sait que la blessure est mortelle. « Général, lui dit-il, c'est au nom de l'Assemblée nationale que je viens vous serrer la main. — Je vous remercie, répond Damesme en souriant avec une admirable expression de résignation, presque de joie ; n'est-ce pas, monsieur, vous ferez connaître à l'Assemblée que j'ai rempli mon devoir? »

Arrivé au Val-de-Grâce, le blessé éprouve un tel épuisement qu'il s'endort. Pendant son sommeil, les chirurgiens examinent la plaie : l'os est brisé en plusieurs éclats ; l'inflammation commence ; le moindre retard dans l'opération peut en compromettre le succès. M. Baudens, chirurgien en chef, éveille le général : « Votre blessure est grave, lui dit-il ; il n'y a pas grand'chose à faire ; mon avis serait de vous séparer de cette jambe... — Vous croyez? dit le général, sans trahir la moindre émotion ; allons, que votre volonté soit faite! » Et presque aussitôt il se rendort.

Une seconde fois, quand les préparatifs de l'amputation sont terminés, on le réveille. Pendant l'opération, assez longue et très-douloureuse, il ne lui échappe pas une plainte. Après que l'amputation est faite : « Pourrai-je encore monter à cheval? dit-il en regardant le chirurgien en chef avec quelque inquiétude ; et, sur sa réponse affirmative : « Eh bien! alors, je vaux autant qu'auparavant... *Vive la République!* »

Ainsi s'exhalaient de cette âme héroïque et douce, en

---

[1] Ce jeune homme, nommé Georges, se noya, moins d'un mois après l'insurrection, en nageant dans la Seine. Il avait été décoré, mais n'avait pas encore reçu la croix. Son bataillon, où il avait constamment donné l'exemple de la bravoure et de la discipline, voulut faire les frais de ses funérailles.

présence de la mort, les plus purs sentiments du patriotisme. Pas un regret qui lui fût personnel, pas un retour sur lui-même et sur cette mutilation qui va le condamner à tant de privations et de souffrances. L'image même de sa jeune femme, enceinte de son premier enfant, ne trouble pas en lui une vertu plus haute. « Dites à l'Assemblée nationale que j'ai rempli mon devoir. » C'est, en tombant, sa première pensée. « Pourrai-je encore servir mon pays, la République? » C'est la seule crainte qu'il exprime après une amputation cruelle.

O simplicité! ô grandeur! que vous sembliez naturelles alors et comme maîtresses des âmes!... O liberté! ô patrie républicaine! quelles pompes triomphales pourraient effacer jamais le caractère sacré, la majesté funèbre de tes jours de deuil!

Nous avons laissé le général Lamoricière, le soir du 23, après la prise de la barricade Saint-Maur, dans la nécessité d'abandonner tous ses avantages. A trois heures du matin, les insurgés ont réparé les brèches de la barricade; ils l'ont élevée à la hauteur d'un second étage; les montagnards licenciés de Caussidière y sont retranchés; il faut en recommencer l'attaque.

De ce côté, l'insurrection a pris, sur un vaste espace, des positions très-fortes. Elle occupe, à gauche du canal Saint-Martin, l'entrepôt de la Douane; à droite, le quai de Jemmapes. Toutes les maisons de la rue Saint-Maur sont percées jusqu'à la hauteur de la caserne, dont les insurgés sont maîtres. Postés aux fenêtres de quelques maisons avantageusement situées dans la rue du Temple, ils font, sur la troupe, un feu continuel qui part à la fois depuis le soupirail des caves jusqu'aux lucarnes des greniers; mais le général Lamoricière a pris la résolution d'en finir à tout prix. Irrité de ne recevoir aucun renfort et de voir disparaître les gardes nationaux dont beaucoup, dès que l'action se prolonge, abandonnent leur poste sans même prévenir leurs officiers; exaspéré à l'idée de trahison qui s'est emparée de son esprit, il ne veut plus rien ménager, ni les hommes, ni les propriétés, ni surtout lui-même.

L'œil en feu, la chevelure au vent, la voix presque éteinte, tant il a prodigué les ordres, les exhortations, les reproches à ses soldats qu'il trouve indécis : « Je me ferai tuer, mais je ne céderai pas! » répond-il aux personnes qui l'engagent à ne pas s'opiniâtrer, comme il le fait, sur des points qui paraissent imprenables. C'est à grand'peine qu'il revient sur l'ordre de fusiller deux brigadiers des ateliers nationaux sur lesquels on a trouvé la somme de quatre-vingts francs et un laissez-passer signé Lalanne. Il répète tout haut que l'administration des ateliers trahit. Il veut qu'on lui amène le directeur pour le faire passer par les armes [1]; il fait arrêter le commandant Watrin, de la 6e légion, parce que celui-ci, ignorant l'ordre qu'il vient de donner de jeter des bombes dans une maison de la rue du Faubourg-du-Temple, d'où l'on veut déloger les insurgés, est accouru pour éteindre l'incendie; il menace les soldats, il n'épargne pas les officiers; il se répand en injures contre la garde nationale [2].

Tandis que, par son ordre, le canon tonne incessamment contre les barricades, la sape et la mine ouvrent, dans l'intérieur des maisons, un chemin aux soldats qui vont de la sorte prendre l'ennemi à revers. Les bombes et les obus

---

[1] Le général Lamoricière se refusait à croire que M. Lalanne agit d'après les ordres du général Cavaignac et de M. Senard. On espérait, en continuant la paye des ateliers nationaux, retenir un grand nombre d'ouvriers et les empêcher de se battre.

[2] Quelquefois aussi il plaisante : « En voilà de la fraternité! » s'écrie-t-il, en voyant tomber à droite et à gauche une pluie de balles. S'apercevant que les soldats hésitent à attaquer une barricade, il met son cheval au pas au milieu de la chaussée, s'avance tout seul sous le feu des insurgés, revient aussi lentement qu'il est allé : « Vous voyez bien que ce n'est pas difficile, » dit-il aux soldats. Une autre fois encore, voyant qu'un officier pâlit en s'apprêtant à passer devant une brèche d'où part une fusillade continue, il le prend par le bras, tout en causant, le couvre de son corps, passe lentement avec lui sous la brèche et ne le quitte que lorsqu'il n'y a plus de danger.

éclatent; l'incendie dévore les charpentes; une fumée épaisse remplit des rues entières, aveugle les combattants, enveloppe et cache à demi ces scènes de dévastation. Le colonel Dulac, avec son régiment, l'un des plus éprouvés de l'armée, seconde admirablement le général Lamoricière. C'est lui que le général choisit toujours pour l'envoyer sur les points périlleux; c'est lui qu'il charge d'enlever les barricades les plus formidables.

Toute cette longue journée du 24 se passe en combats sanglants; les insurgés se défendent pied à pied; c'est à peine si l'on s'aperçoit qu'ils reculent. Vers le soir, seulement, Lamoricière, qui a voulu conduire lui-même l'attaque de l'entrepôt de la Douane, et qui vient d'y avoir un cheval tué sous lui, réussit à s'en emparer et coupe en deux l'insurrection. Tandis qu'il en rejette une moitié vers la Villette, l'autre moitié est repoussée vers Montmartre par les troupes que commande le général Lebreton.

Dès le matin, le général Lebreton a reconnu une excellente position dans les abattoirs Montmartre, d'où l'on domine les barricades construites à la barrière Rochechouart. Il y envoie une partie du 2e bataillon de la 3e légion et un peloton du 21e de ligne; il fait placer des hommes aux fenêtres des maisons qui plongent à la fois sur la barricade et sur la barrière et commande une décharge générale qui met la plupart des insurgés hors de combat. Ce qui reste s'embusque dans les bâtiments de l'octroi et dans les maisons voisines. Une vive fusillade s'engage et continue sans interruption pendant quatre heures. Les soldats réussissent à débusquer les insurgés de cette position; puis le général Lebreton les ramène à l'assaut de la barricade Poissonnière, dont on parvient, après des efforts inouïs, à se rendre maître.

Sur la rive gauche de la Seine, dans le faubourg Saint-Marcel, la lutte, qui se prolongeait, suivait à peu près les mêmes phases que sur la rive droite. Le 23, les barricades, construites en assez grand nombre dans les rues Mouffetard et de l'Arbalète, rue Pascal, rue de Lourcine, à la barrière d'Italie, ont été enlevées sans trop de difficultés par la garde mobile, qui a refoulé les insurgés jusqu'à la fabrique des Gobelins. Mais on n'a pu pousser plus loin faute de munitions, et, dans la nuit, les insurgés ont repris toutes leurs positions. Pendant la journée du 24, ils se sont défendus avec beaucoup d'énergie. La troupe n'a pu qu'à grand'peine reprendre les barricades dans un quartier où la population entière et les trois quarts de la garde nationale appartiennent à l'insurrection.

Quand la nuit descendit pour la seconde fois sur la ville ensanglantée et qu'une illumination sépulcrale éclaira les rues désertes, dont le silence n'était interrompu que par le cri lugubre et monotone du soldat en faction : « Sentinelle ! prenez garde à vous! » ce ne furent plus seulement, comme la veille, la tristesse et l'angoisse qui serrèrent les cœurs ; un frisson d'horreur glaça les imaginations, hantées par des scènes de meurtres et d'épouvante, par des cris, des gémissements, des malédictions, en proie à toutes les hallucinations qu'enfante le délire de la vengeance. Le combat, en se prolongeant au delà des prévisions, en prenant des proportions inaccoutumées, loin d'amener la lassitude et le désir de la paix, s'était empreint d'un caractère d'acharnement presque étranger à nos mœurs. En plusieurs rencontres, sur plusieurs points disputés longuement, on l'avait vu dégénérer en férocité. Quelques régiments, familiarisés avec les représailles cruelles de la guerre d'Afrique, exaspérés en voyant tomber leurs officiers dont la valeur ne s'était jamais montrée si brillante, fusillèrent, dans un premier mouvement de rage, leurs prisonniers ; mais ce furent surtout les enfants de la garde mobile qui parurent avides de sang, emportés par « l'enthousiasme du carnage. » Cette horrible ivresse, que causent à tous les hommes, dans l'ardeur d'un premier combat, la vue du sang, l'odeur et la fumée de la poudre, a tourné en délire chez ces enfants des faubourgs, dont la misère et une débauche précoce altèrent ou dépravent toutes les facultés ; l'orgueil aussi les exalte. D'une bravoure plus impétueuse que les soldats de la ligne qui marchent par obéissance, avec tristesse, à cette guerre civile, ils courent partout où retentit la fusillade ; ils arrachent à tous ceux qui les voient des applaudissements qui achèvent de les étourdir. Dans les intervalles du combat, ils fument, ils boivent du vin frelaté, de l'eau-de-vie, à laquelle, par bravade, ils mêlent de la poudre. Ces boissons, ces excès de toutes sortes les jettent dans une allégresse farouche. Quand ils apprennent que l'état de siége est proclamé, ils s'imaginent qu'ils ont droit de tuer sans merci. Sourds à la voix de leurs chefs, ils n'écoutent plus qu'un instinct sauvage. Les cris, les supplications de leurs prisonniers, les excitent à des rires affreux ; la face humaine ne leur impose plus ; ils deviennent plus semblables à des animaux de proie qu'à des hommes.

Et tout ce sang répandu, ces pertes irréparables ne donnent encore aucune certitude sur l'issue du combat. L'insurrection a reculé, il est vrai ; la prise du Panthéon a déterminé son mouvement rétrograde et l'a coupée en deux. L'Hôtel de Ville est sauvé ; mais l'avis des officiers supérieurs est que la journée du lendemain sera vivement disputée ; que l'on doit se résigner à de nouveaux sacrifices ; qu'il faudra attaquer les maisons, les détruire par le boulet, recourir enfin, contre les faubourgs, aux moyens les plus extrêmes.

De leur côté, les insurgés sont montés au plus haut degré de l'exaltation. Leurs chefs, pour les animer à la résistance, leur persuadent qu'ils n'ont aucun quartier à attendre des vainqueurs. Ils ont encore des munitions. Ils y suppléent, d'ailleurs, par toutes sortes d'expédients. Ceux d'entre les ouvriers qui suivent les cours de chimie, au Conservatoire des arts et métiers, connaissent le procédé par lequel se fabrique la poudre ; ils contraignent les pharmaciens à en faire sous leurs yeux ; ils fondent le plomb des tables de comptoir, chez les marchands de vin, pour couler des balles. Ils chargent leurs armes avec toutes sortes de métaux ; ils y emploient jusqu'à des caractères d'imprimerie. Les femmes, qui se sont jetées avec une sorte de frénésie dans l'insurrection, aident activement à la fabrication des cartouches ; elles sont ingénieuses à inventer mille ruses pour porter aux combattants des vivres et des munitions. Elles surprennent les projets de l'ennemi, épient les mouvements de la troupe. L'une apporte aux insurgés de la poudre dans le double fond d'une boîte au lait ; une autre en emplit des pains ou des pâtés, creusés à l'intérieur ; celle-ci simule un état de grossesse ; celle-là se fait des papillotes avec des feuilles de papier imprimées, sur lesquelles on a tracé au crayon quelque avis important. Les soldats, devenus très-défiants, renversent des civières dont les matelas se trouvent bourrés d'armes ; ils arrêtent un faux enterrement et brisent un corbillard d'où s'échappent des fusils, des sabres et des pistolets. Il semble que, pour cette guerre grandiose et terrible, où se rallument tant de passions que l'on avait crues éteintes à jamais, un destin vengeur ait permis aux hommes de retrouver à la fois, pour les concentrer et les tourner contre eux-mêmes, les instincts rusés de la vie sauvage, la fureur des temps barbares, l'héroïsme de la chevalerie, l'exaltation des siècles de foi, la réflexion, la science et l'art de la civilisation moderne.

Le dimanche, 25 juin, à neuf heures du matin, le général Cavaignac fait donner pour la troisième fois le signal de l'attaque. De même que les deux jours précédents, le combat s'engage sur trois points : par la division du général Bréa, qui remplace le général Damesme, au faubourg Saint-Marcel ; par la division Négrier, au faubourg Saint-Antoine ; par la division Lamoricière, aux faubourgs Poissonnière, Saint-Denis, du Temple.

Les pertes que les insurgés ont faites la veille et leur mouvement rétrograde n'ont jeté aucune hésitation, aucun découragement dans leur esprit. Ils occupent encore, avec des forces considérables, les faubourgs Saint-Marcel, Saint-Antoine, Saint-Martin, du Temple, les boulevards extérieurs. Ils sont retranchés au clos Saint-Lazare comme dans une forteresse dont les ouvrages avancés touchent à l'église Saint-Vincent-de-Paul et à l'entrepôt de la Douane. Des secours continuels leur arrivent par les barrières de la Chapelle-Saint-Denis et de la Villette. La population de l'île Saint-Louis, restée neutre jusque-là sous la protection de la garde nationale, paraît s'agiter. Le caractère social de l'insurrection se prononce de plus en plus; les agents des prétendants se dérobent et donnent à leurs hommes la consigne de ne plus crier que : Vive la République! Le peu de drapeaux blancs qu'on a vus flotter le premier jour disparaissent; les drapeaux rouges se multiplient. On distribue, on jette sur les barricades des exhortations au combat à outrance; on répand le bruit que Lagrange marche sur Paris à la tête de trente mille ouvriers lyonnais. On affirme que Caussidière est maître de l'Hôtel de Ville ; son nom est dans toutes les bouches[1] ; on s'étonne de ne pas le voir. Il circule des listes pour un gouvernement provisoire où se lisent, étrangement rapprochés, les noms de Barbès, Raspail, Cabet, Pierre Leroux, Proudhon, Louis Blanc, Albert, Blanqui, Caussidière, Louis-Napoléon Bonaparte. Tout annonce que la résistance sera désespérée.

Cependant l'Assemblée, qui n'a fait autre chose pendant la journée du 24 qu'entendre des rapports sur les différentes phases du combat, ouvre, le 25, sa séance en votant un décret qui destine une somme de trois millions pour être répartie en secours à domicile, dans les quatorze arrondissements de Paris et de la banlieue, entre les familles nécessiteuses.

En même temps qu'elle rend ce décret, dans l'espoir de détromper enfin les prolétaires auxquels d'odieux excita-

---

[1] Les mots de ralliement au faubourg Saint-Antoine étaient : Caen et Caussidière ; Caussidière et République.

teurs ne cessent de répéter que l'Assemblée veut les voir massacrer tous, elle couvre d'applaudissements une proclamation que le général Cavaignac leur adresse dans le même dessein, et où s'exprime, avec le laconisme énergique des grands écrivains de l'antiquité, un sentiment de compassion et de clémence qui n'appartient qu'aux temps de la philosophie chrétienne :

« Ouvriers, et vous tous qui tenez les armes levées contre la patrie et contre la République, disait le général Cavaignac, une dernière fois, au nom de tout ce qu'il y a de respectable, de saint, de sacré pour les hommes, déposez vos armes. L'Assemblée nationale, la nation tout entière vous le demandent. On vous dit que de cruelles représailles vous attendent; ce sont vos ennemis, les nôtres, qui parlent ainsi. On vous dit que vous serez sacrifiés de sang-froid : venez à nous ; venez comme des frères repentants et soumis à la loi. Les bras de la République sont tout prêts à vous recevoir. »

Plusieurs représentants s'offrent à porter le décret et la proclamation aux barricades, se flattant que, à la lecture de ces nobles et touchantes paroles, ils verront tomber les armes des mains des insurgés; mais ce n'était là qu'une illusion. L'excitation des faubourgs n'a fait que s'accroître pendant la courte suspension des hostilités. C'est à peine si quelques ouvriers consentent à écouter la proclamation et le décret de l'Assemblée nationale ; la plupart n'y voient qu'un piège tendu à leur crédulité. Le combat recommence plus opiniâtre et plus meurtrier qu'il n'a été encore.

A dix heures du matin, le général Bréa quitte la place du Panthéon et se met en marche à la tête d'une forte colonne composée de gardes mobiles, de troupe de ligne, d'une compagnie du génie et de deux pièces d'artillerie : en tout, à peu près 2,000 hommes. Le représentant de Ludre l'accompagne. Le général, dont le caractère est d'une extrême bonté, et que la vue de tant de sang versé inutilement a rempli de compassion, espère, en emmenant avec lui un membre de l'Assemblée nationale et en faisant connaître au peuple le décret qui accorde trois millions aux pauvres, obtenir qu'on mette bas les armes.

Il s'avance par le boulevard extérieur, en longeant le mur d'enceinte. Dès qu'il aperçoit un groupe populaire, il s'arrête et parle aux ouvriers avec simplicité et douceur. C'est le jour de sa fête ; il l'a remarqué avec plaisir ; il en tire un bon augure pour le succès de sa tentative. En effet, il ne rencontre, pendant longtemps, d'autre obstacle sur sa route que des arbres coupés et jetés en travers sur la chaussée. Partout il se voit écouté favorablement; sa confiance redouble. Il arrive ainsi, plein d'espoir, à la barrière dite de Fontainebleau ou d'Italie.

Là, on se trouve en face d'un pâté formé de quatre barricades. Deux d'entre elles ferment les deux côtés du boulevard intérieur et extérieur. La troisième barre l'entrée de la rue Mouffetard. La quatrième, la plus forte de toutes, couvre la barrière; elle protége les insurgés réunis en nombre considérable sur les routes de Choisy et d'Italie, et qui occupent les bâtiments de l'octroi et le corps de garde.

La barrière est entièrement masquée par une masse énorme de pavés, dans laquelle on n'a ménagé qu'un étroit passage sur la droite. Un silence effrayant règne derrière cette barricade, au-dessus de laquelle on ne voit que des drapeaux. Beaucoup d'insurgés, accablés de fatigue, dorment la tête sur la pierre; de temps en temps on surprend une tête qui s'élève au-dessus du rempart, comme pour observer le mouvement des troupes, et qui disparaît aussitôt. L'aspect de ce lieu a quelque chose de sinistre.

Le général Bréa ordonne à la troupe de faire halte et fait mettre les canons en batterie. Il se dispose encore à haranguer le peuple, comme il vient de le faire aux barrières d'Enfer, Saint-Jacques et de la Santé. Il espère un succès pareil. Sans hésitation, sans défiance, il s'avance vers la barrière, appelant à lui les hommes bien intentionnés qui veulent la paix. Plusieurs combattants se présentent; il leur lit la proclamation de Cavaignac et le décret. Quelques applaudissements accueillent cette lecture. On invite le général à franchir la barrière, afin qu'il puisse s'entendre avec les chefs.

Comme il s'apprête à suivre ceux qui lui font cette invitation, le chef de bataillon Gobert, de la 11e légion, qui soupçonne quelque embûche, lui demande de permettre qu'il aille seul en avant pour faire une reconnaissance et s'assurer des dispositions de cette foule. Au bout de quelques minutes il revient dire au général qu'il serait imprudent à l'excès de se risquer parmi ces hommes; ils paraissent très-exaltés, dit-il; les physionomies n'expriment que la haine; il y a là, non pas de braves ouvriers prêts à entendre la voix de la raison, mais des figures du bagne.

Le général Bréa accuse Gobert d'exagération; il persiste dans son dessein, préférant, d'ailleurs, courir un danger personnel plutôt que d'exposer encore sa troupe sans une nécessité absolue. Entouré de trois ou quatre insurgés qui lui jurent qu'il n'a rien à craindre, il s'avance résolûment, gaiement, vers la petite porte latérale : « Venez-vous avec nous? » dit-il, en se retournant, à M. de Ludre. — « Non! » répond celui-ci.

Le colonel Thomas déclare également qu'il y a démence à se jeter dans une pareille embûche. Le général va franchir seul la barrière. Alors le major Desmarets, du 14e léger, s'adressant à Gobert, lui fait observer qu'il est contraire à toutes les règles militaires de laisser ainsi un général sans escorte. « Ce qu'il fait est insensé, répond Gobert; mais vous avez raison, c'est notre devoir de partager son sort. » Et tous deux se rangent à ses côtés sans ajouter une parole. M. Armand de Mangin, capitaine d'état-major, M. Saingeot, lieutenant dans la garde nationale, suivent leur exemple.

A peine ont-ils franchi la porte de la barrière qu'elle se referme sur eux brusquement. Ils font quelques pas vers l'octroi. Une foule armée les entoure, les fait prisonniers.

On entend dans cette foule des murmures : « C'est Cavaignac ! nous le tenons ! » disent les uns. « C'est le bourreau du Panthéon ! » disent les autres.

« Ce n'est pas Cavaignac, c'est un vieux brave ! » répondent quelques hommes qui se pressent autour de Bréa pour lui faire un rempart de leur corps et qui le conduisent dans une maison voisine où demeure le maire de la commune. La foule, restée dehors, se répand en menaces.

Craignant que les portes de la maison ne résistent pas longtemps contre la pression de cette foule, les braves ouvriers qui ont pris à tâche de sauvegarder le général l'emmènent au fond du jardin et l'engagent à en franchir le mur, très-peu élevé en cet endroit. Le général hésite; il croirait faire une lâcheté; il veut attendre, présenter sa poitrine à ces hommes qu'il ne peut supposer des assassins. Pendant ces hésitations, le lieutenant Saingeot saute par-dessus la muraille et va chercher du secours; Gobert, pressé d'en faire autant, déclare pour la seconde fois qu'il partagera le sort de son général.

Les cris de la multitude redoublent. Il n'est plus guère possible de se faire illusion. Au moment où le général se décide enfin à fuir et s'apprête à escalader le mur du jardin, les portes de la maison fléchissent ; elles sont enfoncées; la foule s'y précipite avec des cris affreux. On met la main sur le général; on l'entraîne, en l'insultant, dans une pièce du second étage.

Le maire et quelques gardes nationaux qui se trouvent là entourent Bréa et parviennent à le séparer de la foule; ils le font asseoir ; il lui conseillent, pour gagner du temps, et dans l'espoir d'un prompt secours, d'écrire, sous forme de déclaration, quelques lignes insignifiantes, mais qui soient de nature à apaiser pour un moment l'émotion populaire.

Le général, qui a passé tout à coup de l'extrême confiance à l'extrême abattement, cède à ce désir ; il écrit sous la dictée de ceux qui l'entourent ces quelques lignes:

« Nous, soussignés, général Bréa, colonel Thomas, de Ludre, représentant du peuple, déclarons être venus aux barrières pour annoncer au bon peuple de Paris et de la banlieue que l'Assemblée nationale a décrété qu'elle accordait trois millions en faveur des classes nécessiteuses. Je suis entouré à la barrière de Fontainebleau de braves gens, républicains, démocrates, socialistes... »

Le maire, qui suivait avec inquiétude tous les mouvements de la foule, s'empare de cette déclaration avant même que le général ait achevé de lui donner un sens, et, s'approchant de la fenêtre, il s'apprête à en faire la lecture; mais la foule ne veut rien entendre.

Des femmes, accourues du Panthéon, viennent de dire qu'on y massacre les prisonniers. Elles racontent la mort de Raguinard, l'un des chefs les plus populaires de l'insurrection, qu'elles ont vu fusiller. La multitude, de plus en plus agitée par ces récits, s'apercevant que le maire veut gagner du temps et sauver Bréa, envahit de nouveau la salle; elle crie, elle vocifère, elle exige que le général signe un ordre à la troupe de se retirer.

Étourdi, étouffé, saisi au collet, le général Bréa cède encore à ces violences. Il commence à écrire d'une main mal assurée : « J'ordonne à la troupe de se retirer par le même chemin qu'elle a pris pour venir. »

On respire un moment; les mêmes hommes qui, depuis le commencement de ces horribles scènes, entourent le général, l'entraînent au grand poste, où ils espèrent pouvoir le protéger plus efficacement. On y retrouve MM. Gobert, Desmarets, Mangin, qui ont subi les traitements les plus indignes. Ils sont là, gardés à vue par quelques gardes nationaux de la banlieue, qui voudraient les faire évader.

Déjà on a commencé à percer un mur mitoyen; sous peu de minutes la brèche sera assez large pour qu'un homme y puisse passer; mais, dans la hâte que l'on a mise à ce travail, on n'a pas aperçu un enfant. Celui-ci a tout vu et, se glissant hors de la chambre, il va dénoncer à la foule ce qui se passe. Aussitôt quelques hommes hors d'eux-mêmes enfoncent les portes, se ruent sur les gardes nationaux et demandent leur proie; ceux-ci sont forcés de fuir. Alors le capitaine Mangin, s'avançant vers ces furieux : « Que nous voulez-vous? dit-il d'une voix ferme et hautaine, nous fusiller? Voici nos poitrines; mais hâtez-vous! » Et, serrant une dernière fois la main de son général, il s'apprête à mourir.

A ce moment, un cri d'effroi retentit du côté de la barrière, des femmes échevelées se précipitent dans la cour en criant : « Trahison! trahison! Voici la garde mobile! »

Six coups de fusil partent à la fois; le général Bréa est atteint à la poitrine et chancelle; Mangin pousse un cri perçant et s'affaisse en portant d'un mouvement convulsif les deux mains à sa tête, où une balle vient de le frapper. Les assassins, qui ont tiré du dehors par la porte et par les fenêtres, entrent dans la chambre et se jettent sur leurs victimes. L'un d'eux mutile le beau visage de Mangin et le rend méconnaissable; un autre perce de sa baïonnette le corps inanimé de Bréa; un troisième lui fracasse le crâne avec la crosse de son fusil; un quatrième, croyant, comme on l'a dit, que c'est Cavaignac, le palpe pour s'assurer s'il est vrai qu'il porte sous ses vêtements une cuirasse.

Desmarets, caché sous un lit de camp, assiste, immobile, à ces atrocités; Gobert, qui s'est réfugié sous un auvent, est découvert; les fusils sont braqués sur lui. Mais, à ce moment, la porte s'ouvre; la foule entre dans la chambre. A la vue de ces cadavres mutilés, de ces planches inondées de sang, elle recule, saisie d'épouvante. Les assassins ont peur du mouvement qui va éclater et s'enfuient. Presque au même instant, il était six heures de l'après-midi, les troupes du général Bréa franchissaient la barrière.

Le lieutenant-colonel Thomas, qui avait pris le commandement de la colonne, était demeuré, comme on peut croire, dans la plus vive anxiété. Lorsqu'il reçut l'ordre de faire retirer la troupe, il comprit que le général n'était plus libre.

Sa perplexité fut extrême. Obéir à un pareil ordre n'était pas possible. Attaquer la barricade, c'était probablement donner le signal d'un meurtre. Après avoir, à différentes reprises, essayé de parlementer avec les insurgés, le colonel Thomas expédie un officier d'ordonnance au général Cavaignac, afin de l'informer du péril que courait le général Bréa et de prendre ses ordres.

« Le salut du pays avant celui des individus, répond Cavaignac. Si, d'ici à un quart d'heure, les insurgés ne se sont pas rendus, qu'on attaque la barricade. »

Aussitôt cet ordre reçu, le colonel Thomas forme les colonnes d'attaque.

L'artillerie, avec les sapeurs du génie, ouvre la marche; la garde mobile s'embusque dans les arbres du boulevard et des jardins avoisinants. Des compagnies de la 2º légion, alternant avec des compagnies de la troupe de ligne, s'avancent vers la triple barricade qui défend la barrière.

On n'en était plus qu'à cinq cents pas, l'artillerie se disposait à ouvrir le feu, lorsque l'on voit sortir de la barricade un homme qui agite au-dessus de sa tête un mouchoir blanc. Arrivé à une portée de pistolet environ, cet homme se jette à genoux et s'écrie : « Fusillez-moi ! je vous avais promis la vie sauve du général Bréa, on vient de l'égorger. Fusillez-moi ! » C'était le maire de Gentilly. On le renvoie sans lui faire aucun mal; on n'avait guère le temps de l'écouter. L'artillerie ouvrait son feu. En moins de dix minutes la brèche était praticable. La troupe s'avance; elle se divise en deux colonnes qui tournent les insurgés et les serrent entre deux feux. Ils se débandent et fuient par la route de Gentilly ; ceux qui se réfugient dans les maisons y sont assiégés et forcés de se rendre.

Le colonel Thomas, heureux d'une si prompte victoire, cherche partout le général Bréa. Comme il entrait dans la salle de l'octroi, il voit son cadavre et celui de Mangin étendus sur un banc. Un prêtre, qui leur a fermé les yeux, est à genoux près d'eux en prière.

La nouvelle de cette mort sinistre, de cet assassinat commis sur l'un des hommes les meilleurs, les plus respectés de l'armée, se répandit dans Paris avec une grande rapidité et y causa une sensation d'horreur universelle. Elle fut, pour les esprits les moins précipités dans leurs jugements, la confirmation de l'opinion que la peur et les haines politiques avaient, dès le premier jour, voulu faire concevoir de l'insurrection.

Le général avait écrit : « Je suis entouré de républicains socialistes. » Il avait été lâchement assassiné; conséquemment les insurgés socialistes étaient tous des assassins, des meurtriers, des hommes dignes du bagne. Ce sont là de ces inductions simples et faciles qui se présentent tout d'abord au vulgaire. Lorsque l'on vit les imaginations frappées, la calomnie, qui jusqu'alors ne s'était essayée que timidement, devint systématique. La joie odieuse de l'esprit de parti ne ménagea plus rien. Elle ne respecta plus ni la douleur publique, ni l'honneur national, ni l'humanité. Selon les feuilles réactionnaires [1], il n'y avait pas moins de vingt-deux mille forçats dans l'insurrection. Ces ouvriers, dont les mêmes feuilles avaient, pendant trois mois, loué avec une hypocrite exagération la sagesse, l'intelligence, la probité, formaient soudain une horde de malfaiteurs. Ils portaient sur leurs drapeaux d'infâmes inscriptions qui menaçaient Paris d'incendie et de pillage.

« Le feu, le poison, le poignard et le vitriol, écrivait-on, ont été employés, en des inventions de Néron, avec la sagacité de Satan. » Les détails les plus circonstanciés étaient complaisamment fournis à l'appui de ces assertions. Selon les uns, les insurgés dressaient sur leurs barricades des trophées de têtes et de membres coupés, disposés avec une horrible symétrie; ils avaient enlevé, dans les pensions et dans les couvents, des jeunes filles des premières maisons de France, qu'ils dépouillaient de leurs vêtements et qu'ils

---

[1] Voir particulièrement le *Constitutionnel* et la *Patrie*.

exposaient ainsi, déshonorées, outragées, au feu de la troupe. Des cantinières soudoyées versaient aux soldats de l'eau-de-vie empoisonnée. Des marchands de tabac leur vendaient des cigares imbibés dans des substances vénéneuses. On avait vu un insurgé faire du crâne d'un soldat de la ligne, qu'il avait rempli de suif, un effroyable fanal, que ses camarades avaient promené en chantant le refrain : « Des lampions. » D'autres avaient enduit de térébenthine le corps d'un officier et l'avaient allumé tout vivant. On avait fabriqué enfin, avec un art infernal, des projectiles dont la forme et la composition, inconnues jusque-là, rendaient la douleur des blessures intolérable et les plaies mortelles.

On peut se figurer jusqu'à quel point de semblables calomnies, répétées chaque jour, exaspéraient les esprits. De fréquents accidents les accréditaient. La violence des passions, la peur surtout, la stupéfaction des honnêtes gens leur donnaient une puissance funeste [1].

---

[1] L'historien est heureux de pouvoir aujourd'hui effacer, anéantir ces calomnies, qu'alors on osait à peine révoquer en doute. Il est maintenant avéré que les prisonniers, faits par les insurgés, n'eurent à subir aucun mauvais traitement. D'après les preuves les plus authentiques tirées de l'ensemble des interrogatoires subis, pendant trois mois consécutifs, devant les commissions militaires, d'après les rapports unanimes des maires et des commissaires de police, d'après le témoignage des principaux médecins et chirurgiens attachés aux hôpitaux civils et militaires, entre autres ceux de M. le docteur Pelouse, de M. Jacquemin, chirurgien en chef des hôpitaux, de M. le docteur Héreau, de M. de Guise, chirurgien en chef de la garde nationale, ni les insurgés ni les soldats ni la garde mobile ne commirent les atrocités qui leur furent imputées. Les drapeaux, pris en grand nombre sur l'insurrection et gardés à la présidence de l'Assemblée, ne portaient, pour la plupart, que le numéro de la compagnie des ateliers nationaux à laquelle ils appartenaient. Sur quelques-uns, on lisait ces mots sacramentels du prolétariat : « *Organisation du travail par l'association.* » Sur d'autres encore : « *Abolition de l'exploitation de l'homme par l'homme,* » ou, comme pour repousser l'accusation de pillage : « *Respect aux propriétés; mort aux voleurs.* » Quant aux blessures profondes et si souvent mortelles que les chirurgiens constatèrent d'abord avec surprise, ils ne tardèrent pas à en trouver l'explication naturelle.

La garde nationale, en particulier celle qui, venue de la province, n'avait pas pris part au combat et brûlait de montrer du zèle, s'emporta en fureur contre les socialistes.

Presque tous les coups étaient tirés de haut en bas ou de bas en haut, dans une direction oblique. Les combattants étaient si proches les uns des autres, que les balles, animées de toute leur vitesse, traversaient le corps, brisaient les os et prenaient l'apparence de balles mâchées. Renvoyées par les murs, elles subissaient de singulières déformations. Quant aux balles *coniques, tronquées, creuses et ciselées d'arêtes*, qui parurent une invention féroce, il est résulté de la déposition du colonel de Goyon devant la commission d'enquête et de sa lettre datée du 3 juillet 1848, que c'étaient des balles d'un nouveau modèle *destinées à l'armée et en essai à Vincennes*. L'eau-de-vie des cantines a été scrupuleusement analysée (Voir aux Documents historiques, à la fin du volume, n° 18, la déposition de M. de Guise, chirurgien en chef de la garde nationale) sans qu'il ait été possible d'y surprendre la plus légère trace de poison. La femme Hervé, accusée d'avoir scié un garde mobile entre deux planches, a été acquittée à l'unanimité, par le conseil de guerre. Quant à la fin tragique du général Bréa, elle est le crime individuel de quelques hommes.

Voici les faits et les renseignements qui s'y rapportent. Sur vingt-cinq accusés, quatre sont convaincus du meurtre et condamnés à mort. Ce sont : Le nommé Daix, indigent, recueilli à l'hospice de Bicêtre ; Vappereaux, maquignon ; Choppart, surnommé le *Chourineur*, chez qui le penchant à tuer était passé à l'état de monomanie ; Lahr, ancien soldat dans un régiment d'artillerie, puis logeur, marchand de vin et enfin maçon. Lahr dirigeait l'insurrection à la barrière Fontainebleau ; il avait été en garnison à Ham et avait constamment gardé des relations avec les meneurs du parti bonapartiste. Très-arriéré dans ses affaires, par suite de la révolution de Février, très-accessible aux séductions, on lui avait vu, en ces derniers temps, plus d'argent qu'il n'avait coutume d'en avoir. Huit jours avant l'insurrection, Lahr eut, avec Nadaud, le maçon, représentant du peuple, une querelle très-vive au sujet de ses opinions napoléoniennes.

Le parti républicain a attaché une très-grande importance à bien établir que les assassins du général Bréa étaient, non des républicains, mais des bonapartistes. Ce soin extrême à rejeter la solidarité d'un tel crime fait honneur à la moralité d'un parti ; mais je ne crois pas qu'elle soit très-utile, ni même très-rationnelle. L'histoire montre suffisamment, par les crimes nombreux commis au nom de toutes les idées, que ce ne sont pas les opinions des hommes qui les font assassins, mais leur nature. Les instincts individuels ont plus de part que les idées générales à ces actes atroces ; il n'est pas, heureusement, en la puissance de quelques pervers de flétrir par leurs crimes les croyances qu'ils ont paru professer.

Dans la soirée du 24, le représentant Lagrange faillit être fusillé, sur le quai de la Ferraille, par un groupe de gardes nationaux qui l'accusaient d'être l'ami de Barbès et de s'être opposé à l'état de siége. M. Ledru-Rollin fut poursuivi, en sortant de l'Assemblée, jusqu'à la rue de Tournon, où il demeurait, par des menaces de mort. Le même jour, M. Louis Blanc, comme il regagnait sa demeure, accompagné de quatre de ses collègues, qui savaient qu'on formait contre lui de mauvais desseins, fut assailli sur le boulevard par des gardes nationaux en armes et courut risque de la vie[1].

Mais revenons à l'insurrection, qui, bien que refoulée et aux trois quarts vaincue, ne se décourage pas, et dont le sombre acharnement semble s'accroître à mesure que s'éteint l'espérance.

Dans l'après-midi du 25, la lutte continuait aux abords de l'Hôtel de Ville; mais les insurgés perdaient du terrain, et, comme ils étaient complétement battus dans le faubourg Saint-Jacques et le faubourg Saint-Marcel, le général Duvivier espérait achever de les réduire en poussant jusqu'à la place de la Bastille, où devait s'opérer sa jonction avec le général Lamoricière. Dans ces vues, Duvivier partage ses forces en deux colonnes : l'une, qu'il veut conduire lui-même, va prendre le chemin des quais; il charge le colonel Renaut de s'avancer, à la tête de la seconde, par la rue Saint-Antoine, en dégageant, sur son chemin, les rues latérales.

La colonne du colonel Renaut rencontre de grands obstacles sur sa route. Il faut tout à la fois, avec des forces très-insuffisantes, enlever les barricades dont les rues sont hérissées, faire le siége des maisons, reliées entre elles par des chemins souterrains et d'où les insurgés tirent sur la troupe. Pendant trois heures on se bat au marché

---

[1] C'était principalement comme fondateur et organisateur des ateliers nationaux que la bourgeoisie, très-mal informée, haïssait M. Louis Blanc.

Saint-Jean et derrière l'église ; la mairie du neuvième arrondissement et les rues environnantes sont reconquises pied à pied. La troupe, qui fait des pertes énormes, s'abat et se décourage ; un grand nombre de gardes mobiles disparaissent ; les cartouches manquent. Le colonel Renaut et son régiment donnent l'exemple d'une bravoure intrépide et font là des prodiges de valeur. M. Marrast, qui en est témoin, se rend auprès du général Cavaignac et rapporte à Renaut les épaulettes de général. Comme il le retrouve à peu de distance du lieu où il l'a quitté, faisant le siége d'une barricade très-forte, élevée devant l'église Saint-Paul, il lui demande la permission de lui attacher lui-même les épaulettes de son nouveau grade : « Vous allez voir comment je les gagne, » lui dit Renaut. Un quart d'heure après la barricade était enlevée ; mais Renaut recevait, à dix pas de M. Marrast, une balle en pleine poitrine [1].

Presque au même moment le général Duvivier est atteint d'un coup de feu au pied [2]. Informé de ce malheur, le général Cavaignac offre le commandement de la colonne de renfort, qu'il envoie au faubourg Saint-Antoine, au général Baraguay-d'Hilliers ; mais celui-ci l'ayant refusé avec

[1] Le bruit se répandit, au moment même, que le général Renaut mourait de la main d'un prisonnier auquel il venait de sauver la vie. On raconta que ce malheureux, arraché par le général à la fureur des gardes mobiles, s'était avancé vers lui comme pour le remercier, et que, tirant de dessous sa blouse un pistolet qu'il y tenait caché, il l'avait étendu mort à ses pieds.

[2] Le général Duvivier mourut, le 8 juillet, des suites de cette blessure qu'on avait jugée légère. Jusqu'à sa dernière heure, il se montra très-vivement préoccupé du sort des insurgés qu'il avait combattus. « Ces pauvres ouvriers, disait-il, ils ont besoin d'être contenus, mais il faudra faire quelque chose pour eux ; il faut leur donner du travail ; il faut que la main de la patrie s'ouvre. » Ainsi que je l'ai déjà fait remarquer, ces sentiments d'humanité dominaient alors dans tous les cœurs ; pas un des officiers supérieurs qui combattirent l'insurrection de juin n'oublia, tout en accomplissant son devoir de soldat, qu'il était citoyen et qu'il combattait des hommes dignes de compassion plutôt que de haine.

une froide obstination, sans donner aucun motif de son refus [1], M. Charras, qui était présent à ce colloque et à l'embarras où se trouvait le général en chef, lui désigna le général Négrier, qui arrivait au même instant de Versailles, comme parfaitement capable de remplir avec honneur cette mission périlleuse.

Négrier accepte avec empressement le commandement qui lui est offert. Il part aussitôt, à la tête de deux escadrons de dragons, de quelques détachements d'infanterie et de gardes nationaux de la banlieue, pour recommencer l'attaque. La troupe remporte de continuels avantages. Vers deux heures environ elle s'était emparée du pont Marie; elle avait enlevé les barricades du quai Saint-Paul, de la rue de l'Étoile, de la rue des Barres et de la rue du Petit-Musc; elle avait délogé les insurgés des greniers d'abondance. Elle occupait le pont d'Austerlitz, elle touchait à l'entrée de la gare de l'Arsenal. Là, le général Négrier partage sa colonne. Il prend à droite, par le boulevard Contrescarpe; M. Edmond Adam prend à gauche, par le boulevard Bourdon. On s'avance ainsi jusqu'à l'angle de la place de la Bastille.

De son côté, le général Perrot, qui commande à la place du général Renaut, dégageait la rue Saint-Antoine, où il emportait, une à une, soixante-huit barricades, les plus fortes qu'on eût encore eu à détruire [2]; il chassait les insurgés de maison en maison, reprenait la mairie du huitième arrondissement et poussait enfin, après avoir enlevé la dernière barricade, jusqu'à l'angle de la rue Saint-Antoine et de la place. On était convenu d'y attendre la jonction des troupes du général Lamoricière, qui opérait simultanément dans le faubourg du Temple.

[1] On a prétendu que le dépit de s'être vu ôter le commandement des forces destinées à la défense de l'Assemblée avait inspiré au général Baraguay-d'Hilliers ce triste refus.
[2] Ces barricades étaient construites avec des charrettes remplies de pavés et des troncs d'arbres renversés.

C'est le moment décisif. La place de la Bastille présente un spectacle effrayant. Une immense barricade crénelée en ceint tout un côté, depuis la rue Bourdon jusqu'à la rue Jean Beausire, et se relie aux barricades du grand boulevard et à celles qui ferment l'entrée des rues de la Roquette, du faubourg Saint-Antoine et de Charenton. Le drapeau rouge flotte sur la colonne de Juillet. D'un côté, les maisons sont occupées par les insurgés. Deux d'entre elles, démantelées par les boulets et les obus, sont toutes fumantes encores et semblent prêtes à s'écrouler. De l'autre côté, les soldats ont pris position dans un chantier, d'où ils tirent, abrités par les planches. Ils occupent aussi les maisons situées à l'angle de la rue Saint-Antoine et font de là des feux de mousqueterie. Des pièces de campagne, braquées contre les barricades, essayent, depuis quelques heures, mais sans aucun succès, de les ébranler et d'ouvrir un passage aux soldats.

Quand la colonne du général Négrier, déjà épuisée de fatigue, accablée par la chaleur et démoralisée par la disparition d'un assez grand nombre de soldats, aperçoit ce vaste espace vide que sillonnent les balles, elle est saisie de frayeur, elle hésite, elle recule presque. Le général feint de ne rien voir et continue d'avancer. Une décharge épouvantable part de la barricade ; elle fait onduler et ployer sa colonne. Négrier continue ; il va jusqu'au milieu de la place, suivi d'une douzaine d'hommes à peine. Rien ne le protège, rien ne le masque ; l'ombre de la colonne de Juillet trace seule une ligne étroite sur le sol inondé de lumière.

Le feu de l'ennemi redouble ; en vain on veut arracher Négrier à une mort presque certaine : « Laissez-moi, laissez-moi, » dit-il en se dégageant des bras de ceux qui essayent de le retenir; et il avance toujours. Un coup de feu, parti du chantier, l'atteint ; le général chancelle : « Je meurs de la main d'un soldat, » dit-il avec une expression douloureuse à M. Trélat, qui le reçoit dans ses bras. Au même moment, le représentant Charbonnel est frappé mortellement et tombe à ses côtés.

Nobles victimes du patriotisme et de l'honneur ! De quels regrets l'on se sent pénétré en retraçant, d'une plume si rapide, vos derniers moments, dont aucune circonstance ne devrait rester inconnue ! Mais la mort, en ces jours néfastes, frappe des coups si prompts, si multipliés, si cruels, qu'elle nous force en quelque sorte à l'imiter et nous interdit les larmes.

L'honneur militaire et le courage civil ne devaient pas seuls, d'ailleurs, offrir à la patrie un sang généreux. Pour que l'immolation fût complète et que le génie de la France se montrât dans toute sa grandeur, il fallait que le sacerdoce, qui eut de tout temps une part si forte dans la gloire de la nation française, vînt témoigner, à son tour, comme le faisait la société politique, que son esprit était vivant encore et qu'il n'avait pas perdu, dans l'affaissement des mœurs, les inspirations de la charité et la puissance du martyre.

Un homme d'un cœur simple, un prêtre dont l'existence avait été sans éclat jusqu'à ce jour, était réservé à ce témoignage. Le martyre de l'archevêque de Paris allait renouveler, à la face du monde, ce grand spectacle, qui fut la force et qui restera la gloire de l'Église chrétienne. Il allait montrer aux hommes, qui l'oubliaient trop, la domination de la volonté humaine sur la nature, le triomphe de l'esprit sur la chair, l'immortalité conquise au sein de la mort.

Depuis les premières heures de l'insurrection, M. Affre avait laissé paraître un trouble extrême. Autant son esprit était demeuré toujours inébranlable dans l'exercice de ses droits et de ses devoirs spirituels, autant sa constitution physique le livrait, dans les actes ordinaires de la vie, aux conseils de la peur. La moindre agitation populaire, la possibilité seule d'un combat, quand il l'entrevoyait, lui causaient un effroi dont il ne se rendait pas maître. En plusieurs occasions on l'avait vu préoccupé de se soustraire à des dangers encore lointains, de manière à surprendre, à affliger ceux qui honoraient son caractère.

Comme il administrait, le 23, à Saint-Étienne du Mont, le sacrement de la confirmation, les barricades s'étant élevées inopinément autour de l'église, il n'avait pas osé rentrer dans sa demeure et il avait passé la nuit au collège Henri IV. Pendant toute la journée du 24, on put croire, à sa contenance, à ses paroles même, qu'il ne songeait qu'à son propre danger. Ce ne fut pas sans peine qu'on le décida, aux approches de la nuit, les abords du Panthéon étant complétement dégagés par la troupe, à regagner le palais épiscopal. Mais le lendemain, c'était le jour de la Fête-Dieu, après qu'il eut offert le sacrifice de la messe, il ne parut plus le même homme. Il avait passé la nuit seul, en prière. Ses esprits abattus s'étaient relevés; son âme s'était recueillie et fortifiée. Une inspiration simple et de source divine y était descendue; elle y ramenait la sérénité.

Ayant appelé auprès de lui ses deux grands vicaires, M. Affre leur communiqua, en peu de mots, la résolution qu'il venait de prendre. Il allait, disait-il, se rendre au milieu du peuple, l'exhorter, essayer de le ramener à la paix. Il ne se fiait pas, pour le succès d'une telle entreprise, au pouvoir de sa parole, car il la savait dénuée d'éloquence et paralysée par une timidité excessive; il s'abandonnait au Dieu qui l'envoyait et qui saurait bien parler par sa bouche.

Les vicaires, étonnés d'une pareille résolution, tentèrent de l'en dissuader; ce fut en vain : « Ma vie est si peu de chose ! » disait le prélat, avec une simplicité parfaite, quand on lui peignait les dangers qu'il allait courir.

Cependant, comme il était possédé de la notion du devoir et de la règle, il voulut, avant d'aller aux barricades, faire acte de soumission au général en chef et obtenir de lui, en quelque sorte, la permission de mourir. Le 25, à dix heures, il sortit à pied de l'archevêché. Revêtu de ses habits pontificaux, suivi de ses grands vicaires, il s'achemina vers l'hôtel de la présidence.

En entendant sa requête, le général Cavaignac s'émut. Pénétré de respect pour une si grande résolution si simplement exprimée, il fit néanmoins tous ses efforts pour en détourner le saint prêtre. Il lui peignit l'état violent des esprits, l'échec de toutes les tentatives conciliatrices, la colère et la défiance avec lesquelles elles avaient été repoussées. Il lui apprit l'assassinat du général Bréa, la mort de plusieurs représentants. « D'autres, lui dit-il, qui sont allés dans les faubourgs, y sont retenus prisonniers, et l'on craint tout pour eux. »

L'archevêque reçoit sans se troubler ces avertissements sinistres; il n'oppose aucun raisonnement aux paroles du général Cavaignac. « Ma vie est si peu de chose! » Il n'a pas d'autre réponse, mais cette réponse porte avec elle la conviction, parce qu'elle émane d'une âme élevée désormais au-dessus de toute faiblesse et qui déjà n'appartient plus au monde que par l'espérance du martyre. Le général Cavaignac s'incline devant une pareille force de volonté; il remet à l'archevêque, qui lui demande quel gage de clémence il peut porter aux insurgés, la proclamation qu'il a fait publier le matin.

Après ce court entretien, l'archevêque, dont les forces physiques sont épuisées par les fatigues et les émotions des jours précédents, rentre chez lui pour prendre quelque nourriture; ensuite il se dirige vers la place de l'Arsenal, à travers des rues dévastées, où l'insurrection, à peine vaincue, a laissé des traces sanglantes. Il voit passer des civières sur lesquelles on porte des blessés, des mourants, des morts; il s'arrête à chaque pas pour bénir et pour absoudre. Les soldats, les hommes du peuple ploient le genou; les officiers le conjurent de ne pas aller plus loin; rien ne saurait plus le retenir. Il demande au général Bertrand, qui commande l'attaque du faubourg, de suspendre le feu; celui-ci redouble d'instances pour le détourner d'une entreprise qu'il juge aussi périlleuse qu'inutile; mais l'approche du danger rend plus inébranlable la sainte obstination du prélat. A sa prière, on envoie annoncer aux insurgés une trêve d'une heure; puis, le feu ayant cessé de part et d'autre, l'archevêque s'avance lentement, le crucifix à la main, vers le milieu de la place. Un garde national, nommé Albert, porte devant lui un rameau de buis, en signe de paix.

Le prélat veut défendre à son domestique, qui l'a suivi jusque-là, de venir plus loin, et celui-ci, aussi simple, aussi héroïque dans son dévouement que son maître, lui répond par ces seules paroles : « S'il y a danger pour moi, il y a danger pour vous; je ne saurais vous quitter. — Eh bien! allons, » dit l'archevêque avec l'accent d'un homme qui ne tourne plus ses pensées vers la vie : et il hâte le pas, comme poussé par une force intérieure. Son visage s'illumine d'un rayonnement surnaturel. Lui, si timide, si pusillanime, il s'approche sans trembler de la barricade; il franchit, sans regarder en arrière, l'étroite issue qu'on y a ménagée; il entre résolûment dans le faubourg. Quand il se retourne, il se voit seul avec le brave Albert qui se tient à ses côtés et le serviteur obscur qui veut lui rester fidèle jusqu'à la mort.

L'agitation de la foule, au milieu de laquelle l'archevêque cherche à se faire place, est extrême; les visages sont crispés de colère, les regards haineux et farouches; ces hommes ruisselant de sueur, les mains et les vêtements noircis de poudre, les yeux enflammés, semblent dans le délire d'une fièvre ardente. On n'entend pas un ordre, pas une parole distincte dans ce tumulte, mais le bruit des fusils qu'on arme, le retentissement des crosses sur le pavé, les sourdes, les sinistres rumeurs d'une multitude hors d'elle-même.

Albert agite en l'air le rameau de paix. « Mes amis, écoutez-moi, » dit l'archevêque... Il ne parvient pas à se faire entendre. Un coup de feu a retenti. « Aux armes!

crie la foule, nous sommes trahis, aux armes ! » Aussitôt une triple décharge part des deux côtés de la barricade et des maisons voisines. L'archevêque, atteint d'une balle dans les reins, chancelle et s'affaisse. A cette vue, la foule s'émeut. Par un de ces mouvements soudains, par un de ces changements instantanés, si fréquents dans les émotions populaires, les combattants jettent loin d'eux leurs fusils, en donnant tous les signes du désespoir.

On s'empresse autour du prélat; son domestique, Albert, et quelques insurgés, le soulèvent et l'emportent dans la maison la plus prochaine; mais cette maison est vide; on n'y trouve pas un lit, pas un banc pour reposer le blessé. On en ressort aussitôt, afin de chercher un asile plus convenable. Cependant le jour baisse, la trêve est rompue; le combat recommence de toutes parts; les balles sifflent autour du groupe qui porte l'archevêque; l'une d'elles atteint le brave Celliers, qui soutient les pieds de son maître. On entre enfin dans la boutique d'une pauvre femme, qui donne le seul matelas qu'elle possède; on pose le saint prêtre sur un brancard, fait de fusils entrecroisés, et l'on gagne ainsi, non sans peine, par de secrètes issues, le presbytère du curé de Sainte-Marguerite. A chaque instant il faut s'arrêter et défaire cet étrange brancard pour traverser les barricades. Les insurgés portent alors le matelas sur leurs épaules; ils s'inquiètent des souffrances du blessé; ils craignent qu'il ne les en accuse; ils ont à cœur de se justifier. « Ce n'est pas nous, monseigneur, lui disent-ils en pleurant, ce n'est pas nous qui vous avons fait du mal; ce sont des traîtres! c'est la garde mobile; mais comptez sur nous; vous serez vengé. » Et le blessé, pâle, mais calme, murmurait de sa voix brisée : « Mes amis, on vous trompe, écoutez-moi, croyez-moi, déposez vos armes; il y a eu déjà trop de sang versé; » puis il leur rendait grâce, avec une douceur infinie, des soins dont il se voyait l'objet.

Arrivé chez le curé de Sainte-Marguerite, on étend l'archevêque sur un matelas où, pendant quelques minutes, il paraît reposer; entr'ouvrant ensuite les yeux, comme il voit son serviteur couché à terre, auprès de lui, il s'informe de sa blessure, avec l'accent de la plus tendre compassion.

Quant à lui, après l'engourdissement des premiers moments, il ressentait des douleurs aiguës. La balle avait pénétré très-avant et restait dans les chairs; la moelle épinière était lésée; il n'y avait aucune chance de salut. Des cris involontaires, des mouvements convulsifs, échappaient de temps en temps au martyr. Il le regrettait, il s'en accusait; il priait les assistants de lui pardonner une faiblesse qu'il trouvait indigne d'un chrétien. Bientôt, il se rendit assez maître de lui pour étouffer toute plainte, et quand, sur ses instances, le vicaire Jaquemet, qu'il avait fait chercher, lui eut déclaré que sa blessure était mortelle : « Ma vie est peu de chose; » répéta-t-il, avec une sérénité parfaite, ainsi qu'il l'avait fait en quittant le général Cavaignac. Pendant les courts instants de répit que les ressources de l'art apportaient à ses souffrances : « Pauvres ouvriers! disait-il à ceux qui l'entouraient; allez leur parler de ma part; dites-leur que je les conjure de cesser une lutte impie. Assurément le gouvernement ne les abandonnera pas. » Et comme, à sa demande, on s'apprêtait à lui donner le viatique : « *Parce, Domine,* murmurait-il à voix basse, *parce populo tuo.* »

A quatre heures du matin seulement, son médecin, le docteur Cayol, arriva au presbytère, conduit par les insurgés. Il voulait que le prélat fût immédiatement transporté à l'archevêché, afin que ses derniers moments fussent adoucis par plus de soins. Les hommes du peuple, qui gardaient la chambre du blessé, priaient qu'on le laissât parmi eux. « Qu'il ne nous quitte pas, disaient-ils avec une naïveté incroyable, qu'il reste avec nous; il nous portera bonheur; nous répondons de lui; nous le veillerons; nous nous ferons tuer tous, plutôt que de souffrir qu'il lui soit fait aucun mal. »

Cependant, le docteur Cayol insistant pour que le prélat soit ramené chez lui, les ouvriers préparent eux-mêmes un brancard. Ils le garnissent avec du linge blanc; ils font un dais pour abriter la tête du blessé. Six d'entre eux réclament l'honneur de le porter; six autres marchent auprès, pour relayer, au besoin, les premiers. Six soldats du 28e de ligne, autant de voltigeurs et de gardes mobiles font à l'archevêque de Paris une escorte militaire. Le peuple se prosterne sur son passage. A l'aspect du martyr chrétien, les sanglots, les gémissements éclatent partout; toute colère s'apaise; le regret, le repentir, le remords, s'emparent des âmes; les fureurs de la guerre civile s'éteignent dans une désolation profonde.

On arrive ainsi au palais épiscopal où l'agonie allait bientôt commencer. A quatre heures et demie de l'après-midi, l'archevêque rendit le dernier soupir.

Sa fin parut exempte de souffrances. « Faites, ô mon Dieu, que mon sang soit le dernier versé! » Ce furent ses paroles suprêmes. L'histoire les recueille avec respect. L'Église de France en reçoit une gloire nouvelle. La chrétienté a droit de s'en enorgueillir, et jamais la piété humaine ne s'attendrira sur rien de plus sublime.

Mais, hélas! les prières du bon pasteur ne devaient point être exaucées. Pendant son agonie, les combattants ressaisissaient leurs armes; l'artillerie foudroyait le faubourg; le boulet, l'obus et la mitraille dévastaient les maisons. A travers des tourbillons de flamme et de fumée, la mort frappait encore des coups terribles.

Le faubourg Saint-Antoine, entré tardivement dans l'insurrection, y avait apporté le caractère de persévérance et de détermination particulier à sa population laborieuse. Cette population, composée d'ouvriers de mœurs probes[1], satisfaits de peu, très-chargés d'enfants, pas enthousiastes, nullement gagnés aux idées socialistes, mais attachés à la

[1] Parmi ces ouvriers, on compte environ dix-huit mille ébénistes dont beaucoup sont d'origine allemande.

République et d'une énergie de volonté peu commune, ne s'était pas décidée le premier jour à prendre les armes. Depuis le 24 février, cependant, le travail ayant presque complétement manqué, les ouvriers étaient tombés dans une misère effroyable. On distribuait à la mairie jusqu'à 60,000 bons de pain par jour; mais, avant de se prononcer pour l'insurrection, qui leur était annoncée par des faiseurs de barricades étrangers au quartier, les ouvriers avaient voulu en connaître avec certitude la cause et le but.

L'autorité et la garde nationale, qui ne paraissaient pas mieux instruites que les ouvriers, gardaient, de leur côté, la même attitude d'expectative; de sorte que, pendant toute la nuit du 23 au 24, personne, dans le faubourg Saint-Antoine, ne donna ni ne reçut aucun ordre.

Le 24, des meneurs très-actifs se rendirent au milieu des ouvriers : le nommé Lacollonge, dont j'ai parlé plus haut, un ouvrier mécanicien nommé Racari, Pellieux et quelques autres clubistes exaltés vinrent dire dans le faubourg que les royalistes attaquaient la République, qu'ils étaient les maîtres déjà dans l'Assemblée nationale et dans la commission exécutive, qu'ils voulaient exterminer le prolétariat, ou le réduire à l'esclavage par la misère. En même temps, comme le canon ne cessait de gronder dans la direction de l'Hôtel de Ville, ils répandirent la nouvelle que Caussidière s'y était établi et qu'il s'y défendait contre les aristocrates[1].

Ces discours, et d'autres analogues, enflamment les esprits. Quand les gardes nationaux veulent enfin essayer de se réunir, ils sont maltraités, dispersés par les ouvriers en armes. Ceux-ci, enhardis par ce premier succès, courent à la caserne Reuilly, qu'occupe un capitaine du 48ᵉ de ligne avec cent-vingt soldats; ils l'assiégent, ils y mettent le feu; plusieurs fois la caserne est prise et reprise, mais les in-

---

[1] Sans favoriser aucunement l'insurrection, Caussidière resta constamment en rapport avec les faubourgs par ses montagnards et par les membres de la société des Droits de l'homme.

surgés perdent, en ces engagements insignifiants, un temps précieux[1]. Au lieu de s'avancer vers l'Hôtel de Ville, ils usent sur place leur temps et leurs forces. Le 25, l'insurrection générale est déjà en voie rétrograde, quand les ouvriers du faubourg Saint-Antoine comprennent qu'il faut agir vigoureusement. D'odieux mensonges de leurs chefs, qui leur cachent les nouvelles des autres faubourgs et qui nourrissent en eux les illusions les plus folles, les jettent, sans aucune chance de succès, dans le combat à outrance dont nous allons voir la triste issue.

Dès le 24 au soir, trois représentants du peuple, MM. Larabit, Galy-Cazalat, Druet-Desvaux, étaient entrés très-avant dans le faubourg afin d'y porter le décret de l'Assemblée et d'entamer quelques négociations avec les chefs de barricades. On les avait traités avec égard, mais en les retenant prisonniers. Ce n'était pas sans peine que M. Larabit avait obtenu sa liberté conditionnelle. Accompagné de quatre délégués, il s'était rendu auprès du général Cavaignac, pour lui faire connaître les vœux des insurgés, après avoir pris l'engagement de venir retrouver ses collègues, s'il n'obtenait pas une capitulation honorable. Vers la même heure, un écrivain du parti démocratique, M. Raymond des Mesnars, se rendait dans la même intention auprès du général Perrot; il était environ trois heures après minuit.

Le général Perrot avait établi son quartier général dans une maison située à l'angle de la rue Saint-Antoine et de la place de la Bastille. M. Recurt, ministre de l'intérieur, et M. Edmond Adam étaient près de lui. Les délégués, introduits en sa présence, y paraissent avec l'attitude la plus hautaine. Ils parlent, non en vaincus qui espèrent quelque grâce, mais en vainqueurs qui dictent des

---

[1] Le capitaine Cortizet se défendit vaillamment jusqu'à neuf heures du soir; il n'eut qu'un seul homme tué et trois blessés, tandis que les insurgés, qui se ruaient contre la caserne avec une fureur aveugle, eurent soixante hommes mis hors de combat.

conditions : « Nous nous sommes battus pour nos principes, comme vous pour les vôtres, disent-ils ; nous ne sommes pas vaincus ; vous n'êtes pas parvenus à entrer ce soir dans notre faubourg, vous n'y entrerez pas demain. Nous offrons une capitulation, non une soumission ; nous voulons rester armés et libres. » Puis ils exposent, de la manière la plus nette, les conditions auxquelles ils entendent capituler.

Ils exigent :

1° Que le décret sur les ateliers nationaux soit rapporté ;

2° Que l'Assemblée nationale décrète le droit au travail ;

3° Que l'armée soit éloignée de Paris à une distance de quarante lieues ;

4° Que les prisonniers de Vincennes soient élargis ;

5° Que le peuple fasse lui-même la constitution de la République.

Il n'y avait guère moyen de s'entendre sur de pareilles bases. Le général Perrot et le ministre en posaient de bien différentes : ils demandaient la délivrance immédiate des représentants retenus prisonniers ; la destruction des barricades, par les insurgés eux-mêmes ; le désarmement du faubourg et son occupation par la troupe.

On essaye, pendant plus d'une heure, d'arriver, de part et d'autre, à une transaction. M. Recurt était d'avis de faire des concessions considérables. Dans ses entretiens particuliers avec les délégués, il leur avait promis l'amnistie. Sur ses instances, on préparait la rédaction d'une capitulation en forme, quand M. Edmond Adam, qui tenait la plume, la jette loin de lui, déclare qu'il ne se reconnaît pas le pouvoir d'entrer ainsi en composition avec une insurrection vaincue et qu'il faut en référer au général en chef.

Le général Perrot adopte cet avis et veut, lui-même, aller prendre les ordres du général Cavaignac. M. Edmond Adam se rend, de son côté, à l'hôtel de la présidence. Déjà le colonel Larabit, M. Raymond des Mesnars et trois autres délégués du peuple étaient en conférence avec M. Senard. Leur langage s'était modéré; ils n'imposaient plus de conditions.

En quittant le faubourg Saint-Antoine, M. Raymond des Mesnars avait envoyé aux chefs de section un avis ainsi conçu :

« Le citoyen Raymond, fourrier de la 6ᵉ compagnie du 4ᵉ bataillon, parlementaire des combattants du faubourg, prie tous les chefs de barricades de ne recommencer les hostilités que s'ils étaient attaqués eux-mêmes. Il peut se faire que les citoyens otages ne soient de retour que demain matin.

« Au camp, devant le faubourg, 25 juin 1848. »

Il apportait à M. Senard une adresse signée de plusieurs chefs de barricades :

« Citoyen président, disait cette adresse, nous ne désirons pas l'effusion du sang de nos frères. Nous avons toujours combattu pour la République démocratique. Si nous adhérons à ne pas poursuivre la sanglante révolution qui se prépare, nous voulons aussi conserver nos titres et nos droits de citoyens français. »

Au-dessous des signatures apposées à l'adresse on lisait ces mots :

« Les vœux exprimés ci-dessus nous paraissent si justes et si d'accord avec les nôtres, que nous nous y associons complétement, croyant que personne ne verra dans cette adhésion un acte de faiblesse.

« *Signé* : Larabit, Druet-Desvaux, Galy-Cazalat. »

L'entretien des délégués du faubourg avec le président de l'Assemblée dura plus d'une heure. M. Senard a déclaré depuis qu'il avait été plusieurs fois pendant cet entretien ému jusqu'aux larmes. L'accent de ces hommes était d'une grande sincérité. « Le faubourg Saint-Antoine, disaient-ils, est dévoué à la République[1]; les ouvriers ne combattent pour aucun prétendant, mais uniquement pour défendre le gouvernement républicain qu'ils croient en péril. On leur parle de doctrines anti-sociales; ils ne les connaissent pas. Ils les repousseraient avec indignation; et ce témoignage mérite croyance, car, depuis soixante-douze heures qu'ils sont maîtres du faubourg, pas un acte contre la propriété n'a été commis, pas une menace n'a été proférée par ces hommes armés qui manquent de pain. »

Les délégués conjurent M. Senard de se faire leur médiateur; ils lui promettent que le faubourg se rendra, qu'il détruira lui-même ses barricades, à la condition que les armes ne seront pas enlevées militairement aux combattants, mais qu'ils les déposeront, après la pacification, dans les mairies.

Ils demandent aussi qu'il ne soit pas fait de prisonniers immédiatement et qu'on n'ôte la liberté qu'aux hommes que la justice devra atteindre, comme coupables d'excitation à la révolte. Ils expriment enfin le désir qu'une proclamation, rédigée par les parlementaires, approuvée par M. Senard, soit portée sur l'heure à l'imprimerie de l'Assemblée et affichée dans le faubourg.

Le président consent à demi; il supplie à son tour les délégués de rentrer, *en enfants soumis et repentants, dans le sein de la République.* Leur ayant fait servir quelques rafraîchissements, il porte avec eux un toast à la République *démocratique et sociale*, en donnant de cette formule une explication qui paraît acceptée. Puis, il conduit lui-même les délégués au général Cavaignac.

Ici l'accueil est tout différent. Le général a entendu le rapport du général Perrot; il a causé avec M. Edmond

---

[1] Les ouvriers du faubourg Saint-Antoine étaient persuadés que la République était attaquée par les royalistes. A plusieurs reprises, ils exprimèrent un étonnement singulier en entendant la garde nationale et la garde mobile crier en montant à l'assaut des barricades : « *Vive la République!* »

Adam. Dans l'intervalle, il a reçu une dernière dépêche du général Lamoricière qui l'adjure de ne consentir à aucune capitulation. Si l'armée, victorieuse enfin, après trois jours de combats héroïques, n'obtenait pas la reddition du faubourg sans condition, elle serait humiliée, démoralisée à jamais. C'est la conviction du général Lamoricière.

Depuis ses derniers succès au faubourg Saint-Denis, il traite d'insensé, de traître, quiconque lui parle de capitulation. Il a repoussé à plusieurs reprises des représentants, des officiers de la garde nationale qui sont venus lui parler dans ce sens. Tout à l'heure, il n'a répondu que par une exclamation d'une énergie soldatesque à un officier d'ordonnance du général Perrot, qui vient lui demander s'il faut accepter les propositions des insurgés. Il est résolu, dit-il, à se faire tuer plutôt que de céder. Cette résolution est trop conforme au sentiment du général en chef pour qu'il hésite à l'adopter.

Le général écoute avec froideur les propositions de M. Raymond des Mesnars. D'autres députations, qui parlent un langage plus hautain, s'attirent des réponses plus sévères. C'est en vain que M. Raymond des Mesnars insiste pour que les conventions, qui semblaient acceptées par M. Senard, soient maintenues. Le général Cavaignac, au nom de la République, au nom de l'Assemblée nationale, au nom du Peuple lui-même, dont il défend le droit et l'honneur, déclare qu'il ne saurait pactiser avec la révolte. Il parle avec chaleur, avec une éloquence puisée dans une conviction inébranlable. Il s'attache encore à faire comprendre aux insurgés l'étendue de leur faute et ses conséquences funestes; il va jusqu'à leur démontrer l'impossibilité pour eux de résister plus longtemps à l'armée: « Croyez-moi, leur dit-il, je suis soldat, je connais mieux que vous vos ressources et vos chances de succès. Vous êtes cernés de toutes parts; vous ne pouvez plus échapper à la mort, à la ruine; vous ne pourrez plus qu'entraîner avec vous, dans un désastre épouvantable, vos femmes, vos enfants, vos concitoyens, et peut-être la République. »

Mais à ces exhortations, à ces prières d'un citoyen ému, d'un général victorieux, les délégués ne répondent que par le silence. Ils s'apprêtent à retourner dans le faubourg. Le général, en les suppliant une dernière fois de réfléchir à ce qu'ils vont faire, et pour leur donner le temps de porter ses paroles aux insurgés, accorde que la trêve, dont le terme approche, soit prolongée jusqu'à dix heures.

MM. Larabit, Raymond des Mesnars et les autres délégués repartent pour le faubourg vers six heures et demie. Ils s'arrêtent un moment auprès du général Perrot et lui font connaître les décisions du général en chef. Puis ils s'avancent seuls sur la place de la Bastille.

Le moment est solennel. Un silence profond règne de tous côtés. Tout ce peuple en armes reste immobile; tous les yeux suivent les pas des délégués. Ils marchent lentement vers la barricade du faubourg; ils y montent; ils prononcent quelques paroles que les insurgés seuls entendent.

Aussitôt, une clameur immense s'élève dans l'air; une sorte de mugissement sourd, plus sinistre que le bruit de la fusillade, gronde pendant quelques minutes, se prolonge d'une extrémité à l'autre du faubourg: « Mort à Cavaignac! crient à la fois plus de six mille voix; mort au bourreau du peuple! »

Cette dernière imprécation d'un désespoir impuissant vient retomber et expirer dans un effrayant silence.

A ce moment, le général Perrot tire sa montre. Elle marque dix heures: « Messieurs, dit-il aux officiers qui l'entourent, il ne faut pas se montrer trop rigoureux; accordons encore dix minutes de grâce. »

Les dix minutes s'écoulent. Personne ne paraît sur la place. On s'agite derrière la barricade. Le général Perrot donne le signal. Au même moment, on entend le premier coup de canon du général Lamoricière qui a repris, dès la veille, toutes les barricades du boulevard extérieur et qui ouvre le feu par le faubourg du Temple. Les soldats s'élancent en avant. Un jeune homme paraît sur la barricade; il agite en l'air un mouchoir. Il fait signe qu'on veut parlementer. Mais il n'est plus temps. Les soldats sont lancés au pas de course; il n'y a plus moyen de les retenir. Le bruit des détonations étouffe la voix du parlementaire. Il disparaît dans un nuage de fumée.

Après un quart d'heure de combat, le feu des insurgés s'éteint. La troupe franchit la barricade. M. Edmond Adam y monte un des premiers, au cri retentissant de : Vive la République!

La troupe s'arrête un moment. Les insurgés se retirent avec lenteur, derrière les barricades qu'ils s'apprêtent à défendre. Il n'y en a pas moins de soixante-cinq depuis la place de la Bastille jusqu'à la barrière du Trône.

M. Adam, MM. Ducoux et Lacrosse, représentants du peuple, s'avancent dans le faubourg pour tâcher de prévenir de nouveaux et inutiles combats. Ils s'adressent aux insurgés; ils les supplient de jeter leurs armes. Ceux-ci ne peuvent encore s'y résoudre. Déjà, cependant, on voit paraître, d'un côté, la tête de la colonne du général Perrot, de l'autre, l'avant-garde du général Lebreton qui s'avance par la route de Vincennes.

Les insurgés, qui d'abord ont battu lentement en retraite en brûlant leurs dernières cartouches, comprennent enfin que tout est perdu et commencent à défaire leurs barricades; les femmes qui sentent que c'est un moyen d'éviter les derniers malheurs s'y emploient avec eux. Les plus fiers d'entre les combattants, les plus énergiques, ceux qui ne sauraient se résigner à cette humiliation, se dispersent dans la plaine [1].

[1] Les communes de la Chapelle et de Belleville furent occupées simultanément; celle de la Villette ne se rendit qu'à sept heures du soir, après la prise d'une dernière barricade, à la barrière des Amandiers, où le général Courtigis fut blessé. On procéda immédiatement au désarmement de ces trois communes qui avaient été des centres d'insurrection très-ardents.

Moins d'une heure après, M. Corbon, vice-président de l'Assemblée, montait à la tribune et lisait avec une émotion profonde la lettre du général Cavaignac, qui annonçait à la représentation nationale son triomphe définitif sur le prolétariat révolté.

« Citoyen président, disait le général, grâce à l'attitude de l'Assemblée nationale, grâce au dévouement de la garde nationale et de l'armée, la révolte est détruite. Il n'y a plus de lutte dans Paris. Aussitôt que j'aurai la certitude que les pouvoirs qui me sont confiés ne sont plus nécessaires, j'irai les remettre respectueusement entre les mains de l'Assemblée. »

En même temps, on affichait sur les murs de Paris cette proclamation :

LE CHEF DU POUVOIR EXÉCUTIF, A LA GARDE NATIONALE ET A L'ARMÉE :

« Citoyens, soldats !

« La cause sacrée de la République a triomphé. Votre dévouement, votre courage inébranlable, ont déjoué de coupables projets, fait justice de funestes erreurs. Au nom de la patrie, au nom de l'humanité, soyez remerciés de vos efforts, soyez bénis pour ce triomphe nécessaire.

« Ce matin encore, l'émotion de la lutte était légitime, inévitable ; maintenant soyez aussi grands dans le calme que vous l'avez été dans le combat. Dans Paris, je vois des vainqueurs et des vaincus ; que mon nom reste maudit, si je consentais à y voir des victimes.

« La justice aura son cours. Qu'elle agisse ; c'est votre pensée, c'est la mienne.

« Prêt à rentrer au rang de simple citoyen, je reporterai au milieu de vous ce souvenir civique de n'avoir, dans ces grandes épreuves, repris à la liberté que ce que le salut de la République lui demandait lui-même, et de léguer un exemple à quiconque pourra être, à son tour, appelé à remplir d'aussi grands devoirs [1].

« Général E. CAVAIGNAC.

« Paris, 26 juin 1848. »

A deux jours de là, le 28 juin, le général Cavaignac venait déposer ses pouvoirs entre les mains de l'Assemblée nationale, qui, en les lui conférant de nouveau pour un temps indéterminé, décrétait qu'il avait *bien mérité de la patrie*.

---

[1] Les passions politiques se sont efforcées d'enlever au général Cavaignac l'immortel honneur d'avoir conçu et écrit cette proclamation. L'histoire le lui restitue tout entier. Des témoins irrécusables ont vu le général Cavaignac l'écrire de sa propre main, d'un bout à l'autre, avec une émotion que la seule improvisation comporte. D'ailleurs, je n'ai jamais entendu ni lu, de la voix ou de la main des personnes auxquelles on a voulu en attribuer la rédaction, rien d'analogue.

QUATRIÈME PARTIE

LA RÉACTION

Ici s'arrête, à proprement parler, le mouvement révolutionnaire de 1848 et la tâche que j'ai entreprise de rechercher, jusque dans ses moindres oscillations, jusque dans ses manifestations les plus éphémères, son caractère essentiel.

La victoire remportée par le général Cavaignac sur l'insurrection de juin est le dernier terme de ce mouvement complexe, provoqué par l'action commune du prolétariat et de la bourgeoisie, auquel l'instinct populaire donnait, le 24 février 1848, le nom de révolution *politique et sociale*.

Par cette victoire, la scission à peine sensible au sein du gouvernement provisoire, mais toujours croissante depuis l'ouverture de l'Assemblée entre la révolution sociale et la révolution politique est consommée. Le prolétariat, qui a attenté deux fois au principe de la souveraineté du peuple, est châtié sévèrement et disparaît de la scène; désormais le mouvement appartient exclusivement à la bourgeoisie.

Sous le gouvernement des républicains auxquels elle en remet la direction, il demeure un moment comme suspendu entre le flux et le reflux de l'opinion, entre la révolution et la réaction. Mais bientôt le courant naturel de l'opinion qui, laissé à lui-même, s'arrêterait à la République tempérée, grossit et déborde sous l'action des partis. Les hommes d'État des anciennes dynasties se croyant près de ressaisir le pouvoir poussent au renversement des institutions républicaines. De la réaction contre la révolution sociale la bourgeoisie se laisse emporter jusqu'à la réaction contre la révolution politique. Les républicains modérés sont écartés, après qu'ils ont servi à mettre hors de cause les socialistes et les radicaux. Tout recule, tout se précipite en arrière; la société semble disposée à rentrer dans les formes qu'elle vient de détruire, quand un nom surgit tout à coup, dont la fascination attire et arrête à soi les courants les plus opposés de l'opinion, et, s'imposant avec une puissance inouïe à la révolution chancelante, lui annonce et promet de lui donner une forme, une impulsion, une existence nouvelle.

Le moment n'est pas venu encore d'écrire l'histoire circonstanciée de cette nouvelle phase du mouvement démocratique qui commence à l'élection de Louis-Napoléon Bonaparte à la présidence de la République; moins qu'à tout autre, d'ailleurs, il m'appartiendrait de le tenter.

Profondément convaincue de l'excellence des institutions libres et certaine que la démocratie, le jour où elle aura une parfaite conscience d'elle-même, de ses principes, de ses besoins moraux et matériels, ne leur trouvera pas d'expression supérieure et rentrera dans les conditions rationnelles du progrès, j'expliquerais mal certaines crises de son développement, inévitables peut-être, mais bien douloureuses, puisqu'elles semblent exclure la liberté. Je me bornerai donc ici, afin d'éclairer encore de quelque reflet l'histoire qu'on vient de lire, à rapporter succinctement les principaux actes politiques du général Cavaignac et la fin rapide d'un gouvernement qui emporta dans sa chute le dernier simulacre de pouvoir resté encore à la bourgeoisie républicaine.

Certes, ce n'est point une exagération de dire que, après l'insurrection de juin, la société tout entière, qui demeurait, malgré sa victoire, en proie à un sentiment de terreur auquel on ne saurait rien comparer depuis l'invasion de Rome par les barbares, salua son libérateur d'une acclamation unanime et lui remit, dans un véritable transport de reconnaissance, le soin de la conduire et de la préserver de nouveaux périls.

Depuis longtemps prévue, souhaitée par l'opinion, nécessitée enfin par l'événement, l'élévation du général Cavaignac avait un sens profond, auquel peut-être on n'a pas donné jusqu'ici une attention suffisante.

Pour la troisième fois depuis le renversement du trône de juillet, ce qu'on appelle la force des choses, c'est-à-dire cette voix latente qui se dégage à certains moments décisifs dans la vie des peuples de l'état général des idées et des mœurs, se prononçait et proclamait la République; pour la troisième fois aussi, et à chaque fois d'un accent moins équivoque, elle marquait le caractère démocratique, mais le mouvement tempéré que le pays entendait donner au gouvernement républicain.

Le nom de M. de Lamartine au gouvernement provisoire, la popularité passionnée qui l'entoura et qui ne voulut voir que lui, même en ces heures d'ivresse où l'élément populaire débordé semblait assigner à quelques-uns de ses collègues le rôle principal, furent une première indication, mais déjà très-précise, des limites tracées à la révolution par le commun instinct; les élections pour l'Assemblée constituante en furent un autre. Ces élections, aussi générales, aussi libres qu'il était possible de les concevoir, donnèrent à l'état républicain sa sanction, en même temps que son interprétation la plus large et la plus modérée.

Aussi, quand l'Assemblée constituante, en se réunissant, fit retentir le cri de: « Vive la République! » ne parut-elle à personne ni hypocrite ni téméraire, car chacun sentait en elle et souhaitait qu'elle exprimât dans les lois l'esprit de liberté, d'égalité, de fraternité qui éclairait visiblement alors la raison et qui remuait les entrailles de la France.

J'ai tâché d'expliquer, en retraçant les fautes politiques des partis qui se formèrent au sein de l'Assemblée, comment s'opéra la scission entre les deux classes qui, dans Paris, avaient fait la révolution, si ce n'est de concert, du moins ensemble.

Cette scission funeste, née dans le cerveau malade de quelques fanatiques, rendue plus profonde par l'inaction du gouvernement, par les excitations des factieux et les prédications des sectaires, cet antagonisme plus factice que réel, entre la république politique et la république sociale, entre la bourgeoisie et le prolétariat, aboutit, comme nous venons de le voir, par une logique rapide à la révolte et à la défaite des prolétaires.

La victoire que l'Assemblée nationale remporta sur l'insurrection fut applaudie par la France et par l'Europe, comme une victoire de l'ordre sur l'anarchie. Cette appréciation était juste, mais incomplète. Réprimer une révolte contre la souveraineté nationale, c'était assurément rétablir l'ordre, mais non pas seulement un ordre apparent et tout matériel, tel que le concevait la peur du vulgaire, ou tel que le voulait, en attendant autre chose, l'hypocrisie des partis, c'était surtout rétablir cet ordre moral autant que politique, qui naît, dans une société libre, de la soumission des esprits à des institutions conformes à l'état des mœurs.

C'est ainsi que le comprit l'Assemblée constituante lorsqu'elle conféra le pouvoir suprême à un homme dont le nom et l'épée étaient tout à la fois un symbole et un gage de l'ordre républicain. De son aveu, de l'aveu du peuple qu'elle représentait, l'idée républicaine se concentra dans un homme, comme pour se rendre plus sensible. Afin d'imposer mieux à ses ennemis le sentiment de sa force, elle se personnifia dans un soldat.

En présence de ce grand fait, la société préservée de

l'anarchie par les républicains, aucune opposition sérieuse à la République n'était plus possible. L'élévation du général Cavaignac, comme l'État républicain lui-même qu'il venait de sauver et qu'il était chargé de raffermir, avait un caractère de nécessité qui, sans en diminuer l'éclat, en doublait la force et devant lequel tous les partis rentraient dans le silence. Jamais plus soudaine élévation ne s'était produite avec moins de part de la personne exaltée. Le général Cavaignac n'avait pas été libre de la vouloir ou de ne la pas vouloir; la convoiter ou la repousser, lui eût été presque également impossible. Son absence prolongée de la France et la trempe de son caractère, en le rendant étranger aux partis qui se disputaient la conduite des affaires, étaient une cause principale, mais toute négative de sa fortune. Plus sa personne restait inconnue, mieux la double idée qui s'attachait à son nom républicain et à sa profession de soldat devait apparaître à l'heure où le besoin de contenir la révolution et l'impossibilité de fonder, en dehors de cette révolution même, une autorité capable de la dominer, éclataient à la fois de toutes parts et s'imposaient à la conscience publique.

C'est le propre des civilisations avancées qu'elles se soustraient davantage, dans leur marche plus compliquée et plus savante, aux influences personnelles, à ce qu'on pourrait appeler l'accident, le hasard. Les idées y engendrent plus manifestement les faits. Les événements semblent s'y ranger sous une loi supérieure que trouble de moins en moins l'action des volontés particulières. Par une contradiction qui n'est qu'apparente, plus la liberté humaine croît en puissance, plus aussi elle s'ordonne et se soumet à cette nécessité divine, à cette invisible souveraineté qui gouverne le monde. Aussi voyons-nous dans la suite des histoires qui transmettent d'une génération à l'autre les révolutions des empires, la tâche du narrateur s'amoindrir à mesure que s'étend celle du philosophe. Les aventures perdent leur vraisemblance, les faits ne s'expliquent plus par le caprice du sort ; les héros même ne sauraient plus nous intéresser si l'on ne sait nous montrer en eux l'expression vivante d'un temps et le génie d'un peuple.

C'est ce genre d'intérêt et d'instruction sévère, mais supérieure, qu'offre à un haut degré, selon moi, la révolution de 1848. Le mouvement général des idées y est tout ; la valeur relative et passagère de certains hommes que ce mouvement amène au premier rang y est peu de chose. Nous l'avons vu dans la popularité si instantanée et si vite évanouie de M. de Lamartine ; l'élévation et la chute du général Cavaignac en seront un nouvel exemple ; plus tard, l'exemple deviendra plus frappant encore dans la fortune prodigieuse du nom de Louis Bonaparte.

Il n'est presque personne en France qui ne crût, après l'insurrection de juin, le gouvernement républicain raffermi pour un long espace de temps. En voyant l'Assemblée nationale et le général Cavaignac, en parfait accord d'intentions, préparer ce gouvernement régulier, ce pouvoir constitutionnel après lequel chacun soupirait, on ne mettait plus guère en doute la possibilité de combiner, dans des institutions durables, la liberté et l'autorité dont on éprouvait un égal besoin.

La force mutuelle que se prêtaient en ce moment le pouvoir exécutif et le pouvoir législatif en paraissait un présage certain ; toutes les difficultés de la situation politique semblaient aplanies. Le socialisme et ses exigences outrées pour longtemps hors de cause ; la majorité républicaine dans l'Assemblée, désormais confiante dans ses propres forces, mais disposée à suivre l'impulsion du chef qu'elle s'est donné ; les partis royalistes réduits, une seconde fois, par la grandeur de l'événement, à feindre l'acquiescement à la République ; l'armée rétablie dans Paris ; des généraux victorieux qui ne réclament rien, après le péril de l'honneur du succès et se rangent avec déférence derrière celui auquel ils commandaient encore la veille ; la révolution, bien que domptée au dedans, assez puissante au dehors pour que les souverains ne puissent susciter à la France aucun embarras : tel était l'ensemble des faits qui créaient au général Cavaignac une situation plus grande et plus forte, en apparence, que ne l'avait eue, depuis longtemps, aucun des hommes qui avaient possédé le pouvoir. Mais si la situation d'un homme lui est faite le plus souvent par des circonstances où il n'a que peu ou point de part, l'avantage qu'il tire de cette situation est toujours son œuvre personnelle.

Ce fut un malheur pour la France que le général Cavaignac ne joignît pas au sentiment du bien, du beau, du juste, qui était en lui et qui le plaçait au niveau des situations les plus élevées, cette pénétration de l'intelligence qui les comprend tout entières et cette spontanéité d'action qui les domine. Si son génie lui eût révélé la triple force qui s'attachait à son nom, à son épée, à sa situation, il eût accompli une phase décisive de la révolution française, en fondant, pour une longue période de temps, le gouvernement républicain. Mais, ainsi qu'ont pu le faire pressentir quelques traits esquissés précédemment, le général Cavaignac ne devait comprendre sa tâche et son rôle que d'une manière incomplète. Tout au contraire de M. de Lamartine, qui, pour s'être formé un idéal trop vaste de la révolution, négligea de pourvoir à l'établissement de la République, le général Cavaignac, s'embarrassant dans une application scrupuleuse, défiante et timide du gouvernement républicain, ferma son esprit aux inspirations hardies de la révolution. Ces deux hommes, semblables en courage et en noblesse d'âme, mais qui formaient par d'autres côtés de leur nature un contraste très-accusé, devaient avoir une même fin politique. Lamartine, à force de rêver la gloire, laissa échapper l'autorité; Cavaignac, occupé à défendre son autorité et surtout à préserver son honneur, ne connut pas ces élans vers la gloire qui entraînent les hommes. L'un et l'autre, en présence d'une Assemblée qui ne demandait qu'à être dirigée, ne surent ou ne voulurent exercer sur elle aucune action; Lamartine, parce qu'il la dédaignait un peu; Cavaignac, parce qu'il la respectait trop. Tous deux se perdirent et perdirent la révolution; l'un, parce qu'il la croyait accomplie déjà; l'autre, parce qu'il la jugeait impossible.

J'ai dit qu'au moment où le général Cavaignac prit en main la conduite des affaires, la société tout entière s'abandonnait à un sentiment de terreur rétrospective qui survécut longtemps au danger qu'elle avait couru. Le combat acharné qu'on s'était livré pendant quatre jours laissait dans les imaginations une impression profonde que l'aspect de Paris ravivait à toute heure. La vaste étendue du champ de bataille dont chacun, pendant le combat, n'avait mesuré qu'un point circonscrit, étonnait la pensée. Sur un espace de plusieurs lieues et qui comprend plus de la moitié de la ville, le boulet, l'obus, la mitraille, le canon, la sape et la mine n'ont pas cessé, pendant près de cent heures, d'exercer leurs ravages. Les colonnades, les frontons des palais et des églises sont mutilés, des façades entières de maisons ont disparu. Des bivacs, des parcs d'artillerie, sont établis sur les places publiques; on voit passer des chariots remplis d'armes enlevées aux vaincus[1]. De longs convois de prisonniers s'acheminent vers les forts; les prisons sont encombrées; les arrestations sont faites par masses. On assure que dans le premier moment il n'y en a pas eu moins de vingt-cinq mille. Bien des haines personnelles, bien des rivalités de professions ont saisi l'occasion inespérée de se satisfaire en paraissant servir la chose publique; les délations anonymes sont innombrables. Les enfants de la garde mobile, qui se considèrent comme les vainqueurs de Paris et qu'on ne parvient pas à faire rentrer sous la discipline, plus de cent mille gardes nationaux, accourus de tous les points de la France et qui n'ont pas

[1] On a compté plus de cent mille fusils saisis dans les quartiers insurgés.

pris part au combat, amusent leur désœuvrement et signalent leur zèle par des perquisitions et des arrestations, dont leur caprice est la seule règle et l'unique prétexte. Au bout de quelques jours, l'autorité est si embarrassée de ses prisonniers, le danger de pareilles agglomérations d'hommes dans des espaces étroits et insalubres devient tel, qu'elle en fait relâcher, sans examen, plus de la moitié [1].

On craignait aussi, malheureusement ce n'était pas sans raison, que les ressentiments de la garde nationale ne la portassent à de tristes excès. Les factionnaires en sentinelle devant le caveau de la terrasse du bord de l'eau, dans le jardin des Tuileries, où quinze cents personnes sont entassées dans une boue fétide, ont tiré sur ces malheureux qui se disputaient les places voisines des soupiraux par lesquels leur venait un peu d'air et de lumière. Pour contenir les gardes mobiles, quelques officiers leur ont laissé entendre que l'on procéderait incessamment à des fusillades en masse [2]. La peur inouïe qu'inspiraient aux bour-

---

[1] Selon le rapport de la commission d'enquête, sur vingt-cinq mille personnes arrêtées pendant l'insurrection et immédiatement après, on n'en garda, au bout de quelques jours, que onze mille cinquante-sept.

[2] On a parlé beaucoup de fusillades qui auraient eu lieu après le combat ; aucun des récits que j'ai entendus n'établit à cet égard de faits positifs. Selon les témoignages les plus dignes de foi, on compterait environ cent cinquante insurgés fusillés par la troupe ou la garde mobile. M. Louis Blanc, qui n'est pas suspect d'indulgence pour les vainqueurs de juin, a constaté en termes énergiques le *caractère purement individuel* de quelques actes odieux. « Pas de responsabilité collective, pas d'accusations généralisées, s'écrie-t-il ; grâce au ciel, il n'est pas de classe en France à qui l'on puisse légitimement imputer de tels excès ; ils furent l'œuvre de forcenés, dignes d'être reniés par tous les partis, mais à qui, malheureusement, l'état de siège, la stupeur publique, la colère et la peur des uns, la douleur des autres, livrèrent une odieuse puissance. » (*Nouveau Monde*, n° 6, 1er mars 1851). Nulle part, quoi qu'on en ait dit, ces exécutions ne se firent sur l'ordre, ni même avec la tolérance des chefs. Le général Bedeau, M. Guinard et d'autres officiers supérieurs firent des efforts inouïs pour sauver les prisonniers. Sur la place de l'Hôtel de Ville, MM. Marrast et Edmond Adam luttèrent avec les gardes mobiles pour leur arracher leurs victimes.

geois de Paris les insurgés vaincus, tolérait, encourageait en quelque sorte les mauvais traitements auxquels ils étaient en butte. Pendant plus d'un mois après l'insurrection, l'annonce de quelque événement impossible venait chaque jour jeter l'alarme dans la population. Tantôt les insurgés, cachés dans les catacombes, allaient faire sauter en l'air le faubourg Saint-Germain; tantôt ils devaient couper tous les conduits de gaz et se livrer dans les ténèbres à un immense massacre. Le soir, on prétendait apercevoir des signaux qui se répondaient de maison en maison; on entendait dans les caves des bruits inexplicables; les orgues de Barbarie jouaient des refrains mystérieux. Les imaginations troublées attribuaient aux insurgés une volonté et une puissance du mal véritablement satanique[1]. Le spectacle que présentaient les hôpitaux était navrant. Pendant les premiers jours, l'affluence y avait été si grande que, malgré le dévouement des médecins, on n'était parvenu à donner à tous les blessés que les premiers soins indispensables[2]. En dépit de la surveillance des gardiens, les

[1] L'autorité fut obligée de donner quelque satisfaction à ces frayeurs absurdes. On fit des fouilles aux flambeaux dans les catacombes et des perquisitions dans les maisons signalées. Ces fouilles et ces perquisitions n'amenèrent aucun résultat. Les reflets de la lune sur le pavillon vitré d'un daguerréotypeur, la chandelle d'une pauvre ouvrière restée à son ouvrage très-avant dans la nuit, le piaffement des chevaux dans des écuries souterraines, avaient causé ces incroyables alarmes. Voir, aux *Documents historiques*, à la fin du volume, n° 19, la proclamation de M. Ducoux, aux habitants de Paris, le 26 juillet.

[2] Voici le relevé général des blessés reçus pendant les quatre jours de l'insurrection dans les principaux hôpitaux de Paris :

Charité.	120
Val-de-Grâce.	190
Hôtel-Dieu.	451
Hôpital Dubois.	90
Clinique.	78
Saint-Lazare.	75
Saint-Louis.	560
Beaujon.	110
Bon-Secours.	16
Saint-Merry.	47

gardes nationaux, les gardes mobiles, les insurgés, qui gisaient là, dans les mêmes salles, dans les mêmes rangs, s'insultaient, se menaçaient d'un lit à l'autre. Ceux-ci gardent à leur chevet le drapeau qu'ils ont enlevé sur la barricade; ceux-là disent tout haut qu'ils ne tarderont pas à prendre leur revanche; quelques-uns trouvent dans le délire de la fièvre la force de se lever et se jettent avec rage sur le malheureux dont le lit est le plus voisin. D'affreux accidents nerveux, des folies furieuses se déclarent [1]. On est obligé de mettre la camisole de force à plusieurs blessés; la sentinelle présente la baïonnette en allant et en venant dans les couloirs.

La mortalité dépasse toute proportion. Dans le seul hôpital Saint-Louis, elle est d'un blessé sur quinze pour les militaires; d'un sur six pour les insurgés [2].

Pitié.	98
Saint-Antoine.	60
Lourcine.	11
Bicêtre.	9
Cochin.	11
Incurables.	85
Hôtel-Dieu (annexe).	61
Hôpital Necker.	11
Hôpital du Midi.	4
Tuileries.	78
Ambulances connues.	364
Total général.	2,529

[1] On a constaté que la plupart des folies furent, chez les insurgés, des folies d'orgueil. Presque tous se croyaient de grands hommes et des réformateurs. Ils dictaient des constitutions, abolissaient l'esclavage et la misère. Chez les femmes, c'était l'inquiétude pour leurs maris ou leurs enfants qui produisait généralement l'aliénation mentale. Malgré les accidents nombreux qui suivirent l'insurrection, le chiffre total des aliénations mentales, en 1848, ne dépassa que de très-peu le chiffre ordinaire. Les révolutions qui multiplient certaines causes d'aliénations en font disparaître d'autres. Les événements de la vie privée perdent de l'importance à mesure que ceux de la vie publique en prennent davantage.

[2] Voir les journaux de médecine : la *Gazette des hôpitaux*, l'*Union médicale*, etc.

L'exaltation et le désespoir des insurgés aggravent singulièrement leur état. Beaucoup d'entre eux, dans la crainte d'être fusillés, sont restés cachés longtemps dans des réduits d'où ils ne sortent que vaincus par d'intolérables souffrances et quand la gangrène ronge déjà leurs os. Privés des soins de leurs familles qui n'osent se présenter dans les hôpitaux, en butte aux mauvais traitements des gens de service qui, malgré les ordres sévères des médecins, n'ont de soins et d'égards que pour les blessés de la garde nationale, forcés de répondre aux interrogatoires du juge d'instruction[1], et certains que, s'ils guérissent, ce sera pour passer devant les conseils de guerre, leur condition est la plus misérable du monde. Plusieurs arrachent l'appareil de leurs blessures; d'autres essayent de se laisser mourir de faim, préférant la mort à de si douloureuses incertitudes.

On n'a pas connu avec exactitude le chiffre des morts[2]. Encore aujourd'hui, on n'est parfaitement certain ni du nombre des détenus, ni du nombre des insurgés. D'après la statistique des journaux de médecine, il y aurait eu 2,529 blessés soignés dans les hôpitaux de Paris; le nombre de ceux qui ont été soignés à domicile a dû être beaucoup plus considérable, mais il est impossible de le constater. Selon le rapport du préfet de police, M. Ducoux, en date du 8 octobre, le nombre total des morts, civils et militaires, à la suite de l'insurrection, aurait été de 1,460; les deux tiers appartenaient à l'armée et à la garde nationale[3]. Le général Cavaignac a dit, à la tribune, dans la

[1] Il faut dire à l'honneur des médecins de la faculté de Paris qu'ils s'opposèrent avec beaucoup de fermeté à ces interrogatoires. « Il n'y a ici pour moi que des malades et non des prévenus, » répond M. Michon, chirurgien de la Pitié, au juge d'instruction qui voulait savoir de lui le chiffre des insurgés reçus dans ses salles. « Je ne connais ici que des blessés, » dit le docteur Roux, à qui l'on demande combien il a dans son service de gardes nationaux et combien d'insurgés.

[2] La presse anglaise a prétendu qu'il y avait eu cinquante mille morts.

[3] La seule garde républicaine a eu 92 morts, dont deux officiers su-

séance du 3 juillet, que *personne n'évaluait à plus de cinquante mille le nombre total des insurgés, et que l'armée comptait en tout sept cent trois hommes tués ou blessés.*

Cependant les convois et les services funèbres se succédaient avec une continuité lugubre. Le 6 juillet, on fit une cérémonie générale en l'honneur de toutes les victimes de l'insurrection. Au pied de l'obélisque de Louqsor, un autel somptueux fut dressé où trois évêques, appartenant à l'Assemblée constituante, célébrèrent le service divin. L'Assemblée et son président, le général Cavaignac, le maire de Paris, la plupart des officiers supérieurs de l'armée, les chefs de la garde nationale, y assistaient. Un char symbolique, surmonté d'un catafalque et qui renfermait les corps d'un certain nombre de victimes, s'avança par l'avenue des Champs-Élysées vers l'autel et fut béni par les évêques.

Mais, malgré l'appareil extraordinaire que l'on avait voulu déployer en cette solennité, elle parut vide et froide à tous ceux qui en saisirent le caractère. Tout y était officiel, contraint, plein de contradictions. On y voyait bien encore les emblèmes républicains; on y lisait partout la devise : *Liberté, égalité, fraternité,* mais elle ne faisait plus naître d'autre sentiment que celui d'une amère ironie. Pour la première fois aussi depuis la révolution de février, le peuple était absent d'une cérémonie publique. Aucune cor-

---

périeurs. On a compté six généraux tués : ce sont les généraux Bourgon, Damesme, Renaut, Duvivier, Négrier, Bréa; et six blessés : Bedeau, François, Korte, Lafontaine, Foucher, Courtigis. Deux représentants ont été tués, MM. Dornès et Charbonnel. Pendant les trois journées de juillet 1830, il y avait eu 500 hommes tués. Au mois de février 1848, on n'en a compté que 200. Selon le général Lamoricière, deux millions cent mille cartouches auraient été distribuées aux soldats, et environ trois mille coups de canon auraient été tirés pendant les quatre jours du combat. Les insurgés avaient des armes en quantité; sur un seul point, dans le petit village de Gentilly qui compte à peine 1,200 habitants, on trouve 1,800 fusils de munition et 2,000 sabres; mais ils avaient fort peu de munitions. Ils fabriquèrent eux-mêmes presque toute la poudre dont ils se servirent. Vers la fin du troisième jour, elle leur manquait.

poration n'avait été convoquée; on ne voyait flotter nulle part les bannières populaires; la foule n'était plus mêlée, comme on l'avait vue jusque-là, de blouses et de vestes. Un très-petit nombre d'ouvriers étaient venus, et ils étaient tenus à distance par la haie des troupes.

Mille bruits sinistres s'étaient répandus; on parlait de machine infernale; on disait que le général Cavaignac devait être assassiné pendant la cérémonie. Le char funèbre qui, selon le programme, devait conduire les corps jusqu'au caveau de la colonne de Juillet, s'arrêta devant l'église de la Madeleine. On n'osait pas se rapprocher des quartiers populaires, tant la terreur qu'ils avaient inspirée était profonde encore.

C'est sous cette impression générale de tristesse et de terreur que le général Cavaignac eut à reconstituer un gouvernement et à composer son ministère.

On a vu que la réunion de la rue de Poitiers avait élevé quelques difficultés à ce sujet, se croyant assez forte déjà pour imposer ses choix au chef du pouvoir exécutif. Mais M. Thiers, qui jugeait prématurée son intervention directe dans les affaires, fit comprendre aux impatients qu'il ne serait pas d'une bonne politique de peser trop tôt sur l'opinion et qu'il fallait, avant d'écarter les républicains, les laisser s'user eux-mêmes, amoindrir, par les fautes qu'ils ne manqueraient pas de commettre, l'autorité que leur donnait l'insurrection vaincue.

En conséquence, une députation officieuse, composée de MM. Vivien, Degousée, Desèze, de Falloux et de Vesins, s'était rendue, le 27 juin, dans la soirée, auprès du général Cavaignac pour lui donner l'assurance que l'on accepterait ses choix, quels qu'ils fussent, et que l'on soutiendrait son gouvernement. Mais, à peine la composition du nouveau ministère fut-elle connue que l'on murmura. Il ne déplaisait point trop à la réunion de la rue de Poitiers de voir M. Senard à l'intérieur et le général Lamoricière au ministère de la guerre. Le rôle qu'ils avaient joué l'un et l'autre pendant l'insurrection nécessitait, d'ailleurs, leur entrée aux affaires. On acceptait même sans répugnance M. Goudchaux comme ministre des finances, M. Bastide comme ministre des affaires étrangères, M. Bethmont comme ministre des travaux publics; mais le nom de M. Recurt et surtout celui de M. Carnot, qui complétaient la liste ministérielle, soulevèrent l'opposition la plus vive.

M. Recurt était un républicain de la veille, accusé d'incliner aux mesures de clémence envers les insurgés. Quant à M. Carnot, le parti clérical, celui qui suivait la direction de M. de Falloux plutôt que celle de M. Thiers et qui n'avait abandonné qu'à grand'peine la prétention de porter son chef au ministère de l'instruction publique, ne pouvait supporter sa rentrée aux affaires. Ce parti haïssait particulièrement en lui le fondateur de l'école d'administration. Mais, comme il n'osait encore lever entièrement le masque et confesser sa répulsion pour une institution essentiellement démocratique qui, depuis 1789, était le vœu constant de l'opinion, il rappela les circulaires, le *Manuel républicain de l'homme et du citoyen*. Certain de réveiller sur ce point beaucoup de susceptibilités, même dans la majorité de l'Assemblée, il ouvrit l'attaque dans la séance du 5 juillet, à l'occasion d'un projet de décret sur l'amélioration de la condition des instituteurs primaires, et força M. Carnot à donner sa démission.

Ce triomphe de l'opinion contre-révolutionnaire fut tempéré encore par la prudence de M. Thiers, qui, satisfait de voir que l'Assemblée pourrait être entraînée déjà à se séparer du général Cavaignac sur des questions de personnes, ne souffrit pas qu'on poussât le succès à l'extrême et fit accepter comme successeur de M. Carnot M. Vaulabelle, qui n'était pas moins désagréable au parti clérical, mais qui avait l'avantage de ne s'être pas compromis encore dans l'action politique.

Ce fut pour le même motif que la réunion de la rue de Poitiers ne combattit pas la candidature de M. Marie à la présidence de l'Assemblée. M. Thiers et ses amis prétendaient encore, à ce moment, accepter sincèrement la République; ils se faisaient appeler républicains *honnêtes et modérés*, par opposition à ceux qu'ils désignaient sous le nom de *républicains rouges*, leur tactique étant de se mettre encore pendant quelque temps à couvert derrière la majorité républicaine et de la pousser à des mesures antidémocratiques dont on profiterait plus tard.

L'épouvante laissée dans les imaginations par l'insurrection servait, d'ailleurs, et surabondamment, ces projets et cette tactique. Malgré la facilité avec laquelle s'opéraient le désarmement de la garde nationale et la fermeture des clubs; malgré les bonnes nouvelles que l'on recevait des départements, où tout restait tranquille [1]; malgré l'occupation de Paris par une armée de 80,000 hommes, on ne se rassurait pas. L'Assemblée tout entière était possédée d'un esprit de réaction qui l'emportait hors de toute mesure. Non contente d'avoir, dès le 26, pendant que l'on se battait encore au faubourg Saint-Antoine, voté la fermeture des clubs reconnus dangereux, le licenciement et le désarmement de trois légions, la formation d'une commission d'enquête chargée de rechercher les causes de l'insurrection en remontant jusqu'à l'attentat du 15 mai, elle avait fait afficher, le 28, une proclamation au peuple, dans laquelle elle traitait les insurgés vaincus de *forcenés armés pour le massacre et le pillage; de nouveaux barbares, sous les coups desquels la famille, la religion, la liberté, la patrie, la civilisation tout entière était menacée de périr*. Elle fermait maintenant les clubs et rétablissait un cautionnement de 24,000 francs sur les journaux [2]. Elle votait enfin à la

---

[1] Les ateliers nationaux de Marseille s'étaient insurgés, mais avant ceux de Paris et sans aucune connivence avec eux. L'insurrection avait été promptement réprimée.

[2] En faisant paraître, le 11 juillet, un dernier numéro, bordé de noir, du journal le *Peuple constituant*, M. de Lamennais flétrissait ainsi le vote de l'Assemblée : « Il faut aujourd'hui de l'or, beaucoup d'or,

presque unanimité des voix, ce funeste décret de transportation, dont le caractère illégal et inhumain contraste si fortement avec la modération dont elle s'était montrée animée pendant longtemps qu'il deviendra impossible à comprendre le jour où la mémoire des contemporains ne se rappellera plus avec la même vivacité et ne se retracera plus avec une entière exactitude ce vertige de la peur auquel, à cette heure, les esprits les plus fermes et les âmes les plus nobles s'abandonnaient sans réserve et sans honte [1].

Le projet de décret, présenté, le 27, par M. Senard, et qui portait que : « Tout individu pris les armes à la main serait immédiatement déporté dans les possessions françaises d'outre-mer, autres que l'Algérie, » avait été soumis à l'examen d'une commission. Pendant qu'elle préparait son rapport, le général Cavaignac, en vertu des pouvoirs que lui donnait l'état de siége, ordonnait de son côté aux capitaines rapporteurs des commissions militaires de traduire les prévenus devant les conseils de guerre. Entre ces deux mesures contradictoires, le rapporteur de la commission, M. Méaulle, proposa une transaction qui fut adoptée. Il reconnut qu'une mesure exceptionnelle pour enlever à la capitale tous les ferments de discorde était nécessaire; que, dans l'impossibilité de juger suivant les formes ordinaires, on devait procéder sommairement et administrativement,

pour jouir du droit de parler. Nous ne sommes pas assez riches. — *Silence au pauvre!* »

[1] MM. Caussidière, Sarrans et Pierre Leroux protestèrent seuls à la tribune, le 27 juin, contre le décret de transportation. M. Pierre Leroux obtint que les femmes et les enfants des transportés seraient autorisés à les suivre en exil. M. de Lamennais dit alors dans le *Peuple constituant* ces belles paroles (29 juin) : « Encore quelques mois, et vous n'aurez pas trop de bras pour défendre vos frères d'Italie et vos frontières de Belgique et d'Allemagne. Au lieu de déporter vos prisonniers, faites-en l'avant-garde de votre armée d'Italie. » Je trouve dans une note remise à la commission d'enquête par le chef de division de la sûreté générale, M. Panisse, une remarquable appréciation des causes de l'insurrection. Voir aux *Documents historiques*, à la fin du volume, n° 20.

par mesure de sûreté générale et de salut public. Il fallait que la loi, ajouta-t-il, se tût un instant et que les hommes qui avaient fait une guerre à mort à la société fussent déportés. Toutefois, distinguant entre les instigateurs de la guerre sociale et ceux qui n'en avaient été que les soldats, il demandait que l'instruction commencée contre les premiers suivît son cours.

Quelques expressions de ce rapport appelèrent le chef du pouvoir exécutif à la tribune. Ces expressions tendaient, dit le général Cavaignac, à faire croire qu'en attribuant à la juridiction militaire la connaissance de l'insurrection, il avait voulu se montrer plus sévère que la nation et que l'Assemblée. Il protestait avec vivacité contre une telle imputation. A sa demande expresse, le mot *transportation* qui n'impliquait pas la prison dans l'exil fut substitué au mot *déportation*. Allant plus loin encore, il s'engagea dans le conseil des ministres à ne pas faire exécuter le décret dans toute sa rigueur et à ne s'en servir que pour éloigner de Paris les prisonniers, dans un moment où il était dangereux pour eux-mêmes de les y garder. Il promit enfin de donner l'amnistie aussitôt que les terreurs de la bourgeoisie paraîtraient calmées.

En parlant et en agissant ainsi, le général Cavaignac était d'une sincérité parfaite. Étranger à la peur qu'avaient inspirée les combattants, il l'était également au ressentiment contre les vaincus. Il n'ignorait pas non plus que, si parmi ces prisonniers que l'on allait frapper en masse, condamner sans jugement et souvent même sans constater leur identité[1], il se trouvait des hommes pervers, le plus grand nombre étaient des ouvriers honnêtes, attachés à la République[2], et qu'il serait aussi impolitique qu'injuste et im-

---

[1] Il y eut un assez grand nombre d'individus transportés par erreur, que l'on relâcha après qu'ils eurent passé plusieurs mois sur les pontons.

[2] Dans son discours du 3 juillet, le général Cavaignac a dit des ouvriers des ateliers nationaux : « La plupart, il faut l'avouer, ne de-

moral de les châtier, eux et leur famille, d'un crime très-grand, il est vrai, mais que la conscience publique, si elle était équitable, ne pouvait imputer à eux seuls.

D'autres considérations encore, quoique secondaires, portaient le chef du pouvoir à user de clémence envers les vaincus. Ombrageux et défiant par nature, le général Cavaignac se tenait en garde contre les perfidies du parti dynastique. Son instinct l'avertissait que, s'il cédait aux premières exigences d'un parti qui ne faisait déjà que le tolérer au pouvoir, il perdrait bientôt toute autorité et ne serait plus qu'un instrument que l'on briserait dès qu'il aurait été jugé inutile. Cependant, par un effet regrettable de cette indécision dans la volonté qui ne provenait chez lui ni de l'indifférence, ni de l'inapplication aux affaires, mais de l'absence de ces vues larges et hautes de l'homme d'État qui mesure et domine les obstacles quotidiens et les incidents particuliers de la politique, le général Cavaignac n'entra pas résolûment dans les voies d'une politique généreuse et forte où il dépendait de lui d'entraîner l'Assemblée. S'exagérant les dangers que courait la République, il crut les conjurer en prolongeant le régime du pouvoir militaire et des mesures exceptionnelles. Au lieu de rentrer le plus promptement possible dans l'ordre légal, il demandait la prolongation de l'état de siége (7 juillet) pour un temps indéfini; il froissait une certaine délicatesse de l'opinion républicaine en décorant des soldats, des gardes nationaux et des gardes mobiles qui s'étaient signalés pendant l'insurrection[1]; il suspendait un grand nombre de journaux[2]; il re-

mandent qu'à travailler. » Et plus loin : « Ce qu'on appelle à Paris la Société du bâtiment ne fait que des demandes extrêmement mesurées. »

[1] Le général Changarnier fut obligé d'adresser à plusieurs colonels qui refusaient les décorations au nom de leurs légions une lettre dans laquelle il en appelait au principe de l'obéissance.

[2] Entre autres, la *Presse*, l'*Assemblée nationale*, la *Liberté*, la *Vraie République*, l'*Organisation du travail*, le *Napoléon républicain*, le *Journal de la canaille*, le *Père Duchesne*, le *Pilori*, la *Révolution de* 1848, le *Lampion*.

tenait au secret, pendant onze jours, le rédacteur en chef de la *Presse*, *dont les imprudentes publications perdraient*, disait-il, *la République, la nation et la société tout entière* [1] ; il se laissait arracher enfin, quoique avec beaucoup de répugnance, la déclaration que le gouvernement ne s'opposerait pas à la mise en accusation de MM. Louis Blanc et Caussidière, désignés par le rapport de la commission d'enquête comme coupables de complicité dans l'attentat du 15 mai et dans l'insurrection de juin [2].

La commission d'enquête, présidée par M. Odilon Barrot et dans laquelle les républicains étaient en très-petite minorité, après avoir siégé sans désemparer pendant près de six semaines et entendu plus de deux cents témoins, avait nommé pour son rapporteur M. Quentin-Bauchart, l'un de ses membres les plus hostiles à la République. Le rapport qui, avec les pièces justificatives, ne formait pas moins de trois volumes in-4°, était un acte d'accusation en règle contre la révolution de Février. Remontant non-seulement au 15 mai, mais au 16 avril et au 17 mars, incriminant les conférences du Luxembourg, les bulletins et les circulaires du ministre de l'intérieur et du ministre de l'instruction publique, à peu près tous les actes enfin d'un gouvernement qui, d'après la sentence de l'Assemblée, avait

---

[1] Ce sont les propres expressions du général Cavaignac dans une lettre en réponse à M. de Girardin.

[2] Je crois devoir rapporter ici le témoignage de M. de Lamartine, non suspect quand il s'agit de rendre justice aux socialistes. « Ceux-là même, parmi les membres du gouvernement les plus démocrates, que l'ignorance publique a accusés de connivence perfide avec l'insurrection étaient, au fond, les plus impatients et les plus actifs dans la préparation des mesures militaires destinées à écraser cette sédition. Les socialistes, chefs et disciples, furent des citoyens loyaux, pacifiques, intermédiaires, messagers de paix et de réconciliation sur tous les points, pendant toute la mêlée, et, s'ils ont démérité du bon sens avant, pendant et après la République, ils n'ont pas démérité un seul jour de la patrie et de l'humanité. La justice n'est pas un hommage, mais elle est un devoir. Les socialistes furent innocents de ces fatales journées. » (*Cours familier de littérature.* — Entretien, LXXIII, p. 24 et 30.)

bien mérité de la patrie, le rapport de M. Quentin-Bauchart était si manifestement dicté par un étroit esprit de rancune, il reposait sur des faits si peu démontrés, il s'appuyait sur des témoignages si suspects ou si puérils, que le public et l'Assemblée, malgré l'excitation des esprits, ne purent s'empêcher de le désapprouver, du moins dans sa forme.

Les débats auxquels il donna lieu furent les plus passionnés qu'on eût encore vus. Ouverts le 25 août, à midi, ils durèrent, presque sans interruption, jusqu'au lendemain, six heures du matin. C'était la première fois que, dans l'Assemblée constituante, la révolution qu'elle représentait était sérieusement et presque ouvertement attaquée. M. de Lamartine traduit devant une commission d'enquête ; M. Ledru-Rollin forcé de venir défendre à la tribune les actes de son gouvernement ; MM. Louis Blanc et Caussidière ressaisis par leurs ennemis qu'une première défaite n'avait pas découragés, c'était là des signes manifestes du progrès qu'avaient fait les partis dynastiques.

Dans un discours chaleureux, M. Ledru-Rollin essaya d'arracher l'Assemblée à ces emportements de la peur qui la jetaient aveuglément dans des voies rétrogrades. « La république rouge est un fantôme, s'écria M. Ledru-Rollin. Il n'y a pas de république rouge. Il y a des hommes qui caressent des illusions, qui, abusés par les besoins, peuvent être entraînés ; mais soyez bien convaincus que l'immense majorité du pays se rattache à la République vraie. Dites-vous surtout, ajouta-t-il d'un accent ému et prophétique, que, en commençant l'ère des proscriptions, tous les partis peuvent y passer les uns après les autres ; et alors ce ne sera pas la perte de la liberté en France, ce sera la perte de la liberté en Europe ! »

Bien que l'Assemblée considérât M. Ledru-Rollin comme un révolutionnaire dangereux, elle fut sensible à son éloquence ; quand il descendit de la tribune, on sentit que sa cause personnelle était gagnée. Il n'en fut pas de même de M. Louis Blanc. Sa théorie de l'organisation du travail, sur laquelle il revint longuement, avec une obstination honorable mais qui n'avait rien d'habile, refroidit l'auditoire que M. Ledru-Rollin avait vivement ému. La nuit, d'ailleurs s'avançait et amenait avec la lassitude le désir de terminer la discussion. Les pâles clartés de l'aube qui pénétraient par les fenêtres et se mêlaient à la lumière mourante des lustres donnaient à l'aspect de la salle quelque chose de lugubre. Les physionomies devenaient de plus en plus mornes. Dans les tribunes qui s'étaient d'abord montrées sympathiques aux prévenus, le sommeil s'emparait des auditeurs les plus attentifs. En vain le discours de M. Caussidière vint-il remuer de nouveau les esprits et les intéresser par sa verve pittoresque ; en vain le parti révolutionnaire, par l'organe de MM. Flocon, Bac, Lagrange, essaya-t-il de lutter encore et d'obtenir du moins de l'Assemblée qu'elle ne votât pas l'urgence; au moment où l'on pouvait croire qu'il allait obtenir ce faible succès, le président du conseil parut à la tribune. Un profond silence s'établit. La parole du chef du pouvoir exécutif allait mettre fin aux incertitudes ; son opinion allait tout trancher; on ne la connaissait pas, on la croyait favorable aux prévenus. Dans une des séances précédentes, le jour de la lecture du rapport, on avait vu le général Cavaignac tendre la main à M. Ledru-Rollin, au moment où celui-ci descendait de la tribune après avoir réfuté avec éclat les principales accusations du rapport. Les personnes bien informées assuraient que le chef du pouvoir exécutif, déjà très-irrité des exigences de la réaction, avait résolu de rompre avec elle plutôt que de lui faire une concession nouvelle. La surprise fut donc extrême lorsqu'on entendit le général Cavaignac demander, *au nom de la tranquillité du pays, que l'Assemblée, dont la conviction devait être formée, ne prolongeât pas la discussion et n'ajournât pas son vote.* Mais, bien que cette surprise fût mêlée d'improbation, la majorité se rengea à l'opinion du gouvernement. Un seul représentant,

M. Grévy, essaya de protester encore et demanda l'ajournement au nom de la justice, en démontrant jusqu'à l'évidence que le temps avait manqué pour examiner les documents fournis par l'enquête. D'ailleurs, ajoutait M. Grévy, à côté des documents de l'enquête, il y avait aussi les documents apportés par les prévenus, qu'il était d'autant plus nécessaire d'examiner que la commission avait violé toutes les formes judiciaires, en ne confrontant pas les accusés avec les témoins, en n'articulant devant eux aucun des faits produits à leur charge. « Au-dessus des intérêts momentanés de la politique qui pouvaient faire désirer au pouvoir de presser la solution, disait M. Grévy, n'y avait-il pas les intérêts éternels de la justice qu'une grande assemblée ne devait pas sacrifier ? »

Mais ces considérations d'un esprit élevé et indépendant venaient trop tard. L'Assemblée était décidée. Sur 785 votants, 493, après avoir prononcé l'urgence, livrèrent MM. Louis Blanc et Caussidière à la justice.

Si la majorité républicaine n'avait pas trouvé dans sa conscience la condamnation de ce vote impolitique, elle n'aurait pas tardé à reconnaître l'étendue de sa faute à la joie extrême qu'en ressentit la minorité dynastique. Bien que le gouvernement eût favorisé l'évasion de MM. Louis Blanc et Caussidière et les eût ainsi soustraits aux rancunes de leurs ennemis, le triomphe des adversaires de la révolution n'en était pas moins complet. Du moment qu'ils avaient réussi à diviser les républicains, à compromettre le général Cavaignac et à lui arracher un gage de cette nature, ils ne devaient plus rencontrer d'obstacles insurmontables.

Le parti de l'ordre, comme on l'appelait alors, devait ce succès décisif à l'habileté de son chef, M. Thiers. Aussi longtemps que ce parti n'avait eu pour le conduire que la volonté indécise de M. Odilon Barrot et pour le représenter que les noms impopulaires de MM. de Falloux et de Montalembert, il avait fait peu de progrès dans l'Assemblée ; mais, depuis l'arrivée de M. Thiers, tout avait changé de face.

Un moment déconcerté par la révolution de février, M. Thiers avait repris très-vite cette parfaite confiance en lui-même, cette liberté d'esprit et d'allures qui faisaient la plus grande partie de sa force. Il ne lui fallait pas, du reste, beaucoup d'efforts pour s'accommoder d'une République qui ne blessait chez lui ni des principes ni des sentiments bien profonds. Les origines, l'éducation, les travaux, l'ambition, toute la fortune de M. Thiers l'attachaient à la révolution. Il n'était pas dans la nature de son esprit de chicaner beaucoup avec elle et de lui demander un compte trop rigoureux de ses emportements. Comme historien, il l'avait expliquée et approuvée jusqu'à Danton ; comme homme d'État, il avait combattu en son nom la politique conservatrice. La crise qui renversait cette politique en la personne de son rival donnait, jusqu'à un certain point, raison à la sienne. Quelque chose lui disait, d'ailleurs, que, à moins de circonstances inattendues, il ne pouvait manquer sous un gouvernement libre de reprendre tôt ou tard une grande influence. Patriote sincère, il n'était pas insensible à la pensée que la politique révolutionnaire allait relever en Europe le rôle de la France. Orateur et écrivain, qu'avait-il personnellement à perdre dans l'établissement d'une République parlementaire ? L'institution de la présidence ne devait pas non plus déplaire beaucoup à l'un des hommes que sa fortune, son talent, sa célébrité conviaient si naturellement à y prétendre.

Aussi M. Thiers ne s'était-il pas oublié en de longs regrets. En se présentant aux électeurs pour l'Assemblée constituante, il avait annoncé l'intention de ne pas rester étranger aux destinées nouvelles de son pays. Attentif à tout et voyant qu'une première fois il avait échoué parce que le clergé lui demeurait hostile, il avait cette fois rendu hommage à la prépondérance des influences cléricales et n'avait épargné de ce côté ni avances ni promesses. Le clergé, dont la politique alors était de tout accueillir, feignit de le croire sincère et le porta sur sa liste[1]. M. Thiers entra à l'Assemblée.

Il y entra modestement, sans bruit, en homme désabusé, dont la carrière politique était terminée. Tout au plus, disait-il à des amis chargés de répéter ses paroles, pourrait-il encore mettre au service de l'Assemblée un peu de bon sens pratique; ouvrir à l'occasion, dans quelque comité, un avis utile sur des questions spéciales. Puis il se rapprochait de tous les républicains qu'il voyait influents; il les flattait et s'efforçait de leur persuader qu'il voulait comme eux et avec eux la République.

Introduit dans la réunion de la rue de Poitiers que présidait le général Baraguay-d'Hilliers et où se rencontraient encore des représentants de tous les partis, MM. Duvergier de Hauranne, Vivien, Dufaure, Degousée, d'Adelsward, de Montalembert, Falloux, Berryer, M. Thiers était devenu bientôt, par la souplesse et la grâce de son esprit, le lien de ces éléments hétérogènes. Contenant les uns, excitant les autres, donnant à tous l'exemple de l'oubli des torts passés, il sut les discipliner, les amener à une politique bien combinée qui consistait, d'une part, à soutenir en apparence la République, d'autre part, à défaire pièce à pièce tout ce qu'avait fait le gouvernement provisoire et à convaincre ainsi d'impuissance le parti républicain, pour, le jour venu, se substituer à lui sans effort et sans violence. On a vu que, fidèle à cette politique, M. Thiers s'était déclaré favorable au général Cavaignac. Mais déjà, à ce moment, il ne s'exprimait plus avec la même modestie; son influence sensible dans l'Assemblée, son ascendant sur la réunion de la rue de Poitiers, lui rendaient impossible l'humble rôle qu'il avait pris d'abord; il commençait à s'en-

---

[1] « Je ne suis pas obligé de me mettre à la place de Dieu et de sonder les consciences, disait l'abbé Fayet, évêque d'Orléans, représentant du peuple; mais apparemment, visiblement, M. Thiers est tout à fait revenu à nous. »

nuyer de garder le silence et n'attendait qu'une occasion pour reparaître à la tribune avec éclat. Un homme, dont la renommée excentrique enflait de jour en jour la présomption, M. Proudhon, ne craignit pas d'entrer en lutte avec M. Thiers et lui fournit bientôt cette occasion désirée.

J'ai dit brièvement, dans la seconde partie de cet ouvrage, quels avaient été les premiers travaux de M. Proudhon et par quelles qualités singulières ils avaient attiré l'attention des esprits curieux de nouveautés.

Le journal qu'il publia après la révolution de Février fit connaître son nom au peuple et le posa en chef de parti. Après avoir, par sa vigoureuse dialectique, contribué plus que personne à ruiner dans l'opinion les systèmes communistes; quand, par suite des événements, les chefs d'école socialistes eurent disparu de la scène publique, M. Proudhon, dont l'avantage consistait à n'avoir pas de système et à nier plus hardiment que personne ne l'avait jamais fait les principes constitutifs d'une société que le prolétariat accusait de tous ses maux, demeura le seul représentant de l'instinct populaire et vit se diriger contre lui tous les ressentiments de la bourgeoisie.

Elle ne voulut voir dans son élection à l'Assemblée constituante qu'un défi jeté par les anarchistes à la moralité publique [1]. La personne de M. Proudhon se prêtant, d'ailleurs, par je ne sais quel flegme puissant et ironique d'attitude, de physionomie et d'accent, au rôle extraordinaire que lui créait la peur; son orgueil, qui s'en trouvait flatté, l'acceptant avec complaisance, on en vint à le regarder comme un être à part, exempt des sentiments qui animent la généralité des hommes; comme une perversité incarnée

---

[1] Depuis l'insurrection de juin, la répulsion qu'inspirait M. Proudhon était devenue un véritable sentiment d'horreur. En entrant, le 25, dans le faubourg du Temple, les troupes y avaient rencontré M. Proudhon, qui, plus tard, sommé par la commission d'enquête d'expliquer sa présence, répondit simplement : « qu'il était allé contempler la sublime horreur de la canonnade. »

qui souhaitait, méditait et préparait savamment la ruine de la société.

Mais, après la victoire de juin, les esprits s'étant un peu rassis, on commença dans l'Assemblée à s'étonner de l'importance que l'on y accordait à M. Proudhon et à son silence; on pensa qu'il serait bon de la réduire à ses proportions véritables, en mettant cet adversaire audacieux de la propriété en demeure de produire enfin au grand jour ses théories sociales et surtout les moyens qu'il proposait pour les réaliser.

Pressé de toutes parts, non-seulement par ses collègues, mais par l'opinion publique, M. Proudhon consentit à déposer sur le bureau de l'Assemblée une proposition tendant, suivant ses propres expressions, à réaliser sans violence, sans expropriation, sans banqueroute, ce qu'il appelait *la liquidation de la vieille société*, c'est-à-dire *l'abolition de la propriété*. « Orgueil ou vertige, a dit plus tard M. Proudhon, je crus que mon heure était venue. »

M. Thiers, qui nourrissait en secret la même pensée, jugeant également et avec plus d'apparence de raison son heure venue, se chargea de combattre M. Proudhon dans le comité des finances d'abord, puis à la tribune.

La curiosité était excitée au plus haut point par l'annonce de ce débat. Beaucoup de gens considéraient encore comme une grande témérité à l'Assemblée de permettre la discussion publique des doctrines de M. Proudhon. Ce ne fut pas sans peine que M. Thiers obtint dans le comité du travail un peu de calme et qu'il parvint à dominer par son sang-froid les clameurs qui éclataient à chaque parole de son adversaire[1]. Quand M. Proudhon parut enfin à la tribune, le mouvement extraordinaire qui agita l'Assemblée fit voir combien elle avait besoin d'efforts pour garder quelque

---

[1] « Il ne faut pas, disait M. Thiers, que les Erostrates du temps puissent s'en croire les Galilées, en disant qu'on a refusé de les entendre. »

bienséance envers un homme dont l'effronterie égalait, à ses yeux, la perversité.

Cependant, malgré de violentes interruptions, des injures, des éclats de rire qui partaient à la fois de tous côtés, M. Proudhon, qui n'en paraissait aucunement ému, occupa la tribune pendant près de quatre heures. Il exposa de nouveau, il développa tout l'ensemble de sa proposition que ni le comité ni M. Thiers, disait-il, n'avaient comprise.

Elle était pourtant, suivant lui, d'une simplicité parfaite. Selon M. Proudhon, la société était aux abois. Pour la sauver d'une ruine imminente, il fallait établir, au moyen d'un système de crédit gratuit et réciproque qui supprimât l'intérêt du capital, l'équilibre exact de la production et de la consommation. Il fallait une loi qui obligeât tous les capitalistes et rentiers à faire à leurs fermiers, locataires, débiteurs de tous genres, remise, à titre de prêt, d'un sixième de leur revenu (M. Proudhon évaluait ce sixième à la somme totale de 1500 millions), et à verser dans les caisses de l'État, à titre d'impôt, un autre sixième destiné à la création d'une banque d'échange. C'étaient là, d'après M. Proudhon, des moyens assurés de faire renaître la circulation, le travail, la concurrence, l'industrie et de procéder graduellement à l'abolition de la propriété.

M. Thiers n'eut pas besoin d'une dialectique très-forte pour démontrer combien une pareille mesure serait violente et inapplicable. L'Assemblée tout entière, le parti républicain en particulier et surtout les quelques socialistes qui s'y trouvaient encore et qui s'indignaient de voir M. Proudhon compromettre par des formules absurdes et des projets vides de sens la cause qu'il prétendait défendre, protestèrent contre lui.

Dans un ordre du jour motivé qu'elle vota à l'unanimité moins une voix, l'Assemblée déclara que la proposition de M. Proudhon était *une attaque scandaleuse contre les principes de la vraie morale, une menace à la propriété*, et qu'il avait calomnié la révolution de Février en la faisant complice de ses propres doctrines.

Ainsi se termina cet étrange débat, qui fut jugé par l'opinion publique comme une dernière et définitive victoire du parti de l'ordre sur la révolution.

M. Thiers, si prudent et si modéré jusque-là, fut ébloui de son facile triomphe. Applaudi comme le sauveur de la propriété, ouvertement reconnu désormais par toutes les fractions du parti de l'ordre comme leur chef, il cessa de contenir leurs espérances ; il lâcha la bride à des passions qu'il ne partageait pas, mais qui servaient son ambition. Cette ambition n'allait à rien moins déjà qu'à se rendre l'arbitre des destinées du pays, en s'emparant d'une force morale assez considérable pour pouvoir, selon que tournerait l'événement, relever la dynastie déchue ou garder pour soi-même le gouvernement de la République.

Dans ces vues, il paraissait utile à M. Thiers d'entretenir les alarmes de la bourgeoisie, d'inquiéter surtout la propriété, de lui faire entendre qu'elle n'était pas suffisamment protégée par le gouvernement et qu'elle devait chercher ailleurs son point d'appui. C'est alors qu'il imagina de faire ouvrir une souscription dont le produit, qui dépassa bientôt la somme de 200,000 francs, servirait à la publication à bon marché et à la propagande de livres destinés à combattre les prétendus ennemis de la propriété, de la religion, de la famille, que l'on comprenait tous sous la dénomination générale et vague de républicains rouges.

La réunion de la rue de Poitiers seconda avec zèle l'initiative de M. Thiers, et l'on vit rapidement paraître une multitude de brochures et de pamphlets, écrits sans bonne foi, sans talent, et dont aucun en particulier n'avait de valeur, mais qui, par leur nombre et la publicité qu'on leur donna, produisirent sur les imaginations un effet général et continu de terreur dont les conséquences furent incalculables[1]. Cette propagande détourna l'attention du pays de

[1] Cette propagande a été très-bien appréciée plus tard par un

ses intérêts supérieurs et l'absorba dans des préoccupations aussi mesquines que déraisonnables. En lui persuadant que l'ordre social était constamment menacé, on le désintéressa de la lutte des idées. L'égoïsme étroit qui devint la seule politique de la classe influente se communiqua insensiblement aux masses; le grand élan que la révolution de Février avait suscité dans les cœurs s'affaissa. A l'enthousiasme du patriotisme succéda je ne sais quelle défiance froide, égoïste et calculée de tous envers tous. Dans cet abaissement général des sentiments et des pensées, se prépara et se consomma peu à peu la ruine de la République.

La discussion sur le rapport de la commission d'enquête avait fourni aux orateurs du parti dynastique l'occasion d'attaquer les hommes de la révolution de Février. Dans les débats sur le projet de constitution, ils purent attaquer ses principes mêmes. Le droit au travail, reconnu dans le premier projet, puis effacé sous l'impression des journées de juin et repris par voie d'amendement par M. Matthieu de la Drôme et par M. Glais-Bizoin, fut définitivement écarté. Faiblement soutenu par M. Billault, dont le discours ne fut qu'une thèse brillante et paradoxale, par M. Arnaud de l'Ariége, qui se plaça au point de vue du sen-

---

ecclésiastique de mérite, M. l'abbé Bernard (Mémoire adressé à M. le ministre de la police générale, Avignon, 23 octobre 1852).
« Quand des hommes, dit-il, unis par la peur seulement et divisés profondément dans leur foi religieuse et politique, s'associent pour une propagande basée sur de mutuelles concessions, où le croyant cache son symbole devant l'incrédule, où le monarchiste dissimule sa cocarde en présence de son voisin effrayé à l'endroit de sa caisse, mais démocrate intraitable sur tout le reste, en fait comme en principe il ne peut résulter de cet amalgame que des négations. J'ai été autorisé à écrire que la croisade de la rue de Poitiers devait être battue, que le flot continua à monter et que les idées socialistes ne rebroussèrent pas de l'épaisseur d'un cheveu, nonobstant les traités de l'Institut et les brochurettes prêchant le respect de la propriété et de la famille au nom de l'intérêt humain et par des déductions philosophiques très-controversables. »

timent chrétien, par les anciens membres du gouvernement provisoire, MM. de Lamartine, Ledru-Rollin, Crémieux, qui obéissaient évidemment, en le défendant, plutôt à une nécessité de situation qu'à une conviction sincère; vigoureusement attaqué par MM. Dufaure, Goudchaux, Duvergier de Hauranne, Thiers; compromis par un propos inconsidéré de M. Proudhon [1], le *droit au travail* fut remplacé dans la constitution par le *droit à l'assistance*, qui n'était qu'une formule un peu rajeunie de l'aumône, une sorte de constitution légale du paupérisme [2].

Convaincu qu'il venait ainsi de réduire à rien les dernières traces de la révolution sociale, le parti dynastique rassembla toutes ses forces pour tenter une vigoureuse attaque contre la révolution politique, en donnant à la République la forme la plus voisine de la monarchie. MM. Thiers, Duvergier de Hauranne, Odilon Barrot, soutinrent le principe de la division de la représentation nationale en deux Chambres. A l'appui de leur opinion, ils invoquèrent l'exemple de l'Angleterre et surtout celui des États-Unis; ils représentèrent avec beaucoup de vivacité le danger des entraînements d'une assemblée unique, d'un pouvoir non balancé et tendant nécessairement au despotisme; mais l'Assemblée ne se montra sensible à aucune de ces considérations. Elle était alors dominée par un sentiment très-opposé à la pondération des pouvoirs et se préoccupait assez peu des dangers que pouvait courir la liberté. Créer un pouvoir fort, c'était à ses yeux tout le secret de constituer l'État. M. Marrast, au nom de la majorité républicaine, soutint avec talent le principe de la représentation unique. Après

---

[1] M. Proudhon avait dit dans le comité du travail : « Donnez-moi le droit au travail et je vous abandonne le droit de propriété. »

[2] Voici quelle fut la rédaction adoptée par l'Assemblée : « La République doit par une assistance fraternelle assurer l'existence des citoyens nécessiteux, soit en leur procurant du travail, dans les limites de ses ressources, soit en donnant, à défaut de la famille, des secours à ceux qui sont hors d'état de travailler. »

avoir écarté l'exemple de l'Amérique et de l'Angleterre, comme inapplicable à la société française dont le caractère et les mœurs exigeaient une organisation politique qui leur fût propre, M. Marrast insista sur les inconvénients d'une dualité qui ne pouvait manquer d'enfanter la lutte entre les pouvoirs législatifs. Il fit valoir la nécessité de se prémunir contre la tendance toujours usurpatrice du pouvoir exécutif, en lui offrant un pouvoir législatif indivisible et concentré. Il rappela un exemple historique fameux : « Quand on a pour soi les Anciens, dit M. Marrast, en faisant allusion à un événement bien récent encore, on fait sauter les Cinq-Cents par les fenêtres. »

Aux arguments politiques de M. Marrast en faveur d'une assemblée unique, M. Dupin vint ajouter des raisons tirées de la nécessité d'opposer au communisme et à l'anarchie qui menaçaient la société la plus grande concentration possible du pouvoir. M. de Lamartine parla dans le même sens. Tout en déclarant qu'il préférait théoriquement le système des deux Chambres et en lui réservant l'avenir, M. de Lamartine, en présence des difficultés actuelles, reconnut l'avantage d'un pouvoir concentré, et l'Assemblée, qui s'était déjà prononcée dans ses bureaux avant la discussion publique, adopta à une immense majorité « l'unité du pouvoir législatif et sa délégation à une assemblée unique. »

La question du suffrage direct et universel ne fut pas discutée en principe. Tous les partis sentaient également qu'il n'y avait plus d'autre fondement possible à l'autorité politique que la souveraineté du peuple. Du moment que l'on décidait l'unité de la représentation, il aurait été illogique de scinder le corps électoral et de créer, par les deux degrés d'élection, la dualité à la base d'une institution dont on voulait faire l'instrument de l'unité démocratique. Mais lorsqu'on en vint à la constitution du pouvoir exécutif, trois opinions tranchées se prononcèrent et passionnèrent le débat.

La commission proposait un président responsable, élu directement par le suffrage universel. C'était l'opinion presque unanime des bureaux et d'un grand nombre de représentants, de M. de Cormenin entre autres, qui croyaient sage, même dans l'intérêt de l'institution républicaine, de ne pas rompre trop brusquement avec les traditions du pays, et qui, à défaut d'un roi, souhaitaient un président le plus roi possible. D'autres, au contraire, animés d'un sentiment plus démocratique et se défiant du gouvernement personnel, voulaient établir nettement la subordination du pouvoir exécutif; ils demandaient que le président fût nommé par l'Assemblée. Enfin, un petit nombre de démocrates, en opposition complète avec l'opinion dominante, et qui parurent à ce moment emportés par l'esprit révolutionnaire au delà de toute raison politique, ne voulaient pas de président du tout et proposaient que l'Assemblée continuât à déléguer, comme elle le faisait actuellement, le pouvoir exécutif à un conseil de ministres, qui serait, ainsi que son président, toujours révocable.

Un représentant de la montagne, M. Félix Pyat, parla le premier en faveur de cette opinion. Il peignit avec force à l'Assemblée le danger pour la liberté de créer dans le pays un pouvoir égal, à son origine, au pouvoir de l'Assemblée, et d'établir ainsi une lutte qui ne pouvait manquer de se terminer à l'avantage du pouvoir personnel.

M. de Tocqueville, au nom de la commission, entreprit de réfuter les arguments de M. Pyat et de prouver que le président, dont le pouvoir serait suffisamment limité par la constitution, n'aurait aucun moyen d'usurpation. Mais ce qui fit plus que ces raisonnements assez faibles le succès de M. de Tocqueville, c'est qu'il se montra tout à coup plein d'enthousiasme pour le suffrage universel. Par une étrange inconséquence, M. de Tocqueville, qui, dans la discussion sur le droit au travail, avait dit le premier devant l'Assemblée *qu'il ne fallait pas que la révolution fût sociale*[1], la conjura de ne pas douter du peuple et de lui remettre avec une confiance entière l'élection du premier magistrat de la République.

L'Assemblée applaudit à ces sentiments exprimés en termes chaleureux. Quand des orateurs plus prévoyants que M. de Tocqueville vinrent lui demander de retenir la nomination du président, dans la crainte que l'élu du suffrage universel ne *fût plus qu'un roi*[2], elle trouva injustes et indignes d'elles de semblables défiances.

Un amendement présenté par M. Grévy, qui formulait ces défiances en proposant la nomination par l'Assemblée d'un président du conseil *élu pour un temps illimité et toujours révocable*, la jeta dans un étonnement profond. M. Grévy jouissait parmi ses collègues d'une réputation incontestée de rectitude d'esprit et de modération. En le voyant s'associer, comme il le faisait par son amendement, aux vœux du parti le plus extrême, la majorité ne revenait pas de sa surprise. Elle l'écouta néanmoins avec attention.

L'opinion de M. Grévy, qui parut si excentrique, n'allait cependant pas à autre chose qu'à supplier l'Assemblée *de garder la forme de gouvernement qu'elle avait éprouvée, avec laquelle elle venait de traverser les plus grandes difficultés*. Cette opinion reposait, d'ailleurs, sur des considérations très-fortes et s'appuyait d'un exemple frappant tiré de notre propre histoire. S'attachant à démontrer que le pouvoir exécutif, tel qu'on allait le constituer, n'était pas un pouvoir républicain, et qu'un président de la République nommé par le suffrage universel serait plus puissant que l'Assemblée, *plus formidable qu'un roi*, M. Grévy rappela que dans le passé toutes les républiques étaient allées se perdre dans le despotisme. Puis, voyant que l'Assemblée

---

[1] Voir, au *Moniteur*, le discours de M. de Tocqueville, séance du 15 septembre.

[2] Voir, au *Moniteur*, le discours remarquable que prononça M. Martin (de Strasbourg) au nom de la minorité de la commission, séance du samedi 17 octobre.

ne se laissait pas émouvoir par ces considérations trop générales, il particularisa sa pensée, il indiqua, par des allusions aussi directes qu'il était possible de les faire, de quel côté se portaient ses inquiétudes. Il rappela les élections de l'an X qui donnèrent à Bonaparte la force de relever le trône et de s'y asseoir : « Êtes-vous bien sûrs, s'écria M. Grévy, dans un beau mouvement d'éloquence inspiré par de tristes pressentiments, que dans cette série de personnages qui se succéderont tous les quatre ans au trône de la présidence, il n'y aura que de purs républicains empressés d'en descendre? Êtes-vous sûrs qu'il ne se trouvera jamais un ambitieux tenté de s'y perpétuer? Et si cet ambitieux est le rejeton d'une de ces familles qui ont régné en France, s'il n'a jamais renoncé expressément à ce qu'il appelle ses droits, si le commerce languit, si le peuple souffre, s'il est dans un de ces moments de crise où la misère et la déception le livrent à ceux qui masquent sous des promesses leurs projets contre sa liberté, répondez-vous que cet ambitieux ne parviendra pas à renverser la République[1]? »

Mais l'Assemblée était si loin alors de songer au despotisme, elle puisait dans son honnêteté un tel désir de se montrer désintéressée, que les avertissements de M. Grévy ne produisirent sur elle aucun effet. M. de Lamartine, d'ailleurs, vint lever les derniers scrupules, les derniers doutes qui restaient encore dans quelques esprits.

Soit, comme on le lui a reproché plus tard, qu'il obéît à des préoccupations personnelles et à une secrète hostilité contre l'Assemblée qui lui avait préféré le général Cavaignac; soit plutôt qu'ayant vu de près, tout récemment, les dangers d'une autorité faible, il fût plus que personne possédé de la pensée générale qu'il fallait investir le pouvoir exécutif de toute la force possible, M. de Lamartine, niant résolûment le danger de l'usurpation, proclama avec une

---

[1] Voir, au *Moniteur*, séance du 6 octobre 1848.

regrettable éloquence le fatalisme politique que le découragement inspirait en cet instant de défaillance à son grand cœur. Il parla de la République comme d'un *beau rêve qu'auraient fait la France et le genre humain;* il reporta l'honneur de ce rêve au peuple; mais, prévoyant que ce peuple *allait s'abandonner lui-même, se jouer du fruit de son propre sang, déserter la cause gagnée de la liberté et du progrès de l'esprit humain pour courir après un météore,* M. de Lamartine s'écria, en achevant un discours qui entraîna toutes les opinions indécises : « Oui! quand même le peuple choisirait celui que ma prévoyance mal éclairée peut-être redouterait de lui voir choisir, n'importe: *Alea jacta est.* Que Dieu et le peuple prononcent! »

L'Assemblée répondit à ce cri de M. de Lamartine en votant à la majorité de 627 voix contre 130 que le président de la République serait élu pour quatre ans par le suffrage direct et universel. Seulement, par précaution contre les envahissements du pouvoir, elle statua que le président ne serait pas rééligible avant quatre années et se réserva, dans le cas où aucun candidat ne réunirait deux millions de voix, le droit de choisir entre ceux qui auraient obtenu le plus grand nombre de suffrages.

Alea jacta est. Le dé était jeté! A partir du jour où l'Assemblée abandonna le droit de nommer le président de la République, l'attention du pays se détourna d'elle et de ses débats. On la laissa, sans presque y prendre garde, achever la constitution la plus démocratique et la plus libérale tout ensemble qui eût jamais été faite[1]; confirmer par cette constitution les intentions généreuses du gouvernement provisoire : l'abolition de l'esclavage et l'abolition de

---

[1] La Constitution fut votée le 24 novembre, à la majorité de 734 voix contre 30. Parmi ces trente opposants qui la déclaraient illégale parce qu'elle avait été faite pendant l'état de siége, sous le régime de l'arbitraire, dans le silence de l'opinion publique, on compte MM. Victor Hugo, Proudhon, Berryer, de Montalembert, la Rochejaquelein et Pierre Leroux.

la peine de mort en matière politique; consacrer le droit d'association et la liberté d'enseignement. On eût dit qu'il n'y avait plus pour la France qu'un seul intérêt ; on n'entendait qu'une seule question sur toutes les bouches : qui sera président de la République?

Aussi longtemps qu'on avait pu croire que l'Assemblée retiendrait le droit de nommer le président, le parti de l'ordre n'avait pas renoncé à la prétention de porter l'un de ses candidats. On avait cherché d'abord à s'entendre avec quelques républicains pour la candidature du prince de Joinville, espérant les amener à considérer cette candidature d'un prince du sang royal comme une conquête du droit républicain; mais les ombrages des légitimistes, qui formaient un groupe important dans le parti de l'ordre, firent abandonner ce projet, et M. Thiers résolut alors de tenter pour lui-même les chances de la fortune électorale. Depuis son succès oratoire dans la discussion avec M. Proudhon et l'entreprise des publications à bon marché dont il avait eu l'initiative, il se croyait des chances sérieuses. Aux yeux de beaucoup de gens, en effet, il passait pour le sauveur de la propriété, et la grande masse des peureux, ne se rappelant déjà plus la victoire de juin, lui rapportait tout l'honneur de la sécurité qui leur était rendue. Le talent et l'habileté de M. Thiers lui faisaient dans l'Assemblée une situation si forte que, à l'aide de quelques alliances bien ménagées, la plus haute ambition devait lui sembler permise. Un rapprochement avec M. Marrast qui, par la part active qu'il avait prise à la rédaction et au vote de la constitution, avait acquis également beaucoup d'influence sur l'Assemblée dont il était réélu président pour la troisième fois, parut à M. Thiers le plus sûr moyen d'atteindre son but. Par l'entremise de quelques amis communs il s'efforça de renouer l'alliance électorale des années 1846 et 1847, offrant à M. Marrast, dans le cas où celui-ci l'aiderait efficacement à devenir président, la vice-présidence de la République. En même temps, il resserrait ses liens avec le parti clérical et légitimiste, et, sans se prononcer personnellement contre le général Cavaignac, il le faisait attaquer par le *Constitutionnel* dont la rédaction était alors entre ses mains. Les prétentions de M. Thiers n'étaient cependant pas assez généralement reconnues dans le parti de l'ordre pour qu'il ne se présentât pas d'autres candidats. Plusieurs, jugeant utile d'opposer à la candidature du général Cavaignac celle d'un autre chef militaire, mettaient en avant le nom du maréchal Bugeaud. Quelques-uns préféraient le général Changarnier, qui, par le commandement en chef de la garde nationale, exerçait dans Paris une certaine action. Le général se prêtait volontiers aux illusions de ses amis. Très-dépité, à son retour de l'Afrique, de voir les honneurs et le pouvoir aux mains de ses anciens rivaux et de n'être plus pour le public, en présence des hommes qui avaient triomphé de l'insurrection de juin, que le héros du 16 avril, il usait de tout son esprit pour les rabaisser dans l'opinion, les voyait avec plaisir perdre chaque jour de leur prestige et se préparait à profiter de leur disgrâce. Une fois maître du pouvoir, qu'en ferait-il? Ramènerait-il Henri V, comme le prétendaient les légitimistes? Resterait-il président constitutionnel, ou bien aspirerait-il à la dictature? Son attitude autorisait toutes ces suppositions; son silence n'en repoussait aucune.

Mais toutes ces espérances diverses du parti de l'ordre s'évanouirent ensemble le jour où l'Assemblée décida l'élection par le peuple. Le suffrage universel, c'était le triomphe de la démocratie pure; dès lors tous les candidats des partis dynastiques étaient mis hors de cause. Quatre noms seulement pouvaient encore être prononcés : les noms de MM. de Lamartine, Ledru-Rollin, Cavaignac et Bonaparte. Les amis de M. de Lamartine espéraient qu'une combinaison favorable des opinions modérées de la révolution et des politiques prudents de la réaction s'arrêterait à lui et voudrait lui confier, une fois encore, le soin d'établir sur des principes conservateurs la république des classes moyennes. Ils ne voyaient pas que cette combinaison se faisait, depuis les journées de juin, en faveur du général Cavaignac, qui personnifiait depuis lors l'état républicain tel que le concevait la bourgeoisie. Oubliant l'héroïsme et le dévouement du grand citoyen qui, pendant trois mois entiers, avait chaque jour exposé sa vie pour la défendre contre la révolution débordée, la bourgeoisie, depuis qu'elle se sentait un autre appui, se tournait ingrate et aveugle contre M. de Lamartine et repoussait par l'insulte et la calomnie une candidature que, six mois auparavant, elle n'aurait pas laissé discuter.

Quant à la candidature de M. Ledru-Rollin, les sentiments de la bourgeoisie étaient trop manifestes pour laisser subsister le moindre doute. Mais une propagande active avait répandu son nom dans les campagnes et les meneurs du parti révolutionnaire se flattaient qu'au moyen de l'alliance avec les socialistes, à laquelle on travaillait depuis quelque temps, on obtiendrait un chiffre de voix assez élevé, sinon pour balancer l'élection, du moins pour constater dans le pays une forte opposition aux tendances contre-révolutionnaires de la bourgeoisie. Afin de consolider cette alliance du radicalisme et du socialisme, et surtout pour la rendre apparente, on imagina d'imiter la fameuse campagne des banquets en 1847. On fit un grand bruit de toasts, un grand déploiement de drapeaux et d'emblèmes. M. Ledru-Rollin, qui avait pris avec les socialistes l'engagement, s'il était élu, d'abolir la présidence et de proclamer le droit au travail, s'assit au banquet du Chalet (25 septembre) à côté de la place vide de M. Barbès et porta un toast contre l'*infâme capital*. Mais ces démonstrations aussi vaines qu'imprudentes, en réveillant dans le pays des inquiétudes qui commençaient à s'assoupir et en signalant de nouveau à l'attention publique les prétentions outrées du parti révolutionnaire, n'eurent pas même pour effet l'alliance souhaitée par ceux qui les avaient organisées. Les socialistes, un moment ébranlés, revinrent à la candidature de M. Raspail; un grand nombre, sur l'avis de M. Proudhon, décidèrent de s'abstenir.

Alors toute illusion se dissipa et l'on vit avec une évidence à laquelle les esprits les plus obstinés furent forcés de se rendre que deux candidatures restaient seules debout : celle du général Cavaignac et celle du prince Louis-Napoléon Bonaparte.

Le premier de ces candidats avait pour lui des forces considérables. Son caractère bien connu, sa probité politique, sa moralité, son courage, l'immense service qu'il venait de rendre à la cause de l'ordre, lui assuraient les suffrages de la bourgeoisie de Paris, du clergé, de la noblesse légitimiste de province, de tous les hommes intelligents et honnêtes que l'esprit de parti n'aveuglait pas; il avait pour lui l'administration, les officiers de l'armée de terre et de mer. Le second n'apportait que son nom; mais déjà on pouvait voir de quel poids énorme ce nom allait peser sur le pays, puisque, même au sein d'une Assemblée hostile, il exerçait une pression à laquelle elle cherchait vainement à se soustraire.

Amené à l'Assemblée par cinq départements, le 17 septembre, en compagnie de MM. Fould et Raspail, le prince Louis-Napoléon, jugeant sa position suffisamment fortifiée par cette élection quintuple, avait déclaré cette fois qu'il estimait de son devoir de ne pas résister au vœu des électeurs. Une curiosité extrême avait accueilli son entrée à la Chambre. A la vérité, les premières paroles qu'il avait lues, d'un accent étranger, à la tribune, son attitude empruntée, n'y avaient produit qu'une impression très-peu favorable et ne donnaient de sa capacité que la plus médiocre opinion; son silence, son abstention dans tous les votes significatifs, étaient bientôt devenus un sujet de raillerie; mais pourtant je ne sais quelle inquiétude s'attachait à tous ses mouvements. L'émotion que sa présence causait dans Paris et dans l'armée semblait de mauvais augure; tout en votant, par une certaine nécessité rationnelle, l'abrogation de l'article 6 de la loi du 10 avril 1832, relatif au bannissement de la famille Bonaparte, l'Assemblée laissait paraître des craintes sérieuses qui se dérobaient mal sous l'ostentation de son dédain. Dans la discussion sur le pouvoir exécutif, ces craintes avaient inspiré tous les orateurs qui s'étaient élevés contre la présidence; on avait parlé, pour la première fois, de *prétendant*, d'*usurpation* et de *dictature*. Plusieurs républicains, malheureusement très-impopulaires, avaient tenté de provoquer des mesures exceptionnelles de précaution contre la famille Bonaparte. M. Anthony Thouret, par exemple, proposait qu'on déclarât inaptes à l'élection tous les membres des familles qui avaient régné sur la France; plus tard, M. Molé, qui favorisait ouvertement la candidature du général Cavaignac [1], demandait, dans une même pensée de défiance, qu'on ajournât l'élection jusqu'après le vote des lois organiques; mais l'Assemblée ne se sentait plus l'énergie nécessaire pour entreprendre aucune lutte. Le général Cavaignac, d'ailleurs, loin de l'y encourager, repoussait toutes les avances qui lui étaient faites; il semblait, par son inaction complète, vouloir laisser le champ libre à son rival.

Depuis trois mois, les arrêts des conseils de guerre et le départ des convois de colons pour l'Algérie [2] sont à peu

---

[1] « Le général Cavaignac a sauvé la nation qui ne pourra jamais l'oublier, » disait M. Molé à la tribune, le 26 octobre.

[2] Voici le relevé exact des arrestations et des condamnations faites à la suite de l'insurrection de juin : 11,057 individus sont arrêtés pendant et après l'insurrection. Une instruction spéciale confiée à des commissions militaires, partage en deux catégories les inculpés : 1° les auteurs, fauteurs ou instigateurs de la révolte qui sont envoyés devant les conseils de guerre ; 2° ceux qui ont simplement mis les armes à la main. Après cet examen, 6,600 prisonniers sont immédiatement rendus à la liberté ; 4,348, désignés pour la transportation, sont conduits dans les ports. Sur des réclamations nombreuses, de nouvelles commissions, formées de magistrats, opèrent une révision complète de ces premières dispositions et désignent 991 condamnés à la clémence du gouvernement. Aucune transportation n'a été effectuée. (*Moniteur*, 26 octobre 1848.)

Bien que l'esprit des conseils de guerre fût de beaucoup meilleur et près le seul signe de vie que donne son gouvernement. En vain les amis du général Cavaignac, inquiets de voir l'intérêt, l'attention du pays se retirer insensiblement de lui et se porter ailleurs, le pressent de prendre quelque mesure énergique qui ranime son parti et fasse sentir sa force à ses adversaires. Les uns, frappés surtout du progrès de la réaction, lui conseillent de donner l'amnistie et d'intervenir en Italie où les Piémontais, les Lombards et les Vénitiens implorent à la fois le secours de la France. D'autres, au contraire, persuadés qu'il ne peut plus se maintenir au pouvoir qu'avec le concours du parti de l'ordre, l'engagent à choisir un ministère dans la droite de l'Assemblée.

Mais le chef du pouvoir exécutif ne sait se résoudre à temps ni pour l'une ni pour l'autre de ces politiques. Incertain, plein de scrupules, il hésite, il se défie de lui-même et de tout le monde, il ne sait ce que veut l'opinion. Les avances que lui font quelques hommes éminents des partis dynastiques lui sont suspectes, il les repousse avec hauteur; l'amnistie que lui demandent les républicains lui paraît dangereuse, il la refuse; un parti considérable dans l'Assemblée désire ajourner l'élection du président jusqu'après le vote des lois organiques, il insiste pour que l'élection soit immédiate, comme s'il avait hâte de se délivrer d'un pesant fardeau. Quant à l'intervention, il déclare dans son conseil au général Lamoricière qui en a fait une question d'honneur national, qu'il ne se sent pas le droit, à la

---

plus humain qu'on ne l'a vu en d'autres circonstances, il n'en était pas moins révoltant, pour l'idée de justice telle que la conçoivent les sociétés modernes, de voir des vainqueurs juger des vaincus, sans contrôle et sans appel. Des faits singuliers se produisirent. On vit des officiers, blessés pendant le combat, nommés rapporteurs près des conseils de guerre. Le chef d'escadron Constantin fut arrêté aux Tuileries dans l'exercice des fonctions de rapporteur et convaincu d'avoir pris part à l'insurrection. Un insurgé qu'il interrogeait lui exprima sa surprise de le trouver là et lui dit : « Rappelez-vous donc que vous deviez être notre ministre de la guerre. »

On avait décidé que 20,000 ouvriers libres seraient envoyés en Algérie. Le premier convoi partit le 3 septembre.

veille de l'élection présidentielle, au moment où il n'exerce plus qu'un pouvoir éphémère, d'engager le pays dans une telle expédition, qui, selon lui, serait infailliblement le signal d'une guerre européenne. Ses scrupules à cet égard vont si loin, qu'il refuse au général Bedeau l'autorisation de se rendre au vœu de l'armée piémontaise et de conduire avec Charles-Albert les opérations de la campagne prochaine.

Pour apprécier avec justesse cette politique de non-intervention dont les conséquences furent décisives et qui acheva de perdre la révolution en Europe, il est nécessaire de revenir un peu sur nos pas.

On se rappelle que le 29 mars, quelques jours après la délivrance de Milan, l'armée piémontaise passait le Tessin sous la conduite de Charles-Albert et de ses fils, qui levaient hardiment l'étendard de l'indépendance italienne.

L'enthousiasme du patriotisme et l'ivresse du succès étaient au comble. Lorsqu'on vit avec quelle précipitation le maréchal Radetzky abandonnait les plaines de la Lombardie pour se retrancher sur le Mincio et l'Adige dans les places fortes de Mantoue, Peschiera, Legnago, Vérone, personne ne mit en doute sa prochaine et complète défaite. La délivrance de l'Italie parut tellement assurée que les partis politiques, unis jusque-là dans un même sentiment de révolte contre l'oppression, et les jalousies d'États à États, étouffées par une commune horreur de l'étranger, reprirent leur vivacité ancienne et se disputèrent à l'avance le fruit d'une victoire qui n'était pas encore remportée.

Le gouvernement provisoire de Milan avait appelé Charles-Albert, en réservant à une future assemblée constituante le droit de décider du sort de la Lombardie. Mais ce prince, qui redoutait à l'excès le mouvement révolutionnaire en Italie et l'intervention de la république française, semblait disposé à se mettre lui-même en possession d'une province dont il se considérait déjà comme le libérateur. Les démocrates, à leur tour, qui se défiaient également de l'aristocratie lombarde et de la noblesse piémontaise, sans souhaiter néanmoins le concours actif de la France, dénonçaient au pays les vues égoïstes de Charles-Albert; ils disaient que ce prince déloyal négociait secrètement avec l'ennemi qu'il paraissait combattre afin d'accroître en toute hypothèse la puissance de sa dynastie, seule ambition, disaient-ils, à laquelle il fût accessible. Ces divisions, ces défiances mutuelles paralysèrent, dès le début de la campagne, le grand essor que le triomphe de l'insurrection milanaise avait imprimé à l'opinion. Charles-Albert n'était fait, ni comme homme politique, ni comme capitaine pour le ranimer. Très-indécis quant au but qu'il devait poursuivre, circonvenu depuis longtemps par la diplomatie anglaise qui voulait se servir de lui pour affaiblir la maison d'Autriche, sans toutefois permettre qu'il lui fût porté de trop rudes coups, Charles-Albert, à la tête d'une armée de quatre-vingt-dix mille hommes que secondent ses vaisseaux et l'escadre napolitaine dans l'Adriatique, le mouvement des troupes auxiliaires qu'on lui amène de Naples et de Rome et les milices volontaires qui accourent à lui de toutes parts, ne sait pas profiter de deux avantages brillants qu'il remporte coup sur coup à Pastrengo et à Sainte-Lucie. Au lieu de porter secours à la Vénétie, d'envoyer Durando contre Nugent pour empêcher sa jonction avec Radetzky et d'isoler celui-ci du côté du Tyrol, Charles-Albert appelle à lui l'armée romaine et concentre toutes ses troupes sur le Mincio, devant la forteresse de Peschiera, où il attend jusqu'au 15 mai l'artillerie dont il a besoin pour commencer le siége.

Dans le même temps, il insiste auprès du gouvernement français pour qu'on éloigne de la frontière les troupes que M. de Lamartine, dans l'éventualité d'une intervention, a rappelées de l'Algérie, et il donne l'ordre à ses vaisseaux qui croisent devant Trieste de ne pas tirer sur les vaisseaux autrichiens, laissant ainsi l'ardeur de ses troupes et l'enthousiasme des populations se refroidir, tandis que les Autrichiens, revenus de leur première confusion, se raniment et vont bientôt recevoir des renforts qui les mettront en état de reprendre l'offensive.

Un autre effet, non moins déplorable, des lenteurs du siége de Peschiera, c'est qu'elles laissent aux souverains, entraînés malgré eux par le mouvement populaire dans la guerre de l'indépendance, le loisir de se reconnaître et de concerter leurs moyens de résister à la révolution.

Le roi de Naples est le premier à revenir à lui. Jaloux plus que personne de la grande situation que la guerre crée au roi de Piémont, il commence par retarder, sous un prétexte puis sous un autre, la marche des troupes auxiliaires qu'il a promises et dont il a remis le commandement au général Pepe; puis il essaye d'entraver l'action des Chambres, qu'il s'est vu forcé de convoquer, par une formule de serment qui leur ôte le droit de modifier la constitution et de la rendre plus libérale. Le refus des députés de prêter ce serment et la menace de dissoudre les Chambres ayant fait éclater à Naples une insurrection, le roi ordonne le bombardement de la ville, qui, forcée de céder, est livrée aux brutalités de la soldatesque et à tous les excès d'une populace effrénée. A quelques jours de là, Messine subit le même sort. Alors le gouvernement victorieux dissout les Chambres et la garde nationale, met ses deux capitales en état de siége, dépêche à l'amiral Cosa l'ordre de quitter l'Adriatique et au général Pepe la défense de franchir le Pô.

« Le temps presse, écrivait à ce moment au général Pepe le libérateur de Venise, l'héroïque Manin, qui, tout en préparant la population à résister jusqu'aux dernières extrémités, sollicite par ses agents l'Angleterre, la France, le Piémont, toute l'Europe libérale à ne pas laisser périr en Italie la cause sacrée de l'indépendance ; le temps presse : le Quirinal, le camp de Vérone et de Venise sont les trois centres autour desquels s'agitent les destinées de l'Italie ! »

Un envoyé de Charles-Albert demandait également au général Pepe de faire la plus grande diligence. En quittant Paris, le général avait reçu de M. de Lamartine l'assurance que la France *ne se bornerait pas à former des vœux, mais qu'elle tirerait son épée pour l'indépendance italienne.* Il se croyait assuré des sympathies de l'Angleterre, assez fort pour désobéir à un maître parjure et pour entraîner son armée. Mais sa désobéissance avait été prévue et le commandement des troupes lui était retiré. Hormis un seul bataillon qui lui resta fidèle, l'armée entière opéra sans hésiter son mouvement de retraite. Pepe, au désespoir, franchit à peu près seul la frontière et courut se jeter dans Venise pour partager du moins ses périls, puisqu'il ne pouvait plus autre chose pour elle.

Au moment où le roi de Naples trahissait si odieusement ses promesses et retirait à la ligue italienne les troupes et le subside qu'il s'était engagé à fournir, la diplomatie autrichienne et le parti des cardinaux réussissaient aussi à lui enlever l'appui du Saint-Père.

Lorsqu'on eut appris à Vienne que Pie IX envoyait en mission extraordinaire au camp de Charles-Albert un prélat dévoué à la cause de l'indépendance, le gouvernement conçut les plus vives alarmes. La sanction du pape donnait à la ligue un caractère sacré. Sa bénédiction transformait la guerre en croisade. L'alliance de Pie IX et de Charles-Albert, l'union de la plus grande autorité morale avec la force matérielle la mieux organisée, portait un coup mortel à une domination étrangère qui ne s'était soutenue jusque-là que par la mésintelligence des souverains, la rivalité des États, la division des forces de l'Italie.

Aussi le cabinet de Vienne usa-t-il pour rompre cette alliance et parer ce coup de toutes ses ressources. Connaissant l'esprit timide, mais sincèrement croyant de Pie IX, il déroba, en cette circonstance, l'action de la diplomatie sous les doléances de l'épiscopat ; les nonces du pape, à Vienne et à Munich, les cardinaux de l'Allemagne, les évêques furent mis en avant. On les poussa à faire au Saint-

Siége de douloureuses représentations. Le pape déclarer la guerre à la catholique Autriche ! Rome tirer l'épée contre ses plus fidèles enfants ! Quel scandale ne serait-ce pas donner à la chrétienté ! N'était-ce pas vouloir provoquer un schisme ! Pour achever d'ébranler la conscience timorée de Pie IX, on eut recours aux miracles; on troubla, on inquiéta son âme par des interventions surnaturelles ; on la remplit d'épouvante.

Quand la population romaine redoublait pour lui d'enthousiasme, dans l'espoir qu'il allait se rendre en personne auprès de Charles-Albert et bénir la croisade italienne, Pie IX, circonvenu par les ambassadeurs de Russie et d'Autriche, prononçait le 29 avril une allocution, par laquelle il reniait tout ce qu'il y avait eu jusque-là de libéral dans ses actes, et déclarait que, s'il avait autorisé la levée de quelques troupes, ce n'était pas assurément pour venir en aide aux ennemis de l'Autriche, mais uniquement en vue de protéger ses propres États contre les agitations révolutionnaires.

La nouvelle de cette défection exaspère le peuple de Rome. A la voix d'un Transtéverin, Angelo Brunetti, devenu fameux sous le nom de *Cicéruacchio*, il s'insurge et obtient pour la seconde fois du faible pontife, avec la rétractation de la nouvelle encyclique, la formation d'un ministère laïque sous la présidence du comte Mamiani et la convocation des Chambres.

Mais bientôt Mamiani, en butte à des difficultés sans nombre que lui suscitent les cardinaux, désespérant d'amener le pape à une politique sincère, très-affaibli aussi dans l'opinion par le ralentissement du mouvement révolutionnaire et l'inaction de l'armée piémontaise en Lombardie, se décourage et donne sa démission. Alors Pie IX, après plusieurs essais de ministères insignifiants, appelle à la tête des affaires un ancien carbonaro converti à l'école doctrinaire récemment ambassadeur de Louis-Philippe à la cour de Rome, le comte Pellegrino Rossi, dont la politique déclarée en ce moment est d'unir les États italiens dans une ligue présidée par le pape et de procéder aux réformes intérieures en ajournant indéfiniment la guerre contre l'Autriche.

Le gouvernement autrichien se réjouit de la retraite du ministère Mamiami comme d'un succès inespéré. Quand la nouvelle lui en arriva, il commençait à peine à se remettre de la frayeur extrême que la révolution survenue à la fois dans tous les États de l'empire lui avait causée.

Jamais, en effet, la maison d'Autriche n'avait été plus voisine de sa perte. Jamais la possibilité, la nécessité d'un démembrement de ses possessions n'avait paru plus imminente.

Pendant que la Lombardie se révoltait à main armée et rompait violemment ses chaînes, la Hongrie, par la seule force du droit historique invoqué avec constance et fermeté, obtenait une constitution indépendante et des libertés qui devaient, en peu de temps, la conduire à une régénération complète. En Bohême, quatre millions de Tchèques, qu'un mouvement de nationalité, purement littéraire à son origine[1], mais devenu insensiblement politique, soulève contre la domination des Allemands, rêvent de former avec les Serbes et les Croates un empire slave dont Prague serait la capitale. Ils convoquent, en opposition avec l'assemblée allemande de Francfort, une assemblée qui doit réunir les représentants de toutes les provinces de la race slave.

A peu près dans le même temps, l'assemblée de Francfort, réunie le 18 mai sous la présidence de M. de Gagern, chef du parti constitutionnel dans le sud de l'Allemagne, déclare qu'elle se reconnaît le droit et la mission de constituer l'unité de l'empire germanique.

[1] Le manuscrit d'un poëme ossianique, en langue Tchèque, découvert en 1826 par l'écrivain Hanka, fut l'origine de ce mouvement, protégé d'abord par le gouvernement autrichien et secrètement favorisé par la Russie, dans un système de domination politique auquel on a donné le nom de Panslavisme.

Menacée de toutes parts, la cour d'Autriche ne fonde plus d'espoir que sur l'armée de Radetzky, qui, malgré ses échecs tient encore tête à l'ennemi. Pour être plus à portée d'un secours dont elle pense avoir bientôt besoin, elle quitte Vienne, où l'esprit révolutionnaire fait des progrès rapides, et se réfugie à Inspruck, dans le Tyrol.

Nous avons vu que les longueurs du siége de la forteresse de Peschiera, qui ne fut prise que le 30 mai, avaient laissé à Radetzky le loisir de relever l'esprit de ses troupes, de recevoir des renforts et de combiner un nouveau plan de campagne. Le général Nugent a réuni 13,000 hommes sur l'Isonzo, repris Udine et remporté une victoire sur les troupes romaines à Cornuda. Par une fausse attaque, il a attiré à Trévise le principal corps de ces troupes, commandé par Durando qui abandonne ainsi sa position sur la Brenta et livre la route de la Lombardie ; grâce à cette manœuvre habile il a rejoint Radetzky à Vérone, après avoir rallié en route le corps du général Welden. Ainsi fortifié, Radetzky se dispose à marcher sur Milan. Mais Charles-Albert l'arrête à Goïto et le repousse après une lutte sanglante où trois mille Autrichiens sont mis hors de combat. Radetzky se retire d'abord sur Mantoue, puis il se dirige sur Vicence que le général Durando défend vigoureusement. Forcé enfin de céder au nombre, la garnison romaine capitule et promet que de trois mois elle ne prendra pas les armes. Radetzky se hâte de retourner à Vérone pendant que le général d'Aspre prend Padoue, Trévise, Palma-Nuova et soumet toute la Vénétie, à l'exception d'Osoppo et de Venise. Charles-Albert échoue dans une tentative sur Vérone et Radetzky reprend l'offensive.

Charles-Albert avait étendu ses lignes du Tyrol jusqu'à l'embouchure du Mincio ; le gros de son armée était occupé au siége de Mantoue. Radetzky conçut le plan de rompre les lignes des Piémontais à Rivoli et de prendre le reste de leur armée à revers entre ses propres troupes et la ville qu'ils assiégeaient. Le combat s'engage à Rivoli où cinq mille Italiens défont 12,000 Autrichiens; mais ils sont contraints d'abandonner la position à des forces trop supérieures. Ils se retirent sur la rive droite du Mincio. Charles-Albert essaye à son tour de prendre les Autrichiens en flanc, de les repousser sur la rive droite du Mincio et de les séparer de Vérone. Si ce plan eût réussi, l'Italie était délivrée par une seule victoire; il échoua. Radetzky remporta un avantage signalé à Custoza, où il sut habilement engager 45,000 hommes contre 25,000 Piémontais (25 juillet). Charles-Albert, déconcerté, bat en retraite et repasse le Mincio. C'est le signal de ses revers. Les soldats piémontais ont perdu confiance dans des chefs qui ne savent pas les conduire; une mauvaise administration laisse l'armée manquer de tout; elle reste plusieurs jours sans vivres et sans munitions; elle se démoralise, se débande; Charles-Albert est atteint lui-même d'un abattement profond. Bien qu'il n'ait pas éprouvé de très-grandes pertes, bien que son artillerie et sa cavalerie soient encore presque intactes, il se retire précipitamment devant l'ennemi; sous prétexte de couvrir Milan, il abandonne la ligne de l'Adda. Le 3 août, il arrive devant Milan, dont la population qui compte sur lui se prépare à faire une résistance énergique. Les Milanais n'ont rien perdu de leur ardeur première; ils sont décidés, plutôt que de se rendre à Radetzky, à s'ensevelir sous les ruines de la ville. On fait à la hâte des travaux de tranchée; déjà de fortes barricades s'élèvent dans les rues. Un comité de défense, investi de pouvoirs extraordinaires, dirige ces préparatifs; il arme les citoyens qui s'animent et s'exhortent au combat. Charles-Albert, un moment entraîné par l'exaltation des Milanais, jure de les sauver ou de mourir avec eux. Mais à deux jours de là, cédant aux conseils de ses généraux, il fait proposer à Radetzky, qui a pris Crémone, et qui, à la suite d'un faible engagement, a pénétré les lignes de l'armée piémontaise, de lui ouvrir les portes de Milan, quitte furtivement la ville et rentre dans ses États, livrant la population héroïque qui s'est donnée à lui aux vengeances barbares d'un ennemi implacable.

L'armistice de six semaines, signé le 9 août, par le général piémontais Salasco, était dur et humiliant. Il rétablissait toutes choses dans l'état où elles se trouvaient avant la campagne, rendait aux Autrichiens les forteresses de Peschiera et de Rocca d'Anfo avec tout le matériel de défense. La flotte sarde devait quitter l'Adriatique; Venise était abandonnée.

C'est alors que le marquis Ricci, envoyé piémontais à Paris, sollicite enfin du général Cavaignac l'intervention de la France. Milan et Venise, de leur côté, ont envoyé des délégués qui implorent un prompt secours. Le péril de l'Italie est grand, mais il peut encore être conjuré. Le gouvernement autrichien, très-inquiété par les mouvements de la Hongrie, ne se sent pas suffisamment raffermi par les succès de Radetzky pour refuser de traiter. La probabilité de l'intervention française l'effraye et le dispose à faire des concessions [1]. Il sait que l'armée piémontaise est encore presque intacte; que l'esprit révolutionnaire, loin de s'être éteint, se ranime en Lombardie; qu'à Venise enfin, le peuple, qui venait de voter avec une profonde douleur l'adjonction au Piémont, s'est soulevé en apprenant l'indigne capitulation de Milan, qu'il a chassé les commissaires sardes, annulé le vote de fusion, reconstitué la république, rétabli le triumvirat sous la présidence de Manin, et qu'il se dispose à une défense désespérée.

La diplomatie autrichienne n'a garde en de telles circonstances de se montrer exigeante. Elle n'a en ce moment qu'un but, c'est de tromper par des négociations d'une apparente bonne foi le gouvernement du général

---

[1] Depuis la victoire de Goïto, l'Autriche, par la bouche de son envoyé à Londres, le baron de Hummelauer, parlait d'abandonner la Lombardie jusqu'à l'Adige, en la laissant libre de se joindre au Piémont ou de se constituer en état séparé, et promettait de donner à Venise une constitution analogue à celle de la Hongrie.

Cavaignac et d'empêcher à tout prix ou tout au moins de retarder indéfiniment l'entrée des troupes françaises en Italie. Elle y réussit. La médiation de l'Angleterre acceptée par le général Cavaignac, les lenteurs inévitables des correspondances diplomatiques entre Vienne, Londres, Turin et Paris, achèvent ce que la campagne si mal conduite par Charles-Albert et la capitulation de Milan ont déjà déplorablement compromis. L'opinion publique en France, bien que très-attiédie et peu disposée à la guerre, se montrait cependant encore assez favorable aux Italiens. L'Assemblée nationale en avait tout récemment donné la preuve en rappelant, dans une de ses précédentes séances, le vote du 24 mai, par lequel elle imposait à la commission exécutive un programme de politique étrangère qu'elle résumait ainsi : *Pacte fraternel avec l'Allemagne, reconstitution de la Pologne indépendante, affranchissement de l'Italie.*

Si le général Cavaignac eût voulu exercer sur l'Assemblée l'influence qu'il lui convenait de prendre en une telle occasion, elle n'aurait pas reculé devant l'intervention. Dans le conseil des ministres, le général Lamoricière, ministre de la guerre, et M. Bastide, ministre des affaires étrangères, se prononçaient, l'un, avec une vivacité extrême, le second, avec une grande persistance, pour que l'on secourût Venise. Un moment, celui-ci, croyant l'avoir emporté sur les résistances du ministre des finances et sur les scrupules du chef du pouvoir exécutif, annonçait au consul de France à Venise le départ de quatre bâtiments à vapeur, portant une brigade de trois mille hommes sous les ordres du général Mollière, et il expédiait à Marseille un aide de camp du général Lamoricière pour présider à l'embarquement. D'après les instructions qui étaient transmises à cet égard, le duc d'Harcourt croyait également pouvoir écrire à Manin : « Tenez bon jusqu'à l'arrivée des Français, et c'est par vous que viendra le salut de l'Italie. » Mais malheureusement des considérations d'une prudence méticuleuse, auxquelles l'esprit du général Cavaignac était trop accessible, arrêtèrent tout. Dans une nouvelle réunion du conseil, on décida, à la majorité d'une voix seulement, d'envoyer à Marseille un contre-ordre. Les troupes embarquées depuis cinq jours revinrent à terre. On remit les destinées de l'Italie aux délibérations d'un congrès à Bruxelles, qui ne devait jamais se réunir, et l'Autriche, délivrée ainsi de la crainte d'une intervention contre laquelle elle était résolue à ne pas lutter [1], retira une à une toutes les concessions qu'elle avait offertes et tourna contre ses autres États la politique de ruse dont elle n'avait plus besoin en Italie.

Déjà, selon le système traditionnel de cette politique, elle avait cherché à regagner en Hongrie le terrain qu'elle avait cru devoir céder, non pas en attaquant ouvertement l'indépendance des Hongrois, mais en leur suscitant des ennemis qui les missent hors d'état d'en profiter et de la défendre. Cela n'était pas difficile. La Hongrie, comme on sait, se compose d'une agglomération successive de populations magyares, valaques, croates, serbes, saxonnes, très-diverses d'origine, de religions, d'idiomes, et que de fréquentes luttes à main armée et des persécutions réciproques pendant plusieurs siècles ont rendues excessivement hostiles les unes aux autres. C'était là l'obstacle principal à l'organisation du nouvel État hongrois, dont la diète de Pesth, qui représentait presque exclusivement l'élément magyar, avait, avant la sanction de l'empereur, posé les bases constitutionnelles. Entre ces nationalités jalouses de la prépondérance des magyars, les Croates et les Serbes, de race slave, étaient à la fois les plus fanatiques, les mieux organisés militairement et les plus capables par leur énergie de revendiquer leur indépendance particulière.

Ce furent ceux-là que le gouvernement autrichien excita

---

[1] L'envoyé d'Autriche disait alors au cabinet anglais : « Si les Français entrent en Piémont, nous ne nous battrons pas ; nous nous retirerons derrière l'Adige d'abord, puis derrière l'Isonzo. »

tout d'abord contre ce qu'il appelait l'oppression des magyars. Par de nombreux émissaires que secondait, quoique dans des vues opposées, la propagande russe du parti panslaviste [1], il souffla partout l'esprit de discorde ; il s'assura, au moyen de faveurs et de promesses de tout genre, un soldat croate, distingué parmi les siens par sa haine contre les Hongrois, par son zèle pour le panslavisme, par son intelligence, son activité et quelques talents militaires, le colonel Jellachich. Mandé à Vienne par le baron de Kulmer, qui l'avait désigné à la cour comme très-capable de jouer un rôle, il s'était vu en moins de huit jours promu au grade de feld-maréchal lieutenant, nommé commandeur de plusieurs ordres et enfin administrateur civil et militaire de la Croatie, avec le titre de ban. Le comte de Fickelmont, l'archiduc Louis et l'archiduchesse Sophie avaient noué avec lui des négociations secrètes. Fort des promesses qui lui étaient faites par de si grands personnages, Jellachich se hâta de convoquer à Agram une diète croate-esclavonne, dont le premier acte fut d'annuler toutes les décisions de la diète de Hongrie. On y brûla en effigie l'archiduc palatin et le premier ministre Batthiànyi ; puis, après avoir conclu une alliance offensive et défensive avec le comité central des Serbes réunis à Carlowitz, qui de son côté décidait de faire de la Serbie une voïvodie indépendante, on fit serment de ne pas remettre l'épée au fourreau avant d'avoir abattu la domination des magyars. Sur ces entrefaites, Jellachich levait de nombreuses troupes et s'apprêtait à entrer en campagne.

A ces nouvelles, l'archiduc palatin, vice-roi de Hongrie, court à Inspruck ; il obtient de l'empereur un manifeste dans lequel le ban Jellachich est déclaré traître à la patrie, destitué de toutes ses fonctions et mandé à la cour afin d'y expliquer sa conduite ; puis l'archiduc, avec l'assenti-

---

[1] Ce parti prêchait partout l'unité d'un empire slave, sous le protectorat du grand czar moscovite, qui devait abattre la domination des allemands et des magyars.

ment de l'empereur, convoque à Pesth une assemblée nationale élue selon la nouvelle loi, et, comme pour confirmer à l'avance la parfaite légalité de tout ce qui va s'y faire il vient l'ouvrir en personne et paraît dans la salle en donnant le bras aux deux ministres hongrois : Louis Batthiânyi et Louis Kossuth.

L'un des premiers actes de cette diète qui se signala par tant d'énergie, de talent, de patriotisme, ce fut de pourvoir à la défense nationale, en votant, sur la demande de Kossuth, une levée de deux cent mille hommes. Le danger était pressant; Jellachich venait de passer la Drave (11 septembre) à la tête de quarante mille hommes, et, forçant les lignes du faible corps d'observation hongrois que commande le comte Adam Teleki, il marchait rapidement sur Pesth. Le 20 septembre, on apprend qu'il est à Veszprim, sur les bords du lac Balaton (Plattensee) au cœur même du pays. Le cabinet de Vienne, rassuré par les succès de Radetzky en Lombardie, croit pouvoir lever le masque. Il désavoue le manifeste contre Jellachich; les officiers de l'armée autrichienne restée en Hongrie, malgré les dispositions de la nouvelle constitution et les réclamations de la diète, accourant auprès du ban, se concertent avec lui, certains de se rendre ainsi agréables au gouvernement impérial.

Cependant la diète décide la formation d'un comité de défense, où Kossuth exerce l'influence principale et qui va bientôt devenir le véritable gouvernement du pays; elle offre le commandement général des troupes hongroises à l'archiduc Étienne. Celui-ci feint d'accepter et se rend sur les bords du lac Balaton, afin, dit-il, d'entrer en conférence avec Jellachich et de le dissuader, s'il se peut, de la guerre; mais le ban refuse l'entrevue; l'archiduc, au lieu de revenir à Pesth, s'esquive, rentre dans Vienne; presque aussitôt l'on apprend à Pesth qu'il abdique; que le comte Lamberg, contrairement à la constitution, est nommé commandant en chef de toutes les troupes de la Hongrie et que sans doute il a mission de dissoudre la diète. A cette nouvelle, la diète indignée proteste contre les rescrits impériaux, se constitue en permanence et déclare la patrie en danger. Kossuth revient (27 septembre) des bords de la Theiss où, dans l'espace de trois jours, il a levé dix mille volontaires.

Au milieu de l'agitation causée par de si graves événements, le comte Lamberg est arrivé à Bude (28 septembre), et il se dispose à entrer en fonctions. Mais le peuple dont le patriotisme s'exalte de jour en jour ne peut supporter la pensée qu'on va dissoudre la diète nationale. La vue de l'envoyé autrichien l'exaspère. Le comte Lamberg est massacré sur le pont de Pesth dans un tumulte populaire.

Au récit de ce meurtre, l'empereur, malgré une déclaration de la diète de Pesth, qui, en déplorant l'événement, supplie encore Sa Majesté de faire cesser l'abus de son nom et la violation des lois, prononce la dissolution de l'assemblée, déclare la Hongrie en état de siège et proclame Jellachich son *alter ego*. Ce jour-là même, le ban entrait à Stuhlweissembourg; il n'était plus qu'à une journée de Pesth.

Le général Moga, à la tête des jeunes levées amenées par Kossuth, lui offre la bataille à Pakozd (29 septembre), le bat et le met en fuite; Perczel et Gœrgey, isolant et enveloppant à Ozora un corps de huit mille hommes commandés par les généraux Roth et Philippowitch, les forcent à mettre bas les armes (6 octobre). Mais Jellachich ayant passé la Laitha, qui marque la frontière autrichienne, Moga, encore plein de scrupules, n'ose le poursuivre.

Cependant la population viennoise applaudissait à la victoire de Pakozd et se passionnait pour la cause hongroise; le 6 octobre, un bataillon de grenadiers italiens, qui avaient ordre de rejoindre Jellachich, refuse de quitter Vienne, mais placé entre deux régiments de cavalerie, il est contraint d'obéir et de se mettre en marche. En arrivant à l'embarcadère, les soldats y trouvent la légion académique des étudiants qui forme, depuis la révolution de mars, le noyau de tous les mouvements populaires, avec une masse d'ouvriers et de bourgeois rassemblés autour d'elle. Le combat commence ; les soldats, à demi gagnés, font volte-face. Le général Bréda qui les commande est tué. Le peuple se pousse en avant, chasse devant soi, de rue en rue, la cavalerie envoyée pour le disperser, prend l'arsenal, s'empare de l'église Saint-Étienne que défend la garde nationale, pénètre dans l'hôtel du ministre de la guerre, le comte de Latour, et le tue ; puis enfin, après un combat sanglant qui dure trois jours entiers, il force le commandant militaire d'Auersperg à sortir de la ville.

Une partie de la diète autrichienne, qui siégeait depuis le 22 juillet et discutait un projet de constitution, quitte Vienne ; l'autre, très-affaiblie, très-indécise, entame des négociations avec la cour réfugiée à Olmütz[1]. Le gouvernement, suivant sa coutume, traîne les choses en longueur, place à la tête de l'armée le feld-maréchal Windischgrætz, qui vient de réprimer l'insurrection de Prague, le charge de bloquer Vienne, de concert avec Auersperg, et appelle à son secours le ban Jellachich. Cet instant est décisif : à la prise ou à la délivrance de Vienne se rattachent les dernières espérances de la révolution en Allemagne. Partout ailleurs la réaction triomphe.

Le parlement de Francfort, qui envoyait en ce moment à Vienne quatre délégués, MM. Robert Blum, Moritz Hartmann, Frœbel et Trampusch, pour donner à la population viennoise un gage de sa sympathie, n'était déjà plus capable d'exercer aucune influence.

Il avait perdu beaucoup de temps en intrigues et en discussions stériles. Les radicaux s'y étaient trouvés en mino-

[1] La diète demande qu'on retire le rescrit relatif aux affaires de Hongrie, qu'on révoque Radetsky et qu'on donne un gouvernement civil à l'Italie. Elle exige l'exil de l'archiduc Louis, de l'archiduchesse Sophie et de son mari, l'éloignement des troupes et un ministère démocratique.

rité et sans expérience des affaires; le parti monarchique-constitutionnel, où les Prussiens avaient la majorité et qui comptait de brillants orateurs, MM. de Vincke, de Radowitz, le prince Lichnowsky, déjà exercés par les discussions de la diète prussienne, s'était montré animé d'un très-mauvais esprit. Plein de haine contre la France, sans aucune sympathie ni pour la nationalité italienne, ni surtout pour la Pologne, un étrange orgueil germanique avait aveuglé ce parti. Il parlait hautement d'incorporer le grand-duché de Posen, Trieste, l'Illyrie et même Venise, à la Confédération. Il voulait, dans des vues de conquête, former une flotte allemande et ne s'intéressait en apparence qu'à une seule question : à qui donnerait-on l'empire d'Allemagne? Le président de la diète, M. de Gagern, avait d'abord agi avec zèle en faveur du roi de Prusse; mais bientôt les dédains de Frédéric-Guillaume pour le titre d'empereur par la grâce du peuple forcèrent d'abandonner cette combinaison. On se tourna alors vers l'archiduc Jean d'Autriche que sa longue opposition au prince de Metternich, ses goûts simples et ses mœurs démocratiques rendaient assez populaire et qui, ayant accepté le titre de vicaire général de l'Empire, fit son entrée solennelle à la diète le 12 juillet. A partir de ce jour, l'Autriche reprit son ancienne influence sur les affaires. Sous l'impression des journées de juin, l'assemblée, d'ailleurs, entrait de plus en plus dans les voies rétrogrades. La minorité radicale, en perdant l'espoir de rien obtenir par les moyens légaux, décida de se séparer à la première occasion, de se former en Convention et d'appeler à soi la force populaire. L'armistice de Malmoë devint le signal de cette tentative.

L'Allemagne prenait un intérêt très-vif à la guerre que les duchés de Schleswig-Holstein soutenaient pour leur indépendance contre le Danemark. Frédéric-Guillaume s'était engagé à protéger les populations de ces duchés, qui, refusant de se laisser incorporer au Danemark, demandaient une constitution séparée et leur représentation à la Confédération germanique. Une armée confédérée, sous les ordres du général Wrangel, était entrée sur le territoire schleswig-holsteinois, et la campagne avait eu des succès divers; mais l'opinion publique, très-favorable à l'indépendance des duchés, accusait le roi de Prusse de conduire trop mollement la guerre et le soupçonnait presque de trahison. Lorsqu'on apprend à Francfort que Frédéric-Guillaume vient de signer un armistice de sept mois, le peuple, à l'instigation de la minorité, se soulève contre la majorité de l'assemblée qui a ratifié l'armistice. On élève partout des barricades; on se bat pendant douze heures avec courage. Deux députés de la droite, le prince Lichnowsky et M. d'Auerswald, sont impitoyablement massacrés par le peuple; mais bientôt les insurgés, mal secondés par les députés qui les ont provoqués, abandonnés à eux-mêmes, enveloppés par les troupes hessoises, autrichiennes, prussiennes et wurtembergeoises accourues à l'appel de l'assemblée, sont vaincus; l'état de siége est proclamé.

On apprend sur ces entrefaites que l'insurrection républicaine commandée par Struve dans le grand-duché de Bade est complètement dispersée. En de pareilles conjonctures l'appui moral du parlement de Francfort n'était plus d'une grande importance pour l'insurrection de Vienne. Néanmoins la population viennoise était encore pleine de confiance. On continuait avec ardeur les préparatifs pour soutenir un long siége. Le camp insurrectionnel de Vienne comptait environ quarante mille hommes; un officier polonais, le colonel Bem, a pris le commandement de la garde mobile; il dirige, de concert avec Messenhauser, commandant de la garde nationale, les opérations stratégiques. Le blocus se resserre de plus en plus. Le général Windischgrætz a rassemblé soixante mille hommes autour de la ville. Le siége devient très-rigoureux, les assauts se multiplient; mais la population résiste héroïquement; elle attend avec une confiance absolue une prochaine et forte diversion de l'armée hongroise.

Malheureusement, une irrésolution extrême régnait à cet égard dans l'esprit de l'armée et dans les conseils de la diète hongroise. On attendait l'appel de la diète autrichienne. Pensant qu'il ne pouvait tarder, deux fois le général hongrois passe la Laitha, et deux fois il revient en arrière. Les sociétés populaires de Vienne, à défaut de la diète, se résolurent enfin à réclamer les secours de la Hongrie. L'arrivée de Kossuth au quartier général de Pahrendorf vint donner l'impulsion décisive; son éloquence triompha de toutes les hésitations. Malgré l'avis du général Moga, malgré l'opinion formelle du colonel Gœrgey, qui démontre l'impossibilité de vaincre une armée régulière avec des troupes levées à la hâte et mal exercées, Kossuth déclare que l'honneur et le devoir commandent impérieusement et à tous périls de secourir les Viennois insurgés pour la Hongrie. Il décide le passage de la Laitha

Le 30 octobre, l'armée hongroise qui compte en tout trente mille hommes, dont seize mille seulement de troupes disciplinées, attaque à Schwechat les forces réunies de Windischgrætz, de Jellachich et d'Auersperg, s'élevant à soixante mille hommes. L'infériorité numérique des troupes hongroises est rendue plus sensible encore par les mauvaises dispositions stratégiques du général Moga, par l'irrésolution des officiers, par l'indiscipline et l'inexpérience des jeunes recrues. Un ordre mal compris jette la confusion dans leurs rangs, et Moga se décide à battre en retraite.

Comme on entendait à Vienne le canon de Schwechat, le peuple, qui se croit enfin secouru par les Hongrois, force la municipalité à déchirer la capitulation qu'elle vient de signer avec Windischgrætz. La générale bat dans les rues; on court aux armes. On s'apprête au combat, mais Messenhauser n'ose commander une sortie qui, peut-être, en prenant l'armée autrichienne à revers, aurait changé le sort de la bataille, et les Autrichiens, sans s'amuser à poursuivre les Hongrois qu'ils ont mis en déroute, reviennent sous les remparts de la ville dont ils recommencent le bombardement. L'incendie s'allume sur vingt-six points à la fois, les murailles s'écroulent, les portes sont prises d'assaut. Jellachich entre triomphant dans Vienne, à la tête de ses Croates; tout est mis au sac et au pillage. Le gouvernement ferme les yeux et laisse commettre, dans la capitale de l'Empire, des actes d'une férocité barbare. Il viole lui-même le droit des gens, en faisant fusiller Robert Blum, sujet saxon, envoyé de la diète germanique, qui, se fiant à son caractère inviolable, a refusé de fuir avec ses collègues. On ne connaît plus à Vienne d'autre droit que le droit de vengeance.

Un mois après ce triste triomphe, la camarilla faisait signer à Ferdinand son abdication et plaçait la couronne d'Autriche, encore trempée de sang, sur le front du jeune archiduc François-Joseph, fils de l'archiduchesse Sophie.

Le parlement de Francfort proteste, à la vérité, contre la mort de Robert Blum, mais timidement et comme un pouvoir abandonné de l'opinion. Bientôt la majorité et la minorité, que l'insurrection de septembre avait rendues irréconciliables, se séparent et tentent de constituer, l'une à Gotha, l'autre à Stuttgardt, deux assemblées nationales.

Une pareille tentative ne pouvait manquer d'avorter. La réaction, devenue toute-puissante par la prise de Vienne, emporte les constitutionnels et les radicaux dans son courant rapide. La réunion de Stuttgardt est dispersée par les baïonnettes. Celle de Gotha renonce à continuer ses délibérations, devenues dérisoires. Avec elles disparaissent les derniers vestiges du pouvoir central et de l'unité germanique.

Pendant que ces déplorables événements s'accomplissaient en Autriche, la démocratie prussienne a subi des phases analogues. A la révolution succède la réaction; à l'exaltation de la liberté la honte d'une oppression devenue plus pesante et plus arbitraire.

Depuis le 21 mars, jour où Frédéric-Guillaume a pris les

couleurs germaniques et convoqué l'assemblée constituante, une lutte sourde, mais opiniâtre, avait commencé entre le parti rétrograde, qui cherchait à éluder les promesses du roi, le parti avancé, qui en voulait déduire toutes les conséquences, et les hommes d'opinions mixtes qui, souhaitant une transition ménagée entre l'ancien et le nouvel état, s'efforçaient de faire accorder les partis extrêmes.

La majorité de l'assemblée où les électeurs avaient envoyé, avec les hommes les plus libéraux de la bourgeoisie, un grand nombre d'ouvriers et même de paysans, était pénétrée du sentiment de son droit et d'un esprit franchement démocratique. Une camarilla hautaine, aveugle et obstinée influençait le roi dans le sens contraire. Entre la camarilla et l'assemblée, les divers ministres qui se succédèrent aux affaires, MM. de Camphausen, Hansemann, de Beckerath, d'Arnim, d'Auerswald, essayaient deconcilier les vues opposées et soutenaient alternativement les prétentions du pouvoir royal et les droits de la Chambre.

Mais il n'était pas de conciliation possible entre un prince sans loyauté et une assemblée sans confiance. Le projet de constitution présenté par les ministres était, d'ailleurs, complétement inadmissible. Les discussions de l'assemblée, à laquelle le roi refusait la qualité de *constituante* et qui refusait à son tour à Frédéric-Guillaume le titre de roi *par la grâce de Dieu*, allèrent s'animant et s'envenimant de plus en plus, jusqu'au jour où le roi, qui voyait la révolution partout arrêtée en Allemagne, se crut en mesure de braver l'opinion, quitta Berlin, s'établit à Postdam, et de là, après avoir fait prendre au général Wrangel les dispositions militaires nécessaires pour réduire au besoin sa capitale, promulgua un décret (8 novembre) qui suspendait les séances de l'assemblée et la transférait à Brandebourg, sous le prétexte qu'elle était opprimée à Berlin par les sociétés révolutionnaires.

L'assemblée ne voulut pas céder. Quand le comte de

Brandebourg se présenta, au nom du roi, pour lui intimer l'ordre de se dissoudre, son président Unruhe refusa de lever la séance. Deux cent cinquante-deux représentants contre trente déclarèrent qu'ils ne se sépareraient pas; mais comme ils étaient décidés à n'agir que par les voies légales et ne voulaient pas faire appel à l'insurrection, la force armée les expulsa, les poursuivit partout où ils essayaient de se réunir; la garde nationale, qui les soutenait, fut dissoute. La nouvelle de la prise de Vienne vint achever leur défaite. Frédéric-Guillaume, résolu à ne plus rien ménager, chargea le général Wrangel de soumettre Berlin. L'état de siége fut proclamé, et, le 5 décembre, le roi, portant au comble l'ingratitude, le mépris de sa parole et l'oubli de son honneur, octroya à la Prusse une constitution qui effaçait les dernières traces de ses concessions et remettait toutes choses à peu près dans l'état où elles étaient avant la révolution.

Pendant que les souverains absolus, secrètement encouragés par la Russie, agissaient de la sorte à Naples, à Vienne, à Milan, à Pesth, à Berlin, et reprenaient peu à peu, par la ruse d'abord, puis par la force, tous leurs avantages, la diplomatie française, depuis le ministère de M. de Lamartine jusqu'à celui de M. Bastide, suivait la même marche incertaine et se laissait partout effacer ou éconduire. Mal informée ou mal servie par des agents dont les uns, qui appartenaient à l'école révolutionnaire, s'étourdissaient du bruit d'une démagogie tapageuse et croyaient que les clubs menaient le monde, et dont les autres, suivant les anciens errements de la diplomatie dynastique, ne savaient ou ne voulaient pas faire parler la France au nom de la Révolution, elle entamait avec les princes des négociations timides, perdait un temps précieux, laissait s'engourdir l'opinion. Bientôt, entre la Russie qui menaçait d'intervenir et l'Angleterre qui l'abusait par une amitié feinte, entre la diète centrale qu'il négligeait, la Prusse et l'Autriche qui se jouaient de lui, le gouvernement du général Cavaignac se trouva réduit à l'impuissance. Il laissa succomber Milan, périr Venise; il abandonna Charles-Albert; et le jour où il montra enfin quelque volonté, ce fut pour tendre au pape Pie IX, chassé de ses États, une main que celui-ci ne daigna pas même prendre.

Nous avons vu que Pie IX, poussé par les cardinaux à rompre l'alliance piémontaise et à se retirer de la ligue nationale, avait mis à la tête de son gouvernement le comte Rossi (14 septembre). Cette nomination avait causé dans le parti démocratique et dans la population qui regrettait le comte Mamiani une irritation extrême. Le 15 novembre, jour de l'ouverture de l'assemblée, comme le nouveau ministre descendait de voiture et traversait le vestibule du palais de la chancellerie, il fut entouré, séparé de sa suite par un groupe d'hommes inconnus, frappé à mort d'un coup de stylet.

Le parti des cardinaux et le parti populaire se renvoyèrent l'accusation de cet acte odieux, mais tout le monde en parut complice par l'indifférence avec laquelle on l'apprit et par la négligence qui fut mise à en poursuivre les auteurs. La Chambre n'interrompit même pas la lecture de son procès-verbal et ne fit pas la moindre mention de l'événement pendant la séance; le peuple fit disparaître l'assassin et célébra l'assassinat par des promenades aux flambeaux; la police refusa de prendre aucune mesure contre les démonstrations populaires; la garde nationale, enfin, et les soldats fraternisèrent avec le peuple.

Le lendemain, une députation de l'assemblée et de la garde nationale, suivie d'une foule nombreuse, vint demander au pape un ministère libéral et le retour du comte Mamiani. Pie IX, entouré de ses cardinaux et de la plupart des membres du corps diplomatique, refusa d'abord de prendre un engagement explicite. Pendant les longues négociations qui s'entamèrent à ce sujet au Quirinal, le peuple et la garde nationale, accourus en masse autour du palais, le cernèrent et menacèrent d'en faire l'assaut. Les Suisses, qui en gardaient les portes, firent une décharge qui d'abord força le peuple à s'éloigner; mais il revint bientôt avec la garde civique, la légion romaine, la troupe de ligne et la gendarmerie qui s'étaient jointes au mouvement, et recommença la fusillade contre le palais. Le pape, convaincu enfin qu'il n'avait plus le pouvoir de lutter contre le vœu général, feignit de s'y rendre; il promit le retour de Mamiani, le renvoi des Suisses. Pour tout le reste, il s'en remettait, disait-il, à la décision des Chambres. Ayant réussi de la sorte à tromper encore une fois l'opinion, Pie IX échappe à la surveillance de ceux qui le gardaient, et, quittant furtivement son palais et ses États dans la voiture du comte de Spaur, ministre de Bavière, qui faisait les fonctions d'ambassadeur d'Autriche à Rome, il se réfugie à Gaëte.

Depuis longtemps déjà notre ambassadeur, le duc d'Harcourt, et, dans ces derniers jours, M. de Corcelle, envoyé par le général Cavaignac en mission extraordinaire à Rome, pressaient le pape, qui ne se regardait plus comme libre, d'accepter un asile en France. Pie IX semblait disposé à prendre ce parti et témoignait au général Cavaignac, dans les termes les plus affectueux, sa reconnaissance et son estime. Le saint-père n'élevait à sa venue en France qu'une seule objection sérieuse, fondée sur le peu de temps que le chef actuel du pouvoir exécutif avait encore à diriger les affaires. Si l'élection ne répondait pas aux vœux du pape, disait-on au Quirinal, si le prince Louis-Napoléon devenait président de la République, le saint-père, qui considérait la famille Bonaparte comme son ennemie, ne pourrait avec honneur accepter la protection du chef de cette famille.

Néanmoins, en ces derniers temps, les scrupules du pape semblaient dissipés; en partant pour Gaëte, Sa Sainteté laissa croire au duc d'Harcourt qu'elle y attendrait un bâtiment français, afin de s'embarquer pour Marseille. En conséquence, l'ordre fut expédié au consul de Civita-Vecchia de faire chauffer le bateau le *Ténare*, pour aller chercher immédiatement le pape à Gaëte. Le général Cavaignac décida de faire embarquer une brigade de 3,500 hommes sur quatre frégates à vapeur pour protéger la retraite du pape, et, sur l'avis reçu par dépêche télégraphique de Marseille et communiqué à l'Assemblée par le chef du pouvoir exécutif en personne, le ministre de l'instruction publique partit de Paris afin de se trouver au débarquement du saint-père et de le recevoir avec tous les honneurs qui lui étaient dus.

Mais tout d'un coup la nouvelle se répand et se vérifie que le pape a joué le gouvernement français; que, loin de songer à demander un asile à la République, Pie IX s'est rendu à la cour du roi de Naples, d'où il annule tous les actes de son gouvernement à partir du 16 novembre, c'est-à-dire toutes les concessions faites à l'opinion libérale et au parti laïque.

Un pareil dénoûment à une négociation diplomatique à laquelle le gouvernement avait évidemment attaché une grande importance touchait au ridicule. Les adversaires du général Cavaignac saisirent avec empressement cette occasion de l'attaquer par l'épigramme. Depuis quelque temps les hostilités de la presse dynastique redoublaient. Des calomnies politiques on en venait à des calomnies toutes personnelles, dont l'effet était plus certain encore sur le vulgaire; le *Constitutionnel* et l'*Assemblée nationale* unissaient leurs efforts pour ruiner dans l'opinion le chef du pouvoir exécutif. Le rédacteur en chef de la *Presse* ne laissait plus passer un seul jour sans attaquer le général Cavaignac, soit dans son propre honneur, en l'accusant d'avoir favorisé l'insurrection de juin, afin de se frayer une voie sanglante à la dictature [1], soit dans l'honneur de son père, dont on chargeait la mémoire de crimes odieux.

[1] Pour se convaincre de la fausseté de ces accusations, il suffirait, à défaut d'autres preuves, de lire, au volume VII de l'*Encyclopédie moderne*, l'article *Juin*, dont j'extrais le passage le plus important, tiré des mémoires de M. Bastide. (Voir aux *Documents historiques*, à la fin du volume, n° 21.)

L'opinion, ainsi travaillée sans relâche, s'altérait; elle se retirait de celui qu'elle avait d'abord si fortement soutenu et se tournait insensiblement contre lui. L'Assemblée elle-même n'appuyait plus le général Cavaignac qu'avec une certaine mollesse; l'inertie du gouvernement attiédissait son zèle et paralysait son action. Depuis quelque temps la majorité, qui ne se sentait pas conduite, hésitait, se troublait. Subissant malgré elle l'influence d'une minorité habile qui, à l'approche du jour décisif de l'élection présidentielle, mettait tout en œuvre pour achever d'éteindre ou d'égarer l'esprit républicain, elle n'apportait plus au gouvernement qu'un concours presque inefficace, tant il semblait de convenance plus que de conviction politique. Quelques amis particuliers du général Cavaignac, voyant se multiplier les symptômes de ce refroidissement de l'Assemblée, insistaient avec beaucoup de vivacité auprès de lui pour qu'il cédât au mouvement de l'opinion en éloignant de son conseil les républicains que l'on appelait encore *de la veille*, et en y appelant des représentants du côté droit. Le chef du pouvoir exécutif écoutait ces avis avec défiance. Il éprouvait une répugnance presque invincible à se séparer du parti républicain proprement dit et ne voulait pas acheter son élection au prix de ce qu'il regardait comme une trahison envers ses anciens amis politiques. Son antipathie instinctive pour M. Thiers n'avait fait que s'accroître dans leurs relations parlementaires. Il ne croyait pas à la sincérité des avances que M. Molé continuait à lui faire. Quand le général Lamoricière lui proposait d'appeler à lui M. Dufaure, qui, dans la discussion de la constitution, avait pris de l'autorité sur l'Assemblée et qui se ralliait loyalement à la cause républicaine, le général Cavaignac repoussait la pensée d'une telle concession. Il marquait, comme terme extrême des sacrifices que son honneur lui permettait de faire, le choix d'un ministère dans une petite fraction de l'Assemblée que l'on considérait comme à demi révolutionnaire et dont M. Billault était l'expression la plus éloquente. Un vote hostile de l'Assemblée vint brusquement mettre fin aux irrésolutions du général Cavaignac. Le gouvernement qui recevait de tous côtés des renseignements fâcheux sur la disposition du peuple des campagnes, sur les menées royalistes et sur les progrès rapides du parti napoléonien, proposait d'envoyer dans les départements un certain nombre de représentants, choisis par l'Assemblée, avec mission d'éclairer l'opinion et de déjouer les manœuvres électorales des ennemis de la République. A l'instigation de M. de Falloux, qui rappela en cette circonstance les commissaires de M. Ledru-Rollin, l'Assemblée rejeta la proposition du ministère et mit ainsi le chef du pouvoir exécutif dans la nécessité absolue de changer son cabinet. Il le fit à contre-cœur et laissa paraître son déplaisir. Commencée le 12 octobre par la démission en masse du ministère et la levée de l'état de siège, la crise ministérielle ne se termina que le 24 par la démission de M. Goudchaux et par la formation définitive d'un cabinet mixte où entrèrent MM. Dufaure, Vivien, Freslon, et dans lequel restèrent, comme une dernière satisfaction donnée à l'opinion républicaine, MM. Thouret, Bastide et Marie.

Cette concession, très-importante si on l'envisage au point de vue purement théorique, fut absolument nulle dans ses résultats. Charger M. Dufaure de diriger les affaires de la République, c'était, en apparence, reculer au delà de la révolution du 24 février, au delà du ministère Odilon Barrot, au delà même du mouvement réformiste de l'année 1847. Membre de ce qu'on appelait dans les anciennes Chambres le tiers parti, entré dans le cabinet du 12 mai 1839, M. Dufaure n'avait jamais fait au gouvernement de Louis-Philippe qu'une opposition, non de principes, mais de détails et de circonstances, et tout récemment il avait professé ses opinions dynastiques en s'abstenant de paraître au banquet de Saintes, parce qu'on avait refusé d'y porter le toast : *Au roi !* Il n'était pas surprenant que les républicains prissent ombrage d'une concession de telle nature qu'elle amenait aux affaires un homme qui, à leurs yeux, était la personnification de la contre-révolution [1].

Mais en même temps le ministère Dufaure, composé d'hommes intègres, fermement résolus à servir la République, ne répondait aucunement aux prétentions de la droite et ne devait servir qu'à isoler davantage le général Cavaignac, à le faire dévier plus rapidement sur cette pente des concessions tardives, incomplètes, par lesquelles se déconsidèrent et se perdent tous les gouvernements qu'abandonne l'esprit politique.

La réunion de la rue de Poitiers voyait sans aucun plaisir l'entrée de M. Dufaure aux affaires. M. Thiers ne l'aimait pas et n'était nullement disposé à le soutenir. Il existait entre ces deux hommes d'insurmontables antipathies de caractères et d'anciens ressentiments politiques. La droite savait, d'ailleurs, que M. Dufaure n'entrait aux affaires ni traîtreusement, ni inconsidérément, mais avec la conviction raisonnée que la République était désormais le gouvernement le plus conforme à l'état de nos mœurs, et que la présidence du général Cavaignac serait le moyen le plus sûr et le plus honorable d'établir d'une manière durable les institutions républicaines. On ne lui pardonnait pas non plus d'accepter le concours des républicains *de la veille*.

Le parti de M. Thiers demeura donc très-indifférent au changement de ministère. Affectant, ainsi que son chef, une attitude dédaigneuse entre les deux concurrents à la présidence [2], il n'exerça plus désormais d'action poli-

---

[1] Ce furent les expressions par lesquelles M. Goudchaux motiva sa démission.

[2] L'indécision de M. Thiers fut extrême et dura jusqu'aux approches de l'élection. Tantôt il lançait des épigrammes contre le prince Louis Bonaparte et disait que son élection serait une honte pour la France; tantôt il promettait aux partisans du prince sa neutralité bienveillante. Mais dans les derniers jours il se décida pour le candidat impérial et s'efforça de faire voter ses amis politiques en sa faveur.

tique. active et n'eut qu'une part indirecte dans les événements.

M. Molé ne se trouvait pas plus satisfait que M. Thiers du ministère Dufaure et prenait également la résolution de rester neutre. M. Odilon Barrot inclinait vers Napoléon. Quant à la fraction du côté droit où dominait l'esprit clérical, après avoir sondé, par l'entremise de M. de Falloux, le nouveau ministère et l'avoir trouvé aussi ferme à repousser ses prétentions outrées que les ministères précédents, elle entra en négociations avec le prince Louis Bonaparte, et, satisfaite de ses promesses, elle favorisa ouvertement sa candidature.

Ainsi abandonné par tous les hommes considérables de l'Assemblée, blâmé par un grand nombre de républicains, attaqué avec une violence qui ressemblait à de la rage par la presse de tous les partis, le général Cavaignac s'irritait de plus en plus et laissait percer dans ses discours une amertume excessive. Chaque fois qu'il paraissait à la tribune, c'était pour prononcer des paroles hautaines, qui, au moment même où il venait de faire une concession énorme à ses adversaires, en détruisaient tout l'effet. Ainsi, obéissant à un mouvement de piété filiale exagéré par les attaques récentes dont la mémoire de son père était poursuivie, il vient un jour (2 novembre), sans nécessité, déclarer à l'Assemblée « qu'il est heureux et fier d'appartenir à un tel homme. » Une autre fois, dans un sentiment dont l'inspiration est la même, il trahit l'esprit de sa politique par ces paroles étranges à entendre dans une assemblée délibérante, au sein d'un État libre, en présence de partis puissants qu'on semble vouloir ramener à soi : « Ce que nous voulons détruire, c'est la faculté de nier le droit républicain. Quiconque ne voudra pas de la République est notre ennemi, notre ennemi sans retour. »

Cependant, durant ces derniers jours attristés d'un pouvoir dont la force s'alanguissait de plus en plus sans qu'on pût assigner à cette extinction de la vie une cause positive, le général Cavaignac devait encore remporter sur ses adversaires un triomphe inattendu, couvrir de confusion ses calomniateurs et faire briller aux yeux du pays, avec un éclat nouveau, son honneur et sa fierté vengés.

Quatre de ses anciens collègues à la commission exécutive, MM. Garnier-Pagès, Duclerc, Barthélemy Saint-Hilaire et Pagnerre, poussés par un médiocre esprit de rancune, et aussi, assure-t-on, par les excitations de la droite [1], avaient répandu un récit des journées de juin plein d'allégations inexactes et dans lequel ils cherchaient à établir que le général avait trahi la commission exécutive, ourdi contre elle un complot parlementaire et favorisé l'insurrection dans un dessein odieux.

Le chef du pouvoir exécutif ressentit jusqu'au plus profond de son âme l'iniquité d'une imputation pareille. Comme il n'avait plus affaire à des calomniateurs vulgaires, mais à un homme tel que M. Garnier-Pagès, dont la réputation de loyauté était incontestée; comme on attaquait l'acte essentiel qui, bien ou mal compris et jugé, devait laisser sur sa vie un sceau suprême, il provoqua un débat public et voulut que l'Assemblée prononçât entre lui et ses adversaires. Le 25 novembre, après que M. Barthélemy Saint-Hilaire eut fait devant l'Assemblée la lecture du long récit en forme d'accusation sous lequel on croyait accabler le général Cavaignac, il monta à la tribune. Jamais on ne l'avait vu plus ému; mais son émotion, dominée par la fierté, loin de trahir l'expression de sa pensée, lui donna une puissance extraordinaire. Il occupa la tribune pendant quatre heures sans lasser un moment l'attention de l'Assemblée, dont il reconquérait, à mesure qu'il parlait, toutes les sympathies. Passant de l'émotion à l'ironie, de l'ironie à une précision mathématique, toujours vrai, simple, fier, toujours convaincant, le général Cavaignac écrasa ses enne-

---

[1] On cite, entre autres, MM. Thiers et de Maleville comme ayant poussé à cette attaque. On s'était flatté d'y entraîner M. de Lamartine, mais la noblesse de son esprit déjoua cette perfidie.

mis personnels comme il avait écrasé les ennemis de l'Assemblée.

La séance se prolongea jusqu'à onze heures du soir sans que personne s'en aperçût, tant l'intérêt en était profond. Tout était grave dans la disposition des esprits. On se rappelait les transports de reconnaissance avec lesquels, au sortir d'un péril immense, on avait salué le sauveur de Paris; on ne regardait pas sans une sorte d'attendrissement ce noble visage pâli par l'indignation, ces traits où la fatigue, la tristesse, l'amertume et le découragement des luttes politiques avaient prématurément marqué leur empreinte.

Quand le vieux Dupont (de l'Eure) parut à la tribune et proposa à l'Assemblée de consacrer une seconde fois, par un vote solennel, sa reconnaissance pour le vainqueur de juin, un applaudissement passionné lui répondit. Les misères de l'esprit de parti se turent un moment encore devant l'évidence et la justice. Cinq cent trois représentants contre trente-quatre [1] votèrent l'ordre du jour formulé de la manière qui suit par Dupont (de l'Eure) :

« L'Assemblée nationale, persévérant dans le décret du 28 juin, ainsi conçu : « Le général Cavaignac, chef du pou-« voir exécutif, a bien mérité de la patrie, » passe à l'ordre du jour. »

Mais ce vote mémorable, ce triomphe éclatant, dont l'effet sur Paris fut sensible et put faire croire au gouvernement qu'il allait changer le courant de l'opinion et le résultat de l'élection générale, ne produisit presque aucune impression sur la province et ne modifia en rien l'état des

---

[1] Parmi ces trente-quatre opposants, on remarque :
    Le général Baraguay-d'Hilliers.
    Théodore Bac.
    Victor Hugo.
    Lucien Murat.
    Pierre Leroux.
    Proudhon.
    Eugène Raspail.

esprits. Les calomnies de la presse, suspendues pendant quelques jours, recommencèrent avec acharnement. Le ministre de l'intérieur, ayant cru pouvoir retarder de six heures le départ des malles-postes, afin de faire connaître aux départements le vote de l'Assemblée, fut attaqué comme s'il avait commis un crime d'État. Une liste de récompenses nationales qui avait été faite dans les premiers jours de la Révolution servit de texte à de nouvelles attaques contre des ministres qui n'en avaient pas même eu connaissance.

Le congrès de la presse départementale, qui avait décidé de seconder l'élection de Louis-Napoléon Bonaparte, répétait à l'infini les attaques de la presse parisienne.

Pendant ce temps, le candidat impérial, retiré dans une maison de campagne à Auteuil, pour éviter, disaient ses amis, les ovations populaires, attirait à lui tous les hommes influents, à quelque opinion qu'ils appartinssent. Il s'entretenait avec tous, à peu près comme il l'avait fait au temps de sa détention à Ham, parlant avec simplicité et avec un désintéressement apparent de l'avenir de la France. Il ne repoussait ni ne dédaignait personne. Le socialisme avait semblé d'abord avoir une part sérieuse dans ses préoccupations. Avant son départ de Londres, il avait vu M. Louis Blanc et M. Cabet. Dès son arrivée à Paris, il avait exprimé le désir de connaître M. Proudhon. Mais, après un séjour de quelques semaines, son appréciation de la force des partis s'étant modifiée, il rechercha plus ouvertement les hommes de la droite, en particulier les légitimistes, M. de Genoude, entre autres, et surtout les ultramontains. Il ne négligeait pas non plus d'autres moyens de gagner à ses intérêts des personnages moins importants, mais qui disposaient de quelque publicité ou qui exerçaient quelque influence, fût-elle même subalterne, sur les esprits. Les hommes éminents de l'Assemblée, qui dans l'origine avaient été très-opposés à sa cause et à sa personne, ne luttaient plus contre ces influences, soit qu'ils fussent découragés par la connaissance qui leur venait du grand mouvement bonapartiste des campagnes, soit qu'ils préférassent courir toute espèce de chances inconnues plutôt que de voir se fonder le gouvernement républicain. L'opinion que les représentants de la droite s'étaient formée de la médiocrité d'esprit du prince Louis Bonaparte contribua beaucoup à la préférence qu'ils lui accordèrent sur le général Cavaignac. Les légitimistes et les orléanistes pensaient également que, pour revenir, ceux-là au gouvernement de la branche aînée, ceux-ci à la dynastie d'Orléans, la voie la plus sûre et la mieux ménagée serait la présidence temporaire d'un homme dont le nom rappellerait aux populations les formes monarchiques et dont la faiblesse personnelle n'opposerait, le moment venu, aucun obstacle sérieux au renversement du gouvernement républicain.

C'est ainsi que de toutes parts la pusillanimité, l'intérêt, la vanité, les petites ambitions, toutes les passions mauvaises aveuglèrent les hommes de parti et les poussèrent, contre toute raison, contre tout honneur et toute politique, dans un état incomparablement pire pour leur orgueil que celui auquel ils prétendaient se soustraire.

Cependant le dix décembre approche, c'est le jour fixé par l'Assemblée pour l'élection. Déjà le peuple est convoqué; son droit est reconnu. Quel que soit le nom qu'il fasse sortir de l'urne, personne désormais n'imagine qu'il serait possible de contester son choix. Le voici maître de ses destinées.

Cette heure et l'acte qu'elle amène avec elle sont plus solennels encore qu'on ne le sent généralement. L'opinion, qui s'inquiète du résultat de l'élection à la présidence comme d'un grave événement politique, ne comprend pas que l'élection en elle-même et dans son principe constitue précisément cette révolution sociale dont on repoussait encore tout à l'heure avec tant d'énergie jusqu'à la plus lointaine pensée, et dont on se persuade avoir triomphé en envoyant sur les pontons quelques milliers de prolétaires.

On ne voit pas que la convocation du peuple en une pareille circonstance, le mode et le but de cette convocation, quel qu'en doive être le résultat politique immédiat, marquent avec une précision rigoureuse la fin de l'ancien état social établi sur la division des pouvoirs et le balancement des droits historiques, et qu'ils fondent l'état nouveau sur le principe opposé d'un droit unique et indivisible : la souveraineté du peuple.

Mais bientôt l'instinct des masses et le nom de l'homme qu'il choisit avec un prodigieux accord pour lui déléguer la souveraineté viennent révéler aux esprits attentifs la profondeur et l'étendue de cette révolution qui passe inaperçue du vulgaire. Rejetant le nom de Cavaignac et même celui de Ledru-Rollin, qui tous deux représentent à des degrés différents la lutte politique et sous lesquels il sent encore une certaine individualité dont il se méfie, le peuple des campagnes, que l'on voit pour la première fois apporter à l'exercice de son droit un intérêt vif, parce qu'il va créer dans l'État une force véritablement souveraine, donne à cette force un nom qui ne représente pour lui aucun parti, mais qui signifie victoire : victoire de l'égalité sur le privilége, victoire de la démocratie sur les rois et les nobles, victoire de la Révolution française sur les dynasties européennes.

C'est là ce que, dans l'esprit du peuple, expriment de la manière la plus absolue le règne et le nom de l'empereur Napoléon ; c'est là ce qu'il veut et croit faire revivre par l'élection de Louis Bonaparte.

Les masses populaires, encore incultes, à demi barbares et pour ainsi dire inorganisées (le mot même de *masse* l'indique suffisamment), sont, comme les sociétés primitives, uniquement inspirées et conduites par le sentiment et l'imagination. Incapables de concevoir des idées abstraites ni d'embrasser l'ensemble, le rapport et la succession des choses, elles personnifient dans un même nom, elles concentrent dans un même moment l'action des forces multiples qui concourent au progrès social, elles douent ces personnifications d'une puissance surnaturelle et d'une durée légendaire. Napoléon Bonaparte est dans les temps modernes le plus éclatant exemple de ce don de personnification. Tout ce que la pensée des philosophes avait conçu avant lui, tout ce que les assemblées politiques avaient réalisé de progrès, toute la puissance, toute la gloire qu'une suite ininterrompue de grands hommes avait donnée à la nation, le peuple en a investi ce nom prédestiné. L'œuvre des Jean-Jacques, des Condorcet, des Turgot, des Mirabeau, des Danton, des Hoche, des Marceau, le peuple injuste et ingrat par ignorance l'attribue à Bonaparte. Renouvelant de nos jours les merveilleuses fictions de la Grèce antique, il concentre sur un seul homme le respect, l'admiration, la reconnaissance que méritaient les inspirations et les travaux d'un grand nombre. Napoléon est pour lui tout à la fois le génie qui crée et la force qui exécute, l'Orphée et l'Hercule de la Révolution française.

Jamais, on peut l'affirmer, l'homme des campagnes n'a cru très-positivement à sa mort, et quand le neveu obscur du grand capitaine vient, après la chute de deux dynasties, revendiquer son droit à gouverner la France, il croit voir apparaître une seconde fois son empereur. L'évocation est magique, l'identification complète dans sa pensée; si complète, qu'il ne songe seulement pas à demander quelle a été jusque-là l'existence, quelles sont les vertus, quel sera le génie de ce nouveau Bonaparte.

Cet instinct de personnification et de transmission qui est le signe et le caractère d'un état de développement inférieur, devient, au moment dont je parle, la raison du triomphe populaire. Il est dans l'ordre de la nature que ce qui veut devenir ait plus de force d'impulsion que ce qui veut seulement continuer d'être. Le principe de liberté qui a été la force des classes bourgeoises tant qu'elles ont eu une révolution politique à faire, s'éclipse momentanément; le principe d'égalité, au nom duquel la masse populaire veut à son tour accomplir la révolution sociale, l'emporte. Aux quinze cent mille suffrages donnés par les classes cultivées au général Cavaignac, le peuple oppose les cinq millions de voix par lesquelles il proclame Louis-Napoléon Bonaparte [1]. La démocratie, que personne n'a voulu ou n'a su comprendre, s'impose doublement par l'écrasante brutalité du nombre et par le choix d'un nom qui personnifie le pouvoir absolu. La loi du talion va peser sur la France. Les classes supérieures ont voulu la liberté pour elles seules; le peuple à son tour veut l'égalité à son profit. Pour n'avoir pas accompli par la liberté leur tâche civilisatrice en élevant jusqu'à elles les masses incultes, les classes dirigeantes vont se voir arrêtées dans le développement de leurs prospérités; elles vont être privées de tout mouvement.

L'expérience incomplète et le châtiment si doux du 24 février n'ayant pas suffi, le 10 décembre va les frapper d'un coup plus rude. Pendant qu'elles disputent encore et calculent les chances de leurs prétendants, un prétendant qui n'a cessé de grandir dans l'ombre s'est levé : il se produit tout à coup en pleine lumière et réclame son droit. Ce prétendant oublié ou méconnu, c'est le vieux Jacques devenu, de serf, prolétaire; de prolétaire, possesseur du sol; de possesseur, législateur; c'est Jacques l'opprimé qui veut opprimer à son tour et qui menace de tout absorber

---

[1] On compte, le 10 décembre 1848, 7,326.345 votants.

Louis-Napoléon obtint	5,434,226 voix.
Cavaignac,	1,448,107
Ledru-Rollin,	370,119
Raspail,	36,920
Lamartine,	7,910

Le général Cavaignac eut la majorité des suffrages dans quatre départements : le Var, les Bouches-du-Rhône, le Morbihan, le Finistère. Ce furent les départements les plus socialistes, Saône-et-Loire, la Creuse, la Haute-Vienne, l'Isère et la Drôme, qui donnèrent le plus grand nombre de voix à Louis-Napoléon.

dans son sein, de tout niveler sous sa muette et formidable loi.

L'élection de Louis-Napoléon Bonaparte, cette résurrection du pouvoir impérial par l'évocation populaire, n'a pas d'autre sens. Le 10 décembre a, comme le 24 février, relativement aux classes inférieures, le caractère d'une émancipation légale venue par la faute des classes dirigeantes avant l'émancipation intellectuelle, et qui tourne, à cause de cela même, contre la liberté.

La démocratie du dix-neuvième siècle serait-elle réservée, comme on l'a dit, au triste sort de la plèbe romaine? Incapable de s'élever à la liberté, n'aurait-elle d'autre idéal que le pain et les spectacles, d'autre fin que l'invasion des barbares?

Trop de présages certains, trop de signes, trop d'évidences rationnelles sont là qui répondent à ces questions et dissipent ces craintes. Sans parler des vicissitudes politiques qui peuvent surgir dans un avenir non éloigné, une vue générale de la société et de son développement nous enseigne l'espérance.

La démocratie moderne n'est pas soumise à la loi du destin antique. Le christianisme dont elle est issue, la philosophie qui l'adopte, lui ont révélé le principe et lui préparent les voies d'un progrès indéfini. Ce n'est pas une aveugle énergie qui la pousse, c'est une force organique qui l'anime; une force qui cherche la forme et la loi d'une civilisation plus vaste et plus parfaite. Au sein de ce qui peut paraître une dissolution momentanée, ou du moins le retour à une sorte de barbarie relative, puisque c'est le triomphe de la masse sur l'élite, de l'instinct sur l'intelligence, on sent fermenter des germes puissants. Un progrès mystérieux se réalise par des moyens qui confondent notre esprit. De *masse* voici déjà le peuple devenu *nombre*. Dans le grand acte auquel il vient d'être appelé, on l'a compté, il s'est compté lui-même. Désormais il se connaît; il a acquis, avec le sentiment de sa force, la conscience de son droit; et dans les temps modernes, l'idée de droit engendre nécessairement le besoin et finit par produire la capacité de la liberté. Déjà nous voyons l'instinct social du peuple et la science politique des classes lettrées, tout en cherchant encore à se combattre parce qu'ils se croient ennemis, se pénétrer en quelque sorte malgré eux, dans la lutte qui les rapproche et les met en présence. Bientôt, réconciliés et se fortifiant l'un par l'autre, dans le mouvement ascendant d'une civilisation plus générale, ils institueront de concert les lois de la société nouvelle. Alors seulement, mais certainement alors, le génie de la France se réveillera ; les mœurs et les institutions se retrouveront dans un accord dont le brisement se fait aujourd'hui sentir par de vives souffrances. Le règne de la démocratie sera fondé. La Révolution française, qui est devenue la révolution européenne, c'est-à-dire la plus vaste des révolutions sociales depuis l'établissement du christianisme, sera accomplie.

AU LECTEUR

« Certains auteurs, parlant de leurs ouvrages, disent : mon livre, mon commentaire, mon histoire. Ils sentent leurs bourgeois qui ont pignon sur rue et toujours un *chez moi* à la bouche. Ils feraient mieux de dire : notre livre, notre commentaire, notre histoire, vu que d'ordinaire il y a plus en cela du bien d'autrui que du leur. »

Que de fois, durant le cours de cette publication, ne me suis-je pas rappelé le conseil du moraliste, en pensant qu'il s'adressait à moi plus qu'à tout autre. L'*Histoire de la Révolution de* 1848, si imparfaite qu'elle reste encore, n'aurait jamais pu être achevée, en effet, sans le concours d'un très-grand nombre de personnes, dont les récits, le témoignage, les avis et les confidences m'ont rendu plus faciles l'exactitude et l'impartialité qu'on a bien voulu reconnaître dans mon travail, et qui en font à peu près tout le mérite. L'*Histoire de la Révolution de* 1848 est donc, en ce sens, une œuvre collective plutôt qu'une œuvre individuelle ; mais, bien que mon amour-propre n'ait pas à s'en féliciter, je considère cette condition, généralement incompatible avec la perfection d'une œuvre d'art, comme favorable, en ce cas particulier, au succès que j'ambitionne. J'ose espérer qu'un livre où l'auteur disparaît complétement pour laisser parler les faits eux-mêmes n'en sera que plus propre à répandre certaines vérités que je crois utiles, et qu'il réalisera ainsi, mieux peut-être qu'un ouvrage moins défectueux et plus personnel, la pensée heureuse de Voltaire, qui dit : « Il en est des livres comme de nos foyers. On va prendre ce feu chez son voisin, on l'allume chez soi, on le communique à d'autres, et il appartient à tous. »

Ce feu que je souhaiterais de voir se propager, c'est une foi dans l'avenir, ardente et profonde, que les événements les plus inattendus ravivent chaque jour dans mon cœur. Puisse cette foi se communiquer à tous ceux qui daigneront me lire! Puisse-t-elle les soutenir dans les épreuves que les amis de la liberté auront encore à supporter et les préserver de ce triste, de cet injuste et pernicieux esprit d'indifférence ou de réaction, que les maux inséparables des révolutions les plus légitimes font naître dans l'opinion publique! S'il en pouvait être ainsi, j'aurais atteint mon but; aucun succès ne me paraîtrait plus enviable; les sévérités de la critique ne me causeraient nul déplaisir; mon ambition serait satisfaite.

FIN DU SECOND ET DERNIER VOLUME

DOCUMENTS HISTORIQUES

I

PROCLAMATION DE M. CABET (VENDREDI 25 FÉVRIER 1848).

LE POPULAIRE

AUX COMMUNISTES ICARIENS.

Travailleurs nos frères,

Nous avons toujours dit que nous étions avant tout, Français, patriotes, démocrates; aussi intrépides qu'humains et modérés : vous venez de le prouver. L'horrible trahison qui a fait couler le sang des citoyens, mercredi soir 23 février, devant l'hôtel du ministère des affaires étrangères, a dû vous faire prendre les armes pour la commune défense; et, dans l'immortelle journée du 24, vous avez partagé l'héroïque dévouement de la brave et généreuse population de Paris.

Aujourd'hui, c'est l'*union* seule, l'*ordre* et la *discipline*, qui peuvent assurer au peuple le fruit de sa victoire, en garantissant ses droits et ses intérêts.

Rallions-nous donc autour du gouvernement provisoire présidé par Dupont (de l'Eure), remplaçant l'odieux gouvernement qui vient de se rougir du sang des citoyens.

Appuyons ce gouvernement provisoire qui se déclare républicain et démocratique; qui proclame la souveraineté nationale et l'unité de la nation; qui adopte la fraternité, l'égalité et la liberté pour principes, et le peuple pour devise et mot d'ordre, et qui dissout les Chambres pour convoquer l'Assemblée nationale, qui donnera à la France la constitution qu'elle demande.

Mais sachons nous-mêmes réclamer constamment toutes les conséquences de ces principes.

Demandons que tous les Français soient déclarés FRÈRES, égaux en devoirs et en droits sans aucune espèce de privilége, tous membres de la garde nationale, tous électeurs et éligibles à toutes les fonctions publiques sans aucune vile condition d'argent.

Demandons le droit naturel et imprescriptible d'association, de réunion et de discussion; la liberté individuelle, sans l'arbitraire d'aucun homme, la liberté de la presse, sans entraves, sans cautionnement ni timbre.

Demandons surtout la garantie de tous les droits et de tous les intérêts des travailleurs; la reconnaissance formelle du droit de vivre en travaillant, afin que le père de famille ne soit plus réduit à l'affreuse nécessité d'abandonner sa femme et ses enfants pour aller mourir en combattant.

Demandons l'organisation du travail et l'assurance du bien-être par le travail.

Demandons la suppression de tous les impôts sur les objets de première nécessité.

Demandons l'abolition des humiliantes vexations et iniques institutions de la douane et de l'octroi.

Demandons, pour le peuple, l'instruction générale, gratuite, commune, réelle et complète.

Demandons des institutions et des garanties pour le bonheur des FEMMES et des ENFANTS, pour que chacun ait la possibilité de se marier, avec la certitude de pouvoir élever sa famille et la rendre heureuse.

Fidèles à nos principes de fraternité, d'humanité et de modération, de justice et de raison, crions toujours et partout : Point de vengeance! point de désordres, point de violences, point d'oppression pour personne! Mais fermeté, clairvoyance et prudence, afin d'obtenir justice pour tous!

Point d'atteinte à la propriété! mais inébranlable persévérance à demander tous les moyens que peut accepter la justice pour supprimer la MISÈRE : notamment en adoptant un système démocratique d'inégalité successivement décroissante, et d'égalité successivement croissante.

Gardons-nous de demander l'application immédiate de nos doctrines communistes. Nous avons toujours dit que nous ne voulons leur triomphe que par la discussion, par la conviction, par la puissance de l'opinion publique, par le consentement individuel et par la volonté nationale : restons fidèles à nos paroles.

Mais beaucoup d'entre nous ont acquis de leur sang le droit d'association, de réunion et de discussion publique; ayons donc aussi l'inébranlable constance de réclamer ces droits; et l'expérience, jointe à la discussion, suffira pour persuader et pour convaincre que notre système d'organisation sociale et politique est le seul remède à la misère, le seul qui puisse assurer le bonheur et le salut de l'humanité.

Encore un mot : le gouvernement provisoire annonce l'armement de tous les citoyens et l'organisation générale de la garde nationale tout en assurant l'existence du peuple ; ne déposez donc pas les armes; ne quittez pas vos glorieuses et immortelles barricades! Laissez, au contraire, toutes vos affaires pour vous organiser et vous enrégimenter! Achevez, complétez et régularisez votre armement, demandez que les bastilles soient désarmées, que tous les canons, toutes les armes et toutes les munitions soient livrés au peuple, et que le peuple parisien soit tout entier sous les armes, organisé, discipliné sous les chefs de son choix : c'est alors qu'on aura réellement la garantie de l'ordre comme de la liberté et de la liberté comme de l'ordre, de même que, quand toute la garde nationale de France sera armée et organisée démocratiquement, c'est alors qu'on aura la garantie réelle de la paix universelle, de l'indépendance des nations et de la fraternité des peuples.

Paris, le 25 février 1848.

CABET.

II

LISTE DES CLUBS.

Abbaye (Club de l').
Acacias (Club des).
Agriculture (Club central de l').
Allemande (Société démocratique).
Allemande-Parisienne (Réunion).
Alliance (Club patriotique et républicain de l').
Alsaciens, sentinelle avancée des droits de l'homme (Club des).
Amandiers (Club fraternel des).
Amis de la fraternité (Club des).
Amis de la République (Club des), à Vaugirard.
Amis de la République (Club des), rue Saint-Jacques.
Amis de l'ordre (Association des).
Amis de l'ordre (Société des).
Amis des noirs (Club des).
Amis du peuple (Club des).
Amis fraternels (Club des).
Antonins (Club des).
Arc-de-Triomphe (Club de l').
Arrondissement (Société républicaine démocratique du 1er).
Arrondissement (Club républicain du 2e), rue Lepelletier.
Arrondissement (Club républicain du 2e), Goudchaux, président.
Arrondissement (Club républicain du 3e), rue Notre-Dame-des-Victoires.
Arrondissement (Club républicain du 3e), rue des Petites-Écuries.
Arrondissement (Club démocratique du 3e).
Arrondissement (Club républicain du 5e).

Arrondissement (Société démocratique du 5e).
Arrondissement (Club républicain socialiste du 6e).
Arrondissement (Club patriotique du 7e).
Arrondissement (Club du 10e).
Arrondissement (Club populaire du 10e).
Arrondissement (Comité électoral du 11e).
Arrondissement (Comité électoral démocratique du 11e).
Arrondissement (Club du 12e).
Arrondissement (Club démocratique du 13e), à Montmartre.
Arsenal (Club de l').
Artistes dramatiques (Club des).
Assemblée nationale (Club du journal l').
Association fraternelle médicale (Club de l').
Atelier (Club patriotique du journal l').
Ateliers nationaux (Club central des).
Augustins (Club des).
Avenir (Club de l').
Banquet du 12e arrondissement (Club du).
Barricades du 24 février (Club des).
Barrière du Maine (Club de la).
Batignolles (Club républicain des).
Beaune (Club de la rue de).
Belge (Société patriotique).
Belle Moissonneuse (Club de la).
Bercy (Club républicain de).
Blancs-Manteaux (Club démocratique des).
Blessés de février (Club des).
Blessés et combattants de la barricade Saint-Merry (Club des).
Bureaucrates (Club des).
Butte des Moulins (Club de la).
Central (Club).
Central républicain (Comité).

Chaillot (Club de).
Chaillot (Comité central révolutionnaire de).
Charenton (Club démocratique de).
Charonne (Club démocratique de).
Cirque national (Club du).
Club des clubs (Comité révolutionnaire pour les élections).
Cluny (Club).
Comité central des élections.
Commerçants-locataires (Club réformiste des).
Commerce (Club du).
Commune de Paris (Club de la).
Compagnons des devoirs réunis (Club des).
Conciliation (Club de la).
Condamnés politiques (Club des).
Colons Algériens (Comité des).
Constituant (Club).
Décorés de juillet (Club républicain des).
Démocrates de Belleville (Club des).
Démocrates fraternels (Club des).
Démocratie militaire (Club de la).
Démocratique (Club).
Démocratique (Comité).
Démocratique (Société centrale).
Démocratique (Commission intérimaire des vingt-cinq ou Comité).
Deux-Mars (Club du).
Devoirs et droits de l'homme (Club des).
Domestiques et gens de maison (Club des).
Droits civiques (Club des).
Droits de l'homme et du citoyen (Société des).
Droits des travailleurs (Club des).
École de droit (Club de l').
École de médecine (Club de l').
Écoles (Comité central des).
Égalité (Club de l').

Égalité et de la fraternité (Club de l').
Électoral républicain (Club).
Émancipation des peuples (Club de l').
Émigration polonaise (Club de l').
Émigrés italiens (Club des).
Employés comptables du commerce et de l'industrie du département de la Seine (Club des).
Épiciers (Club des).
Équité (Club démocratique de l').
Espérance (Club de l').
Etoile (Club de l').
Faubourg-Saint-Antoine (Club du).
Femmes (Club des).
Février (Club du 27).
Fontaine-Saint-Georges (Club de la).
Français non naturalisés (Comité central des).
Franklin (Club).
Franchise (Club de la).
Francs républicains (Club des).
Fraternel (Club).
Fraternelle centrale (Société).
Fraternité (Club de la), rue du Cherche-Midi.
Fraternité (Club de la), rue des Deux-Boules.
Fraternité (Club de la), à Meudon.
Fraternité des peuples (Club de la).
Fraternité du Faubourg-Saint-Antoine (Club de la).
Fraternité universelle (Club de la).
Garde nationale (Cercle-club de la).
Garde nationale de Paris (Club démocratique central de la).
Garde nationale mobile (Club de la).
Gardes nationaux (Club des).
Gens de lettres (Société républicaine des).
Gentilly (Club de).

Gobelins (Club des).
Gravilliers (Club des).
Gruttly (Société suisse de).
Halles (Club des).
Homme-Armé (Club de l').
Hommes lettrés (Club des).
Hommes libres (Club des).
Ibérique (Club démocratique).
Incorruptibles (Club des).
Indépendants (Club des).
Industrie et du commerce (Club de l').
Institut (Club de l').
Institut oratoire de Paris (Club de l').
Intérêts communs (Club des).
Intérêts du peuple (Club des).
Intérêts populaires et de la garde mobile (Club des).
Jacobins (Club des).
Jacobins (Club central des).
Jeune-Montagne (Club de la) ou de la Sorbonne.
Jeunes-Étudiants (Club des).
La Chapelle-Saint-Denis (Club républicain de).
Liberté (Cercle-club de la).
Libertés politiques, civiles et religieuses (Comité électoral des).
Libres penseurs (Société démocratique des).
Luxembourg (Club des délégués au).
Maçonnique (Club central).
Maîtres d'études (Association démocratique des).
Maîtres de pension (Club des).
Marais (Club du).
Médical (Club).
Montagnards (Club des), à Belleville.
Montagne (Club républicain de la).
Montagne (Club de la), à Passy.
Montagne (Club de la), à Montmartre.
Montagne (Club de la), rue Frépillon.

47.

Montmartre (Club républicain de).
Montrouge (Club populaire de).
Montrouge (Société populaire de).
Neuilly (Club de).
Neuilly-sur-Seine (Club républicain démocratique de).
Ouvriers allemands (Club des).
Ouvriers de la fraternité (Club des).
Panthéon (Club du).
Passy (Club de).
Patriotes indépendants (Club des).
Popincourt (Club).
Populaire (Club).
Porte-Montmartre (Club central démocratique de la).
Prévoyance (Club de la).
Prévoyants (Club des).
Prévoyants (Club des), rue de Clichy.
Progrès (Club du).
Progrès (Club républicain du).
Progrès (Club républicain du), à Montmartre.
Progrès démocratique (Club du).
Propagande républicaine (Club de la).
Publicistes (Club des).
Quinze-Vingts (Club des).
Quartier du Luxembourg (Club démocratique du).
Quartier Montorgueil (Club démocratique du).
Récollets (Club des).
Réforme (Club de la).
Régénération sociale (Club de la).
Religieux (Club).
Républicain (Club).
Républicain (Comité central).
Républicaine centrale (Société).
Républicain protestant (Club).
Républicains socialistes (Club des).
Républicains socialistes (Conseil central des).
Républicains unis (Club des).
République (Club de la).
République centrale (Club de la).

République nouvelle (Club de la).
Révolution (Club de la).
Révolutionnaire et socialiste du Rhône (Club).
Révolution sociale (Club de la).
Roisin (Club).
Saint-Georges (Club républicain).
Saint-Maur (Club démocratique de).
Servandoni (Club).
Sorbonne (Club populaire de la).
Soufflot (Club).
Temple (Club du).
Travail (Club démocratique du).
Travailleurs et commerçants (Club des).
Travailleurs du Marais (Club des).
Travailleurs du Nord (Club des).
Travailleurs du 11e arrondissement (Club des).
Travailleurs libres (Club des).
Travailleurs républicains (Club des).
Travail social (Club du).
Travailleurs socialistes (Club des).
Travailleurs unis (Société des).
Tribune populaire (Club de la).
Triomphe (Club du).
Union (Club de l'), à la Sorbonne.
Union (Club de l'), rue du Faubourg-Saint-Martin.
Union (Club de l'), rue de Condé.
Union démocratique (Club de l').
Union des clercs (Club de l').
Union des travailleurs (Club de l').
Union fraternelle (Club de l').
Union fraternelle pour l'émancipation intellectuelle et l'éducation civique du peuple (Club de l').
Union polytechnique (Club de l').
Union républicaine (Club de l'), rue Jacob.
Union républicaine (Club de l'), rue du Bac.
Unité démocratique (Club de l').
Unité républicaine (Club de l').

Université républicaine (Club de l'). | Vésuviennes (Club-légion des).
Vieux-Augustins (Club des). | Vigilants (Club des).

III

LISTE DES JOURNAUX.

24 févr. La République.
L'Harmonie universelle.
La Voix du peuple.
Le Moniteur républicain.
27 févr. Le Salut public (gérant, Loudun).
Le Salut public (Champfleuri, Baudelaire et Toubin).
La République française.
Le Peuple constituant.
L'Ami du peuple.
Le Représentant du peuple.
28 févr. La Voix du peuple.
29 févr. L'Assemblée nationale.
Le Girondin.
Le Drapeau républicain.
Le Réformateur des abus.
La Liberté (L'Herminier).
Le Mois.
Notre histoire.
L'Épilogueur.
1er mars. La Liberté (Lepoitevin-Saint-Alme).
Le Peuple.
Journal de la garde nationale et de l'armée.
2 mars. Les Droits de l'homme.
5 mars. La Vérité.
8 mars. La Commune de Paris.
9 mars. La Tribune de 1848.
11 mars. La Voix des clubs.
12 mars. Le Garde national.
Le Père Duchêne, ancien fabricant de fourneaux.
13 mars. L'Étendard des droits du peuple.
15 mars. Le Garde national de 1848.
Les Guêpes hebdomadaires.
Le Salut public (A. Esquiros).
16 mars. Le Tribun du peuple.
La Liberté religieuse.
18 mars L'Ordre.
19 mars. Le Réveil du peuple.
20 mars. La Sentinelle du peuple.
La Voix des femmes.
Le Courrier des chemins de fer.
21 mars. Le nouveau Cordelier.
23 mars. La Propagande révolutionnaire.
24 mars. Les Murs de Paris.
25 mars. Le Bon conseil.
Le Conseil républicain.
26 mars. Le Peuple souverain.
La Vraie République.
28 mars. Le Bon sens du peuple.
30 et 31 mars. La Voix du peuple (Laudoin, gérant).
Le Magasin politique.
L'Alliance des peuples.
L'Avant-Garde.
Le Représentant du peuple (Proudhon, Jules Viard, Ch. Fauvety).

30 et 31 mars. L'Esprit du peuple.
La Souveraineté du peuple.
Le Moniteur des postes.
Le Monde.
L'Organisation du travail (gérant, Amédée Sellier).
La Minerve, journal militaire.
L'Éventail républicain.
Le Petit homme rouge.
2 avril. L'Accusateur révolutionnaire.
L'Écho du soir.
Le Messager.
Le Banquet social.
6 avril. La Sentinelle des clubs. (Victor Bouton).
8 avril. Le Bonheur public et général.
9 avril. La Cause du peuple (George Sand).
Le Canard.
L'Organisation du travail (red.-gér. Letellier).
Le Père Duchêne, Gazette de la révolution (Thuillier et Colfavru).
13 avril. Le Messager de la République.
15 avril. L'Ère nouvelle (Lacordaire).
Nouvelles du soir.
La Propriété, journal des intérêts de tous.
16 avril. L'Amour de la patrie (directrice : madame Legrand).
Journal des faubourgs.
Le Conservateur de la République (Charles Marchal).
17 avril. L'Égalité.
20 avril. Le Démocrate égalitaire.
Le Travailleur.
La France républicaine.
La Tribune populaire.
La France libre.
29 et 30 avril. Le Réveil du peuple.
La Pologne de 1848.
Revue patriotique.
Le Nouvelliste.
La Tribune des employés.
Le Manifeste des provinces.
Distractions géographiques, physionomiques, anecdotiques, etc.

JOURNAUX SANS DATE, MAIS PUBLIÉS DU 24 FÉVRIER AU 4 MAI 1848.

Le Travail, journal du travailleur électeur et éligible.
Charité et Justice.
La Dépêche du 21 mars (c'est le même que le Courrier du soir).
L'Écho du peuple.
Le Fanal républicain.
Franches paroles.
La Garde nationale.
Journal de Démocrite.
Journal des enfants.
Journal des églises de Paris et de la Banlieue.
Le Journal pour rire.
La Lanterne.
La Lanterne; organe de la jeunesse républicaine démocratique.
La Nation armée, journal des clubs démocratiques de la garde nationale.
L'Omnibus.

L'Ordre public.
La Réforme agricole.
La Revue rétrospective.
Le Tam-Tam républicain.
La Tarentule.
Le Triomphe du peuple.
Les Mystères de la Bourse.
Affiches républicaines.
Agenda parisien.
L'Ami de la religion.
Le Correspondant.
L'Enfer et le paradis du peuple (madame de Beaufort).
La Foudre.
Le Girondin (Leo Lespès).
La Guillotine, par un vieux Jacobin.
La Haute vérité, journal des lumières nécessaires pour l'ère nouvelle.
Journal des couturières et des modistes.

Journal du 5e arrondissement.
Journal officiel des gardes nationales de 1848.
Le Pays, journal politique et littéraire.
Recueil des lois et actes de l'instruction publique.
Recueil général des lois, décrets et arrêtés depuis le 24 février.
La République des arts.
Révolution sociale.
La Sentinelle du peuple.
Les Soirées républicaines.
La Tribune nationale, organe des intérêts de tous les citoyens.
La Tribune parisienne, journal des intérêts populaires.
La véritable République.
La Vérité, journal des intérêts israélites.
La Vérité, journal des intérêts du peuple.

JOURNAUX DU 1er AU 4 MAI 1848.

1er mai. L'Assemblée constituante.
La Tribune des réformes.
2 mai. L'Avant-garde (gérants : Lévêque et V. Berger).
L'Esprit national.
3 mai. Le Flâneur.

IV

LISTE DES DÉPUTATIONS REÇUES PAR LE GOUVERNEMENT PROVISOIRE.

27 février. Députation des gardes nationaux de la 1re légion, venant demander que la statue d'Armand Carrel soit portée en tête du convoi qui doit avoir lieu pour les victimes des journées de février.
— — des Journalistes réclamant contre le rétablissement du timbre.
3 mars. — des Élèves du Val-de-Grâce demandant que les médecins militaires soient à l'avenir régis d'après les lois du 7 août 1793.

6 mars. Députation de la ville de Nantes.
— — des Ouvriers imprimeurs sur étoffes.
— — des Blessés de février.
— — des Chartistes anglais.
7 mars. — des Citoyens des États-Unis.
— — des Ponts et chaussées.
— — des Bâtiments civils.
— — des Courtiers du commerce.
— — des Villes de Beaumont-sur-Oise et Magny.
— — du Grand-Orient de France.
8 mars. — du Club républicain central.
9 mars. — des Démocrates allemands.
10 mars. — des Horticulteurs, Serruriers, Sauveteurs.
11 mars. — des Consistoires.
— — du Club démocratique de la Sorbonne.
12 mars. — des Délégués du Club du Marais.
— — des Démocrates de Londres.
— — des Anglais résidant à Paris.
— — de Saint-Laurent-lès-Mâcon.
— — des Loges de Francs-Maçons de Paris.
— — des Gardes du commerce.
— — des Ouvrières en acier.
13 mars. — de deux mille Suisses.
— — des Négociants et Fabricants.
14 mars. — des Israélites.
— — des Commerçants de Paris.
— — des Tailleurs de pierre.
— — des Artistes peintres.
— — des Peintres en bâtiment.
— — du Commerce de la volaille.
— — des Marchandes de poissons.
15 mars. — des Hellènes.
— — de l'arrondissement de Mantes.
— — des Gardes nationaux de la 7e légion.
16 mars. — du Club républicain pour la liberté des élections.
— — de la Garde nationale de Belleville.
— — des Hongrois.
— — des Norvégiens.
17 mars. — des Gardes nationaux.
18 mars. — des Irlandais.
19 mars. — du Club de la garde nationale.
— — des Employés et Ouvriers de la Compagnie d'éclairage par le gaz.
— — des Employés de la maison Launay.
— — des jeunes Créoles de l'île de la Réunion.
— — des Fils d'étrangers nés en France.
20 mars. — des Savoisiens.

20 mars. Députation des Compagnons charpentiers.
— — des Ouvriers du chantier de M. Hautry.
— — de la Fraternité.
— — des Instituteurs du département de la Seine.
21 mars. — du Club des Quinze-Vingts.
— — des Gardes du Génie.
— — des Ouvriers de la maison Guillot.
— — des Compagnons de tous les devoirs réunis.
— — des Démocrates belges.
— — des Habitants de la Roumanie.
22 mars. — des Ouvriers imprimeurs sur étoffes.
— — de la Société démocratique du 5e arrondissement.
— — des Porteurs à la vente en gros de la marée et du poisson.
23 mars. — de la Société des Beaux-Arts.
— — de la Loge maçonnique des Émules d'Hiram.
— — du Club de Vaugirard.
— — des Messageries nationales.
— — des Ouvriers des ateliers Bouhoure.
— — du Commerce des huîtres.
— — des Ouvriers de l'atelier national du champ de Mars.
— — des Élèves des écoles.
— — du Conseil municipal de Belleville.
— — de la 2e légion.
— — de la Société générale de l'Unité.
— — des Portugais résidant à Paris.
— — des Porteurs d'eau des fontaines marchandes.
— — des Délégués du poste de la Préfecture de police.
— — du Club du Marais.
— — du Club fraternel de Ménilmontant.
24 mars. — des Délégués de la commune de Belleville.
— — des Instituteurs primaires.
— — du Club des Travailleurs.
— — des Ateliers du chemin de fer d'Orléans.
— — des Étrangers domiciliés à Paris.
— — des Ouvriers de la Villette.
— — des Habitants de la ville de Batignolles.
— — des Fontainiers et Gardes des Eaux de Paris.
— — des Délégués du Club communal électoral de la Chapelle-Saint-Denis.
— — des Garçons bouchers.
— — des Ouvriers de la commune d'Ivry.
— — de la Fabrique de pompes à incendie de MM. Hanch et Ce.
— — des Décorés de Juillet.
— — des Ingénieurs civils.
— — des Invalides.
25 mars. — des Écoles.

25 mars. Députation des Délégués des officiers de toutes armes et de tous grades en non-activité, en réforme ou démissionnaires.
— — des Délégués des ouvriers composant l'atelier national du timbre.
— — des Délégués des fondeurs en caractères.
— — des Délégués des ouvriers de l'établissement de M. de Coster, mécanicien.
— — du Club républicain du Temple.
— — du Club des halles.
— — du Club de la rue Montorgueil.
— — des Ateliers de MM. Chaneroy et C°, à la Petite-Villette.
— — des Ouvriers du chemin de fer de la rive gauche.
— — des Culottières et Giletières.
26 mars. — de l'Association républicaine pour l'enseignement national.
— — des Selliers.
— — des Ouvriers imprimeurs de M. Boulé.
— — des Charbonniers du 2e arrondissement.
— — des Ateliers Derosne et Cail.
27 mars. — des Polonais.
— — des Enfants de Sarrelouis.
— — des Vésuviennes.
— — des Apprentis bijoutiers, orfévres-joailliers.
— — du Club démocratique de la Chapelle-Saint-Denis.
28 mars. — de l'Association italienne.
— — des Commerçants de la ville de Paris.
— — des Propriétaires d'hôtels garnis.
— — des Ouvriers marbriers.
— — des Ouvriers des ateliers de la gare d'Ivry.
— — des Ouvriers de la commune de Meudon, de la commune de Montmartre.
— — des Gardes du génie.
— — des Ouvriers typographes de la maison Dupont.
— — des Ouvriers imprimeurs-lithographes des ateliers du citoyen Lemercier.
— — des Paveurs de Paris.
— — des Employés et Ouvriers de la maison Gouin.
— — des Fabricants de machines à vapeur.
— — des Ouvriers de la maison Leclaire.
— — de la Corporation des ouvriers coiffeurs.
— — de la Société mutuelle de Saint-André.
— — des Ouvriers chaudronniers.
— — des Marchands de journaux.
— — des Employés de l'éclairage à l'huile.
— — des Raffineurs de sucre de Bagneux.
— — des Cartonniers.

DOCUMENTS HISTORIQUES.

29 mars. Députation du Cercle de la Liberté.
— — du Département de la Haute-Marne.
— — des Employés destitués de diverses administrations.
— — des Délégués du Club républicain du Temple.
— — des Employés, Ouvriers et Ouvrières de la manufacture des tabacs.
— — des Ouvriers de l'imprimerie Crapelet.
— — Employés et Ouvriers de la fabrique de chaudronnerie de M. Lemaître, de la Chapelle-Saint-Denis.
— — des Ouvriers et Ouvrières de l'établissement du citoyen Bresson, fabricant de coton.
— — des Petites Marchandes du carreau du marché des Innocents.
— — des Habitants de la commune de Gentilly.
30 mars. — du Club républicain des Batignolles-Monceaux.
— — de la Loge maçonnique des commandeurs du mont Liban.
— — des Délégués des ouvriers de MM. Malen et Cie.
— — des Ouvriers pâtissiers.
— — des Ouvriers occupés aux travaux du champ de Mars.
— — des Employés supérieurs et servants de l'hôtel des Invalides.
— — des Sapeurs-pompiers.
— — des Ateliers de la fabrique de produits chimiques du citoyen Berthemat.
— — des Tambours de la 11e légion.
— — des Marins en détachement au ministère de la marine.
— — des Marchandes de fruits du marché des Innocents.
— — des Employés et Travailleurs de la gare des marchandises (chemin d'Orléans).
— — des Colons de l'Algérie.
31 mars. — du Club des blessés de la barricade Saint-Merry.
— — du club républicain national.
— — des Ouvriers attachés aux carrières de grès exploitées par M. Lemoine.
— — des Ouvriers de la papeterie de la Glacière.
1er avril. — du Club démocratique de la Meurthe, à Paris.
— — des Entrepreneurs de voitures de remises.
— — des Porteurs d'eau.
— — du Club militaire.
— — des Cochers de voitures de place (Citadines, Lutéciennes, Désirées).
2 avril. — des Employés de l'ex-chambre des députés.
4 avril. — des Citoyens irlandais habitant Dublin, Manchester et Liverpool.
— — des Suisses résidant à Paris.
— — des Blessés de février.

4 avril. Députation des Délégués du 18e bataillon de la garde nationale mobile.
— — des Commis vendeurs de la Vallée.
— — du Club des ouvriers de la Fraternité.
— — des Élèves de l'école préparatoire d'Alfort.
— — des Délégués de l'atelier du citoyen Piet, mécanicien.
— — des Huissiers, Garçons de bureau de l'Hôtel de Ville.
— — des Délégués des maîtres d'études du lycée Monge.
— — des Ouvriers de la Salpêtrière.
— — des Ouvriers marbriers des trois cimetières.
— — de la Fabrique de crayons du citoyen Guyot (maison Taillefer et Cie).
5 avril. — de Saint-Gaudens.
— — de la Société des hommes lettrés.
— — du faubourg Saint-Antoine.
— — des Militaires de la classe de 1841.
— — des Délégués des commis, ouvriers, ingénieurs des chemins de fer de Saint-Germain et de Versailles.
— — des Ouvriers de la maison Maldant.
— — des Marchands de charbons des divers arrondissements de Paris.
— — des Marchandes des marchés.
— — des Gardiens et Gardeuses des halles et marchés.
— — des Allumeurs au gaz de la compagnie la Carrière.
6 avril. — des Délégués des administrateurs des omnibus spéciaux des chemins de fer du Nord et d'Orléans.
— — du Lycée Charlemagne.
— — des Cochers de la compagnie de l'Union.
9 avril. — du Clergé et des Membres de la fabrique de la paroisse de Saint-Pierre de Chaillot.
— — du 2e escadron de la garde du peuple.
10 avril. — des Délégués des Bons-Cousins Charbonniers.
— — de la 7e compagnie du 2e bataillon de la 2e légion.
— — des Ouvriers distillateurs.
— — des Blanchisseuses du port Saint-Paul.
— — de la Société fraternelle des Mécaniciens français.
— — des Délégués de vidanges de Paris.
— — d'un Bataillon de la Garde mobile.
— — des Lyonnais.
11 avril. — des Délégués des citoyens employés à des services publics et demandant le renvoi des étrangers.
— — des Membres de la fabrique de l'église Saint-Laurent.
— — des Vignerons de la commune de Sèvres.
— — des Communes de Vanves, Issy et Clamart.
— — des Fabricants de sucre des départements du Nord et du Pas-de-Calais.
— — des Délégués des Auvergnats industriels.

12 avril. Députation du Club du Bien-Public.
— — du Club républicain de la Fraternité.
— — des Citoyens de Beaugency.
13 avril. — de la Société des Sauveteurs de la Seine.
— — des Ateliers de l'entreprise des messageries Caillard.
— — des Employés et Courtiers des diverses maisons de roulage de Paris et de la banlieue.
— — des Élèves internes des divers lycées de Paris et de Versailles.
— — des Délégués de la Société dijonnaise.
— — de la Corporation des Bonnetiers.
— — des Ouvriers de la maison Taconnet.
— — des Ouvriers bitumiers.
— — des Ouvriers et Employés du commerce des huiles (la Villette).
— — des Ouvriers brasseurs de Paris et de la banlieue.
— — des Ouvriers de l'usine à gaz de la compagnie du Nord.
— — des Ouvriers et Ouvrières de l'imprimerie nationale.
— — des Ouvriers de l'atelier des Pompes funèbres.
— — de 1200 Tonneliers de Bercy.
— — des Délégués de toutes des Écoles militaires, civiles et artistiques de Paris.
— — des Ouvriers du canal Saint-Martin.
— — des Espagnols résidant à Paris.
— — des Piqueurs des 3e, 4e et 5e divisions du pavé de Paris.
— — des Employés et Ouvriers du chemin de fer du Nord.
— — des Ouvriers et Employés de la fonderie en cuivre de la maison Thiébault.
— — des Ouvriers de la Compagnie française pour l'éclairage au gaz.
— — des Commis et Garçons du chantier de la Rapée.
— — des Ouvriers et Ouvrières composant les ateliers de la capsulerie de guerre.
— — des Ouvriers boutonniers en métal.
— — des Facteurs de la poste aux lettres.
— — des Travailleurs de la fabrique de caoutchouc des Thernes.
14 avril. — de la Corporation des ouvriers boulangers.
— — des Marchands des quatre saisons du 12e arrondissement.
15 avril. — de la 5e compagnie du 2e bataillon de la 1re légion.
— — des Délégués du Club des Vieux-Augustins.
— — des Délégués de l'Association des sciences médicales et naturelles.
— — des Agents du service municipal des eaux de la ville de Paris.
— — des Jardiniers du département de la Seine.

15 avril. Députation des Ouvriers, Architecte et Propriétaire de la maison en construction, rue Pigale, 65.
— — du Commandant, des Officiers et Soldats du 2ᵉ bataillon de la Garde mobile.
16 avril. — des anciens Militaires résidant à Paris et dans les arrondissements de Sceaux et de Saint-Denis.
— — du Club des Provençaux.
— — des Pêcheurs de l'île Saint-Denis.
— — des Employés de la Garantie de Paris.
— — des Français résidant à Madrid.
— — du Club des Quinze-Vingts.
— — des Ouvriers tailleurs de pierre.
— — des Ouvriers carriers de Paris et de la banlieue.
18 avril. — des Délégués de toutes les communes qui composent l'arrondissement de Corbeil.
— — des Délégués des ouvriers des corporations de Paris.
20 avril. — du Club démocratique de la 6ᵉ légion.
— — des Étaliers et Garçons d'étal de la boucherie de Paris.
— — des Enfants de l'Asile, École Fénelon.
— — du Club de l'Union Fraternelle.
— — des Habitants de Montreuil.
— — des Marchands des quatre saisons.
— — des Ouvriers travaillant à la salle provisoire destinée à l'Assemblée nationale.
22 avril. — de la Garde mobile demandant un drapeau.
— — du 1ᵉʳ bataillon de la Garde nationale mobile.
— — des diverses Sociétés de secours mutuels israélites de Paris.
— — des Socialistes fraternels de la Grande-Bretagne.
23 avril. — du Club des défenseurs de la liberté.
— — des Entrepreneurs de bâtiments.
— — des Vétérans de la liberté (12ᵉ arrondissement).
28 avril. — de la Garde nationale de Melun.

V

DÉCLARATION DES DROITS DE LA FEMME, PAR OLYMPE DE GOUGES.

(Extraits.)

La femme naît libre et demeure égale à l'homme en droits. Les distinctions sociales ne peuvent être fondées que sur l'utilité commune.
Le but de toute association politique est la conservation des droits naturels et imprescriptibles de la femme et de l'homme : ces droits

sont la liberté, la propriété, la sûreté, et surtout la résistance à l'oppression.

Le principe de toute souveraineté réside essentiellement dans la nation qui n'est que la réunion de la femme et de l'homme. Nul corps, nul individu ne peut exercer d'autorité qui n'en émane expressément.

La liberté et la justice consistent à rendre tout ce qui appartient à autrui. Ainsi, l'exercice des droits naturels de la femme n'a de bornes que la tyrannie perpétuelle que l'homme lui oppose. Ces bornes doivent être réformées par les lois de la nature et de la raison. La loi doit être l'expression de la volonté générale : toutes les citoyennes comme tous les citoyens doivent concourir personnellement, ou par leurs représentants, à sa formation. Elle doit être la même pour tous. Toutes les citoyennes et tous les citoyens, étant égaux à ses yeux, doivent être également admissibles à toutes les dignités, places et emplois publics, selon leurs capacités, et sans autres distinctions que celles de leurs vertus et de leurs talents...

La femme a le droit de monter à l'échafaud; elle doit avoir également celui de monter à la tribune.

La garantie des droits de la femme est pour l'utilité de tous, et non pour l'avantage particulier de celles a qui elle est accordée.

La femme concourt ainsi que l'homme à l'impôt public; elle a le droit, ainsi que lui, de demander compte à tout agent public de son administration.

Toute société dans laquelle la garantie des droits n'est pas assurée, ni la garantie des pouvoirs déterminée, n'a point de constitution. La constitution est nulle, si la majorité des individus qui composent la nation n'a pas coopéré à sa rédaction.

Femmes, réveillez-vous, le tocsin de la raison se fait entendre dans tout l'univers! Le puissant empire de la nature n'est plus environné de préjugés, de fanatisme, de superstition et de mensonge. Le flambeau de la vérité a dissipé tous les nuages de la sottise et de l'usurpation. O femmes, femmes! quand cesserez-vous d'être aveugles? Quels sont les avantages que vous avez recueillis dans la Révolution? Un mépris plus marqué, un dédain plus signalé. Dans les siècles de corruption, vous n'avez régné que sur la faiblesse des hommes. Votre empire est détruit. Que vous reste-t-il donc? la conviction des injustices de l'homme... Réunissez-vous sous les étendards de la philosophie; opposez la force de la raison à la force matérielle, et vous verrez bientôt ces orgueilleux non pas ramper à vos pieds comme de serviles adorateurs, mais fiers de partager avec vous les trésors de l'Être suprême.

VI

EXTRAIT D'UNE LETTRE DE M. LOUIS BLANC.

Je ne sais vraiment pas où Garnier-Pagès a vu que je soutenais le système des *associations forcées*. Dans la réunion chez M. Marie, qu'il mentionne (t. IV, p. 89 - 94), la question ne porta point du tout sur le choix à faire entre les *associations forcées* et les *associations libres ou volontaires*. La question était celle-ci : MM. Corbon, Marie, Garnier-Pagès, Marrast étaient d'avis qu'on encourageât les ouvriers qui voudraient se former en associations, mais en ayant grand soin de renfermer l'encouragement dans le cercle des efforts privés et en repoussant toute intervention bienveillante de l'État. Moi, au contraire, je prétendais que si le principe d'association est reconnu salutaire, propre à élever le moral du travailleur et à influer heureusement sur l'activité sociale, il n'y a pas de raison pour que l'État, en tant qu'il représente la société, soit condamné à se croiser les bras là où l'initiative de M. tel ou tel est invoquée. Donc, sans repousser en aucune sorte l'initiative individuelle, je demandais que l'initiative sociale ne fût point exclue.

Autre question : Ces messieurs voulaient que l'appui donné aux associations fût inconditionnel et sans rapport avec un but général à atteindre. Moi, au contraire, je disais : « S'il est bon que l'application du principe d'association soit encouragé, ce n'est point parce qu'il en peut résulter un accroissement de bien-être pour tels ou tels ouvriers *en particulier*, mais bien parce que l'association est un moyen pour la classe ouvrière *en général* d'arriver graduellement à s'affranchir. Si tels et tels ouvriers se forment en association, ici ou là, dans l'unique but de grossir leurs petits profits particuliers, sauf, quand ils seront riches, s'ils le deviennent, à prendre eux-mêmes à leur service des ouvriers et à se faire bourgeois, qu'y aura-t-il de gagné? A côté de certaines associations qui se seront ruinées, quelques autres auront réussi peut-être, comme il y a aujourd'hui des boutiques qui prospèrent à côté d'autres qui succombent. Les plus habiles ou les plus heureux auront trouvé moyen de passer d'une classe dans une classe supérieure, du haut de laquelle ils mépriseront d'autant ceux qui seront restés en bas, selon l'usage presque invariable des parvenus. Et la société n'aura pas fait un pas en avant. La grande question est donc, tout en encourageant les essais *partiels* d'association, d'aviser à un moyen de rendre *général* le caractère de ces essais partiels; la grande question est de faire que chaque association se considère comme partie d'un tout, et ne soit point poussée par l'égoïsme à séparer son intérêt de celui de la masse des travailleurs. Pour cela, que faut-il? Il faut se garder de donner à telle ou telle réunion d'ouvriers désirant s'associer un appui aveugle et inconditionnel; il faut leur bien faire entendre qu'il ne s'agit pas de ressusciter les corporations, de revenir au régime des jurandes et des maîtrises; il faut mettre pour condition, aux secours qu'on leur donnera, l'obligation par eux, de tenir ouvertes à ceux du dehors les portes de leur association, une fois formée, de telle sorte qu'elle aille toujours s'agrandissant : résultat facile à obtenir par la création d'un fonds social au moyen d'une retenue annuelle sur les bénéfices, et par l'application de ce fonds à l'élargissement graduel du cercle primitivement tracé. Ajoutez à cela l'organisation de rapports fraternels entre les diverses associations; et alors, au lieu d'une société qui ne fait que tourner sur elle-même, vous aurez une société qui avance. Quand l'État donne une concession de chemin de fer, quand il autorise le creusement d'un canal ou l'exploitation d'une mine, est-ce que la concession ou l'autorisation n'est pas toujours conditionnelle? Est-ce qu'elle n'est pas subordonnée à l'acceptation de certaines clauses stipulées dans l'intérêt général? Eh bien, il en doit être de même quand l'État offre d'aider par des avances une association d'ouvriers. Comme son motif en cela est, non de favoriser quelques intérêts individuels aux dépens des autres, mais de pousser à la réalisation d'une grande expérience sociale, il doit stipuler aussi dans l'intérêt général; il doit mettre un prix à la protection qu'il accorde, et ce prix doit se rapporter à l'amélioration morale et physique de la classe ouvrière tout entière, comme dans une concession de chemins de fer, de canaux, de mines, le prix attaché à la concession se rapporte à des considérations d'intérêts général. Ce n'est point du tout là entrer dans un système d'*associations forcées*, car on ne *force* personne à accepter le régime d'association si cela ne lui convient pas; mais c'est mettre à une faveur, une condition qui l'empêche d'être un privilège. Libre à vous de vous associer ou de ne pas vous associer; mais, si désirant vous associer, vous voulez de notre appui, nous ne le donnons qu'à des conditions calculées de manière à le rendre fructueux pour *tous;* car c'est en vue du bien de *tous* que nous le donnons. Qu'y a-t-il là qui justifie l'emploi du mot *association forcée*. Autant vaudrait dire qu'une compagnie de chemin de fer est une *compagnie forcée* parce qu'elle a à se soumettre à un cahier des charges ! »

Telle fut la question débattue. Si MM. Goudchaux, Marie, Corbon, Garnier-Pagès, ne furent pas de mon avis, ce fut précisément à cause de la portée qu'avait ma façon d'envisager les choses. Ils voulaient un petit semblant de palliatif où je voulais un remède; ils voulaient montrer de la bonne volonté aux classes ouvrières où je voulais travailler en grand à leur émancipation. Voilà le point sur lequel nous ne nous entendîmes pas. Mais, ce que M. Garnier-Pagès a oublié de dire, c'est qu'il y avait dans cette réunion un certain nombre d'ouvriers, et qu'à l'exception de ceux que le *National* avait enrégimentés par l'*atelier* et M. Corbon, tous les ouvriers présents furent pour moi.

VII

PROCLAMATION DU GOUVERNEMENT PROVISOIRE.

RÉPUBLIQUE FRANÇAISE.

LIBERTÉ, ÉGALITÉ, FRATERNITÉ.

Le gouvernement provisoire au peuple français.

Citoyens,

A tous les grands actes de la vie d'un peuple, le gouvernement a le devoir de faire entendre sa voix à la nation.

Vous allez accomplir le plus grand acte de la vie d'un peuple : élire les représentants du pays, faire sortir de vos consciences et de vos suffrages, non plus un gouvernement seulement, mais un pouvoir social, mais une constitution tout entière! Vous allez organiser la République.

Nous n'avons fait, nous, que la proclamer; portés d'acclamation au pouvoir pendant l'interrègne du peuple, nous n'avons voulu et nous ne voulons d'autre dictature que celle de l'absolue nécessité. Si nous avions repoussé le poste du péril, nous aurions été des lâches. Si nous y restions une heure de plus que la nécessité ne le commande, nous serions des usurpateurs.

Vous êtes forts!

Nous comptons les jours. Nous avons hâte de remettre la République à la nation.

La loi électorale provisoire que nous avons faite est la plus large qui, chez aucun peuple de la terre, ait jamais convoqué le peuple à l'exercice du suprême droit de l'homme, sa propre souveraineté.

L'élection appartient à tous sans exception.

A dater de cette loi, il n'y a plus de prolétaires en France.

Tout Français en âge viril est citoyen politique. Tout citoyen est électeur. Tout électeur est souverain. Le droit est égal et absolu pour tous. Il n'y a pas un citoyen qui puisse dire à l'autre : « Tu es plus souverain que moi! » Contemplez votre puissance, préparez-vous à l'exercer, et soyez dignes d'entrer en possession de votre règne!

Le règne du peuple s'appelle République.

Si vous nous demandez quelle République nous entendons par ce mot, et quels principes, quelle politique, quelle vertu nous souhaitons aux républicains que vous allez élire, nous vous répondrons : « Regardez le peuple de Paris et de la France depuis la proclamation de la République! »

Le peuple a combattu avec héroïsme.

Le peuple a triomphé avec humanité.

Le peuple a réprimé l'anarchie dès la première heure.

Le peuple a brisé de lui-même, aussitôt après le combat, l'arme de sa juste colère. Il a brûlé l'échafaud. Il a proclamé l'abolition de la peine de mort contre ses ennemis.

Il a respecté la liberté individuelle en ne proscrivant personne.

Il a respecté la conscience dans la religion, qu'il veut libre, mais qu'il veut sans inégalité et sans priviléges.

Il a respecté la propriété.

Il a poussé la probité jusqu'à ces désintéressements sublimes qui font l'admiration et l'attendrissement de l'histoire.

Il a choisi, pour les mettre à sa tête, partout les noms des hommes les plus honnêtes et les plus fermes qui soient tombés sous sa main. Il n'a pas poussé un cri de haine ou d'envie contre les fortunes.

Pas un cri de vengeance contre les personnes.

Il a fait, en un mot, du nom de peuple le nom du courage, de la clémence et de la vertu.

Nous n'avons qu'une seule instruction à vous donner : Inspirez-vous du peuple, imitez-le! Pensez, sentez, votez, agissez comme lui!

Le gouvernement provisoire, lui, n'imitera pas les gouvernements usurpateurs de la souveraineté du peuple, qui corrompaient les électeurs et qui achetaient à prix immoral la conscience du pays.

A quoi bon succéder à ces gouvernements, si c'est pour leur ressembler! A quoi bon avoir créé et adoré la République, si la République doit entrer dès le premier jour dans les ornières de la royauté abolie! Il considère comme un de ses devoirs de répandre sur les opérations électorales cette lumière qui éclaire les consciences sans peser sur elles. Il se borne à neutraliser l'influence hostile de l'administration ancienne, qui a perverti et dénaturé l'élection.

Le gouvernement provisoire veut que la conscience publique règne! Il ne s'inquiète pas des vieux partis : les vieux partis ont vieilli d'un siècle en trois jours! La République les convaincra, si elle est sûre et juste pour eux. La nécessité est un grand maître. La République, sachez-le bien, a le bonheur d'être un gouvernement de nécessité. La réflexion est pour nous. On ne peut pas remonter aux royautés impossibles; on ne veut pas descendre aux anarchies inconnues ; on sera républicain par raison. Donnez seulement sûreté, liberté, respect à tous. Assurez aux autres l'indépendance des suffrages que vous voulez pour vous. Ne regardez pas quel nom ceux que vous croyez vos ennemis écrivent sur leur bulletin, et soyez sûrs d'avance qu'ils écrivent le seul nom qui peut les sauver, c'est-à-dire celui d'un républicain capable et probe.

Sûreté, liberté, respect aux consciences de tous les citoyens électeurs; voilà l'intention du gouvernement républicain, voilà son devoir, voilà le vôtre, voilà le salut du peuple! Ayez confiance dans le bon sens du pays, il aura confiance en vous; donnez-lui la liberté, et il vous renverra la République.

Citoyens, la France tente en ce moment, au milieu de quelques difficultés financières léguées par la royauté, mais sous les auspices providentiels, la plus grande œuvre des temps modernes : la fondation du gouvernement du peuple tout entier, l'organisation de la démocratie, la République de tous les droits, de tous les intérêts, de toutes les intelligences et de toutes les vertus!

Les circonstances sont propices. La paix est possible. L'idée nouvelle peut prendre sa place en Europe sans autre perturbation que celle des préjugés qu'on avait contre elle. Il n'y a point de colère dans l'âme du peuple. Si la royauté fugitive n'a pas emporté avec elle tous les ennemis de la République, elle les a laissés impuissants; et quoiqu'ils soient investis de tous les droits que la République garantit aux minorités, leur intérêt et leur prudence nous assurent qu'ils ne voudront pas eux-mêmes troubler la fondation paisible de la constitution populaire.

En trois jours, cette œuvre, que l'on croyait reléguée dans le lointain du temps, s'est accomplie sans qu'une goutte de sang ait été versée en France, sans qu'un autre cri que celui de l'admiration ait retenti dans nos départements et sur nos frontières. Ne perdons pas cette occasion unique dans l'histoire; n'abdiquons pas la plus grande force de l'idée nouvelle, la sécurité qu'elle inspire aux citoyens, l'étonnement qu'elle inspire au monde.

Encore quelques jours de magnanimité, de dévouement, de patience, et l'Assemblée nationale recevra de nos mains la République naissante. De ce jour-là tout sera sauvé! Quand la nation, par les mains de ses représentants, aura saisi la République, la République sera forte et grande comme la nation, sainte comme l'idée du peuple, impérissable comme la patrie.

Les membres du gouvernement provisoire,
Dupont (de l'Eure), Lamartine, Marrast, Garnier-Pagès, Albert, Marie, Ledru-Rollin, Flocon, Crémieux, Louis Blanc, Arago.

Le secrétaire général du gouvernement provisoire,
Pagnerre.

VIII

SERMENT D'ABD-EL-KADER.

Louanges à Dieu! rien n'est durable si ce n'est son règne.
Aux appuis solides de la République.
Après la manifestation de mes sentiments d'admiration pour vos

personnes, je vous dirai que j'ai revu le citoyen Ollivier, et que j'ai eu avec lui un long entretien dont il vous fera part.

Je viens vous donner une parole sacrée, et qui ne doit après elle laisser aucun doute dans votre esprit; savoir :

Que je ne m'occuperai jamais plus de fomenter des troubles contre les Français, ni par moi-même en personne, ni par mes paroles, ni par mes écrits, ni par aucun des miens, et cela pendant toute ma vie.

Je fais le serment devant Dieu, par Muhammed, Abraham, Moïse et Jésus-Christ, par le Tourat, l'Évangile, le Zabour et le Coran, par la Mecque et Médine, par la Terre-Sainte (Kodss); je le jure par le Bokhari et le Mosslem et par ce que nous avons de plus cher; je le jure par le cœur et par la langue; je renonce entièrement à m'occuper des affaires des Français.

Tous mes compagnons font le même serment, ceux qui signent ci-après, aussi bien que ceux qui ne signent point ne sachant point écrire, tous au nombre d'environ cent. Salut.

Signé : Abd-el-Kader ben Mehheddin.

En date du 10 Rebïa sani 1264 (15 mars 1848).
Suivent les signatures.

ABD-EL-KADER AU GOUVERNEMENT PROVISOIRE.

Louanges à Dieu seul et unique; rien n'est durable si ce n'est son règne.

Aux appuis solides de la République qui gouvernent toute la France, et qui sont à son égard ce que les yeux et les bras sont au corps. Par eux le corps est mis en mouvement, et par eux aussi il reçoit ce qui lui convient, et est garanti de ce qui lui est nuisible.

Salut à ceux que Dieu a rendus honorables, et qui a voulu que leurs actions respirent le bien et le bonheur pour tous, qui les a doués du pouvoir d'être utiles au fort et au faible. Ils empêchent les forts de commettre l'injustice et de faire peser leur grandeur sur les faibles; c'est un bien qui est tout à l'avantage des forts, et qu'au jour de l'éternité seulement, et devant Dieu, ils pourront reconnaître et apprécier : ils protégent les faibles qui, dans ce monde, n'ont point d'appui, et ils les préservent des injustices des grands.

Le citoyen Ollivier, votre délégué, est venu me voir hier, et m'a informé que les Français sont tous unis pour un seul et même but et qu'ils ont aboli la royauté pour que la France soit gouvernée par la République.

J'ai été réjoui en apprenant cette nouvelle, parce que j'ai lu dans les livres qu'un tel état de choses est convenable aux peuples, puisqu'il anéantit l'injustice et empêche le fort d'opprimer le faible, que par conséquent tous deviennent frères, et que par cette raison nul frère ne peut s'élever sur son frère.

Les anciens juges ont dit : « Quiconque veut s'agrandir s'abaissera. »

Vous avez fait dans ce monde ce qui sera dans l'éternité pour tous les mortels devant le Tout-Puissant. Tous les hommes sont fils d'Adam, et Adam est né du limon. La nation qui est unie, et dont les intérêts sont soumis à l'examen et à l'opinion de tous, est celle qui sans contredit est la plus forte, parce que, par les conseils donnés par tous, il est rare de faillir, tandis que le conseil d'un seul entraîne souvent l'erreur.

Les anciens sages ont dit : « Celui qui ne consulte que son opinion glisse et tombe. »

Dieu, dans le sublime livre du Coran, a chéri les hommes qui sont doués de tels sentiments; il a dit : « Leurs actions doivent être toujours conformes à leurs opinions prises en masse. »

Aujourd'hui vous êtes des hommes de grand cœur, compatissants; vous aimez le bien et ne jugez que par la légalité. Dieu vous a placés où vous vous trouvez pour être les protecteurs de l'infortune et des affligés : Je suis un de ceux-ci, et je suis malheureux, et je demande de vous et de votre justice d'arracher l'affliction qui m'oppresse.

Si je n'ai point obtenu justice par le passé, je dois l'obtenir maintenant, puisque vous êtes les auteurs de l'état de choses qui ne veut plus ni injustice ni oppression.

Je n'ai rien fait qui puisse être blâmé par des hommes sages comme vous l'êtes.

J'ai défendu mon pays par tous mes moyens; j'ai la conviction que par cette raison vous m'estimez. Quand j'ai été vaincu et que Dieu ne m'a pas donné l'avantage, j'ai songé à tranquilliser mon âme en renonçant aux choses de ce monde; et quoiqu'il me fût possible de me rendre dans le pays des Berabers (Maroc) ou dans le Sahara, j'ai préféré pour mon âme sa remise entre les mains des Français. Je désirai être envoyé par les Français dans le pays que je choisirais; dans mon esprit, et parmi toutes les nations musulmanes et chrétiennes, j'ai donné à la nation française la préférence pour l'inviolabilité d'une parole donnée.

J'ai demandé au général Lamoricière de me faire transporter à Alexandrie, pour de là me rendre à la Mecque et à Médine; je l'avais prié de ne pas me faire passer ni par Oran ou Alger, ni par Toulon ou tout autre port de France; je lui avais demandé de m'embarquer à *Djemà Ghazaouat* pour me rendre directement à Alexandrie, et, pour l'accomplissement de ces demandes, je demandai une *parole française;* c'est ce qu'il a fait en m'adressant un écrit en arabe qu'il a signé en français et revêtu de son cachet écrit de la même langue.

Quand cet écrit m'est parvenu, et dans la conviction que la parole des Français est inviolable, je me suis rendu à lui. S'il m'avait dit : Je ne puis pas vous promettre ce que vous me demandez, je ne me serais point rendu.

J'avais la certitude que la parole française est une parole solide, fût-elle donnée même par un simple soldat, et qu'il était impossible de la violer.

Aujourd'hui, les choses ne sont plus les mêmes pour moi, et cette conviction s'est évanouie en moi : je vous demande et vous supplie de me rendre justice, en rendant plus vaste ce qui est restreint pour moi, et en transformant ma tristesse en joie et bonheur.

Vous avez aujourd'hui opéré et fait une œuvre grande et qui réjouit tout le monde. Si vous réjouissez tout le monde et que vous me laissiez dans l'affliction, je vous en demanderai compte devant le Tout-Puissant!

Vous êtes des Ulémas (savants) et savez bien ce qui nous convient.

Nous ne pouvons pas vivre dans un pays dont les vêtements, le langage, la nourriture et tout, en général, diffèrent entièrement des nôtres.

Je me disais toujours que, quand bien même je serais pris par les Français par la force, je n'aurais que du bien à recevoir chez eux, parce que ce sont des hommes de cœur et d'honneur, et qu'ils savent rendre mérite au vainqueur aussi bien qu'au vaincu.

Je n'ai point été pris les armes à la main; je suis venu aux Français volontairement et parce que je l'ai bien voulu : si j'avais pensé trouver chez eux quelque chose qui pût me déplaire, je ne serais point venu à eux.

Je crains que quelques-uns de vous puissent dire qu'en retournant aux choses de ce monde et en revenant en Algérie, j'y ferai renaître des troubles; c'est une chose impossible, et qui ne pourra jamais arriver : n'ayez aucun doute sur moi à cet égard, pas plus que vous n'en auriez en pareille circonstance de la part d'un individu qui est mort, car je me place au nombre des morts : mon seul désir est de me rendre à la Mecque et à Médine pour y étudier et adorer Dieu jusqu'à mon dernier jour.

Salut.

De la part de ABD-EL-KADER BEN MEHHEDDIN, infortuné dans le pays des Français.

En date du 9 Rebïa sani 1264 (15 mars 1848).

IX

LETTRE DU GÉNÉRAL CAVAIGNAC.

Alger, 27 mars 1848.

MONSIEUR LE PRÉSIDENT,

Je trouve insérée, au *Moniteur officiel de la République*, ma nomination au ministère de la guerre. J'ai à regretter que le gouvernement provisoire n'ait pas voulu accueillir la communication si positive qui lui a été faite. J'ai à regretter qu'en ne m'interrogeant pas, le gouvernement m'oblige à décliner un honneur que je n'ai point recherché, au-devant duquel j'aurais été s'il eût été convenable de le faire.

Je n'accepte point le ministère de la guerre.

Il me reste à en faire connaître le motif.

Au jour même d'une révolution lorsqu'il n'est question que d'une chose, de donner au gouvernement nouveau un gage de dévouement absolu, le nom d'un bon citoyen appartient à la nation; elle en dispose suivant sa volonté. Si donc, le 24 février au soir, mon nom eût figuré au nombre des ministres, j'eusse accepté cette désignation comme j'ai accepté celle qui m'a placé où je suis.

Aujourd'hui, la République n'a pas besoin d'un sacrifice semblable, et pour entrer dans son gouvernement, il devient utile, nécessaire, que celui qui, par exemple, acceptera le ministère de la guerre, connaisse la volonté du gouvernement, soit éclairé sur ses vues. En un mot, les hommes qui sont appelés à composer à l'avenir le ministère de la République, doivent s'être interrogés et rester convaincus qu'ils veulent servir la République de le même manière. Dans les circonstances présentes, si j'avais à entrer au ministère, j'aurais avant tout à savoir quel doit être l'avenir de l'armée dont on me confierait le commandement.

Comme soldat, je serai toujours prêt à verser mon sang pour la République, de quelque manière et en quelque temps qu'elle l'exige.

Comme homme politique, si j'étais condamné à le devenir, je ne sacrifierais jamais mes convictions de soldat déjà avancé dans sa carrière : la République a besoin de son armée. Loin de mon pays, j'ignore aujourd'hui ce qu'est l'armée, où elle est; mais ce que je sais, c'est que si malheureusement elle était profondément atteinte dans ses conditions d'existence, il faudrait la réorganiser; si elle était inquiète, il faudrait la rassurer; si sa tête était inclinée, il faudrait la relever! Voilà mes convictions.

Comme homme politique, je sais quels sont les hommes avec qui je voudrais seulement marcher; mais ceux-là mêmes, s'ils veulent atteindre l'armée, s'ils ne veulent lui rendre, ce qui seul la fera vivre, le sentiment de sa dignité, de son rôle dans tout pays vivant entouré de nations armées elles-mêmes, ceux-là mêmes, je le déclare, ne me compteront pas dans leurs rangs.

Ainsi, pour être ministre, j'ai besoin de connaître la pensée, la volonté de la République; j'ai besoin d'être certain que je n'aurai pas à mutiler l'armée que je connais depuis bientôt trente ans, de la même main qui a soutenu avec elle la même épée.

Rien ne coûte à dire quand on n'a rien à cacher. Je n'éprouve donc point d'embarras à parler nettement; je ne puis donc être ministre tant que la pensée de la nation ne se sera point fait connaître.

Et, d'ailleurs, au moment où l'Assemblée nationale va se réunir, arriverais à Paris. Pourquoi? pour y résigner un pouvoir qu'il ne me reste pas le temps d'aller prendre. Je dois donc, je le répète, ne point accepter la désignation dont je suis l'objet.

X

PÉTITION DES OUVRIERS.

Citoyens, la réaction lève la tête; la calomnie, cette arme favorite des hommes sans principes et sans honneur, déverse de tous côtés son venin contagieux sur les véritables amis du peuple. C'est à nous, hommes de la révolution, hommes d'action et de dévouement, qu'il appartient de déclarer au gouvernement provisoire que le peuple veut la République démocratique; que le peuple veut l'abolition de l'exploitation de l'homme par l'homme; que le peuple veut l'organisation du travail par l'association.

Vive la République! vive le Gouvernement provisoire!

XI

LISTE DES CANDIDATS DU PEUPLE.

Ledru-Rollin.
Louis Blanc.
Albert.
Flocon.
Pierre Leroux.
Vidal, secrétaire de la commission des travailleurs.
Caussidière.
Raspail.
Louis Deplanque, président du Club des clubs.
Napoléon Lebon, ancien détenu politique.
Étienne Arago.
Thoré, journaliste.
Barbès.
Sobrier, du comité révolutionnaire.
Savary, cordonnier.
Montagne, forgeron.
Valério, scieur de long.
Drevet, mécanicien.
Adam, cambreur.
Malarmet, ouvrier en bronze.
Gautier, dessinateur.
Chevassus, doreur passementier.
Flotte, cuisinier.
Dupuis, serrurier.
Bérard (Philippe), tailleur d'habits.
Cartigny, tisseur en châles.
Redou, chapelier.

Guillaumou, cordonnier.
Charles, compagnon des devoirs réunis.
Lagarde, horloger.
Agricol Perdiguier, menuisier.

Hubert, corroyeur, ancien détenu politique.
Martin Bernard, typographe, ancien détenu politique.
Grimaux, corroyeur.

XII

LISTE PAR ORDRE NUMÉRIQUE DES SUFFRAGES OBTENUS PAR LES CANDIDATS A L'ASSEMBLÉE NATIONALE, ÉLUS DANS LE DÉPARTEMENT DE LA SEINE.

1. Lamartine 259,800
2. Dupont (de l'Eure) . 245,083
3. Arago (François) . . 243,640
4. Garnier-Pagès . . . 240,890
5. Armand Marrast . . 229,166
6. Marie 225,776
7. Crémieux 210,699
8. Béranger 204,471
9. Carnot 195,608
10. Bethmont 189,252
11. Duvivier 182,175
12. Lasteyrie (Ferdinand) 165,156
13. Vavin 151,103
4. Cavaignac 144,187
15. Berger 136,660
16. Pagnerre 135,417
17. Buchez 135,678
18. Cormenin 135,050
19. Corbon 135,043
20. Caussidière 133,775
21. Albert 133,041
22. Wolowski 132,333
23. Peupin 131,969
24. Ledru-Rollin . . . 131,587
25. Schmidt 124,383
26. Flocon 121,865
27. Louis Blanc . . . 120,140
28. Recurt 118,075
29. Perdiguier (Agricol) 117,290
30. Bastide (Jules) . . 110,228
31. Coquerel 109,934
32. Garnon 106,747
33. Guinard 106,262
34. Lamennais 104,871

Moreau (de la Seine) . . . 99,936
Boissel *idem* . . . 93,642
David (d'Angers) 79,323
Vellu, charpentier 76,777
Goudchaux, banquier . . 68,004
Pascal, typographe . . . 65,742
Degousée, ingénieur civil 65,352
Deguerry, curé de St-Eust. 64,495
Barbès 64,065
Lacordaire, dominicain . . 62.333
Savary, cordonnier . . . 61,487
Courtais 61,401
Jouvencel (de la Seine) . . 60,728
Hugo (Victor) 59,446
Changarnier, général . . 58,654
Trélat, médecin 57,783
Martin Bernard 53,216
Raspail 52,095
Arago (Étienne) 52,016
Say (Horace) 48,935
Leroux (Pierre) 47,284
Delestre 47,144
Danguy, typographe . . 46,924
Alton-Shée (d') . . . 45,454

Malarmet, monteur en bronze.......... 42,409
Adam, cambreur....... 41,555
Champion (petit manteau bleu).......... 40,829
Drevet, mécanicien... 39,714
Dupuis, serrurier.... 39,644
Montagne, tailleur de limes 39,529
Huber, corroyeur.... 39,177
Petit, général...... 39,194
Lavaux, négociant à la Villette........ 36,909
Bérard, tailleur..... 36,400
Redon, chapelier.... 36,344
Ney de la Moskowa... 35,690
Sue (Eugène)....... 35,583
Valério, scieur de long.. 33,550
Charles, tailleur de pierres 33,035
Gauthier-Desmals, dessinateur......... 32,194
Ledreuille, abbé..... 31,797
Flotte, cuisinier..... 31,517
Carligny, tisseur de laine. 31,329
Guillaumou, cordonnier.. 30,213
Lebon (Napoléon), élève en médecine........ 28,994
Audry de Puyraveau... 28,833
Considérant (Victor)... 28,673
Chevassus, tourneur d'or. 28,566
Lagarde, horloger.... 28,176
Thomas (Émile)..... 28,166
Dupetit-Thouars..... 26,880
Bayard, imprimeur à Saint-Denis........ 26,822

La Rochejacquelein... 25,684
Lagrange, de Lyon.... 25,570
Leroy, bijoutier..... 25,295
Vidal, économiste.... 24,868
Girardin (Émile de)... 24,340
Grivaux, peintre en décors. 23,462
Thoré, écrivain..... 23,024
Lamoricière....... 21,045
Cabet.......... 20,616
Sobrier.......... 20,403
Deplanque........ 19,817
Delmas.......... 17,456
Thayer (Amédée), propriétaire......... 17,318
Michelet, professeur... 16,523
Durand Saint-Amand... 15,906
Weil, écrivain...... 14,739
Thomas (Charles).... 14,692
Chambellan, avocat... 13,018
Martelet, adjoint.... 12,661
Halévy, musicien.... 12,636
Thierry, médecin.... 12,293
Launette, ébéniste.... 11,777
Melun........... 11,636
Favre (Jules), secrétaire du ministre de l'intérieur. 11,596
Restout.......... 10,727
Pouysée, instituteur communal......... 10,716
Gaillardin........ 10,294
Delaire, ébéniste.... 9,273
Thomas (Clément).... 7,076
Reyneau, (de Sceaux).. 6,225
Riglet, adjoint..... 5,486

XII

RÉSUMÉ DU RECENSEMENT DES OUVRIERS DES ATELIERS NATIONAUX AU 19 MAI.

Afficheurs.......... 8
Aiguiseurs.......... 9
Albâtriers.......... 9
Ajusteurs.......... 8
Apprêteurs......... 118
Argenteurs......... 23

Armuriers	123	Compassiers	15
Balanciers	136	Concierges	126
Batteurs d'or	12	Conducteurs	15
Batteurs d'étain	61	Confiseurs	408
Bijoutiers	1755	Cordiers	93
Blanchisseurs	12	Cordonniers	1869
Bonnetiers	529	Corroyeurs	408
Bouchers	90	Courtiers	56
Boulangers	261	Couteliers	57
Bourreliers	165	Couverturiers	57
Boutonniers	144	Couvreurs	249
Brasseurs	111	Cuilleristes	24
Bretelliers	9	Criniers	9
Briquetiers	18	Découpeurs	111
Brocanteurs	24	Décorateurs	9
Brocheurs	24	Débardeurs	66
Brossiers	9	Dégraisseurs	6
Broyeurs	261	Dessinateurs	201
Brunisseurs	18	Domestiques	621
Cambreurs	9	Doreurs	804
Canneleurs	9	Distillateurs	12
Cardeurs	9	Divers états	2937
Carreleurs	123	Ébénistes	5091
Carriers	27	Émailleurs	45
Carrossiers	9	Employés divers	732
Cartiers	30	Entrepreneurs	9
Cartonniers	171	Estampeurs	141
Châliers	150	Facteurs de pianos	102
Chandeliers	27	Ferblantiers	565
Chapeliers	529	Fileurs	417
Charpentiers	1395	Fleuristes	69
Charretiers	177	Fondeurs	1728
Charrons	570	Fontainiers	9
Chaudronniers	381	Forgerons	576
Chauffeurs	54	Fourbisseurs	21
Chaussonniers	117	Frappeurs	48
Chiffonniers	24	Fumistes	432
Chocolatiers	39	Gaîniers	123
Ciseleurs	1413	Gantiers	93
Cloutiers	123	Garçons divers	318
Cochers	570	Gaziers	192
Coiffeurs	42	Graveurs	645
Colleurs	21	Horlogers	514
Coloristes	9	Hommes de peine	552
Colporteurs	30	Imprimeurs	1246
Commis	399	Jardiniers	312
Commissionnaires	120	Joailliers	9

Jouets d'enfants	15	Peigneurs de laine	108
Journaliers	8976	Peintres divers	5957
Lainiers	48	Pelletiers	9
Lampistes	78	Perleurs	12
Lanterniers	9	Perruquiers	24
Lapidaires	84	Piqueurs	21
Layetiers	117	Plaqueurs	54
Libraires	»	Plombiers	191
Limeurs	21	Plumassiers	9
Limonadiers	153	Polisseurs	336
Lithographes	135	Porcelainiers	42
Lisseurs	9	Portefeuillistes	51
Lisseurs de dessins	21	Potiers	99
Lunetiers	44	Professeurs	15
Luthiers	15	Raffineurs	66
Maçons	4341	Régleurs	12
Marbriers	858	Relieurs	342
Marchands	9	Sans professions	7635
Maréchaux	102	Scieurs de long	852
Mariniers	56	Sculpteurs	1144
Maroquiniers	61	Selliers	399
Matelassiers	21	Serruriers	2934
Mécaniciens	442	Tabletiers	198
Menuisiers	6312	Taillandiers	59
Métreurs	12	Tailleurs d'habits	1899
Meuniers	9	Tailleurs au maillet	780
Militaires	96	Tanneurs	75
Miroitiers	75	Tapissiers	345
Modeleurs	15	Teinturiers	366
Monteurs en bronze	729	Teneurs de livres	12
Mouleurs	126	Terrassiers	1254
Musiciens	27	Tireurs de papiers	27
Opticiens	210	Tisserands	1572
Orfévres	213	Toiseurs	9
Palefreniers	34	Tôliers	99
Papetiers	90	Tonneliers	2631
Papiers peints	581	Tourneurs	2629
Parapluies	72	Treillageurs	12
Parfumeurs	9	Typographes	57
Parquetteurs	78	Vanniers	69
Passementiers	327	Vernisseurs	156
Pâtissiers	165	Voituriers	9
Paveurs	57		

XIV

ÉTAT DES PRINCIPALES ARRESTATIONS POLITIQUES.
du 15 mai au 22 juin 1848.

NOMS DES INCULPÉS.	PRÉNOMS.	AGE.	PROFESSION.	PARTI PRÉSUMÉ.	ANALYSE DES CAUSES D'ARRESTATION.	OBSERVATIONS.
BLANQUI	Auguste	43	Homme de lettres	Communiste		
CASTAUD	François-Louis	42	Maître d'armes	Barbés et autres		
BRIÈRE	Michel-Victor	45	Employé à la 12ᵉ mairie	Id.		
SOBRIER	M.-Joseph	37	Propriétaire	Id.		
BARBÈS	Armand	38	Représentant	Id.		
ALBERT	Martin-Alexand.	33	Représentant	Id.		
RASPAIL	Franç.-Eug.-Vin.	»	Chimiste	Id.		
QUENTIN	Auguste-Franç.	49	Propriétaire	Id.		
DESAVANNIÈRE	François	61	Médecin	Id.		
LAPRADE	Jules	28	Homme de lettres	Id.		
DE COURTAIS	Amable-Gaspard	57	Général et représentant	Id.		
ROQUET	Jean-Baptiste	28	Adjoint au 12ᵉ arrondis.	Id.		
LONGEPIED	Amable	52	Profess. de belles-lettres	Id.		
DANSE	Ch.-Olivier	40	Ancien officier	Id.	Arrêtés pour le complot du 15 mai.	
SAISSET	Pierre-Félix	51	Sous-chef d'état-major	Id.		
BAUDIN DE NANTUA	Alphonse	36	Médecin	Id.		
LEBOUX	Pierre	»	Homme de lettres	Id.		
DE FLOTTE	Paul-Louis	31	Lieutenant de vaisseau	Id.		
REY	J.-Joseph	43	Gouv. de l'Hôtel de Ville	Id.		
CHERTIER	Gaëtan	26	Propriétaire	Id.		
POLINO	Ch.-Antoine	50	Militaire	Id.		
LENSEIGNE	Louis	42	Ingénieur	Id.		
PELLOTIER	Lucien	31	Homme de lettres	Id.		
HIBRUIT	Jean-Pierre	34	Négociant	Id.		
LECOMTE	Jules-François	55	Propriétaire	Id.		
SAISSET	Pierre-Joseph	51	Colonel	Id.		
DE LA MADELEINE	Henri-Joseph	27	Homme de lettres	Id.		
SELLE	Franç.-Dominiq.	41	Avocat	Id.		
DEGRÉ	»	35	Artiste, présid. de club	Id.		

TOTAL...

Avec ces inculpés, il y a eu pour la même affaire d'autres détenus au nombre d'environ........ 1

TOTAL pour le complot du 15 mai. 13

NOMS DES INCULPÉS.	PRÉNOMS.	AGE	PROFESSION.	PARTI PRÉSUMÉ.	ANALYSE DES CAUSES D'ARRESTATION.	OBSERVATIONS.
Bonnel	Napoléon-Louis	34	Empl. au J. le *Populaire*	Barbès et autres	Nanti de munitions de guerre, arrêté le 16 mai	
Lecourt	Jacques-Philippe	50	Accordeur	Id	Insultes aux représentants, à leur sortie de l'Assemblée	
Ringeval	Auguste	28	Garde mobile	Id	Propos alarmants sur la voie publique	Arrêté avec sept autres
Collet	Jean-Charles	31	Capit. au 19e inf. légère	Id	Criant : *Vive Barbès!*	
Longchamp	Nicolas-Auguste	24	Cisleur	Id	Détention de munitions	
Séjournat	François	48	Marchand de gâteaux	Id	Portant un drapeau et criant contre le représentant Thiers, place St-Georges	
Thiot	Pierre	38	Ebéniste	Id	Annonçant vouloir assassiner le représentant Lamartine	
Cottin	Léon-François	40	Homme de lettres	Id	Criant : *Vive Barbès!*	
						TOTAL. Avec ces 15 inculpés, il y a eu, pour ces divers motifs, du 16 mai au 22 juin, d'autres personnes arrêtées au nombre de
						TOTAL. A reporter, p. le complot du 15 mai.
						TOTAL général, *parti Barbès*.
Cahn	Ernest	16	Tailleur	Henri V	Vendant une lettre attribuée à Henri V	Il y a eu 10 crieurs arrêtés p. ce fait.
Sauron	Jean	32	Cordonnier	Id	Criant : *Vive Henri V!*	Pour fait semblable, 20 personnes à peu près ont été arrêtées, ci
Lumière	Michel-François	60	Peintre	Id	Pérorant dans un groupe pour Henri V	En tout, 3 personnes, ci
Montigny	Alexandre	27	Propriétaire	Id	Agitant un mouchoir blanc en haut du Panthéon	
						Parti de Henri V, TOTAL
Fécheux	Prosper	16	Cuisinier	Louis-Napoléon	Criant : *Vive Napoléon!*	Du 16 mai au 22 juin, dans les groupes ou isolément, il y a eu, pour cette inculpation, environ 50 arrestations, ci
Delace	André	42	Boutonnier	Id	Id	
Bénard	Denis	22	Artiste	Id	Aurait offert de l'argent aux soldats pour faire crier : *Vive Barbès!*	
Simouillard	Jean-Baptiste	35	Menuisier	Id	Aurait montré un pistolet à un garde mobile en disant que dans quatre jours Paris serait au pouvoir de L. Napoléon	
Sonnier	Alexandre	51	Journalier	Id	Colportant dans les ateliers nationaux une pétition en tête de laquelle était : *Napoléon Louis, chef de la république*	
Piétry	Camille	8	Rentier	Id	Complot napoléoniste	
Benvenuti	Fortuné	28	Rentier	Id		
Laity	Franç.-Rapport	55	Rentier	Id		
De Persigny	Jean-Gilbert	58	Rentier	Id		
Falaiseau	Jean-Louis	33	Homme de lettres	Id		
						TOTAL pour le *parti napoléoniste*.

NOMS DES INCULPÉS.	PRÉNOMS.	AGE.	PROFESSION.	PARTI PRÉSUMÉ.	ANALYSE DES CAUSES D'ARRESTATION.	OBSERVATIONS.
LEMOINE	Anne-Marie	58	Se disant religieux	Philippiste	Colportant une brochure en faveur du comte de Paris ou du prince de Joinville. Criait : *Vive Louis-Philippe!* et *Vive Henri VI*.	
SAURON	Jean	32	Cordonnier	Id		(Voir plus haut). . . . . Mémoir
						Total pour le parti philippiste. .
						Total récapitulatif :
						Parti Barbès. . .
						Parti henriquinquiste. .
						Parti napoléoniste. .
						Parti philippiste. . . .
						A reporter. 2
LEVEL	Armand	27	Statuaire	Barbès et autres		
LEPRAT	Pierre	20	Élève en pharmacie	Id	Arrêtés le 8 juin, après sommation dans des rassemblements porte St-Denis et rue St-Martin.	Il y a eu sur ces deux points, le 8 juin, des arrestations au nombre de. . . . . . .
MILLIÉ	Louis-Pierre	27	Étudiant en médecine	Id		
BERTRAND	Alix	51	Naturaliste	Id		
MARÉCHAL	Louis	23	Organiste	Id		
LOUVEL	Hilaire	20	Cuisinier	Id	Criait : *Vive Barbès!*	
LEROY	Jean-Louis	23	Passementier	Id	A frappé un gardien.	
VIRU	Pierre	28	Tambour garde nation.	Id	Armé d'un bâton.	
PROTCHE	Louis	17	Bimbelotier	Id	Arrêté dans la nuit du 8 au 9 juin, place Saint-George, criant : *A bas Thiers! Fermez les boutiques!*	
DAVENNE	Charles	22	Fondeur	Id	Arrêté, le 9, porte Saint-Denis, après sommation, dans un rassemblement.	Il y a eu sur ce point arrestation de
LECLERC	Nicolas-Lucien	51	Officier de santé	Id	Arrêté le 10, id. id.	Il y a eu sur ce point arrestation de 1
BOUTET-MICHOT	Jules	52	Représentant du peuple	Id	Relaxé le 12 juin. 11 et 12 juin, arrêtés au milieu d'un rassemblement à la porte Saint-Denis.	
FANNON	Alexandre	18	Toiseur	Id	On lui a saisi un couteau.	Il y a eu sur ce point, les 11 et 12, arrestation de. . 6
PEPIN	Franç.-Marie	40	Marchand horloger	Id	Arrêté le 12.	
DUFLOT	Prosper	20	Horloger	Id	Arrêté le 12 au soir, sur la place Bourgogne, dans un rassemblement.	Il y a eu sur ce point arrestation de
AUTREUX	Franç.-Théodore	44	Peintre	Id	Arrêté le 13, porte Saint-Denis, id.	Il y a eu sur ces trois points, le 13, arrestation de. . . .
PEROUX	Paul	29	Tambour garde républ.	Id	— place de la Concorde, id.	
MOREAUX	Pierre	39	Homme de peine	Id	— Chaussée-d'Antin, id.	
SABATIÉ	Adolphe	19	Dessinateur	Id	Arrêté le 13, rue Saint-Honoré, résistant à la troupe qui l'invitait à se retirer.	
FROMENT	Louis-Marie	28	Tourneur	Id	Arrêté le 13, près la place Saint-Sulpice, criant : *Vive Napoléon! A bas la République!* dans un rassemblement.	Il y a eu sur ce point arrestation du garde mobile Marga. . .
BARRIER	Pierre	25	Maçon	Id	Arrêté le 13 dans des groupes stationnant autour de l'Assemblée nationale.	Il y a eu sur ce point arrestation de
METEY	Claude	16	Tapissier	Id	Arrêté le 13, dans des groupes près du Luxembourg.	Il y a eu sur ce point arrestation de
VESSIÈRE	Jean	36	Postillon	Id	Arrêté le 14, dans des groupes, proférant des cris séditieux près de l'Assemblée nationale.	Il y a eu sur ce point arrestation de
						A reporter. . . . 1,1

NOMS DES INCULPÉS.	PRÉNOMS.	AGE.	PROFESSION.	PARTI PRÉSUMÉ.
AMADIEU	Benoît	40	Menuisier	Barbès et autres.
BOIN	André-Joseph	16	Ébéniste	Id.
DAUPHIN	Antoine	27	Maçon	Id.
GUÉRIN	Constant	28	Tourneur	Id.
GAFFET	Prosper	17	Pâtissier	Id.

ANALYSE DES CAUSES D'ARRESTATION.	OBSERVATIONS.
	Report, parti Barbès.. 1
Arrêté le 19, distribuant dans un groupe de l'Hôtel de Ville des chansons en faveur de Louis Napoléon.	Il y a eu sur ce point arrestation de
Arrêté le 18, porte Saint-Denis, dans un *rassemblement*, où il criait : *Vive Barbès!* et *Vive Napoléon!*	Il y a eu sur ce point arrestation de
Frappant un gardien. Criant : *aux armes!*. Jetant des pierres. } place de l'Hôtel de Ville	Il y a eu sur ce point, le 21, arrestation de
	Total pour les *attroupements*... 1,

RÉCAPITULATION GÉNÉRALE DES ARRESTATIONS FAITES DU 15 MAI AU 22 JUIN

Pour le complot du 15 mai	130
Pour diverses manifestations du parti Barbès	45
Pour le parti d'Henri V	36
Pour le parti napoléoniste	58
Pour le parti philippiste	1
Pour les attroupements sur divers points	1,157
TOTAL	1,427

XV

PROJET DE PROCLAMATION PRÉSENTÉ PAR V. CONSIDÉRANT.

L'Assemblée nationale aux ouvriers de Paris.

Ouvriers nos frères!

Une affreuse collision vient d'ensanglanter les rues de la capitale. Une partie d'entre vous ont contraint le gouvernement, pour sauver la République, de tourner contre eux des armes françaises.

Des républicains, des frères ont versé le sang de leur frères!

Au nom de la patrie, au nom de la Révolution qui doit vous émanciper, au nom de l'humanité dont nous voulons tous assurer et organiser les droits sacrés, jetez, jetez ces armes fratricides.

Est-ce pour nous entre-déchirer que nous avons conquis la République? que nous avons proclamé la loi démocratique du Christ, la sainte fraternité?

Frères, écoutez-nous, écoutez la voix des représentants de la France entière : Vous êtes victimes d'un malentendu fatal!

Pourquoi vous êtes-vous soulevés? Les souffrances que nous ont léguées dix-huit mois de crise industrielle et dix-sept années de corruption monarchique n'atteignent-elles pas toutes les classes?

Écoutez-nous : Ici ce sont des chefs d'industrie qui accusent les ouvriers et les ateliers nationaux de la ruine des affaires; là, des ouvriers accusent les chefs d'industrie de leur détresse.

Cette accusation réciproque n'est-elle pas une erreur funeste? Pourquoi accuser les hommes et les classes? pourquoi nous accuser les uns les autres de souffrances engendrées par la fatalité des choses; de souffrances, héritage d'un passé que tous nous voulons transformer?

Est-ce en nous massacrant que nous nous enrichirons? Est-ce en nous égorgeant que nous fonderons l'ère de la fraternité? Depuis quand la haine et la guerre civile sont-elles productives et fécondes? Où sera le travail si l'émeute agite incessamment Paris? Où sera le pain pour tous, si toutes les industries sont arrêtées par la terreur sanglante de la rue?

Ouvriers nos frères, nous vous le répétons, vous êtes victimes d'un malentendu fatal!

Ouvriers, on vous trompe, on vous inspire contre nous le doute, la défiance et la haine! On vous dit que nous n'avons pas au cœur le saint amour du peuple; que nous n'avons pas de sollicitude pour votre sort; que nous voulons étouffer les développements légitimes du principe social de la révolution de Février : on vous trompe, frères, on vous trompe !

Sachez-le, sachez-le bien : Dans son âme et dans sa conscience, devant Dieu et devant l'humanité, l'Assemblée nationale vous le déclare : elle veut travailler sans relâche à la constitution définitive de la fraternité sociale.

L'Assemblée nationale veut consacrer et développer par tous les moyens possibles et pratiques le droit légitime du peuple, le droit qu'a tout homme venant au monde *de vivre en travaillant*.

L'Assemblée nationale veut consacrer et développer, par des subventions et des encouragements de toutes sortes, ce grand principe de l'association destiné à unir librement tous les intérêts, tous les droits.

L'Assemblée nationale veut, comme vous, tout ce qui peut améliorer le sort du peuple dont elle émane; relever la dignité du travailleur; rapprocher fraternellement tous les membres du grand corps national.

Frères! frères! laissez à vos représentants le temps d'étudier les problèmes, de vaincre les obstacles, de reconstruire démocratiquement tout un ordre politique et social renversé en trois jours par une victoire héroïque; et cessez, oh! cessez de déchirer par des collisions sanglantes les entrailles de la patrie!

L'ASSEMBLÉE NATIONALE A LA GARDE NATIONALE.

Gardes nationaux !

Vous avez donné hier, vous ne cessez de donner des preuves éclatantes de votre dévouement à la République.

Si l'on a pu se demander un moment quelle est la cause de l'émeute qui ensanglante nos rues, et qui tant de fois, depuis huit jours, a changé de prétexte et de drapeau, aucun doute ne peut plus rester aujourd'hui, quand déjà l'incendie désole la cité, quand les formules du communisme et les excitations au pillage se produisent audacieusement sur les barricades.

Sans doute la faim, la misère, le manque de travail sont venus en aide à l'émeute.

Mais, s'il y a dans les insurgés beaucoup de malheureux qu'on égare, le crime de ceux qui les entraînent et le but qu'ils se proposent sont aujourd'hui mis à découvert.

Ils ne demandent pas la République. Elle est proclamée.

Le suffrage universel. Il a été pleinement admis.

Que veulent-ils donc? On le sait maintenant : ils veulent l'anarchie, l'incendie, le pillage.

Gardes nationaux! unissons-nous tous pour défendre et sauver notre admirable capitale.

L'Assemblée nationale s'est déclarée en permanence. Elle a concentré dans la main du brave général Cavaignac tous les pouvoirs nécessaires pour la defense de la République.

De nombreux représentants revêtent leurs insignes pour aller se mêler dans vos rangs et combattre avec vous.

L'Assemblée n'a reculé, elle ne reculera devant aucun effort pour remplir la grande mission qui lui a été confiée. Elle fera son devoir comme vous faites le vôtre.

Gardes nationaux! comptez sur elle comme elle compte sur vous.

Vive la République!

Le président de l'Assemblée nationale,
SENARD.

Le 24 juin 1848.

XVI

PROCLAMATION DU GÉNÉRAL CAVAIGNAC, 24 JUIN.

Aux insurgés.

Citoyens!

Vous croyez vous battre dans l'intérêt des ouvriers : c'est contre eux que vous combattez; c'est sur eux seuls que retombera tant de sang versé. Si une pareille lutte pouvait se prolonger, il faudrait désespérer de la République, dont vous voulez assurer le triomphe irrévocable.

Au nom de la patrie ensanglantée,

Au nom de la République que vous allez perdre,

Au nom du travail que vous demandez et qu'on ne vous a jamais refusé, trompez les espérances de nos ennemis communs, mettez bas vos armes fratricides, et comptez bien que le gouvernement, s'il n'ignore pas que dans vos rangs il y a des instigateurs criminels, sait aussi qu'il s'y trouve des frères qui ne sont qu'égarés et qu'il rappelle dans les bras de la patrie.

Le général CAVAIGNAC.

A LA GARDE NATIONALE.

Citoyens!

Votre sang n'aura pas été versé en vain. Redoublez d'efforts, répondez à mon appel, et l'ordre, grâce à vous, grâce au concours de vos frères de l'armée, sera rétabli.

Ce n'est pas seulement le présent, c'est l'avenir de la France et de la République que votre héroïque conduite va assurer.

Rien ne se fonde, rien ne s'établit sans douleurs et sans sacrifices; soldats volontaires de la nation intelligente, vous avez dû le comprendre.

Ayez confiance dans le chef qui vous commande, comptez sur lui comme il peut compter sur vous.

La force unie à la raison, à la sagesse, au bon sens, à l'amour de la patrie, triomphera des ennemis de la République et de l'ordre social.

Ce que vous voulez, ce que nous voulons tous, c'est un gouvernement ferme, sage, honnête, assurant tous les droits, garantissant toutes les libertés; assez fort pour refouler toutes les ambitions personnelles; assez calme pour déjouer toutes les intrigues des ennemis de la France.

Ce gouvernement vous l'aurez, car avec vous, car avec votre concours entier, loyal, sympathique, un gouvernement peut tout faire.

Le général CAVAIGNAC.

XVII

Aux armes!

Nous voulons la république *démocratique et sociale!*

Nous voulons la souveraineté du peuple!

Tous les citoyens d'une république ne doivent et ne peuvent vouloir autre chose.

Pour défendre cette république, il faut le concours de tous. Les nombreux démocrates qui ont compris cette nécessité sont déjà descendus dans la rue depuis deux jours.

Cette sainte cause compte déjà beaucoup de victimes; nous sommes tous résolus à venger ces nobles martyrs ou à mourir.

Alerte, citoyens! que pas un seul de vous ne manque à cet appel.

En défendant la république nous défendons la *propriété.*

Si une obstination aveugle vous trouvait indifférents devant tant de sang répandu, nous mourrons tous sous les décombres incendiés du faubourg Saint-Antoine!

Pensez à vos femmes, à vos enfants, et vous viendrez à nous!

XVIII

DÉPOSITION DE M. DE GUISE, CHIRURGIEN EN CHEF DE LA GARDE NATIONALE.

(11 *juillet* 1848.)

« J'ai vu un grand nombre de blessés dont les blessures sont fort graves. Toutes les balles que j'ai extraites ne présentent rien d'anormal, quelques-unes sont déformées, d'autres sont perforées, et au milieu on a introduit des substances blanchâtres. Je n'ai pas vu de balles ayant une forme particulière ou mâchée. »

M. de Guise emporte plusieurs balles et cartouches pour examiner les formes particulières qu'elles pourraient avoir et reconnaître les substances dans lesquelles elles auraient pu être trempées

M. de Guise reprend :

« J'ai été chargé par M. le général Changarnier d'une mission analogue aux désirs de vos questions, sur l'état ou la forme des balles qui ont été extraites du corps des blessés par mes différents collègues des hôpitaux et des ambulances. Je n'ai pu encore accomplir cette mission, dont je vous rendrai compte dès qu'elle sera terminée.

« J'attribue la gravité des blessures que je vous ai signalée à la proximité des coups de feu. Ainsi, il y a à l'ambulance des Tuileries un insurgé qui a eu la cuisse traversée par un coup de baïonnette, suivi immédiatement du coup de feu.

« J'ai reconnu que les insurgés s'étaient servis de toute espèce de projectiles, tels que billes, aiguilles, pincettes, etc., dont la portée est moins grande.

« J'ai examiné le caveau dans lequel sont placés les insurgés aux Tuileries, et j'ai reconnu les dangers de l'état sanitaire de cette agglomération d'individus et de morts, par suite de l'ordre qu'avaient les gardes nationaux de tirer sur ceux qui ébranleraient les barreaux des fenêtres. J'en ai fait un rapport au général commandant Poncelet, qui en a fait, dès ce soir même, extraire une grande partie.

« C'est à cette occasion qu'il faut rattacher le déplorable événement de la place du Carrousel.

« La mortalité, par suite des blessures reçues en juin, est hors de proportion avec ce qui a lieu ordinairement. Comme je l'ai déjà dit, il faut attribuer cette gravité des blessures qui ont entraîné la mort à la proximité des coups portés, qui cassaient les membres en les traversant.

« Cette mortalité se remarque surtout chez les blessés dont on a différé l'amputation. »

XIX

PROCLAMATION DU PRÉFET DE POLICE AUX HABITANTS DE PARIS.
(26 *juillet* 1848.)

Le nombre total des citoyens détenus par suite des événements de juin s'élève à cette heure à neuf mille cent soixante-dix-neuf; c'est le chiffre le plus élevé qui ait été atteint. En ce qui concerne le régime auquel ces citoyens sont soumis et les soins qui leur sont donnés, il suffira, pour répondre à tout ce qui a été avancé d'inexact à cet égard, de dire que, sur ce nombre de prisonniers, on a seulement deux décès à constater.

Enfin, c'est surtout au sujet des bruits alarmants répandus dans le public sur une prochaine tentative d'insurrection que la malveillance s'est donné carrière. Toutes ces rumeurs étaient sans fondement. Ces souterrains dont il a été tant parlé n'ont jamais existé. Ces carrières où se réfugiaient des légions d'ennemis et où se trouvaient d'immenses dépôts d'armes, ont constamment été explorées avec le soin le plus minutieux. Ces catacombes qui devaient être converties en mines pour faire sauter des quartiers de la capitale sont inattaquables par la poudre à canon, tant est épaisse la couche de terrain qui forme le recouvrement de ces excavations. Les bruits nocturnes et mystérieux, les prétendus signaux qui alarmaient les passants, ont été le sujet d'un examen sérieux, d'une surveillance active, et toujours une cause simple est venue donner l'explication de ces effets.

Signé Ducoux.

XX

NOTE SUR LES PRINCIPALES CAUSES QUI ONT AMENÉ LES ÉVÉNEMENTS DE JUIN,
ET SUR LES DIVERS ÉLÉMENTS DE L'INSURRECTION.

Après la révolution de Février, les riches partaient; les pauvres de tous les pays arrivaient à Paris.

Les uns avaient peur, les autres avaient faim.

Parmi ces derniers, les uns venaient de la province, les autres de l'Italie et de l'Allemagne.

Ceux qui avaient peur cachaient leur argent.

Les clubs se formaient. La cause du riche y était attaquée et n'y était pas défendue, sinon fort mal. Les absents ont tort.

Dans ces circonstances, qu'il n'était point au pouvoir de l'administration de prévenir ou de modifier, naissaient des haines sociales, la misère et beaucoup de causes prochaines d'une lutte armée. Le gouvernement organisa les ateliers nationaux. Ce fut peut-être un expédient malheureux.

Les ateliers nationaux ont été un des motifs constants de perturbation : les ouvriers y prenaient des habitudes de paresse. Le travail des ateliers nationaux était une fiction. Ce travail était médiocre ou nul. Si le gouvernement, au lieu d'avoir recours à ce moyen, avait songé à soutenir les grandes industries, il n'aurait pas déplacé tous les corps d'état et amené ainsi, à son insu, une des principales causes de la dernière insurrection.

L'ordre, c'est le travail; mais le travail de chaque ouvrier dans sa spécialité. En dehors de cela, les horlogers, les forgerons, les bijoutiers, les charpentiers, etc., rassemblés sur un point, c'est le désordre, c'est le chaos, c'est le fleuve qui sort de son lit pour inonder les campagnes au lieu de les vivifier.

Dans ma pensée, au lieu de créer les ateliers nationaux, on devait prêter aux grandes usines la moitié de la somme qui a été perdue en travaux infructueux. En agissant ainsi, on laissait chaque travailleur à son atelier; on utilisait sa spécialité, et l'on obtenait un travail d'une valeur décuple. Les riches, en se rassurant, seraient revenus, et les affaires auraient repris leur cours ordinaire.

Classes qui ont pris part à l'insurrection.

1° Beaucoup d'ouvriers sans travail qui soutiennent leur famille et qui voient des femmes et des enfants qui ont faim.

2° Des hommes exaltés et probes, mais ignorants et faciles à se laisser tromper. On leur a fait croire que l'Assemblée nationale voulait ramener peu à peu le système suivi par Louis-Philippe.

3° Ces communistes, rêveurs d'utopie, dont chacun a son système, et qui ne sont pas d'accord entre eux.

4° Les légitimistes, qui ont toujours dit qu'il faudrait passer par la république pour arriver à Henri V. Pour eux, le gouvernement républicain n'est qu'une halte d'un moment, mais nécessaire.

5° Les bonapartistes, qui ont joint leur argent à celui des légitimistes pour solder l'émeute.

6° Les partisans de la régence, qui se sont fait remarquer par leur mauvais vouloir lorsqu'il a fallu payer l'impôt.

7° Enfin, l'écume de tous les partis, les forçats et les gens sans aveu; enfin, les ennemis de toute société, gens voués par instinct aux idées d'insurrection, de vol et de pillage.

Pour ces hommes, les vrais coupables, il faut une répression rigoureuse et énergique : la peine de mort ou la déportation.

Pour les hommes égarés, du pain et la clémence.

Le chef de division de la sûreté générale,
Signé Panisse.

XXI

Dans un moment où l'issue de la lutte n'était pas douteuse, et où l'on entendait partout des cris de triomphe, pleins d'emportement et de colère, j'entrai dans le cabinet où se tenaient les réunions du gouvernement. Cavaignac y était avec sa mère. Il avait la tête appuyé sur ses genoux. Il pleurait.

Je dis à Cavaignac : « Je ne vois qu'un moyen pour que les malheurs d'aujourd'hui n'entraînent pas des malheurs plus grands : il faut que tu prennes la dictature. L'Assemblée est toute prête à te la donner. Tu es bien sûr de toi. Tu la déposeras dès qu'elle ne sera plus nécessaire. La majorité de l'Assemblée est trompée aussi bien que la plupart des insurgés. Elle va vouloir proscrire en masse. Tout ce qui s'est mêlé de près ou de loin à la révolte va former un parti irréconciliable. Ce sera là une menace incessante de guerre civile. La réaction commence. Aujourd'hui, elle frappe les insurgés, bientôt, elle viendra jusqu'à nous. Prends la dictature ; fais disparaître les vrais auteurs de l'insurrection. Tu diras aux révoltés, prisonniers ou autres : La République que vous aimez, vous avez failli la tuer en suivant les inspirations de ses ennemis. Ceux-là, nous les punissons. Vous, retournez au travail ; on aura soin qu'il ne vous manque pas ; et prenez garde de retomber dans les mêmes erreurs ; car, vous le voyez, la répression est terrible. » J'ajoutai : « Ce qui importe, c'est d'atteindre les vrais instigateurs de l'émeute, de ne frapper qu'eux, de faire bien sentir au peuple qu'il a été égaré, trompé par eux. »

Cavaignac me répondit : « C'est un *coup d'État* que tu demandes. Un coup d'État ! Je n'en veux pas, je n'en ferai jamais. La France n'en a vu que trop depuis soixante ans. Nous devons, nous, lui en faire perdre l'habitude, au lieu de lui en imposer un de plus. La dictature ! tu n'y songes pas. La dictature, quand nous avons les pieds dans le sang ! Ce serait autoriser le premier venu à tuer des hommes pour arriver au pouvoir. Ce qui manque surtout à ce malheureux pays, c'est le respect de la légalité. Le seul service que nous puissions rendre à présent, c'est d'inspirer ce respect, en en donnant nous-mêmes l'exemple. Il y a aujourd'hui un souverain légitime ; c'est l'Assemblée. Si elle veut amnistier, elle fera bien, mais ce n'est pas à moi à choisir les coupables. »

La conversation fut longue, et je dois avouer que j'insistai de la manière la plus pressante, à genoux, près du canapé où il était assis, et tenant ses deux mains dans les miennes.

« *Mon cher enfant* (il avait, comme sa mère, l'habitude de m'appeler ainsi, quoique je fusse plus âgé que lui), *mon cher enfant*, me disait-il en souriant, ne cherchons pas à copier les hommes de la Révolution. S'ils vivaient de nos jours, ils comprendraient, même les plus ardents, que ce n'est pas de l'*audace* qu'il faut, mais du respect des lois, et qu'on ne fonde pas la liberté avec des mesures despotiques. »

Je le confesse, dans le moment je ne fus pas convaincu; mais je fus forcé au silence et à l'admiration devant cet homme qui se révélait à moi avec une grandeur de caractère que nous ne croyions guère possible que chez les héros de Plutarque. D'autres le pressèrent, comme je l'avais fait, et, ainsi que moi, ils le trouvèrent inébranlable. (*Mémoires de M. Bastide. Encyclopédie moderne*, tome VII, article *Juin*.)

FIN DES DOCUMENTS HISTORIQUES

Chap. XXX. Le prince Louis-Napoléon Bonaparte. — Ses premiers rapports avec le gouvernement provisoire. — Son élection. — Discussions sur son admission. — Mouvements populaires. . . . 300

Chap. XXXI. État moral de la population.— Inquiétudes dans Paris. — Troubles dans les départements. — Les ateliers nationaux — M. Pierre Leroux, M. de Falloux. — Décret de la commission exécutive. — Protestation des ouvriers. — Le lieutenant Pujol et M. Marie. — On décide la résistance à main armée. 338

Chap. XXXII. Premières barricades. — Dispositions militaires du général Cavaignac. — Positions prises par les insurgés. — Premiers engagements. — Quartier général de Lamoricière. — La garde mobile. — Opérations du général Bedeau. — Séance de l'Assemblée.— Rapport de M. de Falloux sur la dissolution des ateliers nationaux. — Aspect de Paris à la fin de la première journée. — Séance du 24. — Chute de la commission exécutive. — Le général Cavaignac nommé chef du pouvoir exécutif.—Paris mis en état de siége. 372

Chap. XXXIII. Proclamation du général Cavaignac à l'armée. — Opérations militaires pendant la journée du 24. — Le général Duvivier à l'Hôtel de Ville. — Le général Damesme au Panthéon. — Séance du 25. — L'Assemblée vote trois millions pour les ouvriers nécessiteux. — Le général Lamoricière. — Mort du général Bréa. — Combats autour de l'Hôtel de Ville. — Mort du général Négrier. — Mort de l'archevêque de Paris. — Quatrième journée. — Bombardement et reddition du faubourg Saint-Antoine. — L'Assemblée nationale décrète que le général Cavaignac a bien mérité de la patrie. . . 420

QUATRIÈME PARTIE.

La réaction. 471
Au lecteur 551
Documents historiques 553

FIN DE LA TABLE DES MATIÈRES

PARIS. — IMP. SIMON RAÇON, RUE D'ERFURTH. 1.

TABLE DES MATIÈRES

Chap. XXII. Les clubs. — M. Barbès. — M. Raspail. — M. Cabet — Les journaux. — M. Proudhon. — M. de Lamennais. — Aspect de Paris. — Les femmes. 1

Chap. XXIII. Conférences du Luxembourg. — M. Louis Blanc. — Journées des 16 et 17 mars 39

Chap. XXIV. Situation des départements. — Commissaires extraordinaires. — Rouen. — Lille. — Strasbourg. — Nantes. — Lyon. — Marseille. — Toulouse. — Bordeaux. 79

Chap. XXV. La Révolution en Europe. — Pétersbourg. — Vienne. — Milan. — Berlin. — Expédition des corps francs. 121

Chap. XXVI. Suites de la journée du 17 mars. — Journée du 16 avril. — Le général Changarnier. — Fête de la Fraternité. 153

Chap. XXVII. Beaux-arts. — Loi électorale. — Professions de foi des candidats à la représentation nationale. — Ouverture de l'Assemblée constituante. — Le gouvernement provisoire a bien mérité de la patrie. 187

TROISIÈME PARTIE.

Chapitre XXVIII. L'Assemblée constituante. — Ministère du travail. — Affaires de Pologne. — Journée du 15 mai 229

Chap. XXIX. Suite de la journée du 15 mai. — L'enquête. — Vote favorable à M. Louis Blanc. — La réunion du Palais-National et la commission exécutive. — Fête de la Concorde. — La famille d'Orléans à Claremont. — Décret de bannissement. — Élections du 5 juin. . . 279

ERRATA

TOME PREMIER

Préface, page 8, ligne 11, au lieu de : *ce qu'ils croient utiles*, lisez : *ce qu'ils croient utile*.

Page 64, ligne 17, au lieu de : *dépit*, lisez *répit*.

TOME SECOND

Page 117, ligne 22, au lieu de : *locale, n'est autre chose*, lisez : *locale, qui n'est autre chose*.

Page 122, ligne 30, au lieu de : *ma préoccupation*, lisez : *une préoccupation*.

Page 133, ligne 34, au lieu de : *fuorii barbari*, lisez : *fuori i barbari*

Page 185, ligne 1, au lieu de : *gardes républicaines*, lisez : *gardes républicains*.

Page 213, dernière ligne, au lieu de : *dans la salle; M. Trélat*, lisez : *dans la salle, M. Trélat*.

Page 228, dans le texte italien de la note, au lieu de : *democratice*, lisez : *democratici;* au lieu de : *sfedato*, lisez : *sfidato;* au lieu de : *Rinovamento*, lisez : *Rinnovamento*.

Page 236, ligne 24, au lieu de : [2], lisez : [1].

Même page, ligne 31, au lieu de : [1], lisez : [2].

www.ingramcontent.com/pod-product-compliance
Lightning Source LLC
Chambersburg PA
CBHW060259230426
43663CB00009B/1518